海船船员适任考试指南

船 舶 管 理

主编　吴金龙　郭会玲　任广利

大连海事大学出版社

ⓒ 吴金龙 郭会玲 任广利 2016

图书在版编目(CIP)数据

船舶管理／吴金龙,郭会玲,任广利主编 .—大连 : 大连海事大学出版社,2016.1
海船船员适任考试指南
ISBN 978-7-5632-3283-3

Ⅰ. ①船… Ⅱ. ①吴… ②郭… ③任… Ⅲ. ①船舶管理—资格考试—自学参考资料
Ⅳ. ①U692

中国版本图书馆 CIP 数据核字(2016)第 024523 号

大连海事大学出版社出版

地址:大连市凌海路1号 邮编:116026 电话:0411-84728394 传真:0411-84727996
http://www.dmupress.com E-mail:cbs@dmupress.com

大连美跃彩色印刷有限公司印装 大连海事大学出版社发行

2016 年 1 月第 1 版 2016 年 1 月第 1 次印刷
幅面尺寸:185 mm×260 mm 印张:36.5
字数:906 千 印数:1~1500 册

出版人:徐华东

责任编辑:李继凯 责任校对:刘长影 宋彩霞 张 华
封面设计:王 艳 版式设计:解瑶瑶

ISBN 978-7-5632-3283-3 定价:95.00 元

前　言

　　"船舶管理"是海船船员适任考试科目之一,主要研究如何确保海上人命与财产安全、防止船舶污染损害、提高船舶营运效率。我国为有效履行 STCW 公约马尼拉修正案,提高船员教育与培训的质量,提高船员素质,满足不断发展的航运新需求,交通运输部已于 2011 年 12 月 8 日经第 12 次部务会议通过了《中华人民共和国海船船员适任考试和发证规则》(简称"11 规则")。该规则于 2012 年 3 月 1 日起施行,并于 2012 年 7 月 1 日起按照"11 规则"进行海船船员适任考试。

　　为了帮助考生全面理解和充分掌握考试大纲的内容,更好地复习备考并能熟练运用"船舶管理"专业知识,编者按照"船舶管理"考试大纲要求组织编写了本书。本书结构编排以模块化为原则,结合考试大纲的要求进行设计,划分为国际海事公约、船舶管理国内法规、船舶检验与登记管理、船舶配员与船员管理、船舶安全作业管理、船舶防污染与危险货物管理、船舶应急管理、船舶安全营运管理、船舶进出港管理、船舶安全检查、海事处理与处罚,共十一个模块。每一模块包含四个部分:第一部分为内容简介,对本模块重点内容及考查重点进行介绍;第二部分为经典例题解析,对部分典型例题进行了有针对性的解析,帮助理解;第三部分为真题分节精练,分为若干个项目,每个项目以考试大纲要求为引领,并有适量试题辅助练习,达到学练结合的效果;第四部分为答案。本书最后附录部分的船舶管理法规供学生在学习之余进行查阅和掌握相关的船舶管理法律法规。

　　本书由吴金龙、郭会玲、任广利担任主编,杨信红、韩庚、田建全、隗和强担任副主编,郭会玲最终统稿。天津海运职业学院杨桦、白璐、高杰、代广树、黄跃华、熊海生、李威,天津航运学校潘炳清,中远散货运输(集团)有限公司业务经理张叶波和中海油能源发展股份有限公司工程技术分公司叶高参与编写,天津海事局赵爽工程师对本书的编写提出了很多宝贵意见,在此,对于他们的无私帮助表示衷心的感谢! 由于时间仓促及编者水平有限,书中难免会有失误与不妥之处,竭诚希望广大读者给予批评指正!

编　者

2015 年 11 月

目　　录

模块一　国际海事公约

第一部分　内容简介

本模块主要从安全、防污染及劳工权益保障等方面,重点介绍了 UNCLOS 1982、SOLAS 1974、LL 1966、STCW 78/10、MARPOL 73/78、BWM 2004、MLC 2006 等与海事相关的公约和规则。各公约的框架结构以及相关规定是学习和考试的重点。

第二部分　经典例题解析

例1. 沿海国在其领海以外并邻接其领海的海域内,为保护自然资源具有主权权利和管辖权而设立的管辖区域被称为_____。

A. 领海 　　　　　　　　　　　 B. 毗连区

C. 专属经济区 　　　　　　　　　 D. 内水

答案:C

解析:

专属经济区是领海以外并邻接领海的一个区域,从领海基线量起,不应超过 200 海里。专属经济区已超过国家领土的范围,沿海国对该区域不享有完全的主权,沿海国主要是对其自然资源享有主权,对专属经济区内水域和海底自然资源享有勘探、开发、养护和管理的管辖权。

例2. 下列属于 SOLAS 公约附则的主要内容是_____。

①货物运输

②构造

③救生设备与装置

④1978 年议定书

A. ①②③ 　　　　　　　　　　　 B. ①②④

C. ①③④ 　　　　　　　　　　　 D. ①②③④

答案:A

解析:

现行的 SOLAS 1974 由公约部分的 13 个条款、1978 年议定书、1988 年议定书以及 1 个附

则组成。公约附则是公约的核心内容,实施公约的技术性要求都体现在附则。目前的公约附则共包括 12 章和 1 个附录:

第Ⅰ章　总则

第Ⅱ-1 章　构造——结构、分舱与稳性、机电设备

第Ⅱ-2 章　构造——防火、探火和灭火

第Ⅲ章　救生设备与装置

第Ⅳ章　无线电通信设备

第Ⅴ章　航行安全

第Ⅵ章　货物运输

第Ⅶ章　危险货物的运输

第Ⅷ章　核能船舶

第Ⅸ章　船舶安全营运管理

第Ⅹ章　高速船安全措施

第Ⅺ-1 章　加强海上安全的特别措施

第Ⅺ-2 章　加强海上保安的特别措施

第Ⅻ章　散货船安全附加措施

附录　证书

例 3.《1966 年国际载重线公约》适用于下列哪一从事国际航行的船舶?

　　A. 长度小于 24 米的新船　　　　　　　B. 渔船

　　C. 军舰　　　　　　　　　　　　　　　D. 悬挂缔约国国旗但未登记的船舶

答案:D

解析:

《1966 年国际载重线公约》适用于从事国际航行的 3 种船舶:

①在各缔约国政府国家登记的船舶;

②根据公约第 32 条扩大适用的领土内登记的船舶;

③悬挂缔约政府国旗但未登记的船舶。

该公约不适用于下列船舶:

①军舰;

②长度小于 24 米的新船;

③小于 150 总吨的现有船舶;

④非营业性游艇;

⑤渔船。

另外,该公约不适用于专门在公约特别指定的,如里海、北美洲的五大湖等某些特殊水域航行的船舶。

例 4. STCW 公约是用于控制_____方面的一个国际公约。

①船舶技术状况

②船员职业技术素质

③值班标准

④船员就业标准

A. ①②③④   B. ①②③

C. ②③④   D. ②③

答案:D

解析:

  STCW 公约主要用于控制船员职业技术素质和值班行为,公约的实施对促进各缔约国海员素质的提高,在全球范围内保障海上人命、财产的安全和保护海洋环境,有效地控制人为因素对海难事故的影响,起到积极的作用。

例5. MARPOL 公约的六个技术性附则中不包括_____。

  A. 防治船舶压载水污染公约   B. 防止船舶造成大气污染规则

  C. 防止船舶生活污水污染规则   D. 防止油污规则

答案:A

解析:

  MARPOL 公约共有 20 条,另附有 2 个议定书和 6 个附则。

  议定书Ⅰ是关于涉及有害物质事故报告的规定,议定书Ⅱ是关于争端的仲裁。

  6 个附则是:

  附则Ⅰ 防止油污规则(必选附则);

  附则Ⅱ 控制散装有毒液体物质污染规则(必选附则);

  附则Ⅲ 防止海运包装有害物质污染规则(任选附则);

  附则Ⅳ 防止船舶生活污水污染规则(任选附则);

  附则Ⅴ 防止船舶垃圾污染规则(任选附则);

  附则Ⅵ 防止船舶造成大气污染规则(任选附则)。

例6. 根据《海事劳工公约》,每一超过 500 总吨的国际航行的船舶应持有"海事劳工证书"及"海事劳工符合声明","海事劳工符合声明"的主要内容是_____。

  A. 船东在保证海员人命安全和防止海上污染方面所采取的措施

  B. 船东遵守《中华人民共和国国际海运条例》的声明

  C. 船东遵守《中华人民共和国船员条例》的声明

  D. 海员工作环境和生活条件方面的国家规定和船东所采取的措施

答案:D

解析:

  "海事劳工符合声明"是一份综合性文件,由两部分组成。第一部分由船旗国主管当局编制,陈述在海员工作和生活条件方面应实施贯彻《海事劳工公约》要求的国家规定,包括对具体船舶的要求,对《海事劳工公约》有关要求的等效免除等;第二部分由船东编制,列明了为符合贯彻《海事劳工公约》要求的船旗国规定,对海员工作和生活条件方面所采取的措施,并确保这些措施的持续符合、不断改进。此题用排除法亦可得出答案,根据《海事劳工公约》非国内法,排除 B、C 选项;劳工公约主要是保障劳工权益,排除 A 选项。

例7. 用于国际航行的非领海海峡一般适用_____。

  A. 无害通过制度   B. 过境通行权

  C. 自由航行制度   D. 申请通过制度

答案:C

解析：

海峡在军事及航运上都有重要意义,根据海峡水域同沿岸国家的关系海峡可分为:

①内海海峡,位于领海基线以内,系沿岸国的内水,航行制度由沿岸国自行制定,如中国的琼州海峡。

②领海海峡,宽度在两岸领海宽度以内者,通常允许外国船舶享有无害通过权。如海峡两岸分属两国,通常其疆界线通过海峡的中心航道,其航行制度由沿岸国协商决定;如系国际通航海峡,则适用过境通行制度。

③非领海海峡,宽度大于两岸的领海宽度,在位于领海以外的海峡水域中,一切船舶均可自由通过。

例8.FSS 规则是_____的简称。

   A.国际消防安全系统规则   B.救生设备规则
   C.完整稳性规则   D.散货船安全装卸操作规则

答案:A

解析:

鉴于 SOLAS 公约内容的迅速扩充,现多采用简单明了的公约附则,而将其技术细则集中成单项规则置于公约附则之外的做法。这些单项规则包括:国际消防安全系统规则(FSS 规则)、救生设备规则(LSA 规则)、国际海运危险货物规则(IMDG 规则)、国际海运固体散装货物规则(IMSBC 规则)、货物积载和系固安全操作规则(CSS 规则)、船舶装运木材甲板货安全操作规则(CTDC 规则)、国际散装谷物安全装运规则(IBGC 规则)、散货船安全装卸操作规则(BLU 规则)、国际散装运输危险化学品船舶构造和设备规则(IBC 规则)、国际散装运输液化气体船舶构造和设备规则(IGC 规则)、国际高速船安全规则(HSC 规则)、国际船舶安全营运和防止污染管理规则(ISM 规则)、国际船舶和港口设施保安规则(ISPS 规则)、完整稳性规则(IS 规则)等。

第三部分　真题分节精练

项目一　联合国海洋法公约

考试大纲要求：
6.1.1　海域概念及其法律地位

1. 根据《1982 年联合国海洋法公约》，领海外邻接领海，沿海国可为防止和惩治在其领土或领海内违反其海关、财政、移民或卫生的法律和规章的行为行使必要的管制的一定宽度的海域称为_____。
   A. 专属经济区
   B. 毗连区
   C. 专门管制区
   D. 领海附属区

2. 根据《1982 年联合国海洋法公约》，公海的自由内容不包括_____。
   A. 航行自由
   B. 飞越自由
   C. 铺设海底电缆和管道自由
   D. 建立各种人工岛屿和其他设施自由

3. _____通常被海岸线曲折、沿岸岛屿较多的国家选作领海基线确定的方法。
   A. 正常基线
   B. 直线基线
   C. 低潮基线
   D. 高潮基线

4. _____通常被海岸线较为平直、沿岸无岛屿、海陆界限较为明显的国家选作领海基线确定的方法。
   A. 折线基线
   B. 直线基线
   C. 正常基线
   D. 混合基线

5. 如果海峡宽度超过两岸沿海国领海宽度，中间留有公海水域，则称之为_____。
   A. 内海海峡
   B. 领海海峡
   C. 非领海海峡
   D. 国际航行海峡

6. 根据当前国际上各国的实际情况所确定的专属经济区宽度最大的为_____。
   A. 50 海里
   B. 100 海里
   C. 200 海里
   D. 250 海里

7. 根据《1982 年联合国海洋法公约》，沿海国家在其设立的专属经济区内所享有的主权权利包括_____。
   ①勘探、开发、掩护和管理海床底土及其上覆盖水域的自然资源
   ②有关该水域内的经济性勘探
   ③有关该水域内的开发活动
   A. ①②③
   B. ①②

C.②③   D.①③

8. 公海自由原则是公海活动的基本原则,是公海制度的核心和基础。根据长期的国际惯例而形成的一项国际法原则,该含义包括_____。
   ①公海对所有国家开放,不论其为内陆国或沿海国
   ②在国际法规定条件下,各国均有机会行使各种公海自由权的权利
   ③侵犯这一原则的行为属于违反国际法的行为
   ④所有船舶都可以自由在公海上航行
   A.①②③④   B.①②③
   C.①②   D.③④

9. 一国的内水泛指_____。
   A.处于该国内陆的封闭水域   B.领海基线和陆上国境线所包围的水域
   C.沿海国管辖内的一切水域   D. A 和 C 均正确

10. 根据《1982 年联合国海洋法公约》,公海自由的内容有_____。
    ①航行自由
    ②飞越自由
    ③铺设海底电缆和管道自由
    ④建立国际法所允许人工岛屿和其他设施的自由
    ⑤捕鱼自由
    ⑥科学研究的自由
    A.①～⑥   B.①②③⑤
    C.②③④⑥   D.①②④⑤

11. 根据《1982 年联合国海洋法公约》的规定,沿海国对_____享有绝对的主权。
    A.内水   B.毗连区
    C.专属经济区   D.大陆架上覆水域

12. 根据《1982 年联合国海洋法公约》及有关规定,领水包括_____。
    ①内水
    ②领海
    ③专属经济区
    ④毗连区
    A.①②③④   B.①②
    C.②③   D.①②③

13. 根据《1982 年联合国海洋法公约》及有关规定,一国在沿岸线上或沿岸岛屿上选定若干基点,并将相邻基点用直线连接而成的折线作为其领海基线,则该国在确定其领海宽度时,所采用的是_____。
    ①正常基线
    ②直线基线
    ③混合基线
    A.①   B.②
    C.②③   D.①③

14.《1982 年联合国海洋法公约》规定,不得剥夺任何国家的商船在他国领海内的_____。
   A. 无害通过权
   B. 停留补给权
   C. 任意航行权
   D. 停泊或锚泊权

15. 海洋由不同的海域组成,包括_____等,船舶在不同的海域航行,其航行权不同。
   ①内海
   ②领海与毗连区
   ③国家管辖海域
   ④公海
   A. ①②④
   B. ①②③④
   C. ②③④
   D. ①②③

16. 根据《1982 年联合国海洋法公约》,内海是指_____的全部海域。
   A. 一个国家毗连区以内
   B. 一个国家专属经济区以内
   C. 一个国家领海基线内侧
   D. 一个国家管辖海域以内

17. 以下关于领海的表述有误的是_____。
   A. 领海是指处于某沿海国主权之下,与该国陆地领土和内水邻接的一定宽度的海域
   B. 沿海国的主权及于其陆地领土、内水以及与内水相邻接的一带海域
   C. 在群岛国的情形下,沿海国的主权及于群岛水域以及与群岛水域相邻接的一带海域
   D. 在半岛国的情形下,沿海国的主权及于半岛水域以及与半岛水域相邻接的一带海域

18. 以下关于领海宽度的表述有误的是_____。
   A. 根据海洋法原则,只有沿海国才有权确定一定宽度的海域作为自己的领海
   B. 领海宽度由沿海国根据本国地理、经济、政治等因素,在合理范围内自行确定
   C. 各国确定的领海宽度差异很大,从 1 至 24 海里不等
   D. 我国领海及毗连区法规定,中华人民共和国领海的宽度从领海基线量起为 12 海里

19.《1982 年联合国海洋法公约》规定,测算领海的正常基线是沿岸国官方承认的_____上所标明的海岸大潮低潮线。
   A. 大比例尺海图
   B. 小比例尺海图
   C. 大洋总图
   D. 港口或岸线图

20. 关于内水,以下表述有误的是_____。
   A. 内水是指国家领陆以内及其领海基线向领陆一侧的水域
   B. 海洋法中的内水是指位于领海基线和海岸线之间的内海水
   C. 沿海国对其内水享有完全的排他性主权
   D. 允许外国船舶在他国内水"无害通过"

21. 国家对领海行使主权,外国船舶一旦进入他国领海,必须遵守沿海国的有关法律、法规,在此前提下享有_____。
   A. 无害通过权
   B. 过境通行权
   C. 特别航行权
   D. 领海过境权

22. 关于毗连区,以下表述有误的是_____。
   A. 沿海国在毗连区内进行的管辖只限于预防与惩治在其领域内的某些违法或违章行为
   B. 不能将所有适用于领海的法律扩大到毗连区,也不能对毗连区行使主权权利

C. 外国船舶在毗连区内,应服从沿海国为预防与惩治某些违法或违章行为实施的管辖

D. 外国船舶在毗连区内,其航行权受到一定影响,但可享受"无害通过权"

23. 根据《1982 年联合国海洋法公约》,以下关于专属经济区,表述有误的是_____。

A. 沿海国在专属经济区内对自然资源具有主权权利和管辖权

B. 专属经济区从测算领海宽度的基线量起,不应超过 200 海里

C. 在专属经济区内,船舶航行和作业绝对自由,不受任何约束和管辖

D. 其他国家在专属经济区内行使航行自由的权利时,应适当顾及沿海国的权利

24. 根据《1982 年联合国海洋法公约》,在公海上航行的船舶应_____。

①在一国登记,取得该国的国籍并悬挂该国国旗

②携带船旗国颁发的船舶文书

③防止船舶污染海域

④进行海上救助

A. ①②③④　　　　　　　　　　B. ①③④

C. ②③④　　　　　　　　　　　D. ①②③

25. 船旗国对其在公海上航行的船舶具有_____。

A. 协议管辖权　　　　　　　　　B. 专属管辖权

C. 普遍管辖权　　　　　　　　　D. 指定管辖权

项目二　国际海上人命安全公约

考试大纲要求:

3.1　国际海上人命安全公约

3.1.1　功用、构架与适用范围

3.1.11　国际海上人命安全公约最新修正案中需掌握的知识

1. SOLAS 公约有许多修正案,大多采用_____的生效办法。

A. 投票表决　　　　　　　　　　B. 缔约国同意

C. 试运行一年后　　　　　　　　D. 默认程序

2. 能导致船舶滞留的 ISPS 规则符合方面的缺陷包括_____。

①缺少指定的船舶保安员

②船舶保安员无法胜任职责

③船舶保安设备存在严重的缺陷

④船长不熟悉基本的保安程序

A. ②③④　　　　　　　　　　　B. ①②③

C. ①②④　　　　　　　　　　　D. ①②③④

3. 关于 SOLAS 公约中的船长决定权,以下表述有误的是_____。

A. 船东不得阻止船长根据其专业判断做出或执行为海上人命安全和保护海洋环境所必需的任何决定

B. 船东可以限制船长根据其专业判断做出或执行为海上人命安全和保护海洋环境所必需的任何决定

C. 租船人不得阻止船长根据其专业判断做出或执行为海上人命安全和保护海洋环境所必需的任何决定

D. 与船舶有关的各方均不得限制船长根据其专业判断做出或执行为海上人命安全和保护海洋环境所必需的任何决定

4. _____属于 SOLAS 公约的单项规则。

①船舶装运木材甲板货安全操作规则

②固体散装货物安全操作规则

③国际船舶安全营运和防止污染管理条例

④国际船舶和港口设施保安规则

A. ①②③   B. ①②④

C. ②③④   D. ①②③④

5. 制定《国际海上人命安全公约》的目的是_____。

①建立与船舶安全相适应的船舶构造、设备与操作方面的最低标准

②保障船舶在海上航行时的人命安全

③为缔约国政府管理船员提供依据

A. ①②   B. ①③

C. ②③   D. ①②③

6. LSA 规则是_____的简称。

A. 国际消防安全系统规则   B. 救生设备规则

C. 完整稳性规则   D. 散货船安全装卸操作规则

7. 除另有规定外,SOLAS 公约仅适用于_____的船舶。

A. 国际航行   B. 在公海上航行

C. 沿海航行   D. 从事货物运输

8. SOLAS 公约不适用于_____。

①500 总吨以下的货船

②非机动船

③制造简陋的木船

④非营业性的游艇和渔船

A. ①②③④   B. ①③

C. ②③④   D. ①②

9. SOLAS 公约强调,对非缔约国船舶,保证_____。

A. 给予更为优惠的待遇   B. 不给予更为优惠的待遇

C. 给予公平的待遇   D. 给予对等的待遇

10. SOLAS 公约附则的主要内容包括_____。

Ⅰ.总则;Ⅱ.构造;Ⅲ.救生设备与装置;Ⅳ.无线电通信;Ⅴ.航行安全;Ⅵ.货物运输;Ⅶ.危险货物装运;Ⅷ.核能船舶;Ⅸ.船舶安全营运管理;Ⅹ.高速船的安全措施;Ⅺ.加强海上安全的特别措施

A. I ~ V
B. Ⅵ ~ Ⅺ
C. I ~ Ⅺ
D. I ~ X

11. SOLAS 公约有许多修正案,大多采用_____的生效办法。

A. 投票表决
B. 缔约国同意
C. 试运行一年后
D. 公约发表 12 个月,1/3 缔约国未表示异议

12. SOLAS 公约是船舶在海上航行时_____方面最重要的国际公约。

A. 保障人命安全
B. 保障财产安全
C. 保护海洋环境
D. 保障船东利益

13. SOLAS 公约由_____组成。

①公约正文

②两个议定书

③公约附则

④附属于公约附则的单项规则

A.①②③④
B.①③
C.②③④
D.①②

14. SOLAS 公约附则共_____。

A. 9 章
B. 11 章
C. 12 章
D. 13 章

15. SOLAS 公约第 I 章为_____。

A. 总则
B. 构造
C. 救生设备与装置
D. 无线电通信设备

16. SOLAS 公约第 I 章内容包括_____。

①适用范围

②定义

③检验

④证书

A.②③④
B.①③
C.①②③④
D.①②④

17. SOLAS 公约的第 V 章、第 Ⅸ 章、第 Ⅺ 章分别是_____。

①航行安全

②船舶营运安全管理

③加强海上安全的特别措施

④危险货物运输

A.①②④
B.①②③
C.①③④
D.②③④

18. 鉴于 SOLAS 公约附则内容的迅速扩充,现多采用简单明了的附则,而将其技术细则集中成_____置于公约文本之外的做法。

A. 单项规则
B. 议定书
C. 修正案
D. 特别规定

19. IMDG 规则是_____的简称。
    A. 国际海运危险货物规则
    B. 国际船舶安全营运和防止污染管理规则
    C. 国际船舶和港口设施保安规则
    D. 固体散装货物安全操作规则
20. ISM 规则是_____的简称。
    A. 国际海运危险货物规则
    B. 国际船舶和港口设施保安规则
    C. 固体散装货物安全操作规则
    D. 国际船舶安全营运和防止污染管理规则
21. ISPS 规则是_____的简称。
    A. 国际海运危险货物规则
    B. 国际船舶安全营运和防止污染管理规则
    C. 国际船舶和港口设施保安规则
    D. 固体散装货物安全操作规则
22. FSS 规则是_____的简称。
    A. 国际消防安全系统规则
    B. 救生设备规则
    C. 完整稳性规则
    D. 散货船安全装卸操作规则

项目三 国际载重线公约

考试大纲要求：
3.2 国际载重线公约
3.2.1 功用、框架与适用范围
3.2.2 基本要求

1.《1966 年国际载重线公约》不适用下列哪些船舶？
    ①军舰
    ②长度小于 24 米的新船
    ③小于 150 总吨的现有船舶
    ④非营业性游艇、渔船
    A. ①②③
    B. ①②③④
    C. ①③④
    D. ②③④
2. 国际航行船舶的国际载重线证书在下列何种情况下中止有效？
    A. 改悬另一缔约国国旗时
    B. 改悬另一国国旗时
    C. 船体结构强度降低到不安全程度时
    D. 船舶管理公司变更时
3. 现行《1966 年国际载重线公约》规定，国际载重线证书应由_____负责签发。
    ①主管机关
    ②主管机关正式授权的组织和个人
    ③主管机关委托的另一缔约国政府
    A. ②③
    B. ①②③
    C. ②
    D. ①②
4. 适用《1966 年国际载重线公约》的船舶为_____。
    A. 从事远洋捕捞的船
    B. 从事国际航行 100 总吨及以上的船舶

C. 营业性的游艇   D. 专门在北美洲诸大湖内航行的船舶

5.《1966 年国际载重线公约》规定,如船舶处于密度为 $1.000 \ g/cm^3$ 的淡水中,其相应的载重线_____。

  A. 不应被浸没

  B. 可以被浸没,但浸没量以该船所持载重线证书上指出的淡水宽限为限

  C. 可以被浸没,但浸没必须被港口国的主管当局认可批准

  D. 可以被浸没,但浸没以所载货物数量而定

6. 根据《1966 年国际载重线公约》,船舶必须满足下列哪些条件方允许从事国际航行?

  ①按照载重线公约进行检验

  ②按照载重线公约的规定勘绘标志

  ③保证具有公约规定的最小干舷

  ④备有国际载重线证书或国际载重线免除证书

  A. ①②④   B. ①②③④

  C. ①②③   D. ②③④

7. LL 1966 适用于_____。

  A. 长度小于 24 米的新船   B. 悬挂缔约国政府国旗但未登记的船舶

  C. 渔船   D. 军舰

8. 可能导致船舶滞留的载重线公约方面的缺陷包括_____。

  ①缺乏足够的和可靠的船舶稳性和强度资料

  ②水密门和风雨密门变形或有缺陷

  ③船舶吃水超过规定的载重线

  ④吃水标志和载重线标志残缺或看不清

  A. ①②③   B. ①②③④

  C. ②③④   D. ①②④

9.《1966 年国际载重线公约》规定,船舶两舷相应于该船所在季节及其所在区域的载重线,不论在出海时、在航行中或在到达时_____。

  A. 可以适量被浸没

  B. 均不应被浸没

  C. 可以短时被浸没

  D. 船长可根据船舶所航行的区域及航线的距离来决定可浸没的范围

项目四   海员培训、发证和值班标准国际公约

考试大纲要求:

3.4   海员培训、发证和值班标准国际公约

3.4.1   功用、构架与适用范围

3.4.2   功能发证

3.4.5 监督程序

1. 根据 STCW 公约马尼拉修正案,以下表述有误的是_____。
   A. 负责航行值班的高级船员在值班时间内始终在驾驶台或与之直接相连的场所,对船舶航行安全负责
   B. 无线电操作员在值班时间内,应始终在无线电工作室负责保持连续值守
   C. 负责轮机值班的高级船员,应能立即就备并随时待命到达机器处所
   D. 如果船上载有危险货物,值班安排应充分考虑到危险货物的性质、数量、包装和积载,以及当时船上、水上或岸上的任何特殊情况

2. 根据 STCW 公约的规定,如果因为发生_____,而又有明显证据表明船舶未能保持值班标准时,缔约国监督官员可对船员按规定进行评估。
   ①船舶发生碰撞
   ②船舶发生搁浅或触礁
   ③船舶非法排放污染物
   ④未遵循 IMO 采纳的定线措施或安全航行方法
   A.①②③   B.①②③④
   C.①③④   D.①②

3. 为了保护海上环境,STCW 规则要求船长、高级船员和普通船员应_____。
   ①了解技术性海洋污染的严重后果
   ②了解操作性海洋污染的严重后果
   ③了解事故性海洋污染的严重后果
   ④采取一切预防措施防止海洋环境污染
   A.①②③   B.①③④
   C.②③④   D.①②④

4. 制定 STCW 公约的主要目的是_____。
   A. 提供一个海员就业、工作及社会安全等方面的最低标准
   B. 提供一个普遍能接受的海员培训、发证和值班最低标准
   C. 提供一个船舶安全管理、安全营运与防污染的最低标准
   D. 提供一个与船舶安全相适应的船舶结构、设备与操作方面的最低标准

5. 根据 STCW 公约的规定,当船舶发生下列哪些情况时,缔约国监督官员可对船员的值班能力是否满足公约要求进行评估?
   ①碰撞、搁浅或触礁
   ②在航行、锚泊或停泊时违反国际公约非法排放污染物
   ③以不稳定或不安全方式操纵船舶
   ④出现货损货差
   A.①②③   B.①②③④
   C.②③④   D.①②

6. 按照 STCW 公约的要求,所有公约要求的证书的原件必须保存在_____。
   A. 证书持有人正在服务的船上   B. 证书持有人服务的船公司处
   C. 证书持有人自己的手里   D. 船员用人单位指定的负责人手里

7. 以下关于 STCW 公约的陈述,有误的是_____。
   A. 在 STCW 公约中规定了海员必须接受系统专业的教育和培训
   B. 在 STCW 公约中规定对海员的培训评估考试和发证必须建立质量标准体系
   C. 在 STCW 公约中引入了适应海员自动发证的"职能发证"体系
   D. 在 STCW 公约中集中和系统地规定了在各种条件下保证正常和安全值班的原则和要求
8. 《1978 年海员培训、发证和值班标准国际公约》引入职能发证方式,把海员职务分为七个职能,主要是依照下列哪项工作需要划分的?
   ①船舶操作
   ②海上人命安全
   ③保护海洋环境
   A. ①②   B. ①③
   C. ②③   D. ①②③
9. 根据 STCW 2010 公约对海员职级和职能块的划分,STCW 规则将海员职务分为_____个职能模块和 _____个责任级别。
   A.6;3   B.7;3
   C.3;2   D.3;3

项目五　国际防止船舶造成污染公约

考试大纲要求:
   6.3　MARPOL 公约
   6.3.1　功用、构架

1. 现行的 MARPOL 公约除正文外,包括_____。
   A. 一个议定书和五个附则   B. 两个议定书和五个附则
   C. 两个议定书和六个附则   D. 两个议定书和四个附则
2. 根据现行 73/78 防污公约议定书Ⅰ中的报告程序,报告应通过可利用的最快的电信通信渠道,最优先的发送给_____。
   A. 船旗国   B. 船公司所属国
   C. 最近的沿岸国   D. A 和 C
3. 根据 73/78 防污公约议定书Ⅰ,当船舶发生有害物质事故时,_____应毫不迟疑地按照规定对事故做出详细报告。
   A. 港口国   B. 船旗国
   C. 船长或负责管理该船的人员   D. 船公司
4. 根据现行 MARPOL 公约,哪些是任选附则?
   ①防止油污规则
   ②防止船舶垃圾污染规则
   ③防止船舶生活污水污染规则

④控制散装有毒液体物质污染规则

    A.①②③④   B.②③

    C.①④   D.③④

5. 现行的 MARPOL 73/78 公约有_____附则已生效。

    A.3 个   B.4 个

    C.5 个   D.6 个

6. MARPOL 公约附则 I 规定,总载重量为_____万吨以上的新建原油油轮应备有《原油洗舱系统操作与设备手册》。

    A.4   B.3

    C.2   D.1

7. 以下关于 MARPOL 公约的陈述,正确的是_____。

    A. MARPOL 公约的六个附则目前全部生效

    B. MARPOL 公约的附则Ⅳ目前尚未生效

    C. 我国尚未加入 MARPOL 公约附则Ⅳ

    D. MARPOL 公约附则Ⅳ目前在我国尚未生效

8. MARPOL 73/78 附则Ⅱ中所指的 Y 类物质是指如排放入海,将对海洋资源或人类健康造成_____,或对舒适性或其他合法利用海洋造成损害的物质。

    A. 较小伤害   B. 可察觉伤害

    C. 危害   D. 重大危害

9. 下列有关现行的 MARPOL 公约各附则的名称,哪些正确?

    ①附则 I 为《防止油类污染规则》

    ②附则Ⅱ为《控制散装有毒液体物质污染规则》

    ③附则Ⅲ为《防止海运包装有害物质污染规则》

    ④附则Ⅳ为《防止船舶生活污水污染规则》

    A.①②③④   B.②③

    C.①④   D.③④

10. 下列有关现行的 MARPOL 公约各附则的名称,哪些正确?

    ①附则 I 为《防止油类污染规则》

    ②附则 V 为《防止船舶垃圾污染规则》

    ③附则Ⅵ为《防止船舶造成空气污染规则》

    ④附则Ⅳ为《防止船舶生活污水污染规则》

    A.①②③④   B.②③

    C.①④   D.③④

11. 根据现行 MARPOL 公约,哪些是必选附则?

    ①《防止油类污染规则》

    ②《防止船舶垃圾污染规则》

    ③《防止船舶造成大气污染规则》

    ④《控制散装有毒液体物质污染规则》

    A.①②③④   B.②③

C. ①④   D. ③④

12. 根据现行 MARPOL 公约,哪些是任选附则?

①《防止油类污染规则》

②《防止船舶垃圾污染规则》

③《防止船舶造成大气污染规则》

④《控制散装有毒液体物质污染规则》

A. ①②③④   B. ②③

C. ①④   D. ③④

13.《防止油类污染规则》是 MARPOL 73/78 公约_____的名称。

A. 议定书 I   B. 附则 Ⅳ

C. 附则 Ⅱ   D. 附则 I

14.《控制散装有毒液体物质污染规则》是 MARPOL 73/78 公约_____的名称。

A. 议定书 I   B. 附则 Ⅳ

C. 附则 Ⅱ   D. 附则 I

项目六　压载水公约及其他防污公约与规则

考试大纲要求:

6.4.1　压载水和沉积物控制和管理公约

1.《控制和管理船舶压载水和沉积物公约》适用于_____。

①有权悬挂缔约国国旗的船舶

②在缔约国管辖下营运的非缔约国船舶

③专门营运于一缔约国管辖水域内的该缔约国的船舶

④任何军舰、军用辅助船舶

A. ①②   B. ①②③

C. ①②③④   D. ③④

2. 根据船舶压载水公约,主管机关应确保适用的船舶,在通过了相应的检验后获得一份国际压载水管理证书,该证书有效期限应由主管机关规定,但不得超过_____年。

A. 3   B. 4

C. 5   D. 6

3. 根据船舶压载水公约,应及时将压载水管理的相关作业详细记入压载水记录簿。每项记录应由_____签字,且每记完一页应由_____签字。

A. 高级船员;相关作业负责人

B. 相关作业的负责人;大副

C. 高级船员或相关作业的负责人;大副

D. 高级船员或相关作业的负责人;船长

项目七　国际劳工组织公约

考试大纲要求：

3.8　国际劳工组织公约

3.8.1　2006 海事劳工公约

3.8.1.1　公约主要内容与框架

3.8.1.2　海员上船工作的最低要求

3.8.1.3　就业条件

3.8.1.4　健康保护、医疗、福利及社会保障

3.8.2　1976 年商船最低标准公约的基本内容

4.20.2　海事劳工规则

1. MLC 2006 在构架上共分三个层次，分别是_____。
   A. 正文条款、规则和技术守则　　　　　　B. 正文条款、技术守则和规则
   C. 规则、守则 A 和守则 B　　　　　　　　D. 正文条款、规则 A 和规则 B

2. 根据 MLC 公约，_____不应算做带薪年休的一部分。
   ①船旗国所认可的公共和传统假日
   ②因患病或受伤而不能工作的期间
   ③在履行就业协议期间准许海员的短期上岸休息
   ④在国外港口因故漏船后赶船期间
   A. ①②③　　　　　　　　　　　　　　　B. ②③④
   C. ①②③④　　　　　　　　　　　　　　D. ①②④

3. 根据 MLC 公约，各成员国应通过国家法律和条例及其他措施，为悬挂其旗帜的船舶制定
   _____标准。
   ①职业安全
   ②健康保护
   ③防止事故
   ④娱乐设施
   A. ①②③　　　　　　　　　　　　　　　B. ②③④
   C. ①②④　　　　　　　　　　　　　　　D. ①②③④

4. ILO 147 号公约为_____方面提供了最低标准。
   A. 船舶防污
   B. 船舶适航
   C. 船员福利、社会保障、船员工资与工作时间等
   D. 船舶安全设备的配备

5. 根据《商船最低标准公约》的规定，对缔约国必须制定国内法律和条例，为在其领土上登记
   的船舶做的规定，下列叙述不正确的是_____。

A. 制定安全标准,其中包括资格、工作时间和配员标准

B. 适当的社会保障措施

C. 船上工作条件符合缔约国和国际协议要求

D. 船上的饮食安排符合缔约国和国际协议要求

6. 根据 ILO 147 号公约附录,船员在服务期间发生伤病,需要遣返的,可被送到_____。

①受雇地港口

②船员国港口

③航次始离港

④伤病者与船长或船东商定并经主管当局认可的另一个港口

A. ①②③④   B. ①②③

C. ①②   D. ②③

7. 根据 MLC 2006,色觉视力证书的最长有效期应为_____。

A. 2 年   B. 3 年

C. 5 年   D. 6 年

8. MLC 公约在海员的_____等方面制定了最低标准。

①就业条件

②工作与休息时间

③船上设施

④娱乐设备

A. ①②③④   B. ①②③

C. ①②④   D. ②③④

9. MLC 公约在海员的_____等方面制定了最低标准。

①膳食供应

②健康保护

③医疗福利

④社会保障

A. ①②④   B. ②③④

C. ①②③④   D. ①②③

10. MLC 公约由_____三个不同但相关的部分构成。

①公约正文

②规则

③附录

④守则

A. ①②④   B. ①②③

C. ①②③④   D. ②③④

11. MLC 公约守则由 A 部分和 B 部分两部分组成,A 部分为_____,B 部分为_____。

A. 强制性标准;强制性指南   B. 强制性标准;非强制性指南

C. 非强制性标准;建议性条款   D. 非强制性标准;非强制性指南

12. 除非另有明文规定,MLC 公约适用于_____。

①所有船员
②所有海员
③通常从事商业活动的船舶
④通常从事非商业活动的船舶

A.①②④　　　　　　　　　　　B.②③
C.①③④　　　　　　　　　　　D.①③

13. MLC 公约明确每一海员均有权获得_____的权利。
①符合安全标准的安全
②受保护的工作场所
③公平的就业条件
④体面的船上工作条件

A.①②④　　　　　　　　　　　B.①②③
C.①②③④　　　　　　　　　　D.②③④

14. MLC 公约明确每一海员均有权获得体面的_____的基本权利。
A.职业　　　　　　　　　　　　B.工资
C.职务　　　　　　　　　　　　D.船上工作和生活条件

第三部分　　答案

项目一

1.B　　2.D　　3.B　　4.C　　5.C　　6.C　　7.A　　8.B　　9.B　　10.A
11.A　　12.B　　13.B　　14.A　　15.B　　16.C　　17.D　　18.C　　19.A　　20.D
21.A　　22.D　　23.C　　24.A　　25.B

项目二

1.D　　2.D　　3.B　　4.D　　5.D　　6.B　　7.A　　8.A　　9.B　　10.C
11.D　　12.A　　13.A　　14.C　　15.A　　16.C　　17.B　　18.A　　19.A　　20.D
21.C　　22.A

项目三

1. B   2. C   3. D   4. C   5. B   6. B   7. B   8. B   9. B

项目四

1. B   2. B   3. C   4. B   5. A   6. A   7. D   8. D   9. B

项目五

1. C   2. C   3. C   4. B   5. D   6. C   7. A   8. C   9. A   10. A
11. C   12. B   13. D   14. C

项目六

1. A   2. C   3. D

项目七

1. A   2. C   3. D   4. C   5. B   6. A   7. D   8. A   9. C   10. A
11. B   12. B   13. C   14. D

模块二　船舶管理国内法规

第一部分　内容简介

本模块主要涉及船舶管理的国内法规,包括《领海及毗连区法》、《海上交通安全法》、《海洋环境保护法》及相关环境保护法规、船员条例等船员管理法规以及船舶升挂国旗管理法规。各国内法规是学习和考试的重点。

第二部分　经典例题解析

例1.根据《海上交通安全法》的规定,外国籍船舶在我国港内移泊时_____。
  A.可自行操作　　　　　　　　　B.视港方要求而定
  C.必须由引航员操作　　　　　　D.向主管机关申请,经同意后自主移泊
  答案:C
  解析:
  《海上交通安全法》第十三条规定:"外国籍船舶进出中华人民共和国港口或者在港内航行、移泊以及靠离港外系泊点、装卸站等,必须由主管机关指派引航员引航。"
例2.根据《海上交通安全法》的规定,船舶发现下列哪种情况时,应迅速报告主管机关?
  ①灯浮移位或熄灭
  ②不明漂流物
  ③其他有碍航行的异常情况
  ④他船遇险
  A.①②③　　　　　　　　　　　B.①②③④
  C.②③④　　　　　　　　　　　D.①②④
  答案:B
  解析:
  《海上交通安全法》第二十四条规定:
  "船舶、设施发现下列情况,应当迅速报告主管机关:
  "一、助航标志或导航设施变异、失常;

"二、有妨碍航行安全的障碍物、漂流物;

"三、其他有碍航行安全的异常情况。"

例3. 根据《海上交通安全法》,事故现场附近的船舶收到求救信号或发现有人遭遇生命危险时_____。

　　A. 即使危及自身安全的情况下,也应当尽力救助遇险人员

　　B 在不严重危及自身安全的情况下,当尽力救助遇险人员及遇难船上的财产

　　C. 在不严重危及自身安全的情况下,当尽力救助遇险人员

　　D. 在不严重危及自身安全的情况下,当尽力救助遇险人员及遇难船舶

　　答案:C

　　解析:

　　《海上交通安全法》第三十六条规定:

　　"事故现场附近的船舶、设施,收到求救信号或发现有人遭遇生命危险时,在不严重危及自身安全的情况下,应当尽力救助遇难人员,并迅速向主管机关报告现场情况和本船舶、设施的名称、呼号和位置。"

例4. 根据我国《海上交通安全法》规定,船舶在下列哪些情况下必须遵守主管机关的特别规定?

　　①通过航行条件受限制区域

　　②进出港口和通过交通管制区

　　③通过交通密集区

　　④通过禁航区

　　A.①②③④　　　　　　　　　　B.②③④

　　C.①②③　　　　　　　　　　　D.①③④

　　答案:C

　　解析:

　　《海上交通安全法》第十四条规定:

　　"船舶进出港口或者通过交通管制区、通航密集区和航行条件受到限制的区域时,必须遵守中华人民共和国政府或主管机关公布的特别规定。"

例5. 根据我国《海上交通安全法》,在我国沿海水域划定禁航区,可以由_____批准。

　　A. 国务院　　　　　　　　　　　B. 主管机关

　　C. 国家军事主管部门　　　　　　D. A 或 B 或 C

　　答案:D

　　解析:

　　《海上交通安全法》第二十一条规定:

　　"在沿海水域划定禁航区,必须经国务院或主管机关批准。但是,为军事需要划定禁航区,可以由国家军事主管部门批准。"

例6. 根据我国《防治船舶污染海洋环境管理条例》,船舶污染事故报告至少应当包括_____。

　　①船舶的名称、国籍、呼号或编号

　　②发生事故的时间、地点以及相关气象和水文情况汇报

③事故原因或事故原因的初步判断

④污染程度

A.①②③④   B.①④

C.①②③   D.②③④

答案:A

解析:

《防治船舶污染海洋环境管理条例》第三十八条规定:

"船舶污染事故报告应当包括下列内容:

"(一)船舶的名称、国籍、呼号或者编号;

"(二)船舶所有人、经营人或者管理人的名称、地址;

"(三)发生事故的时间、地点以及相关气象和水文情况;

"(四)事故原因或者事故原因的初步判断;

"(五)船舶上污染物的种类、数量、装载位置等概况;

"(六)污染程度;

"(七)已经采取或者准备采取的污染控制、清除措施和污染控制情况以及救助要求;

"(八)国务院交通运输主管部门规定应当报告的其他事项。"

例7.《海上交通安全法》规定,船舶储存、装卸、运输危险货物必须_____。

①遵守关于危险货物管理和运输的规定

②具备安全可靠的设备和条件

③必须进港后立即向海事局如实申报,经查验后才可装卸

④向主管机关办理申报手续

A.①②③   B.②③④

C.①②③④   D.①②④

答案:D

解析:

《海上交通安全法》第六章危险货物运输:

第三十二条规定:"船舶、设施储存、装卸、运输危险货物,必须具备安全可靠的设备和条件,遵守国家关于危险货物管理和运输的规定。"

第三十三条规定:"船舶装运危险货物,必须向主管机关办理申报手续,经批准后,方可进出港口或装卸。"

例8.根据《海洋环境保护法》,下列哪个部门负责所辖港区水域内非军事船舶污染海洋环境的监督管理,并负责污染事故的调查处理?

A.国务院环境保护行政主管部门   B.国家海洋行政主管部门

C.国家海事行政主管部门   D.国家渔业行政主管部门

答案:C

解析:

《海洋环境保护法》第五条规定:

"国务院环境保护行政主管部门作为对全国环境保护工作统一监督管理的部门,对全国海洋环境保护工作实施指导、协调和监督,并负责全国防治陆源污染物和海岸工程建设项目对

海洋污染损害的环境保护工作。国家海洋行政主管部门负责海洋环境的监督管理,组织海洋环境的调查、监测、监视、评价和科学研究,负责全国防治海洋工程建设项目和海洋倾倒废弃物对海洋污染损害的环境保护工作。

"国家海事行政主管部门负责所辖港区水域内非军事船舶和港区水域外非渔业、非军事船舶污染海洋环境的监督管理,并负责污染事故的调查处理;对在中华人民共和国管辖海域航行、停泊和作业的外国籍船舶造成的污染事故登轮检查处理。船舶污染事故给渔业造成损害的,应当吸收渔业行政主管部门参与调查处理。

"国家渔业行政主管部门负责渔港水域内非军事船舶和渔港水域外渔业船舶污染海洋环境的监督管理,负责保护渔业水域生态环境工作,并调查处理前款规定的污染事故以外的渔业污染事故。

"军队环境保护部门负责军事船舶污染海洋环境的监督管理及污染事故的调查处理。"

例9. 根据《海洋环境保护法》,船舶进行下列哪些活动,应当事先报经有关部门批准或审核?

①冲洗沾有污染物、有毒有害物质的甲板

②在港区水域进行洗舱、排放压载水

③在港区水域内进行舷外拷铲和油漆

④在港区水域内检修雷达

A.①②③   B.①②④

C.②③④   D.①②③④

答案:A

解析:

《海洋环境保护法》第七十条规定:

"进行下列活动,应当事先按照有关规定报经有关部门批准或者核准:

"(一)船舶在港区水域内使用焚烧炉;

"(二)船舶在港区水域内进行洗舱、清舱、驱气、排放压载水、残油、含油污水接收、舷外拷铲及油漆等作业;

"(三)船舶、码头、设施使用化学消油剂;

"(四)船舶冲洗沾有污染物、有毒有害物质的甲板;

"(五)船舶进行散装液体污染危害性货物的过驳作业;

"(六)从事船舶水上拆解、打捞、修造和其他水上、水下船舶施工作业。"

例10. 在中华人民共和国境内的船员_____适用于我国船员条例。

①工资与住房分配

②注册

③登记

④职业保障

A.②④   B.①②③④

C.②③④   D.①②④

答案:A

解析:

《中华人民共和国船员条例》第二条规定:

"中华人民共和国境内的船员注册、任职、培训、职业保障以及提供船员服务等活动,适用本条例。"

例11. 根据我国船员条例,船长为履行其职责,可以行使的权利包括_____。

①对不具备船舶安全航行条件的,可以拒绝开航或续航

②对船舶所有人下达的违法指令可以拒绝执行

③当船舶遇险并严重危及在船人员的生命安全时,可以决定撤离船舶

④对不称职的船员可以责令其离岗

A. ②④
B. ①②③④
C. ①②③
D. ②③④

答案:B

解析:

《中华人民共和国船员条例》第二十四条规定:

"船长在保障水上人身与财产安全、船舶保安、防治船舶污染水域方面,具有独立决定权,并负有最终责任。

"船长为履行职责,可以行使下列权力:

"(一)决定船舶的航次计划,对不具备船舶安全航行条件的,可以拒绝开航或者续航;

"(二)对船员用人单位或者船舶所有人下达的违法指令,或者可能危及有关人员、财产和船舶安全或者可能造成水域环境污染的指令,可以拒绝执行;

"(三)发现引航员的操纵指令可能对船舶航行安全构成威胁或者可能造成水域环境污染时,应当及时纠正、制止,必要时可以要求更换引航员;

"(四)当船舶遇险并严重危及船舶上人员的生命安全时,船长可以决定撤离船舶;

"(五)在船舶的沉没、毁灭不可避免的情况下,船长可以决定弃船,但是,除紧急情况外,应当报经船舶所有人同意;

"(六)对不称职的船员,可以责令其离岗。

"船舶在海上航行时,船长为保障船舶上人员和船舶的安全,可以依照法律的规定对在船舶上进行违法、犯罪活动的人采取禁闭或者其他必要措施。"

例12. 根据《中华人民共和国船员条例》,船员用人单位应当向年休假的船员支付_____。

A. 不低于船员用人单位所在地人民政府公布的最低工资的报酬

B. 不低于船员用人单位的最低工资的报酬

C. 不低于船员用人单位的船上最低工资的报酬

D. 不低于船员在服务期间平均工资的报酬

答案:D

解析:

《中华人民共和国船员条例》第三十条规定:

"船员在船工作时间应当符合国务院交通主管部门规定的标准,不得疲劳值班。

"船员除享有国家法定节假日的假期外,还享有在船舶上每工作2个月不少于5日的年休假。

"船员用人单位应当在船员年休假期间,向其支付不低于该船员在船工作期间平均工资的报酬。"

例13. 根据《中华人民共和国船员条例》,船员用人单位未与船员依法订立劳动合同的,船员服务机构应当_____。

A. 与船员依法订立劳动合同

B. 与船员用人单位依法订立劳动合同

C. 督促船员与船员用人单位依法订立劳动合同

D. 与船员、船员用人单位依法订立劳动合同

答案:C

解析:

《中华人民共和国船员条例》第四十四条规定:

"船员服务机构为船员用人单位提供船舶配员服务,应当督促船员用人单位与船员依法订立劳动合同。船员用人单位未与船员依法订立劳动合同的,船员服务机构应当终止向船员用人单位提供船员服务。

"船员服务机构为船员用人单位提供的船员失踪或者死亡的,船员服务机构应当配合船员用人单位做好善后工作。"

例14. 根据我国《船舶升挂国旗管理办法》,中国籍船应将国旗悬挂于_____。

①船尾

②前桅或驾驶台信号杆顶部

③信号杆的右横桁

A. ①②③   B. ①②

C. ②③   D. ①③

答案:D

解析:

《船舶升挂国旗管理办法》第十条规定:

"中国籍船舶应将中国国旗悬挂于船尾旗杆上。船尾没有旗杆的,应悬挂于驾驶室信号杆顶部或右横桁。

"外国籍船舶悬挂中国国旗,应悬挂于前桅或驾驶室信号杆顶部或右横桁。

"中国国旗与其他旗帜同时悬挂于驾驶室信号右横桁时,中国国旗应悬挂于最外侧。"

例15.《船舶升挂国旗管理办法》适用于下列哪种情况?

①中国籍民用船舶

②进入中华人民共和国内水、港口、锚地的外国籍船舶

③船上有中国籍船员的所有船舶

④依照我国有关船舶登记法规办理船舶登记,取得我国国籍的船舶

A. ①②③④   B. ②③

C. ①②④   D. ①②

答案:C

解析:

《船舶升挂国旗管理办法》第二条规定:"本办法适用于中国籍民用船舶以及进入中华人民共和国内水、港口、锚地的外国籍船舶。"

第四条规定:"依照中华人民共和国有关船舶登记法规办理船舶登记,取得了中华人民共

和国国籍的船舶,方可将中国国旗作为船旗国国旗悬挂。"

第六条规定:"进入中华人民共和国内水、港口、锚地的外国籍船舶,应当每日悬挂中国国旗。"

第三部分　真题分节精练

项目一　领海及毗连区法

考试大纲要求：

6.1.1　海域概念及其法律地位

1. 根据有关规定,沿海国在其设立的毗连区中,行使管制的事项有_____。
   ① 防止其领土或海域违反关税财政移民
   ② 惩罚在其领土或海域内违反关税财政移民
   ③ 防止在其领土或海域内违反有关卫生规章及惩罚相应的违法行为
   A. ①②③　　　　　　　　　　B. ①②
   C. ②③　　　　　　　　　　　D. ①③

2. 我国的领海基线采用_____确定。
   A. 正常基线法　　　　　　　　B. 直线基线法
   C. 混合基线法　　　　　　　　D. 最低低潮线法

3. 我国《领海与毗连区法》规定,在我国毗连区内,对于在我国陆地、领土、内水或领海内违反_____方面法律和法规的行为,我国有权行使管制权。
   ① 海关
   ② 财政
   ③ 卫生
   ④ 安全、出入境管理
   A. ①②③④　　　　　　　　　B. ①②
   C. ②③　　　　　　　　　　　D. ①②③

4. 根据我国《海上交通安全法》以及《领海及毗连区法》的规定,以下表述有误的是_____。
   A. 外国非军用船舶享有无害通过我国领海的权利
   B. 外国非军用船舶进出我国内水和港口必须经过我国海事管理机构的批准
   C. 外国军用船舶享有无害通过我国领海的权利
   D. 外国军用船舶进入我国领海,必须经过我国政府的批准

5. 中华人民共和国毗连区为领海以外邻接领海的一带海域,毗连区的宽度为_____。
   A. 12 n mile　　　　　　　　　B. 24 n mile
   C. 200 n mile　　　　　　　　 D. 3 n mile

6. 根据我国《领海及毗连区法》,享有依法无害通过中华人民共和国领海的权利的是_____。

A. 外国船舶   B. 外国非军用船舶

C. 任何船舶   D. 与我国建交国家的船舶

7. 任何国际组织、外国的组织或者个人,在中华人民共和国领海内进行科学研究、海洋作业等活动,须经中华人民共和国_____批准,遵守中华人民共和国法律、法规。

    A. 政府或者其他有关主管部门   B. 交通运输主管部门

    C. 政府   D. 海事主管部门

8. 追逐须在外国船舶或者其小艇之一或者以被追逐的船舶为母船进行活动的其他船艇在中华人民共和国的_____内时开始。

    A. 领海、内水   B. 内水、领海或者毗连区

    C. 领海或者毗连区   D. 毗连区

项目二　交通安全法规

考试大纲要求:

4.1　海上交通安全法

4.1.1　适用范围与主管机关

4.1.2　对船舶和人员的要求

4.1.3　航行、停泊和作业的规定

4.1.4　安全保障与危险货物运输

4.1.5　海难救助与交通事故的调查处理

1. 按照《海上交通安全法》的规定,外轮在下列哪种情况下必须事先获得海事局批准后才可进入我国港口?

    A. 船员伤势严重需抢救时   B. 需补充淡水时

    C. 紧急避台时   D. 船体严重破损进水时

2. 《海上交通安全法》规定,非经主管机关特别许可,船舶_____。

    A. 不可进入交通管制区   B. 不可进入港区

    C. 不可穿越禁航区   D. 不可进入港区

3. 根据《海上交通安全法》的规定,船舶损坏助航标志后除应立即向主管机关报告外,并_____。

    A. 将被禁止进港或令其离港   B. 应承担赔偿责任

    C. 将被处以罚款   D. A 和 C

4. 《海上交通安全法》规定,外国派遣的船舶,未经_____批准,不得进入我国的_____搜救遇难船舶或人员。

    A. 海事局;领海   B. 政府;领海

    C. 政府;内水   D. 海事局;内水

5. 根据《海上交通安全法》,事故现场附近船舶收到求救信号时,在下列哪种条件下应当尽力救助遇难人员?

A. 任何情况下   B. 遇难者要求时

C. 经船东同意时   D. 不严重威胁自身安全时

6. 根据 SOLAS 公约,如果接到遇险警报信号的船舶_____,该船长必须将未能前往援助遇险人员的理由载入航海日志,并通知相应的搜救机构。

① 不能前往援助

② 不愿前往援助

③ 因情况特殊认为前往援助不合理

④ 因情况特殊认为前往援助不必要

A. ①②③   B. ①②③④

C. ②③④   D. ①③④

7. 按照 SOLAS 公约的要求,当船长在海上接到任何方向的遇险信号时,下列做法中正确的是_____。

① 全速前往救助遇险人员

② 可能时通知遇险人员或搜救机构正在前往救援中

③ 如不能前往救助时应将情况报告船旗国主管机关

④ 如认为前往救援不合理或不必要,应将理由记入航海日志

A. ①②③④   B. ①②③

C. ①③④   D. ①②④

8.《海上交通安全法》规定,当主管机关认为某船具有可能妨碍海上交通安全的情况时,有权_____。

A. 令其停航、改航或停止作业   B. 责成其申请重新检验

C. 通知所有人采取有效的安全措施   D. A、B、C 都可以

9. 根据《海上交通安全法》,发生碰撞事故的船舶、设施,应当互通_____。

① 名称

② 国籍

③ 登记港

④ 吨位

A. ①②③   B. ①②④

C. ①③④   D. ①②③④

10.《海上交通安全法》适用于在我国管辖水域_____船舶。

① 航行

② 停泊

③ 作业

④ 正常排放压载水

A. ①②③④   B. ①②③

C. ②③④   D. ①②④

11. 根据我国《海上交通安全法》对船舶上人员的规定,下列哪些人员须持有合格的职务证书?

① 大副

② 二管轮

③大厨

④电机员

A. ①②③④   B. ①②③

C. ①②④   D. ②③④

12. 船舶发生交通事故后,下列哪种做法不符合《海上交通安全法》的规定?

    A. 应向主管机关提交有关资料   B. 应向主管机关提交交通事故报告书

    C. 应向主管机关提供现场情况   D. 应接受法律调查处理

13. 根据我国《海上交通安全法》,下列表述不正确的是_____。

    A. 船舶应当按标准配备合格船员   B. 船舶应当接受主管机关的监督和检查

    C. 所有船员均应持有职务证书   D. 为保障安全船员应遵守操作规程

14. 《海上交通安全法》适用的沿海水域是指我国的_____。

    ①沿海港口

    ②内水

    ③领海

    ④其他我国管辖水域

    A. ①②③   B. ①②③④

    C. ②③④   D. ①②④

15. 根据我国《海上交通安全法》,下列哪些情况需经主管机关批准?

    ①外国籍非军用船舶进入我国内水

    ②外国派遣船舶进入我国领海搜寻救助遇难船舶和人员

    ③进入禁航区救助遇难人员

    ④船舶装运危险货物

    A. ②③④   B. ①②④

    C. ①②③④   D. ①②③

16. 根据我国《海上交通安全法》,船舶在遇到下列哪些情况时应立即向主管机关报告?

    ①损坏助航标志或导航设施时

    ②船舶遇难时

    ③航行中发现有人遭遇生命危险时

    ④船舶装运危险货物时

    A. ①②③   B. ②③④

    C. ①②③④   D. ①②④

17. 根据我国《海上交通安全法》,船舶存在下列哪种情况时主管机关有权禁止其进港或令其离港?

    A. 处于不合适航

    B. 对港口安全有威胁

    C. 有妨害或者可能妨害海上交通安全的情况

    D. 发生交通事故,手续未清

18. 应遵守我国《海上交通安全法》的单位和个人有_____。

    ①船员

②船舶所有人
③船舶代理人
④船舶经营人
A. ②③④ B. ①②④
C. ①②③④ D. ①②③

19. 根据我国《海上交通安全法》规定,下述正确的有_____。
①船舶发生交通事故,应当向主管机关递交事故报告和有关资料
②主管机关认为船舶对港口安全具有威胁时,有权禁止其进港
③主管机关有权确定交通管制区、港口锚地
④禁止船舶损坏助航标志和导航设施
A. ①②④ B. ①②③④
C. ②③④ D. ①②③

20.《海上交通安全法》规定,主管机关认为对港口安全有威胁时,有权_____。
A. 令其停航 B. 令其停止作业
C. 禁止其进港或令其离港 D. 令其改航

21. 我国《海上交通安全法》适用的水域包括我国的_____。
①内水及港口
②领海
③毗连区
④专属经济区
A. ①②③④ B. ①②③
C. ①②④ D. ②③④

22. 根据我国《VTS 监督管理规则》,船舶在 VTS 区域内_____的表述有误。
A. 航行时,应用安全航速行驶,并应遵守主管机关的限速规定
B. 航行,停泊和作业时,应在规定的 VHF 通信频道上正常守听
C. 航行,停泊和作业时,应及时向 VTS 中心询问和接受咨询
D. 应按规定锚泊,并应遵守锚泊秩序

23. 根据《海上交通安全法》,下列叙述哪些正确?
①船舶必须持有船舶国籍证书
②船舶处于不适航或不适拖状态时,主管机关有权禁止其进港
③船舶运输危险货物,必须具备安全可靠的设备和条件
④对违反海上交通安全法的人员,主管机关可给予当事人警告、罚款、扣留或吊销职务证书的处罚
A. ①②③④ B. ①②③
C. ③④ D. ①②④

24. 根据我国《海上交通安全法》,未经主管机关批准,不得在_____设置和构筑设施或者进行其他有碍航行安全的活动。
①港区锚地
②航道

③通航密集区

④主管机关公布的航路内

A. ①②③   B. ②③④

C. ①②③④   D. ①②④

25. 根据我国《VTS监督管理规则》，应船舶请求，VTS中心可向其提供_____和其他有关信息服务。

①他船动态

②助航标志

③水文气象

④航行警(通)告

A. ①③④   B. ②③④

C. ①②④   D. ①②③④

26. 根据我国《VTS监管管理规则》，为避免紧迫局面的发生，VTS中心可向船舶_____。

①提出建议

②提出劝告

③发出警告

④发出指令

A. ②③④   B. ①②③

C. ①②④   D. ①②③④

27. 我国《海上交通安全法》的适用范围包括_____。

①内水和港口

②领海和毗连区

③专属经济区

④大陆架

A. ①②③④   B. ①②③

C. ①②   D. ②③④

28. 根据《海上交通安全法》，船舶发生事故对交通安全造成或可能造成危害时，主管机关有权_____。

A. 采取必要的强制性处置措施   B. 注销其船舶签证簿

C. 没收船舶国籍证书   D. 通知其所有人采取有效的安全措施

29. 因海上交通事故引起民事纠纷，下列哪种处理途径不是《海上交通安全法》的规定？

A. 可以申请主管机关调解处理

B. 可以向法院起诉

C. 必须首先申请主管机关调解处理

D. 涉外案件可以根据书面协议提交仲裁机构仲裁

30. 根据《海上交通安全法》，发生碰撞事故的船舶应当_____。

①互通名称、国籍和登记港

②尽力救助遇难人员

③迅速驶离事故现场

④任何时候,当事船舶不得离开事故现场

A. ①②③　　　　　　　　　　B. ①②

C. ②③④　　　　　　　　　　D. ①②③④

31. 根据我国《海上交通安全法》的规定,下列表述正确的是_____。

①船舶应当按标准配备合格船员

②船员须经过相应的专业培训

③船舶应接受主管机关的监督和检查

④为保证安全,船员应遵守操作规程

A. ①②③　　　　　　　　　　B. ①②③④

C. ②③④　　　　　　　　　　D. ①②④

32. 根据我国交通运输部颁布的《VTS监督管理规则》,船舶在VTS区域内应向VTS中心报告的情况包括_____。

①船舶发生溢油事故

②船舶发现进港助航标志发生移位

③船舶发现一水上漂浮的集装箱

④船舶追越他船

A. ①②③　　　　　　　　　　B. ①②③④

C. ②③④　　　　　　　　　　D. ①③④

33. 对在安全检查中存在严重缺陷且未按规定纠正的船舶,主管机关依据《海上交通安全法》有权_____。

A. 通知其所有人采取有效的安全措施　　B. 责成其重新检验

C. 禁止其离港　　　　　　　　　　　　D. A 和 B

34. 根据我国《VTS监督管理规则》,主管机关设置的船舶_____中心是负责具体实施船舶交通管理的运行中心。

A. 交通管理　　　　　　　　　　B. 航行监控

C. 动态信息　　　　　　　　　　D. 海上安全管理

35. 下列哪项是我国《海上交通安全法》对外国籍船舶的规定?

A. 外国籍非军用船舶未经我国政府批准,不得进入我国领海

B. 外国籍非军用船舶未经港务监督批准,不得进入我国内水

C. 外国籍非军用船舶因避风未及获得批准,可进入我国内水但应同时向主管机关报告

D. B 和 C

36. 根据《海上交通安全法》的规定,主管机关发现船舶实际状况与证书所载不符时,有权_____。

A. 令其停航　　　　　　　　　　B. 禁止其离港

C. 责成其申请重新检验　　　　　D. 令其停止作业

37. 在我国沿海水域,应遵守我国《海上交通安全法》的船舶有_____。

①正在疏浚航道的船

②正在港内锚泊中的船

③正在装卸货的船

④正在进行救助的船

    A. ①②③   B. ①②③④

    C. ①②④   D. ②③④

38. 当主管机关认为船舶可能妨害海上交通安全时,有权依据《海上交通安全法》采取下列哪种措施?

    A. 令其离港   B. 责成其重新检验

    C. 通知其所有人采取有效的安全措施   D. 令其停航

39. 我国《海上交通安全法》对船舶上人员做规定的目的在于_____。

    ①保证船员的质量

    ②保证船员的配备数量

    ③保证船员的构成

    ④保障船舶航行、停泊和作业的安全

    A. ①②③④   B. ①②③

    C. ①②④   D. ②③④

40. 根据我国《海上交通安全法》,下列哪些情况需经主管机关批准?

    ①外国籍军用船舶进入我国领海

    ②进入禁航区救助遇难人员

    ③打捞或拆除领海内的沉船、沉物

    ④外国派遣飞机进入我国领海上空搜寻救助遇难船舶和人员

    A. ①③   B. ②③④

    C. ①④   D. ①②④

41. 船舶发生交通事故后,下列哪种做法不符合《海上交通安全法》的规定?

    A. 应向主管机关提交有关资料   B. 应向主管机关提交交通事故报告书

    C. 应接受法院的调查处理   D. 应向主管机关提供现场情况

42. 下列哪些是《海上交通安全法》对船舶上的人员规定?

    ①高级船员必须持有合格的职务证书

    ②应按照标准定额配备合格的船员

    ③船员应经过相应的专业训练

    ④船员应持有海员证

    A. ①②③④   B. ①②③

    C. ①②④   D. ②③④

43. 根据我国《VTS 监督管理规则》,应船舶请求,VTS 中心可为船舶在_____时提供助航服务。

    ①航行困难

    ②气象条件恶劣

    ③出现故障

    ④出现损坏

    A. ①②③④   B. ②③④

    C. ①②④   D. ①②③

44. 应遵守我国《海上交通安全法》的外国籍船舶包括_____。
　　①获准进入我国领海的外国籍军用船舶
　　②获准进入我国避风锚地避台的外国籍非军用船舶
　　③获准进入我国领海搜救遇难人员的外国籍船舶
　　④在我国领海水域内航行的外国籍非军用船舶
　　A.①②③　　　　　　　　　　　　B.①②③④
　　C.①②④　　　　　　　　　　　　D.②③④

45. 《海上交通安全法》规定,大型设施和移动式平台的海上拖带,须经_____拖航检验,并报_____核准。
　　A.船检部门;海事局　　　　　　　B.造船部门;海事局
　　C.海事局;船厂　　　　　　　　　D.造船部门;船检部门

46. 根据《海上交通安全法》的要求,船舶和船上的技术证书的签发机关为_____。
　　A.港务监督机构　　　　　　　　　B.船舶检验部门
　　C.有关船厂　　　　　　　　　　　D.船舶所属公司

47. 按照《海上交通安全法》的要求,下列外国籍船舶应向海事局报告的是_____。
　　A.在我国沿海水域发生交通事故的非军用船
　　B.欲进入我国避风锚地避台的军用货船
　　C.申请进入我国领海的军舰
　　D.欲进入我国领海的任何船舶

48. 根据《海上交通安全法》的规定,除_____的情况外,主管机关有权禁止船舶离港。
　　A.未交付承担的费用　　　　　　　B.发生交通事故,手续未清
　　C.缺少一名非值班船员　　　　　　D.处于不适航或不适拖状态

49. 根据《海上交通安全法》的规定,转运危险货物的船舶_____。
　　A.必须进港后立即向海事局如实申报,经查验后才可装卸
　　B.必须在锚地装卸
　　C.必须事先向海事局办理申报手续,经批准后才可进入港口或装卸
　　D.必须事先向船公司办理申报手续

50. 船舶、设施发生交通事故,应由_____查明原因,判明责任。
　　A.海事法院　　　　　　　　　　　B.海事主管机关
　　C.海事仲裁机构　　　　　　　　　D.保险公司

项目三　环境保护法

考试大纲要求:

6.6.1　海洋环境保护法

6.6.1.1　总则

6.6.1.2　防治船舶及有关作业活动对海洋环境的污染损害

1. 根据《海洋环境保护法》,装卸油类的_____必须编制溢油污染应急计划,并配备相应的溢油污染应急设备和器材。
   ①船舶
   ②港口
   ③码头
   ④装卸站
   A. ①②③   B. ①②④
   C. ②③④   D. ①②③④

2. 下列哪项船舶应执行我国现行《海洋环境保护法》的规定?
   ①在我国管辖海域以内航行的任何外国籍船舶
   ②在我国管辖海域以外造成我国海域污染的船舶
   ③在我国管辖海域以内航行的任何中国籍船舶
   A. ①②③   B. ②③
   C. ①②   D. ①③

3. 根据《海洋环境保护法》,船舶进行下列哪项活动应当事先报经有关部门批准或核准?
   A. 冲洗沾有污染物、有毒有害物质的甲板
   B. 在港区水域内进行洗舱,排放压载水
   C. 在港区水域内进行舷外拷铲和油漆
   D. 以上都对

4. 我国《海洋环境保护法》规定,载运具有污染危险性货物进出港口的船舶,其_____,必须事先向海事行政主管部门申报。经批准后,方可进出港口、过境停留或装卸作业。
   ①承运人
   ②货物所有人
   ③代理人
   A. ①②③   B. ②③
   C. ①②   D. ①③

5. 我国《海洋环境保护法》规定,船舶装运污染危险性不明的货物时,应当按照有关规定_____。
   A. 事先进行评估   B. 装运时进行评估
   C. 事后进行评估   D. 不需评估

6. 我国现行《海洋环境保护法》规定,装卸油类及有毒有害货物时,_____必须遵守防污操作规程。

A. 船方   B. 港方
C. 港船双方   D. 船或港方

7. 根据我国现行《海洋环境保护法》，船舶不得违法排放_____。
①废弃物、污染物
②船舶垃圾
③压载水
④其他有害物质
A. ①②③   B. ①②④
C. ②③④   D. ①②③④

8. 下列提法符合我国《海洋环境保护法》要求的是_____。
①船舶必须持有防污证书和文书
②船舶必须配置相应的防污设备和器材
③船舶应防止因海难事故造成海洋环境的污染
④船舶在进行污染物排放和操作时，应如实记录
A. ②③④   B. ①③④
C. ①②③④   D. ①②④

9. 航行于国际航线，载运2000吨以上的散装货油的船舶，除执行我国《防止船舶污染我国海域管理条例》外，还应遵守我国参加的_____。
①MARPOL 73/78
②1969年国际油污损害民事责任公约
③SOLAS公约
A. ①②③   B. ①②
C. ①③   D. ②③

10. 根据我国《防治船舶污染海洋环境管理条例》，_____应当配备足够的污染监视设施和污染物接收设施，并使其处于良好状态。
①港口
②码头
③装卸站
④从事船舶修造的单位
A. ①②③④   B. ①④
C. ①②③   D. ②③④

11. 根据我国《海洋环境保护法》的规定，船舶进行下列哪些活动时应先报有关部门批准？
①在港区内使用焚烧炉
②在港外锚地使用化学清油剂
③在我国沿海水域内进行散装液体污染危害性货物过驳作业
④在港内锚地进行散装固体货物过驳作业
A. ①③④   B. ①②③④
C. ②③④   D. ①②③

12. 根据我国《船舶及其有关作业活动污染海洋环境防治管理规定》，进行船舶油料供受作业

的,作业双方应当采取满足安全和防治污染要求的供受管理措施,同时应当遵守作业前_____的规定。

①检查管路、阀门,做好准备工作,堵好甲板排水孔,关好有关通海阀

②检查油类作业的有关设备,使其处于良好状态

③对可能发生溢漏的地方,设置集油容器

④供受双方以受方为主商定联系信号,双方均应切实执行

A.②③④   B.①②③

C.①②③④   D.①②④

13. 根据我国《船舶及其有关作业活动污染海洋环境防治管理规定》,船舶_____不需要海事管理机构的许可。

A. 在沿海港口进行作业舷外拷铲、油漆作业或者使用焚烧炉

B. 在港口水域内洗舱、清舱、驱气以及排放压载水

C. 冲洗沾有污染物、有毒物质的甲板

D. 清洗曾有扬尘污染物的货舱

14. 按照现行《海洋环境保护法》的规定,船舶进行下列哪项活动时应当事先报经有关部门批准?

①冲洗沾有污染物的甲板

②在港内舷外拷铲、油漆

③在港内使用焚烧炉

④港区内检修雷达

A.①②③④   B.①②④

C.②③④   D.①②③

15. 在我国管辖海域内,从事下列哪些活动必须遵守我国现行《海洋环境保护法》的规定?

①海洋勘探

②航行

③海洋科研、开发

A.①②③   B.②③

C.①②   D.①③

16. 根据《防治船舶污染海洋环境管理条例》,组织事故调查处理的机关或者海事管理机构根据事故调查处理的需要,可以暂扣相关的文书、证书、资料,必要时可以_____。

①禁止船舶驶离港口

②责令停航该船

③停止作业

④暂扣船舶

A.①②③   B.①②④

C.①②③④   D.①③④

17. 根据我国有关防止船舶污染海域管理方面的规定,船舶在我国水域内发生污染事故时,应立即向_____报告。

A. 船籍港海事主管机关   B. 第一到港的船舶代理

C. 船公司   D. 就近港口的海事主管机关

18. 根据我国《船舶及其有关作业活动污染海洋环境防治管理规定》，船舶不得向规定的
    _____排放污染物。
    ①海洋自然保护区
    ②海洋特别保护区
    ③海滨名胜风景区
    ④重要渔区水域以及其他需要特别保护的海域
    A. ②③④   B. ①③④
    C. ①②③④   D. ①②③

19. 按照《防治船舶污染海洋环境管理条例》，船舶污染事故报告应当包括_____。
    ①船舶及船员的配备情况
    ②发生事故的时间、地点以及相关气象和水文情况
    ③船舶上污染的种类、数量、装载位置等情况
    ④污染程度
    A. ①②③④   B. ②③④
    C. ①②③   D. ①②④

20.《船舶及其有关作业活动污染海洋环境防治管理规定》中所称的有关作业活动不包括
    _____。
    A. 船舶装载作业   B. 船舶过驳作业
    C. 船舶清舱、洗舱作业   D. 淡水添加作业

21. 预防船舶污染环境，应有与船舶防污染要求相适应的船外环境，以保证船舶运作的过程中
    不发生污染事故，或将污染损害降至最低。船外的环境配套措施有_____。
    ①按照国际公约要求设置船舶油污水接收设备（设施、装置），有毒液体物质接收设备，船
    舶垃圾接收设备等
    ②妥善选择液体货物的作业场所
    ③在作业场所设置防止遗漏或散落的器材，防止落水污染物扩散的器材
    ④严谨的船岸作业规程、船舶作业规程及其监督
    ⑤有效的航道导航系统及船舶交通管理
    A. ①②③④⑤   B. ②③④⑤
    C. ②④⑤   D. ①③④⑤

22. 根据我国《防治船舶污染海洋环境管理条例》，下述陈述错误的是_____。
    A. 船舶应当按照应急预案定期组织演练并做好相应记录
    B. 船舶拆解作业应采取冲滩方式进行
    C. 任何个人发现船舶造成或者可能造成海洋环境污染的应立即就近向海事管理机构报告
    D. 防治船舶及其有关作业活动污染中华人民共和国管辖海域适用本条例

23. 下列哪些情况适用我国现行《海洋环境保护法》的规定？
    ①在我国管辖海域内从事航行、开发活动的
    ②在沿海陆域从事影响海洋环境活动的
    ③在我国管辖海域以外造成我国管辖海域污染的

A. ①②
B. ②③
C. ①③
D. ①②③

24. 根据现行《海洋环境保护法》的规定,船舶发生海难事故后,下列哪项措施不应由海事行政主管部门采取?
   A. 对造成或可能造成重大污染损害的,强制采取避免或减少污染损害的措施
   B. 对造成或可能造成重大污染损害的,强制采取污染损害民事赔偿措施
   C. 对在公海上发生事故但对我国海域有污染威胁的,采取与当时情况相称的必要措施
   D. 对在公海上因发生海难事故,造成我国管辖海域重大污染损害后果的船舶、海上设施,采取与实际的或者可能发生的损害相称的必要措施

25. 根据我国海洋环境保护的规定,海洋环境污染损害,是指直接或者间接地把物质能量引入海洋环境,产生_____等有害影响。
   ①损害海洋生物资源
   ②危害人体健康
   ③妨害渔业和海上其他合法活动
   ④损害海水使用素质和减损环境质量
   A. ①②③
   B. ①②③④
   C. ②③④
   D. ①②④

26. 对国家海洋环保工作实施监督、指导和协调的部门是_____。
   A. 国家海洋行政主管部门
   B. 国家海事行政主管部门
   C. 国家环境保护行政主管部门
   D. 国家渔业行政主管部门

27. 根据《防治船舶污染海洋环境管理条例》,完全属于_____等情形之一,经过及时采取合理措施仍然不能避免对海洋环境造成污染损害的,免予承担责任。
   ①战争
   ②不可抗拒的自然灾害
   ③为保障船舶安全或救护海上人命所致
   ④负责灯塔或其他助航设备的主管部门,在执行职责时的疏忽,或者其他过失行为
   A. ①②③④
   B. ①②③
   C. ①②
   D. ①②④

28. 船舶违反《海洋环境保护法》的规定,不编制溢油应急计划的,有关部门可依照该法予以_____。
   ①罚款
   ②警告
   ③责令限期改正
   A. ①②③
   B. ①②
   C. ②③
   D. ①③

29. 船舶、有关作业单位违反《防治船舶污染海洋环境管理条例》的规定且拒不改正的,海事管理机构可以_____。
   ①责令停止作业、强制卸载
   ②禁止船舶进出港口、靠泊、过境停留

③责令停航、改航、离境、驶向指定地点

④扣留或者吊销相关证书

A.①②   B.①②③

C.①②③④   D.②③④

30.下列哪项符合我国现行《海洋环境保护法》的要求？

①船舶在进行污染物排放和操作时,应如实记录

②船舶必须配置相应的防污设备和器材

③载运污染物的船舶,其结构和设备应能防止或减轻所载污染物对海洋环境的污染

④船舶在港区水域内排放压载水应报请海事部门批准或者核准

A.①②③   B.①②④

C.②③④   D.①②③④

31.根据我国现行《海洋环境保护法》,建立油污赔偿基金制度是根据下列哪种原则？

A.国家、集体和个人共同承担风险的原则

B.船公司和船员共同承担风险的原则

C.船东和货主共同承担风险的原则

D.船方和受损害方共同承担风险的原则

32.根据现行《海洋环境保护法》的规定,进行下列哪项活动不必事先报经有关部门批准？

A.在港内冲洗沾有污染物的甲板   B.在港内注入压载水

C.在港内使用焚烧炉   D.在港内舷外油漆

33.《防治船舶污染海洋环境管理条例》生效日期为 _____。

A.2011 年 3 月 1 日   B.2012 年 3 月 1 日

C.2013 年 3 月 1 日   D.2010 年 3 月 1 日

34.根据《海洋环境保护法》,船舶发生海难事故,造成或可能造成海洋环境重大污染损害的, _____有权强制采取避免或者减少污染损害的措施。

A.国家海洋行政主管部门   B.国家海事行政主管部门

C.国务院环境保护行政主管部门   D.A、B、C 均可

35.船舶、有关作业单位违反《防止船舶污染海洋环境管理条例》规定的,海事管理机构应当 _____。

A.责令改正

B.责令停止作业

C.责令停航、改航、离境、驶向指定地点

D.以上都是

36.下列有关船舶污染事故等级划分正确的是_____。

①特别重大船舶污染事故,是指船舶溢油 1000 t 以上,或者造成直接经济损失 2 亿元以上的船舶污染事故

②重大船舶污染事故,是指船舶溢油 500 t 以上不足 1000 t,或者造成直接经济损失 1 亿元以上不足 2 亿元的船舶污染事故

③较大船舶污染事故,是指船舶溢油 100 t 以上不足 500 t,或者造成直接经济损失 5000 万元以上不足 1 亿元的船舶污染事故

④一般船舶污染事故,是指船舶溢油不足 100 t,或者造成直接经济损失不足 5000 万元的船舶污染事故

A. ①②③④   B. ②③④

C. ①②   D. ③④

37. 根据我国现行《海洋环境保护法》的规定,对下列哪项行为可责令其限期改正并罚款?

    A. 排放禁止排放的污染物

    B. 不按规定申报污染物排放有关事项

    C. 发生事故不按规定报告

    D. 不按规定提交倾倒报告或不记录倾倒情况

38. 《海洋环境保护法》适用于中华人民共和国_____。

    ①内水、领海、毗连区

    ②专属经济区

    ③大陆架

    ④我国管辖的其他海域

A. ①②③   B. ①④

C. ②③④   D. ①②③④

39. 根据《防治船舶污染海洋环境管理条例》,下列说法正确的是_____。

    ①船舶的结构、设备、器材应当符合国家有关防治船舶污染海洋环境的技术规范以及中华人民共和国缔结的国际条约的要求

    ②船舶应取得并随船携带相应的防治船舶污染海洋环境的证书、文书

    ③中国籍船舶的所有人、经营人或者管理人应当建立健全安全营运和防治船舶污染管理体系

    ④港口、码头、装卸站以及从事船舶修造的单位应当配备与其装卸货物种类和吞吐能力或者修造船舶能力相适应的污染监视设施和污染接收设施,并使其处于良好状态

A. ①②③④   B. ①②③

C. ①②④   D. ①②

40. 《船舶及其有关作业活动污染海洋环境防治管理规定》中所称的"有关作业活动"包括_____。

    ①船舶装卸、过驳、清舱、洗舱、油料供受

    ②船舶修造、打捞、拆解

    ③污染危害性货物装箱、充罐、污染清除

    ④其他水上水下船舶施工作业活动

A. ①②④   B. ①②③④

C. ②③   D. ①②③

41. 下列哪类船舶应执行我国现行《海洋环境保护法》的规定?

    ①我国管辖海域以内航行的任何外国籍船舶

    ②我国管辖海域以外造成我国海域污染的船舶

    ③我国管辖海域以内航行的任何中国籍船舶

A. ①②③   B. ②③

C.①②   D.①③

42.必须遵守我国现行《海洋环境保护法》规定的情况包括_____。
   ①在我国管辖海域从事航行、开发活动的
   ②在沿海陆域从事影响海洋环境活动的
   ③在我国管辖海域以外造成我国管辖海域污染的
   A.①②   B.②③
   C.①③   D.①②③

43.我国《海洋环境保护法》规定,载运具有污染危害性货物进出港口的船舶,其_____,必须事先向海事行政主管部门申报。经批准后,方可进出港、过境停留或者装卸作业。
   ①承运人、货物所有人
   ②承运人或者代理人
   ③货物所有人或者代理人
   ④承运人、货物所有人或者代理人
   A.①②③   B.①②
   C.②③④   D.①②③④

44.根据我国现行《海洋环境保护法》的规定,下列行为可以处以警告的是_____。
   A.船舶未持有防污证书   B.不按照规定排放或者超标排放污染物
   C.排放禁止排放的污染物   D.未经申报进行海洋倾废

45.根据现行《海洋环境保护法》,及时采取合理措施仍然不能避免造成海洋环境污染损害,而免于承担责任的情况包括_____。
   ①完全属于战争引起的
   ②不可抗拒的自然灾害引起的
   ③负责灯塔或者其他助航设备的主管部门在执行职责时的疏忽或者其他过失行为引起的
   A.①②③   B.①②
   C.②   D.③

46._____发现船舶及其有关作业活动造成或者可能造成海洋环境污染的,应当立即就近向海事管理机构报告。
   A.船舶   B.航运公司
   C.船长   D.任何单位和个人

47.根据《船舶及其有关作业活动污染海洋环境防治管理规定》,(经营人)应制定防治船舶及其有关作业活动污染海洋环境的应急预案并定期组织演练的是_____。
   ①港口
   ②码头
   ③装卸站
   A.①②③   B.①②
   C.②   D.③

48.船舶排放污染物应当符合相关标准的要求,不符合排放要求的污染物应_____。
   A.排入港口接收设施
   B.由船舶污染物接收单位接收

C.排入港口接收设施或者由船舶污染物接收单位接收

D.由船舶污染物接收单位接收并且排入港口接收设施

49.根据《防治船舶污染海洋环境管理条例》,船舶污染事故是指船舶及其有关作业活动发生_____泄漏造成的海洋环境污染事故。

①油类

②油性混合物

③其他有毒有害物质

A.①②③   B.①②

C.②③   D.①③

50.船舶在中华人民共和国管辖海域发生污染事故,应当_____。

①立即启动相应的应急预案

②采取措施控制和消除污染

③就近向有关海事管理机构报告

A.①②③   B.②③

C.①③   D.①

51.发生特别重大船舶污染事故,由_____成立事故应急指挥机构。

A.国务院或国务院授权的国务院交通运输主管部门

B.交通运输主管部门

C.海事管理机构

D.省、自治区、直辖市人民政府

52.发生船舶污染事故时,海事管理机构可以采取清除、打捞、拖航、引航、过驳等必要措施,减轻污染损害。相关费用_____。

A.由交通运输主管部门承担

B.由省、自治区、直辖市人民政府承担

C.由海事管理机构承担

D.由造成海洋环境污染的船舶、有关作业单位承担

项目四   船员管理法规

考试大纲要求:

4.20.1   船员条例

4.20.1.1   船员注册与任职资格

4.20.1.2   船员职责

4.20.1.3   船员职业保障

4.20.1.4   船员教育培训与船员服务

1.根据我国《海船船员适任考试和发证规则》的规定,通过以欺骗、贿赂、隐瞒手段或者提供虚假证明材料等不正当的手段已经取得适任证书的,海事管理机构应注销其适任证书,

_____内不予受理相应申请。

A. 1 年　　　　　　　　　　　　　　　B. 2 年

C. 3 年　　　　　　　　　　　　　　　D. 5 年

2. 根据《中华人民共和国船员条例》,船长为履行职责,可以行使下列哪些权力?

A. 决定船舶的航次计划,对不具备船舶安全航行条件的,可以拒绝开航或者续航

B. 对船员用人单位或者船舶所有人下达的违法指令,或者可能危及有关人员、财产和船舶安全或者可能造成水域环境污染的指令,可以拒绝执行

C. 发现引航员的操纵指令可能对船舶航行安全构成威胁或者可能造成水域环境污染时,应当及时纠正、制止,必要时可以要求更换引航员

D. A + B + C

3. 根据我国船员条例,船员在船工作期间,应当符合下列哪些要求?

①掌握船舶的适航状况和航线的通航保障情况

②掌握有关航区气象、海况等必要信息

③遵守船舶的管理制度和值班规定

④如实填写有关船舶法定文书

A. ①③④　　　　　　　　　　　　　　B. ①②③④

C. ②③④　　　　　　　　　　　　　　D. ①②③

4. 根据我国船员条例,船员在船工作期间,应当符合下列哪些要求?

①携带条例规定的有效证件

②遵守船舶的管理制度和值班规定

③参加船舶应急训练、演习

④在不严重危及自身安全的情况下,尽力救助遇险人员

A. ①②③④　　　　　　　　　　　　　B. ①③④

C. ②④　　　　　　　　　　　　　　　D. ①②③

5. 根据我国船员条例,船长为履行职责,可以行使的下列权力或采取的措施中,陈述有误的是_____。

A. 对不具备船舶安全航行条件的,可以拒绝续航

B. 无论何时均可依法对在船舶上进行违法、犯罪活动的人采取禁闭或其他必要措施

C. 发现引航员的操纵指令对船舶航行安全构成威胁,必要时可以要求更换引航员

D. 对不称职的船员,可以责令其离岗

6. 船方认为海事部门做出禁止船舶离港的处理不适当时,有权_____。

①向法院起诉

②申请调解

③申请仲裁

A. ③　　　　　　　　　　　　　　　　B. ①

C. ①②③　　　　　　　　　　　　　　D. ②③

7. 根据我国船员条例,船员用人单位应当_____。

①为船员提供必要的生活用品、防护用品、医疗用品

②建立船员健康档案

③为船员定期进行健康检查,防治职业疾病

④对工作期间患病或者受伤的船员及时给予救治

A.①②③④　　　　　　　　　　　B.②③④

C.①②③　　　　　　　　　　　　D.①②④

8. 根据船员条例,申请在船上工作的船员,应当按照国务院交通主管部门的规定,完成相应的_____。在危险品船、客船等特殊船舶上工作的船员,还应当完成相应的特殊培训。

A. 船员基本安全培训、船员适任培训

B. 船员适任培训

C. 船员上船前培训

D. 公司组织的基本安全培训、适任培训和船舶安全管理体系培训

9. 根据我国船员条例,申请船员适应证书,应当具备的条件包括_____。

①已经取得船员服务簿

②符合船员任职岗位健康要求

③经过船员适任培训

④具备相应的船员任职资历,并且任职表现和安全记录良好

A.①②③　　　　　　　　　　　B.③④

C.②③④　　　　　　　　　　　D.①②③④

10. 根据我国船员条例,下列对船长为履行其职责,可以行使的权力或采取的措施的陈述中,正确的是_____。

①对船舶所有人下达的可能造成水域环境污染的指令,可以拒绝执行

②对船员用人单位下达的明显威胁有关人员、财产和船舶安全的指令可以拒绝执行

③当船舶遇险并严重危及在船人员的生命安全时,可以决定撤离船舶

④在船舶不可避免沉没、毁灭的情况下,可以决定弃船

A.②③④　　　　　　　　　　　B.②④

C.③④　　　　　　　　　　　　D.①②③④

11. 根据我国船员条例,以下陈述有误的是_____。

A. 船员的遣返费用由船员用人单位支付

B. 境内,船员的遣返权利受到侵害或者遣返被不合理延误的,船员当时所在地民政部门应当向船员提供援助

C. 境外,船员的遣返权利受到侵害或者遣返被不合理延误的,我境外领事机构应当向船员提供援助

D. 船员的遣返权利受到侵害或者遣返被不合理延误的,船舶代理可以直接安排船员遣返

12. 根据我国船员条例,船长在船舶_____时,应当在驾驶台值班,必要时应当直接指挥船舶。

①进港、出港、靠泊、离泊、移泊

②通过交通密集区或危险航区

③遇见能见度不良、恶劣天气和海况

④发生水上交通事故或污染事故

A.①③④　　　　　　　　　　　B.①②③④

C.②③④　　　　　　　　　　　　D.①②③

13. 为加强船员管理,提高船员素质,维护船员的合法权益,保障水上交通安全,保护水域环境,我国国务院正式颁布了_____。
   A.《中华人民共和国船员管理条例》　　B.《中华人民共和国船员条例》
   C.《中华人民共和国船员法》　　　　　　D.《中华人民共和国注册管理办法》

14. 根据我国船员条例,船员在船上工作期间,应当_____。
   ①熟悉船舶应急计划,并保证其有效实施
   ②遵守船上的管理制度和值班规则
   ③参加船舶应急训练、演习
   ④在发现或者发生险情、事故或者保安事件以及影响航行安全的情况时及时报告
   A.②③④　　　　　　　　　　　　B.②③
   C.①③④　　　　　　　　　　　　D.①②③④

15. 根据我国船员条例,海事管理机构应当督促_____,建立健全船员在船上的人身安全、卫生、健康和劳动安全保障制度。
   ①船员用人单位
   ②船舶所有人
   ③船舶使用者
   ④船长
   A.①②③④　　　　　　　　　　　B.②③④
   C.①②　　　　　　　　　　　　　D.①②③

16. 根据我国船员条例,船长在船舶_____时,应当在驾驶台值班,必要时应当直接指挥船舶。
   ①通过交通密集区域或危险区域
   ②遇到能见度不良、恶劣天气和海况
   ③发生保安事件
   ④遇到其他紧急情况
   A.①②③　　　　　　　　　　　　B.②③④
   C.①②③④　　　　　　　　　　　D.①②④

17. 根据我国劳动法,船舶所有人或船舶经营人不得与船员解除劳动合同的情况是_____。
   A.劳动合同制船员在试用期内,经发现不符合录用条件的
   B.劳动合同制船员患病,或非因公负伤,或不符合船上工作要求或医疗期满后不能从事原工作的
   C.企业宣告破产和濒临破产,处于法律整顿期的
   D.船员患有职业病或因公负伤经劳动鉴定委员会确认的

18. 根据船员条例,申请在船上工作的船员,应按照国务院主管部门的规定,完成相应的_____。在危险品船、客船等特殊船舶上工作的船员,还应当完成相应的_____。
   A.船员基本安全培训、船员适任培训;船员特殊培训
   B.船员基本安全培训;船员适任培训
   C.船员基本安全培训;船员特殊培训、船员适任培训

D. 船员基本安全培训;船员特殊培训

19. 在船员劳动合同中,当事人双方都不得将自己的权利转让给第三者,此为船员劳动合同的_____特征。
①签约方式的从属性
②船员职责的专属性
③合同内容的强制和国际性

A. ①②③　　　　　　　　　　　　　　B. ①②
C. ①　　　　　　　　　　　　　　　　D. ②

20. 《中华人民共和国船员注册管理办法》规定,船员服务簿记载页满或损坏的,船员到注册本人管理档案的海事管理机构办理换发手续时,应当提交的材料为_____。
①船员服务簿换发申请
②记载页满或损坏的服务簿
③居民身份证复印件
④近期直边正面5 cm免冠白底彩色照片两张

A. ①②③④　　　　　　　　　　　　　B. ①②④
C. ②③④　　　　　　　　　　　　　　D. ①②③

21. 根据我国劳动法和劳动合同法的精神,当船员用人单位与船员发生劳动争议时,可使用的途径包括_____。
①调解
②仲裁
③诉讼
④双方协商解决

A. ①②③　　　　　　　　　　　　　　B. ①②③④
C. ①②④　　　　　　　　　　　　　　D. ②③④

22. 根据我国船员条例规定的精神,中国公民只有经过_____并取得_____,方能从事船员职业。
A. 船员登记;船员证书　　　　　　　　B. 船员认证;船员执照
C. 船员注册;船员服务簿　　　　　　　D. 船员备案;船员适任证书

23. 根据《中华人民共和国船员条例》,下列叙述不正确的是_____。
A. 船长是指依照本条例的规定取得船长任职资格,负责管理和指挥船舶的人员
B. 普通船员,是指除船长、高级船员外的其他船员
C. 高级船员,是指依照本条例的规定取得相应任职资格的大副、二副、三副、轮机长、大管轮、二管轮、三管轮、通信人员以及其他在船舶上任职的高级技术或者管理人员
D. 高级船员,是指依照本条例的规定取得相应任职资格的船长、大副、二副、三副、轮机长、大管轮、二管轮、三管轮、通信人员以及其他在船舶上任职的高级技术或者管理人员

24. 根据我国船员条例,海事管理机构对船员实施监督检查时,应当_____。
①查验船员必须携带的证件的有效性
②检查船员履行职责的情况
③在必要时进行现场考核

④在必要时对船员用人单位进行监督检查

    A. ②③④   B. ①②③

    C. ①②④   D. ①②③④

25. 在中华人民共和国境内的_____适用我国船员条例。

    ①船员注册、任职

    ②船员教育培训

    ③船员职业保障

    ④提供船员服务

    A. ①③④   B. ①②③

    C. ②③④   D. ①②③④

26. 根据我国船员条例,在我国境内的_____适用我国船员条例。

    ①船员注册

    ②船员培训

    ③船员职业保障

    ④船员生活、工作与学习

    A. ①②③   B. ①③④

    C. ①②③④   D. ②③④

27. 根据我国船员条例,船长和高级船员在航次中不得擅自_____。

    ①辞职

    ②离职

    ③提升职务

    ④中止职务

    A. ②④   B. ①②③④

    C. ①②④   D. ②③④

28. 根据我国船员条例,下列对船长为履行其职责,可以行使的权力或采取的措施的陈述,正确的是_____。

    ①对船舶所有人下达的可能造成水域环境污染的指令,可以拒绝执行

    ②对船员用人单位下达的明显威胁有关人员、财产和船舶安全的指令可以拒绝执行

    ③发现引航员操纵指令对船舶航行安全或水域环境构成威胁时,可以及时纠正、制止,必要时可以要求更换引航员

    ④对不称职船员,可以责令其离岗

    A. ②③④   B. ②④

    C. ③④   D. ①②③④

29. 中国籍船员出境前均须接受_____,领取和签署国际预防接种证书等卫生文书,出境时经卫生检疫机关验证,方可出境。

    A. 防疫知识教育   B. 健康检查、预防接种

    C. 免疫力测试   D. 预防接种、免疫力测试

30. 外国籍船舶上下人员,必须向边防检查机关_____,并经许可。

    A. 交验上下船有效证件、检查行李物品   B. 交验国际预防接种证书、检查健康状况

C. 交验海员身份证件、检查行李物品　　　D. 交验物品等级证明、检查行李物品

31.《中华人民共和国船员条例》不适用于_____。
A. 外籍船员
B. 军用船舶船员
C. 在中国籍船舶上任职或者服务的外国船员
D. 在外国籍船舶上任职或者服务的中国船员

32. 中国籍船舶的_____应当由中国籍船员担任,确需外国籍船员担任的,应当报国家海事管理机构批准。
A. 船长　　　　　　　　　　　　　B. 高级船员
C. 船员　　　　　　　　　　　　　D. 船长和高级船员

33. 根据《中华人民共和国船员条例》,船员应经船员注册取得_____,并取得相应任职资格。
A. 海员证　　　　　　　　　　　　B. 海员身份
C. 船员服务簿　　　　　　　　　　D. 船员适任证书

34. 海事管理机构应当注销船员注册并予以公告的情况包括_____。
①船员死亡或者被宣告失踪
②船员丧失民事行为能力
③依法吊销船员服务簿
④本人申请注销注册
A.②③④　　　　　　　　　　　　B.①②③
C.①③　　　　　　　　　　　　　D.①②③④

35. 船舶在境外遇有不可抗力或者其他特殊情况不能保证船舶最低安全配员,需要由本船下一级船员临时担任上一级职务时,应当_____。
A. 向海事管理机构提出申请　　　　B. 向驻外使领馆提出申请
C. 向海事管理机构报告备案　　　　D. 向驻外使领馆报告备案

36. 海员证是_____。
A. 表明船员适任能力的证明
B. 表明船员职业身份的证件
C. 船员在境外执行任务时表明其公民身份的证件
D. 船员在境外执行任务时表明其职业身份的证件

37. 应当向海事管理机构申请补发中华人民共和国海员证的情况包括_____。
①遗失
②被盗
③损毁
A.②③　　　　　　　　　　　　　B.①②
C.①③　　　　　　　　　　　　　D.①②③

38. 中华人民共和国海员证的有效期_____。
A. 均为 5 年　　　　　　　　　　B. 不超过 5 年
C. 均为 3 年　　　　　　　　　　D. 不超过 3 年

39.《中华人民共和国船员条例》规定,船长管理和指挥船舶时,应当_____。

①保证船舶携带符合要求的证书、文书以及有关航行资料

②保证船员携带符合要求的证书

③保证船舶在开航时处于适航状态

④保证船员在开航时处于适任状态

A.②③④　　　　　　　　　　B.①②③

C.①③　　　　　　　　　　　D.①②③④

40.《中华人民共和国船员条例》规定,船长在_____方面具有独立决策权并负有最终责任。

①保障水上与人身与财产安全

②船舶保安

③防治船舶污染水域

④船员任用

A.②③④　　　　　　　　　　B.①②③

C.①③　　　　　　　　　　　D.①②③④

41.《中华人民共和国船员条例》规定,船长为履行职责,可以拒绝执行的指令包括_____。

①船员用人单位下达的违法指令

②船舶所有人下达的违法指令

③船员用人单位明显威胁有关人员安全的指令

④船舶所有人下达的明显威胁船舶安全的指令

A.②③④　　　　　　　　　　B.①②③

C.①③　　　　　　　　　　　D.①②③④

42.在船舶可能沉没、毁灭的情况下,船长_____。

A.可以决定弃船,在做出该决定之后应当尽可能报告船舶所有人

B.可以决定弃船,在做出该决定之前应当尽可能报告船舶所有人

C.不可以决定弃船,应当征得船舶所有人意见

D.不可以单独决定弃船,应当征得船舶所有人同意

43.船舶在海上航行时,船长为保障在船人员和船舶的安全,对在船上进行违法、犯罪活动的人可以_____。

A.依照法律规定采取禁闭或者其他必要措施,同时应当报告公安机关

B.依照法律规定采取禁闭或者其他必要措施,之前应当报告公安机关

C.报告公安机关,征得授权后依照法律规定采取禁闭或者其他必要措施

D.依照法律规定采取禁闭或者其他必要措施

44.为保障船员的合法劳动权益,《中华人民共和国船员条例》船员职业保障部分规定的内容包括_____。

①船员劳动合同

②船员工资

③船员工作条件

A.②③　　　　　　　　　　　B.①②

C.①③　　　　　　　　　　　D.①②③

45. 根据《中华人民共和国船员条例》，船员用人单位应当向在劳动合同有效期内待派船员支付_____。
    A. 不低于船员用人单位所在地人民政府公布的最低保障的工资
    B. 不低于船员用人单位所在地人民政府公布的最低工资
    C. 不低于船员用人单位的最低工资
    D. 不低于船员用人单位的船上最低工资

46. 船员的遣返费用由_____。
    A. 船员本人支付   B. 船员用人单位决定
    C. 船员用人单位支付   D. 船员派出单位支付

47. 根据《中华人民共和国船员条例》，_____应当加强对船员用人单位遵守国家有关劳动和社会保障规定情况的监督检查。
    A. 劳动保障行政主管部门   B. 海事管理机构
    C. 交通运输主管部门   D. 政府部门

48. 根据《中华人民共和国船员条例》，对于船员用人单位、船舶所有人在雇佣船员或侵害船员利益方面的违法行为，由海事管理机构采取的处罚措施包括_____。
    ①罚款
    ②没收违法所得
    ③暂扣证书
    ④吊销证书
    A. ②③   B. ①②
    C. ①③   D. ①②③④

项目五　船舶升挂国旗管理法规

考试大纲要求：

4.7　船舶升挂国旗管理办法

1. 下列哪类船舶可将中国国旗作为船旗国国旗悬挂？
   A. 在中国建造的船舶
   B. 中国船公司拥有的船舶
   C. 在中国办理船舶登记，取得了中国国籍的船舶
   D. 从国外购买的新船

2. 根据我国《船舶升挂国旗管理办法》的规定，下列关于下半旗的说法哪些是正确的？
   ①中国籍船舶下半旗应由海事局或船舶代理人、船舶所有人通知
   ②非经许可，不得将中国国旗下半旗
   ③外国籍船需将船旗国国旗下半旗时应向海事机构报告
   A. ①②③   B. ②③
   C. ①③   D. ①②

3. 根据我国《船舶升挂国旗管理办法》的规定,外国籍船应将中国旗悬挂于_____。

①船尾

②前桅或驾驶台信号杆顶部

③信号杆的右横桁

A. ①②③　　　　　　　　　　　　B. ①②

C. ②③　　　　　　　　　　　　　D. ①③

4. 根据《船舶升挂国旗管理办法》的规定,下列哪些中国籍船舶应每日悬挂中国国旗?

①任何吨位的船舶

②航行在我国领水以外水域的船舶

③公务船

④航行在香港、澳门地区的船舶

A. ②③④　　　　　　　　　　　　B. ①②③④

C. ①②④　　　　　　　　　　　　D. ①③④

5. 根据我国船舶升挂国旗管理办法的规定,下列有关船舶升挂旗的叙述哪些正确?

①船舶取得中国国籍后第一次升挂中国国旗时可举行升旗仪式

②中国国籍改变国籍最后一次降中国国旗时可举行降旗仪式

③中国籍船遇难时,船长应指定专人降下国旗并携带离船

A. ①②③　　　　　　　　　　　　B. ②③

C. ①③　　　　　　　　　　　　　D. ①②

6. 对违反《中华人民共和国国旗法》和我国《船舶升挂国旗管理办法》的船舶和船员,主管海事机构可_____。

①禁止其离港

②根据情节给予处罚

③根据要求令其立即纠正

A. ①②　　　　　　　　　　　　　B. ①③

C. ①②③　　　　　　　　　　　　D. ②③

7. 根据规定,当中国国旗和其他旗帜同时悬挂于右横桁时,中国国旗应悬挂于_____。

A. 最内侧　　　　　　　　　　　　B. 最外侧

C. 其他旗帜中间　　　　　　　　　D. 任何位置

8. 《船舶升挂国旗管理办法》规定下列哪种吨位的中国籍船舶应每日悬挂中国国旗?

A. 50 总吨及以上　　　　　　　　B. 150 总吨及以上

C. 500 总吨及以上　　　　　　　　D. 400 总吨及以上

9. 下列有关船舶升挂国旗的叙述哪些正确?

①船舶取得中国国籍后第一次升挂中国国旗时可举行升旗仪式

②中国籍船改变国籍最后一次降中国国旗时可举行降旗仪式

③中国籍船遇难弃船时,船长应指定专人降下国旗并携带离船

A. ①②③　　　　　　　　　　　　B. ②③

C. ①③　　　　　　　　　　　　　D. ①②

10. 根据我国国旗法的规定,下半旗的日期和场所,由_____决定。

A. 国家成立的治丧机构   B. 国务院

C. 当地人民政府   D. 国家成立的治丧机构或者国务院

11. 根据我国国旗法的规定,下半旗时,降国旗的程序为_____。

    A. 应当先将国旗升至杆顶,然后再降下

    B. 直接由原来的半旗位置降下

    C. 先将国旗升至旗杆全长的一半,然后再降下

    D. 先将国旗降至旗杆全长的一半,然后再降下

12. 下列船舶可将中国国旗作为船旗国国旗悬挂的是_____。

    A. 在中国建造的船舶

    B. 中国船公司拥有的船舶

    C. 在中国办理船舶登记,取得了中国国籍的船舶

    D. 从国外购买的新船

13. 根据《船舶升挂国旗管理办法》的规定,下列关于国旗的升降时间的说法正确的是_____。

    ①日出升,日落降

    ②早晨升起,傍晚降下

    ③遇有恶劣天气时,可以不升挂中国国旗

    ④任何天气均应按时升降国旗

    A. ①③   B. ②④

    C. ②③   D. ①④

第四部分　答案

项目一

1. A   2. B   3. C   4. C   5. A   6. B   7. A   8. B

项目二

1. B	2. C	3. B	4. D	5. D	6. D	7. D	8. A	9. A	10. B
11. C	12. C	13. C	14. B	15. C	16. A	17. B	18. B	19. D	20. C
21. A	22. C	23. C	24. C	25. D	26. B	27. C	28. A	29. C	30. B
31. B	32. A	33. C	34. A	35. D	36. C	37. B	38. C	39. A	40. B
41. C	42. B	43. A	44. B	45. A	46. B	47. A	48. C	49. C	50. B

项目三

1. D	2. A	3. D	4. A	5. A	6. C	7. D	8. C	9. B	10. A
11. D	12. C	13. D	14. D	15. A	16. C	17. D	18. C	19. B	20. D
21. A	22. B	23. D	24. B	25. B	26. C	27. A	28. C	29. B	30. D
31. C	32. B	33. D	34. B	35. D	36. A	37. A	38. D	39. A	40. B
41. A	42. D	43. D	44. A	45. A	46. D	47. B	48. C	49. A	50. A
51. A	52. D								

项目四

1. C	2. D	3. B	4. A	5. B	6. B	7. A	8. A	9. D	10. D
11. D	12. B	13. B	14. D	15. A	16. C	17. D	18. A	19. A	20. A
21. B	22. C	23. D	24. B	25. D	26. A	27. C	28. D	29. B	30. A
31. B	32. D	33. C	34. D	35. A	36. C	37. D	38. B	39. D	40. B
41. D	42. B	43. D	44. D	45. B	46. C	47. A	48. B		

项目五

1. C	2. A	3. C	4. A	5. A	6. D	7. B	8. A	9. A	10. D
11. A	12. C	13. C							

模块三 船舶检验与登记管理

第一部分 内容简介

本模块主要介绍为确保悬挂其旗帜或在其国内登记的船舶能遵守国际规则和标准的规定,包括关于船舶的设计、建造、装备等,采取措施以保障海上安全。船舶检验和登记是确保船舶及其设备的技术状况符合规定的重要措施和前提。

第二部分 经典例题解析

例1. 按照检验性质的不同,可将船舶检验分为_____。
　　①船级检验
　　②法定检验
　　③公证检验
　　④换证检验
　　A. ①②③　　　　　　　　　　B. ①②③④
　　C. ②③④　　　　　　　　　　D. ①②④
　　答案:A
　　解析:
　　按照检验目的、依据和性质的不同,船舶检验通常分为法定检验、船级检验和公证检验。

例2. 根据我国《船舶与海上设施法定检验规则》,中国籍船舶在哪些情况下应申请附加检验?
　　①发生事故,影响船舶适航性能
　　②改变船舶证书所限定的用途或航区
　　③船东或经营人变更及船名或船籍港变更
　　④法定证书失效时
　　A. ①②③④　　　　　　　　　　B. ①②③
　　C. ②③④　　　　　　　　　　D. ①②④
　　答案:A
　　解析:

《中华人民共和国船舶和海上设施检验条例》明确规定,下列情况下中国籍船舶必须向船舶检验机构申请附加检验:因发生事故,影响船舶适航性能的;改变船舶证书所限定的用途或者航区的;船舶检验机构签发的证书失效的;海上交通安全或者环境保护主管机关责成检验的。《船舶与海上设施法定检验规则》规定,船东或经营人、船名或船籍港变更以及涉及船舶安全的修理或改装也应申请附加检验。

例3. 根据 SOLAS 公约,对机器处所有人值班的船舶,下列叙述哪项有误?

    A. 驾驶室和机器处所之间的控制转换只能在驾驶室内进行

    B. 在这些处所可允许有相互连接的控制装置

    C. 推进机械在同一个时间仅能由一处进行遥控

    D. 每一处所应有指示在何处控制推进机械的指示器

    答案:A

    解析:

    对船舶推进、控制和安全所必需的主机和辅机应设有有效的操作和控制装置。

    推进机械在同一个时间仅能由一处进行遥控;在这些处所可允许有相互连接的控制位置,每一处所应有指示在何处控制推进机械的指示器,驾驶室和机器处所之间的控制转换只能在主机处所或主机控制室内进行,此系统应包括将控制由一处转换到另一处时防止螺旋桨推力发生显著变化的措施。

例4. 根据 SOLAS 公约的规定,防火控制图上应标明下列哪些内容?

    ①B 级和 C 级分隔的各个区域

    ②每层甲板的控制站

    ③探火和失火报警系统的细节

    ④灭火设备的细节

    A.①②③④   B.②③④

    C.①②③   D.①③④

    答案:B

    解析:

    根据 SOLAS 公约的规定,船上应有固定展示的防火控制总布置图供高级船员参考,图上应清楚地标明每层甲板的控制站、A 级分隔围蔽的各防火区域、B 级分隔围蔽的各防火区域,连同探火和失火报警系统、喷水器装置、灭火设备和各舱室、甲板等的出入通道以及通风系统的细节,包括风机控制位置、挡火闸位置和服务于每一区域的通风机识别号码细节。

例5. 根据 SOLAS 公约,货舱壁和内部甲板上的开口应_____。

    ①水密分隔上的开口应保持最少

    ②为确保在海上使用的内部开口的水密完整性而设置的门可以是滑动水密门,也可以是绞动水密门

    ③该处水密门能从驾驶室遥控关闭

    ④该处水密门能从舱壁的每一边就地操作

    A.①②③④   B.①②③

    C.①③④   D.①②④

    答案:C

解析：

根据 SOLAS 公约关于货舱分舱和破损稳性的规定,为适应船舶设计和船舶正常作业,水密分隔上的开口数量应保持最小。

为确保在海上使用的内部开口的水密完整性而设置的门须是滑动水密门,该门能从驾驶室遥控关闭,也能从舱壁的每一边就地操纵。在控制位置应装设显示门是开启或关闭的指示器,并且在门关闭时发出声响报警。在主动力失灵时,动力、控制和指示器应能工作。每一动力操纵的滑动水密门应有一个独立的手动机械操纵装置,该装置应能从门的任一边用手开启和关闭该门。

例6. 货船可配备一艘或多艘能在船尾自由降落下水的救生艇,其容量应不小于船上总人数的_____。

A. 200%   B. 100%

C. 50%   D. 10%

答案:B

解析：

根据 SOLAS 公约的规定,货船可配备一艘或多艘能在船尾自由降落下水的救生艇,其总容量应不小于船上人员总数,并另在每舷配备 1 只或多只符合要求的气胀式或刚性救生筏,其总容量应不小于船上人员总数,至少在船舶一舷的救生筏应使用降落设备。

例7. 根据 ISPS 规则,对船舶保安报警系统的技术要求包括_____。

A. 至少包括 3 个启动点,其中一个在船长的房间里

B. 任何一个启动点都能发出船舶保安警报

C. 可以接收主管当局在保安方面的指示

D. 必要时可以发出求救信号

答案:B

解析：

根据 ISPS 规则,船舶保安报警系统不应低于 IMO 通过的性能标准,系统启动后,应能在关闭和/或复位前持续向主管机关指定的主管当局(包括公司)发送船对岸保安警报,确定船舶身份、船位,并不向任何其他船舶发送船舶保安警报,不在船上发出任何警报。船舶保安报警系统能够从驾驶台和至少一个其他位置启动,启动点的设计应能防止误发船舶保安警报。

例8. 根据 MARPOL 公约附则 I 的规定,1 万总吨以上船舶应备有常规的防污染设备并遵守排放标准外,还应该有_____。

A. 化学消油设备

B. 围油栏

C. 原油洗舱设备

D. 当排除物油量超过 15 ppm 时能够自动停止排放的装置

答案:D

解析：

400 总吨及以上但小于 1 万总吨的任何船舶,应装设经主管机关认可的滤油设备,而且应保证通过该设备排放入海的含油混合物的含油量不超过 15 ppm;1 万总吨及以上的任何船舶,除应装设同上述一样的滤油设备外,还应装设当排除物油量超过 15 ppm 时报警并自动停止排

放的装置。

例9. 按照要求,如果船舶受船型或尺寸限制时,至少应具有哪些标志?

A. 吃水标尺

B. 船名、船籍港及其汉语拼音

C. 船名、船籍港

D. 载重线标志

答案:C

解析:

船舶应当具有下列标志:船首两舷和船尾标明船名;船尾船名下方标明船籍港;船名、船籍港下方标明汉语拼音;船首和船尾两舷标明吃水标尺;船舶中部两舷标明载重线。

受船型或者尺寸限制不能在前款规定的位置标明标志的船舶,应当在船上显著位置标明船名和船籍港。

第三部分　真题分节精练

项目一　船舶检验概述

考试大纲要求：

5.1　船舶检验的目的、机构、种类

1. 按照 SOLAS 公约中加强海上安全的特别措施，什么船应加强检验？
   ①散货船
   ②滚装船
   ③油船
   ④客船
   A. ②④　　　　　　　　　　　　B. ①④
   C. ①③　　　　　　　　　　　　D. ②③

2. 按照检验性质的不同，可将船舶检验分为_____。
   ①船级检验
   ②法定检验
   ③公证检验
   ④换证检验
   A. ①②③　　　　　　　　　　　B. ①②③④
   C. ②③④　　　　　　　　　　　D. ①②④

3. 下列有关船舶法定检验的叙述哪些正确？
   ①根据授权船舶法定检验可由船级社进行
   ②法定检验是一种强制性检验
   ③法定检验是一种仅仅依据有关国际公约对船舶的技术状况进行的监督检验
   ④经过法定检验合格后发给船级证书
   A. ①②③④　　　　　　　　　　B. ②③④
   C. ①②③　　　　　　　　　　　D. ①②

4. 根据《中华人民共和国船舶和海上设施检验条例》，在下列哪种情况下申请的检验不属于附加检验？
   A. 因法定证书到期需要换发新证书
   B. 因发生事故，为确认是否影响到船舶的适航性而申请的检验
   C. 因改变船舶证书所限定的用途或者航区而申请的检验
   D. 海上交通安全或者环境保护主管机关责成的检验

5. 有关船舶检验,以下陈述正确的是_____。

①监察机构包括船舶的法定检查部门、船级社等

②检查依据的是有关国际公约、国内法规和船舶规范等

③检查范围包括船舶设计、构造、材料、设备、技术性能及营运条件等

④检查形式包括审核、测试、检查和鉴定等

A.①②③   B.②③④

C.①③④   D.①②③④

6. 法定检验通常由_____完成。

①主管机关

②主管机关授权的组织

③主管机关授权的任何人

A.①②③   B.①②

C.①③   D.②③

7. 中国船级社、意大利船级社、俄罗斯船舶登记局、国际船级社协会的简称分别为_____。

A. CCS、RINA、RS、IACS   B. CSS、INA、RS、IACS

C. ZC、RINA、RS、IACS   D. CCS、INA、RS、IACS

8. 根据船舶入级规范检查和鉴定合格后将签发或签署相应的_____。

A. 船舶入级证书   B. 法定检验证书

C. 船舶技术鉴定证书   D. 公证检验证书

9. 船舶检验是由船舶检验机构按照有关公约、规则或规范的要求,对船舶的_____等所进行的审核、测试、检验、检查和鉴定等活动的总称。

①设计

②构造材料与设备

③技术技能

④营运条件

A.①②④   B.①②③

C.①②③④   D.②③④

10. 船舶检验的目的在于_____。

①保证船舶营运安全和防止污染、损害海洋环境

②保证船旗国和港口国政府对船舶实施有效的管理和控制

③为船舶所有人提高船舶在航运市场的竞争力,降低保险费率

④为公证、索赔、海事处理等提供必要的技术依据

A.①③④   B.②③④

C.①②③④   D.②③

11. LR、BV、ABS、DNV 分别是_____的简称。

A. 英国劳氏船级社、法国船级社、美国船舶局、挪威船级社

B. 英国劳氏船级社、巴拿马检查局、美国船舶局、丹麦船级社

C. 德国劳氏船级社、英国劳氏船级社、美国船舶局、挪威船级社

D. 英国劳氏船级社、国际船级协会、美国船舶局、挪威船级社

12. 我国海上交通安全法中提及的检验属于下列哪种检验？
    A. 法定检验   B. 船级检验
    C. 临时检验   D. 特别检验

13. 国际船舶载重线证书的换证检验属于下列哪种检验？
    A. 法定检验   B. 船级检验
    C. 临时检验   D. 特别检验

14. 下列有关船舶法定检验的叙述正确的是_____。
    ①船舶法定检验经授权可由船级社进行
    ②法定检验是一种强制性进行的检验
    ③法定检验依据船旗国政府的法律法规及加入的国际公约对船舶技术状况、重要设备进行监督检验
    ④法定检验是国家对船舶安全的管理和控制手段
    A. ①②③④   B. ②③④
    C. ①②③   D. ①②④

15. 以下关于船舶检验的作用,表述有误的是_____。
    A. 船舶检验是 IMO、缔约国和港口国对航行船舶实施有效监管的一种主要手段
    B. 通过船舶检验可以确定船舶及其设备是否适合预定的用途
    C. 通过船舶检验可以确定船舶是否具备在一定航区安全航行及营运的能力和条件
    D. 船舶只有通过检验,证明其符合规定的条件后,才能取得相应的技术证书

16. 中华人民共和国船舶检验局是代表我国实施各项_____的主管机关。
    A. 船级检验   B. 法定检验
    C. 港口国检查   D. 缔约国检查

17. 在根据有关国际公约和国内法规进行的法定检验合格后将签发或签署相应的_____。
    A. 法定检验证书   B. 船舶入级证书
    C. 公证检验证书   D. 船舶检验与检查证书

18. 法定检验的检验范围不包括_____。
    A. 特种船舶构造和设备检验   B. 船舶起重和吊货设备的检验
    C. 船舶吨位丈量   D. 在期租条件下的船舶起、退租检验

19. 有关国际公约规定的船舶证书,民间组织的验船机构_____。
    A. 无权签发   B. 经政府授权后可以代表国家签发
    C. 经 IMO 授权后可以代表国家签发   D. 经 IMO 授权后可以签发

20. 在保障船舶安全航行方面,船级社的主要职能和作用包括_____。
    ①从事科学研究,进行技术创新
    ②制订船舶规范和规则
    ③对船用材料、机械设备、船舶制造进行技术检验和保持
    ④对营运船舶进行定期的检验,保持安全航行的技术条件
    A. ③④   B. ①②③④
    C. ①③④   D. ①②③

21. 船舶入级检验是由船级社进行的对申请入级或维持船级的船舶状况进行的检验,检验的依

据是_____。

A. 国际公约的要求   B. 船旗国政府的规定

C. 船旗国政府的规定以及国际公约的要求 D. 船级社的规范

22. 船级检验由_____进行。

A. 船旗国政府或其授权的验船机构

B. 船旗国政府指定的船级社

C. 船舶所有人自愿申请并选择船级社

D. 船旗国的船级社或船旗国政府指定的船级社

23. 《中华人民共和国船舶和海上设施检验条例》规定,必须向 CCS 申请入级检验的中国籍船舶包括_____。

①额定成员 100 人以上的客船

②载重量 1000 吨以上的油船

③散装危险化学品船

④液化气船

A. ②③④   B. ①②③

C. ③④   D. ①②③④

24. 公证检验的检验报告作用包括_____。

①海损事故索赔处理

②机损事故索赔处理

③船舶起租业务依据

④船舶退租业务处理

A. ①②③   B. ②③④

C. ①②③④   D. ①③④

项目二　船舶法定检验与发证

考试大纲要求:

5.2.1　范围、目的和依据

5.2.2　法定检验种类

5.2.3　涉及法定检验的国际公约及国内法规

5.2.4　法定检验时间安排

1. 根据 SOLAS 公约,如果证书期满时船舶不在应进行检验的港口,在正当合理的情况下,主管机关可延长该证书的有效期,但此项展期仅以能使船舶完成其驶抵上述港口航次,展期期限不应超过_____个月。

A. 1   B. 6

C. 5   D. 3

2. 法定检验的类型包括_____。

①定期检查

②中间检验

③特别检验

④船底外部检验

A. ①②③　　　　　　　　　　　　B. ①②③④

C. ②③④　　　　　　　　　　　　D. ①②④

3. 根据我国《船舶与海上设施法定检验规则》,中国籍船舶在哪些情况下应申请附加检验?

①发生事故,影响船舶适航性能

②改变船舶证书所限定的用途或航区

③船东或经营人变更及船名或船籍港变更

④法定证书失效时

A. ①②③④　　　　　　　　　　　B. ①②③

C. ②③④　　　　　　　　　　　　D. ①②④

4. 实施法定检验的依据包括我国的_____。

①海上交通安全法

②海洋环境保护法

③船舶和海上设施检验条例

④船舶与海上设施法定检验技术规则

A. ①②③④　　　　　　　　　　　B. ①②③

C. ②③④　　　　　　　　　　　　D. ①③④

5. 根据船舶检验与发证协调系统,货船设备安全证书需安排_____。

①年度检验

②期间检验

③定期检验

④必要时附加检验

A. ②③④　　　　　　　　　　　　B. ①③④

C. ①②③④　　　　　　　　　　　D. ①②③

6. 对货船设备安全证书而言,在该证书上记载的签发日_____周年日前后 3 个月内应进行定期检验,且该定期检验应替代一次年度检验。

A. 第 2 个　　　　　　　　　　　B. 第 3 个

C. 第 4 个　　　　　　　　　　　D. 第 2 个或第 3 个

7. 以下关于法定证书的有效期表述有误的是_____。

A. 发给短途航行船舶的证书未按规定展期的,可给予最多 1 个月的宽限期

B. 给予法定证书的展期和宽限可以叠加,但最多不得超过 4 个月

C. 当获得展期时,新证书的有效期开始之日为现有证书在展期之前的到期之日

D. 换证检验完成后又没有及时拿到新证书,主管机关可以将原证书的有效期延长 5 个月

8. 国际航行船舶的防止油污证书的换证检验属于_____。

A. 法定检验　　　　　　　　　　B. 临时检验

C. 船级检验　　　　　　　　　　D. 特别检验

9. 下列哪些方面的检验属于法定检验?

①SOLAS 公约规定的检验

②国际载重线公约规定的检验

③国际船舶吨位丈量公约规定的检验

④我国海上交通安全法提及的检验

A. ①②③   B. ①②③④

C. ②③④   D. ①②④

10. 以下有关法定检验的表述不妥的是_____。

A. 换证检验是指原证书到期,在相应证书换新之前的检验

B. 船底外部检验也可考虑在船舶处于浮态下进行水下检验,而不必进干船坞或浮船坞

C. 初次检验只是指新造船舶投入营运之前的检验

D. 期间检验或定期检验可代替一次年度检验

11. 根据 SOLAS 公约,货船设备安全证书和货船构造安全证书的换证检验间隔分别不得超过_____。

A. 5 年和 24 个月   B. 5 年和 5 年

C. 24 个月和 24 个月   D. 12 个月和 5 年

12. 以下关于法定证书的有效期表述正确的是_____。

A. 发给短途航行船舶的证书未按规定展期的,可给予最多 4 个月的宽限期

B. 给予法定证书的展期和宽限期可以叠加,但最长不得超过 4 个月

C. 当获得展期时,新证书的有效期开始之日为现有证书在展期之前的到期之日

D. 换证检验完成后又没有及时拿到新证书,主管机关可以将原证书延长 8 个月

13. 下列哪些法律法规构成法定检验的依据?

①国际海上人命安全公约

②国际载重线公约

③国际防止船舶造成污染公约

④国际船舶吨位丈量公约

⑤国际海上避碰规则

A. ①②③   B. ①②③④

C. ①②③⑤   D. ①②③④⑤

14. 海上营运检验的种类包括_____。

①船级检验

②法定检验

③公证验证

A. ①③   B. ①②

C. ②③   D. ①②③

15. 船舶检验与发证协调系统适用于_____等要求的检验与发证。

①SOLA 公约

②LL 公约

③MARPOL 公约

④船舶入级规范

    A.①②③   B.①②④
    C.②③④   D.①②③④

16.货船安全证书、客船安全证书、船舶防污证书所共有的检验为_____。
    ①初次检验
    ②换证检验
    ③附加检验
    ④年度检验
    A.①③④   B.①②③④
    C.②③④   D.①②③

17.下列有关船舶法定检验中的船底外部检查,说法不正确的是_____。
    A. 客船的船底外部检查应每年进行 1 次
    B. 货船的船底外部检查,在货船构造安全证书有效期间的 5 年内应至少进行 2 次,且任何
       2 次之间的间隔应不超过 3 年,其中 1 次应在换证检验时进行
    C. 高速船的船底外部检查一般应每两年进行 1 次
    D. 船底外部检查是货船构造安全证书所要求的特有的检查

18.《中华人民共和国船舶和海上设施检验条例》明确规定,_____情况下中国籍船舶必须
   向船舶检验机构申请附加检验。
    ①因发生事故,影响船舶适航性能的
    ②改变船舶证书所限定的用途或者航区的
    ③船舶检验机构签发的证书失效的
    ④海上交通安全或者环境保护主管机关责成检验的
    A.①②③④   B.①②③
    C.②③④   D.①②④

19.实施法定检验的依据为_____。
    ①有关国际公约
    ②各国制定的有关法规
    ③港口国监督程序
    ④船舶保险合同
    A.①③④   B.①②
    C.②③④   D.①②③

20.实施法定检验的依据不包括_____。
    A. SOLAS 公约   B.ILL 公约
    C. MARPOL 公约   D. 口岸检查办法

21._____属于船舶法定检验。
    A. 锅炉检验   B. 螺旋桨轴检验
    C. 附加检验   D. 临时检验

22._____不属于船舶法定检验。
    A. 初次检验   B. 年度检验

C. 期间检验   D. 船舶测厚

23. 经初次检验合格的船舶应_____相应的法定证书和记录簿。

    A. 签署   B. 颁发

    C. 换发   D. 申领

24. 需要安排期间检验的法定证书有_____。

    ①货船构造安全证书

    ②货船设备安全证书

    ③国际防止油污证书

    ④国际防止大气污染证书

    A.①③④   B.①②③④

    C.①②③   D.②③④

25. 需要安排定期检验的法定证书有_____。

    ①货船构造安全证书

    ②货船设备安全证书

    ③货船无线电安全证书

    ④国际防止散装有毒液体物质污染证书

    A.①②③④   B.①③

    C.①④   D.②③

26. 有关船底外部检查,以下表述有误的是_____。

    A. 这是货船构造安全证书所要求的特有的检查

    B. 在货船构造安全证书5年有效期内,应至少进行2次货船船底外部检查

    C. 任何2次货船船底外部检查的间隔不应超过2年,其中1次应在坞检时进行

    D. 通常船舶在干坞内进行船底外部检查,也可考虑在船舶处于浮态下进行水下检验

27. 货船安全证书、客船安全证书、船舶防止生活污水污染证书所共有的检验为_____。

    ①初次检验

    ②换证检验

    ③附加检验

    ④年度检验

    A.①③④   B.①②③④

    C.②③④   D.①②③

28. 关于附加检验,_____的表述有误。

    A. 属于法定检验

    B. 通常需要船长或船舶所有人提出申请

    C. 是一种定期的检验

    D. 在检验完成后通常应在证书上签署

29. 一般认为,在_____的情况下,应申请法定附加检验。

    ①更换船名或船舶所有人

    ②更换船旗、船籍港

    ③船舶进行重大修理

④船舶进行重大改装、改建

    A.②③④   B.①③④

    C.①②③④   D.①②③

30.初次检验包括_____,以确保船舶满足相应证书的有关要求,保证船舶结构、机械和设备都适合其所要从事的营运业务。

    A.对船舶结构、机械、设备的一次完整检查和必要时的试验

    B.定期检验、年度检验、附加检验

    C.附加检验

    D.全面检验

31.年度检验是为了在证书有效期内保持证书有效性要求的每年一次的强制检验,是对_____,以确保其处于良好状态。

    A.船舶结构、机械、设备的一次完整检查和必要时的试验

    B.特定证书有关的项目进行总的检查

    C.更新或维修的设备进行的检查

    D.船舶外部进行的检查

32.中间检验是对_____,以确保这些项目都处于良好状态,并且适合船舶所从事的营运业务。

    A.船舶结构、机械、设备的一次完整检查和必要时的试验

    B.特定证书有关的项目进行总的检查

    C.有关法定证书的指定项目进行的检查

    D.船舶外部、船底进行的检查

33.定期检验应包括对_____,以确保符合货船设备安全证书和货船无线电安全证书的要求,且设备处于良好的状态,并且适合船舶所从事的营运业务。

    A.船舶结构、机械、设备的一次完整检查和必要时的试验

    B.特定证书有关的项目进行总的检查

    C.设备的检查以及必要时的试验

    D.船舶外部、船底进行的检查

34.船底外部检查是_____所要求的、特有的检查。

    A.货船构造安全证书   B.货船设备安全证书

    C.货船救生设备安全证书   D.货船无线电安全证书

35.附加检验可以是总体的,也可以是部分的,附加检验应确保_____,且船舶及其设备继续适合于船舶所从事的营运业务。

    A.有关法定证书的指定项目处于良好状态

    B.维修和任何换新已经有效地进行

    C.船舶不需要维修或设备换新

    D.所有项目处于良好状态

36.换证检验应_____,以确保船舶满足相应证书的有关要求,保证船舶结构、机械和设备都处于良好状态,适合于其所从事的营运业务。

    A.与年度检验或定期检验相同,对指定的项目进行检查和试验

B. 包括对结构、机械、设备的检验以及必要时的试验

C. 对有关法定证书的指定项目进行检查

D. 对特定证书有关的项目进行总的检查

37. 通常情况下,如果已完成换证检验,但在原证书失效日期之前不能获得新证书,原证书可展期_____（需要一定的条件）。

A. 不超过 3 个月   B. 不超过 5 个月

C. 不超过 6 个月   D. 不超过 9 个月

38. 如证书失效时船舶不在其接受检验的港口时,可延长证书的有效期让其完成驶往检验港口的航次,且仅在正当和合理的情况下办理,展期_____。

A. 不超过 3 个月   B. 不超过 5 个月

C. 不超过 6 个月   D. 不超过 9 个月

39. 根据 SOLAS 公约,规定证书在_____的情况下不再有效。

①有关的检验和检查没有在规定的期限内完成

②没有按规定对证书进行签署

③船舶更换船旗

A.①②③   B.②③

C.①③   D.③

40. 按照 MARPOL 73/78 附则Ⅰ的规定,对航行前往其他缔约国所管辖的港口或近海装卸站的适用船舶,在按附则规定进行_____后,应签发国际防止油污证书。

A. 初次检验或换证检验

B. 初次检验、年度检验和附加检验

C. 初次检验、期间检验、年度检验和附加检验

D. 初次检验、换证检验、期间检验、年度检验和附加检验

41. MARPOL 73/78 规定,150 总吨及以上的油船和 400 总吨及以上的非油船必须经过_____,才能获得或保持国际防止油污证书。

①初次检验

②换证检验

③期间检验

④年度检验

A.①②③   B.②③④

C.①③④   D.①②③④

42. 按照 MARPOL 73/78 附则Ⅰ的规定,船舶的国际防止油污证书在_____的情况下不立即失效。

①未经许可对防污结构、设备做重大改变

②改悬挂另一缔约国国旗

③未按规定进行期间检验

A.①②③   B.①

C.②   D.③

43. 国际防止散装有毒液体物质污染证书在_____的情况下立即失效。

①未经许可对所要求的结构、设备做重大变更

②未进行期间检验或年度检验

③改悬挂非缔约国国旗

④改悬挂另一缔约国国旗

A.①②③④ B.①②③

C.②③④ D.①②④

44.遇下列任何情况,AFS 应中止有效:_____。

①船舶防污底系统改变或更换

②25% 及以上的防污底系统的修理和重大改装,未经附加检验

③船舶改挂另一国旗(若改悬挂另一缔约国国旗,原证书可在 3 个月内继续使用到该船获得新证书)

A.①②③ B.②③

C.①③ D.③

45.IMO 于 1988 年 10 月至 11 月召开检验和发证协调系统国际大会(1988 年 HSSC 大会),决定通过以_____的形式将 SOLAS 1974 和 LL 1966 两个公约引入协调系统。

A.修正案 B.议定书

C.默示生效 D.明示生效

46.我国海上交通安全法中提及的检验属于下列哪种检验?

A.法定检验 B.船级检验

C.临时检验 D.特别检验

项目三　船舶构造安全要求

考试大纲要求:

3.1　国际海上人命安全公约

3.1.3　构造

3.1.3.1　驾驶室对推进机器的控制;驾驶室与机器处所之间的通信;应急电源

3.1.3.4　水密装置的关闭操作

3.1.3.5　消防员装备;防火控制图;消防演习;消防设备的配备要求

1.按照 SOLAS 公约的规定,4000 总吨以上的客船的水灭系统中至少应配备_____台独立的消防泵。

A.4 B.3

C.2 D.1

2.按照 SOLAS 公约规定的要求,船上的应急电源应在_____保证向规定的场所全额、定功率供电。

A.船舶横倾不超过 22.5°、纵倾不超过 10°的任何一个组合倾角范围内

B.船舶横倾不超过 20°、纵倾不超过 8°的任何一个组合倾角范围内

C. 船舶横倾不超过 15°、纵倾不超过 5°的任何一个组合倾角范围内

D. 船舶横倾不超过 25°、纵倾不超过 12°的任何一个组合倾角范围内

3. 按照 SOLAS 公约的规定,对机器处所有人值班的船舶,下列叙述哪项有误?

A. 驾驶室和机器处所之间的控制转换只能在驾驶室内进行

B. 在这些处所可允许有相互连接的控制装置

C. 推进机械在同一个时间仅能由一处进行遥控

D. 每一处所应有指示在何处控制推进机械的指示器

4. 按照 SOLAS 公约的规定,对机器处所有人值班的船舶,下列叙述哪些是正确的?

①推进机械在同一个时间仅能由一处进行遥控

②在这些处所可允许有相互连接的控制装置

③每一处所应有指示在何处控制推进机械的指示器

④驾驶室和机器处所之间的控制转换只能在主机处所或主机控制室内进行

A. ①②③④   B. ①②③

C. ①②④   D. ②③④

5. SOLAS 公约要求,对其高频无线电话装置及其他 GMDSS 设备,客船应保证_____小时,货船应保证_____小时的供电。

A. 36;3   B. 18;3

C. 18;12   D. 36;18

6. 根据 SOLAS 74 公约的规定,货船内保证水密完整性的门在航行时通常应保持关闭,如使用这类门应经_____的批准。

A. 船长   B. 大副

C. 三副   D. 值班驾驶员

7. 根据 SOLAS 公约的规定,防火控制图上应标明下列哪些内容?

①B 级和 C 级分隔的各个区域

②每层甲板的控制站

③探火和失火报警系统的细节

④灭火设备的细节

A. ①②③④   B. ②③④

C. ①②③   D. ①③④

8. 根据 SOLAS 公约的规定,对于机器处所周期性无人值班的船舶,在包括操纵的所有航海情况下螺旋桨的转速、推力方向应完全由_____。

A. 主机旁控制   B. 主机控制室控制

C. 驾驶室控制   D. 主机旁或主机控制室控制

9. 根据 SOLAS 公约的规定,货船壁和内部甲板上的开口应_____。

①水密分隔上的开口应保持最少

②为确保在海上使用的内部开口的水密完整性而设置的门可以是滑动水密门,也可以是绞动水密门

③该处水密门能从驾驶室遥控关闭

④该处水密门能从舱壁的每一边就地操作

A. ①②③④   B. ①②③
C. ①③④   D. ①②④

10. 根据 SOLAS 公约,以下错误的是_____。
    A. 来自驾驶室的推进机器的指令,应在主机控制室或适当的推进器控制位置显示出来
    B. 推进机器的遥控应能在同一时间进行
    C. 驾驶室应安装指示器,以指示固定螺距螺旋桨转速和转动方向
    D. 驾驶室应设有报警装置,以指示仍然能进行推进机器启动操作的最低动气压力

11. 根据 SOLAS 公约的要求,货船的应急电源应保证操舵装置处_____小时的供电。
    A. 24   B. 18
    C. 36   D. 12

12. 根据 SOLAS 公约的规定,干货船水密舱壁上的所有滑动门和铰链门都应设有指示器,并在何处给出显示这些门的开/闭状态的指示?
    A. 机舱   B. 起居场所
    C. 驾驶室   D. 船长室

13. 按照 SOLAS 公约的规定,下列叙述正确的是_____。
    ①对于每一独立螺旋桨,其遥控应由一个单一的控制装置来执行
    ②主推进器应备有能在驾驶室紧急停车的装置,该装置应独立与驾驶室控制系统
    ③驾驶室和机器处所之间的控制转换应能在驾驶室进行
    ④自动遥控系统的设计应使其发生故障时能发出警报
    A. ①②③④   B. ①②③
    C. ①②④   D. ①③④

14. SOLAS 公约规定防火控制图应标明下列哪些内容?
    ①每层甲板的控制站
    ②A 级和 B 级分隔的各个区域
    ③各舱室和甲板出入通道的细节
    ④通风系统的细节
    A. ①②③④   B. ②③④
    C. ①②③   D. ①③④

15. 对防火控制图的说法正确的是_____。
    A. 防火控制总布置图标明每层甲板的控制站,A 级、B 级分隔的各区域
    B. 控制图的说明应用船旗国官方文字或英文书写
    C. 控制图的情况应与实际情况保持一致,每年对其改动进行集中更正
    D. 应有一套防火控制图永久性地置于甲板室里面有标志的风雨密盒子里

16. 下列对舱壁甲板以上开口的水密装置的要求哪些正确?
    ①露天甲板上的所有开口都应可以关闭
    ②露天甲板以上第一层甲板以下的所有舷窗都应保证水密
    ③舱壁甲板上的排水孔应能在任何气候条件下将水迅速排出舷外
    A. ①②   B. ②③
    C. ①③   D. ①②③

17. 根据 SOLAS 公约附则第 II-2 章的规定，消防员装备之呼吸器_____。

①可是一具带有空气泵的防烟面具

②可是一具自给式压缩空气呼吸器(可使用 30 分钟)

③并附带一根耐火救生绳

A. ①②③   B. ②③

C. ①②   D. ②

18. 根据 SOLAS 公约的规定，对客船居住处所和货船居住处所，应急电源分别应保证供电_____小时和_____小时。

A. 36;24   B. 36;18

C. 24;18   D. 24;24

19. 根据 SOLAS 公约的规定，下列有关防火控制图的提法哪些正确？

①防火控制图是船上消防的总布置图

②防火控制图应张贴在船上明显位置

③防火控制图中的细节可编制成小册子，每个船员一本，并有一本放在船上易于到达的地方

④应有一套防火控制图的复制品，永久性地置于甲板室外面有明显标志的风雨密盒子里

A. ①②③④   B. ②③④

C. ①②④   D. ①②③

20. 根据 SOLAS 公约的规定，_____载重吨及以上的液货船应在首尾两端安装应急拖带装置。

A. 1 万   B. 2 万

C. 3 万   D. 4 万

21. 下列哪些是船舶的防水抗沉结构？

①水密舱壁

②双层底

③船体开口的水密装置

A. ①②   B. ②③

C. ①③   D. ①②③

22. 根据 SOLAS 公约的要求，船上的应急电源在下列哪些条件下能向规定的处所全额、定功率供电？

①船舶破舱数不大于三舱

②横倾达 22.5°时

③船舶正浮时

④纵倾达 10°时

A. ①②③④   B. ①③④

C. ②③④   D. ②③

23. 根据 SOLAS 公约的规定，从驾驶室到机器处所或控制室中通常控制发动机的位置，至少应设置_____套独立的通信设施。

A. 1   B. 2

C. 3   D. 4

24. 驾驶室和机器处所之间的控制转换只应在_____进行,并应有防止控制转换时推力变化的装置。

    A. 驾驶台或主机控制室   B. 驾驶台

    C. 主机控制室   D. 机器处所或主机控制室

25. 推进器的遥控地点允许相互连接,每个控制地点应能够指示哪个控制点正在控制机器,同一时间只能在_____对推进器进行控制。

    A. 驾驶台   B. 一处

    C. 两处   D. 驾驶台或主机控制室

26. SOLAS 公约关于船舶防火、探火和灭火的基本原则包括_____。

    ①保护脱险或灭火通道

    ②抑制和扑灭任何火灾

    ③将易燃货物蒸发气体着火的可能性降至最低

    ④将起居处所与船舶其他处所隔开

    A. ①③④   B. ①②③

    C. ③④   D. ①②③④

27. 按照 SOLAS 公约的规定,消防员的装备应包含_____。

    ①保温服、安全灯

    ②防护服、安全灯

    ③手提灭火器、呼吸器

    ④太平斧、呼吸器

    A. ②③   B. ①④

    C. ①③   D. ②④

28. 根据 SOLAS 公约的规定,2 万载重吨及以上的_____,均应在其两端安装应急拖带装置。

    ①油船

    ②液化气运输船

    ③散货船

    ④化学品船

    ⑤冷藏船

    A. ①②③④⑤   B. ①②③

    C. ①③④   D. ①②④

29. 按照 SOLAS 公约的要求,船舶应在哪些处所张贴操舵装置的遥控系统和动力装置转换程序的操作说明和方框图?

    ①驾驶室

    ②机舱

    ③舵机室

    ④引航员房间

    ⑤船长房间和轮机长房间

    A. ②③④⑤   B. ①②③⑤

C.②③④   D.①②③

30. 按照 SOLAS 公约的规定,下列有关操舵装置的试验和操作要求正确的是_____。
   ①开航前 12 小时,应对操舵装置进行核查和试验
   ②驾驶室以及舵机室处所应张贴操舵装置的遥控系统和动力装置方框图和转换程序的操
     作说明
   ③至少每 3 个月进行一次应急操舵演习
   ④试验以及演习的日期应记入航海日志
   A.①②③   B.①②④
   C.①②③④   D.②③④

31. 根据 SOLAS 公约的要求,船舶在进出港口时应使用_____操舵动力装置工作。
   A.一台   B.无具体要求
   C.一台以上   D.B、C 均可

32. 按照 SOLAS 公约的规定,每一艘船至少应配备_____套消防员装备。
   A.1   B.2
   C.3   D.4

33. 按照规定,4000 总吨以下的客船和 1000 总吨以上的货船,至少应配备_____台独立消
    防泵。
   A.4   B.3
   C.2   D.1

34. 按照规定,每艘 500 总吨及以上的船舶至少应配备_____只国际通岸接头。
   A.1   B.2
   C.3   D.4

35. 按照规定,1000 总吨及以上的船舶应至少配备_____只手提式灭火器。
   A.8   B.7
   C.6   D.5

36. 根据 SOLAS 公约的规定,关于自动操舵仪的使用,下列正确的是_____。
   ①在能见度受限制的区域,应为驾驶员提供一名合格的舵工
   ②在运输繁忙的地区,舵工应随时准备接过操舵工作
   ③自动操舵与人工操舵的相互转换必须由驾驶员进行
   ④在长期使用自动操舵仪以后,应试验人工操舵
   A.①②③④   B.①②④
   C.①②③   D.②③④

37. 根据 SOLAS 公约的规定,船舶开航前应对操舵装置进行试验,试验程序应包括_____。
   ①主操舵装置
   ②辅助操舵装置
   ③操舵装置遥控系统
   ④应急动力供应
   A.①②③④   B.①②④
   C.①②③   D.②③④

38. 根据 SOLAS 公约的规定,船舶开航前应对操舵装置进行试验,试验程序应包括_____ 。
    ①主、辅助操舵装置
    ②操舵动力设备故障报警器
    ③操舵装置遥控系统动力故障报警器
    ④驾驶室内的操舵装置
    A.①②③④   B.①②④
    C.①②③   D.②③④

39. 下列有关船舶水密舱壁的叙述正确的是_____。
    ①撞舱壁应由船底通至干舷甲板
    ②尾尖舱舱壁应由船底通至干舷甲板
    ③尾尖舱舱壁是船舶最后一道水密舱壁
    ④防撞舱壁上可以设置水密门
    A.①②③④   B.②③④
    C.①②③   D.①③④

40. 下列有关防撞舱壁的提法正确的是_____。
    ①防撞舱壁比普通的水密舱壁有更高的强度
    ②防撞舱壁上不可以设置任何开口
    ③防撞舱壁高出干舷甲板的延伸部分可以开口,但应能风雨密关闭
    ④穿过防撞舱壁的管子应装有能在干舷甲板上操作的阀
    A.①②③④   B.②③④
    C.①②③   D.①③④

41. 按照要求,客船上水密门的操纵装置应能在船舶向任一舷横倾_____的情况下,将门关闭。
    A.5°   B.10°
    C.15°   D.20°

42. 下列对舱壁甲板以上开口的水密装置的要求正确的是_____。
    A.露天甲板上的所有开口都应可以关闭
    B.露天甲板以上第一层甲板以下的所有舷窗都应保证水密
    C.舱壁甲板上的排水孔应能在任何气候条件下将水迅速排出舷外
    D.A、B、C 都正确

43. 按照要求,破损控制图应标明_____。
    ①各层甲板的水密舱室界限
    ②货舱的水密舱室界限
    ③界限上的开口关闭方法控制位置
    ④扶正倾斜的装置
    A.①②③④   B.①②④
    C.①②③   D.②③④

44. 按照有关要求,客船及干货船上应有固定的破损控制图,该图是为了_____。
    A.指导全体船员   B.指导普通船员

C. 指导高级船员 D. A、B、C 都是

45. 对干货船的破损控制图的要求,下列叙述正确的是_____。
①1992 年 2 月 1 日或以后建造的船舶应备有破损控制图
②水密舱壁上所有水密门都应设有指示器并在驾驶台显示它们的开闭状态
③备有一份一般的安全须知,标明为保持水密完整性的设备及其操作方法
④备有一份特别的安全须知
A. ①②③④ B. ①②④
C. ①②③ D. ②③④

46. 根据 IMO 的决议 MSC.256(84)对 SOLAS 公约附则第Ⅱ-1 章和应急拖带的要求进行的修正,_____,包括油船在内,都需配备应急拖带程序。
A. 所有液货船舶 B. 所有船舶
C. 不小于 10000 吨的液货船 D. 不小于 20000 吨的液货船

47. 为保证船舶在破损情况下仍保持一定的浮力和稳性,船舶构造应满足 SOLAS 公约附则第Ⅱ章对船舶_____方面的要求。
①双层底
②舱底排水
③单舱货船水位探测器
④防火隔离
A. ①②③④ B. ②③
C. ①②③ D. ②③④

48. 根据 SOLAS 公约附则第Ⅱ章关于货船分舱和破损稳性的规定,为确保在海上使用的内部开口的水密完整性而设置的门须是滑动水密门,在主动力失灵时_____。
A. 指示器应能工作 B. 不影响手动操作
C. 动力、控制和指示器应能工作 D. 应能自动关闭

49. 根据 SOLAS 公约附则第Ⅱ章关于货船分舱和破损稳性的规定,用作大型货物处所的内部分隔,可以装设结构良好的水密门或坡道,应记入航海日志中的操作时间是_____。
A. 在海上开启的时间和在海上关闭的时间
B. 在海上开启的时间和在港内开启的时间
C. 在港内开启的时间和离港前关闭的时间
D. 在港内开启的时间和在港内关闭的时间

50. 根据 SOLAS 公约附则第Ⅱ章关于货船分舱和破损稳性的规定,用作大型货物处所的内部分隔,可以装设结构良好的水密门或坡道,如果在航程中需要通过任何此类门或坡道,应_____。
A. 经船长同意 B. 设有适当装置以防未经授权的开启
C. 经值班驾驶员同意 D. 在驾驶台设有遥控关闭装置

51. 为保证内部开口的水密完整性,在海上保持永久关闭的其他关闭装置,应有一个通告牌贴于其上,其大意是必须保持关闭。不必设此通告牌的是_____。
A. 具有自动关闭装置的开口 B. 在驾驶台设置控制和指示的水密门
C. 经主管机关同意 D. 用螺栓紧固盖子的人孔

52. 所有通向在破损分析中假定为完整的且位于最终水线以下的舱室的外部开口,应要求水密,在驾驶室应设有指示器,_____除外。
   A. 货舱盖
   B. 在驾驶台设置控制的水密门
   C. 经主管机关同意
   D. 具有自动关闭装置的开口孔

53. 根据 SOLAS 公约附则第Ⅱ章,如推进机械由驾驶室遥控的,则_____。
   ①所有有关的设备具有自动性能,如必要,具有防止推进机械超负荷运转的装置
   ②主推进机械应设有位于驾驶室的独立于驾驶室控制系统的紧急停机装置
   ③驾驶室发出的推进机械指令应在主机控制室和操纵台上显示出来
   A. ①②③
   B. ②③
   C. ①③
   D. ①②

54. 根据 SOLAS 公约附则第Ⅱ章的要求,即使在遥控系统的任一部分发生故障时,推进机械仍能_____进行控制。
   A. 就地
   B. 在主机控制室内
   C. 在驾驶台
   D. 在主机处所或主机控制室内

55. 根据 SOLAS 公约附则第Ⅱ章的要求,遥控系统的任一部分发生故障时,对船舶推进和安全所必需的辅机也应能_____进行控制。
   A. 就地或在其附近
   B. 在主机控制室内
   C. 在驾驶台
   D. 在主机处所或主机控制室内

56. 根据 SOLAS 公约附则第Ⅱ章的要求,遥控系统的设计应在发生故障时能发出警报,并且_____(除非主管机关认为不可行)。
   A. 在就地控制以前,预定的螺旋桨速度和推进方向仍应保持
   B. 在主机处所或主机控制室内进行控制以前,预定的推进方向仍应保持
   C. 自动转换为就地控制
   D. 自动转换为主机处所或主机控制室内进行控制

57. 根据 SOLAS 公约附则第Ⅱ章的要求,在驾驶室、主机控制室和操纵台应设置指示器,以显示_____。
   ①固定螺距螺旋桨的转速
   ②固定螺距螺旋桨的转动方向
   ③可调螺距螺旋桨的转速
   ④可调螺距螺旋桨的螺距位置
   A. ①②③④
   B. ②③
   C. ①③
   D. ②③④

58. 根据 SOLAS 公约附则第Ⅱ章的要求,应设有一个报警装置以指示能再次启动主机的启动空气的规定低压的位置是_____。
   A. 驾驶室
   B. 机器处所
   C. 主机控制室
   D. 驾驶室和主机处所

59. 如将推进机械的遥控系统设计成自动启动,启动失败的自动连续启动次数应加限制,以_____。
   A. 避免损坏主机

B. 避免损坏螺旋桨

C. 避免损坏空压机

D. 使就地启动时能有足够的启动空气压力

60. 推进机械自动控制系统的设计应确保及时向负责航行值班的驾驶员发出_____。

A. 推进系统即将紧急减速或停车的临界报警

B. 故障指示报警

C. 停车后报警

D. 启动空气压力不足报警

61. 从驾驶室到机器处所或控制室中通常控制推进器速度和方向的位置上至少应设置两套独立的通信设施,其中一套应为_____。

A. 连接机器处所和驾驶室的声力电话

B. 在机器处所和驾驶室均能直接显示指令和回令的车钟

C. 独立于全船通信系统的电话

D. 在机器处所和驾驶室均能直接显示主机状态的车钟

62. 根据 SOLAS 公约附则第Ⅱ-2 章的规定,船舶应按下述要求配备独立驱动的消防泵,对于客船,4000 总吨及以上至少_____台,4000 总吨以下至少_____台。

A. 5;3   B. 5;2

C. 4;2   D. 3;2

63. 根据 SOLAS 公约附则第Ⅱ-2 章的规定,船舶应按下述要求配备独立驱动的消防泵,对于货船,1000 总吨及以上至少_____,1000 总吨以下至少_____。

A. 3 台;2 台   B. 2 台;2 台动力泵,其中之一应为独立驱动

C. 2 台;1 台   D. 2 台;1 台动力泵,不需要独立驱动

64. 根据 SOLAS 公约附则第Ⅱ-2 章的规定,消防水带应具备足够的长度_____。

A. 将水柱喷射到任何处所

B. 将水柱喷射到可能需要使用消防水的任何处所

C. 将水柱喷射到 5 米高度

D. 将水柱喷射到船舶最大高度的 2 倍

65. 根据 SOLAS 公约附则第Ⅱ-2 章的规定,在载客超过 36 人的客船的各内部处所,消防水带_____。

A. 应一直保持与消火栓连接   B. 不应盘卷

C. 应一直保持有水   D. 长度应为 25 米

66. 根据 SOLAS 公约附则第Ⅱ-2 章的规定,对于 1000 总吨及以上的货船,应配备的消防水带数量为每_____船长配备 1 条并有 1 条备用,但无论如何总数不得少于 5 条(不包括机舱或锅炉舱所要求的水带)。

A. 30 米   B. 20 米

C. 10 米   D. 25 米

67. 根据 SOLAS 公约附则第Ⅱ-2 章的规定,船舶应配备适用和数量足够的手提式灭火器的处所包括_____。

①起居处所

②服务处所
③控制站内
④开敞甲板

A.①②③   B.②③
C.①②③④   D.②③④

68. 根据 SOLAS 公约附则第Ⅱ-2 章的规定,不得布置二氧化碳灭火器的场所是_____。
①起居处所
②服务处所
③控制站内

A.①②③   B.②③
C.①   D.①②

69. 根据 SOLAS 公约附则第Ⅱ-2 章的规定,能够在船上进行再充装的灭火器,其备用灭火剂的数量应按_____进行配备。备用灭火剂的总数不必超过 60 份。
A.前 5 个灭火器的 100% 和剩下其他灭火器的 60%
B.前 10 个灭火器的 100% 和剩下其他灭火器的 60%
C.前 5 个灭火器的 100% 和剩下其他灭火器的 50%
D.前 10 个灭火器的 100% 和剩下其他灭火器的 50%

70. 根据 SOLAS 公约附则第Ⅱ-2 章的规定,对于不能在船上进行充装的灭火器,应_____。
A.额外配备相同灭火剂量、型式、能力和数量的手提式灭火器以代替备用灭火剂
B.额外配备 1 倍数量的灭火器代替备用灭火剂
C.额外配备 2 倍数量的灭火器代替备用灭火剂
D.额外配备 50% 数量的灭火器代替备用灭火剂

71. 根据 SOLAS 公约附则第Ⅱ-2 章的规定,船上要求的固定式灭火系统可以为_____的任何系统。
①符合《消防安全系统规则》规定的固定式气体灭火系统
②符合《消防安全系统规则》规定的固定式高倍泡沫灭火系统
③符合《消防安全系统规则》规定的固定式压力水雾灭火系统
④使用以卤代烷 1211、1301 和 2402 以及全氟化碳作为灭火剂的灭火系统

A.①②③④   B.②③
C.①②③   D.②③④

72. 根据 SOLAS 公约附则第Ⅱ-2 章的规定,对于蒸汽作为灭火剂,_____。
①一般而言,主管机关应不允许在固定式灭火系统中使用
②一般而言,主管机关应允许在固定式灭火系统中使用
③如果主管机关允许使用蒸汽,应只用于限定区域内作为所要求灭火系统的附加灭火措施,并应符合《消防安全系统规则》的要求
④如果主管机关允许使用蒸汽固定式灭火系统,应符合《消防安全系统规则》的要求

A.①④   B.②④
C.①③   D.②③

73. 固定式气体灭火系统保护的位于甲板下或未设从开敞甲板进出口的处所,应设有机械通风

装置,用于排出处所底部的废气。通风装置应具有至少每小时换气_____次的能力。

A. 3　　　　　　　　　　　　　　B. 4

C. 5　　　　　　　　　　　　　　D. 6

74. 根据 SOLAS 公约附则第Ⅱ-2 章的规定,载客超过 36 人的客船,应装设符合《消防安全系统规则》要求的认可型式的自动喷水器、探火和失火报警系统的场所包括_____。

①所有控制站

②起居处所

③服务处所

④走廊和梯道

A. ①②③④　　　　　　　　　　　B. ②③

C. ①②③　　　　　　　　　　　　D. ②③④

75. 根据 SOLAS 公约附则第Ⅱ-2 章的规定,货船油漆间应由_____保护。

①二氧化碳系统,设计成能至少放出相当于所保护处所总容积 40% 的自由气体

②干粉系统,设计能力至少为 0.5 kg/m³

③水雾或喷水器系统,设计供水能力为 5 L/min·m²

④主管机关认为能提供等效保护的系统

A. ①②③④　　　　　　　　　　　B. ②③

C. ①②③　　　　　　　　　　　　D. ②③④

76. 根据 SOLAS 公约附则第Ⅱ-2 章的规定,对于不通往起居处所甲板的面积小于 4 m² 的易燃液体储藏室_____。

①可以接受用手提式二氧化碳灭火器代替固定式灭火系统,该灭火器应能至少放出相当于所保护处所总容积 40% 的自由气体

②在储藏室上应设有喷放孔,无须进入该保护处所就可以用灭火器向内喷放

③所要求的手提式灭火器应存放在喷放孔附近

④作为替代,可以布置注水口或水带接头以便于使用消防总管的水

A. ①②③④　　　　　　　　　　　B. ②③

C. ①②③　　　　　　　　　　　　D. ②③④

77. 根据 SOLAS 公约附则第Ⅱ-2 章的规定,20000 载重吨及以上的液货船应安装符合《消防安全系统规则》规定的_____,但主管机关考虑到船舶的布置和设备情况,可以接受其他等效的固定式装置来替代上述系统。

A. 固定式甲板泡沫灭火系统　　　　B. 固定式卤代烷灭火系统

C. 固定式水灭火系统　　　　　　　D. 固定式二氧化碳灭火系统

78. 根据 SOLAS 公约附则第Ⅱ-2 章的规定,消防员装备的用电安全灯要求为_____。

A. 手提灯,照明时间至少 3 小时　　B. 自动头顶灯,照明时间至少 3 小时

C. 手提灯,照明时间至少 0.5 小时　D. 自动头顶灯,照明时间至少 0.5 小时

项目四 船舶救生设备与装置要求

考试大纲要求:
3.1 国际海上人命安全公约
3.1.4 救生设备和装置
3.1.4.1 救生艇筏的配员与监督;救生艇筏的布置与存放;救生艇筏的登乘、降落;应急训练与演习
3.1.4.2 个人救生设备,无线电救生设备;船上通信与报警系统;应变部署表与应急须知

1. 根据 SOLAS 公约中关于救生设备和装置的规定,每艘客船和每艘 500 总吨以上的货船,应至少配备_____台双向甚高频电话和_____台雷达应答器。

   A. 3;1   B. 2;2
   C. 3;2   D. 3;3

2. 根据我国的有关要求,国内航行船长大于等于 150 米但小于 200 米的货船,至少应配置_____只救生圈。

   A. 10   B. 12
   C. 16   D. 18

3. 货船可配备一艘或多艘能在船尾自由降落下水的救生艇,其容量应能容纳船上总人数的_____。

   A. 200%   B. 100%
   C. 50%   D. 10%

4. 根据 SOLAS 公约的规定,每艘客船和_____的货船应至少配备 3 部双向 VHF 无线电设备。

   A. 3000 总吨及以上   B. 1600 总吨及以上
   C. 500 总吨及以上   D. 300 ~ 500 总吨

5. 根据国内航行海船法定检验技术规则,近海航区货船全船应配备的救生筏的乘员定额数对船上总人数的百分比为_____。

   A. 200%   B. 150%
   C. 110%   D. 100%

6. 根据 SOLAS 公约的规定,每艘客船和 500 总吨及以上的货船应至少配备_____部双向 VHF 无线电话设备。

   A. 1   B. 2
   C. 3   D. 4

7. 按照船舶救生设备状态保持的要求,救生艇淡水应_____更换一次(密封罐装的除外);_____全面检查艇内急救药箱内的药品,清点数量,检查药品是否缺少和有效期。

   A. 每月;每月   B. 每三个月;每年
   C. 每周;每月   D. 每月;每三个月

8. 根据 SOLAS 公约的规定,每艘客船和 500 总吨及以上的货船应至少配备_____台雷达应答器。

A. 1
B. 4
C. 2
D. 3

9. 防止沉船浪掀翻救生艇,救生艇降落入水后应驶离大船至足够远的安全区域,与大船保持_____的距离。

①3 倍于大船总长

②10 倍于大船总长

③500 米

④1 海里

A. ②③
B. ①③
C. ②④
D. ①④

10. 根据 SOLAS 公约,货船应配备一只或多只气胀式或刚性救生筏,存放在单层开敞甲板上方便做舷对舷转移的地方,并且其总容量不小于船上人员总数的_____。

A. 100%
B. 200%
C. 50%
D. 15%

11. 关于救生安全操作的规定,下列说法正确的是_____。

A. 全封闭式救生艇放艇时原则上应让所有艇员登艇后再放艇

B. 登艇人应当全部坐在座位上,只要前排的系好安全带就可以

C. 全封闭式救生艇一般为重力式

D. 实际操作中全体人员登艇,只留 1 人在甲板

12. 根据我国船舶与海上设施法定检验规则的规定,下列有关国内近海航行客船应配备机动救生艇的要求哪项是正确的?

A. 每船至少 1 艘
B. 每船至少 2 艘
C. 每船至少 3 艘
D. 每船至少 4 艘

13. 根据我国的有关要求,国内航行的船长大于等于 120 米但小于 180 米的客船,至少应配置_____只救生圈。

A. 12
B. 16
C. 18
D. 20

14. 根据规定,船上所有救生艇筏在发出弃船信号并在载足全部乘员及属具后,客船要求能在_____分钟内、货船要求能在_____分钟内全部降落水中。

A. 30;20
B. 20;20
C. 30;10
D. 30;30

15. 救生艇筏的配备要求_____。

①从事非短途国际航行的客船,救生艇在每舷的总容量应不小于船上人员总数的 50%,另再配备容量不小于人员总数 25% 的救生筏

②货船每舷配备的救生艇总容量不小于船上人员总数的 100%

③如救生艇的存放地点距船首或船尾超过 100 米,还应配备 1 只救生艇尽量靠前或者靠后放置

A.①②③   B.①②
C.②③   D.①③

16. 按照规定,降落设备在大船纵倾达_____、横倾达_____时应能安全降落所配备的救生艇筏。
    A.5°;10°   B.10°;20°
    C.15°;5°   D.10°;25°

17. 按照要求,每艘救生艇筏的存放应使_____名船员在_____分钟内完成降落和登乘的准备工作。
    A.2;10   B.3;10
    C.2;5   D.3;5

18. 根据规定,货船上的所有救生艇筏在发出弃船信号并在载足全部乘员及属具后,要求能在_____分钟内全部降落水中。
    A.10   B.20
    C.30   D.40

19. 根据规定,客船的所有救生艇筏在发出弃船信号并在载足全部乘员及属具后,要求能在_____分钟内全部降落水中。
    A.10   B.20
    C.30   D.40

20. 根据规定,船上的所有救生艇筏在发出弃船信号并在载足全部乘员及属具后,货船要求能在_____分钟内、客船要求能在_____分钟内全部降落水中。
    A.20;30   B.20;20
    C.10;30   D.30;20

21. 按照 SOLAS 公约,机动救生艇当载足全部乘员和属具时,在静水中的航速至少为_____ kn,并备有不少于_____小时的燃料。
    A.2;10   B.4;16
    C.6;24   D.8;36

22. 按照规定,当机动救生艇拖带一只25人救生筏时,其静水中航速至少为_____。
    A.6 kn   B.5 kn
    C.4 kn   D.2 kn

23. 按照 SOLAS 公约无线电设备通则的规定,每艘船舶应设有一台 VHF 无线电装置,并应满足_____。
    ①能发送和接收70频道上的 DSC
    ②在2182 kHz 上启动遇险报警
    ③能发送和接收6频道、13频道、16频道上的无线电话
    ④在16频道上进行通信
    A.①②③④   B.②③④
    C.①③④   D.①②③

24. 按照 SOLAS 公约无线电设备通则的规定,每艘船舶应设有一台卫星 EPIRB,并应满足_____。

①能通过 406 MHz 发送遇险报警

②安装在船上最高处

③可随时由人工释放并启动遇险报警

④当船舶沉没时能自动释放并启动遇险报警

    A. ①②③④   B. ②③④

    C. ①③④   D. ①②④

25. 按照 SOLAS 公约无线电设备通则的规定,每艘船舶应设有_____。

①一台能在 VHF 70 频道上接收和发送 DSC 的无线电装置和一台保持连续 DSC 值班的无线电装置

②一台能在 9 GHz 频率上工作的搜救雷达应答器

③一台 NAVTEX

④一台卫星 EPIRB

    A. ①②③   B. ①②③④

    C. ①②④   D. ②③④

26. 根据 SOLAS 公约的规定,船上应装有自亮灯的救生圈至少为救生圈总数的_____。

    A. 1/2   B. 1/3

    C. 1/4   D. 1/5

27. 按照 SOLAS 公约的规定,每船应配备至少_____只火箭降落伞火焰信号,应保存在驾驶室。

    A. 8   B. 10

    C. 6   D. 12

28. 按照 SOLAS 公约的规定,船舶配备的火箭降落伞火焰信号,应保存在_____。

    A. 三副物料间   B. 大副指定的处所

    C. 驾驶室   D. 救生设备存放地

29. 根据 SOLAS 公约的规定,每船至少有_____只救生圈应设有自发烟雾信号,并应能自驾驶室迅速抛投。

    A. 4   B. 3

    C. 2   D. 1

30. 根据 SOLAS 公约的规定,船舶每舷至少应有_____只救生圈装有可浮救生索。

    A. 4   B. 3

    C. 2   D. 1

31. 根据 SOLAS 公约的规定,国际航行的货船每舷配备的救生艇应能容纳船上全体人员的_____。

    A. 50%   B. 100%

    C. 150%   D. 200%

32. 根据 SOLAS 公约的规定,从事非短途国际航行的客船每舷配备的救生艇应能容纳船上全体人员的_____。

    A. 50%   B. 100%

    C. 200%   D. 150%

33. 根据 SOLAS 公约的规定,从事非短途国际航行的客船上配备的救生筏应能容纳船上全体人员的_____。
   A. 25%
   B. 50%
   C. 100%
   D. 150%

34. 根据 SOLAS 公约的规定,当货船的救生筏存放地点距船首或船尾超过_____米时,还应配备一具救生筏尽量靠前或靠后放置。
   A. 30
   B. 50
   C. 80
   D. 100

35. 根据现行 SOLAS 公约的规定,在客船每层旅客处所和服务处所甲板,每 80 米应有_____套消防员装备和_____套个人配备。
   A. 2;2
   B. 2;1
   C. 1;2
   D. 1;1

36. 根据现行 SOLAS 公约的规定,客船上应在任何位置上可获得_____套消防员装备和_____套个人装备。
   A. 2;2
   B. 2;1
   C. 1;2
   D. 1;1

37. 根据现行 SOLAS 公约的规定,客船每一主竖区应至少存放_____套消防员装备。
   A. 3
   B. 2
   C. 1
   D. 0

38. 根据 SOLAS 公约的规定,每艘必须使用的救生艇筏,应有 1 名_____负责指挥,救生艇还应配 1 名副指挥。
   A. 驾驶员
   B. 持证人员
   C. A 或 B
   D. A 或 B 都不可以

39. 根据 SOLAS 公约附则第Ⅲ章,为保证在危险情况下能够有效地进行弃船救生,所有客船和 300 总吨及以上的所有货船应当配备的通信信号或系统包括_____。
   ①无线电救生设备
   ②遇险火焰信号
   ③船上通信与报警系统
   ④一套公共广播系统
   A. ①②③④
   B. ②③
   C. ①②③
   D. ②③④

40. 根据 SOLAS 公约附则第Ⅲ章,为保证在危险情况下能够有效地进行弃船求生,适用客船应当配备的通信信号或系统包括_____。
   ①无线电救生设备
   ②遇险火焰信号
   ③船上通信与报警系统
   ④一套公共广播系统
   A. ①②③④
   B. ②③
   C. ①②③
   D. ②③④

41. 根据 SOLAS 公约附则第Ⅲ章,搜救定位装置存放位置要求为_____。

①能迅速放入任何救生艇筏的位置(船首的救生筏除外)

②在每一救生艇筏上存放一台搜救定位装置(船首的救生筏除外)

③在至少配有 2 台搜救定位装置以及配备自由降落式救生艇的船上,一台搜救定位装置应存放在一艘自由降落式救生艇内,另一台放在紧邻驾驶室之处,以便能在船上使用,并便于转移至任一其他救生艇筏上

A.①②
B.②③
C.①②③
D.①③

42. 根据 SOLAS 公约附则第Ⅲ章,搜救定位装置_____。

A. 只能为搜救雷达应答器(SART),天线极化方式应该是水平极化方式

B. 只能为搜救 AIS 发射器(AIS-SART)

C. 包括搜救雷达应答器(SART)和搜救 AIS 发射器(AIS-SART),两者可以互换

D. 如为搜救雷达应答器(SART),天线极化方式应该是垂直极化方式

43. 根据 SOLAS 公约附则第Ⅲ章,2010 年 1 月 1 日及以后上船的搜救雷达应答器天线极化方式应该是_____。

A. 水平极化或垂直极化方式
B. 垂直极化方式
C. 垂直极化或圆极化方式
D. 水平极化或圆极化方式

44. 根据 SOLAS 公约附则第Ⅲ章,船舶应配备_____套由固定式或手提式设备构成的或由这两种型式设备构成的应急设施(船上通信与报警系统),供船上应急控制站、集合站和登程站及要害位置之间的双向通信联系之用。

A. 1
B. 2
C. 3
D. 4

45. 根据 SOLAS 公约附则第Ⅲ章,船上符合规则要求的救生圈应_____。

①分布在船舶两舷易于拿到之处

②在可行范围内,分放在所有延伸到船舷的露天甲板上

③至少有 1 个应放在船尾附近

④存放应能随时迅速取下,不应以任何方式永久系牢

A.①②③④
B.②③
C.①②③
D.②③④

46. 根据 SOLAS 公约附则第Ⅲ章,船舶每舷至少有 1 个救生圈应设有符合规则要求的可浮救生索,其长度不小于其存放处在最轻载航行水线以上高度的_____倍或 30 米,取较大者。

A. 1
B. 2
C. 3
D. 4

47. 根据 SOLAS 公约附则第Ⅲ章,船上配备救生衣的数量要求为_____。

①每个人配备 1 件符合要求的救生衣

②配备若干适合儿童穿着的救生衣

③儿童救生衣的数量至少等于船上乘客总人数的 10%,或为每个儿童配备 1 件救生衣

A.①②
B.②③

C.①②③ D.①③

48. 根据 SOLAS 公约附则第Ⅲ章,船上应配备足够数量的救生衣,以供值班人员使用。供值班人员使用的救生衣应存放在_____。
①驾驶室
②机舱控制室
③任何其他有人值班的地方
A.①②③ B.②③
C.①② D.①③

49. 根据 SOLAS 公约附则第Ⅲ章,货船上保温救生服的配备要求为_____。
①每艘救生艇要求配备至少3件保温救生服
②如果主管机关认为必要且可行,应为每个船员配备1件保温救生服或为未配备保温救生服的提供保温用具(低导热率的防水材料制成的袋子或衣服)
③被指派为救助艇员或海上撤离系统工作人员的人分别配备1件合身的、符合规则要求的救生服或符合要求的抗暴露服
④如果船舶一直在主管机关认为无须热保护的温暖气候区域航行,则不必配备保温救生服和抗暴露服
A.①②③④ B.②③
C.①②③ D.②③④

50. 根据 SOLAS 公约附则第Ⅲ章,载运散发有毒蒸气或毒气的货物的化学品液货船和气体运输船,应配备符合要求的_____,以替代全封闭救生艇。
A. 有自备空气补给系统的救生艇 B. 耐火的救生艇
C. 耐腐蚀的救生艇 D. 带有毒气体过滤装置的救生艇

51. 根据 SOLAS 公约附则第Ⅲ章,载运闪点不超过_____℃(闭杯试验)货物的油船、化学品液货船和气体运输船应配备符合要求的耐火救生艇,以替代全封闭救生艇。
A. 50 B. 60
C. 100 D. 200

52. 根据 SOLAS 公约附则第Ⅲ章,货船应至少配备_____符合要求的救助艇。如救生艇也符合对救助艇的要求,则可以接受此救生艇作为救助艇。如果兼作救助艇,则应满足对艇、降落装置和回收装置的所有相关要求。
A. 1 艘 B. 每舷1 艘
C. 2 艘 D. 3 艘

53. 根据 SOLAS 公约附则第Ⅲ章,每艘要使用的救生艇筏,均应设置1名驾驶员或持证人员负责指挥。但主管机关经适当考虑到航程的性质、船上人数和船舶的特点后,可以准许_____来代替具有上述资格的人员负责指挥救生筏。
A. 船长 B. 精通救生筏操纵和操作的人员
C. 水手长 D. 轮机员或持证人员

54. 根据 SOLAS 公约附则第Ⅲ章,油船上的救生艇筏,除为从船首最前端或船尾最末端至最靠近的救生艇筏存放地点最近一端之间的水平距离超过100 米而额外配备的救生筏外,不应存放在_____上或其上方。

①货油舱

②污油舱

③其他含有爆炸性或危险性货物的液舱

A.①② B.②③

C.①②③ D.③

55. 根据 SOLAS 公约附则第Ⅲ章,在船长为 80 米及以上但小于 120 米的货船上,每艘救生艇应存放在使该救生艇尾端在推进器前方不小于_____的地方。

A.10 米 B.20 米

C.该救生艇长度 D.该救生艇长度的一半

56. 根据 SOLAS 公约附则第Ⅲ章,在船长为 120 米及以上的货船与船长为 80 米及以上的客船上,每艘救生艇应存放在使该救生艇尾端在推进器前方不小于_____的地方。

A.10 米 B.20 米

C.该救生艇长度 D.该救生艇长度的一半

57. 根据 SOLAS 公约附则第Ⅲ章,救生艇筏在准备和降落的过程中,应根据情况使用所要求的应急电源供电的照明系统予以足够的照明,照明的范围要求为_____。

①救生艇筏

②救生艇筏降落设备

③准备降落的水域

A.①② B.②③

C.①②③ D.③

58. 根据 SOLAS 公约附则第Ⅲ章,如救生艇筏(降落过程中)有被船舶减摇鳍造成损坏的危险,则_____。

①应有由应急电源驱动的、能将减摇鳍收回船内的设施

②驾驶室应设有由应急电源驱动的指示减摇鳍位置的指示器

③在救生艇降落位置应有能够操纵减摇鳍收回船内的设施

A.①② B.②③

C.①②③ D.③

59. 根据 SOLAS 公约附则第Ⅲ章,如配备符合要求的部分封闭救生艇,应装设吊艇架横张索,在其上设置不少于_____根足够长度的救生索。

A.1 B.2

C.3 D.4

项目五　船舶航行安全设备要求

考试大纲要求:

3.1.5　航行安全

3.1.5.2　船载航行系统和设备的配备要求

3.1.5.3 引航员登离船装置

1. 根据 SOLAS 公约的要求，AIS 应具备哪些功能？
   ①自动向配有相应设备的岸台、其他船舶提供安全信息
   ②自动从其他装有类似设备的船舶接受信息
   ③监视和跟踪其他船舶
   ④与岸基设施交换数据
   A.①③　　　　　　　　　　　　B.②③④
   C.①②③④　　　　　　　　　　D.①②④

2. 下列有关引航员登离船装置的提法哪项不符合 SOLAS 公约的要求？
   A. 当从海面到登船入口的距离超过 9 m 时，不可单独使用软梯
   B. 如果引航员有要求，两根直径不小于 28 mm 的安全绳应牢固地系固在船上
   C. 在引航员登船时应准备好一根撇缆绳
   D. 引航员软梯的装置和引航员的登离船安全应由水手长负责

3. 根据 SOLAS 公约，以下关于引航员登船装置要求错误的是_____。
   ①引航员软梯爬高不小于 3 m，离水面高度不超过 9 m
   ②引航员软梯安放位置应尽可能靠近驾驶台所在的位置
   ③引航员软梯的单根长度应为所有装载状况和船舶纵倾及 15° 的不利横倾留出充分的余量
   ④水面至入口处的距离超过 9 m 时，一个舷梯或其他同样安全方面的装置与引航员软梯相连，舷梯的设置应朝向船首
   A.①③④　　　　　　　　　　　B.①②④
   C.②③④　　　　　　　　　　　D.①②③

4. 按照 SOLAS 公约的要求，从事国际航行的所有客船和 300 总吨以上的货船应安装能在_____频率上工作的雷达装置。
   A.9 GHz　　　　　　　　　　　B.8 GHz
   C.7 GHz　　　　　　　　　　　D.10 GHz

5. 根据 SOLAS 公约的规定，以下表述正确的是_____。
   A. 引航员登离船装置的安放和引航员的登船，应由负责的驾驶员进行监督
   B. 应将登离船装置长期固定在一舷供引航员登离船
   C. 负责的值班水手应护送引航员经由安全通道前往和离开驾驶台
   D. 引航员登离船装置的安放和引航员的登船，应由值班水手或水手长进行监督

6. 根据 SOLAS 公约，夜间引航员登离船时，应配备适当照明以照亮_____。
   ①舷侧水面
   ②舷外的引航员登离船装置
   ③引航员登船和离船装置
   ④引航员机械升降器的控制装置
   A.②③④　　　　　　　　　　　B.①②④
   C.①②③　　　　　　　　　　　D.①②③④

7. 根据 SOLAS 公约，对于 10000 总吨及以上的船舶，必须配备的船载航行系统及设备包括_____。

①一台不依赖于任何动力的标准磁罗经

②一台 9 GHz 雷达

③一台雷达自动标绘仪

④一个回旋速率指示器

A.①②③④   B.②③④

C.①③④   D.①②③

8.按照现行 SOLAS 公约的要求,下列哪些从事国际航行的船舶应设置能在 9 GHz 频率上工作的雷达装置?

A. 所有客船   B. 300 总吨及以上的货船

C. 所有货船   D. A 和 B

9.按照 SOLAS 公约的要求,下列有关引航员软梯的提法正确的是_____。

①夜间应备有照明灯光

②应有一个带自亮浮灯的救生圈

③应有一根撇缆绳

④从海面到登船入口的距离不超过 10 m 时可单独使用软梯

A.①②③   B.①②③④

C.①③④   D.①②④

10.根据 SOLAS 公约第 V 章,应配备 1 台船舶自动识别系统(AIS)的船舶是_____。

①所有 150 总吨及以上的国际航行船舶

②所有 300 总吨及以上的国际航行船舶

③500 总吨及以上的非国际航行货船

④不论尺度大小的客船

A.①④   B.②④

C.①②③④   D.②③④

11.根据 SOLAS 公约第 V 章,配备 AIS 的船舶应使 AIS 始终保持运行状态,但_____要保护航行信息的情况除外。

A. 国际协定、规则或标准规定   B. 船旗国规定

C. 船公司规定   D. 船长规定

12.根据 SOLAS 公约第 V 章,2012 年 7 月 1 日或以后建造的_____应当装设电子海图显示与信息系统(ECDIS)。

①500 总吨及以上的客船

②3000 总吨及以上的液货船

③10000 总吨及以上的液货船以外的货船

A.①②   B.②③

C.①②③   D.③

13.根据 SOLAS 公约第 V 章,船舶远程识别跟踪系统要求能够自动传送_____。

①船舶识别码

②船舶位置(经度和纬度)

③提供船位的日期和时间

A. ①②   B. ②③
C. ①②③   D. ③

14. 根据 SOLAS 公约第 Ⅴ 章,无论何时建造,不要求配备远程识别和跟踪系统的船舶是_____。

A. 配备自动识别系统(AIS)并专门在 A1 海区内作业的船舶

B. 海上移动式钻井平台

C. 配备自动识别系统(AIS)的海上移动式钻井平台

D. 专门在 A1 海区内作业的船舶

15. 根据 SOLAS 公约第 Ⅴ 章,满足要求的 LRIT 系统和设备应能在下列哪些情况下在船上关闭或能停止发送远程识别和跟踪信息?

①国际协议、规则或标准规定要保护航行信息时

②在船长认为有损船舶安全或保安的特殊情况下并在尽可能短的时间内

③在 A1 海区内航行或作业时

A. ①②   B. ②③
C. ①②③   D. ③

16. 根据 SOLAS 公约第 Ⅴ 章,在船上关闭或能停止发送远程识别和跟踪信息的情况下,船长应_____。

①及时通知主管机关

②记录说明所做决定的理由

③记录说明系统或设备关闭的周期

A. ①②   B. ②③
C. ①②③   D. ③

17. 根据 SOLAS 公约第 Ⅴ 章,船舶安装 VDR 的作用和目的是_____。

A. 给事故调查提供帮助   B. 代替航海日志和轮机日志

C. 随时监控船舶   D. 协助船舶保安

18. 根据 SOLAS 公约第 Ⅴ 章,供引航员登离船用的舷门_____。

A. 应向外开启   B. 应向上开启

C. 不应向外开启   D. 不应向内开启

项目六　加强海上安全和保安的特别措施

考试大纲要求:

3.1.9　加强海上安全的特别措施

　　　船舶识别号;连续概要记录;加强检验;关于操作要求的港口国控制

3.1.10　加强海上保安的特别措施

　　　适用范围;缔约国政府的保安责任;对船舶的要求;船舶保安警报系统;船长对船舶安全和保安的决定权;监督和符合措施

1. 由于保安事件危险性升高而应在一段时间内保持适当的附加防范性保安措施的等级称为_____。

    A. 保安等级 2   B. 保安等级 1

    C. 保安等级 3   D. 保安等级 4

2. 如果公司通知船长船舶将要前往的港口最近发生过保安事件,船长必须_____。

    A. 通报该港口的缔约国政府   B. 到港后填写保安声明

    C. 采取保安等级 3 时的保安措施   D. 申请岸上保安组织

3. 不属于船舶保安薄弱环节的是_____。

    A. 公司未指定 SSO   B. 船舶保安设备不是最新产品

    C. SSP 不能适应船舶的当时营运环境   D. 不能有效地实施船舶保安应急程序

4. 根据 ISPS 规则,对船舶保安报警系统的技术要求包括_____。

    A. 至少包括 3 个启动点,其中一个在船长的房间里

    B. 任何一个启动点都能发射船舶保安报警

    C. 可以接收主管当局在保安方面的指示

    D. 必要时可以发出求救信号

5. 船舶的连续概要记录应由_____签发。

    A. 船舶所属的船舶管理公司   B. 船旗国的船检部门

    C. 船旗国的主管机关   D. 船舶所属的船舶公司

6. 以下陈述不正确的是_____。

    A. 船上的限制区域应包括装有危险货物或有害物质的舱室

    B. 所有船舶的 SSP 中均应就随身携带物品的上下船制订保安措施

    C. 当船舶和港口设施正常工作时,应采用保安等级 1 规定的保安措施

    D. SSO 应负责保管 SSP,并监督对 SSP 的实施

7. SOLAS 公约关于连续概要记录的规定,下列说法正确的是_____。

    ①主管机关应向船舶签发一份连续概要记录

    ②连续概要记录应包含船名、船旗、船舶识别号、公司名称等信息

    ③当船舶变更船旗或被售予另一船东时,连续概要记录应交回主管机关销毁

    ④连续概要的记录应使用英文、法文或西班牙文

    A. ①②③   B. ②③④

    C. ①②④   D. ②④

8. 船舶的连续概要记录应至少包括_____。

    ①船舶所属的船舶管理公司

    ②船旗国的船检部门

    ③船旗国的主管机关

    ④船舶所属的船舶公司

    A. ①②   B. ①②③④

    C. ②③④   D. ③④

9. 船上的国际船舶保安证书应由_____负责保管,并负责保持其有效性。

    A. CSO   B. RSO

C. SSO　　　　　　　　　　　　　　　　D. 船长

10. 以下陈述正确的是_____。
    A. 船上的限制区域应包括装有危险货物或有害物质的舱室
    B. 所有船舶的SSP中均应就非随身携带物品的上下船制订保安措施
    C. 当船舶和港口设施正常工作时,应采用保安等级2规定的保安措施
    D. 船长应负责保管SSP,并监督SSP的实施

11. 在海盗活动频繁区域,下列哪些措施是正确的?
    ①事先规定海盗袭击时的报警信号
    ②在通常是海盗的首要目标以外的场所设置一台应急VHF装置
    ③备妥水龙带及其他用于吓退海盗企图登船的防卫用品
    ④驾驶台两翼应配探照灯,夜间在船尾甲板及舷外打开探照灯照亮海面
    A. ①②③④　　　　　　　　　　　　B. ①②③
    C. ②③④　　　　　　　　　　　　　D. ①③④

12. 根据SOLAS公约中加强海上保安的特别措施,缔约国政府的保安责任不包括_____。
    A. 为其领土内的港口设施规定保安等级　　B. 为进入其领海前的船舶规定保安等级
    C. 为进入其港口前的船舶规定保安等级　　D. 为在其港口内的船舶规定保安等级

13. 根据SOLAS公约中加强海上保安的特别措施的规定,船舶安保警报系统启动后不具有_____功能。
    ①发出声光报警
    ②向附近船舶发送,以获得援助
    ③向主管机关指定的主管当局发送船对岸的安保警报
    ④接收主管当局在保安方面的指示
    A. ①②④　　　　　　　　　　　　　B. ①②③④
    C. ①②③　　　　　　　　　　　　　D. ②③④

14. 可以为船舶规定保安等级并负有通知责任的有_____。
    ①船旗国主管机关
    ②缔约国政府(主管机关)
    ③RSO
    A. ①②　　　　　　　　　　　　　　B. ②③
    C. ①③　　　　　　　　　　　　　　D. ①②③

15. 赋予公司识别号与船舶识别号的主要目的是_____。
    ①加强海上安全
    ②防止海上污染
    ③便于阻止海上欺诈
    A. ①②　　　　　　　　　　　　　　B. ①③
    C. ①②③　　　　　　　　　　　　　D. ②③

16. 在船上举行的保安演练应包括_____等内容。
    ①检查、试验有关保安警报和通信系统
    ②检查船舶内部以及与主管机关的联系、报告程序的有效性

③检查对保安威胁或者保安状况遭到破坏做出反应程序的有效性

④检查在保安威胁或者保安状况受到破坏时撤离程序的有效性

    A.①③④   B.①②③④

    C.①②③   D.②③④

17. 下列哪项属于签发连续概要记录的主要目的？

    A. 提供船舶历史记录   B. 显示船舶挂港情况

    C. 说明船舶维护计划   D. 证明船舶技术状况

18. 可能导致船舶被拒绝进港或驱逐出港的保安缺陷包括_____。

    ①缺少国际船舶保安证书或临时国际船舶保安证书

    ②缺少经过认可的船舶保安计划或计划不完整

    ③船员身份不明

    ④到港信息报告不适当或不完整

    A.①②④   B.①②③④

    C.②③   D.①②③

19. 下列对连续概要记录描述正确的是_____。

    ①连续概要记录是一份船舶历史记录

    ②连续概要记录应使用 IMO 制定的格式

    ③连续概要记录是有主管机关签发给悬挂其国旗的船舶

    ④对连续概要记录的记载可以按当时的情况进行修改或删除

    ⑤连续概要记录应保存在船上

    ⑥当 PSCO 要求检查连续概要记录时,船长有权拒绝

    A.①②③⑤   B.①②④⑥

    C.①②④   D.②③④⑥

20. 根据 SOLA 公约中加强海上保安的特别措施,船长根据其职业判断而做出或执行的为维护船舶_____所必需的决定,应不受公司、承租人或其他人员的限制。

    A. 安全   B. 保安

    C. 正常营运   D. 安全或保安

21. 下列对 SOLAS 公约中船舶识别号应永久性标记位置的描述不正确的是_____。

    A. 要求在船尾或船体中部左舷和右舷核定载重舷以上

    B. 要求在船舶上层建筑左舷或右舷

    C. 要求在船首左右舷核定载重线以上但应在船名之下

    D. 要求在船舶上层建筑正面的可见位置

22. 关于船舶识别号的规定,以下正确的是_____。

    ①该永久性标志可制成突出的字符,或刻入或用中心冲头冲制

    ②该永久性标志应清晰可见,与船体上的任何其他标记分开

    ③该永久性标志应在船舶外部、内部各标记一个

    A.①②③   B.①②

    C.②③   D.①③

23. 船舶的连续概要记录所使用的格式应由_____制定。

A. 船旗国的主管机关

B. 船旗国的船检部门

C. IMO

D. 船长应根据该船舶的航区、船舶的种类、吨位

24. 对连续概要记录的任何已有记载不得_____。

①修改

②删除

③以任何方式擦除或涂盖

④进行复制

A. ①②   B. ①②③④

C. ①②④   D. ①②③

25. ISPS 规则不适用于_____。

A. 从事国际航行的客船

B. 从事国际航行的 500 总吨及以上的货船

C. 服务国际航行船舶的港口设施

D. 缔约国政府的公务船

26. 应始终保持最低级限度的适当防范性保安措施的等级称为_____。

A. 保安等级 1   B. 保安等级 2

C. 保安等级 3   D. 保安等级 4

27. 恐怖主义通常不具有_____的特点。

A. 非常明确的政治目的   B. 非常明确的经济目的

C. 采用非正常的暴力手段   D. 打击对象为无辜者

28. ISPS 规则要求缔约国政府（船旗国主管机关）_____。

①规定适当的保安等级

②批准船舶保安计划

③向经审核符合 SOLAS 公约和 ISPS 规则的船舶签发 ISSC

④向 IMO 及航运业和港口业通报信息

A. ①②③   B. ①②④

C. ①②③④   D. ①②

29. 根据 ISPS 规则,缔约国政府应_____。

①负责制定在任何特定时间内可适用于船舶和港口设施的保安等级

②建立并公布联络点

③向有权登船或进入港口设施履行其官方职责的政府官员签发相应的身份证件

A. ①②   B. ①③

C. ②③   D. ①②③

30. 根据 ISPS 规则,缔约国政府的基本职责包括_____。

①规定适当的保安等级

②制订、批准和实施船舶保安计划,并向船舶签发国际船舶保安证书

③采取控制和符合措施

④确定港口设施保安员和公司保安员

⑤向 IMO 通报信息

A. ①②③④   B. ①③④⑤

C. ①②③⑤   D. ①③⑤

31. 以下陈述不正确的是_____。

A. 船长依专业做出的判断应不受船东、承租人的约束

B. 船长对船舶保安方面的决定权具有最高权威

C. 在船舶操作中,出现安全和保安要求之间冲突时,应执行为维护保安所必需的要求

D. 在船舶操作中,出现安全和保安要求之间冲突时,应立即通知主管机关

32. 船长的保安职责应包括_____。

①熟悉船舶保安计划中的主要规定

②拒绝对船舶保安构成威胁的人员、货物、物品等进入船舶

③向公司保安员报告船舶保安的薄弱点及船舶保安体系的缺陷和不足

④负责保持船舶保安证书的有效性

⑤负责保管船舶保安证书

A. ①②③④⑤   B. ①②③④

C. ①②③   D. ①③④⑤

33. 船公司在船上应任命_____名船舶保安员,船舶保安员应是_____的。

A. 1;专职   B. 2;专职

C. 1;专职或兼职   D. 2;专职或兼职

34. 船舶保安员的职责应包括_____。

①熟悉船舶保安计划中的主要规定

②拒绝对船舶保安构成威胁的人员、货物、物品等进入船舶

③向公司保安员报告在内部审核、定期评审、保安检查所确定的缺陷和不符合项,并实施相应的纠正措施

④负责保持船舶保安证书的有效性

⑤负责保管船舶保安证书

A. ①②③④⑤   B. ①②③⑤

C. ①③   D. ①③④⑤

35. 下列哪项不是船舶保安员的职责?

A. 保管船舶保安计划

B. 对船舶保安计划提出修改建议

C. 保管船舶保安证书

D. 据船长授权,代表船舶签署并提交保安声明

36. 船长的保安职责包括_____。

①对船舶保安负有最终责任

②当保安风险增大时,果断采取更高等级的保安措施

③决定是否提供港口国保安监督要求提供的信息

A. ①②   B. ①②③

C.①③   D.②③

37. 下面哪项不是船公司的保安责任?
    A. 任命 CSO 和 SSO
    B. 确保向 CSO、船长、SSO 提供必要的支持
    C. 确保船长获得并在船上保存与租船合同各方的联系细节资料
    D. 规定船舶保安等级

38. 船舶保安体系应具备以下功能_____。
    ①明确船舶保安组织结构及职责
    ②搜集和评估保安威胁
    ③制订并完善船舶保安计划
    ④通过培训、演练和演习,确保熟悉保安计划
    A.①②③   B.①②③④
    C.①②④   D.②③④

39. 船舶保安审核的种类包括_____。
    ①初次审核
    ②中间审核
    ③换证审核
    ④年度审核
    A.②③④   B.①②③
    C.①②④   D.①②③④

40. 关于国际保安证书和临时国际保安证书的法律效力的陈述,正确的是_____。
    A. 国际保安证书和临时国际保安证书的法律效力不同,前者要高于后者
    B. 国际保安证书和临时国际保安证书的法律效力相同
    C. 国际保安证书和临时国际保安证书的法律效力不同,后者要高于前者
    D. 只有国际保安证书有效,而临时国际保安证书没有任何法律效力,国际保安证书和临时
       国际保安证书的法律效力不同,前者要高于后者

41. 当船舶完成_____后,主管机关或 RSO 将在该船的 ISSC 签注。
    A. 初次审核   B. 中间审核
    C. 临时审核   D. 换证审核

42. 遇有下述情况之一者,ISSC 证书将失效_____。
    ①未在规定的期限内进行相关审核
    ②证书未按规定进行签注
    ③持有 ISSC 证书的船舶实质性地更换了对该船承担经营管理责任的公司
    ④船舶改悬另一缔约国国旗
    A.①②③   B.①②③④
    C.①②④   D.②③④

43. 船上的国际船舶保安证书应由_____负责保管,并负责保持其有效性。
    A. CSO   B. RSO
    C. SSO   D. 船长

44. 船舶保安计划应对船舶的特点、操作要求、航线特征、潜在威胁及保安薄弱点进行全面评估,由_____负责制订。
    A. 主管机关   B. 船长
    C. 船舶保安员   D. 公司保安员

45. 船舶保安计划应由_____批准。
    A. 船舶保安员   B. 公司保安员
    C. 主管机关或经授权的保安组织   D. 船舶公司管理层

46. 下列关于船舶保安计划的说法,正确的是_____。
    A. 属于同一公司的船舶,船舶保安计划可以相同
    B. 属于同一公司的同一类型的船舶,船舶保安计划可以相同
    C. 不属于同一公司,但船舶的航区相同,船舶的保安计划可以相同
    D. 无论船舶是否属于同一公司,每艘船舶的保安计划内容都有所不同

47. 制订船舶保安计划时应对_____进行全面的评估。
    ①船舶特点
    ②操作要求
    ③航线特征
    ④潜在威胁
    ⑤保安薄弱点
    A. ①②③④⑤   B. ①③④⑤
    C. ①②③④   D. ②③④⑤

48. 以下有关 SSP 的表述中错误的是_____。
    A. 每艘适用 ISPS 规则的船舶均应在船上配备经主管机关或其认可的保安组织批准的 SSP
    B. SSP 应在基于对船舶保安评估的基础上,并考虑 ISPS 规则提供的指导制订
    C. SSP 应用英文、法文或西班牙文三种文字中的一种来编写
    D. SSP 可由经主管机关认可的保安组织代为制订

49. 以下陈述错误的是_____。
    A. RSO 可为某一具体船舶编制 SSP 并参加该船 SSP 的审查与批准工作
    B. 一份有效的 SSP 的制订应依赖于对船舶保安所有相关问题进行的全面评估
    C. 在 SSP 中应规定向缔约国政府的适当联络点进行报告的程序
    D. 在 SSP 中应规定对缔约国政府在保安等级 3 时可能发出的任何指令做出反应的程序

50. 保安计划的内部评审是保持保安计划有效性的重要活动,它要求_____。
    ①每年进行一次
    ②由公司有关人员、主管机关有关人员、船舶保安员、港口设施保安员、船长和船舶保安员参加
    ③发现问题和缺陷要及时纠正,并留有记录
    A. ①②③   B. ①③
    C. ②③   D. ③

51. 通过船舶保安评估,应确定并评估的影响船舶保安的基本要素包括_____。
    ①现有保安措施、程序和操作的有效性

②应予重点保护的船上关键操作

③船上关键操作可能受到的威胁及其发生的可能性

④公司保安计划的薄弱点

A.②③④

B.①②③

C.①②③④

D.①②④

52. SSA应按_____的步骤进行。

①船舶保安威胁风险评估

②识别船舶保安薄弱环节

③制订船舶保安计划

④策划减轻风险措施

A.①③②④

B.①②③④

C.②①③④

D.②①④③

53. 通过SSA，可以_____。

①确定船舶保安薄弱环节

②确定现有保安措施的有效性

③为制订或修改SSP提供依据

④为船舶的值班安排提供依据

A.①②③④

B.①③④

C.①②④

D.①②③

54. 关于保安现场检验正确的是_____。

①保安现场检验应是一个动态和持续性的检验过程

②进行船舶保安风险评估时，应进行保安现场检验

③进行船舶保安措施评估，应进行保安现场检验

A.①②

B.①③

C.②③

D.①②③

55. 船舶保安薄弱环节，包括_____。

①安全和保安措施之间的矛盾

②船上职责和保安任务之间的矛盾

③值班职责、船员数及其对船员疲劳、警觉性和工作的影响

④通信系统在内的保安设备和系统的有效

A.①②③

B.②③④

C.①②④

D.①②③④

56. 识别船舶保安薄弱环节的最有效的方法是_____。

A. 开展船舶内部保安审核活动

B. 开展船舶保安评估活动

C. 制订有效的船舶保安计划

D. 实施港口国保安监督

57. 以下哪种情况不能视为船舶的保安薄弱环节？

A. 由于疲劳而不能保持有效的保安警戒

B. 不能有效地控制接近和进入船舶

C. 通过换证审核后的船舶不能立即获得新的国际船舶保安证书

D. 不能及时获得公司和其他外部的支持

58. 以下关于演习和演练的规定正确的是_____。

    A. 为确保有效实施船舶保安计划的规定,应至少每 3 个月进行 1 次演练

    B. 如 25% 船员变动且在前 3 个月未参加任何演练,应在变动后 1 周内进行演练

    C. 可能有 CSO、SSO、PFSO 等参加的各类演习,至少每年 1 次

    D. 以上都正确

59. 船舶保安记录应在船上至少保存_____年。

    A. 1   B. 3

    C. 5   D. 没有规定

60. 保安声明应由_____签署和提交。

    A. 船长   B. 大副

    C. 船舶保安员   D. 船长或船舶保安员

61. 船舶在哪些情况下,可要求填写保安声明?

    ①船舶营运所处保安等级高于其所从事界面活动的港口设施或另一船舶的保安等级

    ②船舶位于一个不要求具有和实施经批准的港口设施保安计划的港口

    ③船舶曾经发生过保安事件

    ④缔约国政府之间有涉及某些国际航线上具体船舶的关于保安声明的协议

    A. ②③④   B. ①②④

    C. ①②③④   D. ①②③

62. 根据 SOLAS 公约,由_____规定保安等级,并保证向其提供保安等级方面的信息。

    ①主管机关应为悬挂其船旗的船舶

    ②缔约国政府应为其领土内的港口设施

    ③缔约国政府应为进入其港口前的船舶

    ④缔约国政府应为在其港口内的船舶

    A. ①②③④   B. ②③④

    C. ①③④   D. ①②③

63. 对船舶采取的必要的港口国保安监督措施包括_____。

    A. 检查船舶   B. 延误或滞留船舶

    C. 限制操作或将船舶驱逐出港   D. 均包括

64. 港口设施系指_____。

    ①由缔约国政府或由指定当局确定的发生船/港界面活动的场所

    ②锚地

    ③候泊区

    ④进港航道

    A. ①②③④   B. ②③④

    C. ①②④   D. ①②③

65. 以下关于港口设施保安计划的陈述正确的是_____。

    ①应在港口设施保安评估的基础上,为每个港口设施制订适合于船/港界面的港口设施保安计划

②港口设施保安计划应针对三个保安等级做出规定

③每个港口设施保安计划,应根据其所覆盖的港口设施的具体情况不同而不同

④RSO 可为某一具体的港口设施制订港口设施保安计划,但应经港口设施所在领土的缔约国政府批准

A. ②③④   B. ①②③④

C. ①②④   D. ①②③

66. 美国"集装箱安全倡议"的主要内容包括_____。

①建立识别高风险集装箱的安全标准

②对已经识别为高风险的集装箱在到达美国港口之前进行预检

③开发和使用智能化安全集装箱

④快速通关,减少突发事件的风险

A. ①②③   B. ①②④

C. ①②③④   D. ①②

67. 根据 SOLAS 公约的规定,每艘_____总吨及以上的客船应有一个船舶识别号。

A. 100   B. 150

C. 300   D. 1500

68. 根据 SOLAS 公约的规定,每艘_____总吨及以上的货船应有一个船舶识别号。

A. 100   B. 150

C. 300   D. 1500

项目七　船舶建造与设备防污染要求

考试大纲要求:

6.2.4　船舶防污染技术与设备

6.3.3.4　防油污设备要求

6.3.6.3　生活污水系统与标准排放接头

6.3.8　防止大气污染规则

6.3.8.2　排放控制要求

1. 以下关于《国际防止船舶造成污染公约》对船舶滤油设备的要求,表述正确的是_____。

①400 总吨以下的船舶,应装有保证通过该系统排放入海的含油混合物的含油量不超过 15 ppm 的滤油设备

②400 总吨及以上的船舶,应装有保证通过该系统排放入海的含油混合物的含油量不超过 15 ppm 的滤油设备

③400 总吨及以上但小于10000 总吨的任何船舶,应装有保证通过该系统排放入海的含油混合物的含油量不超过 15 ppm 的滤油设备

A. ②   B. ①②③

C. ③   D. ②③

2. 船舶的防油污设备是指_____。

①污油储存舱和标准排放接头

②排油监控系统

③机舱水和压载水分别设有不同的管系

④油水分离设备或过滤系统

A. ①②③④   B. ①②③

C. ②③④   D. ①③④

3. 根据 MARPOL 73/78 附则Ⅰ,400 总吨及以上但小于 10000 总吨的任何船舶,应装有保证通过其排放入海的含油混合物的含油量不超过_____的系统。

A. 15 ppm   B. 30 ppm

C. 15 L/n mile   D. 30 L/n mile

4. 根据 MARPOL 73/78 附则Ⅵ,为防止船上焚烧造成的大气污染,船舶_____。

A. 不应配备焚烧炉   B. 应配备专用焚烧炉

C. 不应在海上焚烧   D. 不应在海上焚烧聚氯乙烯

5. 关于排油监控系统叙述正确的是_____。

①150 吨以上的油船和 400 总吨以上的非油船应该装有一个经主管机关批准的排油监控系统

②排油监控系统应可以记录每海里排放升数和排放率

③应保证在油量瞬间排放率超过 30 L/n mile 时自动停止排放

④排油监控系统遇到任何障碍即应停止排放

A. ①②③④   B. ①②

C. ①③④   D. ②③④

6. 根据有关船舶防污染设备的规定,排油监控系统的记录器应能鉴别时间和日期,并至少应保存_____ 年。

A. 1   B. 2

C. 3   D. 4

7. 下列有关 SOPEP 的说法,不正确的是_____。

A. SOPEP 是一个复杂而烦琐的文件

B. SOPEP 应一目了然和逻辑有序

C. 有关船舶和货物资料应置于 SOPEP 的附件中

D. SOPEP 能帮助船员采取措施以减轻油污损害

8. 按照 SOLAS 公约的规定,每艘 500 总吨及以上的船舶至少应配备_____只国际通岸接头。

A. 3   B. 2

C. 4   D. 1

9. 根据 MARPOL 公约附则Ⅰ的规定,1 万总吨以上船舶应备有常规的防污染设备和遵守排放标准外,还应该有_____。

A. 化学消油设备

B. 围油栏

C. 原油洗舱设备

D. 当排除物油量超过 15 ppm 时能够自动停止排放的装置

10. 根据 MARPOL 公约附则 I 的规定,凡_____总吨及以上的油船,应备有经主管机关认可的油/水界面探测器,以便能迅速而准确地测定油/水分界面。

A. 150

B. 400

C. 10000

D. 3000

11. 根据有关船舶防污染设备的规定,排油监控系统应保证在油量瞬间排放率超过_____时,自动停止排放任何油性混合物。

A. 30 L/n mile

B. 15 L/n mile

C. 20 L/n mile

D. 25 L/n mile

12. 按照相关规定,船舶应具有哪些防污结构、设备?

①生活垃圾储集容器

②标准排放接头

③载重量 2000 吨及以上的新原油油船应设置原油洗舱系统

A. ①②

B. ①②③

C. ②③

D. ①③

13. MARPOL 73/78 附则 I 规定,凡 400 总吨以上的_____,应装设经主管机关认可的滤油设备,以保证派入海中的含油混合物的含油量不超过 15 ppm。

A. 油船

B. 非油船

C. 任何船舶

D. 原油船舶

14. 下列有关船上防污设备配备的要求的叙述,哪个正确?

①150 总吨以上油船和 400 总吨以上非油船,应设有满足要求的防污设备和器材

②150 总吨以下的油船,应设有专用容器回收残油、废油

③对 400 总吨以下的非油船没有明确要求

A. ①②③

B. ①②

C. ②③

D. ①③

15. 有关滤油设备,叙述错误的是_____。

①凡 400 总吨及以上的任何船舶,应装有滤油设备

②1 万总吨及以上的船舶还应装有报警装置

③通过滤油设备排放入海的含有混合物的含油量不超过 15 ppm

④报警装置应保证当含油量超过 15 ppm 时能自动停止排放

A. ①②③④

B. ①②

C. ①③④

D. ②③④

16. 油船残油处理技术包括_____。

①装于上部法

②专用压载舱

③清洁压载舱

④原油洗舱

A. ①②④

B. ①②③④

C.②③　　　　　　　　　　　　　　　　　D.①②③

17. 根据 73/78 防污公约附则Ⅰ的规定,下列哪项不是所有 150 总吨及以上的油船必须具备的防污证书和文件?

    A. 原油洗舱系统操作与设备手册　　　B. 油类记录簿
    C. 国际防止油污证书　　　　　　　　D. 船上油污应急计划

18. 根据 MARPOL 73/78 附则Ⅰ,进出残油舱的管系应_____。

    A. 直接排向舷外
    B. 直接连接舱底水管系
    C. 直接连接油水分离器
    D. 除标准排放接头外,无直接排向舷外的接头

19. 根据 MARPOL 73/78 附则Ⅰ,船舶防油污染设备包括_____。

    ①滤油(油水分离)设备
    ②排油监控设备
    ③油/水界面探测设备
    ④洗舱设备
    A.①②　　　　　　　　　　　　　　　B.①②③④
    C.①②③　　　　　　　　　　　　　　D.③

20. 根据 MARPOL 73/78 附则Ⅰ,可不设滤油设备和报警装置的船舶(及条件)为_____。

    ①专门从事在特殊区域内航行的船舶
    ②专门从事预定航程不超过 24 小时的高速船
    ③设有集污舱,且能够容纳所有留存在船上的含油舱底水
    ④有充分的港口接收设施保证含油舱底水到港后排入接收设施
    A.①②　　　　　　　　　　　　　　　B.①②③④
    C.①②③　　　　　　　　　　　　　　D.③

21. 为防止船舶生活污水的排放对海洋环境的损害,船舶应当配备符合 MARPOL 73/78 附则Ⅳ要求的_____。

    A. 生活污水系统　　　　　　　　　　B. 标准排放接头
    C. 生活污水系统和标准排放接头　　　D. 生活污水系统或标准排放接头

22. 根据 MARPOL 73/78 附则Ⅳ,适用的船舶配备的经主管机关认可的污水粉碎和消毒系统,在船舶距最近陆地不足_____时用于临时储存生活污水。

    A.3 海里　　　　　　　　　　　　　　B.12 海里
    C.25 海里　　　　　　　　　　　　　D.50 海里

23. 根据 MARPOL 73/78 附则Ⅵ,在 2005 年 5 月 19 日或以后建造的船舶应禁止使用_____的物质。

    A. 含氢化氯氟烃的消耗臭氧　　　　　B. 含氢化氯氟烃以外的消耗臭氧
    C. 任何消耗臭氧　　　　　　　　　　D. 不含氢化氯氟烃

项目八　船舶登记管理

考试大纲要求：
4.3　船舶登记条例
4.3.1　应依法登记的船舶
4.3.2　船舶登记种类及船籍港
4.3.3　船舶国籍和国籍证书
4.3.4　船舶标志
4.3.5　国际船舶登记制度和方便旗船舶概念

1. 下列哪种情况不应进行船舶所有权登记？
   A. 船舶买卖取得船舶　　　　　　　　B. 继承遗产取得船舶
   C. 经法院判决取得了船舶　　　　　　D. 根据期租合同使用船舶

2. 按照要求，如果船舶受船型或尺寸限制，至少应具有下列哪些标志？
   A. 吃水标尺　　　　　　　　　　　　B. 船名、船籍港及其汉语拼音
   C. 船名、船籍港　　　　　　　　　　D. 载重线标志

3. 下列船舶标志中，哪个不符合我国现行船舶登记的有关规定？
   A. 船名、船籍港的英文　　　　　　　B. 船名和船籍港
   C. 吃水标尺　　　　　　　　　　　　D. 载重线标志

4. 按照 SOLAS 公约和我国现行船舶登记的有关规定，经登记的船舶应具有下列哪些标志？
   ①船名、船籍港
   ②船名、船籍港的汉语拼音
   ③吃水标尺记及载重线标志
   ④船舶识别号
   A. ②③④　　　　　　　　　　　　　B. ①②③④
   C. ①③④　　　　　　　　　　　　　D. ①②④

5. 根据船舶登记条例，下列关于船舶烟囱标志的表述不正确的是_____。
   A. 船舶烟囱标志可以不登记
   B. 船舶烟囱标志不得与登记在先的船舶烟囱标志相同或相似
   C. 船舶不得使用其他公司登记的烟囱标志
   D. 同一家公司的船舶可以使用不同的烟囱标志

6. 船舶应当标记吃水标尺的位置包括_____。
   ①船首两舷
   ②船尾
   ③船尾两舷
   A. ①②　　　　　　　　　　　　　　B. ①②③
   C. ①③　　　　　　　　　　　　　　D. ①

7. 按照我国现行船舶登记的有关规定,船舶登记的程序是_____。
   A. 先申请办理船舶检验证书,然后办理所有权登记,最后申办船舶国籍登记
   B. 先申请办理船舶国籍登记,然后办理船舶检验证书,最后申办所有权登记
   C. 先申请办理所有权登记,然后办理船舶检验证书,最后申办船舶国籍登记
   D. 先申请办理船舶检验证书,然后办理船舶国籍登记,最后申办所有权登记

8. 严格(船舶)登记制度的登记条件是_____。
   ①船舶所有权全部或大部分属船旗国所有
   ②船公司或主要营业所设在船旗国境内,并由船旗国公民或法人管理
   ③船员必须全部或主要是船旗国公民
   ④船舶只能在船旗国境内航行
   A. ①②   B. ①②③④
   C. ①②③   D. ③

9. 开放(船舶)登记主要特征可包括_____。
   ①在国内法上对船舶的规定和要求比较宽松
   ②船舶登记手续比较简单
   ③对船舶的吨位收较低的登记费用,但通过吸收大量的吨位可以获得较大的国家收入
   ④登记机关既没有能力又没有管理机构来强制实施本国及国际公约的规定,也没有能力和意愿来监督公司的遵法行为
   A. ①②   B. ①②③④
   C. ①②③   D. ③

10. 介于严格登记制度与开放登记制度二者之间的为半开放登记制度,其主要特征包括_____。
    ①船东和船员都可以为外籍人
    ②可以协商船员的工资
    ③船东只要有营业代理在本国工作,并实施部分管理船舶的功能,他的主要营业场所就可以设在国外
    ④对外国的船东不增加税收等
    A. ①②   B. ①②③④
    C. ①②③   D. ③

11. 根据《中华人民共和国船舶登记条例》,船舶登记港由船舶所有人依据其住所或者主要营业所所在地就近选择,但是不得选择_____的船舶登记港。
    A. 2个或者2个以上   B. 与本公司其他船舶不同
    C. 与本公司其他船舶相同   D. 船舶建造地

12. 根据《中华人民共和国船舶登记条例》,从境外购买具有外国国籍的船舶,船舶所有人在申请船舶国籍时,还应当提供原船籍港船舶登记机关出具的_____的证明书或者将于重新登记时立即_____的证明书。
    A. 取得原国籍;取得原国籍   B. 取得原国籍;注销原国籍
    C. 注销原国籍;取得原国籍   D. 注销原国籍;注销原国籍

13. 根据《中华人民共和国船舶登记条例》,_____应办理临时船舶国籍证书。

①从境外购买新造船舶时

②向境外出售新造船舶时

③在境外建造船舶时

④以光租条件从境外租进船舶时

A. ②③④　　　　　　　　　　B. ①②③④

C. ①③④　　　　　　　　　　D. ①②④

14. 根据《中华人民共和国船舶登记条例》，从境外购买并接收营运中的外国籍船舶，持在我国驻外使领馆申领的临时船舶国籍证书驶抵国内第一港口后，除非经主管机关特别批准，均应在离开该港口前取得由船舶登记机关核发的_____。

　　A. 船舶国籍证书　　　　　　B. 临时船舶国籍证书

　　C. 注销临时船舶国籍证书　　D. 船舶所有权证书

15. 根据《中华人民共和国船舶登记条例》，当船舶在境外发现国籍证书遗失时，_____的做法最正确。

　　A. 向我国驻外使领馆申办临时船舶国籍证书

　　B. 向港口国登记机关申办临时船舶国籍证书

　　C. 向我国驻外使领馆申办临时证书，并于抵达我国第一港后向船籍港登记机关申请换发新证书

　　D. 向我国驻外使领馆申办临时证书，并于抵达我国第一港后向该港登记机关申请换发新证书

16. 根据《中华人民共和国船舶登记条例》，以光船租赁条件从境外租进的船舶，临时船舶国籍证书的期限可以根据租期确定，但是最长不得超过_____年。

　　A. 1　　　　　　　　　　　B. 2

　　C. 3　　　　　　　　　　　D. 5

17. 根据中华人民共和国海事局文件《船舶烟囱标志、公司旗登记管理办法》，未设船首旗杆或首桅旗杆的船舶，公司旗悬挂在_____。

　　A. 船尾旗杆　　　　　　　　B. 驾驶台信号杆顶部

　　C. 驾驶台信号杆左横桁　　　D. 驾驶台信号杆右横桁

第四部分　答案

项目一

1. C　　2. A　　3. D　　4. A　　5. D　　6. B　　7. A　　8. A　　9. B　　10. C

11. A　　12. A　　13. A　　14. A　　15. A　　16. B　　17. A　　18. D　　19. B　　20. B

21. D　　22. C　　23. D　　24. C

项目二

1. D　2. B　3. A　4. A　5. C　6. D　7. B　8. A　9. B　10. C
11. B　12. C　13. D　14. D　15. A　16. B　17. C　18. A　19. B　20. D
21. C　22. D　23. B　24. A　25. D　26. C　27. D　28. C　29. C　30. A
31. B　32. C　33. C　34. A　35. B　36. B　37. B　38. A　39. A　40. A
41. D　42. C　43. B　44. A　45. B　46. A

项目三

1. B　2. A　3. A　4. A　5. D　6. D　7. B　8. C　9. C　10. B
11. B　12. C　13. C　14. A　15. A　16. D　17. A　18. B　19. C　20. B
21. D　22. C　23. B　24. D　25. B　26. D　27. D　28. D　29. D　30. C
31. C　32. B　33. C　34. A　35. D　36. B　37. A　38. A　39. C　40. A
41. C　42. D　43. A　44. C　45. A　46. B　47. C　48. C　49. C　50. B
51. D　52. A　53. A　54. A　55. A　56. A　57. A　58. D　59. D　60. A
61. B　62. D　63. B　64. B　65. A　66. A　67. A　68. C　69. D　70. A
71. C　72. C　73. D　74. A　75. A　76. A　77. A　78. A

项目四

1. C　2. B　3. B　4. C　5. A　6. C　7. A　8. C　9. B　10. A
11. D　12. B　13. C　14. C　15. A　16. B　17. C　18. A　19. C　20. C
21. C　22. D　23. C　24. C　25. B　26. A　27. D　28. C　29. C　30. D
31. B　32. A　33. A　34. D　35. A　36. B　37. B　38. C　39. C　40. A
41. C　42. C　43. D　44. A　45. A　46. B　47. C　48. A　49. A　50. A
51. B　52. A　53. B　54. C　55. C　56. D　57. C　58. A　59. B

项目五

1. C　2. D　3. B　4. A　5. A　6. D　7. D　8. D　9. A　10. D
11. A　12. A　13. C　14. A　15. A　16. C　17. A　18. C

项目六

1. A	2. B	3. B	4. B	5. C	6. B	7. B	8. B	9. D	10. A
11. A	12. B	13. A	14. A	15. C	16. B	17. A	18. B	19. A	20. D
21. C	22. A	23. C	24. D	25. D	26. A	27. B	28. C	29. D	30. D
31. C	32. A	33. C	34. C	35. C	36. B	37. D	38. B	39. A	40. B
41. B	42. B	43. D	44. D	45. C	46. D	47. A	48. C	49. A	50. B
51. B	52. C	53. D	54. D	55. D	56. B	57. C	58. D	59. C	60. D
61. C	62. A	63. D	64. A	65. B	66. C	67. A	68. C		

项目七

1. C	2. A	3. A	4. B	5. A	6. C	7. A	8. D	9. D	10. A
11. A	12. A	13. C	14. B	15. A	16. B	17. A	18. D	19. B	20. B
21. C	22. A	23. B							

项目八

1. D	2. C	3. A	4. B	5. D	6. C	7. C	8. C	9. B	10. B
11. A	12. D	13. B	14. A	15. C	16. B	17. B			

模块四　船舶配员与船员管理

第一部分　内容简介

本模块主要从船舶配员与船员管理方面,重点介绍了船舶配员管理、船员职务与职责、船员身份与任职管理、船员劳动权益保障相关的规章制度。船上各职务配备、职责、申请条件及对船员劳动权益保障的规定是学习和考试的重点。

第二部分　经典例题解析

例1.当船舶的实际配员低于船舶最低安全配员证书的要求时,海事管理机构应当_____。

　　A.令其开往指定地点接受检查　　　　　B.责令其离港

　　C.令其改航　　　　　　　　　　　　　D.禁止其离港

答案:D

解析:

船舶未持有船舶最低安全配员证书或者实际配员低于船舶最低安全配员证书要求的,对中国籍船舶,海事管理机构应当禁止其离港直至船舶满足规则要求。

例2.下列有关船舶最低安全配员原则的说法正确的是_____。

①确定船舶最低安全配员标准应综合考虑船舶种类、吨位、技术情况

②船舶在航行期间,应配备不低于按最低安全配员规则所确定的船员构成及数量

③规则附则所列明的减免是根据货船在各种情况下制定的,船东可视情况对船员予以减免

④船舶配员的最高限额由船舶救生设备的定员决定

　　A.①②④　　　　　　　　　　　　　　B.①②③④

　　C.①②③　　　　　　　　　　　　　　D.②③④

答案:A

解析:

考虑因素:船舶种类、吨位、技术状况、主推进动力装置功率、航区、航程、航行时间、通航环境和船员值班、休息制度等;

船舶在航行期间,应配备不低于按规则所确定的船员构成及数量;

船上总人数不得超过经中华人民共和国海事局认可的船舶检验机构核定的救生设备定员标准。

例3. 下列有关二副基本职责的叙述哪项不正确?

　　A. 及时登记、改正航行通告和警告

　　B. 每航次结束后及时填写航次报告

　　C. 负责管理并保持驾驶台、海图室的整洁

　　D. 航行中每天中午责成三副填写正午报告分送船长和轮机长

答案:D

解析:

航行期间每天填写并与二管轮交换正午报告。

例4. 下列有关三副靠离泊专项职责的表述不正确的是_____。

　　A. 在驾驶台负责指挥和操纵船舶　　　　　B. 负责驾驶台与机舱的联系

　　C. 做好重要船位及有关情况的记录　　　　D. 监督水手正确操舵

答案:A

解析:

靠离移泊和抛起锚时,三副在驾驶台执行瞭望和传达船长的指令,准确记录车钟和时间、重要船位及有关情况,或按船长指定的位置和任务进行工作。

例5. 下列有关三副的应急职责表述不正确的是_____。

　　A. 发生火灾时担任消防队队长　　　　　　B. 需要使用固定灭火系统时分次施放

　　C. 船舶破损进水时担任隔离队队长　　　　D. 弃船时担任救生艇艇长

答案:B

解析:

消防应变部署中担任消防队队长;堵漏应变部署中担任隔离队队长;弃船时担任救生艇艇长。

例6. 二副在航海仪器管理方面的职责包括_____。

　　①核对装在驾驶台但属于轮机管理的各种仪表的正确性

　　②开航后马上测试和启动有关仪器和设备

　　③张贴重要仪器的操作规程,负责向新来的驾驶员介绍雷达的操作注意事项

　　④负责向船长提出所管理仪器、设备的修理、更新等书面申请

　　A. ①②③④　　　　　　　　　　　　　B. ①②④

　　C. ①③　　　　　　　　　　　　　　　D. ②④

答案:C

解析:

二副负责核对装在驾驶台而属于轮机部管理的仪表的正确性;对新来的驾驶员介绍仪器的性能和操作注意事项;粘贴各种主要仪器操作说明。

例7. 下列有关船舶应变及演习的分工哪项不确切?

　　A. 船长是船舶各类应变的总指挥　　　　　B. 大副是各类应变的现场指挥

　　C. 三副负责编排应变部署表　　　　　　　D. 弃船命令由船长下达

答案:B

解析:

大副——应变现场指挥(除机舱抢险外)。

例8.下列关于二副基本职责的表述,_____不正确。

  A.负责海图及航海图书资料的改正更新

  B.负责排除航海仪器设备的一切故障

  C.履行航行和停泊值班职责

  D.大副因故不能履行其职责时代理大副职务

答案:B

解析:

二副管理并负责各种航海仪器、气象仪表的正确使用和养护,排除一般故障。

例9.开航前二副应做好下列哪些准备工作?

  ①备妥所需的国旗、海图和资料

  ②画好航线,标出航向

  ③及时启动陀螺罗经、助航仪器航前检验

  ④协助三副检查救生设备和器材

  A.①②③④   B.①②③

  C.②③④   D.①②④

答案:B

解析:

二副应按船长指示备妥所需的国旗、海图及有关资料,画妥航线并标出航向;及时启动陀螺罗经,负责电子助航设备的使用、保养和航前的检试,将准备情况报告船长。

例10.下列哪些图表及规章由三副布置或张贴?

  ①固定灭火系统操作规程

  ②训练手册

  ③雷达使用操作规程

  ④安全防火巡回路线图

  A.①②③   B.①②③④

  C.①②④   D.②③④

答案:C

解析:

三副布置或张贴救生消防图表、规章制度、总布置图、防火控制图、应变部署表、安全防火巡回路线图、消防救生设备操作规程及各示意图。

例11.我国船员条例,申请船员注册,应当符合的条件有:_____。

  ①年满16周岁,但不超过65周岁

  ②符合船员健康要求

  ③经过航行值班培训,取得航行值班资格

  ④申请注册国际航行船舶船员的,应当通过船员专业外语考试

  A.①②③   B.②③④

C.②④   D.③④

答案:C

解析:

根据《中华人民共和国船员条例》第五条"申请船员注册",船员注册申请人应当具备下列条件:

"(一)年满18周岁(在船实习、见习人员年满16周岁)但不超过60周岁;

"(二)符合船员健康要求;

"(三)经过海船船员、内河船舶船员基本安全培训,并经海事管理机构考试合格。

"申请注册国际航行船舶船员的,还应当通过海事管理机构组织的船员专业外语考试。"

例12. 根据 MLC 公约,以下关于海员体检证书陈述正确的是_____。

    A. 海员在上船工作之前应持有体检表或体检单

    B. 体检证书应由有正规资格的医师签发

    C. 体检证书的最长有效期为1年

    D. 如果在航行途中体检证书到期,该证书可继续有效6个月,直到取得新证书

答案:B

解析:

根据 MLC 2006 Standard A1.2.4:"The medical certificate shall be issued by a duly qualified medical practitioner."

例13. 根据 MLC 公约,海员就业协议应包括_____等细节。

    ①带薪年假的天数

    ②海员的工资数额

    ③丧葬安排

    ④医保和养老费用

    A.①②④   B.①②③

    C.②④   D.①②

答案:D

解析:

根据 MLC 2006 Standard A2.1.4.(e)(f)。

例14. 根据《海事劳工公约》规定,海员在就业和社会权利方面可以享受哪些权利?

    ①获得符合安全标准的工作场所

    ②获得公平就业的条件

    ③在船上获得体面的工作和生活条件

    ④获得健康保护、医疗、福利以及其他形式的社会保护

    A.①   B.①③

    C.①②③   D.①②③④

答案:D

解析:

根据 MLC 2006 Article IV。

例15. 根据 ILO 147 号公约附录的规定,船东支付船员医疗和保险费用自其受伤或患病之日起

不少于_____周。

A. 8   B. 16

C. 32   D. 64

答案:B

解析:

船员从遣返或离船之时至身体康复,有权获得保险金,并获得全额或部分工资,从受伤或患病之日起不少于 16 周。

例16. 根据我国《海员外派管理规定》,海员外派可以把海员派到_____上工作。

A. 被港口监督检查中列入黑名单的船舶

B. 非经中国境内保险机构或者国际保赔协会成员保险的船舶

C. 未建立和运行 SMS 体系的船舶

D. 老龄船舶

答案:D

解析:

《海员外派管理规定》第三十三条规定:

"海员外派机构不得把海员外派到下列公司或者船舶:

"(一)被港口国监督检查中列入黑名单的船舶;

"(二)非经中国境内保险机构或者国际保赔协会成员保险的船舶;

"(三)未建立安全营运和防治船舶污染管理体系的公司或者船舶。"

例17. 根据《船舶最低安全配员规则》,下列有关船舶最低安全配员的表述不正确的是_____。

A. 确定船舶最低安全配员时应综合考虑多种因素

B. 船舶在航行期间应配备不低于配员规则确定船员构成和数量

C. 配员规则所要求的配员标准是船舶在一般情况下的最低标准

D. 船舶所有人可以根据需要增加配员,且增加数量不受限制

答案:D

解析:

《船舶最低安全配员规则》规定:

"第六条　确定船舶最低安全配员标准应综合考虑船舶的种类、吨位、技术状况、主推进动力装置功率、航区、航程、航行时间、通航环境和船员值班、休息制度等因素。

"第七条　船舶在航行期间,应配备不低于按本规则附录1、附录2、附录3 所确定的船员构成及数量。高速客船的船员最低安全配备应符合交通部颁布的《高速客船安全管理规则》(交通部令 1996 年第 13 号)的要求。

"第八条　本规则附录1、附录2、附录3 列明的减免规定是根据各类船舶在一般情况下制定的,海事管理机构在核定具体船舶的最低安全配员数额时,如认为配员减免后无法保证船舶安全时,可不予减免或者不予足额减免。

"第九条　船舶所有人可以根据需要增配船员,但船上总人数不得超过经中华人民共和国海事局认可的船舶检验机构核定的救生设备定员标准。"

例18. 依据《船舶最低安全配员规则》,下列叙述错误的是_____。

A. 适用于中华人民共和国国籍的机动船舶

B. 不适用于任何外国籍船舶

C. 船舶安全配员标准是船舶配备船员的最低要求

D. 船舶所有人为保证船舶安全可以增加必要的船员

答案:B

解析:

《船舶最低安全配员规则》第二条规定:

"本规则对外国籍船舶做出规定的,从其规定。"

例19. 根据我国船舶最低安全配员标准时,应综合考虑的因素包括_____。

①船舶的种类

②航区与航行时间

③通航环境

④船员值班与休息制度

A. ①②③　　　　　　　　　　　　B. ②④

C. ①③④　　　　　　　　　　　　D. ①②③④

答案:D

解析:

《船舶最低安全配员规则》第六条规定:

"确定船舶最低安全配员标准应综合考虑船舶的种类、吨位、技术状况、主推进动力装置功率、航区、航程、航行时间、通航环境和船员值班、休息制度等因素。"

例20. 三副靠离泊专项职责包括_____。

①在驾驶台协助瞭望,维持驾驶台的秩序

②执行车钟令,记录车钟簿、重要船位及有关情况

③负责驾驶台与机舱的联系并给船首、船尾下达指令

④督促并检查二水及时显示有关号灯号型和旗帜

A. ①②③　　　　　　　　　　　　B. ①②

C. ①③④　　　　　　　　　　　　D. ①②③④

答案:B

解析:

④项中应为督促值班水手(一水)。

例21. 根据职务规则,三副的基本职责包括_____。

①按船长指示管理货物装卸

②主管救生、消防设备

③定期对救生艇筏进行检查保养

④保持所有救生信号的有效期

A. ①②③　　　　　　　　　　　　B. ②③

C. ①③④　　　　　　　　　　　　D. ①②③④

答案:B

解析:

①项中应为按大副指示管理装卸。

例22. 三副在船舶开航前应做的准备工作包括_____。

①检查救生艇属具和备品,保证食品和淡水在有效期内

②检查船员住所的救生衣、训练手册是否齐全

③检查船舶消防设备和报警系统是否正常

④检试驾驶台内全部助航仪器是否正常

A. ①②③   B. ②③

C. ①③④   D. ①②③④

答案:A

解析:

④项中应为二副职责。

例23. 下列有关三副在救生艇管理方面的职责,叙述不正确的是_____。

A. 保持艇身油漆、反光带和艇名等标志清晰可见,色泽鲜明

B. 艇内属具备品按《国际救生设备规则》备齐并每周检查

C. 吊艇索平时应用帆布罩盖,避免裸露,发现磨损应及时调换

D. 负责管理机动艇内的机电装置,定期试车并记入航海日志

答案:D

解析:

机动艇内机电装置由轮机部负责管理,定期试车并记入轮机日志,若三副认为救生艇机电状况不正常应告知船长。

例24. 按照 STCW 公约的要求,所有公约要求的证书的原件必须保存在_____。

A. 证书持有人正在服务的船上   B. 证书持有人服务的船公司处

C. 证书持有人自己的手里   D. 船员用人单位指定的负责人手里

答案:A

解析:

1978 年海员培训、发证和值班标准国际公约马尼拉修正案第Ⅰ/2 条"证书和签证"第11段"以规则第Ⅰ/10 条第 5 段的规定为条件,本公约所要求的任何证书的原件必须保存在证书持有人服务的船上。"

例25. 根据《中华人民共和国劳动合同法》,船舶所有人或经营人可以与船员解除劳动合同的情况是_____。

A. 船员严重违反劳动纪律或用人单位的规章制度的

B. 船员患有职业病部分丧失劳动能力的

C. 船员患病或非因工负伤,在规定的医疗期内的

D. 船员患有职业病或非因工负伤并经过劳动鉴定委员会确认的

答案:A

解析:

《中华人民共和国劳动合同法》对用人单位可解除劳动合同的情形规定如下:

"第三十六条 用人单位与劳动者协商一致,可以解除劳动合同。

"第三十九条 劳动者有下列情形之一的,用人单位可以解除劳动合同:

"（一）在试用期间被证明不符合录用条件的；

"（二）严重违反用人单位的规章制度的；

"（三）严重失职、营私舞弊，给用人单位造成重大损害的；

"（四）劳动者同时与其他用人单位建立劳动关系，对完成本单位的工作任务造成严重影响，或者经用人单位提出，拒不改正的；

"（五）因本法第二十六条第一款第一项规定的情形致使劳动合同无效的；

"（六）被依法追究刑事责任的。

"第四十条 有下列情形之一的，用人单位提前三十日以书面形式通知劳动者本人或者额外支付劳动者一个月工资后，可以解除劳动合同：

"（一）劳动者患病或者非因工负伤，在规定的医疗期满后不能从事原工作，也不能从事由用人单位另行安排的工作的；

"（二）劳动者不能胜任工作，经过培训或者调整工作岗位，仍不能胜任工作的；

"（三）劳动合同订立时所依据的客观情况发生重大变化，致使劳动合同无法履行，经用人单位与劳动者协商，未能就变更劳动合同内容达成协议的。

"第四十一条 有下列情形之一，需要裁减人员二十人以上或者裁减不足二十人但占企业职工总数百分之十以上的，用人单位提前三十日向工会或者全体职工说明情况，听取工会或者职工的意见后，裁减人员方案经向劳动行政部门报告，可以裁减人员：

"（一）依照企业破产法规定进行重整的；

"（二）生产经营发生严重困难的；

"（三）企业转产、重大技术革新或者经营方式调整，经变更劳动合同后，仍需裁减人员的；

"（四）其他因劳动合同订立时所依据的客观经济情况发生重大变化，致使劳动合同无法履行的。

"第四十二条 劳动者有下列情形之一的，用人单位不得依照本法第四十条、第四十一条的规定解除劳动合同：

"（一）从事接触职业病危害作业的劳动者未进行离岗前职业健康检查，或者疑似职业病病人在诊断或者医学观察期间的；

"（二）在本单位患职业病或者因工负伤并被确认丧失或者部分丧失劳动能力的；

"（三）患病或者非因工负伤，在规定的医疗期内的；

"（四）女职工在孕期、产期、哺乳期的；

"（五）在本单位连续工作满十五年，且距法定退休年龄不足五年的；

"（六）法律、行政法规规定的其他情形。"

例26. 根据我国船员条例，船员在船上工作期间，在下列哪些情况下可以要求遣返？

①船员劳动合同终止

②船员劳动合同依法解除

③船员不具备履行船舶上岗位职责的能力

④船舶灭失

A.①②③   B.②③

C.①③④   D.①②③④

答案：D

解析：

我国船员条例第三十一条规定：

"船员在船工作期间，有下列情形之一的，可以要求遣返：

"（一）船员的劳动合同终止或者依法解除的；

"（二）船员不具备履行船上岗位职责能力的；

"（三）船舶灭失的；

"（四）未经船员同意，船舶驶往战区、疫区的；

"（五）由于破产、变卖船舶、改变船舶登记或者其他原因，船员用人单位、船舶所有人不能继续履行对船员的法定或者约定义务的。"

第三部分　真题分节精练

项目一　船舶配员管理

考试大纲要求：

4.4　船舶最低安全配员规则

4.4.1　适用范围与主管机关

4.4.2　配员标准

4.4.3　最低安全配员原则

1. 确定船舶安全最低配员的数额应综合考虑下列哪些因素？
   ①船舶种类、吨位、技术状况
   ②主推进动力装置功率、航区、航程
   ③航行时间、通航环境
   ④船员的值班和休息制度
   A.①②③　　　　　　　　　　　　　　B.②④
   C.①③④　　　　　　　　　　　　　　D.①②③④

2. 根据《船舶最低安全配员规则》，关于 3000 总吨及以上的一般海船甲板部最低安全配员，下列说法不正确的是_____。
   A.若船舶连续航行时间不超过 36 h，则可减免三副和值班水手各一人
   B.无论何时，船长和大副不得同时离船
   C.一般情况下需配船长、大副、二副、三副各一人，值班水手 3 人
   D.若船舶连续航行时间不超过 8 h，则可再减免三副一人

3. 根据船舶最低安全配员原则，船员配备数量的最高限额_____。
   A.由船公司决定　　　　　　　　　　　B.由救生设备的定员决定
   C.由船长决定　　　　　　　　　　　　D.由船上工作量大小决定

4. 根据我国船员最低配员标准，在确定船舶最低安全配员标准时，应综合考虑_____等因素。
   ①船舶种类
   ②航区与航行时间
   ③通航环境
   ④船员休息与值班制度
   A.①②③④　　　　　　　　　　　　　B.②③④
   C.①②③　　　　　　　　　　　　　　D.①②④

5. 根据《船舶最低安全配员规则》，下列表述不正确的是_____。
   A. 规则要求的船舶安全配员标准是船舶配备船员的最低要求
   B. 船舶所有人应按规则要求为所属船舶配备合格船员
   C. 船舶所有人没有义务为船舶配备多于规则要求的船员
   D. 船舶在航行期间不得配备低于规则要求的船员

6. 依据《船舶最低安全配员规则》，下列叙述有误的是_____。
   A. 适合于中华人民共和国国籍的机动船舶
   B. 不适合于任何外国籍船舶
   C. 船舶安全配员标准是船舶配备船员的最低要求
   D. 船舶所有人为保证船舶安全可以增加必要的船员

7. 下列有关三副救生消防培训职责的表述正确的是_____。
   ①向新上船人员讲解救生设备的使用方法
   ②讲解海上求生的基本求生知识
   ③讲解消防设备使用注意事项
   ④讲解防污染的基本知识
   A. ①②③   B. ①②③④
   C. ②③④   D. ①②④

8. 根据《船舶最低安全配员规则》，下列有关船舶最低安全配员的表述不正确的是_____。
   A. 确定船舶最低安全配员时应综合考虑多种因素
   B. 船舶在航行期间应配备不低于配员规则确定船员构成和数量
   C. 配员规则所要求的配员标准是船舶在一般情况下的最低标准
   D. 船舶所有人可以根据需要增加配员,且增加数量不受限制

9. 依据《船舶最低安全配员规则》，下列叙述有误的是_____。
   A. 适用于中华人民共和国国籍的机动船舶
   B. 船舶安全配员标准是船舶配备船员的最低要求
   C. 不适用于任何外国籍船舶
   D. 船舶所有人为保证船舶安全可以增加必要的船员

10. 船舶最低安全配员证书污损不能辨认的,船舶所有人可向_____海事管理机构申请换
    发,如遗失,船舶所有人应当到_____海事管理机构补发手续。
    A. 所辖;船籍港   B. 船籍港;所辖
    C. 船籍港;船籍港   D. 所辖;所辖

11. 我国现行《船舶最低安全配员规则》是为了确保船舶的船员配备足以保证船舶安全
    _____。
    ①航行
    ②停泊
    ③作业
    ④防治船舶污染环境
    A. ②④   B. ①③④
    C. ①②③④   D. ①②③

12. 根据《船舶最低安全配员规则》,在确定船舶最低安全配员时应综合考虑_____因素。

①船舶种类

②航区

③航行时间

④通航环境

A. ①②③

B. ①②③④

C. ②③④

D. ①②④

13. 下列哪种情形不违背《海上交通安全法》对人员的规定?

A. 船上无专职厨师

B. 船上缺少轮机长

C. 油轮船员未经适当的培训

D. 不符合最低安全配员要求

14. 下列船舶适用我国《船舶最低安全配员规则》的是_____。

A. 军用船舶

B. 渔船

C. 体育运动船艇

D. 营业性的游艇

15. 根据《船舶最低安全配员规则》,下列表述中不正确的是_____。

A. 规则要求的船舶安全配员标准是船舶配备船员的最低要求

B. 船舶所有人应按规则要求所属船舶配备合格船员

C. 船舶所有人没有义务为船舶配备多于规则要求的船员

D. 船舶在航行期间不得配备低于规则要求的船员

16. 根据我国《船舶最低安全配员规则》的规定,船员配备的数量可根据需要增加,但其总额不应超过_____。

A. 船舶公司规定的人数

B. 经船检机构核定的救生设备的定员标准

C. 救生艇的艇位数

D. 船上实际工作的需要

17. 根据我国《船舶最低安全配员规则》,下列关于最低安全配员的说法正确的是_____。

①确定船舶最低安全配员标准应综合考虑船舶、航区、通航环境和船员值班、休息制度等因素

②船舶在整个营运期间,应配备不低于按规则附录所确定的船员构成及数量

③海事管理机构如认为配员减免后无法保证船舶安全时,可不予减免或者不予足额减免

④船上总人数不得超过救生设备定员标准

A. ①②③④

B. ①②③

C. ①③④

D. ①②④

18. 根据我国《船舶最低安全配员规则》,下列关于最低安全配员的说法正确的是_____。

①确定船舶最低安全配员标准应综合考虑船舶、航区、通航环境等因素

②船舶在整个营运期间,应配备不低于按本规则附录所确定的船员构成及数量

③确定船舶最低安全配员标准应综合考虑船员值班、休息制度等因素

④船上总人数不得超过救生设备定员标准

A. ①②③④

B. ①②③

C. ①③④

D. ①②④

19. 根据有关规定,船舶在泊位停靠期间一般情况下留船人数应_____。

    A. 不得少于船员总数的 2/3   B. 不得少于船员总数的 1/2

    C. 不得少于船员总数的 1/3   D. 根据具体情况决定

20. 下列有关港内停泊值班的表述,_____正确。

    ①值班人员通常应包括一名驾驶员和至少一名水手

    ②如有任何理由认为接班的高级船员不能有效地履行其职责不应交班

    ③值班驾驶员应确保本班人员完全有能力并能有效地履行他们的职责

    ④交接班时正在进行的重要操作通常由交班的高级船员来完成

    A. ①②③④   B. ①②③

    C. ①③④   D. ①②④

项目二　船员职务与职责

考试大纲要求:

1.2　船员职责

1.3　二副职责

1.3.1　二副基本职责

1.3.2　二副具体职责

1.4　三副职责

1.4.1　三副基本职责

1.4.2　三副具体职责

1. 二副在开航前所做航次计划至少包括下列哪些内容?

    ①各段航线的航程和预计到达各转向点的时间

    ②复杂航段的航法及避险手段

    ③预计航线上的载重线区带

    ④特殊航区的注意事项

    A. ①②③④   B. ①②③

    C. ①③④   D. ①②④

2. 有关二副的基本职责下列哪些正确?

    ①主管航海仪器和航海图书资料

    ②协助船长做好航次计划

    ③主管货物装卸

    ④开航前备妥需用的航海图书资料

    A. ①②③④   B. ①②④

    C. ①②③   D. ②③④

3. 下列有关二副管理航海图书资料职责的叙述哪些正确?

    ①负责管理、登记、保管船舶"航海仪器和航海图书资料清册"

②应经常检查航海图书资料是否放在海图室的固定位置,如发现有遗失立即报告

③海图改正的顺序是首先改本航次的,然后改其他的

④根据情况,可自行处理废旧图书资料

A.①②③   B.①②③④

C.①②④   D.②③④

4. 可以在弃船时担任艇长的是_____。

①船长

②大副

③二副

④三副

⑤轮机长

A.①②③④⑤   B.②③④⑤

C.①②③④   D.②③④

5. 下列有关二副航海仪器管理职责的表述不正确的是_____。

A.负责航海仪器设备的技术性维修   B.负责编写航海仪器设备维修保养计划

C.正确填写并及时更新航海仪器设备清单   D.负责编制航海仪器设备的操作规程

6. 船舶开航前,三副的职责有_____。

①检查救生圈自浮灯是否正常

②检查探火系统、警铃系统是否正常

③检查泡沫灭火机是否放在规定位置

④检查和实验驾驶台航海仪器、气象仪表

A.①②③④   B.①②④

C.②③④   D.①②③

7. 下列有关三副靠离泊专项职责的表述正确的是_____。

①在驾驶台协助瞭望

②负责驾驶台与机舱的联系

③做好重要船位及有关情况的记录

④监督水手正确操舵

A.①②③   B.①②③④

C.②③④   D.①②④

8. 下列有关三副对消防设备的管理职责,叙述不正确的是_____。

A.负责管理并能熟练地操作全船的固定式蒸汽、CO_2、大型泡沫、干粉等灭火系统

B.保持各种手提式灭火机喷口清洁畅通并定期检查、养护和换剂

C.当 CO_2 气瓶的重量低于标准的 90% 时,应及时充装

D.每次航行前和消防演习时,对应急消防泵进行出水试验

9. 下列哪些图表及规章由三副布置或张贴?

①固定灭火系统操作规程

②训练手册

③雷达使用操作规程

④安全防火巡回路线图

    A.①②③④   B.②③④

    C.①②③   D.①②④

10. 当船舶进出港口靠离码头时，三副在驾驶台的主要工作包括_____。

    ①负责与机舱联系及 VHF 通信

    ②协助瞭望并监督舵工执行舵令的情况

    ③向船首尾传达船长、引航员的指令

    ④向值班人员传达船长、引航员的车钟令并记录

    A.①②③④   B.②③④

    C.①②③   D.①②④

11. 下列关于三副救生设备管理职责叙述正确的是_____。

    ①救生艇内属具备品应配足，配齐并每周检查

    ②三副认为救生艇机电状况不正常应告知轮机长

    ③救生筏和静水压力释放器须每年送检并取得相应证书

    ④大风浪中航行时，救生圈临时加绑不应妨碍紧急取用

    A.①②③④   B.①②③

    C.①②④   D.①③④

12. 船员职务规则规定的三副的基本职责包括_____。

    ①负责配置救生衣，发现损坏及时修复、更新

    ②管理全船火警报警系统

    ③按时向大副提出所管设备的保养计划

    ④负责制定救生艇起落操作规程

    A.①②③④   B.①②③

    C.①②④   D.②③④

13. 下列哪项不属于三副开航前的职责？

    A. 船员如有变动，应编妥应变部署表和船员应变部署卡，经船长批准后执行

    B. 检查船员住所的救生衣、训练手册是否齐全

    C. 做好本航次计划，协助二副画好航线

    D. 及时向新来船员介绍应变岗位和具体职责

14. 靠泊中值班驾驶员有什么职责？

    ①掌握全船人员状态，关心作业人员安全

    ②督促值班水手按时升降国旗，正确显示或悬挂号灯号型

    ③注意船舶的一般状态

    ④装卸货时履行货物装卸值班职责

    A.①②③   B.①②③④

    C.②③④   D.①②④

15. 二副应在驾驶台张贴_____。

    ①磁罗经自差表

    ②重要仪器的操作规程

③驾驶、轮机联系制度

④船舶操纵性能明细表

  A.①②③   B.①②③④

  C.②③④   D.①②④

16. 以下关于操作级以上船员在各类应急中的一般职责陈述有误的是_____。

  A. 船长是各类应急情况的总指挥

  B. 大副通常是各类应急情况的现场指挥

  C. 当事故现场在机舱时,通常由轮机长担任应急现场指挥

  D. 二副在船舶应急时通常负责通信联络,传达船长指令,并负责操纵船舶

17. 三副在船舶开航前应做的准备工作包括_____。

  ①检查救生艇属具及备品,保证食品和淡水在有效期内

  ②检查船员住所的救生衣、训练手册是否齐全

  ③检查船舶消防设备和报警系统是否正常

  ④检试驾驶台内全部助航仪器是否正常

  A.①②③   B.①②③④

  C.②③④   D.①②④

18. 下列有关二副靠离泊专项职责的表述正确的是_____。

  ①在船头按船长指示指挥系缆工作

  ②提前了解靠离泊计划和要求

  ③严格按照船长命令送出或解除船尾系缆

  ④密切注意作业人员的安全

  A.①②③   B.①②③④

  C.②③④   D.①②④

19. 船舶靠离泊位时,有关二副的职责下列哪项有误?

  A. 指挥船尾操作人员进行正确操作

  B. 督促一水及时正确显示有关号灯号型和旗帜

  C. 离开泊位后督促水手收好防鼠挡

  D. 靠离完毕经船长同意方可离开船尾

20. 三副应急中的职责是_____。

  ①将航行值班职责移交给二副

  ②发生火灾时,负责现场灭火

  ③发生船体漏水时,担任隔离队队长

  ④弃船时担任救生艇艇长

  A.①②③④   B.①②④

  C.①②③   D.②③④

21. 二副对航海图书资料的检查职责包括_____。

  ①是否备妥航路指南及其补篇

  ②是否备妥本船航区所需的潮汐、潮流表

  ③是否备妥最新的进港指南

④是否备妥重要仪器的操作规程

A.①②③④　　　　　　　　　　B.①②③

C.①③④　　　　　　　　　　　D.②③④

22. 二副的基本职责包括_____。

①负责管理邮件的存放、装卸和交接工作

②按时向大副提出所管仪器设备的修理项目

③按时校正船钟,航行中跨时区负责拨钟

④定期养护操舵仪

A.①②③④　　　　　　　　　　B.①②③

C.②③④　　　　　　　　　　　D.①②④

23. 船舶开航前,三副的职责有_____。

①检查救生衣是否齐全、合格并在规定位置

②检查救生圈是否按规定配备

③检查通风筒的风闸是否活络

④检查和试验驾驶台航海仪器设备、气象仪表

A.①②③④　　　　　　　　　　B.①②④

C.②③④　　　　　　　　　　　D.①②③

24. 船舶开航前,三副的检查职责有_____。

①检查探火系统、警铃系统是否正常

②检查救生圈自亮浮灯是否正常

③泡沫灭火器是否放置在规定位置

④救生艇内淡水、食品是否在保质期内

A.①②③④　　　　　　　　　　B.②③④

C.①④　　　　　　　　　　　　D.①②③

25. 二副在管理航海仪器方面应该做好下列哪些工作?

①对于操作比较复杂的仪器,应将操作规程张贴在附近合适的位置

②建立养护维修和误差校测记录簿

③开航前应对仪器进行和工作实验,发现问题予以消除或报告船长

④停港时间较长时应停止陀螺罗经运转

A.①②③　　　　　　　　　　　B.①②③④

C.②③④　　　　　　　　　　　D.①②④

26. 三副的培训及其他职责有_____。

①应向新上船人员讲解救生设备基本知识

②定期检查在公共场所是否张贴妥有关救生设备的操作规程

③是否张贴救生衣正确穿着方法图解

④抛绳枪应按规定配备,引航员软梯应符合安全要求

A.①②③④　　　　　　　　　　B.①②③

C.②③④　　　　　　　　　　　D.①②④

27. 当船舶发生爆炸事故时,下列说法正确的是_____。

①大副或轮机长(当机舱发生爆炸时)作为现场指挥,应迅速到达现场,了解有关情况

②由医生(或管事大厨)负责救护任务,立即赶往现场抢救受伤人员

③由三副负责灭火,对爆炸火灾采用一切有效的灭火应急行动措施现场灭火

④由二副负责堵漏任务,对爆炸所产生的破洞采取应急堵漏措施

A.①②③④   B.①②③

C.②③④   D.①②④

28. 三副消防设备的管理职责包括_____。

①各种消防器材应保持色泽鲜明醒目,放置地点高度适宜

②负责管理并能熟练地操作固定式二氧化碳等灭火系统

③各种手提式灭火机应按规定检查、养护和换剂

④消防水管系的各阀门应保持活络,装甲板货时,应注意留有安装水龙和开关阀门的足够空位

A.①②③④   B.①②③

C.②③④   D.①②④

29. 根据船员职务规则,下列有关三副的基本职责的叙述哪些不正确?

A. 航行中每日正午与机舱对时并填写中午报告

B. 主管救生、消防设备

C. 定期更换救生艇的淡水和备品

D. 保持全船各种救生信号的有效期(不包括驾驶台的有关救生信号)

30. STCW 规则将海员职务分为三个职务级别,分别是_____。

A. 低级、普通级、高级   B. 管理级、操作级、支持级

C. 指挥级、操作级、支持级   D. 船长、高级船员、普通船员

31. 下列有关三副救生设备管理职责的表述正确的是_____。

①做好救生设备的养护检查

②通常救生艇的释放需经船长同意

③救生艇内属具备品保持齐全有效

④救生艇的存放和静水压力释放器的连接符合要求

A.①②③   B.①②③④

C.②③④   D.①②④

32. 三副的基本职责包括_____。

①主管救生和消防设备

②船舶靠离泊时在驾驶台工作

③负责张贴驾驶台规则和有关规章

④按时向大副提出所管设备的保养计划和修理项目

A.①②③   B.②③④

C.①②③④   D.①②④

33. _____负责制定救生艇起落操作规则,由_____批准后执行。

A. 大副;船长   B. 二副;大副

C. 水手长;大副   D. 二副;大副

34. 根据系离泊作业安全要求,下列哪些是正确的?
   ①系离泊操作时,一般大副在船首指挥,木匠协助
   ②在出港过程中,船首最后一根缆绳解掉后,大副确认船舶已无危险后便可返回房间休息
   ③前倒缆应派有经验的水手操作
   ④缆绳挽桩必须绕四道以上
   A. ①②③④   B. ②③④
   C. ①③④   D. ①②③

35. 检查、试验、测试、并确认航海仪器和信号设备时,下列正确的是_____。
   A. 磁罗经经校正后的剩余自差标准磁罗经不超过 ±5°,操舵磁罗经不超过 ±3°
   B. 测探仪测试零点显示准确,其深度误差浅水不超过 ±5 m,深水不超过 ±10 m,或指示深度的 75% 取其大者
   C. 磁罗经经校正后的剩余自差,标准磁罗经不超过 ±3°,操舵磁罗经不超过 ±2°
   D. 陀螺罗经的主、分罗经不超过 ±0.5°

36. 下列有关三副在救生艇管理方面的职责,叙述不正确的是_____。
   A. 保持艇身油漆、反光带和艇名等标志清晰可见、色泽鲜明
   B. 艇内属具备品按《国际救生设备规则》备齐并每周检查
   C. 吊艇索平时应用帆布罩盖,避免裸露,发现磨损应及时调换
   D. 负责管理机动艇内的机电装置,定期试车并计入航海日志

37. 二副的基本职责包括_____。
   ①主管驾驶室仪器设备的管用养修
   ②负责海图和航海图书资料的改正、管理和添领
   ③保证驾驶室求救信号、消防器材的充足有效并处于随时可用状态
   ④管理天文钟和船钟
   A. ①③④   B. ①②③
   C. ①②③④   D. ①②④

38. 三副在职务调动时应交接下列哪些内容?
   ①救生艇筏内的备品及属具是否齐全及其有效期
   ②救生衣和救生圈的数量、分布和状况
   ③救生筏及静水压力释放器的检修情况和有效期
   ④CO_2 称重情况及灭火器的换剂情况
   A. ②③④   B. ①③④
   C. ①②③④   D. ①②③

39. 船舶开航前二副应_____。
   ①备妥本航次所需的国旗
   ②检查驾驶台救生信号是否在有效期内
   ③编妥最新的应变部署表
   ④制订好航行计划报船长
   A. ①②④   B. ①②③④
   C. ②③④   D. ①②③

40. 二副管理航海图书资料的职责是_____。
①负责管理、登记航海仪器和航海图书资料清册
②管理各种航海仪器技术说明和图纸
③收到航行通告或警告后,应在最短时间内登记海图卡片并改正
④负责保管作为海事证明的海图,以备海事调查
A.①②④ B.①②③④
C.②③④ D.①②③

41. 对防火控制图说法正确的是_____。
A.应有一套防火控制图永久性的置于甲板室里面有标志的风雨密盒子里
B.控制图的说明应用船旗国官方文字或英(法)文书写
C.防火控制总布置图标明每层甲板的控制站,A级、B级分隔的各区域
D.防火控制图的情况应与实际情况保持一致,每年对改动进行集中更正

42. 在发生火灾时,下列有关三副的应急职责表述不正确的是_____。
A.解决施放大型固定灭火系统过程中遇到的技术问题
B.负责施放 CO_2 等大型固定式灭火系统,如需要,可自行施放
C.协助现场指挥
D.如需要来自岸上的消防水时,负责备妥国际通岸接头,操纵隔离阀

43. 二副的应急职责有_____。
①航行中发生火灾、进水、弃船等紧急情况时,应立即上驾驶台协助船长
②若船舶在航行中发生火灾应急,二副应负责驾驶台的 CO_2 施放控制系统并按船长的命令分次施放
③若在航行值班中发现有人落水,应立即命令操落水舷舵,以甩开船尾
④弃船时,协助船长降下国旗并携带国旗、航海日志、有关海图及其他重要文件和物品
A.①②③ B.①②④
C.①③④ D.①②③④

44. 除正常航行值班外,三副在哪些情况下应在驾驶台当值?
①进出港时
②靠离码头时
③移泊时
④替换大副用餐时
A.①②③④ B.①②③
C.①②④ D.②③④

45. 下列有关三副救生职责的表述正确的是_____。
①保持救生设备的标记清楚
②救生圈、救生衣的数量应符合规定的要求
③救生艇内属具备品保持齐全有效
④为每救生设备建立符合要求的维护保养须知或维护保养计划
A.①②③ B.①②③④
C.②③④ D.①②④

46. 二副在开航前应按船长要求做好航次计划,计划内容至少包括_____。

①航线的总里程和计划航行总时间

②预计燃料、淡水的消耗总量

③各转向点的经纬度

A. ①②　　　　　　　　　　　　　　　　B. ②③

C. ①③　　　　　　　　　　　　　　　　D. ①②③

47. 下列哪项不属于二副职务调动时交接的内容?

A. 正确修理或已报修的助航仪器　　　　B. 本港需申领或外购的海图

C. 驾驶技术状况　　　　　　　　　　　D. 收到最新的中、外文航行通告情况

48. 三副管理救生设备的主要职责有_____。

①每月启动机动艇发动机一次

②救生筏连同静水压力释放器每年送检一次

③必要时救生艇内淡水采取防冻措施

④及时排除艇内积水

A. ①②③　　　　　　　　　　　　　　　B. ①②③④

C. ②③④　　　　　　　　　　　　　　　D. ①②④

49. 根据职务规则,三副的基本职责包括_____。

①按船长指示管理货物装卸

②主管救生消防

③定期对救生艇进行保养

④保持所有救生信号的有效期

A. ①②③④　　　　　　　　　　　　　　B. ②③④

C. ①②　　　　　　　　　　　　　　　　D. ②③

50. 二副的基本职责不包括_____。

A. 张贴驾驶台规则　　　　　　　　　　B. 张贴驾驶、轮机联系制度

C. 张贴重要设备的操作说明　　　　　　D. 张贴救生艇起落操作规则

51. 三副应保持固定二氧化碳灭火系统气瓶_____年称重一次,若称重低于标准重量的_____,应及时充装。

A. 2;90%　　　　　　　　　　　　　　　B. 1.5;90%

C. 2;80%　　　　　　　　　　　　　　　D. 1;80%

52. 下列有关二副航海仪器管理职责的表述正确的是_____。

①负责航海仪器设备的清洁、保管和日常检查

②负责编制航海仪器设备的操作规程

③负责编制航海仪器的设备维修保养计划

④正确填写并及时更新航海仪器设备清单

A. ①②③　　　　　　　　　　　　　　　B. ①②③④

C. ②③④　　　　　　　　　　　　　　　D. ①②④

53. 二副在航海图书资料管理方面的职责,下列哪些有误?

A. 将海图进行分类,及时改正到最新

B. 开航后,根据船长指示备妥海图,划妥航线,标出航向

C. 对抄收的无线电航行警告,按需要在海图上用铅笔标注

D. 对抄收的无线电航行警告,剪贴备查,保存 1 年

54. 下列有关三副对消防设施管理职责的叙述不正确的是_____。

A. 负责管理并能熟练操作全船的固定式蒸汽、CO_2、大型泡沫、干粉灭火系统

B. 保持各种手提式灭火器喷口清洁通畅,并能定期检查养护和换剂

C. 当 CO_2 气瓶的重量低于标准的 90% ,应及时充装

D. 每航次开航前和消防演习时,对应急消防泵进行出水试验

55. 根据驾驶台规则的要求,当驾驶台无人值守时应将可携带的贵重仪器和物品加以妥善保管的是_____。

    A. 值班驾驶员   B. 船长

    C. 大副   D. 二副

56. 三副在职务调动时应交接下列哪些内容?

①向接班船员介绍应变岗位和职责的情况

②救生设备的分布和状况

③开航前应变部署表和船员应变任务卡的编制情况

④航次报告及填制情况

    A. ①②③④   B. ①②③

    C. ②③④   D. ①③④

57. 三副靠离泊专项职责包括_____。

①在驾驶台协助瞭望,维持驾驶台的秩序

②执行车钟令,记录车钟簿、重要船位及有关情况

③负责驾驶台与船舱的联系并给船首船尾下达指令

④督促并检查二水及时显示有关号灯、号型和旗帜

    A. ①②③④   B. ①②③

    C. ①②   D. ①②④

58. 三副消防培训职责_____。

①接新船时,应做好应变部署表,按照应变部署表的内容向各位船员讲解其各自在部署表中的任务

②如果临时更换个别船员,向新来的船员讲解其在应变部署表中的任务

③对探火员要向其说明防火衣穿着和使用方法

④向有关人员说明应急消防泵的使用方法和维护事项

    A. ①②③④   B. ①②③

    C. ①②   D. ①②④

59. 下列有关三副的应急职责表述不正确的是_____。

A. 发生火灾时担任消防队队长

B. 弃船时任救生艇艇长

C. 船舶破损进水时担任隔离队队长

D. 航行值班时发现有人落水立即操落水舷反向舵

60. 为保证船舶航行安全及适航的要求,以下关于开航前船舶应做好的准备和检查工作中,错误的是_____。

A. 备齐本船应配备的航海出版物,并改正到最新

B. 检查并确认已备妥足够的燃油、淡水、伙食和物料等

C. 结合本船性能、设备技术状态和人员的技术水平及经验,制订航次计划、航行计划和计划航线

D. 根据应变部署表对船员进行培训,并进行一次演习

61. 下列有关二副航海仪器管理职责的表述正确的是_____。

①负责航海仪器设备日常维修保养

②妥善保管各航海仪器设备使用说明书

③负责编制航海仪器设备的操作规程

④负责海图和图书资料的及时更新

A. ①②③④ B. ①②③

C. ②③④ D. ①③④

62. 三副应急的职责包括_____。

①航行中发生火灾时,带领消防队现场灭火

②发生船体漏水时,担任隔离队长

③发生搁浅、触礁事故时在驾驶台协助船长测定船位和估算水位

④弃船时担任救生艇艇长

A. ①②③④ B. ①②④

C. ②③④ D. ①③④

63. 下列有关二副航海仪器管理职责的表述正确的是_____。

①负责航海仪器设备日常维修保养

②妥善保管各航海仪器设备使用说明书

③负责编制航海仪器设备的操作规程

④负责海图和图书资料的及时更新

A. ①②③④ B. ①②③

C. ②③④ D. ①③④

64. 三副应急的职责包括_____。

①将值班任务转交二副,执行应急任务

②发生船体漏水时,担任隔离队长

③发生搁浅、触礁事故时在驾驶台协助船长测定船位和估算水位

④弃船时担任救生艇艇长

A. ①②③④ B. ①②④

C. ②③④ D. ①③④

65. 三副在管理救生设备方面的职责包括_____。

①每周启动艇机一次

②救生筏连同静水压力释放器每年送检一次

③艇内属具备品按《国际救生设备规则》配齐并每月检查一次

④定期检查船员房间的救生衣,保持清洁干燥,置于固定、易取地点

A.①②③④   B.①②④

C.②③④   D.①③④

66.下列有关三副救生消防培训职责表述正确的是_____。

①向新上船人员讲解救生设备的使用方法

②讲解海上求生的基本求生知识

③讲解消防设备使用注意事项

④讲解防污染的基本知识

A.①②③   B.①②③④

C.②③④   D.①②④

67.下列有关二副基本职责的叙述哪项不正确?

A.主管驾驶导航设备

B.停泊时,主持安排驾驶员值班表,报大副批准后执行

C.负责管理天文钟和船钟

D.协助三副保持驾驶台救生信号和器材的有效期

68.下列哪些是二副的基本职责?

①船舶坞修期间应会同船长、轮机长检查船体的水下部分及舵叶

②停泊时,主持安排驾驶员值班表,报大副批准后执行

③负责管理天文钟和船钟

④管理国旗、信号旗、号灯号型

A.①②③   B.①②③④

C.②③④   D.①②④

69.下列哪些是二副的基本职责?

①负责航海图书资料、航行通告和警告的管理、改正和请领

②停泊时,主持安排驾驶员值班表报大副批准后执行

③管理并负责各种航海仪器、气象仪表的正确使用和养护

④进出港口、靠离码头、移泊时在船尾指挥

A.①②③   B.①②③④

C.②③④   D.①②④

70.二副有责任在驾驶台张贴_____。

①驾驶台规则

②驾驶台与机舱联系制度

③各种主要仪器操作说明及其误差曲线图

④船舶防火控制图

A.①②③   B.①②③④

C.②③④   D.①②④

71.二副的基本职责包括_____。

①张贴驾驶台规则

②张贴驾驶、轮机联系制度

③张贴重要仪器设备的操作说明

④张贴救生艇起落操作规程

A.①②③ B.①②③④

C.②③④ D.①②④

72. 下列哪项不属于二副在职务调动时交接的内容?

A. 助航仪器使用方法和误差情况 B. 船体保养计划

C. 国旗、信号旗、号型是否齐全 D. 驾驶台求救信号、器材的情况

73. 二副在职务调动时应交接下列哪些内容?

①天文钟状况及其误差记录簿

②本航次所需海图、资料是否齐全

③开航前的准备情况,是否做好航次计划

④全船救生信号的有效期

A.①②③ B.①②③④

C.②③④ D.①②④

74. 下列哪项不属于二副职务调动时应交接的内容?

A. 正在修理或已报修的助航仪器 B. 本港需申领或外购的海图

C. 驾驶员技术状况 D. 收到最新的中、外文航行通告情况

75. 二副在职务调动时应交接下列哪些事项?

①航海仪器和航海图书资料清册

②各种航海仪器的技术说明书和图纸

③航行通告及海图卡片

④无线电航行警告

A.①②③ B.①②③④

C.②③④ D.①②④

76. 二副在职务调动时应交接下列哪些内容?

①海图改正的情况

②航次报告及填制情况

③本职工作所用的工具和物品及船长、大副交办的事项

A.①②③ B.①②③④

C.②③④ D.①②④

77. 船舶发生应变情况时,二副的职责是_____。

A. 根据应变信号的性质在原地待命

B. 立即上驾驶台接替值班驾驶员,协助船长的应变指挥

C. 按照大副的分配执行

D. A、B、C 均可

78. 下列有关二副管理航海图书资料职责的叙述不准确的是_____。

A. 有关作为海事证明的海图应交由船长妥善保管备查

B. 管理各种航海仪器技术说明书和图纸

C. 收到的临时航行警告装订后保存 1 年

D. 得到新航海通告后,应首先改正大比例尺海图

79. 二副得到新的航海通告后,正确的做法是_____。
    ①立即填入海图卡片
    ②首先改妥本航次所用海图
    ③尽快改妥常用海图
    ④抓紧进行其他海图的修改
    A. ①②③   B. ①②③④
    C. ②③④   D. ①②④

80. 根据航海仪器管理制度,二副应_____。
    ①非连续使用的仪器如标准罗经等,均应加盖防护罩
    ②磁罗经附近不准堆放任何铁质物品
    ③除进厂修理或养护维修需要外,停港期间不停止陀螺罗经运转
    ④航行中利用各种条件核对仪器的误差并记录,如误差超出允许值应报告船长
    A. ①②③   B. ①②③④
    C. ②③④   D. ①②④

81. 二副负责管理的航海图书资料有_____。
    ①海图航行通告
    ②航海书籍航海参考资料
    ③航海仪器技术说明书
    ④航海日志
    A. ①②③   B. ①②③④
    C. ②③④   D. ①②④

82. 二副在航次结束后,应经_____同意方可擦去海图作业,需作为海事证明的海图作业,应
    交_____妥善保管备查。
    A. 船长;大副   B. 船长;船长
    C. 大副;二副   D. 船长;二副

83. 三副救生培训职责是_____。
    ①接新船时,应做好应变部署表,按照应变部署表的内容向各位船员讲解其各自在应变部
    署表中的任务
    ②如果临时更换个别船员,向新到来的船员讲解其在应变部署表中的任务
    ③向全体船员讲解救生衣的穿着和使用方法
    ④向全体船员讲解各种救生信号和救生设备的使用方法
    A. ①②③   B. ①②③④
    C. ②③④   D. ①②④

84. 按照要求,吊艇索两端应在不超过_____个月的间隔期内相互掉头,在不超过_____
    年的间隔期中予以换新。
    A. 30;5   B. 24;5
    C. 30;4   D. 24;4

85. 驾驶员在装卸货时的职责一般包括_____。

①装卸中根据大副的积载计划和要求,经常巡视装卸现场

②制止违章作业,掌握装卸进度,认真做好记录

③禁止装卸工人在甲板上和货舱内吸烟

④装卸期间应注意保持良好的稳性及纵横倾

A.①②③   B.①②③④

C.②③④   D.①②④

86.根据我国船员条例,船长为履行其职责,可以行使的权利包括_____。

①对不具备船舶安全航行条件的,可以拒绝开航或续航

②对船舶所有人下达的违法指令可以拒绝执行

③当船舶遇险并严重危及在船人员的生命安全时,可以决定撤离船舶

④对不称职的船员,可以责令离岗

A.①②③   B.①②③④

C.②③④   D.①②④

87.船舶在装卸_____时,值班驾驶员应通知大副到现场监督。

①重件

②冷藏货

③一级危险品

④特殊货物

A.①②③   B.①②③④

C.②③④   D.①③④

88.下列哪些是港内靠泊值班时驾驶员的职责?

①按照大副积载计划的要求,负责船港联系

②装卸一级危险品、重大件、贵重货物时应在现场监督指导

③根据港方的意见通知机舱调整压载水

④及时将开工舱口数通知机舱以便安全供电

A.①②③   B.①②③④

C.②③④   D.①②④

89.根据船员职务交接制度,以下表述有误的是_____。

A.交接班的操作级以上船员必须填写"交接班报告表"

B.交接班双方同意交接后应在"交接班报告表"上签字,并由船长或轮机长签署

C.船长、轮机长、大副完成交接后,应分别在航海日志、轮机日志上共同签署

D.其他船员交接完毕后应报告船长

90.根据《中华人民共和国船员条例》,下列叙述不正确的是_____。

A.船长是依照本条例的规定取得船长任职资格,负责管理和指挥船舶的人员

B.普通船员是除船长、高级船员外的其他船员

C.高级船员是依照本条例的规定取得相应任职资格的大副、二副、三副、轮机长、大管轮、二管轮、三管轮、通信人员以及其他在船舶上任职的高级技术或者管理人员

D.高级船员是依照本条例的规定取得相应任职资格的船长、大副、二副、三副、轮机长、大管轮、二管轮、三管轮、通信人员以及其他在船舶上任职的高级技术或者管理人员

91. 船舶装卸货物时,值班驾驶员的职责有_____。

A. 注意装卸工人是否违反操作规程,如损坏装卸设备应要求港方签认以便索赔

B. 装卸贵重物时要现场监督,防止被盗

C. 根据开工舱口数的变化,及时通知机舱安全供电

D. A、B、C 都是

92. 港内值班时,交班驾驶员应告知接班驾驶员_____。

①主机情况和应急使用的可能性

②污水井、压载水、淡水的水位及加装燃油、淡水的情况

③开工舱口数

④消防设备的情况

A. ①②③   B. ①②③④

C. ②③④   D. ①②④

93. 船舶在港内时,值班驾驶员应_____。

①注意天气变化,及时开关舱,防止货损

②按要求看水尺并记入航海日志

③装卸结束封舱前,应下舱检查有无火灾隐患、有无偷渡迹象

④发现违章装卸及时制止,引起货物残损,立即要求其负责人签认

A. ①②③   B. ①②③④

C. ②③④   D. ①②④

94. 下列有关值班驾驶员的装卸职责的叙述正确的是_____。

A. 严格执行大副的配载计划

B. 装运重大件货物应注意甲板的安全负荷

C. 装卸重大件、一级危险品或其他特殊物时,应在现场监督指导并通知船长或大副

D. A、B、C 都是

95. 下列哪些是装卸危险货物时值班驾驶员的职责?

①防止货物毁损或外泄导致污染

②备妥消防和急救设备

③按规定采取一切安全防范措施

④与岸上人员保持通信联络

A. ①②③   B. ①②③④

C. ②③④   D. ①②④

96. 三副消防培训职责包括_____。

①向船员讲解救生、消防知识和各种设备、器材的操作使用方法

②向新到的船员介绍应变岗位和具体职责

③向探火员说明防火衣穿着和使用方法

④向有关人员说明应急消防泵的使用方法和维护事项

A. ①②③④   B. ①②③

C. ①②   D. ①②④

97. 下列有关三副的应急职责表述不正确的是_____。

A. 消防应变时担任消防队队长

B. 溢油应变时带领溢油回收组回收溢油

C. 堵漏应变时担任隔离队队长

D. 航行值班时发现有人落水立即操落水舷反向舵

98. 为保证船舶航行安全及适航的要求,开航前,船舶应做好以下开航准备和检查的工作中,错误的是_____。

A. 检查驾驶台内救生信号和器材的有效期

B. 如船上人员变动,根据船员调动情况,重新填写船舶应变部署表

C. 按船长指示,做好航行计划,画妥海图

D. 根据应变部署表对船员进行培训,并进行一次演习

项目三   船员身份与任职管理

考试大纲要求:

4.20.3   船员注册管理办法

1. 根据《中华人民共和国海船船员适任考试和发证规则》的规定,甲类适任证书适用于_____。

A. 近洋航区 3000 总吨及以上船舶的船长、大副、二副和三副

B. 无限航区 500 至 3000 总吨船舶的船长、大副、二副和三副

C. 无限航区 3000 总吨及以上船舶的船长、大副、二副和三副

D. 沿海航区 500 至 3000 总吨船舶的船长、大副、二副和三副

2. 根据我国船员条例,以下对船员服务簿的叙述不正确的是_____。

A. 船员服务簿记载的事项发生变更的,船员应当向船公司办理变更手续

B. 海事机构对符合注册的船员发放船员服务簿

C. 船员服务簿应当载明船员的姓名、住所、联系方式以及其他有关事项

D. 船员服务簿是船员的职业身份证件

3. 《中华人民共和国船员注册管理办法》规定,在_____情况下,船员应当在六个月内向管理本人注册档案的海事管理机构中申请办理船员注册变更手续。

A. 丧失民事行为能力的   B. 死亡或者被宣告失踪的

C. 船员发生显著变化的   D. 被依法吊销船员服务簿的

4. 在中华人民共和国境内的_____适用我国船员条例。

①船员注册、任职

②船员教育培训

③船员职业保障

④提供船员服务

A. ①②③④   B. ①②④

C. ②③④   D. ①③④

5. STCW 公约在海员职级和职能块的划分方面,提供了适于_____和充分利用人力资源的可供选择的_____方式。

    A. 高度自动化船舶;职能发证

    B. 绿色环保船舶;职级发证

    C. 极端先进的船舶;模块发证

    D. 超现代化船舶;级别发证

6. 根据《中华人民共和国船员注册管理办法》的规定,申请国际航线船员注册,应当向海事管理机构提交的材料包括_____。

    ①船员服务簿复印件

    ②居民身份证复印件

    ③船员专业外语考试合格证明复印件

    ④海船船员基本安全合格证复印件

    A. ①②③④

    B. ①③④

    C. ②③④

    D. ①②③

7. STCW 规则将海员职能分为七个职能块,分别是_____。

    ①航行与货物装卸和积载

    ②船舶作业管理和人员管理

    ③轮机工程与电气、电子和控制工程

    ④维护和修理与无线电通信

    A. ①③④

    B. ①②③④

    C. ②③④

    D. ①②③

8. 根据我国船员条例,下列有关我国海员证的陈述有误的是_____。

    A. 海员证的有效期不超过 5 年

    B. 船员在境内海员证被盗或者损毁的,应当向其所在地的海事管理机构申请补发

    C. 船员在境内遗失海员证的,应当向发证海事管理机构申请补发

    D. 船员在境外遗失海员证的,应当向我国驻外使馆、领馆申请补发

9. 根据《中华人民共和国船员注册管理办法》的规定,申请国际航线船员注册,应当向海事管理机构提交复印件并出示原件的是_____。

    ①船员专业外语考试合格证明

    ②海船船员基本安全培训合格证明

    ③居民身份证

    ④护照

    A. ①②③④

    B. ①③④

    C. ②③④

    D. ①②③

10. 《中华人民共和国船员注册管理办法》规定,船员服务簿遗失,船员到管理本人注册档案的海事管理机构办理换发手续时应当提交的材料为_____。

    ①船员服务簿补发申请

    ②近期直边正面 5 cm 免冠白底彩色照片 2 张

    ③相关证明文件

    ④船员体格检查表

    A. ①②③④

    B. ①③④

C. ②③④   D. ①②③

11. 根据我国船员注册管理办法,以下关于船员注册表述有误的是_____。

    A. 船员注册是一种确认申请人具备从事船员职业资格的行为

    B. 在我国申请注册船员者,应具备的条件与我国船员条例中的规定相同

    C. 船员注册的编号实行全国统一编码,每人每次注册给予一个注册号

    D. 船员应按规定到海事管理机构申请办理船员注册的定期审验

12. 根据我国船员条例的规定,中国公民只有经过_____并取得_____,方能从事船员职业。

    A. 船员登记;船员证书   B. 船员认证;船员执照

    C. 船员注册;船员服务簿   D. 船员备案;船员适任证书

13. 海事管理机构应当在自受理船员注册申请之日起_____日内做出注册或者不予注册的决定。对符合规定条件的,应当给予注册,发给船员服务簿,但对申请人被依法吊销船员服务簿未满_____年的不予注册。

    A. 10;15   B. 5;10

    C. 5;5   D. 10;10

14. 我国船员注册管理办法规定,船员服务簿的记载事项应包括船员的_____等。

    ①注册的个人信息

    ②健康状况

    ③在船任职表现

    ④服务资历

    A. ①②③④   B. ①③④

    C. ②③④   D. ①②③

项目四　船员劳动权益保障

考试大纲要求:

3.8.1　2006 年海事劳工公约

3.8.1.2　海员上船工作的最低要求

3.8.1.3　就业条件

3.8.1.4　健康保护、医疗、福利及社会保障

4.20.4　船员外派管理规定

4.21.1　船员劳动合同以及就业协议

1. 船员劳动合同是船员与_____确立劳动关系、明确双方权利和义务的协议。

    ①船舶所有人

    ②船舶经营人

    ③船舶代理人

    A. ①②③   B. ①②

C. ①③   D. ②③

2. 根据有关国内劳动立法,海员用人单位与海员发生劳动争议时,可以_____。
   ①协商解决
   ②申请调解
   ③提交仲裁
   ④提起诉讼
   A. ①②③   B. ①②③④
   C. ①②④   D. ②③④

3. 根据有关国际公约和国内立法,在_____的情况下,劳动合同终止。
   ①海员死亡或失踪
   ②船舶全损
   ③船舶被扣押
   ④船舶已被拍卖
   A. ①②④   B. ②③④
   C. ①②③④   D. ①②③

4. 船员服务机构为船员提供服务时应当遵守_____的原则,不得提供虚假信息,不得损害船
   员的合法权益。
   A. 诚实信用   B. 公平、公正、公开和便民
   C. 保证质量、保证安全   D. 合法守信

5. 根据我国《海员外派管理规定》,海员外派机构与境外船东签订的船舶配员服务协议的内容
   应包括_____。
   ①社会保险的缴纳
   ②突发事件的处理
   ③外派海员的遣返
   ④外派海员伤病亡的处理
   A. ②③④   B. ①③④
   C. ①②③   D. ①②③④

6. 由于船舶工作的特点,船员劳动合同的实际终止期一般以_____为界。
   A. 年   B. 季度
   C. 月   D. 航次

7. 根据 MLC 公约,如果出现海员在受雇期间岸上死亡的情况,船东有责任_____。
   A. 运回亡者尸体   B. 支付丧葬费用
   C. 拒绝不合理费用   D. 调查死亡真相

8. 根据我国船员条例,船员在船上工作期间,在下列哪些情况下可以要求遣返?
   ①船员劳动合同终止
   ②船员劳动合同依法解除
   ③船员不具备履行船舶上岗位职责能力
   ④船舶灭失
   A. ①②③④   B. ②③④

C.①②③　　　　　　　　　　　　　　　D.①②④

9. 根据 STCW 公约马尼拉修正案,以下表述有误的是_____。

　A. 船长因船舶、船上人员或货物出现紧急安全需要,可以要求海员从事长时间工作而暂停执行休息时间制度

　B. 船长出于帮助海上遇险的其他船舶或人员的目的,可以要求海员从事长时间工作而暂停执行休息时间制度

　C. 一旦情况恢复正常,只要可行,船长就应确保在原定休息时间内完成工作的任何海员获得充足的休息时间

　D. 一旦情况恢复正常,船长必须确保在原定休息时间内完成工作的任何海员获得原定时间相等的补偿休息时间

10. 根据我国《海员外派管理规定》,海员外派机构与境外船东签订的船舶配员服务协议的内容应包括_____。

　①正常工作时间、加班、额外劳动和休息休假

　②船舶适航状况

　③船舶航行区域

　④境外船东为外派船员购买的人身意外、疾病保险和处理标准

　A.①②③　　　　　　　　　　　　　　　B.①②③④

　C.①③④　　　　　　　　　　　　　　　D.②③④

11. 根据我国船员条例,下列关于船员服务机构的说法不正确的是_____。

　A 船员服务机构为船员服务时应当遵守诚实信用的原则

　B. 当船员在工作期间失踪或者死亡时,船员服务机构应当配合船员用人单位做好善后工作

　C. 船员服务机构向船员用人单位提供船舶配员服务时,应当与船员依法订立劳动合同

　D. 船员服务机构向船员用人单位提供船舶配员服务时,应当督促船员用人单位与船员依法订立劳动合同

12. 根据船员条例,船员可以从下列哪些地点中选择遣返?

　①船员接受雇佣的地点

　②船员上船任职的地点

　③船员的居住地或户籍所在地或船籍登记国

　④船员与船长或中介机构确定的地点

　A.①②③④　　　　　　　　　　　　　　B.②③④

　C.①②④　　　　　　　　　　　　　　　D.①②③

13. 根据《2006 年海事劳工公约》,下列有关海员就业协议的说法不严谨的是_____。

　A. 海员应至少持有一份经签字的海员就业协议副本文件

　B. 在悬挂其旗帜的船舶上工作的海员应持有一份由海员和船东或船东的代表双方签署的海员就业协议

　C. 应发给海员一份载有其船上就业记录的文件

　D. 签署海员就业协议的海员在签字前应有机会对协议进行审查和征询意见,还要为海员提供必要的便利,确保其充分理解了其权利和义务后自由达成协议

14. 根据我国船员条例,船员在船工作期间,应符合下列哪些要求?
    ①掌握船舶的适航状况和航线的通航的保障情况
    ②掌握有关航区气象、海况的必要信息
    ③遵守船舶的管理制度和值班规定
    ④如实填写有关船舶法定文书
    A.①③④   B.①②③④
    C.②③④   D.①②③

15. 船员劳动合同可以约定试用期,但最长不得超过_____,续订的船员劳动合同_____试用期。
    A.6 个月;也可以约定   B.12 个月;也可以约定
    C.12 个月;不得约定   D.6 个月;不得约定

16. 根据《中华人民共和国船员条例》,船员用人单位应当向在劳动合同有效期内的待派船员支付不低于_____。
    A. 船员用人单位职工的最低工资
    B. 该船员在船工作期间平均工资的报酬
    C. 船员用人单位所在地人民政府公布的最低工资
    D. 船员用人单位所在地人民政府公布的平均工资

17. 根据 MLC 2006,以下表述有误或表述不充分的是_____。
    A. 如果在某航行途中海员体检证书到期,该证书应继续有效至该海员能够从合格医师那里取得体检证书的下一停靠港,条件是这段时间不超过 3 个月
    B. 在紧急情况下,主管当局可以允许没有体检证书的海员工作直至该海员可以从合格的医师那里取得一份体检证书的下一停靠港
    C. 色觉视力证书的最长有效期应为 6 年
    D. 体检证书的最长有效期为 2 年,除非海员低于 18 岁,在这种情况下体检证书的最长有效期应为 1 年

18. 根据有关国内立法和国际公约,海员就业协议通常应包括_____等内容。
    ①工资数额
    ②关于公休和休假的约定
    ③劳动合同期限
    ④劳动合同终止条件
    A.①②④   B.①②③
    C.②③④   D.①②③④

19. 执行《1976 年商船最低标准公约》(ILO Convention No. 147)涉及的 ILO 公约内容包括_____。
    ①最低年龄
    ②海员伤病的船东责任
    ③医疗和疾病津贴
    ④海运协议条款
    ⑤海员结社自由和组织权利保护

A. ②③   B. ②③④
C. ①②③   D. ①②③④⑤

20. 船东在健康、医疗、福利与社会保障方面的责任是_____。
    ①承担船上工作的所有海员的健康保护与医疗费用
    ②支付患病海员遣返之前的全额工资
    ③承担海员受雇期间在岸上死亡的丧葬费用
    A. ①②   B. ①③
    C. ②③   D. ①②③

21. 根据我国《海员外派管理规定》,海员外派单位可以把海员派到_____上工作。
    A. 被港口监督检查中列入黑名单的船舶
    B. 非经中国境内保险机构或者国际保赔协会成员保险的船舶
    C. 未建立和运行 SMS 体系的船舶
    D. 老龄船舶

22. 根据我国劳动法,船舶所有人或经营人可以与船员解除劳动合同的情况是_____。
    A. 船员严重违反劳动纪律或用人单位的规章制度的
    B. 船员患有职业病,部分丧失劳动能力的
    C. 船员患病或非因工负伤,在规定的医疗期内的
    D. 船员患有职业病或非因工负伤并经过劳动鉴定委员会确认的

23. 根据 MLC 2006,以下表述错误的是_____。
    A. 应禁止 16 岁以下人员受雇、受聘或到船上工作
    B. 应禁止 18 岁以下人员受雇、受聘或到船上工作
    C. 应禁止 18 岁以下的海员在夜间工作
    D. 应禁止雇佣或聘用 18 岁以下的海员从事可能损害其健康或安全工作

24. 根据船员条例,关于船员服务机构的说法正确的是_____。
    A. 船员服务机构向船员用人单位提供船舶配员服务时,应当督促船员用人单位与船员依
       法订立劳动合同
    B. 船员服务机构为船员用人单位提供的船员失踪或死亡时,船员服务机构做好善后工作
    C. 船员服务机构向用人单位提供船舶配员服务时,应当与船员依法订立劳动合同
    D. 船员服务机构负责船员失踪或者死亡的事务并做好善后工作

25. 根据《海事劳工公约》,每一超过 500 总吨的国际航行船舶应持"海事劳工证书"及"海事劳
    工符合声明","海事劳工符合声明"的内容是_____。
    A. 海员工作和生活条件方面的国家规定和船东所采取的措施
    B. 船东在保证海员人命安全和防止污染方面所采取的措施
    C. 船东遵守《中华人民共和国国际海运条例》的声明
    D. 船东遵守《中华人民共和国船员条例》的声明

26. 根据我国船员条例,船员的遣返费用包括_____。
    ①乘坐交通工具的费用
    ②托运 40 千克行李的费用
    ③旅途中合理的食宿费用

④旅途中合理的医疗费用

    A.②③   B.①③④

    C.①②③   D.①②③④

27. 海员外派机构与船东签订_____，与外派船员签订_____。

    A. 劳动合同;服务协议

    B. 船舶配员服务协议;劳动合同

    C. 劳动合同;上船协议

    D. 船舶配员服务协议;上船协议

28. 根据我国船员条例,船员用人单位应当为在驶往或者驶经战区、疫区的船舶上工作的船员,或者在运输有毒有害物质的船舶上工作的船员_____。

    ①办理专门的人身安全保险

    ②办理专门的健康保险

    ③提供相应的防护措施

    ④提供相应的个人福利

    A.②③   B.①③④

    C.①②③   D.①②③④

29. 根据 MLC 公约,供船长和相关的岸上和船上医疗人员使用的标准的医疗报告表格及其报告内容_____。

    A. 应予保密   B. 无须保密

    C. 应保证主管机关随时可以查阅   D. 应在主管机关备案

30. 根据我国船员条例,船长在管理和指挥船舶时,应当_____。

    ①保证船舶和船员携带符合要求的船舶和船员证书、文书以及有关航行资料

    ②熟悉船舶应急计划,并保证有效实施

    ③保证船舶和船员在开航时处于适任状态

    ④按照规定保障船舶的最低安全配员

    A.②③   B.①③④

    C.①②③   D.①②③④

31. 根据我国《海员外派管理规定》,以下表述有误的一项是_____。

    A. 海员外派机构应当保证外派海员与本机构,或境外船东,或我国的航运公司,或其他相关单位签订有劳动合同

    B. 外派海员与我国的航运公司或其他相关单位签订有劳动合同的,只要有此证明,海员外派机构可以直接外派该海员

    C. 海员外派机构应当为外派海员购买境外人身意外伤害保险

    D. 海员外派机构应当在充分了解并确保境外船东资信和运营情况良好的前提下,方可与境外船东签订船舶配员服务协议

32. 《中华人民共和国船员条例》已经在 2007 年 3 月 28 日国务院第 172 次常务会议上通过,自_____起施行。

    A. 2007 年 10 月 1 日   B. 2007 年 11 月 1 日

    C. 2007 年 9 月 1 日   D. 2007 年 12 月 1 日

33. 我国现行海船船员值班规则规定,所有参加值班的船员应有一定的休息时间,休息时间可以分开,但不超过两段时间,其中一段时间至少要有_____。

    A. 6 小时   B. 8 小时

    C. 10 小时   D. 12 小时

34. 为加强船员管理,提高船员素质,维护船员的合法权益,保障水上交通安全,保护水域环境,我国国务院正式颁布了_____。

    A.《中华人民共和国船员管理条例》   B.《中华人民共和国船员条例》

    C.《中华人民共和国船员法》   D.《中华人民共和国船员注册管理办法》

35. 根据《海员外派管理规定》,海员外派机构应当在外派海员上船工作前,与其签订上船协议,协议内容应当至少包括下列哪些内容?

    ①船舶配员服务协议中涉及外派海员的工资待遇情况

    ②船舶配员服务协议中涉及外派海员的健康和安全保障情况

    ③海员外派机构对外派海员工作期间的管理和服务责任

    ④外派海员在境外发生紧急情况时海员外派机构对其的安置责任

    A. ②③   B. ①③④

    C. ①②③   D. ①②③④

36. 根据《海员外派管理规定》,下列有关我国海员外派工作的主管部门的说法正确的是_____。

    ①交通运输部主管全国海员外派工作

    ②国家海事局负责统一实施全国海员外派的监督管理工作

    ③交通运输部直属海事管理机构依照各自职责负责具体实施海员外派的监督管理工作

    ④海员外派的机构负责其派出的外派海员在船工作期间及登、离船过程中的各项保障工作

    A. ②③   B. ①③④

    C. ①②③   D. ①②③④

37. 根据我国船员条例,船员用人单位应当按照国家有关规定为其招用的船员办理_____。

    ①人身意外保险

    ②医疗保险

    ③养老保险

    ④其他商业保险

    A. ②③   B. ①③④

    C. ①②③   D. ①②③④

38. 根据我国船员条例,以下陈述有误的是_____。

    A. 船员的遣返费用应由船员用人单位支付

    B. 境内,船员的遣返权利受到侵害时,船员当时所在地民政部门应当向船员提供援助

    C. 境外,船员的遣返权利被不合理延误的,我境外领事机构应当向船员提供援助

    D. 船员的遣返权利受到侵害或遣返被不合理延误的,代理可以直接安排船员遣返

39. 根据我国船员条例,海事管理机构应当督促_____建立健全船员在船上的人身安全、卫生、健康和劳动安全保障制度。

    ①船员用人单位

②船舶所有人
③船舶使用者
④船长
A.②③   B.①③④
C.①②③   D.①②③④

第四部分　答案

项目一

1. D　　2. D　　3. B　　4. A　　5. C　　6. B　　7. A　　8. D　　9. C　　10. A
11. C　　12. B　　13. A　　14. D　　15. C　　16. B　　17. C　　18. C　　19. C　　20. A

项目二

1. D　　2. B　　3. A　　4. D　　5. A　　6. D　　7. B　　8. A　　9. D　　10. C
11. D　　12. B　　13. C　　14. B　　15. B　　16. D　　17. A　　18. C　　19. B　　20. A
21. B　　22. C　　23. D　　24. A　　25. A　　26. B　　27. B　　28. A　　29. A　　30. B
31. B　　32. D　　33. A　　34. C　　35. D　　36. D　　37. C　　38. C　　39. A　　40. D
41. C　　42. B　　43. C　　44. A　　45. B　　46. C　　47. C　　48. C　　49. D　　50. D
51. A　　52. B　　53. B　　54. A　　55. D　　56. B　　57. C　　58. B　　59. D　　60. D
61. B　　62. B　　63. B　　64. B　　65. C　　66. A　　67. D　　68. C　　69. B　　70. A
71. A　　72. B　　73. A　　74. C　　75. B　　76. A　　77. B　　78. D　　79. B　　80. B
81. A　　82. B　　83. B　　84. A　　85. D　　86. B　　87. D　　88. D　　89. D　　90. D
91. D　　92. B　　93. B　　94. D　　95. B　　96. B　　97. D　　98. D

项目三

1. C　　2. A　　3. C　　4. A　　5. A　　6. C　　7. B　　8. B　　9. D　　10. D
11. C　　12. C　　13. A　　14. A

项目四

1. B   2. B   3. A   4. D   5. D   6. D   7. B   8. A   9. D   10. B
11. C   12. D   13. C   14. B   15. D   16. C   17. B   18. D   19. D   20. D
21. D   22. A   23. B   24. A   25. A   26. B   27. B   28. C   29. A   30. D
31. B   32. C   33. A   34. B   35. D   36. D   37. A   38. D   39. D

模块五　船舶安全作业管理

第一部分　内容简介

本模块从船舶的规章制度、船上值班管理和作业及船舶法定文书的记录等方面入手,全面介绍了二/三副在船上的日常工作及应当遵守的制度和规章。

第二部分　经典例题解析

例1.三副在职务调动时应交接哪些内容?
　　①全船救生信号的情况
　　②消防器材状况和分布
　　③火警报警系统的情况
　　④救生衣、救生圈的状况和数量
　　A.①②③　　　　　　　　　　　B.①②③④
　　C.①③④　　　　　　　　　　　D.②③④
　　答案:D
　　解析:
　　根据三副的职务规则,其主管的项目均是职务调动时应当交接的内容。应当注意的是救生信号虽属三副主管,但驾驶台上的归二副管理,所以,本题应选D。

例2.港内值班时驾驶员应告知接班驾驶员哪些内容?
　　①主机情况和应急使用的可能性
　　②污水井、压载水、淡水的水位及加装燃油、淡水的情况
　　③开工舱口数
　　④消防设备的情况
　　A.①②③　　　　　　　　　　　B.①②③④
　　C.①②④　　　　　　　　　　　D.②③④
　　答案:B
　　解析:

港内值班的交接有两大项内容,其一是接班驾驶员在接班前应核实交的内容,其二是交班驾驶员应告知的内容。为便于记忆,学生只需记住接班驾驶员接班前应核实的五项内容,其他的就是交接的内容,防止混淆。

例3. 除正常航行值班外,三副在哪些情况下应在驾驶台当值?

　　①进出港时

　　②靠离码头时

　　③移泊时

　　④替换大副用餐时

　　A. ①②③④　　　　　　　　　　B. ①②③

　　C. ①②④　　　　　　　　　　　D. ②③④

答案:A

解析:

注意不能忽略航行时三副负有替换大副用餐(晚餐)30分钟。

例4. 有关航海日志的记载要求下列哪项不恰当?

　　A. 发生海事后应周密斟酌,实事求是地记载

　　B. 发生异常事件时,船长应亲自主持更换新本,重新记载并签署

　　C. 船长应及时审阅航海日志记载,并逐页签署

　　D. 应使用不褪色的蓝色或黑色水笔记载

答案:B

解析:

注意审题,题干里要求的是有关航海日志的记载内容要求,那么,航海日志的管理要求项不正确。

第三部分　真题分节精练

项目一　船舶规章制度

考试大纲要求：

2.1　船舶日常防火防爆守则

2.15　船员职务交接制度

1. 二副在职务调动时应交接_____。
   ①本职正在进行的待办的工作
   ②航次报告
   ③驾驶台仪器现场操作示范
   ④开航前的准备工作
   A. ①②④　　　　　　　　　　B. ①②③④
   C. ②③④　　　　　　　　　　D. ①②③

2. 根据《运输船舶消防管理规定》，船上进行明火作业应_____。
   A. 由公安消防监督机关审批，向海事局备案
   B. 由海事局审批，向公安消防监督机关备案
   C. 由海事局审批，向船舶检验机关备案
   D. 由船检机关审批，向海事局备案

3. 船上明火作业须经_____同意。
   A. 船长　　　　　　　　　　　B. 轮机长
   C. 船长或轮机长　　　　　　　D. 船长和轮机长

4. 根据《船舶日常防火防爆守则》，下列说法错误的是_____。
   A. 禁止私自使用明火或移动电炉
   B. 航行中禁止锁门睡觉
   C. 废弃的棉纱头、破布应存放在指定的金属容器内，不得乱丢乱放
   D. 离开房间应随手关闭电灯和风扇等电器，靠近舷窗的台灯可以不关闭

5. 根据船员交接制度，以下表述有误的是_____。
   A. 接班船员应按"交接班报告表"所列内容和"交接班备忘录"的内容逐项确认
   B. 接班船员应对机械设备的性能和所存在的问题做好详细记录
   C. 交班船员应对其主管的设备、机械设备进行操作演示
   D. 接班船员应尽快熟悉所主管的设备、操作程序，以及为正确履行其职责应熟悉的其他安排

6. 根据《船舶日常防火防爆守则》,下列哪些做法正确?

①不私自使用移动式明火电炉

②不随意接拆电气线路

③离开居住场所随手关灯

④废弃的棉纱头、破布放在指定的金属容器内

A. ①②③   B. ①②③④

C. ②③④   D. ①②④

7. 二副在职务调动时应重点交接_____。

①PSC 对航海仪器等方面的检查情况和缺陷纠正情况

②航海仪器和图书资料清册、交接清单

③装卸货设备的技术状况和操作要点

④船长、大副交办的有关事项

A. ①②③④   B. ①②④

C. ①②③   D. ②③④

8. 有关船员个人防火的规定,正确的有_____。

①禁止躺在床上抽烟,禁止向舷外扔烟蒂

②不得在船舶密集区或港口水域施放过期的红光降落伞,远离陆地的水域可以施放

③禁止在个人房间使用电热杯等电热器具

④不得私自拉线装灯或乱拉收音机天线

A. ①③④   B. ①②③④

C. ①②④   D. ①②③

9. 根据船员职务交接制度,以下表述有误的是_____。

A. 交接班的操作级以上船员必须填写交接班报告表

B. 交接双方同意交接后应在交接报告表上签字,并由船长或轮机长部署

C. 船长、轮机长、大副完成交接后,应分别在航海日志、轮机日志上共同签署

D. 其他船员交接完毕后应报告船长

10. 下列哪项不属于二副在职务调动时交接的内容?

A. 助航仪器使用方法和误差情况   B. 船体保养计划

C. 国旗、信号旗、号型是否齐全   D. 驾驶台求救信号、器材的情况

11. 在职务交接时,操作级和管理级船员应备妥"交接班备忘录",对_____等应在备忘录中详细说明。

①船舶经营情况

②设备存在的问题

③航次将挂靠港口

④未完成的工作

A. ①②③④   B. ①②④

C. ①②③   D. ②④

12. 下列哪些符合《船舶日常防火防爆守则》的要求?

①易燃物品不能私自存放

②烟头应投入垃圾桶内

③禁止在船上燃放烟花爆竹

④严禁玩弄信号弹

A. ①②③④　　　　　　　　　　B. ②③④

C. ①②③　　　　　　　　　　　D. ①③④

13. 三副在职务调动时应交接下列哪些内容?

①全船救生信号的情况

②消防器材状况和分布

③火警报警系统的情况

④救生衣、救生圈的状况和数量

A. ①②③　　　　　　　　　　　B. ①②③④

C. ①③④　　　　　　　　　　　D. ②③④

14. 船员_____时,应进行职务交接,将本职分管的工作认真交接清楚,保证船舶正常的工作秩序。

①公休

②下地

③因故奉调离船

④在船职务变动

A. ②③④　　　　　　　　　　　B. ①③④

C. ①②③④　　　　　　　　　　D. ①②③

15. 三副在职务调动时应交接下列哪些内容?

①向接班船员介绍应变岗位及职责的情况

②救生设备的分布及状况

③开航前应变部署表和船员应变任务卡的编制情况

④航次报告及填制情况

A. ①②③④　　　　　　　　　　B. ①②③

C. ②③④　　　　　　　　　　　D. ①③④

16. 二副在职务调动时应交接下列哪些内容?

①天文钟状况及其误差记录簿

②本航次所需海图、资料是否齐全

③开航前的准备情况,是否做好航次计划

④全船救生信号的有效期

A. ①②③④　　　　　　　　　　B. ①②③

C. ②③④　　　　　　　　　　　D. ①③④

17. 下列哪项不属于二副职务调动时应交接的内容?

A. 正在修理或已报修的助航仪器　　B. 本港需申领或外购的海图

C. 驾驶员技术状况　　　　　　　　D. 收到最新的中、外文航行通告情况

18. 二副在职务调动时应交接下列哪些事项?

①航海仪器和航海图书资料清册

②各种航海仪器的技术说明书和图纸

③航行通告及海图卡片

④无线电航行警告

A.①②③④ B.①②③

C.②③④ D.①③④

19.二副在职务调动时应交接下列哪些内容?

①海图改正的情况

②航次报告及填制情况

③本职工作所用的工具和物品及船长、大副交办的事项

A.①② B.①②③

C.②③ D.①③

20.二副在职务调动时应重点交接_____。

①PSC对航海仪器等方面的检查情况和缺陷纠正情况

②航海仪器和图书资料清册、交接清单

③消防救生设备的维护保养注意事项

④船长、大副交办的有关事项

A.①②③④ B.①②④

C.①②③ D.②③④

21.二副在职务调动时应重点交接_____。

①本职正在进行的待办的工作

②航次报告

③驾驶台仪器现场操作示范

④船长、大副交办的工作

A.①②③④ B.①②④

C.①②③ D.②③④

22.三副在职务调动时应交接下列哪些内容?

①向新来船员介绍应变岗位和职责的情况

②救生设备的分布和状况

③开航前应变部署表和船员应变任务卡的编制情况

④本船油水存量

A.①②③④ B.①②③

C.②③④ D.①③④

23.三副在职务调动时应交接下列哪些内容?

①驾驶台救生信号的情况

②消防器材的状况和分布

③火警报警系统的情况

④救生衣、救生圈的状况和数量

A.①②③ B.①②③④

C.①③④ D.②③④

24. 下列有关三副在职务调动时交接内容的叙述哪项不准确?
    A. 固定式灭火系统的性质、特点和使用注意事项
    B. 全船救生信号和器材的情况与分布
    C. 防火控制图所附的船员名单是否已更新
    D. 救生筏送检情况

25. 三副在职务调动时应交接下列哪些内容?
    ①救生艇筏内的备品及属具是否齐全及其有效期
    ②救生衣和救生圈的数量、分布和状况
    ③救生筏及静水压力释放器的检修情况和有效期
    ④CO_2 称重情况及灭火器的换剂情况
    A. ①②③④   B. ①②③
    C. ②③④   D. ①③④

26. 三副在职务调动时应交接的内容包括_____。
    ①本职工作所用工具和物品及船长、大副交办的事项
    ②救生、消防设备正在修理或报修的项目
    ③救生、消防设备、器材的登记清册及维修、检查、保养记录
    A. ①②   B. ①②③
    C. ②③   D. ①③

27. 三副职务调动交接应重点抓住的项目包括_____。
    ①救生、消防设备、器材的登记清册及维修、检查和保养记录
    ②与本职相关的规章制度和文件
    ③救生、消防设备、器材的分布状况、性能和使用方法
    ④本职正在进行的和待办的工作
    A. ①②③④   B. ②③④
    C. ①④   D. ②③

28. 三副职务调动交接应重点抓住的项目包括_____。
    ①救生、消防设备、器材的登记清册及维修、检查和保养记录
    ②甲板部的规章制度和文件
    ③救生、消防设备、器材的分布状况、性能和使用方法
    ④防污设备的性能和工作状况
    A. ①②③④   B. ②③④
    C. ①③   D. ②④

29. 下列哪些是符合《船员日常防火防爆守则》要求的?
    ①易燃易爆物品不准私自存放
    ②烟头应投入垃圾桶内
    ③禁止在船上燃放烟花爆竹
    ④严禁玩弄救生信号弹
    A. ①②③④   B. ②③④
    C. ①②③   D. ①③④

30. 下列哪些符合《船员日常防火防爆守则》的要求_____。

①航行中睡觉应锁好门

②潮湿或油污的棉纱头不能堆放在闷热的地方

③离开房间随手关灯

④易燃易爆物品须集中保管,不准私自存放

A.①②③　　　　　　　　　　B.①②③④

C.②③④　　　　　　　　　　D.①②④

31. 根据《船员日常防火防爆守则》,下列哪项做法不正确?

A. 在油船甲板上使用老花眼镜

B. 潮湿或油污的棉纱头不堆放在闷热的地方

C. 离开房间随手关灯

D. 易燃易爆物品集中保管,不私自存放

32. 不装卸货或不加装燃油时在下列哪些场所禁止吸烟?

①货舱

②甲板

③物料间和储藏室

④机舱

A.①②③　　　　　　　　　　B.①②③④

C.②③④　　　　　　　　　　D.①③④

33. 《船员日常防火防爆守则》规定,禁止在船舶的_____吸烟,油船必须在规定的场所吸烟。

①货舱

②机舱

③物料间

④储藏室

A.①②③④　　　　　　　　　　B.①②③

C.①③　　　　　　　　　　D.①③④

34. 根据《船员日常防火防爆守则》,下列哪些规定有利于船舶防火?

①易燃易爆物品不准私自存放

②潮湿或油污的棉毛织品应集中放在物料间内

③不在物料间内吸烟

④使用自动电水壶等电热器具必须有人看管

A.①②③④　　　　　　　　　　B.②③④

C.①②③　　　　　　　　　　D.①③④

35. 根据《船员日常防火防爆守则》,下列做法正确的是_____。

①不私自使用移动式明火电炉

②不随意接拆电气线路

③离开房间时随手闭灯

④废弃的棉纱头、破布放在指定的金属容器内

A. ①②③   B. ①②③④
C. ②③④   D. ①②④

项目二　船舶值班管理

考试大纲要求：

2.3　驾驶台规则

3.4.4　值班标准

3.4.4.1　适于值班

3.4.4.2　值班安排和应遵守的原则

4.2.2　港内值班

4.2.2.1　港内值班的原则

4.2.2.2　锚泊中值班驾驶员的职责

4.2.2.3　港内停泊中值班驾驶员的职责

4.2.2.4　停泊期间甲板值班的交接班

4.2.3.2　货物作业值班

4.2.4　驾驶、轮机联系制度

4.2.4.1　开航前

4.2.4.2　航行中

4.2.4.3　停泊中

4.2.5　适于值班

1. 根据驾驶、轮机联系制度的规定，下列哪些叙述正确？
   ①开航前1小时值班驾驶员应会同值班轮机员核对船钟、车钟,试舵等
   ②主机试车前值班轮机员应征得船长同意
   ③船舶进出港口、狭水道、浅滩等需要备车航行时,驾驶台应提前通知机舱准备
   A. ①③   B. ①②③
   C. ①②   D. ②③

2. 根据驾驶、轮机联系制度的要求,开航前值班驾驶员应会同_____核对船钟、车钟,试舵等,并分别将情况记入_____。
   A. 大管轮;航海日志、车钟记录簿
   B. 值班轮机员;航海日志、轮机日志、车钟记录簿
   C. 电机员;航海日志、轮机日志
   D. 轮机长;航海日志、轮机日志

3. 根据驾驶、轮机联系制度的规定,船舶如因_____须短时间抛锚时,值班驾驶员应将情况及时通知值班轮机员。
   ①等引航员
   ②候潮

③等泊

A. ①②③　　　　　　　　　　　B. ②③

C. ①③　　　　　　　　　　　　D. ①②

4. 根据规定,船舶在下列哪些情况下需要备车航行时驾驶台应提前通知机舱准备?

①接近锚地或引航站

②通过狭水道

③进出港口

④通过浅滩等危险水域

A. ①②③　　　　　　　　　　　B. ②③④

C. ①③④　　　　　　　　　　　D. ①②③④

5. 下列哪项符合驾驶、轮机联系制度的规定?

A. 值班驾驶员会同大管轮试验舵机

B. 船长应提前24小时将预计开航时间通知轮机长

C. 开航前12小时值班轮机员应及时转车和冲车

D. 主机试车前,值班轮机员应征得值班轮机员同意

6. 实践中,航行时通常每日正午由_____校对时钟并交换正午报告。

A. 三副和三管轮　　　　　　　　B. 二副和二管轮

C. 船长和轮机长　　　　　　　　D. A、B、C 均可

7. 根据驾驶、轮机联系制度的要求,航行中的船舶在下列哪种情况下应对主机进行停、倒车试验?

A. 到港前　　　　　　　　　　　B. 靠泊前

C. 进入雾区前　　　　　　　　　D. 进入渔区前

8. 港内值班时驾驶员应告知接班驾驶员下列哪些内容?

①主机情况和应急使用的可能性

②污水井、压载水、淡水的水位及加装燃油、淡水的情况

③开工舱口数

④消防设备的情况

A. ①②③　　　　　　　　　　　B. ①②③④

C. ①②④　　　　　　　　　　　D. ②③④

9. 船舶在泊位停靠期间,一般情况下留船人数应_____。

A. 不得少于船员总数的 2/3　　　B. 不得少于船员总数的 1/2

C. 不得少于船员总数的 1/3　　　D. 根据具体情况决定

10. 船舶在港内时值班驾驶员应_____。

①注意天气变化,及时开关舱,防止货损

②按要求看水尺并记入航海日志

③装卸结束封舱前,应下舱检查火灾隐患,有无偷渡迹象

④发现违章装卸及时制止,引起货物残缺,立即要求其负责人签认

A. ①②③④　　　　　　　　　　B. ①②③

C. ①②④　　　　　　　　　　　D. ②③④

11. 根据有关规定,下列在港值班安排的做法哪项正确?
   A. 甲板停泊值班人员应由一名驾驶员和至少一名水手组成
   B. 散装运输危险货物的船舶,甲板部至少由两名驾驶员和若干水手组成安全值班小组
   C. 船舶抢修时,船长和轮机长不得同时离船
   D. 甲板停泊值班人员只需要一名水手

12. 我国海船船员值班规则规定,值班人员值班前 4 小时禁止喝酒,值班期间血液中酒精含量不超过_____。
   A. 0.05%   B. 0.5%
   C. 0.005%   D. 5%

13. 值班人员每天_____小时的最短休息时间可被减至连续的 6 小时,但这种减少不得超过 2 天,并且 7 天内的休息时间不少于_____小时。
   A. 8;42   B. 10;56
   C. 8;56   D. 10;70

14. 根据 STCW 公约的规定,主管机关应使_____注意到 STCW 公约规定的应遵守的要求、原则和指南,以确保在所有海船上始终保持安全、持续并适合当时环境和条件的值班。
   ①公司
   ②船长
   ③轮机长
   ④全体值班人员
   A. ①②③   B. ①②③④
   C. ②③④   D. ①②

15. 船舶在_____可以不必严格保证所有值班人员的休息时间。
   ①紧急情况下
   ②进行各种演习时
   ③发生海上交通事故时
   ④正常航行时
   A. ②③④   B. ①②③
   C. ①②④   D. ①②③④

16. 下列关于港内停泊值班的表述正确的是_____。
   ①值班人员通常应包括一名驾驶员和一名水手
   ②如有任何理由认为接班的高级船员不能有效地执行其职责,则不应交班
   ③值班驾驶员应确保本班人员完全有能力并能有效地执行他们的职责
   ④交接班时正在进行的重要操作通常由交班的高级船员来完成
   A. ①②③   B. ①②③④
   C. ②③④   D. ①②④

17. 海船船员值班规则规定了严禁船员酗酒,值班期间血液酒精浓度不高于_____,或呼吸中酒精浓度不高于_____,或可导致该酒精浓度的酒精量的限制。
   A. 0.05%;0.25 mg/L   B. 0.1%;0.5% mg/L
   C. 0.05%;0.5% mg/L   D. 0.1%;0.25% mg/L

18. 港内值班时交班驾驶员应告知接班驾驶员哪些内容?
①污水井和淡水舱的水位
②正在加装燃油淡水的情况
③信号、号灯号型的悬挂和显示情况
④港口的特殊规定
A. ①②③④　　　　　　　　　　B. ①②③
C. ①②④　　　　　　　　　　　D. ②③④

19. 靠泊中值班驾驶员有_____的责任。
①掌握全船人员动态,关心作业人员的安全
②监督值班水手按时升降国旗,正确显示或悬挂号灯号型
③注意船舶的一般状态
④装卸货时履行货物装卸值班的职责
A. ①②③　　　　　　　　　　　B. ①②③④
C. ②③④　　　　　　　　　　　D. ①②④

20. 根据 STCW 公约,为了防止值班人员疲劳,所有被分派值班的干部船员和普通船员应在 24 小时内至少有_____小时的休息时间。
A. 8　　　　　　　　　　　　　B. 10
C. 12　　　　　　　　　　　　　D. 16

21. 装卸危险货物时值班驾驶员的职责有_____。
①防止货物毁损或外泄
②备妥消防急救设备
③按规定采取一切安全防范措施
④与岸上人员保持通信联络
A. ①②③　　　　　　　　　　　B. ②③④
C. ①②③④　　　　　　　　　　D. ①②④

22. 港内停泊值班时接班驾驶员在接班之前应核实下列哪些情况?
①船员动态情况
②锚链情况
③正在装卸的有毒或危险货物的性质及应急措施
④本船悬挂显示的信号、号灯号型
A. ①②③　　　　　　　　　　　B. ①②③④
C. ②③④　　　　　　　　　　　D. ①②④

23. 下列有关港内停泊值班的表述,_____正确。
①值班人员通常应包括一名驾驶员和至少一名水手
②如有任何理由认为接班的高级船员不能有效地履行其职责,则不应交班
③港内停泊可不必安排护船班
④交班时正在进行的重要操作通常由交班的高级船员来完成
A. ①②③　　　　　　　　　　　B. ①②③④
C. ②③④　　　　　　　　　　　D. ①②④

24. 下列哪些是船舶装卸货物时值班驾驶员的职责?
    ①按照积载计划和大副的要求,检查装卸情况和速度,认证记录装卸时间和班次
    ②解决装卸中出现的问题,保持船舶平衡
    ③注意吃水差
    ④做好货舱通风工作
    A.①②③   B.②③④
    C.①②④   D.①②③④

25. 值班驾驶员在抛锚时应做的工作包括_____。
    ①抛下锚时应立即测定船位
    ②在海图上标出锚位和回旋范围
    ③对锚地的潮汐、流向、水深、底质、周围的情况及当地气象,做到心中有数
    ④记入航海日志
    A.①②③④   B.①②③
    C.②③④   D.①③④

26. 下列有关驾驶和轮机联系制度的叙述哪项正确?
    A.因情况紧急,不立即停车就会危及主机和人身安全时,轮机长可以下令立即停车
    B.判断将有风暴来临时,值班驾驶员应立即通知值班轮机员做好各种准备
    C.主机各种车速由主机的性能指标决定
    D.抵港前,轮机长应将本船的存油情况告诉驾驶台

27. 下列对船舶装卸货物时值班驾驶员的职责表述不恰当的是_____。
    A.注意装卸工人是否违反操作规程,如损坏装卸设备应要求港方签字以便索赔
    B.装卸贵重物品时要现场监督,以防被盗
    C.根据开工舱口数的变化,及时通知机舱以便安全供电
    D.每舱装卸完毕后应看水尺并记录

28. 船舶在港内停泊值班应遵守下列哪些原则?
    ①为了船舶安全,船长必须安排适当而有效的值班
    ②二副负责停泊值班表的编制并报船长批准
    ③停泊值班人员的组成应包括对一名值班驾驶员和至少两名水手
    ④值班驾驶员如有理由认为接班船员不能有效履行责任,则不应交班
    A.①②③④   B.①③
    C.①②④   D.①④

29. 下列关于船舶载运危险货物的船舶停泊值班说法,错误的是_____。
    A.运载易爆的、易燃的、有毒的、危害健康的或污染环境的危险货物的船舶的船长应确保值班安全
    B.运载散装危险货物的船舶,安全值班应由甲板部和轮机部各至少一名高级船员和若干名普通船员组成,当船舶安全地在系泊或锚泊时也应该如此
    C.运载包装危险品的船舶的船长,应充分注意到这些危险品的性质、数量、包装和记载,以及船上、水上和岸上的所有特殊情况
    D.载运散装危险货物的船舶应由大副全面负责货物的装卸,并保证一直在甲板上监督货

物的装卸

30. 港内靠泊值班时接班驾驶员在接班之前应核实下列哪些情况?
①主机状况和应急使用的可能性
②各项安全措施和防火规定的执行情况
③正在装卸的有毒或危险货物的性质
④是否有危及本船或本船危及他船的情况
A. ①②③
B. ①②③④
C. ②③④
D. ①②④

31. 根据驾驶、轮机联系制度的规定,船舶进出港口通过狭水道、浅滩、危险水域或抛锚等需要备车航行时,_____应提前通知_____准备。
A. 机舱;驾驶台
B. 轮机长;船长
C. 船长;轮机长
D. 驾驶台;机舱

32. 值班驾驶员在锚泊时遇到能见度不良应当做的工作包括_____。
①加强瞭望
②鸣放雾号
③开亮锚灯和各层甲板的照明灯
④通知船长
A. ①②③④
B. ①②③
C. ②③④
D. ①②④

33. 根据 STCW 规则关于载运危险货物船舶在港值班的要求,载运包装危险品的船舶的船长应_____。
①确保维持安全值班
②充分注意危险货物的性质、数量、包装和积载
③充分注意船上的任何特殊情况
④充分注意水上和岸上的任何特殊情况
A. ①②③④
B. ②③④
C. ①③④
D. ①②④

34. 驾驶、轮机联系制度规定,抵港后_____应告知_____本船的预计动态,以便安排工作。
A. 船长;轮机长
B. 值班驾驶员;值班轮机员
C. 值班驾驶员;轮机长
D. 大副;轮机长

35. 根据驾驶、轮机联系制度,下列哪些叙述正确?
①船长应提前24小时将预计开航时间通知轮机长
②主机冲车前,值班驾驶员应征得值班轮机员的同意
③抵港后船长应将本船预计动态告知轮机长以便安排工作
A. ①②③
B. ①②
C. ②③
D. ①③

36. 根据规定,下列哪些是驾驶员的停泊值班职责?
①督促值班水手按时升降国旗,开关灯,显示有关的号灯号型

②以适当的时间间隔巡视全船

③检查舷梯、锚链、跳板及安全网

④及时调整系统,特别是潮差大的泊位

A.①②③④   B.①②③

C.①②④   D.②③④

37.为了防止值班人员疲劳,STCW 规则要求所有被分配值班的船员应在 24 小时内至少有
_____小时的休息时间。

A.8   B.10

C.12   D.16

38.港内值班时交班驾驶员应告知下列哪些内容?

①压载水的操作情况

②正在或即将加装燃油、淡水的情况

③信号、号灯号型的悬挂和显示的情况

④港口的特殊规定

A.①②③④   B.①②③

C.①②④   D.②③④

39.根据我国海船船员值班规则的规定,港内值班时交班驾驶员应告知接班驾驶员下列哪些内
容?

①船长命令、公司指示

②发生紧急情况时与港方联系的方法

③悬挂和显示的信号、号灯号型

④机舱值班人员的技术状况

A.②③④   B.①②③④

C.①②④   D.①②③

40.船舶系离泊作业后,以下措施正确的有_____。

①系离泊作业后,应清理现场,将工具收回放妥

②靠泊完成后,如有必要,可在缆绳和导缆孔接触处垫衬帆布或麻袋,以防磨损缆绳

③离泊开航后,应确保锚机刹车刹牢,合上制链器

④长时间海上航行,应用帆布罩盖缆绳并绑扎牢固

A.①②③   B.①②④

C.①③④   D.①②③④

41.根据《中华人民共和国海船海员值班规则》,下列有关港内靠泊时值班驾驶员职责的叙述
哪项不确切?

A.装卸贵重货物时应到现场监督指导   B.检查污水井、压载舱及淡水舱的测量记录

C.监收淡水、物料和燃油   D.按船长或大副的指示通知机舱调整压载水

42.下列哪项符合驾驶、轮机联系制度的规定?

A.开航前 12 小时值班轮机员应及时冲车

B.值班驾驶员会同大管轮试验舵机

C.主机试车前,值班驾驶员应征得值班轮机员同意

D. 船长应提前 24 小时将预计开航时间通知轮机长

43. 根据我国现行海船船员值班规则，下列叙述不正确的是_____。

    A. 严禁船员酗酒

    B. 值班人员在值班前 4 小时禁止喝酒

    C. 只要保证正常值班，值班人员在值班期间就可以喝酒

    D. 严禁船员服用可能导致不能安全值班的药物

44. STCW 公约附则中关于值班安排和应遵循的原则包括_____。

    ①始终保持安全、连续的值班

    ②船长应确保其值班安排能足以保持安全值班

    ③航行值班的驾驶员在值班时间内应始终身在驾驶台或与之相连的场所

    ④船舶锚泊或系泊时应保持适当而有效的值班

    A. ①②③   B. ①②③④

    C. ②③④   D. ①②④

45. 根据我国海船船员值班规则的规定，_____是港内值班驾驶员的职责。

    ①防止船舶污染水域，按规定排放船舶垃圾和污油水

    ②停泊期间的工作事项应记入航海日志

    ③主机试车前，应确认推进器附近无障碍

    ④有他船系靠本船或前后泊位时，应在现场守候

    A. ①②③   B. ①②④

    C. ①②③④   D. ②③④

46. 根据驾驶、轮机联系制度，进行下列哪些操作时驾驶和轮机部门需要建立有效的联系制度和相应的记录？

    ①排放机舱污水

    ②排放洗舱水

    ③排放压载水

    A. ①②③   B. ②③

    C. ①③   D. ①②

47. STCW 规则允许_____可以不必保证为所有值班船员规定休息时间。

    ①在紧急情况下

    ②在为船舶添加燃油、淡水时

    ③在进行各种演习时

    ④在其他超长工作情况下

    A. ①③④   B. ①②③

    C. ②③④   D. ①②④

48. 下列符合驾驶、轮机联系制度规定的是_____。

    A. 开航前一小时，值班驾驶员会同值班轮机员核对车钟等，船长应提前 12 小时将预计开航时间通知轮机长

    B. 开航前一小时，值班驾驶员会同值班轮机员核对车钟等，船长应提前 24 小时将预计开航时间通知轮机长

C. 开航前半小时,值班驾驶员会同值班轮机员核对车钟等,船长应提前 12 小时将预计开航时间通知轮机长

D. 开航前半小时,值班驾驶员会同值班轮机员核对车钟等,船长应提前 24 小时将预计开航时间通知轮机长

49. 根据 STCW 公约,船舶在什么情况下可以不必严格保证所有值班人员的休息时间?

① 在紧急情况下

② 进行各种演习时

③ 在其他超长工作情况下

A. ①③   B. ①②

C. ②③   D. ①②③

50. 船员_____时应进行职务交接,将本职分管的工作认真交接清楚,保证船舶正常工作秩序。

① 公休

② 下地

③ 因故奉调离船

④ 在船职务变动

A. ②③④   B. ①③④

C. ①②③④   D. ①②③

51. 港内值班时,交班驾驶员应告知接班驾驶员下列哪些内容?

① 船舶吃水、系缆情况

② 大副对积载的要求和卸载进度

③ 开工舱口数

④ 消防设备的情况

A. ①②③④   B. ①②③

C. ①②④   D. ②③④

52. 下列有关驾驶、轮机联系制度的叙述哪项正确?

A. 每次添装燃油前,轮机长应将本船存油情况和计划添装的油舱以及各舱添装数量告知大副

B. 判断将有暴风来临时,值班驾驶员应及时通知值班轮机员做好各种准备

C. 主机的各种车速由主机的性能指标决定

D. 抵港前,轮机长应将本船存油情况告知驾驶台

53. 船舶装卸货物时值班驾驶员的职责有_____。

① 严格执行大副的配载计划

② 装运重大件货物应注意甲板的安全负荷

③ 督促船员认真监舱

④ 严禁任何人员在货舱内或甲板上吸烟

A. ②③④   B. ①②③

C. ①②③④   D. ①②④

54. 当船舶进出港口、靠离码头、移泊时,三副在驾驶台的主要工作包括_____。

①负责与机舱联系及 VHF 通信

②协助瞭望并监督舵工执行舵令的情况

③向首尾传达船长、引航员的指令

④向值班人员传达船长、引航员的车钟令并记录

A.①②③④   B.①②③

C.①②④   D.②③④

55.根据我国船员条例,船长在船舶_____时,应该在驾驶台值班,必要时应直接指挥船舶。

①进港、出港、靠泊、离泊、漂泊

②通过交通密集区或危险航区

③遇到能见度不良、恶劣天气和海况

④发生水上交通事故或污染事故

A.①③④   B.①②③④

C.②③④   D.①②③

56.三副在职务调动时应交接下列哪些内容?

①救生艇筏内的备品及属具是否齐全及有效期

②救生衣和救生圈的数量、分布和状况

③救生筏及静水压力释放器的检修情况和有效期

④CO_2 称重情况及灭火器的换剂情况

A.①②③④   B.①②③

C.②③④   D.①③④

57.根据 STCW 规则中有关船舶在港值班应遵循的原则,下列哪种船舶的船长对于值班安排要予以特殊要求?

①具有特种型式推进系统或辅助设备的船舶

②载有危险品、有毒有害物质的船舶

③载有易流态化固体散装货物的船舶

④载有其他特种货物的船舶

A.①②③④   B.①②③

C.①②④   D.②③④

58.下列哪些是港内靠泊值班时驾驶员的职责?

①按照大副积载的要求,负责船港联系

②装卸重大件时应在现场监督指导

③根据港方的意见通知机舱调整压载水

④及时将开工舱口数通知机舱以便安全供电

A.①②③   B.①②③④

C.②③④   D.①②④

59.下列关于值班驾驶员在装卸货物时职责的表述,正确的是_____。

①协助大副做好各项装卸准备工作

②通知大副或船长现场监督指导

③装卸重大件时注意船舶浮态和稳性

④装卸贵重货物时应布置重点船舱

A. ①②③④

B. ①②③

C. ①②④

D. ②③④

60. 根据 SOLAS 公约,对于机器处所有人值班的船舶,下列表述正确的是_____。

①推进机械在同一个时间内仅能由一处进行遥控

②在这些处所可允许有互相连接的控制位置

③每一处所应有指示何处在控制推进机械的指示器

④驾驶室和机器处所之间的控制转换,只能在驾驶室内进行

A. ①②③④

B. ①②③

C. ①②④

D. ②③④

61. 根据 STCW 公约马尼拉修正案,以下有关值班应基于的驾驶台和机舱的资源管理原则中,表述有误的是_____。

A. 值班人员应理解信息及如何回应来自每一工作站、装置、设备的信息

B. 所有值班人员应适当地共享自工作站、装置、设备的信息

C. 值班人员在任何情况下应保持适当的相互交流

D. 对为安全而采取的行动产生任何怀疑时,值班人员应毫不犹豫地采取行动

62. 根据海船船员值班规则,值班人员在值班前_____小时内禁止喝酒。

A. 2

B. 4

C. 6

D. 8

63. 航行中,需要时,每夜就寝前,船长应将_____明确、具体地写入夜航命令簿中。

①有关航行要求

②值班安排

③注意事项

④其他重要布置

A. ①②④

B. ①③④

C. ①②③④

D. ①②③

64. 航行中,当遇见能见度严重不良时,船长应_____。

①立即到驾驶台指挥或指导船舶操纵

②研究、核实雾航安全措施实施情况

③督促值班驾驶员认真瞭望、勤测船位

④亲自在驾驶台值班,除非正在由有经验的值班驾驶员当班

A. ①②③

B. ①③④

C. ②③④

D. ①②③④

65. 根据 STCW 规则中有关船舶在港值班应遵循的原则的规定,下列哪些船舶的船长对值班安排要予以特殊要求?

①具有特种形式推进系统或辅助设备的船舶

②载有危险品、有毒害货物的船舶

③集装箱船和散货船

④载有其他特种货物的船舶

A. ①②③④   B. ①②③
C. ①②④   D. ②③④

66. 根据 STCW 公约中的港口国监督条款,如果发生 _____,必要时应对海员保持公约要求的值班标准的能力进行评估。
①碰撞
②搁浅
③触礁
④火灾
A. ③④   B. ②④
C. ①②③   D. ②③④

67. 船舶装卸作业时,值班驾驶员 _____。
①每天早晨或离港前,应看水尺并记入航海日志
②及时开关舱,防止雨湿货损
③严禁任何人在舱内和甲板上吸烟
④装卸结束前应下舱检查货物堆码情况
A. ②③④   B. ①②③④
C. ①③④   D. ①②③

68. 港内值班交班驾驶员应告知接班驾驶员下列哪些内容?
①发生船舶污染时向海事局报告的程序
②发生紧急情况与港方联系的方法
③周围船舶动态
④有关船舶、船员、货物的安全和防污的情况
A. ①②③④   B. ①②③
C. ①②④   D. ②③④

69. 根据 STCW 公约和我国海船船员值班规则的规定,船舶在港内的值班安排应保证始终 _____。
①确保人命、船舶、货物、港口和环境安全
②遵守船旗国的规定
③遵守港口国的规定
④维护船舶所有人和经营人的利益
A. ①②③   B. ①②④
C. ②③④   D. ①②③④

70. 有关船长夜航命令的执行,下列表述有误的是_____。
A. 值班驾驶员接班时必须阅读并充分理解船长夜航命令簿内各种指示
B. 值班驾驶员阅读完船长夜航命令后应用钢笔签字,并严格执行
C. 值班驾驶员如对船长夜航命令有任何疑问时,应立即请示船长
D. 值班驾驶员在执行船长夜航命令簿内指示时,如遇情况变化,执行有困难时,可以向部门报告或向船长咨询

71. 根据我国海船船员值班规则,下列哪些是港内靠泊值班时驾驶员的职责?

①按照大副积载计划的要求,负责船港联系和协作
②按港方的指示,通知机舱注入、排出或调整压载水
③掌握装卸进度,解决装卸中发生的问题
④若船舶在港内发生火灾,负责指挥在船人员全力抢救

A. ①②③④   B. ①②③
C. ①②④   D. ①③

72. 根据 STCW 公约马尼拉修正案,关于缔约国可以允许对规定的休息时间有例外的规定,以下表述有误的是_____。

A. 尽管允许例外,但是在任何七天内的休息时间不得少于 70 小时
B. 每周休息时间的例外,不应超过两个星期
C. 在船上连续两次例外的时间间隔不少于该例外持续时间的两倍
D. 任何 24 小时内最少 10 小时的休息时间可以分成不超过 3 个时间段,其中一段至少为 6 小时,而另外两个时间段均不应少于 2 小时

73. 下列有关驾驶台规则的叙述哪项正确?

A. 驾驶台是船舶航行的指挥中心
B. 夜间锚泊时应打开甲板照明灯
C. 除船长外,任何人不得在驾驶台用餐和睡眠
D. 离港前,值班驾驶员应通知离泊时的本班值班水手对驾驶台进行全面的清洁

74. 下列有关驾驶台规则的叙述哪项有误?

A. 驾驶台当值人员必须严肃认真
B. 除值班驾驶员外,任何人不得坐着值班
C. 离港前,值班驾驶员应通知离泊时的上一班值班水手对驾驶台进行全面的清洁
D. 值班驾驶员有责任保持驾驶台清洁

75. 下列有关驾驶台规则的叙述哪些正确?

①驾驶台的各种航海图书资料未经二副同意不得随意携带出驾驶台
②操舵室和标准罗经附近不可放置铁质或磁性物件
③到港前 0400—0800 班水手应彻底清洁驾驶台
④值班驾驶员有责任维持驾驶台秩序,严格执行驾驶台规则

A. ①②③   B. ②③④
C. ①②③④   D. ①②④

76. 下列有关驾驶台规则的叙述哪项有误?

A. 驾驶台的各种航海图书资料未经二副同意不得随意携带出驾驶台
B. 操舵室和标准罗经附近不可放置铁质或磁性物件
C. 到港前,0400—0800 班水手应彻底清洁驾驶台
D. 值班驾驶员有责任维持驾驶台秩序,严格执行驾驶台规则

77. 根据驾驶台规则,下列叙述哪些正确?

①驾驶台是船舶航行的指挥中心
②航行中除船舶领导和当值人员外,其他人员一律不准进入
③锚泊中,应始终保持正规瞭望

④值班驾驶员应严格执行驾驶台规则

A.①②③   B.②③④

C.①③④   D.①②③④

78. 根据驾驶台规则,航行中_____负责驾驶台清洁。

A. 每天0800—1200班水手   B. 每班值班水手

C. 每天0400—0800班水手   D. 每班值班驾驶员和值班水手

79. 下列哪项不是驾驶台规则的规定?

A. 驾驶台的范围包括标准罗经甲板

B. 夜间航行时,严禁有碍正常航行和瞭望的灯光外露

C. 夜间锚泊时应打开所有的甲板照明灯

D. 如有外人在驾驶台检修,有关驾驶员应在场配合

80. 驾驶台规则对值班人员的要求包括_____。

①不嬉笑闲谈

②不做与值班无关的事

③不得在驾驶台用餐、睡眠

④保持驾驶台的清洁,维持驾驶台的秩序

A.①②③   B.②③④

C.①③④   D.①②③④

81. 下列有关驾驶台规则的叙述哪项不确切?

A. 驾驶台范围包括操舵室、海图室、两翼甲板和标准罗经甲板

B. 航行中操舵室的门窗在任何时候不可全部关闭

C. 任何人不得坐着值班,不得在驾驶台用餐和睡眠

D. 能见度不良时,瞭望人员应在驾驶台两翼甲板值守

82. 下列有关驾驶台规则的叙述哪些准确?

①夜间航行时严禁妨碍瞭望的灯光外露

②除船长和引航员,任何人不得坐着值班

③航行中操舵室的门窗在任何时候不可全部关闭

④能见度不良时,瞭望人员应在驾驶台两翼甲板值守

A.①②③   B.②③④

C.①②③④   D.③④

83. 下列有关驾驶台规则的叙述哪项不准确?

A. 未经船长同意不得将航海通告、图表、资料等携带出驾驶台

B. 除船长和引航员外,其他值班人员不得在驾驶台内用餐和睡眠

C. 夜间航行时,严禁任何灯光外露

D. 航行中除船舶领导和值班人员外,其他人员不得随意进入驾驶台

84. 根据驾驶台规则,可以在驾驶台内坐着值班、用餐和睡眠的有_____。

A. 船长和引航员   B. 船长和大副

C. 驾驶台值班人员   D. 任何人都不可以

85. 根据驾驶台规则,下列哪些物品不可堆放在操舵室?

A. 任何铁器
B. 任何金属物品
C. 任何磁性物质
D. A 和 C

86. 根据驾驶台规则的要求,当驾驶台无人值守时应将可携带的贵重仪器和物品加以妥善保管的是_____。

A. 值班驾驶员
B. 船长
C. 大副
D. 二副

项目三 船上安全作业

考试大纲要求:

2.4 船长夜航命令簿规则

2.7 船舶开航准备和检查制度

2.8 系离泊作业规定

2.9 自动舵使用规定

2.11 能见度不良水域航行安全制度

2.13 救生艇安全操作规定

3.1.5.5 遇险通信义务及程序

3.1.5.6 操舵装置的试验和演习

1. 下列哪些情况下不得使用自动舵?

①近距离避让时

②连续转向时

③近距离追越他船时

④气象条件恶劣,航向难于把定时

A. ①②③
B. ①②③④
C. ②③④
D. ①③④

2. 根据有关使用自动舵的规定,下列哪种情况下应使用手操舵?

①船舶在能见度小于 3 海里的水域航行时

②船舶大角度改向时

③船舶进入狭水道时

④进行避让时

A. ①②③
B. ①②③④
C. ②③④
D. ①②④

3. 航行中避让时,至少距他船_____海里时应改用手操舵。

A. 1
B. 2
C. 3
D. 5

4. 下列有关使用自动舵的说法哪些正确?

①避让时,至少距他船 3 海里即应改用手操舵

②为了安全需要,只有船长可随时下令改用手操舵

③使用自动舵时,操舵水手不可离开操舵岗位

④值班驾驶员应监督自动舵的转换操作

A.①②③   B.③④

C.①②③④   D.②③④

5. 使用自动舵时值班驾驶员应至少核对陀螺罗经、磁罗经_____。

A. 每小时 1 次   B. 每班 1 次

C. 每班 2 次   D. 视情况而定

6. 舷外作业应在下列哪种情况下进行?

A. 靠泊时   B. 航行中

C. 锚泊时   D. A 和 C

7. 下列哪些情况下不得使用自动舵?

①驶进渔区

②航经交管区

③通过船舶密集区

④能见度不良,视程小于 3 海里

A.①②③   B.①②④

C.①③④   D.①②③④

8. 救生艇靠停泊中大船的舷梯时,宜_____。

A. 顶风、流   B. 由大船上风舷船尾方向驶近

C. 与大船平行接近舷梯   D. 由大船上风舷正横方向驶近

9. 航行中,当遇到能见度严重不良时,船长应_____。

①立即到驾驶台指挥或指导船舶操纵

②研究、核实雾航安全措施的实施情况

③督促值班驾驶员认真瞭望,勤测船位

④亲自在驾驶台值班,除非正在由非常有经验的驾驶员当班

A.②③④   B.①③④

C.①②③④   D.①②③

10. 按规定,能见度大于_____海里时才能使用自动舵。

A.5   B.3

C.2   D.1

11. 为确保航行安全,船长根据下列哪些条件来决定出港后使用自动舵的时机?

①航道

②海面

③气象

④操作人员的技术水平

A.②③④   B.①②③④

C.①②③   D.①②

12. 下列有关高空、舷外作业安全注意事项哪项是错误的?

A. 船体摇晃明显,航行中禁止舷外作业

B. 值班驾驶员对本班人员的高空或舷外作业安全负有责任

C. 船体摇晃明显时,如无特殊需要,禁止高空作业

D. 船体摇晃明显时,无论何种情况,都禁止高空作业

13. 靠泊操作完毕后应做好哪些工作?

①有开锚时松链至垂直状态或绞起

②缆绳和倒导缆孔接触处加衬垫

③每根系缆加防鼠挡

A. ①② B. ②③

C. ①③ D. ①②③

14. 除正常航行值班外,三副在哪些情况下应在驾驶台当值?

①进出港时

②靠离码头时

③移泊时

④替换大副用餐时

A. ①②③④ B. ①②③

C. ①②④ D. ②③④

15. 负责检查和指挥放艇的人,应当向_____报告放艇情况,经过认可后才可以放艇。放艇前,应确定下放无障碍物。

A. 船长 B. 大副

C. 二副 D. 三副

16. 根据有关船舶雾航方面的规定,当能见度小于2海里时,即认为能见度严重不良,此时应按规定_____。

①做好施放雾号的准备

②通知船长上驾驶台

③通知机舱备车

④开启航行灯

A. ①②③④ B. ①②④

C. ②③④ D. ①②③

17. 下列有关夜航命令簿的说法哪些正确?

①船舶在航行中时,船长应该在每夜就寝前将有关航行要求及注意事项写入夜航命令簿

②临时增改夜航命令,船长应通知当班驾驶员,并在更改处签字

③船长应检查当班驾驶员执行夜航命令的情况

④夜航命令簿用完后应由二副负责保管

A. ①②③④ B. ①②③

C. ①②④ D. ①③④

18. 下列离泊前的准备工作哪些是符合系离泊工作安全要求的?

①二副会同大副、三副试验对讲机以保证通信畅通

②离泊前,大副应结合开航水尺检查首、尾系缆情况

③二副应将安全注意事项向所有在船尾作业的人员说明

④木匠和水手长分别试转起锚机和绞缆机

A. ①②③④   B. ②③④

C. ③④   D. ②③

19. 根据救生艇操作规程,下列哪些是正确的?

①港内演习放艇除经过船长同意外还需经过港口当局批准

②解脱吊艇钩时,尽可能做到前后同时脱钩,防止先脱前钩

③负责检查和指挥放艇的人,应向艇长报告放艇前的准备工作

④救生艇在演习行驶时,应遵守有关安全航行的规章制度

A. ①②③   B. ②③④

C. ①②③④   D. ①②④

20. 根据离泊作业安全要求,下列哪项是正确的?

①系缆作业时,操作者切勿站在缆圈内

②离泊时,应派有经验的人员操作前倒缆

③离泊完毕时,经船长同意方可离开现场

A. ①②   B. ②③

C. ①③   D. ①②③

21. 下列有关夜航命令簿的说法哪项不正确?

A. 设立夜航命令簿是为了保证船长夜间的正常休息

B. 夜航命令簿不得随意涂改

C. 船长临时增改夜航指示内容时,应通知当班驾驶员,并在更改处签字

D. 船长应检查值班驾驶员执行夜航命令的情况

22. 船舶装卸货物时值班驾驶员的职责有_____。

①严格执行大副的配载计划

②装运重大件货物应注意甲板的安全负荷

③督促船员认真监舱

④严禁任何人员在货舱内或甲板上吸烟

A. ②③④   B. ①②③

C. ①②③④   D. ①②④

23. 航行中放救生艇,以下说法有误或不准确的是_____。

A. 救生艇在降落时应备有碰垫,同时用艇篙支撑,防止艇与大船之间的碰撞

B. 将艇放至水面后迅速解脱吊艇钩,应防止先脱后钩

C. 对吊艇索下的滑车应事先用止荡索套住,脱钩后及时拉紧,防止滑车晃动伤人

D. 艇机应在落水前启动起来,脱掉吊艇钩后应立即解掉首、尾缆,迅速驶离大船

24. 根据有关使用自动舵的规定,下列哪些是正确的?

①出港时使用自动舵的时机由船长决定

②值班舵工未经船长、值班驾驶员的同意不得擅自使用自动舵

③值班驾驶员应每班检查自动舵的运转情况并核对陀螺罗经、磁罗经航向

④船舶在冰区航行时禁止使用自动舵

A.①②③   B.②③④

C.①②③④   D.①②④

25. 什么情况下不宜使用自动舵?

①进出港口时

②能见度小于 5 海里时

③避让操作时

④恶劣海况以至于难以把定航向时

A.①②③④   B.①②③

C.②③④   D.①②④

26. 下列有关使用自动舵的说法哪些正确?

①需要避让时,距离他船至少 1 海里时改用手操舵

②为了安全需要,船长和值班驾驶员可随时下令改用手操舵

③使用自动舵时,操舵水手发现情况不正常应立即转为手操舵

A.①③   B.①②

C.②③   D.①②③

27. 值班水手应经谁的同意可使用自动舵?

①船长

②大副

③值班驾驶员

A.②③   B.①②

C.①②③   D.①③

28. 下列哪种做法不符合自动舵使用的一般要求?

A. 水手如练习手操舵必须先征得船长的同意

B. 为了安全需要,船长和值班驾驶员可随时下令改用手操舵

C. 使用自动舵时,每班应试验一次手操舵

D. 需要避让时,改用手操舵

29. 下列哪些符合救生艇安全操作须知的要求?

①航行中放艇由大副掌握放艇的时机

②机动救生艇的操艇人员不少于 5 人,其中驾驶员一人任艇长

③船上所有人应穿救生衣

④航行中放艇时随艇下的人员不得多于 3 人

A.①②③④   B.①②③

C.②③④   D.①②④

30. 系离泊操作时,船首、尾系解缆应经过谁的同意?

①驾驶台

②引航员

③船长

④大副

A.③   B.②③④

C. ④   D. ①②④

31. 下列关于船舶在风浪中放艇的做法哪项不恰当?
    A. 备车减速至 5 节以下
    B. 防止先脱前钩
    C. 机动艇下水前先启动
    D. 放艇时为避免艇与大船相撞,应解开止荡索

32. 下列哪些情况下不得使用自动舵?
    ①进行避让时
    ②改向时
    ③接近锚地时
    ④恶劣海况下难以把定航向时
    A. ①②③   B. ①②③④
    C. ②③④   D. ①②④

33. 实践中,主机试车前值班轮机员应征得值班驾驶员同意,值班驾驶员确认_____时,方可同意机舱试车。
    ①悬梯无妨碍
    ②船首、尾无障碍物
    ③系缆正常
    ④外档开锚已绞起
    A. ①②③   B. ②③④
    C. ①③④   D. ①②③④

34. 如果有人落水,需要放艇救助,以下操作要领中表述有误的是_____。
    A. 应尽量选择大浪过后海面相对比较平静时放艇
    B. 如有波浪,当波峰即将到达时将艇降至水面,当下二个波峰来临之前同时解脱前后吊艇钩
    C. 在救生艇落下水前发动艇机,以便降落至水面后可迅速驶离
    D. 如不能同时脱钩,应先脱前钩,并解去艇缆,用内舷舵进车驶离大船

35. 关于航行中使用自动舵,以下陈述错误的是_____。
    A. 值班驾驶员和值班水手未经船长同意不得擅自使用自动舵
    B. 为了安全需要,船长和值班驾驶员可以随时下令改用手操舵
    C. 航经狭水道船舶密集水域时,驾驶员可以根据实际情况使用自动舵
    D. 避让及其前后、改变航向、他船追越距本船较近时,不得使用自动舵

36. 关于船舶在大风浪中放救生艇,下列哪种做法是错误的?
    A. 选择停车后大船余速不大时放艇
    B. 一般应放大船下风舷的艇
    C. 风浪中放艇应防止艇身与大船相碰
    D. 吊艇钩应尽量同时解脱,防止先脱后钩

37. 下列离泊前的准备工作中,哪些符合系离泊作业的安全要求?
    ①大副会同二副、三副试验对讲机以确保通信畅通

②离泊时大副应结合看开航水尺检查首、尾系缆情况

③二副应将安全注意事项向所有船尾作业人员布置清楚

④木匠和水手长分别试转起锚机和绞缆机

A.①②③④　　　　　　　　　　B.②③④

C.③④　　　　　　　　　　　　D.①②④

38.大风浪中救生艇已放至水面后,应选择下列哪个时机脱钩最佳?

A. 等待海面完全平静时

B. 艇随波谷下降,前后吊艇索都绷紧时

C. 艇被波峰抬起,前后吊艇索都松弛时

D. 艇处于波峰时

39.雾航前,船长应督促值班驾驶员及有关人员_____。

①严格执行安全管理体系文件中的相关规定,认真进行检查,完成雾航前各项安全准备工作

②及时抄收天气预报、气象传真、航海警告和雾航警报

③对各种航行仪器、雾号和航行灯进行检查,以确保雾航中正常使用

④检查排水和水密设备,使之处于良好状态

A.①③④　　　　　　　　　　B.①②③④

C.②③④　　　　　　　　　　D.①②③

40.下列哪些情况下不得使用自动舵?

①航经通航分道或航经狭水道时

②进出港口时

③大洋航行时

④通过船舶密集区时

A.①②③　　　　　　　　　　B.①②③④

C.②③④　　　　　　　　　　D.①②④

41.船舶系离操作时正确的做法是_____。

①第一根首缆的操作应指派有经验的人执行

②缆绳挽桩应四道以上

③操作人员严禁站在钢丝圈内

④如抛锚,人员不得站在锚链前方

A.①②③　　　　　　　　　　B.②③④

C.①②③④　　　　　　　　　D.①②④

42.下列哪些情况下不宜使用自动舵?

①进出港口

②能见度小于5海里时

③避让操作时

④恶劣海况以至于难以把定航向时

A.①②③　　　　　　　　　　B.①②③④

C.②③④　　　　　　　　　　D.①②④

43. 靠泊操作时,系缆的数量应根据_____而定。
①风、浪、流大小
②泊位状况
③装载情况
④船舶大小
A.①②③④　　　　　　　　　B.①③④
C.①②③　　　　　　　　　　D.②③④

44. 船舶在雾中航行应_____。
①连续守听 VHF 16/70 频道
②使用 VHF 16/70 频道在通话空隙中发布本船雾航警报
③充分利用 AIS 相关功能获取来船的动态与信息
④严禁使用自动舵
A.①②③　　　　　　　　　　B.①②④
C.①③④　　　　　　　　　　D.①②③④

45. 船长如需临时更改夜航命令内容,应告知_____。
A.所有驾驶员　　　　　　　　B.值班驾驶员
C.值班人员　　　　　　　　　D.值班驾驶员或值班水手

46. 下列有关夜航命令簿的叙述哪些正确?
①船舶应设夜航命令簿
②设夜航命令簿是为了保证船舶夜航行安全
③船长临时增改夜航指示内容时,应通知当班驾驶员,并在更改处签字
④船长应检查值班驾驶员执行夜航命令的情况
A.①②③　　　　　　　　　　B.①②③④
C.②③④　　　　　　　　　　D.①③④

47. 下列有关使用自动舵的说法哪些正确?
①需要避让时,至少距他船 1 海里时改用手动舵
②为了安全需要,船长和值班驾驶员可随时下令改用手动舵
③使用自动舵时,操舵水手发现情况不正常应立即转为手动舵
A.①②　　　　　　　　　　　B.①③
C.②③　　　　　　　　　　　D.①②③

48. 下列关于靠泊操作的说法中,哪些正确?
①带缆操作必须首尾结合,首尾缆绳均匀受力
②系带浮筒时,回头缆应收紧吃力
③缆绳如绞进困难,应暂停绞缆
④缆绳全部系妥应安放防鼠挡
A.①②③④　　　　　　　　　B.①③④
C.①②③　　　　　　　　　　D.②③④

49. 船舶靠离泊时,二副在船尾的指挥职责应包括_____。
①督促水手长检查船尾系泊系统

②备妥撇缆、防鼠挡等

③检查操作人员穿着是否符合安全要求

④向船尾全体人员交代操作意图

A. ①②③④ B. ①②③

C. ①③④ D. ②③④

50. 船舶靠离泊时,二副在船尾的指挥职责应包括_____。

①督促一水检查船尾系泊系统

②备妥撇缆、防鼠挡等

③检查操作人员穿着是否符合安全要求

④将无关人员遣离操作现场

A. ①②③④ B. ①②③

C. ①③④ D. ②③④

51. 船舶靠泊时,关于二副在船尾的指挥职责,下列哪项有误?

A. 督促一水检查船尾系泊系统

B. 备妥撇缆、防鼠挡等

C. 检查操作人员穿着是否符合安全要求

D. 将无关人员遣离操作现场

52. 船舶靠离泊位时,二副的职责包括_____。

①指挥船尾操作人员进行正确操作

②离开泊位后督促水手收好防鼠挡

③靠妥泊位后应亲自关闭有关电源,整理好现场

④靠离完毕经船长同意方可离开船尾

A. ①②③④ B. ①②④

C. ①③ D. ②④

53. 下列关于船舶靠离泊位时二副的职责的说法哪项有误?

A. 指挥船尾操作人员进行正确操作

B. 靠妥泊位后应亲自关闭有关电源,整理好现场

C. 离开泊位后督促水手收好防鼠挡

D. 靠离完毕经船长同意方可离开船尾

54. 船舶靠离泊位时,下列有关二副的职责正确的是_____。

①靠妥泊位后应亲自关闭有关电源,整理好现场

②靠离完毕经船长同意方可离开船尾

③指挥船尾操作人员进行正确操作

A. ①②③ B. ①②

C. ①③ D. ②③

55. 船舶靠离泊位时,下列有关二副的职责正确的是_____。

A. 靠妥泊位后应亲自关闭有关电源,整理好现场

B. 靠离完毕经船长同意方可离开船尾

C. A、B 都正确

D. A、B 都不正确

56. 为了保证船舶_____的安全，正确地执行航次命令，设船长夜航命令簿。
    ①夜间航行期间
    ②夜间锚泊期间
    ③夜间停泊期间
    ④夜间修船期间
    A. ①②③④   B. ①②③
    C. ①②   D. ①②④

57. 下列有关船长夜航命令簿的说法正确的是_____。
    ①船长夜航命令簿用完后由船长或二副负责保存，保存期为 2 年
    ②当发现船长夜航命令簿上有错字时，应按航海日志的要求改正，内容不得随意涂改
    ③值班驾驶员接班时必须阅读并充分理解船长夜航命令簿内各项指示，阅读后用钢笔签字，并严格执行
    ④值班驾驶员如对船长夜航命令有任何疑问时，应立即请船长
    A. ①②③④   B. ①②③
    C. ②③④   D. ①②④

58. 航行中，需要时，每夜就寝前，船长应将_____明确、具体地写入夜航命令簿中。
    ①有关航行要求
    ②值班安排
    ③注意事项
    ④其他重要布置
    A. ①②④   B. ①③④
    C. ①②③④   D. ①②③

59. 船长如需临时更改夜航命令内容，应_____。
    ①告知值班水手
    ②告知值班驾驶员
    ③在更改处签字
    ④使用红墨水或红色签字笔更改
    A. ②③   B. ①②③
    C. ②③④   D. ①④

60. 船长在夜航命令簿中通常可给出_____的夜航命令。
    ①加强瞭望以及对瞭望的特殊要求
    ②谨慎驾驶，保持正确的船位
    ③按指定的时间或地点叫船长
    ④对货物管理的特殊指示
    A. ①②④   B. ①③④
    C. ①②③④   D. ①②③

61. 船长在夜航命令簿中通常可给出_____的夜航命令。
    ①注意航行灯、信号灯显示是否正常

②注意天气变化及应采取的措施

③谨慎驾驶,保持正确的船位

④注意对过往的船舶予以早让、宽让

A.①③④ B.①②④

C.①②③ D.①②③④

62. 船长在夜航命令簿中通常可给出_____的夜航命令。

①预计可观察到的航标、陆地、水深

②观察到预定的航标、陆地、水深或应见但未见时的措施

③防止船舶污染的特别要求

④有任何疑问时的措施

A.②③④ B.①③④

C.①②③④ D.①②③

63. 二副在开航前的准备工作应包括_____。

①备妥航次所需的国旗和海图

②画妥计划航线并标出航向

③备足航行所需的文化用品

④向船长报告开航准备情况

A.①②③ B.②③④

C.①②④ D.①②③④

64. 二副在开航前的准备工作应包括_____。

①备妥航次所需的海图并改正至最新

②制订好航次计划并报船长

③检查驾驶台探火系统是否正常

④提前检试航海仪器和声光系统

A.①②③ B.②③④

C.①②④ D.①②③④

65. 三副在船舶开航前的准备工作有_____。

①对船舶缺陷的处理符合港口当局的要求

②检查所有消火栓是否活络

③检查所有风筒的挡风闸是否活络

④检查探火系统警铃系统是否正常

A.①②③ B.②③④

C.①②③④ D.①②④

66. 三副在船舶开航前的准备工作有_____。

①重新填写船舶应变部署表,交大副签署后公布执行

②对船舶缺陷的处理符合港口当局的要求

③检查救生艇属具是否齐全有效

④检查救生筏和降落装置是否正常

A.①②③ B.②③④

C.①②③④   D.①②④

67. 船舶开航前,三副的职责有_____。
①检查救生圈自亮浮灯是否正常
②检查探火系统、警铃系统是否正常
③检查泡沫灭火机是否放置在规定位置
④检查和试验驾驶航海仪器设备、气象仪表
A.①②③④   B.①②④
C.②③④   D.①②③

68. 开航前,船舶应做好以下哪些开航准备和检查工作?
①检查并确认船舶和船员证书齐全有效
②检查并确认船员配备符合最低安全配员要求
③备齐本航次所需海图、航海出版物等,并改正到最新
④检查并确认已备妥足够的燃油、淡水、伙食和物料等
A.①②③   B.①②③④
C.②③   D.①②④

69. 开航前,三副应做好以下哪些开航准备和检查工作?
①检查并确认救生艇外观良好,艇内属具及备品齐全
②检查船上所有救生信号是否在有效期内
③检查并确认船上大型灭火系统是否处于有效工作状态
④船员有变更时,修改应变部署表并报大副批准后公布
A.①③   B.①③④
C.①②③   D.①②③④

70. 开航前,船舶为保证船舶处于开航状态,应做好以下哪些开航准备和检查工作?
①检查确认船舶吃水没有超过与当时季节、航行水域相适应的载重线标志
②确认船舶稳性符合稳性规范或港口当局对稳性的要求
③检查确认船舶横倾角不超过 5°,吃水差适当
④检查确认舱内货物已采取必要的防止移动的措施
A.①②③   B.①②③④
C.②③④   D.①②④

71. 开航前二副应_____。
①备妥所需的国旗海图和资料
②画好航线,标出航向
③及时启动陀螺罗经,助航仪器航前检试
④协助三副检查救生设备和器材
A.①②③④   B.①②③
C.②③④   D.①②④

72. 二副在开航前应按船长要求做好航次计划,计划内容至少包括_____。
①航线的总里程和预计航行总时间
②预计燃料淡水的消耗总量

③预计航线上的气象和海况
④各转向点的经纬度
A. ①②③④ 　　　　　　　　　　　　B. ①②③
C. ①③④ 　　　　　　　　　　　　D. ②③④

73. 二副在开航前所做的航次计划至少包括_____。
①各段航线的航程和预计到达各转向点的时间
②复杂航段的航法及避险手段
③预计航线上的载重线区带
④特殊航区的注意事项
A. ①②③④ 　　　　　　　　　　　　B. ①②③
C. ①③④ 　　　　　　　　　　　　D. ①②④

74. 不属于三副开航前职责的是_____。
A. 船员或船长如有变动,应编妥应变部署表和船员应变卡,经船长批准后执行
B. 检查船员住所的救生衣和训练手册是否齐全
C. 做好本航次计划,协助二副画好航线
D. 及时向新来船员介绍应变岗位和具体职责

75. 三副在船舶开航前应做的准备工作包括_____。
①检查救生艇属具和备品,保证食品和淡水在有效期内
②检查船员住所的救生衣和训练手册是否齐全
③检查船舶消防设备和报警系统是否正常
④检试驾驶台内全部助航仪器是否正常
A. ①②③④ 　　　　　　　　　　　　B. ①②③
C. ②③④ 　　　　　　　　　　　　D. ①③④

76. 离泊前结合水尺检查首、尾系缆的是_____。
A. 值班驾驶员 　　　　　　　　　　B. 二副
C. 三副 　　　　　　　　　　　　D. 大副

77. 离泊前由谁会同其他驾驶员试验对讲机?
A. 值班驾驶员 　　　　　　　　　　B. 三副
C. 二副 　　　　　　　　　　　　D. 大副

78. 系离作业前,应做下列哪些准备工作?
①船长应将操作要点及要求向有关人员介绍
②试验对讲机,保持联络畅通
③检查前后缆绳及泊位前后的情况
④试验锚机和绞缆机
A. ①②③④ 　　　　　　　　　　　　B. ①②③
C. ②③④ 　　　　　　　　　　　　D. ①②④

79. 根据系离泊作业安全要求,下列哪些是正确的?
①使用拖轮协助靠离时,操作人员应站在系拖缆缆桩的后面
②靠离时,二副应随时将船尾距离和缆绳收放情况及时报告驾驶台

③系泊操作时,二副在船尾指挥,水手长一般在船尾协助

④投掷撇缆时应先撇出后招呼,防止撇缆头伤人

A.①②③ 　　　　　　　　B.①②

C.①②③④ 　　　　　　　　D.①③④

80. 根据系离泊作业安全要求,下列哪项是错误的?

A. 使用拖轮协助靠离时,操作人员应站在系拖缆缆桩的后面

B. 靠离时,二副应随时将船尾距离和缆绳收放情况及时报告驾驶台

C. 系泊操作时,二副在船尾指挥,水手长一般在船尾协助

D. 投掷撇缆时应先撇出后招呼,防止撇缆头伤人

81. 根据系离泊作业安全要求,下列哪项是正确的?

①系缆作业时,操作者切勿站在缆圈中

②靠离时,应派有经验的人员操作前倒缆

③靠离完毕,经船长同意方可离开现场

A.①② 　　　　　　　　B.②③

C.①③ 　　　　　　　　D.①②③

82. 船舶系离操作时正确的做法是_____。

①第一根首缆的操作应指派有经验的人员

②缆绳挽桩应在四道以上

③操作人员严禁站在钢丝绳圈内

④如抛锚,人员不得站在锚链前方

A.①②③ 　　　　　　　　B.②③④

C.①②③④ 　　　　　　　　D.①②④

83. 通常情况下,系离泊操作时,哪一根缆绳的操作应指派有经验的人员?

A. 首倒缆 　　　　　　　　B. 首、尾倒缆

C. 首、尾横缆 　　　　　　　　D. 首、尾缆

84. 下列哪些系离操作的做法正确?

①抛起锚时人员不可站在锚链前方

②靠泊时大副应随时报告船首前方距离

③离泊时,二副应及时报告收缆情况

④只有经驾驶台同意,首尾方可系解缆

A.①②③ 　　　　　　　　B.②③④

C.①②③④ 　　　　　　　　D.①②④

85. 系离操作时,船首尾系解缆应经谁的同意?

①驾驶台

②引航员

③船长

④大副

A.①②③ 　　　　　　　　B.②③④

C.①②③④ 　　　　　　　　D.①②④

86. 船舶离泊时,二副在何时应尽快向驾驶台报告?
    A. 船尾单绑时　　　　　　　　B. 船尾最后一根缆绳清爽时
    C. 船尾解最后一根缆绳时　　　D. 船尾解缆时

87. 下列靠泊操作哪些正确?
    ①带缆操作必须首尾配合,首尾缆绳均匀受力
    ②系带浮筒时,回头缆应收紧吃力
    ③缆绳如绞进困难,应暂停绞缆
    ④缆绳全部系妥应安放防鼠挡
    A. ①②③④　　　　　　　　　B. ①③④
    C. ①②③　　　　　　　　　　D. ②③④

88. 靠泊操作时,系缆的数量应根据_____而定。
    ①风、浪、流大小
    ②泊位状况
    ③装载情况
    ④船舶大小
    A. ①②③④　　　　　　　　　B. ①③④
    C. ①②③　　　　　　　　　　D. ②③④

89. 靠泊操作完毕后应做好下列哪些善后工作?
    ①有开锚时松链至垂直状态或绞起
    ②缆绳和导缆孔接触处加衬垫
    ③每根系缆加防鼠挡
    A. ①②　　　　　　　　　　　B. ②③
    C. ①③　　　　　　　　　　　D. ①②③

90. 根据有关使用自动舵的规定,下列哪些是正确的?
    ①出港时使用自动舵的时机由值班驾驶员决定
    ②值班舵工未经值班驾驶员的同意不得擅自使用自动舵
    ③值班驾驶员应每小时检查自动舵的运转情况
    ④船舶在冰区航行时禁止使用自动舵
    A. ①②③　　　　　　　　　　B. ②③④
    C. ①②③④　　　　　　　　　D. ①②④

91. 根据有关使用自动舵的规定,下列哪项是错误的?
    A. 出港时使用自动舵的时机由值班驾驶员决定
    B. 值班舵工未经值班驾驶员的同意不得擅自使用自动舵
    C. 值班驾驶员应每小时检查自动舵的运转情况
    D. 船舶在冰区航行时禁止使用自动舵

92. 值班水手应经谁的同意方可使用自动舵?
    A. 船长　　　　　　　　　　　B. 大副
    C. 值班驾驶员　　　　　　　　D. A 或 C

93. 为确保航行安全,船长根据下列哪些条件来决定出港后使用自动舵的时机?

①航行距离

②航道情况

③海面状况

④气象情况

A. ①②③   B. ①②③④

C. ②③④   D. ①②④

94. 航行中避让时,至少距他船_____海里时应改用手操舵。

A. 1   B. 2

C. 3   D. 5

95. 按规定能见度大于_____海里时才可以使用自动舵。

A. 5   B. 3

C. 2   D. 1

96. 根据有关使用自动舵的规定,下列哪些情况下应使用手操舵?

①船舶在能见度小于 5 海里的水域航行时

②船舶大角度改向时

③船舶进入狭水道时

④进行避让时

A. ①②③   B. ①②③④

C. ②③④   D. ①②④

97. 航行中通过交通繁忙区域时,未经船长的同意,_____不得擅自使用自动舵。

①大副

②二副

③三副

④值班水手

A. ①②③④   B. ②③④

C. ①②③   D. ①②④

98. 下列哪些情况下不得使用自动舵?

①航经通航分道或航经狭水道时

②进出港口时

③进行避让时

④通过船舶密集区时

A. ①②③   B. ①②③④

C. ②③④   D. ①②④

99. 下列哪些情况下不得使用自动舵?

①驶进渔区时

②航经交管区时

③通过船舶密集区时

④能见度不良,视程小于 5 n mile 时

A. ①②③   B. ①②④

C. ①③④   D. ①②③④

100. 下列哪些情况下不得使用自动舵?
    ①避让及其前后
    ②船舶改向时
    ③他船追越且距本船较近时
    ④气象条件恶劣,航向难于把定时
    A. ①②③   B. ①②③④
    C. ②③④   D. ①③④

101. 下列有关使用自动舵的提法,哪些正确?
    ①避让时,至少距他船 5 海里即应改用手操舵
    ②为了安全需要,只有船长可随时下令改用手操舵
    ③使用自动舵时,操舵水手不可离开操舵岗位
    ④值班驾驶员应监督自动舵的转换操作
    A. ①②③   B. ①③④
    C. ①②③④   D. ②③④

102. 下列有关使用自动舵的提法,哪些正确?
    ①使用自动舵的时机应由船长根据航道、海面、气象等条件决定
    ②为了安全需要,船长和值班驾驶员可随时下令改用手操舵
    ③使用自动舵时,操舵水手发现情况不正常应立即转为手操舵
    ④需要避让时,至少距他船 1 海里时改用手操舵
    A. ①②③④   B. ②③④
    C. ①②③   D. ①③④

103. 下列哪种做法不符合自动舵使用的一般要求?
    A. 使用自动舵时,每班应试验一次手操舵
    B. 为了安全需要,船长和值班驾驶员可随时下令改用手操舵
    C. 需要避让时,至少距他船 5 n mile 时改用手操舵
    D. 水手如练习手操舵必须先征得船长的同意

104. 下列有关救生艇的安全操作,说法正确的是_____。
    ①救生艇在行驶中应保持与大船的联系,大船值班人员应加强瞭望,注意救生艇动态
    ②救生艇返回大船后应立即吊起,放尽积水
    ③因演习需要,救生艇可在水上过夜
    ④使用救生艇时,应将艇号、使用原因及时间详细记入航海日志
    A. ①②③   B. ①②③④
    C. ①③④   D. ①②④

105. 船舶在进入能见度不良水域航行前,应做好的准备工作有_____。
    ①及时抄收天气预报、气象传真、航海警告和雾航警报
    ②船长应督促驾驶人员对各种航行仪器、雾号和航行灯进行检查,以确保在能见度不良水域中航行时正常使用
    ③船长应督促有关人员检查排水和水密设备,使之处于良好状态

④值班驾驶员在雾袭来以前,应抓住时机测定船位并观察海面周围情况

A.①②③④   B.②③④

C.①②③   D.②④

106.船舶在进入能见度不良水域航行时,应做好以下工作_____。

①驾驶人员应保持正规瞭望,仔细观察,从灯光、水天线、目标等的变化中判断是否视线正在恶化,船舶是否正在进入能见度不良水域

②当能见度小于5海里,并且能见度在进一步降低时,船舶应做好一切在能见度不良水域中航行的准备,驾驶员应报告船长并通知机舱,开启雷达,同时开启航行灯

③当能见度小于3海里时,应按规定施放雾号,船长必须立即到驾驶台指挥或指导船舶操纵,坚持在驾驶台值守

④当航经近岸、船舶密集、狭窄水道等复杂水域遇雾时,应视情派员瞭头

A.①②③   B.①②③④

C.①②④   D.①③④

107.以下关于船舶在进入能见度不良水域中的航行安全制度,说法正确的是_____。

①全船应保持肃静,禁止喧哗,以免干扰驾驶员的听觉

②船舶在能见度不良水域中航行,必须利用一切有效手段保持正规瞭望,禁止与工作无关的交谈,打开驾驶台门窗,充分利用视觉、听觉观察可疑动向和音响

③应连续守听 VHF 16/70 频道,并使 VHF 16/70 频道在通话空隙中发布本船雾航警报

④船舶应使用安全航速行驶,以便能采取适当而有效的避碰行动,并能在适合当时环境和情况的距离内把船停住

A.②③④   B.①②③

C.①②③④   D.②④

108.当能见度小于5海里,并且能见度在进一步降低时,驾驶员应_____。

①报告船长并通知机舱

②开启雷达并将雷达调整到最佳工作状态

③注意守听 VHF 16/70 频道

④加强瞭望

A.①②③   B.①②④

C.①③④   D.①②③④

109.当能见度小于3海里时,应_____。

①按规定开启航行灯,施放雾号

②通知船长上驾驶台

③通知机舱备车

④进行雷达标绘、系统观测

A.①②③   B.②③④

C.①②③④   D.①②④

110.船舶在雾中航行应_____。

①连续守听 VHF 16/70 频道

②使用 VHF 16 频道在通话空隙中发布本船雾航警报

③充分利用 AIS 相关功能获取来船的动态与信息

④严禁使用自动舵

A. ①②③　　　　　　　　　　　　　　　B. ①②④

C. ①③④　　　　　　　　　　　　　　　D. ①②③④

111. 根据救生艇起落操作规程,下列哪些是正确的?

①港内演习放艇除经船长同意外还需经港口当局批准

②解脱吊艇钩时,尽可能做到前后同时脱钩,防止先脱前钩

③负责检查和指挥放艇的人,应向艇长报告放艇前的准备工作

④救生艇在演习中行驶时,应遵守有关安全航行的规章制度

A. ①②③　　　　　　　　　　　　　　　B. ②③④

C. ①②③④　　　　　　　　　　　　　　D. ①②④

112. 根据救生艇起落操作规程,下列哪项是错误的?

A. 港内演习放艇除经船长同意外还需经港口当局批准

B. 解脱吊艇钩时,尽可能做到前后同时脱钩,防止先脱前钩

C. 负责检查和指挥放艇的人,应向艇长报告放艇前的准备工作

D. 救生艇在演习中行驶时,应遵守有关安全航行的规章制度

113. 根据救生艇安全操作须知的要求,除救生演习外操艇人数为:非机动艇不少于＿＿＿＿＿＿＿人,机动艇不少于＿＿＿＿＿＿＿人。

A. 5;7　　　　　　　　　　　　　　　　B. 5;5

C. 7;7　　　　　　　　　　　　　　　　D. 7;5

114. 下列哪些救生艇的操作符合要求?

①一般情况不得随意使用救生艇

②救生演习和应急救助时可以放艇

③放艇须经三副同意

④港内放艇还应事先得到海事管理机构的批准

A. ①②③④　　　　　　　　　　　　　　B. ②③④

C. ①②④　　　　　　　　　　　　　　　D. ①②③

115. 下列哪些是符合救生艇安全操作须知要求的?

①航行中放艇由大副掌握放艇的时机

②操艇人员机动救生艇的人员不少于5人,其中驾驶员一人任艇长

③艇上所有人员应穿救生衣

④航行中放艇时,随艇下的人员不多于3人

A. ①②③④　　　　　　　　　　　　　　B. ①②③

C. ②③④　　　　　　　　　　　　　　　D. ①②④

116. 按照要求,放艇前应检查下列哪些内容?

①艇底塞封闭情况

②艇内属具,机动艇的备用燃料

③吊艇架及制动器空转试验是否正常

④吊艇钢丝、滑车的情况

A. ①②③   B. ②③④
C. ①②③④   D. ①②④

117. 按照应变部署,放一艘艇时由_____负责检查和指挥,同时放几艘艇时由_____负责检查和指挥。
    A. 大副和水手长;各艇艇长   B. 三副;大副和三副
    C. 大副;大副和三副   D. 大副和水手长;大副和水手长

118. 下列有关航行中放艇的要求哪些正确?
    ①选择停车后余速不大时放艇
    ②一般应放大船下风舷的艇
    ③风浪中放艇应防止艇身与大船相碰
    ④吊艇钩应尽量同时解脱,严防先脱后钩
    A. ①②③④   B. ①②③
    C. ②③④   D. ①②④

119. 船舶在风浪中放艇的做法哪项有误?
    A. 备车减速至 5 节以下   B. 防止先脱前钩
    C. 机动艇下水前先启动   D. 放艇时为避免艇与大船相撞,应解开止荡索

120. 由_____制定救生艇起落操作规则,_____批准后执行。
    A. 大副;船长   B. 二副;大副
    C. 水手长;大副   D. 三副;大副

121. 使用救生艇后应将下列哪些事项记入航海日志?
    ①艇号
    ②使用时间
    ③使用原因
    A. ①②③   B. ②③
    C. ①②   D. ①③

122. 下列有关救生艇放艇前的检查工作描述正确的是_____。
    ①放艇前,应检查备齐艇内属具及备品,塞上艇底塞,检查首缆以及定位索的固定情况,检查其他属具与物品的固定情况
    ②机动艇应检查储油是否充足,并发动艇机一次
    ③吊艇机械应进行检查试验,制动器应完好,稳艇索、保险钩等已处于无妨碍位置
    ④负责检查和指挥放艇的艇长,在向船长报告放艇前的准备工作情况后即可下达指令放艇
    A. ①②③   B. ②③④
    C. ①②③④   D. ①③④

123. 下列有关救生艇释放的一般规定说法正确的是_____。
    ①在使用救生艇时,应严格按起落操作规程进行救生艇的起落
    ②一般情况下应放大船上风舷的艇,将艇放至水面后,迅速解脱吊艇钩
    ③对吊艇索下的滑车,脱钩后应及时拉紧,防止其晃动伤人
    ④机动救生艇的艇机应在落水之后启动,脱掉吊艇钩后立即驶离大船

A. ①②③④　　　　　　　　　　B. ①②

C. ②③④　　　　　　　　　　　D. ①③

124. 下列有关救生艇释放的一般规定说法正确的是_____。

①航行中放艇,艇长应掌握放艇时机,要在停车后余速不大时,才可放艇入水

②放艇时应尽可能做到同时解脱前后钩,大船有进速时应避免先脱后钩

③救生艇在降落时应备有碰垫,同时用艇篙支撑,防止艇与大船之间的碰撞

④机动救生艇的艇机应在落水之前启动,脱掉吊艇钩后立即驶离大船

A. ①②③④　　　　　　　　　　B. ②③④

C. ①③④　　　　　　　　　　　D. ③④

项目四　法定记录管理

考试大纲要求:

2.5　航海日志的记载与管理规则

2.6　车钟记录簿记载和管理规定

1. 航海日志左页中午统计部分每日中午由_____统计。

A. 二副　　　　　　　　　　　B. 三副

C. 船长　　　　　　　　　　　D. 大副

2. 下列有关航海日志的记载与管理的叙述哪项不正确?

A. 船舶主要资料经船长审查后应由大副或二副负责填入航海日志

B. 航海日志的重大记事栏由船长或大副填写

C. 计程仪读数应精确到 0.1 海里

D. 雷达船位必须用经度和纬度记载

3. 船舶开航前,应将下列哪些内容记入航海日志?

①货物装载总量

②旅客人数

③淡水、燃料数量

④船首尾吃水

A. ①②④　　　　　　　　　　B. ①②③

C. ①③④　　　　　　　　　　D. ①②③④

4. 在车钟记录时,符号"×"的含义为_____。

A. 停车　　　　　　　　　　　B. 备车

C. 完车　　　　　　　　　　　D. 定速

5. 根据航海日志的记载规定,下列哪个船位应用经纬度记载?

A. 陆测船位　　　　　　　　　B. 天测船位

C. 雷达船位　　　　　　　　　D. 测深船位

6. 靠离码头时三副应将哪些内容记入航海日志?

①系第一根缆绳和船舶靠妥的时间

②开始解缆和解最后一根缆绳的时间

③泊位名称

④船长或引航员的车钟令

 A.①②③   B.①②③④

 C.①②④   D.①③④

7. 按规定船上负责保管航海日志的是_____。

 A. 船长   B. 驾驶员

 C. 大副   D. 二副

8. 有关航海日志的记载内容要求,下列哪项正确?

①每日的气象、海况应记入航海日志

②淡水、压载水、污水舱测量记录应记入航海日志

③救生和消防演习的日期应记入航海日志

④开行前主要航行设备的核对和检查结果应记入航海日志

 A.①②③④   B.①③④

 C.①②④   D.②③④

9. 航行中航海日志应记载的事项有_____。

①经过长时间航行初显得重要物标或经过重要物标的时间、方位和距离

②改变航向的时间、船位和计程仪读数

③气象和海洋情况发生突变的时间及所采取的安全措施

 A.①②   B.①③

 C.①②③   D.②③

10. 车钟记录簿在记载时应由_____和_____分别负责记录并签字。

 A. 值班驾驶员;船长   B. 值班驾驶员;值班轮机员

 C. 值班驾驶员;轮机长   D. 值班轮机员;值班轮机长

11. 下列有关车钟记录簿的记载与管理哪项不正确?

 A. 驾驶台和机舱必须校对车钟并记录   B. 记录用车时间精确到0.5分钟

 C. 记录应使用的规定符号   D. 每页下面有记录者签字

12. 车钟记录簿在记载时应由_____和_____分别负责记录并签字。

 A. 值班驾驶员;船长   B. 值班驾驶员;值班轮机员

 C. 船长;轮机长   D. 值班驾驶员;轮机长

13. 靠码头时三副应将哪些记入航海日志?

①靠妥码头的时间和泊位名称

②引航员登离本船的时间表

③拖轮名称和数量

④引航员软梯装妥或拆除的时间

 A.①②③   B.①②③④

 C.①②④   D.①③④

14. 有关航海日志的记载要求下列哪项不恰当?

A. 发生海事后应周密斟酌,实事求是地记载

B. 发生异常事件时,船长应亲自主持更换新本,重新记载并签署

C. 船长应及时审阅航海日志记载,并逐页签署

D. 应使用不褪色的蓝色或黑色水笔记载

15. 航行中航海日志应记载的事项有_____。

① 每班巡回检查的情况

② 发生海事的情况,自救或救助他船的经过、措施及效果

③ 自动舵与手操舵转换的时间

④ 货舱的检查和保管货物的措施

A. ①②③④   B. ①②③

C. ②③④   D. ①②④

16. 航海日志每册 100 页,按顺序记载不得撕毁或添加,大副应负责航海日志的保管用完后存船_____年,以后送船舶所有人保存_____年方可销毁。

A. 3；5   B. 2；5

C. 3；3   D. 2；3

17. 根据车钟记录簿记载规定,下列哪个符号表示停车?

A. √√   B. √

C. ×   D. ○

18. 在车钟记录时,符号"○"所表示的意思是_____。

A. 停车   B. 备车

C. 完车   D. 定速

19. 航海日志重大记事栏应记载的重大事件包括_____。

① 对救生、消防及防污染设备检查的时间和情况

② 离港货物、燃料、淡水、压载总量及旅客人数

③ 船长和大副调动及交接手续办理完毕的时间

④ 应急演习的时间、地点及经过情况

A. ①②③④   B. ①②③

C. ①②④   D. ②③④

20. 根据车钟记录簿记载规定,_____表示微速前进,_____表示微速后退。

A. √；∧   B. ∧∧；√√

C. ∧；√   D. √√；∧∧

21. 有关航海日志的记载要求下列哪项正确?

① 船舶主要资料经船长审查后由二副负责填入航海日志

② 应使用不褪色的蓝色或黑色墨水笔记载

③ 船长应及时审阅航海日志记载,并逐页签署

④ 左右页应依时间对应顺序记录

A. ①②④   B. ②③④

C. ①③④   D. ①②③④

22. 船舶停泊时航海日志应记录_____。

①装卸货时的开工、停工时间

②主管机关来船检查的情况

③注入压载水情况

④排出压载水情况

A.①②③   B.②③④

C.①③④   D.①②③④

23. 下列有关航海日志的记载与管理的要求,正确的是_____。

①启用新本前大副应该查核是否缺页

②航行记录部分应依时间顺序通行记录,不留有空行

③用经纬度记载的船位应该准确到度

A.①③   B.①②

C.②③   D.①②③

24. 车钟记录簿是船舶的重要法定文件之一,下列关于车钟记录簿记载要求错误的是_____。

A. 船舶在航运过程中,当动用车钟及主机时,只要在驾驶台记录备车的日期和原因就可以了

B. 船舶在航运过程中,当动用车钟及主机时,驾驶台和机舱应分别记录备车的日期和原因

C. 应依次用正确的符号记录主机的每一个动作和准确时间

D. 航行中,驾驶台应在正午时刻与机舱对时

25. 下列有关航海日志的记载要求哪项正确?

A. 可用任何笔记录

B. 如记错,应将错误字句删去,改在横线下方

C. 航行中交接班船位用准确到分以下小数点一位的经纬度记载

D. 计程仪读数应精确到1海里

26. 根据航海日志记载,下列哪些船位需要观测数据记载?

①GPS 船位

②陆测船位

③雷达船位

A.①②③   B.①②

C.②③   D.①③

27. 船舶在港停泊时航海日志记载的内容包括_____。

①货物装卸及上下旅客的情况

②显示号灯号型的时间

③安全巡视情况

④压载水的排注时间

A.①②③④   B.①②③

C.①③④   D.①②③

28. 航行中的航海日志应记载的事项有_____。

①自动舵与手动舵的转换时间

②发生海事的情况,自救或救助他船的经过、措施及效果
③船首尾吃水
④货舱的检查和保管货物的措施
A.①②③④   B.①②③
C.②③④   D.①②④

29.下列哪些船位需用经纬度在航海日志上记载?
①天测船位
②陆测船位
③测深船位
④交接班船位
A.①②③④   B.②③④
C.③④   D.①④

30.对于有自动车钟记录仪的船舶,在驾驶台操纵主机时,允许在车钟记录上只记录_____,
不必记录每一车令。
①对时钟时间
②对车钟时间
③备车(包括冲车和试车)的时间
④机动操纵完毕时间
A.①②③④   B.①③
C.①②④   D.②③④

31.航海日志是_____。
①船舶的重要法定文件之一
②对船舶安全航行和运输工作实际情况的原始记录
③分析和总结航海经验、判断和处理海事的重要依据
A.①②   B.②③
C.①②③   D.①③

32.有关航海日志的记载要求,下列哪项正确?
①大副负责具体管理航海日志
②应使用不褪色的蓝色或黑色墨水笔记载
③船长应及时审阅航海日志记载,并逐页签署
④左右页应依时间对应顺序记录
A.①②③④   B.①②④
C.②④   D.①③④

33.有关航海日志的记载要求,下列哪项正确?
①发生海事后应周密斟酌,实事求是地记载
②发生异常事件时,船长应亲自主持更换新本,重新记载并签署
③应使用不褪色的蓝色或黑色墨水笔记载
④大副负责具体管理航海日志
A.①②③④   B.①②③

C. ②③④   D. ①③

34. 有关航海日志的记载要求,下列哪项正确?

    A. 发生海事后应周密斟酌,实事求是地记载

    B. 发生异常事件时,船长应亲自主持更换新本,重新记载并签署

    C. 船长应及时审阅航海日志记载,并逐页签署

    D. A、B、C 都正确

35. 有关航海日志的记载与管理的要求,正确的是_____。

    ①启用新本前大副应查核是否缺页

    ②航行记录部分应依时间顺序逐行记录,不得留有空行

    ③用经纬度记载的船位应准确到度小数点后一位

    ④舱水测量记录,每日测量两次,由大副班记入航海日志左页

    A. ①②③④   B. ①②④

    C. ②③④   D. ①②③

36. 大副在航海日志的记载与管理方面的职责有_____。

    ①启用新本时将经船长认可的船舶资料填入扉页

    ②重大事项必须请船长记入重大记事栏中

    ③每天审阅并签署

    ④每日将两次量水记录记入航海日志

    A. ①②③④   B. ①②④

    C. ②③④   D. ①③④

37. 下列有关航海日志的记载与管理的要求,哪项正确?

    A. 可用任何笔记录

    B. 如记错,应将错误字句删去,改在横线上方

    C. 航行中交接班船位用准确到分小数点后一位的经纬度记载

    D. 计程仪读数应精确到 1 海里

38. 舱水测量每日_____次,由_____负责记入航海日志。

    A. 2;大副   B. 1;大副

    C. 1;值班驾驶员   D. 2;值班驾驶员

39. 航海日志左页中午统计部分每日中午由_____统计。

    A. 三副   B. 二副

    C. 大副   D. A 或 B

40. 根据航海日志的记载规定,下列哪个船位应用经纬度记载?

    A. 陆测船位   B. 天测船位

    C. 雷达船位   D. 测深船位

41. 根据航海日志的记载规定,下列哪些船位可记其观测数据?

    ①陆测船位

    ②雷达船位

    ③天测船位

    ④测深船位

A. ①②③④   B. ②③④
C. ①②④   D. ①②③

42. 下列哪些船位需用经纬度在航海日志上记载?
    ①天测船位
    ②雷达船位
    ③测深船位
    ④交接班船位
    A. ①②③④   B. ②③④
    C. ③④   D. ①④

43. 根据航海日志记载与管理的规定,下列哪些船位需用观测数据记载?
    A. GPS 船位   B. 陆测船位
    C. 雷达船位   D. B 和 C

44. 根据航海日志的记载规定,下列哪些船位应用经纬度记载?
    ①推算船位
    ②交接班船位
    ③无线电助航仪器船位
    ④天测船位
    A. ①②③④   B. ②③④
    C. ①②④   D. ①②③

45. 航海日志左页的记载部分包括_____。
    ①航行记载部分
    ②气象、海况记载部分
    ③舱水测量记载部分
    ④中午测算记载部分
    A. ①②③④   B. ②③④
    C. ①②④   D. ①②③

46. 船舶在港停泊时航海日志记载的内容包括_____。
    ①货物装卸及上下旅客的情况
    ②显示号灯号型的时间
    ③拨钟时间和数据
    ④交班锚位
    A. ①②③④   B. ①②③
    C. ①③④   D. ①②④

47. 船舶停泊时航海日志应记录_____。
    ①装卸进度
    ②主管机关来船检查的情况
    ③注入压载水情况
    ④排出压载水情况
    A. ①②③   B. ②③④

C. ①③④   D. ①②③④

48. 船舶停泊时航海日志应记录_____。
    ①锚泊、系泊及移泊情况
    ②气象、水文情况
    ③日视出没、升降国旗和号灯开关时间
    ④上下客时间
    A. ①②③   B. ②③④
    C. ①③④   D. ①②③④

49. 船舶开航前应将下列哪些内容记入航海日志?
    ①驾驶台主要航行设备的校验情况
    ②船首尾吃水
    ③装卸作业结束的时间和散货水尺计量结束的时间及货物数量
    ④出港手续办理的情况和主机准备情况
    A. ①②④   B. ①②③
    C. ①③④   D. ①②③④

50. 靠离码头时三副应将哪些内容记入航海日志?
    ①引航员姓名、上下船时间
    ②开始解缆和解最后一根缆绳的时间
    ③号灯号型
    ④车钟令
    A. ①②③   B. ①②③④
    C. ①②④   D. ①③④

51. 靠离码头时三副应将哪些内容记入航海日志?
    ①靠妥码头的时间和泊位名称
    ②引航员登离本船的时间
    ③拖轮名称和数量
    ④首倒缆挽桩的时间
    A. ①②③   B. ①②③④
    C. ①②④   D. ①③④

52. 靠码头时三副应将哪些记入航海日志?
    ①抛起锚的时间
    ②主机完车的时间
    ③系第一根缆和缆绳全部带妥的时间
    ④主机定速的时间
    A. ①②③   B. ①②③④
    C. ①②④   D. ①③④

53. 航海日志的舱水测量记载包括_____。
    ①压载水
    ②淡水舱

③污水井

④机舱污水

A.①②③④   B.①②③

C.②③④   D.①②

54.航行中航海日志应记载的事项包括_____。

①每当航向、风流压差、罗经差改变时,应记录一次

②能见度不良时的安全措施

③货物及货舱的检查和保管货物的措施

④船长夜航命令的内容

A.①②③④   B.①②③

C.②③④   D.①②④

55.航行中航海日志应记载的事项包括_____。

①经长时间航行初显的重要物标或经过重要物标的时间、方位和距离

②改变航向的时间、船位和计程仪读数

③开始或停止使用风流压差的时间、船位、风向、风速、流向及流速的数据

④气象和海洋情况发生突变的时间及所采取的安全措施

A.①②③④   B.①②③

C.②③④   D.①②④

56.航行中航海日志应记载的事项有_____。

①每班巡回检查的情况

②发生海事的情况,自救或救助他船的经过、措施及效果

③自动舵与手操舵转换的时间

④货舱的检查和保管货物的措施

A.①②③④   B.①②③

C.②③④   D.①②④

57.航行中航海日志应记载的事项有_____。

①自动舵与手操舵转换的时间

②发生海事的情况,自救或救助他船的经过、措施及效果

③船首尾吃水

④货舱的检查和保管货物的措施

A.①②③④   B.①②③

C.②③④   D.①②④

58.下列有关航海日志管理与记录的要求哪项是不正确的?

A.值班的驾驶员交班时,应在本班栏右下角签字

B.航海日志的重大记事栏只能由船长填写

C.应使用规定的符号、代号和缩写记录

D.有关海事纠纷的航海日志,可酌情延长保管期限

59.有关航海日志的记载管理要求下列哪项是正确的?

①对救生艇属具的检查报告应记入航海日志

②货舱排水系统的可操作性和状态每月的检查情况应记入航海日志

③救生和消防演习的日期应记入航海日志

④开航前 12 小时内对操舵装置进行的检查试验的结果应记入航海日志

A.①②③④   B.①②④

C.②③④   D.①③④

60. 下列有关航海日志的记载与管理的叙述哪项不正确？

  A.船舶主要资料经船长审查后应由大副负责填入航海日志

  B.航海日志的重大记事栏由船长或大副填写

  C.计程仪读数应精确到 0.1 海里

  D.雷达船位必须用经度和纬度记载

61. 在航海日志的重大记事栏内应记载的内容有 _____ 。

  ①船上非经常性及重大事件

  ②到、离港货物、燃料、淡水、压载水总数，首尾吃水，稳性数据等

  ③船长和大副调动及交接手续办完时间

  ④对航海日志记载中有严重错漏的更正

  A.①②③④   B.①②③

  C.①③④   D.②③④

62. 下列哪项内容不应在航海日志的重大记事栏中记载？

  A.对救生、消防器材保养的情况   B.对航海日志中严重错、漏的更正

  C.应变演习情况   D.船舶交接、试航情况

63. 航海日志重大记事栏内应记录的内容包括 _____ 。

  ①应急演习的情况

  ②船员严重失职和违纪现象

  ③检查消防、救生设备的时间和状况

  ④船舶厂修的重要项目检查

  A.①②   B.①②③

  C.①②③④   D.①②④

64. 下列哪项不应记录在航海日志重大事项记录栏内？

  A.船舶遭遇海上袭击   B.人员伤亡

  C.货舱检查情况   D.船员漏船

65. 下列有关车钟记录簿的记载与管理的叙述哪些正确？

  ①车钟记录簿是船舶的重要法定文件之一

  ②车钟记录簿只能用不褪色的墨水笔记录

  ③车钟记录簿由值班的驾驶员和轮机员同时记录

  ④用完后由船长和轮机长分别保存一年,然后交公司处理

  A.①②③④   B.②③④

  C.①②③   D.①③

66. 下列有关车钟记录簿的记载与管理的叙述哪些正确？

  ①车钟记录簿是船舶的重要法定文件之一

②车钟记录簿只能用不褪色的墨水笔记录

③车钟记录簿由值班的驾驶员和轮机员同时记录

④用完后由船长和轮机长分别保存两年,然后交公司处理

A.①②③④　　　　　　　　　B.②③④

C.①②③　　　　　　　　　　D.①③

67. 下列有关车钟记录簿的记载与管理事项正确的是_____。

①使用中的车钟记录簿应由驾驶员、轮机员保管

②使用过的车钟记录簿应由船长、轮机长保管

③甲板部和轮机部均应备有车钟记录簿

④应在主机投入运转前记录校对车钟的时间

A.①②③④　　　　　　　　　B.①③

C.①②④　　　　　　　　　　D.②③④

68. 下列有关车钟记录簿的记载与管理事项正确的是_____。

①应依次用正确的符号记录主机的每一动作和准确时间

②应使用不褪色的蓝黑或黑墨水,用中文或规定的符号记载

③应在摇预备车钟前记录校准机舱及驾驶台时钟的时间

④应在主机投入运转前记录校对车钟的时间

A.①②③④　　　　　　　　　B.①③

C.①②④　　　　　　　　　　D.②③④

69. 下列有关车钟记录簿的记载与管理事项不正确的是_____。

①记录使用铅笔或钢笔,不撕页、不添页

②每页下面分别由船长和轮机长签字

③记录应使用规定的符号

④用完后由大副和轮机长分别保存

A.①②③④　　　　　　　　　B.①③

C.①②④　　　　　　　　　　D.②③④

70. 对于有自动车钟记录仪的船舶,在驾驶台操纵主机时,允许在车钟记录簿上只记录_____,不必记录每一车令。

①冲车的时间

②对车钟的时间

③试车的时间

④机动操纵完毕的时间

A.①②③④　　　　　　　　　B.①③

C.①②④　　　　　　　　　　D.②③④

71. 下列有关车钟记录簿的记载与管理哪项不正确?

A. 驾驶台和机舱必须校对车钟并记录　　B. 记录用车的时间精确到0.5分钟

C. 记录应使用规定的符号　　　　　　　D. 每页下面由记录者签字

72. 根据车钟记录簿记载规定,下列哪个符号表示微速前进?

A. √√　　　　　　　　　　　B. √

C. × D. ○

73. 符号"∧"在车钟记录簿中表示_____。
    A. 后退一 B. 前进一
    C. 停车 D. 微速后退

74. 根据车钟记录簿记载规定,下列哪个符号表示完车?
    A. √√ B. √
    C. × D. ○

75. 根据车钟记录簿记载规定,下列哪个符号表示前进?
    A. √√ B. √
    C. × D. ○

76. 根据车钟记录簿记载规定,下列哪个符号表示停车?
    A. ∧ B. √√
    C. × D. ○

77. 符号"∧∧"的含义为_____。
    A. 微速前进 B. 紧急后退
    C. 后退三 D. 微速后退

第四部分　答案

项目一

1. A	2. A	3. A	4. D	5. C	6. B	7. B	8. A	9. D	10. B
11. D	12. D	13. D	14. B	15. B	16. B	17. C	18. A	19. B	20. B
21. B	22. B	23. D	24. B	25. A	26. B	27. A	28. C	29. D	30. C
31. A	32. D	33. A	34. D	35. B					

项目二

1. A	2. D	3. A	4. D	5. B	6. B	7. A	8. B	9. C	10. A
11. B	12. A	13. D	14. B	15. D	16. B	17. A	18. D	19. B	20. B
21. C	22. C	23. C	24. A	25. A	26. A	27. D	28. D	29. D	30. C
31. D	32. A	33. A	34. A	35. D	36. A	37. B	38. A	39. D	40. D
41. C	42. D	43. C	44. B	45. C	46. A	47. A	48. B	49. B	50. B
51. A	52. A	53. C	54. B	55. B	56. A	57. C	58. D	59. A	60. B

61. D　62. B　63. C　64. A　65. C　66. C　67. B　68. A　69. A　70. D
71. D　72. D　73. A　74. B　75. B　76. A　77. C　78. C　79. C　80. D
81. C　82. C　83. C　84. A　85. C　86. D

项目三

1. B　2. C　3. D　4. B　5. A　6. D　7. D　8. A　9. D　10. B
11. C　12. D　13. D　14. A　15. A　16. A　17. A　18. C　19. D　20. D
21. A　22. D　23. B　24. D　25. A　26. C　27. D　28. A　29. C　30. A
31. D　32. B　33. A　34. D　35. C　36. D　37. B　38. C　39. B　40. D
41. C　42. B　43. A　44. D　45. B　46. A　47. C　48. B　49. A　50. D
51. A　52. B　53. B　54. D　55. B　56. C　57. C　58. B　59. A　60. C
61. D　62. A　63. D　64. C　65. C　66. B　67. D　68. B　69. A　70. D
71. B　72. C　73. D　74. C　75. B　76. A　77. B　78. A　79. A　80. D
81. D　82. B　83. A　84. C　85. A　86. B　87. B　88. A　89. D　90. B
91. A　92. D　93. C　94. D　95. A　96. B　97. A　98. B　99. D　100. B
101. B　102. C　103. D　104. D　105. A　106. D　107. C　108. D　109. C　110. C
111. D　112. C　113. D　114. C　115. C　116. C　117. A　118. B　119. D　120. A
121. A　122. A　123. D　124. D

项目四

1. A　2. D　3. C　4. A　5. B　6. A　7. C　8. C　9. C　10. B
11. D　12. B　13. A　14. B　15. B　16. B　17. C　18. B　19. A　20. D
21. B　22. D　23. B　24. A　25. C　26. C　27. A　28. D　29. D　30. A
31. C　32. C　33. D　34. A　35. B　36. D　37. C　38. A　39. B　40. B
41. C　42. D　43. D　44. C　45. A　46. A　47. D　48. D　49. D　50. A
51. A　52. B　53. B　54. B　55. A　56. A　57. D　58. B　59. A　60. D
61. A　62. A　63. B　64. C　65. C　66. A　67. A　68. A　69. C　70. A
71. B　72. A　73. A　74. D　75. B　76. C　77. D

模块六　船舶防污染与危险货物管理

第一部分　内容简介

本模块主要讲述了船舶防污染与危险货物的管理,援引了防污方面的国际公约、国内法规的相关规定,包括 MARPOL 73/78 的六个附则、《中华人民共和国防治船舶污染海洋环境管理条例》、《中华人民共和国船舶及有关作业污染海洋环境防治管理规定》、《中华人民共和国船舶载运危险货物安全监督管理规定》。本模块学习和考试的重点与模块二、三有所不同,不再是公约、法规的整体的框架结构,而是侧重于各项技术性规定,本模块的试题也是侧重于细节性的知识。

第二部分　经典例题解析

例1.操作性油污染的污染途径包括_____。

①机舱舱底污水和机舱残油、污油、油泥的违规排放

②排放含油的压载水或洗舱水时,油量瞬间排放率超标

③在绝对禁止排放的海域排放油类或含油污水

④船舶碰撞造成燃油舱破损漏油

A.①②④　　　　　　　　　　　　B.①②③

C.①②③④　　　　　　　　　　　D.①③④

答案:B

解析:

船舶污染海洋的途径包括操作性污染和事故性污染。

操作性污染指船舶故意、随意排放油类和其他有害物质,营运中油船船员或装卸人员操作不当或相关系统的损坏导致的意外排放也属于操作性污染,包括管系渗漏、舱柜满溢、船体渗漏、排放的污染物超标或在禁止排放的水域排放。但是,为船舶安全或救助人命的故意排放不在公约限制范围内,应按要求进行报告。

事故性污染指事故引起的船舶意外排放污染物。引起事故性污染的情况:影响船舶安全的损坏、失灵或故障以及导致影响航行安全的损坏、失灵或故障。

"船舶碰撞造成燃油舱破损漏油"属于事故性污染。

例2. MARPOL 73/78 附则Ⅱ中所指的有毒液体物质是_____。

①对海洋资源及人类健康有害的物质

②在 IBC 规则中列明的物质

③被评为 X、Y、Z 类物质和其他类的物质

A.①②   B.①②③

C.①③   D.②③

答案:D

解析:

经修正的 MARPOL 公约附则Ⅱ第 1 章"总则",第 1 条"定义"10"有毒液体物质"系指《国际散装化学品规则》第 17 条或 18 条污染类一栏中所指明的或根据第 6.3 条规定经临时评定列为 X、Y 或 Z 类的任何物质。

例3. MARPOL 公约附则Ⅱ中所指的 Z 类物质是指如从洗舱或卸载作业中排放入海,将对海洋资源或人类健康造成_____,因此限量排放入海的物质。

A. 较小危害   B. 可察觉的危害

C. 危害   D. 重大危害

答案:A

解析:

MARPOL 公约附则Ⅱ:

"第 2 章 有毒液体物质的分类

"第 6 条 有毒液体物质的分类和清单

"就本附则规定而言,有毒液体物质应分为以下 4 类:

"1 X 类:这类有毒液体物质,如从洗舱或除压载的作业中排放入海,将被认为会对海洋资源或人类健康产生重大危害,因而应严禁向海洋环境排放该类物质。

"2 Y 类:这类有毒液体物质,如从洗舱或除压载的作业中排放入海,将被认为会对海洋资源或人类健康产生危害,或对海上的休憩环境或其他合法利用造成损害,因而对排放入海的该类物质的质和量应采取限制措施。

"3 Z 类:这类有毒液体物质,如从洗舱或除压载的作业中排放入海,将被认为会对海洋资源或人类健康产生较小的危害,因而对排放入海的该列物质应采取较为宽松的限制措施。

"4 其他物质:以 OS(其他物质)的形式被列入《国际散装化学品规则》第 18 章污染类别栏目中的物质,并经评定认为不被列入本附则第 6.1 条所规定的 X、Y 或 Z 类物质之内,因为目前认为当这些物质从洗舱或除压载的作业中排放入海时,对海洋资源、人类健康、海上休憩环境或其他合法的利用并无危害。排放仅含有被列为'其他物质'的物质的舱底水或压载水或其他残余物或混合物,不应受本附则任何要求的约束。"

例4. MARPOL 公约附则Ⅴ的特殊区域有_____。

①地中海区域

②波罗的海区域

③北海区域

④红海区域

A.①②③   B.①②③④
C.②③④   D.①③④
答案:B
解析:

MARPOL 公约附则 V 防止船舶垃圾污染规则:

"第 5 条   在特殊区域里处理垃圾

"(1)就本附则而言,特殊区域为地中海区域、波罗的海区域、黑海区域、红海区域、'海湾区域'、北海区域、南极区域以及包括墨西哥湾和加勒比海的扩大加勒比海区域。"

例 5. 当船舶焚烧垃圾时,垃圾记录簿应记录_____。

　　①焚烧开始和结束的日期和时间
　　②焚烧开始和结束的船舶位置
　　③焚烧垃圾的种类
　　④焚烧垃圾的估算量

A.①②③④   B.①②④
C.①④   D.①②③
答案:B
解析:

MARPOL 公约附则 V 的附录垃圾记录簿格式:

"4. 垃圾记录簿的填写

"4.1 发生下列情况时,垃圾记录簿上应登记的项目:

"(c) 当焚烧垃圾时:

"(i) 焚烧的日期和起止时间;

"(ii) 船舶的位置(经度和纬度);

"(iii) 被焚烧垃圾的估算量(以 m^3 计);

"(iv) 本作业负责船员签字。"

注意,垃圾倾倒记录时应包括垃圾的种类。

例 6. 海洋环境的污染源之一——船舶生活污水,不包括_____。

　　A.船上厕所、小便池和厕所排水孔的排出污水
　　B.船上洗手盆、洗澡盆和这些处所排水孔的排出污水
　　C.污水井和污水管系内的污水
　　D.装有活体动物处所的排出污水

答案:C
解析:

MARPOL 公约附则 IV 防止船舶生活污水污染规则:

"第 1 章   总则

"第 1 条   定义

"3 生活污水系指:

".1 任何型式的厕所和小便池的排出物和其他废弃物;

".2 医务室(药房、病房等)的面盆、洗澡盆和这些处所排水孔的排出物;

".3 装有活畜禽货的处所的排出物;或

".4 混有上述排出物的其他废水。"

例7. 国际防止散装有毒液体物质污染证书在下列哪些情况下将失效?

①如果有关的检验没在规定的期限内完成

②如果相应的证书没进行签注

③改挂非当事国国旗

④改挂另一当事国国旗

A. ①②③④   B. ①②③

C. ②③④   D. ①②④

答案:B

解析:

MARPOL 公约附则Ⅱ控制散装有毒液体物质污染规则:

"第10条   证书的有效期限

"9 按本附则第9条规定所签发的证书,在下列任一情况下即应中止有效:

".1 如果相关检验未在本附则第8.1条规定的期限内完成;

".2 如果证书未按本附则第8.1.3或8.1.4条的规定予以签署;

".3 船舶变更船旗国。只有当换发新证书的政府确信该船符合本附则第8.3.1和8.3.2条的要求时,才能签发新的证书。如果变更船旗系在缔约国之间进行,则在变更后的3个月内,前船旗国政府如收到申请,应尽快将变更船旗前该船所携证书的副本以及相关的检验报告副本(如备有)送交该船新的主管机关。"

此题关键在第4项,根据公约精神当改挂另一缔约国也就是当事国国旗时,有3个月的过渡期。

例8. 根据我国防治船舶污染海洋环境管理条例,发生特别重大船舶污染事故时_____。

A. 由国务院或者国务院授权国务院交通主管部门组织事故调查处理

B. 由事故发生地的海事管理机构组织事故调查处理

C. 由国家海洋管理机构组织事故调查处理

D. 由当地海洋管理机构组织事故调查处理

答案:A

解析:

《中华人民共和国防治船舶污染海洋环境管理条例》:

"第四十四条   船舶污染事故的调查处理依照下列规定进行:

"(一)特别重大船舶污染事故由国务院或者国务院授权国务院交通运输主管部门等部门组织事故调查处理;

"(二)重大船舶污染事故由国家海事管理机构组织事故调查处理;

"(三)较大船舶污染事故和一般船舶污染事故由事故发生地的海事管理机构组织事故调查处理。

"船舶污染事故给渔业造成损害的,应当吸收渔业主管部门参与调查处理;给军事港口水域造成损害的,应当吸收军队有关主管部门参与调查处理。"

另外,船舶污染事故分级也应当记住:

"第三十六条 船舶污染事故分为以下等级：

"（一）特别重大船舶污染事故，是指船舶溢油 1000 吨以上，或者造成直接经济损失 2 亿元以上的船舶污染事故；

"（二）重大船舶污染事故，是指船舶溢油 500 吨以上不足 1000 吨，或者造成直接经济损失 1 亿元以上不足 2 亿元的船舶污染事故；

"（三）较大船舶污染事故，是指船舶溢油 100 吨以上不足 500 吨，或者造成直接经济损失 5000 万元以上不足 1 亿元的船舶污染事故；

"（四）一般船舶污染事故，是指船舶溢油不足 100 吨，或者造成直接经济损失不足 5000 万元的船舶污染事故。"

例9. 根据《中华人民共和国防治船舶污染海洋环境管理条例》的规定，组织事故调查处理的机关或海事管理机构根据事故调查处理的需要，可以暂扣相应的证书、文书、资料；必要时，可以_____。

①禁止船舶离港

②责令停航改航

③停止作业

④暂扣船舶

A.①②③   B.①②④

C.①②③④   D.①③④

答案：C

解析：

《中华人民共和国防治船舶污染海洋环境管理条例》：

"第四十六条 组织事故调查处理的机关或者海事管理机构根据事故调查处理的需要，可以暂扣相应的证书、文书、资料；必要时，可以禁止船舶驶离港口或者责令停航、改航、停止作业直至暂扣船舶。"

例10. 根据我国船舶及其有关作业活动污染海洋环境防治管理规定，船舶_____不需取得海事管理机构的许可。

A. 在沿海港口进行舷外拷铲、油漆作业或者使用焚烧炉

B. 在港区水域内洗舱、清舱、驱气以及排放压载水

C. 冲洗沾有污染物、有毒有害物质的甲板

D. 清扫曾装过扬尘污染货物的货舱

答案：D

解析：

《中华人民共和国船舶及其有关作业活动污染海洋环境防治管理规定》：

"第九条 船舶从事下列作业活动，应当按照《中华人民共和国海事行政许可条件规定》的规定，取得海事管理机构的许可，并遵守相关操作规程，落实安全和防治污染措施：

"（一）在沿海港口进行舷外拷铲、油漆作业或者使用焚烧炉的；

"（二）在港区水域内洗舱、清舱、驱气以及排放压载水的；

"（三）冲洗沾有污染物、有毒有害物质的甲板的；

"（四）进行船舶水上拆解、打捞、修造和其他水上、水下船舶施工作业的。"

例11. 根据我国船舶载运危险货物安全监督管理规定,对于载运危险货物的船舶,以下陈述错误的是_____。

A. 在船舶交通管理中心控制的水域,应当按照规定向船舶管理中心报告

B. 在实行船舶定线制的水域,应当遵守船舶定线制的规定,并使用规定的通航分道航行

C. 在实行船位报告制的水域,应当按照海事主管机关的规定,加入船位报告系统

D. 在港口水域内从事危险货物过驳作业,应向海事主管机关提出申请

答案:D

解析:

根据从事危险货物过驳作业的位置应向不同的部门提出申请。

《中华人民共和国船舶载运危险货物安全监督管理规定》:

"第十二条 载运危险货物的船舶在港口水域内从事危险货物过驳作业,应当根据交通部有关规定向港口行政管理部门提出申请。港口行政管理部门在审批时,应当就船舶过驳作业的水域征得海事管理机构的同意。

"载运散装液体危险性货物的船舶在港口水域外从事海上危险货物过驳作业,应当由船舶或者其所有人、经营人或者管理人依法向海事管理机构申请批准。

"船舶从事水上危险货物过驳作业的水域,由海事管理机构发布航行警告或者航行通告予以公布。"

例12. 根据我国船舶载运危险货物安全监督管理规定,从境外驶向我国领海的_____应当在驶入中国领海之前,向中国船位报告中心通报船名、危险货物的名称、装载数量、预计驶入的时间等。

①客船

②5万总吨以上的油轮

③散装化学品船

④散装液化气船

A.②③④   B.①②③

C.①②③④   D.③④

答案:A

解析:

《中华人民共和国船舶载运危险货物安全监督管理规定》:

"第二十八条 核动力船舶、载运放射性危险货物的船舶以及5万总吨以上的油轮、散装化学品船、散装液化气船从境外驶向我国领海的,不论其是否挂靠中国港口,均应当在驶入中国领海之前,向中国船位报告中心通报:船名、危险货物的名称、装载数量、预计驶入的时间和概位、挂靠中国的第一个港口或者声明过境。挂靠中国港口的,还应当按照本规定第二十三条的规定申报。"

例13. 下列有关油类记录簿记载的要求哪些正确?

①油类记录簿应用船旗国的官方文字记载

②对持有国际防止油污证书的船舶,还需有英文和法文的记录

③如记录簿中的船旗国官方文字与英文记载有争议,应以船旗国官方文字记录为准

④每项作业完成后由船长签字

A.①②③④   B.①②③
C.①③   D.②④

答案:C

解析:

《1973 年国际防止船舶造成污染公约》:

"附则Ⅰ   防止油污规则

"第一章   总则

"第 20 条   油类记录簿

"(4)应及时将本条(2)中所述的每项作业详细地记入油类记录簿,以使与该项作业相应的所有项目均有记录。每项作业完成后,应由驾驶员或有关作业的负责人员签字,且每记完一页应由船长签字。油类记录簿,应使用船旗国的官方文字,对于持有国际防止油污证书的船舶,则还需有英文或法文的记录,遇有争议或不相一致的情况时,以船旗国官方文字的记录为准。"

例14. 按照现行的 73/78 防污公约附则Ⅰ的要求,油轮在特殊区域外排放污压载水、洗舱水应满足的条件包括_____。

①距最近陆地 50 n mile 以上

②船舶正在途中航行

③瞬间排放率不超过 30 L/n mile

④新油轮的排油总量不超过该种货油总量的 1/30000

A.①②③   B.①②③④
C.①②④   D.①②

答案:B

解析:

MARPOL 公约附则Ⅰ有关排放规定的对照表:

排放要求		
污染有害物质来源	特殊区域内	特殊区域外
油类和含油混合物 i. 货油舱污压载水、洗舱水 ii. 泵舱的舱底水 iii. 混有货油的残油的机器处所舱底水	禁止排放	i. 船舶须距最近的陆地 50 n mile 以上 ii. 船舶正在航行途中 iii. 油量瞬时排放率不超过 30 L/n mile iv. 排入海水中的总油量,1992 年之前建造的油船不得超过上航次载油总量的1/15000;1992 年之后建造的油船不得超过上航次载油总量的1/30000 v. 排油监控系统正常工作,污油水舱按要求配备的装置保持运行
i. 400 总吨以及 400 总吨以上的油船外船舶机器处所舱底污水 ii. 油轮的机器处所舱底的污水	禁止排放	i. 船舶保持在航 ii. 排出物的含油量在未经稀释排出时不超过 15 ppm iii. 船上按要求配备的设备正在运行
小于 400 总吨的油船以外船舶的机器处所舱底污水	i. 南极地区严禁排放 ii. 在南极以外地区排放时须满足含油浓度小于 15 ppm	具有合乎要求的残油保存装置,并能将其保存的残油排入接收设施,或按附则 I 的排放规定的要求安装相关排放设备

例15. 根据《中华人民共和国船舶及其有关作业活动污染海洋环境防治管理规定》,船舶不得向_____排放污染物。

①依法划定的海洋自然保护区

②海洋特别保护区、海滨风景名胜区、重要渔业水域

③沿海水域

④其他需要特别保护的海域

A.①②③   B.①②③④

C.②③   D.①②④

答案:D

解析:

《中华人民共和国船舶及其有关作业活动污染海洋环境防治管理规定》:

"第十三条　船舶不得向依法划定的海洋自然保护区、海洋特别保护区、海滨风景名胜区、重要渔业水域以及其他需要特别保护的海域排放污染物。

"依法设立本条第一款规定的需要特别保护的海域的,应当在适当的区域配套设置船舶污染物接收设施和应急设备器材。"

第三部分　真题分节精练

项目一　船舶污染与防污措施

考试大纲要求：

6.2　防止船舶污染海洋环境

6.2.1　船舶污染海洋的途径

6.2.2　船舶污染对海洋环境的损害

6.2.3　防止船舶污染海洋环境的措施

6.3.3.5　防止操作性污染排放标准

6.3.3.4　防油污设备要求

6.3.3.5　防止操作性污染排放标准

1. 操作性油污染的包括_____。

①舱柜满溢事故

②船舶搁浅造成货油舱破损漏油

③为了船舶安全的故意排油

④为了救助海上人命的故意排油

A. ①②③④   B. ①②④

C. ①③④   D. ①②③

2. 船舶对海洋污染源之一——船舶生活污水不包括_____。

A. 船上厕所、小便池和厕所排水孔的排出污水

B. 船上洗手盆、洗澡盆和这些处所排水孔的排出污水

C. 污水井和污水管系的污水

D. 装有活体动物处所的排出污水

3. 船舶造成海洋污染的原因主要有_____。

①人员操作不当

②机械问题

③恶劣环境

④管理不善

A. ①②③④   B. ①②④

C. ①③④   D. ②③④

4. 操作性包装有害物质污染的途径包括_____。

①在船上将用以清除从包装货物中洒落的有害物质的清洗水直接排入海中

②将装有散装有毒液体物质泄漏的舱室中清除出来的垃圾、混合物或包装扔到海里

③将装有散装有毒液体物质的货泵舱中的舱底水排入海里

④装卸作业中不慎造成包装有害物质的意外落海

A.①②③④ B.①②④

C.①③④ D.①②③

5. 根据 MARPOL 公约附则 I 的规定,1 万总吨以上船舶除应备有常规的防污设备和遵守排放标准外,还应装有_____。

A. 化学消油设备

B. 围油栏

C. 原油洗舱设备

D. 当排除物含油量超过 15 ppm 时能够自动停止排放装置

6. 船舶污染海域的途径有_____。

①排放油类、油性混合物入海

②排放散装有毒液体物质入海

③包装有害物质跌落或散落或被抛弃入海

④排放专用压载舱中的压载水

A.①②③④ B.①②③

C.②③④ D.①②④

7. 预防船舶污染海洋环境的措施通常包括_____。

①完善立法,严格执法

②依法行政,加强监督

③宣传教育,增强意识

④规范行为,精心操作

A.①②④ B.②③④

C.①②③④ D.①②③

8. 船舶对海洋环境的污染主要有_____。

①油类和油性混合物

②海运包装有害物质

③船舶生活污水、船舶垃圾

④船舶压载水中的有害生物

A.①②③ B.①②③④

C.②③④ D.①③④

9. 油类、油性混合物对海洋环境污染的途径主要有_____。

①机舱污水和残油的排放

②含油的压载水和洗舱水的排放

③船舶海损事故造成的溢油

④供受油作业中的跑、冒、滴、漏

A.①②③ B.②③④

C.①③④ D.①②③④

10. 根据有关规定,下列哪些船舶必须备有船舶油污应急计划?

①150 总吨及以上的油轮

②400 总吨及以上的非油轮

③任何客船

A. ①②③   B. ①②

C. ②③   D. ①③

11. 船舶油污应急计划的内容至少包括_____。

①船长或其他负责报告油污事故的人员应遵循的程序

②发生油污事故时联系的当局或人员名单

③事故发生后为减少或控制排油,船上人员应立即采取的措施的详细说明书

④处理污染时与政府及当地当局协调船上行动的程序和船上联系要点

A. ①②③④   B. ①②③

C. ②③④   D. ①③④

12. 预防船舶污染海洋环境的措施主要有_____。

①健全管理网络,提高管理者素质,规范管理行为

②提高从业人员的职业素质,规范其管理和操作行为

③控制防污染构造、系统和设备的建造和运行

④为船舶防污染提供良好的外围环境

A. ①②③④   B. ①②④

C. ①③④   D. ②③④

13. 船舶对海洋环境的污染源主要有_____。

①油类和油性混合物

②海运包装有害物质

③船舶生活污水、船舶垃圾、船舶废气

④船舶压载水中的有害生物等

A. ①②③④   B. ①②

C. ②③   D. ①②③

14. 操作性油污的途径有_____。

①机舱舱底污水和机舱残油、污油、油泥的违规排放

②排放含油的压载水或洗舱水时,油量瞬间排放率超标

③管系泄漏事故、舱柜满溢事故、船壳泄漏事故

④为了船舶安全的故意排油及救助海上人命的故意排油

A. ①②③④   B. ①②④

C. ②③   D. ①②③

15. 船舶污染将会对海洋环境造成_____损害。

①形成海面污染物

②污染海水水质

③污染物沉淀危害

④破坏大气臭氧层

A. ①②④   B. ①②③④
C. ②③   D. ①②③

16. 目前在船用油水分离器中采用最多的方法是_____。
    A. 物理分离法   B. 化学方法
    C. 生物处理方法   D. 生物滤池法

17. 对船上的废油、油渣、含油棉纱以及生活污水的固体物质和垃圾等,最干净、最简便的处理
    方法是_____。
    A. 直接投弃   B. 粉碎处理后投弃用
    C. 送岸回收   D. 用焚烧炉烧掉

18. MARPOL 73/78 附则Ⅱ中所指的有毒液体物质是指_____。
    ①对海洋资源及人类健康有害的物质
    ②在该附则中列明的物质
    ③暂被评定为 X、Y、Z 类的任何物质
    A. ①②   B. ①②③
    C. ①③   D. ②③

19. MARPOL 73/78 附则Ⅱ中所指的 X 类物质是指如排放入海,将对海洋资源或人类健康造成
    _____,因而有必要对之采取严格防污措施的物质。
    A. 较小危害   B. 可察觉的危害
    C. 危害   D. 重大危害

20. MARPOL 73/78 附则Ⅱ中所指的 Y 类物质是指如排放入海,将对海洋资源或人类健康造成
    _____,因而有必要对之采取特殊防污措施的物质。
    A. 较小危害   B. 可察觉的危害
    C. 危害   D. 重大危害

21. MARPOL 73/78 附则Ⅱ中所指的 Z 类物质是指如排放入海,将对海洋资源或人类健康造成
    _____的物质。
    A. 较小危害   B. 可察觉的危害
    C. 危害   D. 重大危害

22. MARPOL 73/78 附则Ⅱ中所指的液体物质是指在温度为 37.8 ℃时,蒸发压力不超过
    _____ kg/cm² 的物质。
    A. 4.2   B. 2.4
    C. 2.8   D. 3.8

项目二　船舶防污染作业管理

考试大纲要求:

6.3.4　防止散装有毒液体物质污染规则

6.3.4.1　定义与分类

6.3.5　防止海运包装有害物质污染规则

6.3.5.2　包装、标志

6.3.7　防止垃圾污染规则

6.3.7.2　垃圾处理规定

6.3.7.3　公告标牌、管理计划、垃圾记录簿

1. 根据 MARPOL 公约附则Ⅳ,下列有关船舶生活污水的排放规定不正确的是_____。
   A. 应在船舶不少于 4 kn 的航速航行时排放生活污水
   B. 未经处理的污水允许在离岸最近 12 n mile 外排放
   C. 以中等速率排放生活污水
   D. 经粉碎机和消毒器处理的生活污水允许在离岸最近 6 n mile 以上的地方排放

2. 根据规定,载运 2000 吨散装货油的国际航行的船应持有下列哪些防污文书?
   ①油类记录簿
   ②船舶垃圾记录簿
   ③货物记录簿
   ④油污损害民事责任保险证书
   A.①②④　　　　　　　　　　　　　　B.①②③④
   C.②③④　　　　　　　　　　　　　　D.①③

3. 下列哪项不是油类记录簿第一部分的记录内容?
   A. 残油的处理　　　　　　　　　　　　B. 燃油舱的压载和清洗
   C. 污压载水的排放　　　　　　　　　　D. 机舱污水的处理

4. 按照垃圾记录的有关规定,下列哪项物质的排放不应记入垃圾记录簿?
   ①鲜鱼及各部分
   ②日常用品废弃物
   ③工业用品废弃物
   ④有毒液体物质
   A.①②③④　　　　　　　　　　　　　B.②③
   C.①②③　　　　　　　　　　　　　　D.①④

5. 船舶垃圾记录簿用完后保存_____年。
   A. 1　　　　　　　　　　　　　　　　B. 5
   C. 3　　　　　　　　　　　　　　　　D. 2

6. 现行 73/78 防污公约附则Ⅰ规定,除另有规定_____及 400 总吨以上的非油船在特殊区域外不得将油类或油性混合物排放入海,除非符合有关条件。
   A. 任何油船　　　　　　　　　　　　　B. 150 总吨及以上的油船
   C. A、B 都对　　　　　　　　　　　　D. A、B 都不对

7. 现行 73/78 防污公约附则Ⅰ规定,清洁压载或专用压载在_____可以直接排放入海。
   A. 特殊区域内　　　　　　　　　　　　B. 特殊区域外
   C. A、B 都对　　　　　　　　　　　　D. A、B 都不对

8. 按照现行 73/78 防污公约附则Ⅰ规定,油轮在特殊区域外排放机舱含油污水,应满足的条件包括_____。

①不在特殊区域内
②船舶正在途中
③距最近陆地 50 海里以上
④瞬间排放率不超过 30 升/海里

A. ①②③
B. ①②③④
C. ①③④
D. ①②

9. 根据 MARPOL 公约附则Ⅳ的规定,未经处理的生活污水允许在离岸最近距离为_____以上的地方排放。

A. 3 海里
B. 4 海里
C. 12 海里
D. 25 海里

10. 按 MARPOL 73/78 附则Ⅴ规定配备的船舶垃圾管理计划应_____。
①规定垃圾收集、存放和处理的程序
②使用船舶的工作语言书写
③指定专人负责计划的实施
④由船长负责亲自制订

A. ①②③
B. ①②③④
C. ②③④
D. ①③④

11. 下列有关货物记录簿的说法不正确的是_____。
A. 货物记录簿在完成最后一次记录后应保存 2 年
B. 凡 MARPOL 73/78 附则Ⅱ适用的船舶均应备有一本货物记录簿
C. 货物记录簿的每项记录应由负责该项作业的高级船员签字
D. 货物记录簿应至少使用英文、法文或西班牙文记录

12. 根据《中华人民共和国防止船舶污染海域管理条例》的规定,经批准的船舶排放机舱含油污水,必须满足下列哪些要求?
①在批准的区域内
②在退潮时
③污水的含油量不大于 15 毫克/升
④船上的防油污设备处于正常工作状态

A. ②③④
B. ①②③
C. ①③④
D. ①②③④

13. 现行 MARPOL 73/78 附则Ⅰ规定,除在特殊区域外,对于 400 总吨及以上的非油船舱底污水的排放,下列哪些条件不必符合?
A. 距最近陆地 12 n mile 以上
B. 船舶正在途中航行
C. 船舶不在特殊区域之内
D. 未经稀释的排除物的含油量不超过 15 ppm

14. 根据 MARPOL 73/78 附则Ⅲ的规定,下列说法不正确的是_____。
A. 附则Ⅲ适用于所有装运包装形式的有害物质的船舶
B. 装有有害物质的包装件只需永久地标记该物质的商业名称即可

C.装运有害物质的船舶应该持有一份列明有害物质及其位置的特别舱单或清单

D.有害物质应正确地积载并加固

15.下列_____属于 MARPOL 73/78 附则 V 所称的船舶垃圾。

①食品废弃物

②渔具

③操作废弃物

④食用油

A.①②③   B.①②③④

C.②③④   D.①②④

16.包装有害物质对海洋污染的污染途径有_____。

①将从包装货物中洒落或者泄漏出来的有害物质直接排入海中

②将从包装有害物质洒落或泄漏的舱室中清扫出来的垃圾、混合物等直接投弃入海

③船舶发生海损事故,造成有害物质的事故性排放

④装卸工作不慎,造成包装有害物质的意外落海

A.①②④   B.①②③④

C.②③④   D.①③④

17.根据现行 73/78 防污公约附则 I,在特殊水域内排放压载水,应满足的条件包括_____。

①禁止将污压载水、洗舱水等油性混合物排放入海

②清洁的压载舱的压载水可以排放入海

③专用压载舱的压载水可以排放入海

A.①②③   B.①③

C.①②   D.②③

18.根据现行 73/78 防污公约附则 I 的规定,油轮在特殊水域内排放压载水应满足的条件包括

_____。

①禁止将压载水、洗舱水的油性混合物排放入海

②清洁压载舱的压载水可以排放入海

③专用压载舱的压载水可以排放入海

A.①②③   B.①③

C.①②   D.②③

19.根据有关规定,下列哪些船舶必须备有船上油污应急计划?

A.150 总吨及以上的油船   B.400 总吨及以上的非油船

C.任何客船   D. A 和 B

20.按照垃圾记录的有关规定,下列哪项物质的排放不应记入垃圾记录簿?

①生活污水

②操作废弃物

③生活废弃物

④散装有毒液体物质

A.①②③④   B.②③

C.①②③   D.①④

21. 正常情况下,船舶垃圾的处理途径包括_____。

①排放入海

②排入岸上接收设备或排入其他船舶

③事故发生时非故意入海

④焚烧

A. ①②③④   B. ①②④

C. ①③④   D. ②③④

22. 根据 MARPOL 公约附则Ⅲ的要求,装有有害物质的包装或集装箱上应_____。

①加上耐久的标签

②使用联合国编号

③耐久地标以该物质的正确的学名

A. ①③   B. ②③

C. ①②③   D. ①②

23. 根据垃圾记录簿记载规定,排放垃圾的估计量是以_____为单位的。

A. 吨   B. 千克

C. 立方米   D. 升

24. 下列有关垃圾记录簿的叙述正确的是_____。

①每次焚烧或排放都应记录

②每记完一页由轮机长签字

③发生意外失落垃圾的情况时,应在垃圾记录簿中说明这种失落的情况和原因

④应在完成最后一项记录后在船上保留 2 年

A. ①②③④   B. ①②④

C. ①③④   D. ②③④

25. 防止溢油扩散的常用的方法有_____。

①化学凝聚剂

②围栏包围

③燃烧阻止

④沉降阻止

A. ①②③   B. ①②

C. ②③④   D. ①②③④

26. 现行 MAPROL 73/78 附则Ⅰ规定,对于 400 总吨及以上的非油船舱底污水的排放,应符合的条件包括_____。

①船舶正在途中航行

②油船距最近陆地 12 海里以上

③未经稀释的排出物的含油量不超过 15 ppm

④船舶不在特殊区域之内

A. ①②③   B. ①②③④

C. ②③④   D. ①③④

27. 根据 MARPOL 73/78 附则Ⅲ的规定,装有有害物质的包装件应_____。

①永久地标以正确的技术名称
②永久地加上标志和标签
③尽可能使用联合国编号
④只标记有害物质的商业名称
A. ①②③   B. ①②③④
C. ②③④   D. ③④

28. MARPOL 公约附则 II 中所提及的化学品液货船不包括_____。
A. 部分散装有毒液体物质货物的油船   B. 装运散装有毒液体物质的船舶
C. 全部散装有毒液体物质货物的船舶   D. 专用油船

29. MARPOL 公约的六个技术附则不包括_____。
A. 防止船舶压载水污染规则   B. 防止船舶造成大气污染规则
C. 防止船舶生活污水污染规则   D. 防止油污规则

30. 原油油船常见的防污染设备包括_____。
①排油监控系统
②滤油设备
③油/水界面探测器
④生活污水系统
A. ①③④   B. ②③④
C. ①②   D. ①②③④

31. 根据 MARPOL 公约附则 I 的规定,1 万总吨以上船舶除应备有常规的防污设备和遵守排放
标准外,还应装有_____。
A. 化学消油设备
B. 围油栏
C. 原油洗舱设备
D. 当排出物含油量超过 15 ppm 时能够自动停止排放的装置

32. 下列有关船上防污设备配备的要求哪些正确?
①150 总吨以上的油船和 400 吨以上的非油船,应设有满足要求的防污设备和器材
②150 总吨以下的油船,应设有专用容器回收残油、废油
③对 400 吨以下的非油船没有明确的要求
A. ①②③   B. ①②
C. ②③   D. ①③

33. 发生油污事故时,通常可鸣放下列哪种报警信号?
A. 一长声   B. 一短一长一短声
C. 一短二长一短声   D. 二短二长声

34. 下列关于 MARPOL 73/78 公约各附则的名称,正确的是_____。
①附则 I 为《防止油污染规则》
②附则 II 为《控制散装有毒液体物质污染规则》
③附则 III 为《防止海运包装有害污染规则》
④附则 IV 为《防止船舶生活污水污染规则》

⑤附则Ⅴ为《防止船舶造成大气污染规则》

⑥附则Ⅵ为《防止船舶垃圾污染规则》

A. ①②③④⑤⑥　　　　B. ②③④⑤⑥

C. ①②③④　　　　D. ①②③④⑤

35. 下列关于垃圾记录簿的说法正确的有_____。

①每次垃圾排放和焚烧作业都应记录

②本记录簿所言垃圾包括食用油

③船上垃圾数量以立方米估计

④垃圾记录簿进行最后一项记录后应在船保留3年

A. ①②③④　　　　B. ①②③

C. ②③④　　　　D. ①②④

36. 按照船舶油污应急计划,下列有关船舶油污应急的叙述哪些正确?

①溢油报警信号通常为一短二长一短声

②船员集合地点在驾驶台两翼甲板

③船长任应急总指挥

④现场指挥的是轮机长,大副协助轮机长指挥

A. ①②③④　　　　B. ①②③

C. ①③④　　　　D. ②③④

37. 150吨以上的油船应装有一个经批准的排油监控系统,该系统能保证在油量瞬间排放率超过_____时自动停止排放任何油性混合物。

A. 10 L/n mile　　　　B. 20 L/n mile

C. 30 L/n mile　　　　D. 40 L/n mile

38. 船舶垃圾记录簿用完后保存_____年。

A. 1　　　　B. 5

C. 3　　　　D. 2

39. 船舶对海洋环境的污染源主要有_____。

①油类和油性混合物

②海运包装有害物质

③船舶生活污水、船舶垃圾

④船舶压载水中有害生物

A. ①②③　　　　B. ①②③④

C. ②③④　　　　D. ①③④

40. 按照垃圾记录的有关规定,特殊区域外,在一定条件下允许排放入海的垃圾有_____。

A. 食用油　　　　B. 塑料

C. 动物尸体　　　　D. 渔具

41. 现行 MARPOL 73/78 公约附则Ⅰ规定,清洁压载或专舱压载在_____可以直接排放入海。

A. 特殊区域内　　　　B. 特殊区域外

C. A、B 都对　　　　D. A、B 都不对

42. 现行的 73/78 防污公约附则 I 规定,在特殊区域外,所有船舶排放机舱含油污水的含油量不得超过_____ ppm,油轮排放污压载水和洗舱水的瞬间排放率不得超过_____ L/n mile。

A. 100;60　　　　　　　　　　　　B. 100;30

C. 15;60　　　　　　　　　　　　D. 15;30

43. 按照现行的 73/78 防污公约附则 I 的要求,400 总吨及以上的非油船在特殊区域外排放机舱含油污水,应满足的条件包括_____。

①在批准的区域内

②船舶正在途中航行

③距最近陆地 12 n mile 以上

④未经稀释的排出物的含油量不超过 15 ppm

A. ①②③　　　　　　　　　　　　B. ①②③④

C. ③④　　　　　　　　　　　　D. ②④

44. 现行 73/78 防污公约附则 I 规定,除另有规定,_____及 400 总吨及以上的非油船在特殊区域外不得将油类或油性混合物排放入海,除非符合有关条件。

A. 任何油船　　　　　　　　　　　B. 150 总吨及以上的油船

C. A、B 都对　　　　　　　　　　D. A、B 都不对

45. 现行 MARPOL 73/78 附则 I 规定,在特殊区域外,对于 400 总吨及以上的非油船舱底污水的排放,应符合的条件包括_____。

①船舶正在途中航行

②距最近陆地 50 海里以上

③未经稀释的排出物的含油量不超过 15 ppm

④油量瞬间排放率不超过 30 L/n mile

A. ①②③　　　　　　　　　　　　B. ①②③④

C. ②④　　　　　　　　　　　　D. ①③

46. 现行 MARPOL 73/78 附则 I 规定,在特殊区域外,对于 400 总吨及以上的非油船舱底污水的排放,不用符合的条件包括_____。

①船舶正在途中航行

②距最近陆地 50 n mile 以上

③未经稀释的排出物的含油量不超过 15 ppm

④油量瞬间排放率不超过 30 L/n mile

A. ①②③　　　　　　　　　　　　B. ①②③④

C. ②④　　　　　　　　　　　　D. ①③

47. 现行 MARPOL 73/78 附则 I 规定,在特殊区域外,对于 400 总吨及以上的非油船舱底污水的排放,应符合的条件包括_____。

①船舶正在途中航行

②距最近陆地 12 n mile 以上

③未经稀释的排出物的含油量不超过 15 ppm

④油量瞬间排放率不超过 30 L/n mile

A. ①③   B. ①②③④
C. ①④   D. ①②③

48. 现行 MARPOL 73/78 附则 I 规定,在特殊区域外,对于 400 总吨及以上的非油船舱底污水的排放,应符合的条件包括_____。
    ①船舶正在途中航行
    ②距最近陆地 12 n mile 以上
    ③未经稀释的排出物的含油量不超过 15 ppm
    ④船舶不在特殊区域之内
    A. ①②③   B. ①②③④
    C. ②③④   D. ①③④

49. 现行 MARPOL 73/78 附则 I 规定,在特殊区域外,对于 400 总吨及以上的非油船舱底污水的排放,下列哪项条件不必符合?
    A. 距最近陆地 12 n mile 以上
    B. 船舶正在途中航行
    C. 未经稀释的排出物的含油量不超过 15 ppm
    D. 船舶不在特殊区域之内

50. 现行 MARPOL 73/78 附则 I 规定,在特殊区域外,对于任何油船机器处所舱底污水的排放,应符合的条件包括_____。
    ①不是来自货油泵舱的舱底
    ②未混有货油残余物
    ③未经稀释的排出物的含油量不超过 15 ppm
    A. ②③   B. ①②③
    C. ①②   D. ①③

51. 现行 MARPOL 73/78 附则 I 规定,在特殊区域外,对于任何油船机器处所舱底污水的排放,应符合的条件包括_____。
    ①不是来自货油泵舱的舱底
    ②距最近陆地 50 n mile 以上
    ③未经稀释的排出物的含油量不超过 15 ppm
    A. ②③   B. ①②③
    C. ①②   D. ①③

52. MARPOL 73/78 附则 I 规定,凡 400 总吨及以上但小于 10000 总吨的_____,应装设经主管机关认可的滤油设备,以保证排入海中的含油混合物的含油量不超过 15 ppm。
    A. 油船   B. 非油船
    C. 任何船舶   D. 原油油船

53. 按照现行的 73/78 防污公约附则 I 的要求,油船在特殊区域外排放机舱含油污水,应满足的条件包括_____。
    ①油水分离设备正在运转
    ②船舶正在途中航行
    ③距最近陆地 50 n mile 以上

④瞬间排放率不超过 30 L/n mile

A.①②③   B.①②③④

C.①②④   D.①②

54. 按照现行的 73/78 防污公约附则 I 的要求,油船排放机舱含油污水,应满足的条件包括 _____。

①不在特殊区域内

②按公约要求配备的防污设备正在运转

③瞬间排放率不超过 30 L/n mile

④含油量小于 15 ppm

A.①②③   B.①②③④

C.①③④   D.①②④

55. 按照现行的 73/78 防污公约附则 I 的要求,油船排放污压载水、洗舱水应满足的条件包括 _____。

①不在特殊区域内

②船舶正在途中航行

③距最近陆地 12 n mile 以上

④瞬间排放率不超过 30 L/n mile

A.①②③④   B.①②④

C.①②   D.①②③

56. 按照现行的 73/78 防污公约附则 I 的要求,油船排放污压载水、洗舱水应满足的条件包括 _____。

①不在特殊区域内

②距最近陆地 50 n mile 以上

③瞬间排放率不超过 30 L/n mile

④现有油船的排油总量不超过该种货油总量的 1/15000

A.①②③   B.①②③④

C.①②④   D.①②

57. 按照现行的 73/78 防污公约附则 I 的要求,油船在特殊区域外排放污压载水、洗舱水,应满足的条件包括 _____。

①距最近陆地 50 n mile 以上

②船舶正在途中航行

③瞬间排放率不超过 30 L/n mile

④新油船的排油总量不超过该种货油总量的 1/30000

A.①②③   B.①②③④

C.①②④   D.①②

58. 现行 73/78 防污公约附则 I 规定,油船在特殊水域内排放压载水,应满足的条件包括 _____。

①禁止将压载水、洗舱水等油性混合物排放入海

②清洁压载舱的压载水可以排放入海

③专用压载舱的压载水可以排放入海

    A.①②③   B.①③

    C.①②   D.②③

59. 根据73/78防污公约附则Ⅰ的规定,任何油船和400总吨及以上的非油船在特殊区域内排放经处理的舱底污水的条件包括_____。

①舱底污水不来自货油泵舱,未混有货油残余物

②船舶正在途中航行

③未经稀释的排出物的含油量不超过15 ppm

④船舶所设符合该附则要求的过滤系统正在运转

    A.①②③④   B.②③④

    C.②③   D.①②③

60. 73/78防污公约规定,船舶在特殊区域内排放时,其过滤系统的停止装置应确保_____时能自动停止排放。

    A. 瞬间排放率超过30 L/n mile   B. 含油量超过100 ppm

    C. 含油量超过15 ppm   D. A 和 C 正确

61. 根据73/78防污公约附则Ⅰ的规定,下列哪项不是所有150总吨及以上的油船必须具备的防污证书和文件?

    A. 原油洗舱系统操作与设备手册   B. 油类记录簿

    C. 国际防止油污证书   D. 船上油污应急计划

62. MARPOL 73/78 附则Ⅱ中所指的南极区域是指_____。

    A. 南纬60°以南的海域   B. 南纬80°以南的海域

    C. 南纬60°以北的海域   D. 南纬80°以北的海域

63. 下列哪些区域属于73/78防污公约附则Ⅱ规定的特殊区域?

    A. 红海、黑海、南极   B. 红海、波罗的海、南极

    C. 海湾区域、波罗的海、黑海   D. 黑海、波罗的海、南极

64. MARPOL 73/78 附则Ⅱ规定:每艘150总吨及以上经核准_____的船舶,须在船上备有一份经主管机关认可的船上有毒液体物质海洋污染应急计划。

    A. 包装有害物质   B. 载运散装有毒液体物质

    C. 桶装有毒液体物质   D. 非包装类有害物质

65. 根据 MARPOL 公约附则Ⅲ,下列哪些叙述正确?

①附则Ⅲ适用于包装形式或集装箱装运有害物质的船舶

②装有有害物质的包装或集装箱上只应耐久地标以该物质的商业名称

③装有有害物质的船舶应持有一份列明有害物质及其位置的清单或舱单

④有害物质应妥善积载和加固

    A.①②③   B.①②③④

    C.①③④   D.②③④

66. 根据 MARPOL 公约附则Ⅲ的要求,装有有害物质的包装或集装箱上应_____。

①加上耐久的标签

②使用联合国编号

③耐久地标以该物质的正确的学名

A. ①   B. ②

C. ①②③   D. ②③

67. 在装有有害物质的包装件上标注正确技术名称和贴标签的方法,应是能使该信息在海中浸没至少_____后仍然可以从包装件上辨认出来。在考虑适当的标志和标签时,应考虑包件所用材料和其表面的耐用性。

A. 6 个月   B. 12 个月

C. 3 个月   D. 2 个月

68. 根据 MARPOL 73/78 附则 V 的规定,下列叙述哪项有误?

A. 在特殊区域内外,一切塑料制品均不得投弃入海

B. 在特殊区域内,一切塑料制品和其他垃圾不得处理入海

C. 在特殊区域外,一切塑料制品和其他垃圾不得处理入海

D. 食品废弃物能在距最近陆地 12 n mile 以外的任何地方处理入海

69. 根据 MARPOL 73/78 附则 V 的规定,下列哪些叙述正确?

①在特殊区域内外,一切塑料制品均不得处理入海

②在特殊区域外,一切除塑料制品外的其他垃圾不得处理入海

③在特殊区域内,一切塑料制品和一切其他垃圾禁止处理入海

④食品废弃物可在距最近陆地 12 n mile 以外,尽可能远离陆地处理入海

A. ①②③   B. ①②③④

C. ②③④   D. ①③④

70. MARPOL 73/78 附则 V 规定,在泛加勒比海区域内,如食品废弃物粒直径不大于 25 mm,则可在距最近陆地_____外处理入海。

A. 50 n mile   B. 3 n mile

C. 12 n mile   D. 25 n mile

71. 73/78 防污公约附则 V 要求,总长_____m 及以上的船舶应张贴垃圾处理告示,以使船员和旅客知晓有关垃圾处理的要求。

A. 12   B. 40

C. 30   D. 50

72. 现行 73/78 防污公约附则 V 规定,总长 12 m 及以上的船舶应张贴_____向船员和旅客展示关于垃圾处理的要求。

A. 垃圾处理计划   B. 73/78 防污公约附则 V 的有关内容

C. 垃圾污染应急计划   D. 垃圾处理告示

73. 下列有关垃圾处理告示的叙述哪些正确?

A. 总长 15 m 及以上的所有船舶应张贴垃圾处理告示

B. 告示应以船上人员的工作语言书写

C. 国际航行的船舶,告示还应以英语和法语书写

D. 国际航行的船舶,告示还应以英语和西班牙文书写

74. 下列有关垃圾处理告示的叙述哪些正确?

①总长 12 m 及以上的所有船舶应张贴垃圾处理告示

②告示应以船上人员的工作语言书写

③国际航行的船舶,告示还应以英语和法语书写

④国际航行的船舶,告示还应以英语或法语或西班牙文书写

A.①② B.②③④

C.①②④ D.①②③④

75. 根据规定,_____总吨及以上的船舶和可载运 15 人及以上的船舶应配备垃圾管理计划。

A.150 B.300

C.400 D.500

76. 根据规定,_____总吨及以上的船舶和可载运_____人及以上的船舶应配备垃圾管理计划。

A.150;15 B.150;12

C.400;15 D.400;12

77. 根据规定,400 总吨及以上的船舶和可载运_____人及以上的船舶应配备垃圾管理计划。

A.12 B.15

C.20 D.30

78. 按 MARPOL 73/78 附则 V 规定配备的船舶垃圾管理计划应_____。

①规定垃圾收集、存放和处理的程序

②使用船员的工作语言书写

③指定专人负责计划的实施

④由船长负责亲自制订

A.①②③ B.①②③④

C.②③④ D.①③④

79. 下列有关船舶垃圾管理计划的叙述哪项正确?

A.计划应规定垃圾收集、存放、处理的程序

B.由值班驾驶员负责计划的实施

C.计划用船旗国的官方语言书写

D.必须由船长亲自负责制订计划

80. 根据规定,国际航行的_____总吨及以上和可载运_____人及以上的船舶应配备垃圾记录簿。

A.150;15 B.400;12

C.150;12 D.400;15

81. 根据规定,船舶在特殊区域内禁止排放的船舶垃圾包括_____。

A.食品废弃物 B.一切塑料制品

C.除食品废弃物外的其他船舶垃圾 D.B 和 C 都是

82. 按照垃圾记录的有关规定,垃圾是指_____。

①食品废弃物,包括鲜鱼及其各部分

②日常用品废弃物

③工业用品废弃物

④有毒液体物质

A. ①②③④   B. ②③
C. ①②③   D. ①④

83. 按照垃圾记录的有关规定,垃圾是指_____。
①食品废弃物
②日常用品废弃物
③工业用品废弃物
④生活污水

A. ①②③④   B. ①②④
C. ①②③   D. ①④

84. 根据垃圾记录簿记载规定,排放垃圾的估计量是以_____为单位的。
A. 吨   B. 千克
C. 立方米   D. 升

85. 按照垃圾记录的有关规定,下列哪项物质的排放不应记入垃圾记录簿?
①鲜鱼及其各部分
②日常用品废弃物
③工业用品废弃物
④有毒液体物质

A. ①②③④   B. ②③
C. ①②③   D. ①④

86. 按照垃圾记录的有关规定,下列关于应记入垃圾记录簿的垃圾种类哪项不确切?
A. 食品废弃物,包括鲜鱼及其各部分   B. 日常用品废弃物
C. 工业用品废弃物   D. 焚烧炉灰渣

87. 船舶在下列哪些情况下应填写垃圾记录簿?
①向海里排放垃圾时
②向岸上接收设施或其他船舶排放垃圾时
③焚烧垃圾时
④意外情况下排放垃圾时

A. ①②③④   B. ①②④
C. ①③   D. ①③④

88. 当船舶向海里排放垃圾时,垃圾记录簿应记录哪些内容?
①排放的日期和时间
②船舶位置
③垃圾种类
④航向和航速

A. ①②③④   B. ①②④
C. ①②③   D. ①④

89. 当船舶向岸上或其他船舶排放垃圾时,垃圾记录簿应记录_____。
①排放的日期、时间及港口或船舶的名称

②垃圾种类及每种垃圾的排放量

③负责排放的高级船员的签字

A. ①②③ B. ②③

C. ①③ D. ①②

90. 当船舶焚烧垃圾时,垃圾记录簿应记录_____。

①焚烧开始与结束的日期和时间

②船舶位置

③垃圾种类

④焚烧垃圾的估计量

A. ①②③④ B. ①②④

C. ①②③ D. ①④

91. 当船舶意外排放垃圾时,垃圾记录簿中应记录_____。

①意外排放的日期和时间

②港口名称或发生意外排放时的船位

③种类和估计的垃圾的排放量

④一般原因

A. ①②③④ B. ①②④

C. ①②③ D. ①④

92. 当船舶焚烧垃圾时,下列哪项不应记入垃圾记录簿?

A. 焚烧开始与结束的日期和时间 B. 船舶位置

C. 垃圾种类 D. 焚烧垃圾的估计量

93. 当船舶焚烧垃圾时,垃圾记录簿应记录哪些内容?

①焚烧开始与结束的日期和时间

②船舶位置

③焚烧垃圾的估计量

④负责操作的高级船员的签字

A. ①②③④ B. ①②④

C. ①②③ D. ①④

94. 垃圾记录簿每记完一页应由_____签字。

A. 船长 B. 负责的高级船员

C. 值班驾驶员 D. 大副

95. 下列有关船舶垃圾记录簿的记载和管理要求哪项不正确?

A. 每次垃圾排放的作业均应记录 B. 垃圾排放的当天由负责的高级船员签字

C. 用船旗国的官方文字及英语同时记录 D. 每记完一页由大副签字

96. 向港口接收设施或垃圾接收船排放垃圾时,_____须从港口垃圾接收设施的操作人员处得到一份具体说明所转移的垃圾估计量的收据或证明。

A. 船长 B. 负责的高级船员

C. 值班驾驶员 D. 大副

97. 表明垃圾已排放给港口接收设施或垃圾接收船的收据或证明须与垃圾记录簿一起在船上

保存_____年。

A. 1   B. 2

C. 3   D. 4

项目三　船舶污染防治管理

考试大纲要求：

6.6　国内环境保护法规

6.6.1　海洋环境保护法

6.6.1.1　总则

6.6.1.2　防治船舶及有关作业活动对海洋环境的污染损害

6.6.2　防治船舶污染海洋环境管理条例

6.6.2.1　一般规定

6.6.2.2　船舶污染事故的应急处置

6.6.3　船舶及其有关作业活动污染海洋环境防治管理规定

6.6.3.1　一般规定

6.6.3.2　船舶污染物的排放和接收

6.6.3.3　船舶载运污染危害性货物及其有关作业

1. 根据《防治船舶污染海洋环境管理条例》规定，下列哪些活动应遵守相关操作规程，并采取必要的安全和防治污染的措施？

①从事船舶清舱、洗舱、油料供受、装载、过驳、修造、打捞、拆解

②污染危害性货物装箱、充罐

③污染清除作业

④利用船舶进行水上水下施工作业

A. ①②④   B. ①②③

C. ②③④   D. ①②③④

2. 根据《中华人民共和国防止船舶污染海域管理条例》的规定，外国籍船舶在我国管辖海域内_____。

A. 倾倒废弃物应经我国政府批准   B. 不得进行倾倒废弃物的作业

C. 倾倒废弃物应经我国主管机关批准   D. 倾倒废弃物应经我国环保部门批准

3. 船舶进行油类作业时，供受油双方规定的联系信号应_____。

A. 以供方为主   B. 以受方为主

C. 双方均应切实执行   D. B 和 C 都正确

4. 根据《中华人民共和国防止船舶污染海域管理条例》的规定，船舶在港内处理垃圾时_____。

①生活垃圾的储集容器必须有盖和不渗漏

②应招用垃圾倾倒车、船接收处理

③垃圾中的塑料制品分开堆放

④来自疫区的船舶垃圾申请卫生检疫部门处理

A. ①②③④   B. ①②③

C. ①②④   D. ①③④

5. 根据 73/78 防污公约附则 I 的规定,任何油船和 400 总吨以上的非油船在特殊区域排放经处理的机器处所舱底污水的条件包括_____。

①舱底污水不是来自货油泵舱或混有货油残余物

②船舶正在航行途中

③未经稀释的排出物的含油量不超过 15 ppm

④船舶所设符合规则要求的滤油系统正在运转

A. ①②③④   B. ②③④

C. ②③   D. ①②③

6. 从事原油洗舱作业的指挥人员,应当按照规定_____方可上岗作业。

A. 参加原油洗舱的特殊培训,经海事管理机构的考试、评估,取得合格证书后

B. 参加原油洗舱的特殊培训,经海事管理机构考试后

C. 参加原油洗舱的特殊培训,经海事管理机构评估后

D. 经海事管理机构的考试、评估,取得合格证书后

7. 预防船舶污染环境的措施包括_____。

①完善并加强防止污染立法

②加强监督严格执法

③加强船员防污意识教育

④船公司应制定并要求船舶坚决执行有关安全生产的各项规章制度

A. ①②③④   B. ①②③

C. ②③④   D. ①③④

8. 下列哪些区域属于现行 73/78 防污公约附则 II 规定的特殊区域?

A. 红海、黑海、南极   B. 红海、波罗的海、南极

C. 黑海   D. 南极

9. 根据《中华人民共和国船舶及其有关作业活动污染海洋消防防治管理规定》,进行船舶油料供受作业的,作业双方应当采取满足安全和防治污染要求的供受油作业管理措施的实施,同时应当遵守作业前_____的规定。

①检查管路、阀门,做好准备工作,堵好甲板排水孔,关好有关通海阀

②检查油类作业的有关设备,使其处于良好状态

③对可能发生遗漏的地方,设置集油容器

④供受油双方以受方为主商定联系信号,双方均应执行

A. ②③④   B. ①②③

C. ①②③④   D. ①②④

10. 根据我国《防治船舶污染海洋环境管理条例》,船舶如必须使用化学消油剂时,以下陈述错误的是_____。

①立即使用,然后向海事主管机关口头报告

②事先用电话向海事主管机关报告即可

③立即使用,使用后书面报告

④事先向海事主管机关提出申请,经审核同意后方可投入使用

A.①③④   B.②③④

C.①②③   D.①②③④

11. 依据《中华人民共和国船舶及其有关活动污染海洋环境防治管理规定》有关船舶污染物的排放,以下表述有误的是_____。

   A. 国际航行的船舶在驶离国内港口前应当将船上污染物清理干净,在办理出口岸手续时需出示有效的船舶污染物接收单

   B. 船舶应对含有有毒有害物质的垃圾不必单独存放

   C. 来自疫区的船舶产生的污染物,应当经有关检疫部门检疫处理后方可进行接收和处理

   D. 船舶将含有毒有害物质的垃圾排入港口接收设施或委托船舶污染接收单位接收的,应当向对方说明垃圾所含物质的名称、性质和数量等情况

12. 根据《中华人民共和国船舶及其有关作业活动污染海洋环境防止管理规定》进行船舶油料供受作业的,供受油双方_____确定联系信号,双方均应切实执行。

   A. 以受方为主   B. 以供方为主

   C. 共同   D. 与港方

13. 按照《防治船舶污染海洋环境管理条例》的规定,船舶和船舶燃油供给单位应当将燃油供受单证保存_____年,并将燃油样品妥善保存_____年。

   A.2;0.5   B.3;0.5

   C.2;1   D.3;1

14. 为了减少船舶对海洋环境污染,应具有良好的船外环境,良好的船外环境包括_____。

   ①港口应按照国际公约要求设置船舶污水接收设备、装置

   ②在作业场所设置防止溢漏或散落的器材

   ③港口应有效的航道系统、导航系统及船舶交通管理办法

   ④应有严谨的作业规程

   A.①②③④   B.①②④

   C.①③④   D.②③④

15. 根据我国有关防治船舶污染海域管理办法的规定,任何船舶不得向_____排放污染物、废弃物、船舶垃圾、有害物质等。

   ①我国沿海水域

   ②海上自然保护区

   ③海滨风景名胜区

   ④需要特别保护的区域

   A.①②③④   B.②③④

   C.①②③   D.③④

16. 根据《防治船舶污染海洋环境管理条例》,下列说法正确的是_____。

   ①船舶的结构、设备、器材应当符合国家有关防治船舶污染海洋环境的技术规范以及中华人民共和国缔结的国际条约的要求

②船舶应取得并随船携带相应的防治船舶污染海洋环境的证书、文书

③中国籍船舶的所有人、经营人或者管理人应当建立健全安全营运和防治船舶污染管理体系

④港口、码头、装卸站以及从事船舶修造的单位应当配备与其装卸货物种类和吞吐能力或者修造船舶能力相适应的污染监视设施和污染接收设施,并使其处于良好状态

　　A.①②③④　　　　　　　　　　　B.①②③

　　C.①②④　　　　　　　　　　　　D.①②

17.《防治船舶污染海洋环境管理条例》规定,船舶所有人、经营人或者管理人应当_____。

①建立健全安全营运和防治船舶污染管理体系

②制定防治船舶及其有关作业活动污染海洋环境的应急预案,并报海事管理机构批准

③发现船舶及其有关作业活动造成或者可能造成海洋环境污染的,应当立即就近向海事管理机构报告

④港口、码头、装卸站为船舶设置污染物接收装置

　　A.①②③④　　　　　　　　　　　B.①②③

　　C.①②④　　　　　　　　　　　　D.②③④

18.《防治船舶污染海洋环境管理条例》规定,任何船舶不得向_____排放船舶污染物。

　　A.海洋特别保护区　　　　　　　　B.海上自然保护区

　　C.海滨风景名胜区　　　　　　　　D.A、B、C 都是

19.《防治船舶污染海洋环境管理条例》规定,在我国管辖海域不得违法违规(包括国际公约)或者超标排放_____。

①船舶垃圾、生活污水、含油污水

②含有毒有害物质污水

③废气

④压载水

　　A.①②③④　　　　　　　　　　　B.①②③

　　C.①②④　　　　　　　　　　　　D.①②

20.根据《防治船舶污染海洋环境管理条例》,船舶污染我国海域的途径有_____。

①排放油类或含油污水

②排放船舶垃圾

③排放生活污水

④排放压载水

　　A.①②④　　　　　　　　　　　　B.①②③④

　　C.①②③　　　　　　　　　　　　D.①②

21.根据《防治船舶污染海洋环境管理条例》,中国籍船舶在中华人民共和国管辖海域排放污染物时,应符合的相关要求有_____。

①相关法律

②相关行政法规

③相关国际条约

④相关标准

A. ①②   B. ①②③
C. ①②③④   D. ①③④

22. 根据《防治船舶污染海洋环境管理条例》,船舶垃圾记录簿使用完毕后应在船上保留_____,含油污水、含有毒有害物质污水记录簿使用完毕后应在船上保留_____。
    A. 1 年;2 年   B. 2 年;2 年
    C. 2 年;3 年   D. 3 年;3 年

23. 根据《防治船舶污染海洋环境管理条例》,船舶污染物接收单位应向船舶出具的污染物接收单证应该由_____签字。
    A. 船长   B. 负责的高级船员
    C. 大副   D. 船舶污染物接收单位负责人

24. 根据《防治船舶污染海洋环境管理条例》,船舶在从事_____作业活动时,应当遵守相关作业规程,并采取必要的安全和防污染措施。
    ①清舱
    ②洗舱
    ③油料供受
    ④加装载水
    A. ①②   B. ①②③
    C. ①②③④   D. ①③④

25. 根据《防治船舶污染海洋环境管理条例》,船舶在从事_____作业活动时,应当遵守相关作业规程,并采取必要的安全和防污染措施。
    ①装卸货物
    ②过驳
    ③修造、拆解
    ④打捞
    A. ①②   B. ①②③
    C. ①②③④   D. ②③④

26. 根据《防治船舶污染海洋环境管理条例》,船舶在从事_____作业活动时,应当遵守相关作业规程,并采取必要的安全和防污染措施。
    ①水上水下施工作业
    ②污染危害性货物装箱、充罐
    ③污染清除作业
    ④压载作业
    A. ①②   B. ①②③
    C. ①②③④   D. ①③④

27. 根据《防治船舶污染海洋环境管理条例》,下列说法正确的是_____。
    A. 船舶不符合污染危害性货物适载要求的,不得运载污染危害性货物,码头、装卸站不得为其进行装载作业
    B. 船舶不符合污染危害性货物适载要求的,不得运载污染危害性货物,码头、装卸站应根据货物的污染特性,为其进行装载作业

C. 船舶不符合污染危害性货物适载要求的,可少量运载污染危害性货物,码头、装卸站不得为其进行装载作业

D. 船舶不符合污染危害性货物适载要求的,可少量运载污染危害性货物,码头、装卸站应根据货物的污染特性,为其进行装载作业

28. 根据《防治船舶污染海洋环境管理条例》,运载污染危害性货物进出港口的船舶,其承运人、货物所有人或者代理人,应当向海事管理机构提出申请,在未批准情况下_____。

    A. 船舶不可进出港口、过境停留或进行装卸作业

    B. 船舶不可进出港口,但可以过境停留或进行装卸作业

    C. 船舶可以进出港口或过境停留,但不可以进行装卸作业

    D. 船舶不可进出港口,也不可以进行装卸作业,但可以过境停留

29. 根据《防治船舶污染海洋环境管理条例》,下列说法正确的是_____。

①载运污染危害性货物的船舶,应当在海事管理机构公布的具有相应安全装卸和污染物处理能力的码头、装卸站进行装卸作业

②对于货物所有人或者代理人交付船舶载运的污染危害性货物,船方应当确保货物的包装与标志等符合有关安全和防治污染的规定

③对船舶拟载运的污染危害性不明的货物,应由国家海事管理机构认定的评估机构进行危害性评估

④货物所有人或代理人对污染危害性不明的货物,应在交付船舶的同时申请海事管理机构进行危险性评估

    A. ①②   B. ①③

    C. ①③④   D. ①②③

30. 根据《防治船舶污染海洋环境管理条例》,_____应如实填写燃油供受单,燃油供受单保存_____年,燃油样品应妥善保存_____年。

    A. 船舶;2;2   B. 燃油供给单位;3;1

    C. 船舶;3;1   D. 燃油供给单位;2;2

31. 根据《中华人民共和国船舶及其有关作业活动污染海洋环境防治管理规定》,船舶载运_____的,应当采取密闭或者其他防护措施。

①危险货物

②散发有毒有害气体货物

③液体化学品

④散发粉尘物质

    A. ①②③   B. ②④

    C. ②③   D. ①②③④

32. 《中华人民共和国船舶及其有关作业活动污染海洋环境防治管理规定》所称有关作业活动包括_____。

①船舶装卸、过驳、清舱、洗舱、油料供受

②船舶修造、打捞、拆解

③污染危害性货物装箱、充罐、污染清除

④其他水上水下船舶施工作业活动

A. ①②④   B. ①②③④
C. ②③   D. ①②③

33. 根据《中华人民共和国船舶及其有关作业活动污染海洋环境防治管理规定》，船舶从事下列哪些作业活动，应当按照《中华人民共和国海事行政许可条件规定》的规定，取得海事管理机构的许可，并遵守相关操作规程，落实安全和防治污染措施？
    ①在沿海港口进行舷外拷铲、油漆作业或者使用焚烧炉的
    ②在港区水域内洗舱、清舱、驱气以及排放压载水的
    ③冲洗沾有污染物、有毒有害物质的甲板的
    ④进行船舶水上拆解、打捞、修造和其他水上、水下船舶施工作业的
    A. ①②④   B. ②③
    C. ①②③④   D. ①②③

34. 根据《中华人民共和国船舶及其有关作业活动污染海洋环境防治管理规定》，海事管理机构在依法审批_____等存在较大污染风险的作业活动时，可以要求申请人进行作业方案可行性研究。
    ①3000 载重吨以上油船的货舱清舱
    ②10000 吨以上散装液体
    ③污染危害性货物过驳
    ④沉船打捞、油船拆解
    A. ①②③   B. ①②③④
    C. ②③   D. ①②④

35. 根据《中华人民共和国船舶及其有关作业活动污染海洋环境防治管理规定》，船舶不得向_____排放污染物。
    ①依法划定的海洋自然保护区
    ②海洋特别保护区、海滨风景名胜区、重要渔业水域
    ③沿海水域
    ④其他需要特别保护的海域
    A. ①②③   B. ①②③④
    C. ②③   D. ①②④

36. 船舶污染物接收单证上应当注明_____。
    ①作业单位名称
    ②作业双方船名
    ③作业开始和结束的时间、地点
    ④污染物种类、数量
    A. ①②③   B. ①②④
    C. ②③   D. ①②③④

37. 根据《中华人民共和国船舶及其有关作业活动污染海洋环境防治管理规定》，船舶应当将使用完毕的船舶垃圾记录簿在船舶上保留_____年；将使用完毕的含油污水、含有毒有害物质污水记录簿在船舶上保留_____年。
    A. 2;3   B. 2;2

C. 3；3 　　　　　　　　　　　　　　　　D. 3；2

38. 根据《中华人民共和国船舶及其有关作业活动污染海洋环境防治管理规定》，来自疫区的船舶产生的污染物，应当经有关_____检疫处理后方可进行接收和处理。
    A. 海事部门　　　　　　　　　　　　　B. 检疫部门
    C. 卫生部门　　　　　　　　　　　　　D. 港口部门

39. 根据《中华人民共和国船舶及其有关作业活动污染海洋环境防治管理规定》，船舶载运污染危害性货物进出港口，承运人或者代理人应当在进出港_____小时前（航程不足_____小时的，在驶离上一港口时）向海事管理机构办理船舶适载申报手续；货物所有人或者代理人应当在船舶适载申报之前向海事管理机构办理货物适运申报手续。
    A. 24；24　　　　　　　　　　　　　　B. 36；36
    C. 48；48　　　　　　　　　　　　　　D. 12；12

40. 根据《中华人民共和国船舶及其有关作业活动污染海洋环境防治管理规定》，船舶从事_____应当布设围油栏。
    ①300吨及以上的油类装卸、过驳作业
    ②相对密度小于1且不溶、微溶于水的散装有毒液体物质的装卸、过驳作业
    ③200吨及以上的油类装卸、过驳作业
    ④相对密度大于1且不溶、微溶于水的散装有毒液体物质的装卸、过驳作业
    A. ③④　　　　　　　　　　　　　　　B. ①②
    C. ②③　　　　　　　　　　　　　　　D. ①④

项目四　船舶载运危险货物管理

考试大纲要求：
4.15　危险货物安全监督管理规则
4.15.1　适用范围与主管机关
4.15.2　一般规定
4.15.3　通航安全
4.15.4　船舶管理
4.15.5　人员管理

1. 根据我国《船舶载运危险货物安全监督管理规定》，载运危险货物的船舶应当_____。
   ①选择符合安全要求的通航环境航行、停泊、作业
   ②顾及在附近航行、停泊、作业的其他船舶的安全
   ③顾及港口和近岸设施的安全
   ④防止污染环境
   A. ①②③④　　　　　　　　　　　　　B. ②③④
   C. ①②③　　　　　　　　　　　　　　D. ①③④

2. 根据我国船载危险货物监管规定，载运危险货物船舶_____的表述有误。

A. 在航行、停泊、工作时应当按照规定显示信号

B. 与其他船舶相遇时,应当按照航行和避碰规则,尽早采取让路行动

C. 在 VTS 中心控制的水域,应当按照规定向 VTS 中心报告

D. 可接受 VTS 中心提供的水上交通安全信息服务

3. 根据我国《船舶载运危险货物安全监督管理规定》,海事主管规定,海事主管机关应当禁止载运危险货物的船舶进出港口的情况包括_____。

①船舶未按规定办理申报手续

②申报显示船舶未持有有效的安全适航、适装证书

③申报显示船舶未持有有效的防污染证书

④申报显示货物未达到适运要求或者单证不全

A. ②③④   B. ①②③

C. ①②③④   D. ①②④

4. 载运危险货物船舶的船员应持有_____,熟悉所在船舶载运危险货物安全知识和操作规程。

A. 海事管理机构颁发的适任证书和相应的培训合格证

B. 海事管理机构颁发的载运危险货物的适任证书

C. 海事管理机构颁发的载运危险货物的适任证书和相应的培训合格证

D. 海事机构颁发的载运危险货物的适任证书和海事管理机构承认的危险货物运输操作合格证书

5. 根据我国船载危险货物监管规定,载运危险货物的船舶应当_____。

①制订保证水上人命财产安全和防治船舶污染环境的措施

②编制应对水上交通事故危险货物泄漏事故的应急计划

③配备相应的应急救护消防和人员消防等设备器材

A. ①②   B. ①③

C. ②③   D. ①②③

6. 根据我国船载危险货物监管规定,下列关于载运危险货物的船舶行为的表述有误的是_____。

A. 在实行船舶定线制的水域,应当遵守定线制规定并使用规定的通航分道航行

B. 在实行船位报告制的水域,应当按照海事管理机构的规定,加入船位报告系统

C. 发生水上险情交通事故非法排放事件,应当按照规定向海事管理机构报告

D. 发生事故和险情时,应及时向船东报告并听从指挥

7. 根据我国《船舶载运危险货物安全监督管理规定》,以下陈述正确的是_____。

①危险货物安全监督规定适用于船舶在我国管辖水域载运危险货物的活动

②国家海事局负责船舶载运危险货物的安全监督管理工作

③地方海事主管机关具体负责本辖区船舶载运危险货物的安全监督管理工作

④船公司协助主管机关监督本公司船舶载运危险货物的安全管理工作

A. ①②③   B. ②③④

C. ①③④   D. ①②③④

8. 根据我国船载危险货物监管规定,载运危险货物的船舶从事水上过驳作业时应当_____。

①选择缓流、避风、水深、底质等较好的水域压载水
②尽量远离人口密集区、船舶通航密集区、航道
③尽量远离重要的民用目标以及军用水域
④制订安全和防治污染的措施和应急计划,保证有效实施

A. ①②④   B. ①④

C. ①②③④   D. ②③④

9. 根据我国船载危险货物监管规定,载运危险货物的船舶在_____航行、停泊、作业时,应当加强瞭望,谨慎操作,采取相应的安全、防污措施。

①通过狭窄的航道
②通过拥挤的航路
③天气恶劣的条件下
④值班船员经验缺乏的情况下

A. ①②③④   B. ①②④

C. ①②③   D. ②③

10. 根据我国《船舶载运危险货物安全监督管理规定》,载运危险货物船舶的船员,应当_____。

①持有海事管理机构颁发的适任证书和相应的培训合格证书
②熟悉所在船舶载运危险货物安全知识和操作规程
③事先了解所运危险货物的危险性和危害性及安全预防措施
④事先掌握所运危险货物的安全载运的相关知识

A. ②③④   B. ①②③

C. ①③④   D. ①②③④

11. 根据我国船载危险货物监管规定,船舶进行洗舱、驱气或者置换时,应当_____。

①选择安全水域
②远离通航密集区、船舶限制区、禁航区
③远离航道、渡口、客轮码头
④在作业之前报告海事管理机构核准

A. ①②③   B. ②③④

C. ①②③④   D. ①②④

12. 根据我国有关船载危险货物安全监督管理方面的规定,船舶装卸爆炸品和一级易燃液体过程中,不得_____。

①使用雷达和易产生火花的工具
②用车、船进行加油、加水作业
③进行拷铲作业
④进行油漆作业

A. ①②③④   B. ②③④

C. ①②③   D. ①③④

13. 根据我国 VTS 监督管理规则,船舶在 VTS 区域内_____。

A. 航行、停泊和作业时,必须向 VTS 中心报告

B. 发生交通事故、污染事故或其他紧急情况时,应立即向 VTS 中心报告

C. 避让来船时必须向 VTS 中心报告,并经过其同意

D. 发现有妨碍航行安全的异常情况时,应迅速向 VTS 中心报告

14. 根据我国船载危险物监管规定,船舶进行洗(清)舱、驱气或者置换等作业活动期间,可以_____。

    A. 检修和使用雷达、卫星船站   B. 使用供应船、车进行加油、加水作业

    C. 进行压载水的作业   D. 进行明火、拷铲作业

15. 下列有关船舶运载危险货物的船舶停泊值班,说法正确的是_____。

①运载易爆的、易燃的、有毒的、危害健康的或污染环境的危险货物的船舶的船长,应确保安全值班

②载运散装危险货物的船舶,安全值班应由甲板部和轮机部各至少一名高级和若干普通船员组成,当船舶安全地系泊或锚泊时也当如此

③载运危险品的船舶的船长,应充分注意到这些危险品的性质、数量、包装和积载以及船上、水上和岸上的所有特殊情况

④载运散装危险货物的船舶,应有大副全面负责货物的装卸,并保证一直在甲板上监督货物的装卸

    A. ①②③④   B. ②③④

    C. ①②③   D. ①③④

16. 根据我国船载危险货物监管规定,船舶进行洗舱、驱气或者置换时,应当_____。

①选择安全水域

②远离通航密集区、船舶定线制区、禁航区

③远离航道、渡口、客轮码头

④在作业之前报海事管理机构核准

    A. ①②③   B. ②③④

    C. ①②③④   D. ①②④

17. 根据我国船载危险货物监管规定,载运危险货物的船舶发生_____时应当按照规定向海事管理机关报告。

①水上险情

②交通事故

③非法排放事件

④人员偷渡事件

    A. ②③④   B. ①②③

    C. ①②③④   D. ①②④

18. 《中华人民共和国船舶载运危险货物安全监督管理规定》适用于_____。

    A. 船舶在中华人民共和国管辖水域载运危险货物的活动

    B. 中国籍船舶在中华人民共和国水域载运危险货物的活动

    C. 中国籍船舶在中华人民共和国水域和国外水域载运危险货物的活动

    D. 中国籍船舶在中华人民共和国水域和国外水域载运危险货物的活动,外国籍船舶在中华人民共和国管辖水域载运危险货物的活动

19. 根据我国船载危险货物监管规定,船舶载运危险货物,_____。
    ①应当符合有关危险货物积载、隔离和运输的安全技术规范
    ②只能承运船舶的检验机构签发的适装证书所载明的货种
    ③对不符合国际、国内有关危险货物包装和记载规定的,应当拒绝受载承运
    A.①②   B.①③
    C.②③   D.①②③

20. 下列哪些是卸载危险货物时值班驾驶员的职责?
    ①防止货物毁损或外泄导致污染
    ②备妥消防和急救设备
    ③按规定采取一切安全防范措施
    ④与岸上人员保持通信联络
    A.①②③   B.①②③④
    C.②③④   D.①②④

21. 根据我国船载危险货物监管规定,载运危险货物的船舶存在安全或者污染隐患,且不能按要求立即消除或者逾期不消除的,海事管理机构可以采取_____等强制性措施。
    ①责令其临时停航、停止作业
    ②禁止其进港、离港
    ③强制卸载
    ④滞留船舶
    A.①②③   B.②③④
    C.①②③④   D.①②④

22. 根据我国船载危险货物监管规定,如果_____,海事管理机构应当责令当事船舶立即纠正或限期改正。
    ①关于装船的危险货物申报内容与实际情况不符
    ②擅自在非指定地点装卸危险货物
    ③船舶不符合安全、防污染要求
    ④危险货物的积载和隔离不符合规定
    A.①②③   B.①②③④
    C.①③④   D.①②

23. 根据《船舶载运危险货物安全监督管理规定》,载运危险货物的船舶在_____时应当按规定显示信号。
    ①航行
    ②停泊
    ③修船
    ④作业
    A.①②③   B.①②③④
    C.②③④   D.①②④

24. 根据《船舶载运危险货物安全监督管理规定》,载运危险货物的船舶应当_____。
    ①制定保证水上人命、财产安全和防治船舶污染环境的措施

②编制应对水上交通事故、危险货物泄漏事故的应急预案以及船舶溢油应急计划

③配备相应的应急救护、消防和人员防护等设备及器材

④保证落实和有效实施

A.①②③④   B.①②③

C.②③④   D.①③④

25. 根据《船舶载运危险货物安全监督管理规定》,船舶载运危险货物应当符合有关危险货物积载、隔离和运输的安全技术规范,并只能承运_____机构签发的适装证书中所载明的货种。

    A. 海事管理   B. 船舶保险

    C. 船舶检验   D. 船舶代理

26. 根据《船舶载运危险货物安全监督管理规定》,船舶进行洗(清)舱、驱气或者置换作业活动期间,不得_____。

①检修和使用雷达

②检修和使用无线电发报机

③检修和使用卫星船站

④进行明火作业

    A.①②③   B.①②③④

    C.②③④   D.①②④

27. 根据《船舶载运危险货物安全监督管理规定》,载运_____的船,不得与其他驳船混合编队拖带。

①爆炸品

②放射性物品

③有机过氧化物

④闪点 28 ℃以下易燃液体和液化气

    A.①②③④   B.①②③

    C.②③④   D.①③④

28. 根据《船舶载运危险货物安全监督管理规定》,下列叙述哪些是正确的?

①载运危险货物的船舶应当选择符合安全要求的通航环境航行、停泊、作业

②在船舶交通管理(VTS)中心控制的水域,船舶应当接受船舶交通管理(VTS)中心海事人员的指令

③在实行定线制、船位报告制的水域,载运危险货物的船舶应当按规定使用通航分道航行、加入船位报告系统

④载运危险货物的船舶发生水上险情、交通事故、非法排放事件,应当按照规定向海事管理机构报告,并及时启动应急计划和采取应急措施,防止损害、危害的扩大

    A.①②③④   B.②③④

    C.①②③   D.①②④

29. 根据《船舶载运危险货物安全监督管理规定》,下列有关载运危险货物船舶的船员的叙述正确的是_____。

①应当事先了解所运危险货物的危险性和危害性及安全预防措施,掌握安全载运的相关

知识

②应当持有船公司颁发的相应的培训合格证

③发生事故时,应遵循应急预案,采取相应的行动

④熟悉所在船舶载运危险货物安全知识和操作规程

A.①②③④   B.①②③

C.②③④   D.①③④

30. 根据《船舶载运危险货物安全监督管理规定》,船舶进行洗(清)舱、驱气或者置换作业活动期间,不得_____。

①进行明火作业

②进行拷铲及其他易产生火花的作业

③使用供应船进行加油作业

④使用供应船进行加水作业

A.①②③④   B.①②③

C.②③④   D.①③④

31. 根据我国船载危险货物监管规定,载运危险货物的船舶应当_____。

①选择符合安全要求的通航环境航行、停泊、作业

②顾及在附近航行、停泊、作业的其他船舶的安全

③顾及港口和近岸设施的安全

④遵守海事管理机构的相关规定

A.②③④   B.①②③

C.①②③④   D.①②④

32. 载运危险货物的船舶_____航行、停泊、作业时,应当加强瞭望,谨慎操作,采取相应的安全、防污措施。

①通过狭窄的航道

②通过拥挤的航路

③在气候恶劣的条件下

④在值班船员经验缺乏的情况下

A.①②③④   B.①②④

C.①②③   D.②③

33. 根据我国船载危险货物监管规定,下列关于载运危险货物的船舶的行为表述有误的是_____。

A. 在实行船舶定线制的水域应当遵守定线制规定,并使用规定的通航分道航行

B. 在实行船位报告制的水域,应当按照海事管理机构的规定,加入船位报告系统

C. 发生水上险情、交通事故、非法排放事件,应当按照规定向海事管理机构报告

D. 发生事故和险情时,应及时向船东报告,并听从其指挥

34. 根据我国船载危险货物监管规定,申请从事港口水域外海上危险货物单航次过驳作业的,申请人应当提前_____向海事管理机构提出申请。

A.3 小时   B.6 小时

C.24 小时   D.3 天

35. 根据我国船载危险货物监管规定,申请在港口水域外特定海域从事多航次危险货物过驳作业的,申请人应当提前_____向海事管理机构提出书面申请。

A. 1 天 B. 3 天
C. 5 天 D. 7 天

36. 根据我国船载危险货物监管规定,载运危险货物的船舶发生_____,应当按照规定向海事管理机构报告。

①水上险情
②交通事故
③非法排放事件
④人员偷渡事件

A. ②③④ B. ①②③
C. ①②③④ D. ①②④

37. 根据我国船载危险货物监管规定,载运危险货物的船舶应当按照国家有关_____的规定,参加相应的保险。

①船舶安全
②防污染
③强制引航
④强制保险

A. ①②③④ B. ①②④
C. ①③④ D. ②③④

38. 根据我国船载危险货物监管规定,船舶进行洗(清)舱、驱气或者置换时,应当_____。

①选择安全水域
②远离水下通道以及重要沿岸保护目标
③远离航道、渡口、客轮码头
④远离军用码头、船闸、大型桥梁

A. ①②③ B. ②③④
C. ①②③④ D. ①②④

39. 根据我国船载危险货物监管规定,船舶进行洗(清)舱、驱气或者置换等作业活动期间,可以_____。

A. 检修和使用雷达、卫星船站 B. 使用供应船、车进行加油、加水作业
C. 进行明火、拷铲作业 D. 进行压载水的注入作业

40. 根据我国船载危险货物监管规定,船舶载运危险货物_____时,应当提前24小时,直接或者通过代理人向海事管理机构办理申报手续。

①进港
②出港
③在港口过境停留
④在码头顺岸移泊

A. ①②③ B. ②③④
C. ①②③④ D. ①②

41. 根据我国船载危险货物监管规定,装运危险货物的船舶_____,海事管理机构应当禁止该船进出港口。
    ①未按规定办理申报手续
    ②未持有有效的安全适航和防污染证书
    ③货物未达到安全适运要求
    ④所载危险货物系国家法律禁止通过水路运输的
    A.①②③④   B.①②④
    C.①③④   D.②③④

42. 根据我国船载危险货物监管规定,装运危险货物的船舶未持有有效的_____,海事管理机构应当禁止该船进出港口。
    ①安全适航证书
    ②安全适装证书
    ③防污染证书
    ④船舶保安证书
    A.①②③   B.②③④
    C.①②③④   D.①②④

43. 我国船载危险货物监管规定,_____从境外驶向我国领海的,不论其是否挂靠中国港口,均应当在驶入中国领海之前,向中国船位报告中心通报。
    ①载运放射性危险货物的船舶
    ②5万总吨以上的油船
    ③散装化学品船
    ④散装液化气船
    A.②③④   B.①③④
    C.①②④   D.①②③④

44. 我国船载危险货物监管规定,5万总吨以上的油船、散装化学品船、散装液化气船从境外驶向我国领海的,应当在驶入中国领海之前,向中国船位报告中心通报_____。
    ①船名
    ②危险货物的名称
    ③装载危险货物的数量
    ④预计驶入的时间和概位
    A.①②③④   B.①②④
    C.①③④   D.②③④

第四部分　答案

项目一

1. C　　2. C　　3. A　　4. B　　5. D　　6. B　　7. C　　8. B　　9. D　　10. B
11. A　　12. A　　13. A　　14. A　　15. B　　16. A　　17. D　　18. B　　19. D　　20. C
21. A　　22. C

项目二

1. D　　2. A　　3. C　　4. D　　5. D　　6. B　　7. C　　8. D　　9. C　　10. A
11. A　　12. D　　13. A　　14. B　　15. B　　16. B　　17. A　　18. A　　19. D　　20. D
21. B　　22. C　　23. C　　24. C　　25. B　　26. D　　27. A　　28. D　　29. A　　30. D
31. D　　32. B　　33. C　　34. C　　35. B　　36. C　　37. C　　38. D　　39. B　　40. C
41. C　　42. D　　43. D　　44. A　　45. D　　46. C　　47. A　　48. D　　49. A　　50. B
51. D　　52. C　　53. D　　54. D　　55. B　　56. B　　57. B　　58. A　　59. A　　60. C
61. A　　62. A　　63. D　　64. B　　65. C　　66. C　　67. C　　68. C　　69. D　　70. B
71. A　　72. D　　73. B　　74. C　　75. C　　76. C　　77. B　　78. A　　79. A　　80. D
81. D　　82. B　　83. C　　84. C　　85. D　　86. A　　87. A　　88. C　　89. A　　90. B
91. A　　92. C　　93. A　　94. A　　95. D　　96. A　　97. B

项目三

1. D　　2. B　　3. D　　4. A　　5. A　　6. A　　7. A　　8. B　　9. C　　10. C
11. B　　12. A　　13. D　　14. A　　15. B　　16. A　　17. B　　18. D　　19. A　　20. B
21. C　　22. C　　23. A　　24. B　　25. C　　26. B　　27. A　　28. A　　29. B　　30. B
31. B　　32. B　　33. C　　34. B　　35. D　　36. D　　37. A　　38. B　　39. A　　40. B

项目四

1. A　　2. B　　3. C　　4. A　　5. D　　6. D　　7. D　　8. C　　9. C　　10. D

11. C　12. C　13. C　14. C　15. C　16. C　17. B　18. A　19. D　20. B
21. C　22. B　23. D　24. A　25. C　26. B　27. A　28. A　29. D　30. A
31. C　32. C　33. D　34. C　35. D　36. B　37. B　38. C　39. D　40. A
41. A　42. A　43. D　44. A

模块七　船舶应急管理

第一部分　内容简介

　　本模块主要从船舶应急的种类,船舶应急计划的制订和依据、组织与部署等方面,重点介绍了船舶污染应急反应及针对各种具体应急事件所采取的应急行动,船舶应急演习、培训,船上应急设备的检查和维护。各种应急的行动内容和设备检查和维护是本模块的重点。

第二部分　经典例题解析

例1.下列有关海上油污应急计划的说法不正确的是_____。
　　A.应急计划是一个复杂而烦琐的文件
　　B.应急计划应一目了然和逻辑有序
　　C.有关船舶和货物资料应置于应急计划的附则中
　　D.应急计划能帮助船员采取措施以减轻油污损害
　　答案:A
　　解析:
　　海上油污应急计划是针对操作性溢油污染和事故性溢油污染分别制订的应急措施,包括能确保船长在船舶面临危险、事故和紧急情况下做出反应时考虑所有适当因素的各种核查清单,船长可据此及时做出决定,控制事态,所以不应复杂烦琐。
例2.在各种紧急情况下,维护全体船员的正确指挥协同行动是_____的重要前提。
　　①挽救船舶
　　②减少和控制损害
　　③保证人员安全
　　A.①　　　　　　　　　　　　　　　　B.③
　　C.①②③　　　　　　　　　　　　　　D.①③
　　答案:C
　　解析:
　　保证人员、船舶的安全,防止对海洋环境的污染是船舶安全营运的先决条件和重要前提,也是实行 ISM 管理的目的。

例 3. 下列关于船舶应变部署表的说法,正确的是_____。

①应指明驾驶员负责确保消防和救生设备处于立即可用的完整状态

②应指明关键人员受伤后的替代者

③应指明船员负责救生艇筏的准备工作和降落

A. ①②　　　　　　　　　　　　　B. ①③

C. ②③　　　　　　　　　　　　　D. ①②③

答案:D

解析:

船舶应变部署表应写明分派给不同船员的任务、通信设备的用法,客船还应具有寻找并救出困在客舱内乘客的适当的程序。指定给船员的与乘客有关的任务,包括向乘客示警,召集乘客于各集合站,维持楼道内秩序,确保毛毯送到救生筏上。

例 4. 船舶发生爆炸事故后_____。

①由大副或轮机长(当机舱发生爆炸时)作为现场指挥

②由医生(管事、大厨)负责救护任务

③由三副负责灭火

④由木匠(或指定一水)负责火灾隔离及漏损进水隔离任务

A. ①②③④　　　　　　　　　　　B. ①②④

C. ①③④　　　　　　　　　　　　D. ②③④

答案:A

解析:

消防安全的目标为防止火灾和爆炸,为了防止火势蔓延和降低损失。在探明火情的情况下可立即展开灭火行动,控制火势,疏散隔离火场周围的可燃物,并按规定向有关主管机关或沿岸国报告。判断自力灭火无望时,应请求外援。若无外援,应决策抢滩或弃船。

例 5. 船舶发生碰撞后,下列哪项做法不正确?

A. 如双方均有沉没危险,要迅速发出求救信号,做出弃船决定

B. 检查受损情况后再决定应变部署

C. 如有沉没危险,条件许可时可择地抢滩搁浅

D. 尽量保持原有态势,利于判明责任

答案:D

解析:

船舶发生碰撞后,在不危及自身安全的情况下,应尽力救助遇难人员。采取适当的措施,而不是尽量保持原有态势,利于判明责任。当确信对方脱离危险可以继续航行时,本船也确信可安全续航,并办理完有关碰撞事实确认手续,方可离去。

例 6. 发布弃船命令后,船长在登艇前应向艇长布置下列哪些事项?

①本船遇难地点

②本船遇难原因及情况汇报

③驶往最近陆地或交通线的航向、距离

④发出的遇难求救信号是否有回答及可能在何时、何地获救

A. ①②③④   B. ①②③

C. ①③④   D. ②③④

答案:C

解析:

    弃船令必须由船长口头下达,弃船前应做好相应的准备工作。包括降下国旗,携带好必要的法定文件,关好相应的阀门防止溢油,清点人数。弃船后驶离难船并与之保持安全距离,防止大船下沉产生对艇筏的影响。撤离顺序为老、幼、妇女,其他乘客,船员,船长最后离船。

例7.根据船上油污应急计划的要求,船舶出现下列哪些实际排油情况时应向最近的沿岸国报告?

    ①船体损坏造成溢油

    ②加装燃油时产生溢油

    ③为保证船舶安全或海上救助目的所进行的排油

    ④按照规定标准排放含油污水

    A. ①②③   B. ①②③④

    C. ①③④   D. ②③④

答案:A

解析:

    发生油污应急事件,必须向有关当局报告,而按规定排放不属于应急事件,不必报告,做好相应的记录即可。

例8.船上油污应急计划至少应包括下列哪些内容?

    ①船上报告油污事件的程序

    ②油污事件中需联系的当局人员名单

    ③为减少或控制排油应采取的具体措施

    ④船舶与沿海国和地方当局的联系方法和要点

    A. ①②③④   B. ①②③

    C. ①③④   D. ②③④

    答案:A

解析:

    船上油污应急计划应被切实执行,有关报告时机,对可能要发生的,经过评估后认为可能发生的也要报告。为了救助人员排放的,也要报告。使用消油剂必须事先征得有关当局的允许。

例9.下列有关船舶应变和演习的叙述哪些正确?

    ①船长是各类应变和演习的总指挥

    ②弃船时一般由大副和三副任艇长

    ③救生和消防演习应至少每月各举行一次

    A. ①②   B. ②③

    C. ①③   D. ①②③

    答案:D

    解析:

消防、救生演习每月一次,人落水、溢油、应急操舵、堵漏演习每三个月一次。

我国溢油演习每月一次。保安的船岸演习每年一次,间隔不能超过 18 个月。换人超过 25% 的,应在离港后 24 小时之内演习。

例 10. 航行中如发现人落水,应采取下列哪些措施?

　　①立即操舵使船尾靠近落水者

　　②鸣放报警信号

　　③就近抛下救生圈

　　④派人跟踪瞭望并执行人落水的应变部署

　　A.①④　　　　　　　　　　　　B.②③④

　　C.②③　　　　　　　　　　　　D.①②③④

答案:B

解析:

人员落水,应立即操相反舷满舵,利用尾偏移量使船尾远离落水者,不使落水者被吸入螺旋桨,然后再执行②③④选项的行动。人落水的声号是三长声。

例 11. 关于船舶发生碰撞,在应急阶段行动程序要点,表述有误的是_____。

　　A. 现场指挥应带领有关船员迅速查明碰撞的部位

　　B. 立即对各液舱和污水井的液位进行测量,确定船体是否已破损进水以及进水情况

　　C. 机舱应对由于碰撞而造成的主辅舵机等机电设备的损害立即做出评估和抢修

　　D. 机舱应立即做好消防和弃船准备工作

答案:D

解析:

机舱应立即检查损坏的情况,将油柜量一遍,看看液位的变化,判断是否溢油并做好消防的准备,及时和驾驶台联系听取命令。

例 12. 在紧急情况下,船长采取下列哪项行动对保证人员安全没有意义?

　　A. 检查是否有人伤亡并及时给予救治　　B. 及时宣布共同海损

　　C. 判断是否需要外界援助　　　　　　　D. 决定是否需要弃船

答案:B

解析:

宣布共同海损是为了保护货主和承运人等相关方的利益,而不是具体的救助人员的行动。共同海损针对的是海损理算的理赔额。

例 13. 根据 SOLAS 公约的规定,下列哪项不属于应急操舵演习的内容?

　　A. 在驾驶台直接控制操舵装置　　　　B. 在舵机实内直接控制操舵装置

　　C. 进行转换动力供应的操作　　　　　D. 驾驶台与舵机室的通信程序

答案:A

解析:

应急操舵演习是指在驾驶台已不能操控舵机,操舵人员只能在舵机房操作,并且要和驾驶台保持通畅的联系。

例 14. 下列哪些消防设备需要定期维护保养?

　　①自动喷水器、探火和灭火报警系统

②防火门及其控制装置

③挡火闸和挡烟闸、风机及其控制装置

④消防员装备

A.①②③④   B.①②④

C.①③④   D.②③④

答案：A

解析：

消防设备包括：消防总管、消防泵、消火栓、自动喷水器、探火系统、失火报警系统、水带、水枪、国际通岸接头、所有的灭火器和灭火系统、挡风闸、挡烟闸、风机及其控制装置、防火门、燃油供应的紧急切断、紧急逃生呼吸装置、消防员装备。这些设备都要按照公司 ISM 的规定进行检查和维护。

例 15. 船舶在营运期间的任何时候，防火系统及灭火系统和设备都应进行维护保养，使其随时可用。船舶非营运期间系指_____。

①船东或船东代表宣布船停止营运

②船舶正在修理或闲置进干船坞

③对于客船，船上无乘客

④对于货船，在港口装卸货物

A.①②③   B.②③④

C.①②   D.①②④

答案：A

解析：

营运期间包括船舶航行、停泊和作业期间。非营运期间指选项①、②、③，选项④属于船舶作业期间。

例 16. 航行中船舶搁浅或触礁时，值班驾驶员应采取_____的行动。

①立即停车并尽可能抛下双锚

②立即发出警报

③报告船长

④通知机舱

A.①②③   B.①②③④

C.②③④   D.①②④

答案：C

解析：

值班驾驶员在发生搁浅或触礁时，应马上停车，报告船长，由于水变浅应通知机舱采取措施，避免其他机器系统突然停止。在没有探明搁浅的情况时，不应抛锚，只有探明情况，才可采取进一步措施。

例 17. 根据规定，船上油污应急计划至少应向船长提供对_____的应急措施和指导。

A. 操作性溢油和船体泄漏   B. 操作性溢油和海损溢油

C. 船体泄漏和海损溢油   D. 船体泄漏和管系泄漏

答案：B

解析：

总体来讲溢油事故有两种:操作性溢漏指管系渗漏、舱柜满溢、船体渗漏;海损事故溢油指船舶发生火灾、爆炸、搁浅、碰撞、货移造成的严重横倾等情况引起的溢油事故。船上油污应急计划是针对这两类溢油为船长提供指导意见的。

例18.按照船舶消防设备状态的保持的要求，关于隔离系统叙述正确的是_____。

①每月检查确认全船防火门处于常关状态,没有被绳或铁丝捆绑,处于敞开状态,自闭器能起到自闭作用

②每月外观检查防火门的完整性,并清除其周围的障碍

③每月给防火门铰链和手柄加油活络

④每月对供电和燃油的应急切断系统进行就地试验,查看是否工作正常

A.①②③　　　　　　　　　　B.②③④

C.②③　　　　　　　　　　　D.①②③④

答案:A

解析：

（1）每月检查

①检查确认全船防火门处于常关状态,没有被绳或铁丝捆绑,处于敞开状态,自闭器能起到自闭作用。

②外观检查防火门的完整性,并清除其周围的障碍。

③给防火门铰链和手柄加油活络。

（2）每3个月检查

①对通风筒上的挡火（烟）闸进行一次检查,查看是否有损坏、变形,标识是否清晰;试验通风筒的挡火（烟）闸的自动和手动开关装置能否正常工作。

②对所有防火门进行就地开关操作试验,并检查其自闭和关闭后的密封情况。

③对机舱天窗、风机应急速闭装置进行一次检查,查看开关是否正常,关闭后密封是否良好。

④对供电和燃油的应急切断系统进行就地试验,查看是否工作正常。

（3）每年检查

对可遥控开关的通风系统的挡火（烟）闸以及防火门进行遥控开关操作试验。

例19.船舶消防设备状态的保持,每周应检查确认_____。

①固定灭火系统所在处所的应急照明正常

②消火栓附近没有堆积杂物

③消防皮龙（水带）及水枪放置在消火栓附近的消防皮龙箱内,处于可使用状态并摆放整齐,没有被挪作他用

④消防皮龙数量符合防火控制图的要求;消防皮龙箱的铰链正常,箱内均配有 F 或 Y 形扳手

A.①②③　　　　　　　　　　B.②③④

C.②③　　　　　　　　　　　D.①②③④

答案:D

解析：

每周应检查确认固定灭火系统所在处所的应急照明正常;消火栓附近没有堆积杂物;消防皮龙(水带)及水枪放置在消火栓附近的消防皮龙箱内,处于可使用状态并摆放整齐,没有被挪作他用;消防皮龙数量符合防火控制图的要求;消防皮龙箱的铰链正常,箱内均配有 F 或 Y 形扳手。

例 20. 按照船舶救生设备状态的保持的要求,每_____试验一次紧急无线电示位标,检查其安装是否正确、自由释放能力是否受影响,电池和静水压力释放装置是否在有效期内。_____对紧急无线电示位标进行全面操作效用试验。

A. 每月;每月　　　　　　　　　B. 每 3 个月;每年

C. 每 3 个月;每 3 个月　　　　　D. 每年;每年

答案:B

解析:

(1)每月

①试验一次双向甚高频无线电话设备,注意其电池的电量和有效性。

②试验一次搜救雷达应答器,注意其电池的电量和有效性。

(2)每 3 个月

试验一次紧急无线电示位标,检查其安装是否正确、自由释放能力是否受影响,电池和静水压力释放装置是否在有效期内。

(3)每年

对紧急无线电示位标进行全面操作效用试验。

(4)每 5 年

确认紧急无线电示位标已在经认可的岸基维修站进行过维修。

例 21. 在船舶到达载有遇险人员的艇筏处后,以下提法有误或不妥的是_____。

A. 在艇上人员体能差的情况下,船长应当下令释放作为登船点用的救生筏

B. 应让力竭和伤病人员通过登船点的救生筏和吊货网攀爬上本船

C. 救生艇筏上体健的人员,可由软梯或攀网直接登船或攀爬上本船

D. 对有吊放环的救生筏,可将其直接吊上本船

答案:B

解析:

风浪不大时,可让艇筏上身体健壮的人员由软梯或攀网直接登船或攀爬上本船,力竭和伤病人员在本船派出的水手的协助下用吊货网、盘等器材吊上本船。

第三部分　真题分节精练

项目一　船舶应急管理

考试大纲要求：

6.3.3.6　船上油污应急计划

6.3.4.3　应急计划

1. 船舶应急是指在船舶_____时的紧急处置方法和措施。
   ①发生意外事故
   ②遇到紧急情况
   ③遇到特殊任务
   ④遇到大风浪
   A.①②③④　　　　　　　　　　　　B.①③
   C.②③④　　　　　　　　　　　　　D.①②

2. 船舶应急计划整体系统的结构模块"4 反应行动"的内容包括但不限于_____。
   ①反应行动的协调
   ②船上报告和联络程序
   ③对各项反应行动负责的人员，能通过职务或姓名识别
   ④用于与外部应急反应专家联络的通信程序
   ⑤关于应急反应设备，可用性和所在位置的信息
   A.①②③④　　　　　　　　　　　　B.①②③④⑤
   C.①③④　　　　　　　　　　　　　D.②③④

3. 根据 ISM 规则的要求，结合本船的_____等，制定相应的应急反应程序。
   ①类型
   ②航线
   ③挂靠港
   ④货物情况
   A.①②③④　　　　　　　　　　　　B.②③④
   C.①③④　　　　　　　　　　　　　D.①②④

4. 船上油污应急计划必须满足下列哪项要求？
   ①切实、可行、易于操作
   ②能被船上和岸上的船舶管理人员所理解
   ③应定期评估、检查、更新

A. ①②   B. ①②③
C. ②③   D. ①③

5. 根据 ISM 规则的要求,船舶应对船上可能发生的_____等做好应急准备,并建立相应的应急反应程序。
   A. 船舶证书遗失   B. 疫情
   C. 海关抄关   D. 货物移动

6. 下列属于船舶在紧急情况下保护船上人员安全的行动准则的是_____。
   A. 判断是否需要援助   B. 判断船舶是否搁浅
   C. 检查船舶是否漏水   D. 决定是否放艇

7. 关于船舶应变部署表的内容,下列说法哪项不正确?
   A. 有关应变的报警信号的规定
   B. 职务与编号、姓名、艇号的对照一览表
   C. 航行中驾驶台、机舱、电台固定人员及其任务
   D. 不应指明关键人员受伤后的替代人员

8. 下列关于制定《船上紧急情况应急计划整体系统构成指南》的主要目的的叙述不正确的是_____。
   A. 针对某一具体的紧急情况,给船长提供具体的指导
   B. 帮助公司将 ISM 规则要求转化成行动要求
   C. 帮助编制协调的应急计划,使船上人员接受
   D. 将有关船上的紧急情况融合到系统中

9. 船舶自救的基本原则不包括_____。
   A. 船舶发生海事,应尽最大努力采取自救行动
   B. 船舶发生海事,在有一定危险时,应尽早请求外援
   C. 在尚未严重危及人身安全时,船长、船员必须采取一切有效行动保全船舶
   D. 当确认无法避免船舶的沉没或灭失时,船长应果断下令弃船求生

10. 下列关于组织各种应急演习(练)说法正确的是_____。
    ①按照有关规定,编制全年的应急演习计划
    ②以一定的时间间隔,进行应急演习(练),包括消防演习、人落水演习、弃船演习、油污演习、应急操舵演习、保安演习等
    ③通过应急演习(练),使船员提高安全意识,熟悉自己的应变岗位职责,熟练掌握各种应急设备的操作技能,同时检验各类应急器材、设备的技术状态,发现问题及时解决
    A. ①②   B. ②③
    C. ①③   D. ①②③

11. 对船上应急反应计划的复查,可通过下述哪些方法完成?
    ①PSC 的操作性检查
    ②船上平时的演习
    ③船公司每年的复查
    ④船舶发生事故后,对计划的完整性、实用性和有效性的复查
    A. ①③   B. ②③

C. ①②④   D. ①②③④

12. 按照要求,下列有关进行救生演习时救生艇的降落安排哪项正确?

①每次演习至少降下一艘救生艇,不同的艇尽可能轮流降放

②每艘救生艇每3个月降落下水一次,并在水中操纵

③短途国际航行船舶,每艘救生艇每3个月降落一次,每年下水一次

④自由降落式救生艇应每6个月自由降落一次,并在水中操纵

A. ①②③   B. ②③

C. ②③④   D. ①②③④

13. _____为船舶消防设备状态保持的责任人。

A. 船长 轮机长   B. 大副、大管轮

C. 二副、二管轮   D. 三副、三管轮

项目二　应急组织与应变部署

考试大纲要求:

7.1　应急的组织与准备

7.1.1　应急准备工作要点

7.1.2　船舶应变部署要点

7.1.3　船舶应变部署表与应变须知

7.2.2　紧急情况下保证人员安全的行动

1. 发现有人落水,应鸣放下列哪种报警信号?

A. 警铃和汽笛二长一短声,连放一分钟   B. 警铃和汽笛短声,连放一分钟

C. 警铃和汽笛一长声,连放一分钟   D. 警铃和汽笛三长声,连放一分钟

2. 发生油污应急情况时,下列哪项的职责分工正确?

A. 总指挥由轮机长担任

B. 现场指挥为大副和轮机长,负责组织船员回收、消除溢油

C. 事故现场在机舱时,轮机长为现场指挥,其余情况均由大副任现场指挥

D. 现场指挥由船长根据事故情况决定

3. 船舶在港停泊发生应急情况时,全权负责指挥的是_____。

A. 船长   B. 大副(当船长不在船时)

C. 值班驾驶员(当船长、大副不在船时)   D. A、B、C 都正确

4. 按照要求,应变部署表应包括下列哪些内容?

①各种报警信号

②分派给各种船员的任务

③客船上船员与旅客的各项任务

④船员名单、职务及编号,关键人员的替代者

A. ①②③④   B. ①②③

C.①②④   D.②③④

5. 关于船舶应变部署表的内容,下列说法哪项不正确?
   A. 信号发送的方式和持续时间
   B. 消防设备的位置
   C. 弃船求生的详细分工内容和执行人员
   D. 不应指明关键人员受伤后的替代人员

6. 关于溢油反应部署表的张贴位置,下列叙述哪项不正确?
   A. 各船员房间   B. 驾驶台
   C. 机舱   D. 主要走廊和其他船员集合的场所

7. 客船上应将应变须知张贴在_____。
   ①乘客舱室
   ②集合地点
   ③洗手间
   ④公共活动场所
   ⑤救生艇登乘地点
   A.①②④   B.①②④⑤
   C.①②③④   D.②③④

8. 有关应变部署表,下列说法不正确的是_____。
   A. 应根据本船的设备和船员技术状况及人员数量编制应变部署表
   B. 应变部署表是海事管理部门处理海事的应急预案表
   C. 应变部署表是船舶发生海事时应采取应急措施的计划
   D. 应变部署表是平时进行应急演习的检查依据

9. 应变部署表应包含_____。
   ①通用紧急报警信号
   ②指明关键人员受伤后的替代者
   ③规定由制定的驾驶员负责保证维护救生、消防设备
   ④应急安排中的应急程序
   ⑤标明分配给不同船员的任务
   A.②③④⑤   B.①②③④
   C.①②③⑤   D.①③④⑤

10. 船舶发生触礁、搁浅事故,三副应带领_____。
    A. 水手测量船舶四周的水深,判断搁浅部位
    B. 除油队准备除油
    C. 隔离队携带各种隔离器材进水区域,防止漏水继续扩大
    D. 消防队现场灭火

11. 船舶在紧急情况下保护船上人员安全的行动准则为_____。
    ①首先检查是否有人员受伤
    ②然后判断是否需要救助
    ③其次清点贵重物品

④最后决定是否弃船
　　A. ①②④　　　　　　　　　　　　B. ②③④
　　C. ①③④　　　　　　　　　　　　D. ①②③④

12. 在紧急情况下,为了保证人员安全,下列哪项措施是不正确的?
　　A. 火灾、爆炸时,应将旅客转移至安全区域
　　B. 当有人员伤病严重急需治疗时,经请示船东后驶向最近港口治疗
　　C. 遭遇武装海盗袭击时,应动员船员奋力反抗以减少财产损失
　　D. 弃船时让旅客先撤离

13. 在船上举行的油污演习中,可演练_____等油污应急行动。
　　①关闭阀门
　　②堵塞甲板排水孔
　　③在甲板围栏和收集溢油
　　④清除溢出舷外的溢油
　　A. ②③④　　　　　　　　　　　　B. ①②④
　　C. ①③④　　　　　　　　　　　　D. ①②③④

14. 船舶应变部署表的编制应考虑的原则不包括_____。
　　A. 关键岗位与关键动作应指派技术熟练、经验丰富的人员
　　B. 根据本船的具体情况,可以一职多人或一人多职
　　C. 人员的安排应有利于应急任务的完成
　　D. 关键的救生设备要安排关键的人员登乘和操纵

15. 根据 SOLAS 公约的规定,在客船上,船舶应变部署表中应写明在紧急情况下船员关于乘客的有关任务,这些任务包括_____。
　　①维持通道及梯道上的秩序
　　②大体上控制乘客的动向
　　③确保把毛毯送到救生艇筏上
　　④确保乘客能大体上知道救生艇的位置
　　A. ①②　　　　　　　　　　　　B. ①②④
　　C. ②③④　　　　　　　　　　　　D. ①②③

16. 关于搁浅、触礁后应做的工作,下列哪项说法不恰当?
　　A. 现场查看,有关人员做连续测量和记录
　　B. 木匠负责测量水位变化和油柜液位变化情况
　　C. 三副带领水手测量周围水深
　　D. 查看货物有无移位

17. 在船舶消防应急时,以下提法有误的是_____。
　　A. 船长应担任应急总指挥　　　　　B. 大副在火灾现场担任现场指挥
　　C. 二副在驾驶台值班,负责操纵船舶　　D. 三副在火灾现场担任灭火队队长

18. 应变任务卡应该分派给_____。
　　①船长
　　②船东代表

③旅客

④实习水手

⑤驾驶员助理

A.①②③④   B.①③④⑤

C.①④⑤   D.②③④

19. 一般情况下油污应急演习中由谁指挥溢油回收组并用对讲机联络?

     A. 大副   B. 大管轮

     C. 三副   D. 三管轮

20. 弃船的警报信号为_____。

     A. 警铃和汽笛短声,连放一分钟   B. 警铃和汽笛一长声,持续30秒

     C. 警铃和汽笛七短一长,连放一分钟   D. 警铃和汽笛两短一长,连放一分钟

21. 按照船舶油污应急计划,下列有关船舶油污应急的叙述哪些正确?

     ①现场指挥是大副,当事故现场在机舱时为轮机长

     ②船员集合地点通常在主甲板

     ③船长在驾驶台或现场任总指挥

     ④二副在驾驶台或现场做好现场记录

     A.①②③④   B.①②③

     C.①③④   D.②③④

22. 船舶应变部署表的编制应结合本船的_____。

     ①船舶条件

     ②船员条件

     ③客货条件

     ④航行时间

     A.②③④   B.①②

     C.①②③   D.①②③④

23. 按照 SOLAS 公约的要求,船舶应变部署表应写明_____。

     ①通用紧急报警信号和有线广播的细则

     ②发出警报时船员和乘客应采取的行动

     ③弃船命令如何发出

     ④通信设备的用法

     A.①②④   B.①③④

     C.②③④   D.①②③④

24. 如需撤离船舶,在客船上,必须执行_____的撤离顺序。

     ①先儿童和妇女,后成年男性

     ②先成年男性,后儿童和妇女

     ③先年轻人,后老年人

     ④先旅客,后船员,最后船长

     A.②④   B.①④

     C.①③④   D.①③

25. 关于船员应变任务卡应包括的内容下列哪项不正确?
    A. 船员的姓名　　　　　　　　　　B. 各种应变报警信号
    C. 本人登艇筏的编号　　　　　　　D. 本人在应变部署中的任务

26. 船舶在紧急情况下,最优先的是_____。
    A. 通信是否畅通　　　　　　　　　B. 设备是否正常
    C. 保证船舶安全　　　　　　　　　D. 保证人员安全

27. 船舶应急时,为保护旅客和船员的安全,应遵循的原则是_____。
    A. 先船员,后旅客,最后船长　　　　B. 先旅客,后船员,最后船长
    C. 先船长,后旅客,最后船员　　　　D. 先船长,后船员,最后旅客

28. 按照溢油应急反应部署表的分工,船舶发生溢油事故后负责带艇指挥捞油的是_____。
    A. 船长　　　　　　　　　　　　　B. 大副和轮机长
    C. 三副　　　　　　　　　　　　　D. 二副

29. 关于船舶应变部署表的内容,下列说法哪项不正确?
    A. 船舶及公司的名称、船舶识别号
    B. 紧急应变信号的应变种类和信号特征
    C. 有关救生设备的位置
    D. 不应指明关键人员受伤后的替代人员

30. 下列关于船舶应变部署表的说法正确的是_____。
    ①应指明驾驶员负责确保消防和救生设备完好
    ②应指明关键人员受伤后的替代者
    ③应指明船员负责救生艇的准备工作和降落
    A. ①②　　　　　　　　　　　　　B. ①③
    C. ②③　　　　　　　　　　　　　D. ①②③

31. 船舶应急准备工作的要点包括_____。
    ①编制应急计划
    ②制定应急反应程序
    ③组织各种应急岗位职责
    ④组织各种应急演习
    ⑤进行应急训练和授课
    ⑥保持应急设备和器材的有效
    A. ①②③④⑤⑥　　　　　　　　　B. ①②③④⑤
    C. ①②③④　　　　　　　　　　　D. ①②③

32. _____是紧急情况下保护船上人员的安全的基本保证。
    A. 迅速报告驾驶台　　　　　　　　B. 迅速报告船长
    C. 迅速采取措施施救　　　　　　　D. 迅速发出报警信号

33. 船体破损需要堵漏时,带领堵漏队负责现场堵漏和抢修任务的是_____。
    A. 大副　　　　　　　　　　　　　B. 二副
    C. 三副　　　　　　　　　　　　　D. 水手长

34. 船体破损进水的类型不包括_____。

A. 舱柜上部封闭,破口位于水线以下   B. 舱柜上部封闭,破口位于水线以上

C. 舱柜上部开敞,且与舷外水相通   D. 舱柜上部开敞,但与舷外水不相通

35. 如果船舶货舱发生火灾决定施放 CO_2 灭火,现场指挥应注意做好下列哪些工作?

A. 撤离人员   B. 隔绝货舱空气流通

C. 按命令正确施放灭火剂   D. A、B、C 都是

36. 船舶在海盗活动区域中航行时,以下有关防范海盗的措施,不当或不妥的是_____。

A. 应尽可能远离陆地,最好是在 100 海里以上

B. 在不影响本船航行安全的前提下,可开启舷外照明灯和生活区甲板照明灯

C. 始终保持雷达开启和 VHF 处于通话状态

D. 保持甲板高压水龙处于随时可用状态

37. 如船体破损渗漏,三副的职责是_____。

A. 带领堵漏队,直接负责堵漏和抢修任务

B. 在驾驶台值班

C. 带领隔离队,负责关闭水密门、窗等

D. 负责维持现场秩序,传达通信等任务

38. 下列有关船舶发生爆炸时的应急行动表述不正确的是_____。

A. 驾驶台应立即发出警报   B. 除爆炸发生在机舱外由大副任现场指挥

C. 三副负责具体堵漏工作   D. 船长亲临驾驶台指挥

39. 船舶机舱失火时应采取下列哪些扑救措施?

①用水雾掩护消防员进入机舱

②关闭所有水密门窗,打开天窗,减轻烟雾和热浪对消防员的包围

③因火势大而无法进入时,可从轴隧或逃生孔进入

④如果使用 CO_2 灭火,应首先通知所有人员撤离,然后一次性施放

A. ①②③   B. ②③④

C. ①②③④   D. ②④

40. 以下关于海盗的活动规律,表述有误的是_____。

A. 对处于停泊中的船舶,海盗一般选择在驾驶台看不到的地方登船

B. 对航行中的船舶,海盗一般选择在船尾处登船

C. 锚泊中的船舶,海盗往往沿着锚链攀爬,从锚链孔处进入船舶

D. 从船尾部登船的海盗往往使用专门的抓钩抓住船舷,然后攀爬进入船舶

41. 船舶在紧急情况下,最优先考虑的是_____。

A. 通信是否畅通   B. 设备是否正常

C. 保证船舶安全   D. 保证人员安全

42. 每次弃船演习应包括_____。

①全体人员(值班人员除外)向集合地点报到

②检查救生衣穿着情况

③启动并操作救生艇发动机

④至少有一艘救生艇降至水面并进行操纵

A. ①②③   B. ①②④

C. ②③④   D. ①②③④

43. 以下关于操作级以上船员在各类应急中一般职责的陈述,有误的是_____。
    A. 船长是各类应急情况的总指挥
    B. 大副通常是各类应急情况的现场指挥
    C. 当事故现场在机舱时,通常由轮机长担任应急现场指挥
    D. 二副在船舶应急时通常负责通信联络,传达船长指令,并负责操纵船舶

44. 下列有关船舶应变及演习的分工哪项不确切?
    A. 船长是船舶各类应变的总指挥   B. 大副是各类应变的现场指挥
    C. 三副负责编排应变部署表   D. 弃船命令由船长下达

45. 船舶应变部署表的编制应考虑的原则不包括_____。
    A. 关键岗位与关键动作应指派技术熟练、经验丰富的人员
    B. 根据本船的具体情况,可以一职多人,或一人多职
    C. 人员的安排应有利于应急任务的完成
    D. 关键的救生设备要安排关键的人员登乘和操纵

46. 下列关于船舶应变部署表的说法,正确的是_____。
    ①应指明驾驶员负责确保消防和救生设备处于立即可用的完好状态
    ②应指明关键人员受伤后的替代者
    ③应指明船员负责救生艇筏的准备工作和降落
    A. ①②   B. ①③
    C. ②③   D. ①②③

47. 船舶在紧急情况下的自救行动要点有_____。
    ①不同种类的海事应采取不同的自救行动
    ②船舶自救重点因船舶种类的不同而异
    ③船舶自救组织工作应在摸清情况的基础上进行
    ④一旦开始自救,应抓紧时机,按事先拟定的应变部署进行
    A. ①②③   B. ①③④
    C. ②③④   D. ①②③④

48. 根据 ISM 规则的要求,船舶应对船上可能发生的_____等做好应急准备,并建立相应的
    应急反应程序。
    ①进入封闭舱室
    ②遭遇海盗
    ③遭遇保安威胁
    ④弃船或撤离船舶
    A. ①②③④   B. ②③④
    C. ①③   D. ①③④

49. 尽管各类应急演习有一定的时间间隔规定,但船长还是需要对在什么时间、什么地点、进行
    哪种应急演习予以适当的安排,需要考虑的因素包括_____。
    ①演习对人员、船舶和设备、环境的安全性
    ②港内演习可能需要事先经有关主管当局的批准

③对某种应急情况需要增加演习次数

④可能的演习效果

A.①②③④   B.①②③

C.①③   D.②③④

50.下列堵漏应变部署哪些正确?

①大副现场指挥堵漏

②三副负责关闭破损部位附近的水密门窗

③在轮机长领导下,由机舱值班人员负责及时排水

④二副协助现场指挥工作

A.①②③   B.①②③④

C.①②④   D.②③④

51.在进入海盗活动区域前,应_____。

①对船员进行防范海盗的教育

②确定防范海盗的措施

③检查、备妥防范海盗的工具和设备

④进行防范海盗的演练

A.①②③   B.①③④

C.②③④   D.①②③④

52.舱柜上部开敞且与舷外水相通,如水线以下船侧破损进水等,其特点是_____。

A.进水量随船体下沉及倾斜的程度而变化

B.最终整个破损舱室充满水

C.不存在自由液面

D.进水量固定

53.以下关于船舶发生火灾初始阶段的应急行动程序要点,提法有误的是_____。

A.火灾发现者应大声呼喊报警

B.航行中,驾驶台接到火灾报警后,应立即发出消防应急警报信号

C.接到火灾报警后船长应立即赶到火灾现场,组织指挥应变

D.全体船员应立即按应变部署表规定的分工和职责,携带指定的器材赶到火灾现场

54.船长在处理碰撞事故时下列哪项做法不正确?

A.及时处理遇水有危险的货物

B.将对方船名、船籍港等电告船东

C.当船舶倾斜接近纵倾20°和/或横倾10°时,应及时降下救生艇备用

D.写好海事报告书,备妥有关书证、物证

55.以下关于船舶发生碰撞时,在应急阶段的行动,提法有误的是_____。

A.在任何情况下,应竭尽全力救助对方船上的船员及旅客

B.应设法尽量减轻对方船舶因碰撞而造成的损失

C.如本船装有遇水燃烧或吸水膨胀的货物,应根据具体情况及时妥善处理

D.如本船有沉没危险,根据船长的命令迅速发出求救信号,并做好弃船准备

56.在紧急情况下,为了保证人员安全,下列哪项措施是不正确的?

A. 火灾、爆炸时,应将旅客转移至安全区域

B. 当有人员伤病严重急需治疗时,经请示船东后驶往最近港口治疗

C. 遭遇武装海盗袭击时,应动员船员奋力反抗以减少财产损失

D. 弃船时让旅客先撤离

57. 当船舶遭遇暴力劫持时,以下做法中不当或不妥的是_____。

A. 尽量保持平静并尽量避免发生事件,以避免刺激劫船者

B. 在任何情况下都必须坚决地和武装劫船者进行抗争

C. 使用 DSC 设备和卫星船站中的"海盗行为/武装抢劫攻击"专门控钮或按键报警

D. 劫船者登船后,不用遇险信号报警

58. 根据规定,每艘船舶的训练手册的内容应包括_____。

①在救生艇筏内降落的方法

②救生筏的存放和系固

③救生艇发动机的使用

④身体暴露的危险

    A. ①②③④   B. ①②④

    C. ①②③   D. ②③④

59. 如需撤离船舶,在客船上,必须执行_____的撤离顺序。

①先儿童和妇女,后成年男性

②先年轻人,后老年人

③先成年男性,后儿童和妇女

④先旅客,后船员,最后船长

    A. ①④   B. ②④

    C. ①③   D. ①③④

60. 每次消防演习应包括_____。

①到指定地点集合

②检查消防员装备

③检查有关的通信设备

④准备使用固定二氧化碳灭火系统

    A. ①②③   B. ①②④

    C. ②③④   D. ①②③④

61. 关于船舶应变部署表的内容,下列说法哪项不正确?

A. 有关应变的警报信号的规定

B. 职务与编号、姓名、艇号的对照一览表

C. 航行中驾驶台、机舱、电台固定人员及其任务

D. 不应指明哪些船上高级船员负责保证维护救生和消防设备

62. 组织船舶应急演习是为了_____。

①提高船员安全意识

②使船员熟悉应变岗位及职责

③使船员熟练掌握各种应急设备的操作技能

④检查、试验各类应急器材、设备的技术状态

A. ①②④   B. ①③④

C. ②③④   D. ①②③④

63. 根据规定,每艘船舶的训练手册内容应包括_____。

①所有救生属具的使用

②降落区域的照明

③海锚的使用

④救生设备应急修理须知

A. ①②③④   B. ①②④

C. ①②③   D. ②③④

64. 船舶发生火灾时,应做好哪些工作?

①切断通往火场的油路、电路

②搬走火场附近的易燃、易爆物品

③机舱确保在5分钟内开泵供水

④确认火已完全熄灭后经船长同意才可开舱检查

A. ①②③④   B. ①②④

C. ②③④   D. ①③④

65. 船长在处理碰撞事故时的职责包括_____。

①及时处理遇水有危险的货物

②将对方船名、船籍港等电告船东

③当船舶倾斜接近纵倾10°和/或横倾20°时,应及时降下救生艇备用

④确认他船无人身伤亡时,可自行离开现场

A. ①②③   B. ②③④

C. ①②③④   D. ①②④

66. 根据规定,每艘船舶的训练手册的内容应包括_____。

①所有探测装置的使用

②与降落设备脱开

③低温保护以及低温急救方法

④无线电救生设备的用法

A. ①②③④   B. ①②④

C. ①②③   D. ②③④

项目三 船舶污染应急反应

考试大纲要求:

 7.2.10 船舶发生溢油后的应急行动

1. 根据规定,船舶如必须使用消油剂时,_____。

A. 如情况紧急宜立即使用,然后向海事局补充报告

B. 为控制油污损害,可在使用的同时向海事局报告

C. 应事先口头或书面向海事局申请,经批准后再使用

D. A、B、C 均可

2. 根据《防止船舶污染海域管理条例》的规定,船舶发生油污事故后_____。

①立即采取措施控制污染

②尽快向就近的海事局报告

③需要使用化学消油剂时应事先申请海事局批准

A. ①②③   B. ①②

C. ①③   D. ②③

3. 以下关于船舶发生触礁或搁浅后,在初始阶段的应急行动,提法有误或不妥的是_____。

A. 航行中,值班驾驶员应立即停车

B. 如因触礁、搁浅造成船体破损、油污等,应立即发出相应的应急报警信号

C. 全体船员应根据发出的报警信号,携带指定的器材到现场参加应急

D. 如已确定触礁或搁浅,应在第一时间用车舵配合尝试脱浅

4. 在船体因故漏损的情况下,应采取的措施有_____。

①通知机舱立即停车减速,减少水流对船体的冲击

②尽快查找漏损位置

③关闭与漏损舱室相通的水密设备

④采取有效的堵漏措施

A. ①③④   B. ①②③④

C. ②③④   D. ①②④

5. 发现有人落水,驶近落水者的操船方法有_____。

①单旋回法

②威廉姆逊旋回法

③斯恰诺旋回法

④双旋回法

A. ①②③   B. ①③④

C. ②③④   D. ①②③④

6. 根据船上油污应急计划,船舶发生管系泄漏时,应采取下列哪些措施?

①立即停止有关操作关闭管系上所有阀门

②发出溢油报警信号

③实施最初的溢油应急反应程序

④将事故情况通知供油船(设施)

A. ②③④   B. ①②③

C. ①③④   D. ①②③④

7. 一般我国船舶发生油污事故可鸣放下列哪种报警信号?

A. 警铃或汽笛一短二长一短声   B. 警铃或汽笛三长声

C. 警铃或汽笛二短声   D. 警铃或汽笛二长一短声

8. 下列有关油污应急演习的说法,不正确的是_____。

 A. 油污应变演习必须单项进行

 B. 油污应变演习一般每3个月进行一次

 C. 每次油污应急演习情况必须详细记入航海日志

 D. 油污应变部署表针对事故后各类人员的职责和应急措施做了明确的分工和规定

9. 船舶溢油后,应立即采取相应的措施,防止继续溢漏,这些措施不包括_____。

 A. 立即停止有关操作,停止供受油作业,关闭供受油管系上的所有阀门

 B. 核实并确保甲板排水孔已堵塞,甲板溢油不至于流出舷外

 C. 将泄漏油舱中的油驳入空油舱或其他未满舱

 D. 在必要并可能时,将溢出的油转驳到他船或岸上设施中去

10. 防止溢油扩散的常用方法包括_____。

 ①化学凝聚剂阻止

 ②围栏包围

 ③燃烧阻止

 ④沉降阻止

 A. ①②③   B. ①②

 C. ②③④   D. ①②③④

11. 在为船舶供应燃油时如果发生溢油,以下对防止继续溢油的措施表述不妥的是_____。

 A. 立即停止有关操作,通知供油船或供油设施停止供油作业,关闭管系上的所有阀门

 B. 尽快放艇入水清除海面溢油

 C. 发出溢油报警信号,实施最初的溢油应急反应程序

 D. 将泄漏油舱中的油驳入空油舱或其他未满舱

12. 船舶油污应变演习要求包括_____。

 ①应变演习应根据油污演习计划进行

 ②在制订油污演习计划时,应充分考虑油污应急计划中的要求

 ③油污演习可以和其他演习联合进行

 ④每次演习时应进行油污应急程序的演练

 A. ①②④   B. ①②③④

 C. ①③④   D. ②③④

13. 按照溢油应急反应部署表的分工,船舶发生溢油事故后组织船员回收溢油的现场指挥是_____。

 A. 船长   B. 大副和轮机长

 C. 三副   D. 二副

14. 按照溢油应急反应部署表的分工,船舶发生溢油事故后负责带艇指挥捞油的是_____。

 A. 船长   B. 大副和轮机长

 C. 三副   D. 二副

15. 按照要求,我国船舶的油污应急演习至少在_____内进行一次。

 A. 一周   B. 一个月

 C. 一航次   D. 一季度

16. 按照船上油污应急计划中关于溢油应急反应部署表的规定,下列叙述中正确的是_____。
    ①溢油报警信号通常为一短二长一短声
    ②船员集合地点是驾驶台两翼甲板
    ③船长任总指挥
    ④现场指挥是大副和轮机长
    A.①②③④   B.①②③
    C.①③④   D.②③④

17. 溢油物理回收法中不包括_____。
    A.人工回收   B.机械回收
    C.吸附回收   D.沉降回收

18. 当海上溢油无法用物理方法回收时,可采用_____法,在海上直接处理掉。
    ①化学消油剂消除
    ②燃烧
    ③沉降
    ④扩散
    A.①②③   B.②③④
    C.①③④   D.①②③④

19. 在船上举行的油污演习,应包括_____等内容。
    ①检查、试验有关油污报警和通信系统
    ②发出油污警报,向集合点报到
    ③检查参加演习的人员是否熟悉自己的油污应急职责
    ④检查参加演习的人员能否按应急预案中的规定进行油污应急操作
    A.①②③④   B.①②③
    C.②③④   D.①②④

20. 下列有关船上油污应急计划的说法中,不正确的是_____。
    A.船上油污应急计划由公司编制并核准认可
    B.油污应急反应设备和器材清单应在附录中,并在指定位置存放,随时可用
    C.与沿海国联系通信录及时更新
    D.演习记录与航海日志保持一致

21. 发生油污应急情况时,下列哪项职责分工正确?
    A.总指挥由轮机长担任
    B.现场指挥为大副和轮机长,负责组织船员回收、清除溢油
    C.事故现场在机舱时,轮机长为现场指挥,其余情况均由大副任现场指挥
    D.现场指挥由船长根据事故情况决定

22. 下列有关油污应急职责的说法哪些正确?
    ①现场指挥是大副和轮机长,负责组织人员回收溢油
    ②溢油报警信号为二长一短声
    ③三副的职责是准备消防器材,指挥放艇并任艇长,回收清除溢油

④二副的职责是在驾驶台值班,做好现场记录
    A.①②③④　　　　　　　　　　　　B.①②③
    C.①③④　　　　　　　　　　　　　D.②③④

23. 按照船上油污应急计划中溢油应急反应部署表的规定,船舶发生溢油事故后,船员集合的指定地点通常是_____。
    A. 救生艇甲板　　　　　　　　　　　B. 驾驶台两翼甲板
    C. 尾楼甲板　　　　　　　　　　　　D. 主甲板

24. 船舶溢油后,应立即采取相应的措施,防止继续溢漏,这些措施不包括_____。
    A. 立即停止有关操作,停止供受油作业,关闭供受油管系上的所有阀门
    B. 核实并确保甲板排水孔已堵塞,甲板溢油不至于流出舷外
    C. 将泄漏油舱中的油驳入空油舱或其他未满舱
    D. 在必要并可能时,将溢出的油转驳到他船或岸上设施中去

25. 一般,我国船舶发生油污事故可鸣放哪种报警信号?
    A. 警铃和汽笛二长一短声　　　　　　B. 警铃和汽笛二短声
    C. 警铃或汽笛一短二长一短声　　　　D. 警铃和汽笛三长声

项目四　船舶应急行动与应急措施

考试大纲要求:
  6.3.3.6　船上油污应急计划
  7.2.4　弃船时的应急行动
  7.2.5　船舶失火时的应急行动
  7.2.6　船舶发生爆炸时的应急行动
  7.2.7　船舶碰撞时的应急行动
  7.2.8　船舶搁浅和触礁后的应急行动
  7.2.9　船体破损进水应急行动
  7.2.10　船舶发生溢油后的应急行动
  7.2.11　救助落水人员的应急行动
  7.2.14　恶劣天气条件下释放救生艇行动
  7.2.15　防反海盗行动

1. 在大船有横倾的情况下放救生艇,以下做法正确的是_____。
    A. 固定横倾较小时应先放低舷艇
    B. 横倾超过20°时,应立即放高舷艇
    C. 降放高舷救生艇时,放艇速度要快
    D. 随艇降落的艇员登艇后,应先解定位索,然后慢慢松出止荡索,降放救生艇

2. 以下有关海盗袭击目标的特点,表述正确的有_____。
  ①海盗袭击都选择在近岸、近岛屿、近主要航线,便于海盗船活动的水域袭击船舶

②低速、低干舷、戒备松懈的船舶更易被海盗袭击

③劫持船员勒索赎金是索马里海盗袭击船舶的主要目的

④大多数海盗登船后，船长房间是袭击的重要目标，而索马里海盗登船后以控制船舶和船员为主要目的

  A.①②④   B.①③④

  C.①②③④   D.①②③

3. 以下关于船舶发生碰撞时，在初始阶段的应急行动要点的提法有误的是_____。

  A. 船长应立即上驾驶台，组织指挥应变

  B. 全体船员应根据发出的报警信号，携带指定的器材到现场参加应急

  C. 船舶发生碰撞后，值班驾驶员应立即通知值班轮机员全速倒车

  D. 如碰撞造成船体破损、油污、火灾、人员落水等，应立即发出相应的应急报警信号

4. 船舶搁浅、触礁后_____。

  ①值班驾驶员立即报告船长

  ②值班驾驶员立即通知机舱发出警报

  ③立即召集船员

  ④防止用车或舵盲目脱浅或摆脱礁石

  ⑤首要工作是搞清搁浅或触礁部位和受损情况

  A.①②③④⑤   B.②③④⑤

  C.①②④⑤   D.①③④⑤

5. 航行中发生火灾，为减少风对火势的助长，防止火势蔓延，下列做法不正确的是_____。

  A. 及时改向，变速或停船   B. 将着火点置于上风舷

  C. 将着火点置于下风舷   D. 必要时，船长可令机舱紧急停车

6. 当船舶发生爆炸事故时_____。

  ①驾驶台立即通知船长和机舱，减速，停车

  ②向全船发出警报

  ③若爆炸起火，应同时发出火警信号；若爆炸引起船体破损，应同时发出堵漏信号

  ④船长应亲临驾驶台指挥全船采取爆炸应急行动

  A.①②④   B.①②③

  C.①②③④   D.②③④

7. 在弃船登艇筏前，船长应将_____应告知各艇筏负责人。

  ①是否发出遇险信号以及遇险求救信号是否有回答

  ②放多艘救生艇后的救生艇集合地点

  ③是原地等待还是驶向指定的地点

  ④其他有关救生方面的指示

  A.①②③④   B.②④

  C.①③④   D.①④

8. 关于船舶破损进水后的应急，下列说法不恰当的是_____。

  A. 立即发出警报召集船员并报告船长和通知机舱

  B. 全体船员听到警报信号后，应按分工携带相应的器材迅速赶到现场

C. 轮机长负责调驳压载水保持船体平衡

D. 大副应指派专人量水,判断险情的发展

9. 如果船舶货舱发生火灾决定使用 CO_2 灭火,下列说法不正确的是_____。

    A. 隔离人员   B. 隔绝货舱空气流通

    C. 按指令正确施放灭火剂   D. 通往该处的电源不用切断

10. 船舶发生爆炸时的应急行动包括_____。

    ①立即报警,减速,停车

    ②由大副或轮机长(机舱)亲自指挥隔离爆炸物

    ③检查船舶稳定性、浮力、适航能力,对船舶做出正确的评判

    ④了解爆炸原因、人员伤亡和被困情况

    A. ②③④   B. ①②③

    C. ①③   D. ①②③④

11. 关于放艇救助落水人员,以下表述有误的是_____。

    A. 救生艇最好从落水者下风一侧接近,将落水者置于上风舷

    B. 救生艇最好从落水者上风一侧接近,将落水者置于下风舷

    C. 可以利用救生圈或网具将落水者救至艇内,然后送上本船

    D. 可以使用吊货装置或用网具从艇内将遇险人员吊起送上大船

12. 消防应急时,下列做法不恰当的是_____。

    A. 船员发现火灾应立即发出消防警报

    B. 如货舱着火,应立即施放二氧化碳

    C. 如采用封闭窒息法灭火,必须封闭足够长的时间

    D. 如火灾引起爆炸,抢救无效时应弃船,并就近使用灭火器材进行灭火

13. 目前,世界上海盗的主要活动地区(水域)有_____。

    ①南中国海,包括马六甲海峡、新加坡海峡以及印尼、东马来西亚和菲律宾等国家和沿海水域

    ②印度洋与红海,包括孟加拉湾、亚丁湾以及位于红海里的索马里沿海水域

    ③西非,包括几内亚湾东岸的塞内加尔向南至安哥拉之间的沿海水域

    ④中南美,包括牙买加、多米尼加、委内瑞拉、厄瓜多尔、哥伦比亚等国家的沿海水域

    A. ①②③   B. ①②③④

    C. ①③④   D. ②③④

14. 船舶在大风浪中放艇时,下列哪些做法正确?

    ①应放下风舷的艇

    ②选择大浪过后海面相对平静的时机释放

    ③争取在大船摇动至中间位置时将艇放至水面

    ④选择艇被波峰抬起前后吊艇索都松弛时迅速脱钩

    A. ①②③④   B. ①②

    C. ①②③   D. ①②④

15. 船舶触礁后,宜采取下列哪些措施?

    ①车舱配合,尽快脱离礁石

②尽快查清触礁部位和损坏状况

③如发现船体破损进水,组织排水堵漏

④采取必要措施,防止船体过度倾斜进水

A.①②③④　　　　　　　　　　　B.②③④

C.①②③　　　　　　　　　　　　D.①②

16. 值班驾驶员发现有人落水,应_____。

①立即投下就近的救生圈、自发烟雾信号,夜间应抛下自亮浮灯

②立即向船长报告

③立即操纵船舶避开落水者

④派专人登高瞭望,并发出人落水警报

A.①②④　　　　　　　　　　　　B.①②③

C.①②③④　　　　　　　　　　　D.②③④

17. 船舶自力脱浅方案必须考虑的因素至少包括_____。

①调节油水和货物

②本船主机和锚机力量

③潮汐和风流

④所需拖船拉力

A.①②③④　　　　　　　　　　　B.①②④

C.①②③　　　　　　　　　　　　D.②③④

18. 下列哪个不属于船舶发生碰撞后限制损害和救助本船的行动原则?

A. 查清本船受损情况　　　　　　B. 按应变部署,尽力自救

C. 适时争取外界援助　　　　　　D. 首先考虑弃船

19. 关于船体破损漏水的应急行动,下列说法不恰当的是_____。

A. 立即发出堵漏报警信号

B. 如出现溢油,立即关闭所有甲板上的开口

C. 应立即查明进水部位

D. 航行中应停车或改变方向使得破损部位处于下风

20. 船舶破损后的进水量与下列哪些因素有关?

①船舶大小

②船速快慢

③破损面积

④破口在水下的深度

A.①②③　　　　　　　　　　　　B.①②③④

C.②③④　　　　　　　　　　　　D.①②④

21. 下列有关航行中海盗袭击的说法哪项有误?

A. 海盗通常袭击那些看上去装备松懈的船舶

B. 海盗袭击的对象通常为船速较慢的船舶

C. 航行中,海盗通常在距驾驶台较远的船首部附近登船

D. 海盗登船后首选袭击目标往往是驾驶台和船长室

22. 在登救生艇筏前,船长应告知各艇筏负责人_____。

① 驶往领海基线的航向、距离

② 放多艘救生艇后的救生艇集合地点

③ 是原地等待还是驶向指定地点

④ 获救的具体时间

A. ①②③④   B. ②③

C. ①②③   D. ①④

23. 当需要撤离船舶或弃船时,以下提法有误的是_____。

A. 船长应担任应急总指挥

B. 轮机长担任一艘救生艇的艇长

C. 大副担任一艘救生艇的艇长

D. 需要时,三副担任另一艘救生艇的艇长

24. 船舶搁浅、触礁后的应急行动包括_____。

① 现场指挥应率领水手等了解搁浅、触礁部位情况

② 木匠测量淡水舱、压载舱、油舱等液位

③ 三副率领水手测量和记录船舶四周水深

④ 轮机长指挥机舱人员检查主机、舵机和辅机有无损害,并报告船长

A. ①②③④   B. ①②③

C. ①③④   D. ①②④

25. 控制火势包括_____。

① 在探明火情的基础上可立即展开灭火行动

② 疏散、隔离火场周围的可燃物

③ 喷水降低火场周围的温度

④ 切断电源

⑤ 关闭通风,封闭门窗

A. ①②③⑤   B. ①②③④⑤

C. ②③⑤   D. ②③④⑤

26. 以下关于船舶发生火灾初始阶段的应急行动程序要点,说法有误的是_____。

A. 火灾发现者应大声呼喊报警

B. 航行中,驾驶台接到火灾报警后,应立即发出消防应急报警信号

C. 接到火灾报警后船长应立即赶到火灾现场,组织指挥应变

D. 全体船员应立即按应急部署表规定的分工和职责,携带指定的器材赶到火灾现场

27. 船体破损进水后,应采取下列哪些办法确定船体漏损的位置和漏情?

① 观察船旁边水面有无气泡和漏油现象

② 根据各空气管内有无流水声判断

③ 测量油、水舱和污水井,根据液位变化判断

④ 如可行,派人潜水检查破损处的情况

A. ①②③   B. ①②④

C. ②③④   D. ①②③④

28. SOLAS 公约规定,应急操舵演习至少应_____个月进行一次。

A. 2   B. 3

C. 4   D. 1

29. 船体破损进水后,为尽快测定破损位置,应采取下列哪些应急步骤?

①测量各污水井、水舱的水位

②机舱测量各油舱的油位

③进入货舱检查漏损的位置

④采用自制的探测器在舷外探测或在空气管处听声音

A. ①②③④   B. ①②④

C. ②③④   D. ①③④

30. 在弃船登艇前,船长应告知各艇筏负责人哪些事项?

①是否发出遇难求救信号及遇难求救信号是否有回答

②放多艘救生艇后救生艇集合地点

③是原地等待还是驶向指定地点

④其他救生方面的指示

A. ①③④   B. ①④

C. ②④   D. ①②③④

31. 船舶搁浅后,在制订脱浅方案时,必须考虑下列哪些因素?

①调节油水和货物,抛货的可能性和数量

②本船主机和锚机的力量,船体强度

③潮汐和风流

④所需拖船拉力

A. ②③④   B. ①②③

C. ①②③④   D. ①②④

32. 关于船舶火灾应急行动,以下正确的是_____。

A. 航行中,驾驶台接到警报后立即改向

B. 机舱火情发现者应立即用快捷可行的方式报警

C. 全体船员立即到集合地点集合

D. 三副立即开启大型灭火设施

33. 以下哪项是船舶发生爆炸时应采取的措施?

①驾驶台立即通知船长和机舱,减速,停车

②向全船发出警报

③若爆炸起火,应同时发出火警信号;若爆炸引起船体破损,应同时发出堵漏信号

④船长应亲临驾驶台指挥全船采取爆炸应急行动

A. ①②④   B. ①②③

C. ①②③④   D. ②③④

34. 下列有关船舶发生爆炸时的应急行动,表述正确的是_____。

①驾驶台应立即发出警报

②视情况减速或停车

③大副任所有情况下的现场指挥

④三副负责灭火

A. ①②③

B. ②③④

C. ①②④

D. ①②③④

35. 以下关于船舶发生触礁、搁浅后应急阶段的行动程序要点,提法有误的是_____。

　　A. 当船舶搁置在礁石上且严重横倾时,应设法调整船舶的浮态

　　B. 应连续测定船位,确定船舶离主航道的距离,并立即发出求救信号

　　C. 为防止因大船严重横倾而无法放艇,应先将高舷救生艇放出,以备急需

　　D. 船舶发生触礁、搁浅后,如船体进水或漏油,应立即执行堵漏或油污应急部署

36. 下列有关船舶发生爆炸时的应急行动,表述不正确的是_____。

　　A. 驾驶台应立即发出警报

　　B. 除爆炸发生的机舱外由大副任现场指挥

　　C. 三副负责具体堵漏工作

　　D. 船长亲临驾驶台指挥

37. 船首撞入对方船体重要部位且较严重时,切忌_____。

　　A. 立即倒车退出

　　B. 保持原有姿态

　　C. 减少大量进水

　　D. 争取时间有效应急

38. 船舶溢油后,应立即采取相应的措施,防止继续溢漏,这些措施不包括_____。

　　A. 立即停止有关操作,停止供受油作业,关闭供受油管系上的所有阀门

　　B. 核实并确保甲板排水孔已堵塞,甲板溢油不至于流出舱外

　　C. 将泄漏油舱中的油驳入空油舱或其他未满舱

　　D. 在必要并可能时,将溢出的油转驳到他船或岸上设施中去

39. 船舶发生搁浅或触礁后,船舶在制订脱浅方案时应考虑_____因素。

①调整油水和货物

②本船主机和锚机功率

③潮汐和风流

④船体强度

A. ①②③④

B. ①②③

C. ①②

D. ③④

40. 如果_____,应根据船长命令,执行弃船应急行动计划。

①爆炸引起多名船员受伤

②爆炸后船体发生严重倾斜

③爆炸引起船舶迅速下沉

④爆炸引起的火灾无法控制,威胁到全体船员的生命安全

A. ①②④

B. ②③④

C. ①②③④

D. ①③④

41. 在可供选择的船舶进水探测方法中,应慎用的是_____。

　　A. 测量各油、水舱和污水井,根据液位的异常变化来判断

　　B. 通过对油、水舱中的油水取样检验是否含有海水成分来判断

　　C. 舷侧破孔位置可在舷外用自制探测器进行探测

　　D. 直接派人下舱查看

42. 以下关于船舶发生爆炸应急阶段的行动程序要点,提法有误或不妥的是_____。
   A. 现场指挥应尽快查清爆炸现场情况
   B. 现场指挥应与船长尽快地商定具体的应急方案并组织实施
   C. 如情况允许,由大副或轮机长(如爆炸发生在机舱)亲自指挥隔离爆炸物
   D. 立即启动消防、堵漏、油污应急预案

43. 海盗袭击船舶的事件多发生在一些欠发达国家的沿海水域,而在_____等较为发达国家的沿海水域内几乎没有海盗袭击事件发生。
   ①北美
   ②北欧
   ③西欧
   ④大洋洲
   A. ①②③④   B. ②③④
   C. ①②③   D. ①③④

44. 船舶发生碰撞后,下列哪个不属于限制损害和救助本船的行动原则?
   A. 查清本船受损情况   B. 按应变部署尽力自救
   C. 适时争取外界援助   D. 首先考虑弃船

45. 船舶破损进水的进水量与_____无关。
   A. 船速快慢   B. 破损面积的大小
   C. 破损位置在水面下的深度   D. 船舶排水量的大小

46. 在船舶消防应急时,以下提法有误的是_____。
   A. 船长担任应急总指挥   B. 大副在火灾现场担任现场指挥
   C. 二副在驾驶台值班,负责操纵船舶 D. 三副在火灾现场担任灭火队长

47. 航行中火灾时,如果 CO_2 大型灭火系统的施放控制在驾驶台,由_____ 按船长的命令一次性施放规定的数量。
   A. 值班驾驶员   B. 三副
   C. 二副   D. 大副

48. 在船舶失火现场组织扑救时,应遵循的行动顺序是_____。
   A. 探明火情、控制火势、控制通风、组织救援
   B. 控制火势、控制通风、探明火情、组织救援
   C. 组织救援、探明火情、控制火势、控制通风
   D. 视具体情况而定

49. 下列哪项措施对减少自由液面的影响无效?
   A. 液体舱柜内设置横隔舱壁   B. 液体舱柜内设置纵隔舱壁
   C. 舱柜内充满液体   D. 尽快使舱柜空舱

50. 通常采取的灭火方法有_____。
   A. 降温法   B. 隔离法
   C. 窒息法   D. A、B、C 都是

51. 以下关于船舶发生碰撞时,在初始阶段的应急行动要点,提法有误的是_____。
   A. 船舶发生碰撞后,值班驾驶员应立即通知值班轮机员全速倒车

B. 船长应立即上驾驶台,组织指挥应变

C. 如碰撞造成船体破损、油污、火灾、人落水等,应立即发出相应的应急报警信号

D. 全体船员应根据发出的报警信号,携带指定的器材到达现场参加应急

52. 当船舶机舱失火需使用 CO_2 大型固定灭火系统时,下列做法哪些是正确的?

①通知人员迅速撤离

②封闭开口,停止通风

③停止锅炉燃烧,关闭运转的机械

④根据火情逐次施放所需的灭火剂

A.①②③ B.①②③④

C.②③④ D.①②④

53. 按照有关规定,每次消防演习时除启动消防泵外,应至少使用_____只水枪,以显示该系统处于正常工作状态。

A. 1 B. 2

C. 3 D. 4

54. 当起居处所发生火灾时,采取的下列哪项措施不正确?

A. 确认有无人员被困,并设法抢救 B. 迅速打开门窗散出烟雾

C. 关闭门窗施放灭火剂 D. 冷却四周舱壁,防止火势蔓延

55. 消防应急时,下列说法不恰当的是_____。

A. 船员发现火灾应立即发出消防警报,并就近使用灭火器材进行灭火

B. 如货舱着火,应立即施放二氧化碳

C. 如采用封闭窒息法灭火,必须封闭足够长的时间

D. 如火灾引起爆炸,抢救无效时应弃船

56. 当船舶发生爆炸事故时,下列说法正确的是_____。

①大副或轮机长(当机舱发生爆炸时)作为现场指挥,应迅速到达现场,了解有关情况

②由医生(或管事、大厨)负责救护任务,立即赶往现场抢救受伤人员

③由三副负责灭火,对爆炸火灾采用一切有效的灭火应急行动措施现场灭火

④由二副负责堵漏任务,对爆炸所产生的破洞采取应急堵漏措施

A.①②③④ B.①②③

C.②③④ D.①②④

57. 为保持破损船舶的平衡,可采用对称注入法,该法的特点不包括_____。

A. 增加船舶载荷 B. 损失船舶储备浮力

C. 增加船舶储备浮力 D. 适用于水密舱室多而小的船舶

58. 船体破损进水后,应采取下列哪些办法确定船体漏损的位置和漏情?

①观察船旁水面有无气泡和漏油现象

②机舱测量各油舱的油位

③测量油、水舱和污水井,根据液位变化判断

④如可行,派人潜水检查破损处的情况

A.①②③ B.①②③④

C.②③④ D.①②④

59. 当船舶遭遇暴力劫持时,除非受到直接的监视,否则可采取_____等手段悄悄向外报警。
  ①在近岸时使用移动电话
  ②投放卫星应急无线电示位标
  ③投放有船名的救生圈、救生衣
  ④使用 VHF 无线电装置
  A.①②③   B.①③④
  C.②③④   D.①②③④

60. 从事恐怖活动的海盗,往往对袭击的目标进行精心选择,_____等为其袭击的主要目标,以达到制造较大政治影响的目的。
  ①客船
  ②油船
  ③液化气船
  ④散粮船
  A.①②④   B.②③④
  C.①②③   D.①②③④

61. 易燃品液货舱发生事故后,下列哪项是救助本船应采取的首要措施?
  A.防止船体断裂   B.防止液体外泄
  C.防止火灾爆炸   D.A、B、C 都是

62. 值班驾驶员发现有人落水,应_____。
  ①立即投下就近的救生圈、自发烟雾信号,夜间应抛下自亮浮灯
  ②立即向船长报告
  ③立即停车,向人落水一舷操满舵
  ④派专人登高瞭望,并发出人落水警报
  A.①②④   B.①②③
  C.①②③④   D.②③④

63. _____适用于海上航行发现本船有失踪者,或已知有人落水但发现较晚,而船已驶出相当距离且根本看不到落水者的情况。
  A.单旋回法   B.威廉姆逊旋回法
  C.斯恰诺旋回法   D.180°旋回法

64. 船舶发生爆炸事故后_____。
  ①由大副或轮机长(当机舱发生爆炸是)作为现场指挥
  ②由医生(或管事、大厨)负责救护任务
  ③由三副负责灭火
  ④由木匠(或指定一水)负责隔离及漏损进水隔离任务
  A.①②③④   B.①③④
  C.①②③   D.②③④

65. 为减小风对火势的助长,防止火势蔓延,航行中发生火灾时,应_____。
  A.及时改向,变速或停船   B.将着火点置于上风舷
  C.将着火点置于下风舷   D.A 和 C 正确

66. 进入海盗活动区域后,以下有关防范海盗的巡逻措施,不当或不妥的是_____。
   A. 船员应经常保持在显眼处巡逻,以便使海盗船发现船员已处于戒备状态
   B. 有规律的巡逻比没有规律的巡逻更可取
   C. 巡逻人员与驾驶台应保持联系
   D. 夜间在生活区外部巡逻时,应避免单独一个人行动

67. 经过排水和堵漏,船舶尚有剩余浮力时,为保持船体平衡可采取下列哪些办法?
   ①将油、水驳到破损相反一侧
   ②排出倾斜一侧的油、水
   ③向破损舱室对称的位置灌注海水
   ④抛弃倾斜一侧的货物
   A.①②③   B.①②③④
   C.②③④   D.①②④

68. 在船舶失火现场组织扑救时,首先应采取的措施是_____。
   A. 控制通风   B. 探明火情
   C. 隔离火源   D. 控制火势

69. 船舶发生碰撞后,下列哪项做法不正确?
   A. 尽快调查双方受损情况并做记录,包括拍照
   B. 船长尽快写出碰撞通知书,并要求对方船长签署
   C. 将事实经过详细记入航海日志
   D. 若对方船长要求签署"碰撞责任通知书"时,船长应签字并加盖船长,不应批注"仅限收讫"

70. 扑救遇水燃烧物品的火灾时,适宜使用的灭火剂是_____。
   A. 泡沫灭火剂   B. 干粉灭火剂
   C. 沙土   D. B 和 C

71. 有关驶近落水者的船舶操纵方法,下列提法中正确的是_____。
   ①单旋回法开始时,应向落水者一舷操舵
   ②Williamson 法开始时,应向落水者一舷操舵
   ③Scharnow 法开始时,可向任一舷操舵
   ④大旋回法开始时,必须向右舷操舵
   A.②③④   B.①②③④
   C.①②③   D.①③④

72. 在船体破损进水时,以下提法有误的是_____。
   A. 如破洞较大,必须先实施堵漏
   B. 应迅速关闭漏损舱室四周的水密门窗、隔舱阀
   C. 应派专人不断观察记录船舶前后吃水及干舷高度变化并向船长报告
   D. 正确估算进水量,充分估计险情的发展,尤其在舱内水面接近限界线时

73. 对于碰撞、触礁等海事导致船体破损进水有沉船危险时,船舶自救首先应将主要精力放在_____上。
   ①堵漏

②排水

③保持船舶浮态

④保持船舶适当的稳性

    A.①②③④   B.②④

    C.①②   D.①②④

74. 船首撞入对方船体重要部位且较严重时,切忌_____。

    A.立即倒车退出   B.开微速进车顶住对方

    C.减少大量进水   D.征得同意后方可倒车脱出

75. 船舶在港停泊发生应急情况时,全权负责指挥的不应是_____。

    A.船长   B.大副(当船长不在船时)

    C.值班驾驶员(当船长、大副都不在船时)   D.轮机长

76. 在装卸货物时货舱内发现火情,首先应_____。

    A.向舱内施放二氧化碳   B.向舱内放水

    C.关闭舱盖,然后根据情况施放二氧化碳   D.A、B、C均可

77. 以下关于弃船时的应急行动程序要点,提法有误的是_____。

    A.在决定弃船的情况下,船长应亲自发出弃船信号或宣布弃船命令

    B.接到弃船命令后,船员应按应变部署表规定进行弃船准备

    C.有关船员应检查并准备好携带有关物品登艇筏

    D.机舱值班人员应坚守岗位,直到轮机长决定撤离

78. 印度洋与红海为海盗的主要活动地区之一,具体水域包括_____。

    ①孟加拉湾

    ②亚丁湾

    ③索马里沿海水域

    ④阿拉伯海

    A.①②④   B.①②③

    C.①②③④   D.②③④

79. 船舶发生搁浅或触礁后,船舶在制订脱浅方案时应考虑_____等因素。

    ①调整油水和货物

    ②本船主机和锚机功率

    ③潮汐和风流

    ④船体强度

    A.①②③   B.①②③④

    C.②③④   D.①②④

80. 以下关于船舶发生触礁或搁浅初始阶段的应急行动的提法有误或不妥的是_____。

    A.航行中,值班驾驶员应立即停车和抛下(如有可能)

    B.如因触礁、搁浅造成船体破损、油污等,应立即发出相应的应急报警信号

    C.全体船员应根据发出的报警信号,携带指定的器材到现场参加应急

    D.如已确定触礁或搁浅,应在第一时间用车舵配合尝试脱浅

81. 船体破损后的进水量与下列哪些因素无关?

①船舶大小
②船速快慢
③破损面积
④破口在水线下的深度

A.①②③　　　　　　　　　　B.②③④

C.①　　　　　　　　　　　　D.①②④

82.船舶发生触礁或搁浅后,以下做法错误的是_____。

A.大副应在现场指挥有关人员做连续测量和记录

B.大副应带领水手长下舱检查货物有无移位、倒塌

C.木匠应负责测量淡水舱、污水沟(井)、压载舱的水位变化情况

D.机舱有关人员应测量各油舱(柜)的液位变化情况

83.在大船有横倾的情况下放艇,以下提法正确的是_____。

A.固定横倾较小时应先放低舷艇

B.横倾超过20°时,应立即放高舷艇

C.降放高舷救生艇时,放艇速度要快

D.随艇降落的艇员登艇后,应先解定位索,然后慢慢松出止荡索,降放救生艇

84.在海盗活动频繁区域,下列哪些防范措施是正确的?

①事先规定海盗袭击时的报警信号

②在通常是海盗袭击的首要目标以外的场所设置一台应急VHF装置

③备妥水龙带及其他用于吓退海盗的防卫物品

④驾驶台两翼应配探照灯,夜间在船尾甲板及舷外打开照明灯照亮海面

A.①②③④　　　　　　　　　B.①②③

C.②③④　　　　　　　　　　D.①③④

85.船舶在港停泊发生应急情况时,负责现场指挥的是_____。

A.船长　　　　　　　　　　　B.大副或轮机长(事故现场在机舱时)

C.三副　　　　　　　　　　　D.二副

项目五　应急演习与训练要求

考试大纲要求:

7.4.2　应急演习的要求与组织

7.4.2.1　消防演习要求与组织

7.4.2.2　弃船演习要求与组织

7.4.2.3　应急舵演习要求与组织

7.4.2.4　油污应急演习要求与组织

7.4.2.5　人员落水与救助演习要求与组织

1.听到弃船报警信号后,全体船员应在_____分钟内穿好救生衣并到达集合地点。

A. 2
B. 5
C. 7
D. 1

2. 根据规定,下列有关国内航行船舶救生艇的降落安排哪项正确?
   A. 每艘救生艇每 3 个月至少降 1 次并降落下水 1 次
   B. 每艘救生艇每 3 个月至少降 1 次并每年降落下水 1 次
   C. 每艘救生艇每 4 个月至少降 1 次并降落下水 1 次
   D. 每艘救生艇每 4 个月至少扬出 1 次并每年降落下水 1 次

3. 关于救生演习正确的是_____。
   A. 不同的救生艇应尽可能在 1 年内降落 1 次
   B. 每艘救生艇应每 3 个月承载所有成员降落下水 1 次
   C. 每艘救生艇应每 6 个月承载操作的船员降落下水 1 次
   D. 每艘救生艇应每 3 个月在水上操纵 1 次

4. 通过对船上应急反应计划的定期演习,对各种应急计划进行训练、操作能_____。
   ①使船上应急反应计划得到实施
   ②使船上应急设备获得有效应用
   ③保证指挥、协作、通信联系和报告程序的可靠运行
   A. ②③
   B. ①②
   C. ①③
   D. ①②③

5. 按照有关要求,对船员的救生、消防训练中的授课内容包括_____。
   ①气胀式救生筏的操作和使用
   ②消防设备的操作和使用
   ③低温保护知识及恶劣气象海况下使用救生设备的知识
   ④救生艇水中操作技能
   A. ①②
   B. ①②③
   C. ②③④
   D. ②④

6. 每次消防演习应包括_____。
   ①到指定地点集合
   ②检查消防员装备
   ③检查有关的通信设备
   ④准备施放固定二氧化碳灭火系统
   A. ①②③
   B. ①②④
   C. ②③④
   D. ①②③④

7. 在大船有横倾的情况放下救生艇,下列正确的是_____。
   A. 固定横倾小时应先放低舷艇
   B. 横倾超过 20°时,应立即放高舷艇
   C. 降放高舷艇时,速度要快
   D. 随艇降落的艇员,应先解定位索,然后慢慢送出止荡索,降放救生艇

8. 在船上举行的人员落水演习内容包括_____。
   ①鸣放七短一长的报警信号

②参加应急的船员向集合地点报到

③检查是否按应变部署表上的规定带好指定器材

④做好救助艇的放艇准备

A. ①②③④　　　　　　　　　　　　B. ①③④

C. ②③④　　　　　　　　　　　　　D. ①②③

9. 下列有关船舶应急操舵演习的要求,哪些是正确的?

①应急操舵至少每 3 个月演习一次

②应演练驾驶台与舵机房的通信程序

③舵机房与驾驶台应张贴操舵装置控制系统及动力系统转换程序的操作说明和方框图

④应急操舵演习的日期和细节应记入航海日志

A. ①②③④　　　　　　　　　　　　B. ②③④

C. ①②③　　　　　　　　　　　　　D. ①②④

10. 根据 SOLAS 公约,以下表述有误的是_____。

A. 航行中降落救生艇、救助艇演习应在遮蔽水域进行

B. 航行中降落救生艇、救助艇演习应在有经验的驾驶员监督下进行

C. 每次弃船演习应试验供通信联络的应急发报机

D. 每次弃船演习应试验供集合和弃船用的应急照明系统

11. 按照有关规定,每次消防演习时除启动消防泵外,应至少使用_____只水枪,以显示该系统处于正常工作状态。

A. 1　　　　　　　　　　　　　　　B. 2

C. 3　　　　　　　　　　　　　　　D. 4

12. 下列有关救生消防培训的说法,表述不正确的是_____。

A. 每次培训可以包括救生和消防设备的不同部分

B. 培训应包括海上求生方面的内容

C. 培训应包括防止污染海洋环境方面的内容

D. 应在 2 个月的期限内完成对该船全部救生和消防设备的培训

13. 弃船演习中船长发出放艇命令后,在_____分钟内应完成登艇和降落准备工作并将艇放至水面。

A. 10　　　　　　　　　　　　　　　B. 7

C. 5　　　　　　　　　　　　　　　D. 2

14. 根据 SOLAS 公约及国内有关规定,以下关于船舶应急演习,表述有误的是_____。

A. 应急演习应当以适当的时间间隔进行

B. 应急演习既要保证全船处于可随时应急的状态,又不至于干扰船上的正常工作

C. 船长可以根据情况和需要酌情增加应急演习

D. 船长可以根据情况和需要酌情减少应急演习

15. 船长对演习的全过程进行监督,并注意检查_____等。

①在发出应急警报后,全员能否在 2 分钟内到达指定地点

②消防演习时,机舱能否在 5 分钟内开泵供水

③弃船演习时,能否在船长下达放艇命令后 5 分钟内将艇放至水面

④人落水演习时能否在发出报警信息后 5 分钟内将船驶到落水者附近

A.①②④   B.①②③

C.②③④   D.①②③④

16. 消防演习应包括_____。

①启动消防泵

②检查个人救助设备

③检查供随后弃船用的必要装置

④至少使用两只符合规定的水枪

A.①②③   B.①②④

C.②③④   D.①②③④

17. 按照有关规定,货船应分别在_____个月间隔内至少进行一次消防、救生、油污应急的演习。

A.3、3、3   B.1、1、2

C.1、1、1   D.1、1、3

18. 根据 SOLAS 公约的规定,客船水密门、舷窗等的关闭装置的操作演习应_____举行一次。

A. 每日   B. 每航次

C. 每月   D. 每周

19. 根据 SOLAS 公约的规定,以下表述错误的是_____。

A. 航行中降落救生艇、救助艇下水演习应在遮蔽水域进行

B. 航行中降落救生艇、救助艇下水应在有经验的驾驶员监督下进行

C. 每次弃船演习应试验供通信联络的应急发报机

D. 每次弃船演习应试验供集合和弃船用的应急照明系统

20. 按照 SOLAS 公约的规定,下列有关应急操舵演习内容哪项正确?

①实验在操舵装置室内直接控制操舵装置

②进行转换动力供应操作

③实验驾驶台与操舵装置室的通信程序

④应急操舵演习至少 3 个月一次

⑤全船人需参加

A.①②③④⑤   B.①②③④

C.②③④   D.①③④⑤

21. 救生消防培训通常包括_____。

①气胀式救生筏的操作及使用

②低温保护与体温过低时的急救护理

③恶劣环境下使用救生设备

④消防设备的操作与使用

A.①②③   B.①②③④

C.②③④   D.①②④

22. 应急操舵演习演练哪些内容?

①舵令与操舵反应能力

②在舵机室内直接控制舵机

③舵机室与驾驶台的通信程序

④转换操舵动力供应的操作

A.①②③

B.①②③④

C.②③④

D.①③④

23. 消防演习时要求所有船员在听到报警信号后_____分钟内到达岗位,机舱值班人员应在_____分钟内开泵供水。

A.2;5

B.2;3

C.3;2

D.2;2

24. 有关船舶应急和演习,下列哪一项的叙述是不对的?

A. 弃船时,如释放两艘救生艇,应由大副和三副分别担任艇长

B. 救生、消防演习应至少每月各举行一次

C. 船长是各类应急和演习的总指挥

D. 大副是各类应急的现场指挥,包括事故现场在机舱

25. 弃船演习时,下列说法不正确的是_____。

A. 所有参与演习的人员均应穿好救生衣

B. 放艇命令由船长发布

C. 不同的艇尽可能轮流降放

D. 专用救助艇应在每次演习中放至水面操纵

26. 按照 SOLAS 公约的要求,船员上船后应在不迟于_____的时间内,对其进行消防、救生设备的训练。

A.2 个月

B.1 个月

C.2 周

D.1 周

27. 尽管各类应急演习有一定的时间间隔规定,但船长还是需要对在什么时间,什么地点,进行哪种应急演习予以适当的安排,需要考虑的因素包括_____。

①演习对人员、船舶和设备、环境的安全性

②港内演习可能需要事先经有关主管当局的批准

③对某种应急情况需要增加演习次数

④可能的演习效果

A.①②③④

B.①②④

C.①③

D.②③④

28. 根据 SOLAS 公约,下列有关应急操舵和演习的要求哪些正确?

①应每个月演习一次应急操舵演习

②应急操舵演习应练习应急操舵程序

③应急操舵演习应演练在舵机室内直接控制舵机

④每个驾驶员和水手在应急操舵演习时都要亲自演练应急操舵

A.①②③

B.②③④

C.②③

D.②④

29. 按照有关规定,货船应在_____内进行一次消防演习,如在一港调换船员 25% 时,则应与离港后_____小时内进行演习。

A. 1 个月;12 B. 2 个月;12

C. 1 个月;24 D. 2 个月;24

30. 救生演习应包括下列哪些内容?

①利用广播或其他通信系统发出通知,将船员和旅客召集到集合地点并使他们了解弃船命令

②查看船员和旅客的穿着是否合适

③降下两侧各一艘救生艇

④启动并操纵救生艇发动机

⑤介绍无线电救生设备的使用

A. ①②③④⑤ B. ①②③④

C. ①③④⑤ D. ①②④⑤

31. 弃船演习中,船长发出放艇命令后,应在_____分钟内完成登乘和降落准备工作,并将艇放至水面。

A. 10 B. 7

C. 5 D. 2

32. 下列有关船舶应急操舵演习的要求哪项有误或不必要?

A. 每三个月至少演习一次应急操舵

B. 应急操舵演习练习应急操舵程序

C. 应急操舵演习演练在舵机室内直接控制舵机

D. 每个驾驶员和水手在应急操舵演习时都要亲自演练应急操舵

33. 在船上举行的油污演习中应包括_____。

①检查试验有关油污警报和通信系统

②发出油污警报向集合地点报到

③检查参加演习的人员是否熟悉自己的油污应急职责

④检查参加实习的人员能否按应急预案中的规定进行油污应急操作

A. ①②③④ B. ①②③

C. ②③④ D. ①②④

34. 下列关于组织各种应急演习的说法,正确的是_____。

①按照有关规定,编制全年的应急演习计划

②以一定的时间间隔进行应急演习,包括消防演习、人员落水演习、弃船演习、油污演习、应急操舵演习、保安演习等

③通过应急演习使船员提高安全意识,熟悉自己的应变岗位和职责,熟练掌握各种应急设备的操作技能,同时检验各种应急器材、设备的状态,发现问题及时解决

A. ①② B. ②③

C. ①③ D. ①②③

35. SOLAS 公约规定,应急操舵演习至少应每_____个月进行一次。

A. 4 B. 3

C. 2   D. 1

36. 在船上进行人员落水演习应包括_____。

①向船长报告,鸣放人员落水信号

②模拟操船甩尾,模拟观察和抛掷救生圈

③向集合地点报到,并准备执行应变部署表中规定的任务

④检查是否按应变部署表中的规定携带指定的器材

⑤做好救助艇的放艇准备

⑥检查参加演习的人员是否熟悉自己响应的应急职责,能否按应变部署表中的规定进行人员落水应急操作

A. ①②③④⑤⑥   B. ①②③④⑤

C. ①②③④   D. ①②③

37. 组织船舶应急演习是为了_____。

①提高船员安全意识

②使船员熟悉应变岗位及职责

③使船员熟练掌握各种应急设备的操作技能

④检查、试验各种应急器材、设备的技术性能

A. ①②④   B. ①③④

C. ②③④   D. ①②③④

38. 下列有关应急操舵的提法哪个正确?

A. 应急操舵是指船舶在救助遇难人员时的操舵

B. 应急操舵是指船舶在各种应急条件下的操舵

C. 应急操舵通常是指在船舶处于失控条件下的操舵

D. 应急操舵通常是指船舶因故无法在驾驶台操舵,而必须在舵机室进行的操舵

39. 关于船上进行人落水演习,下列说法正确的是_____。

①人落水演习应根据人落水演习计划进行

②人落水演习必须和消防、弃船演习同时安排

③人落水演习应当模拟完成应变部署表中的所有内容

④演习结束后进行讲评,最后宣布演习结束

A. ①②③④   B. ①③④

C. ①④   D. ①②④

40. 按照要求,放艇前应先检查下列哪些内容?

①艇底塞封闭情况

②艇内属具,机动艇的备用燃料

③吊艇架及制动器空转实验是否正常

④吊艇钢丝、滑车的情况

A. ①②③   B. ②③④

C. ①②③④   D. ①②④

41. 按照有关要求,对船员的救生、消防训练中的授课内容应包括_____。

①气胀式救生筏的使用

②消防设备的操作和使用

③低温保护知识及恶劣气象海况下使用救生设备的知识

④救生艇水中操作技能

A.①② B.①②③

C.②③④ D.②③

42. 下列有关船舶应急操舵和演习的要求哪些正确?

①应急操舵至少每6个月演习一次

②应演练驾驶台与机舱间的通信程序

③应演练转换动力供应的操作

④应急操舵演习的日期应记入航海日志

A.①③④ B.①②③

C.②③④ D.③④

43. 三副救生培训职责是_____。

①接新船时,应做好应变部署表,按照应变部署表的内容向各位船员讲解其在应变部署表中的任务

②如果临时更换个别船员,向新到来的船员讲解其在应变部署表中的任务

③向全体船员讲解救生衣的穿着和使用

④向全体船员讲解各种救生信号和救生设备的使用方法

A.①②③④ B.①②③

C.①②④ D.②③④

44. 船员应在听到各类应变演习报警信号后_____分钟内到达岗位。

A.2 B.5

C.3 D.10

45. 客船的消防、救生、堵漏应变演习间隔依次为_____、_____、_____。

A.1周;1个月;3个月 B.1个月;1周;3个月

C.1周;1周;1个月 D.1周;1周;3个月

46. 在船舶消防应急时,以下做法有误的是_____。

A. 船长担任应急总指挥 B. 大副在火灾现场担任现场指挥

C. 二副在驾驶台值班,负责操纵船舶 D. 三副在火灾现场担任灭火队长

47. 以下关于救生艇使用的一般规定,提法正确的是_____。

A. 按船舶应变部署同时放艇时,由各艇长分别负责检查和指挥

B. 放一艘艇时,由三副和水手长负责检查指挥

C. 放艇前,三副应对艇机做认真的检查和试验

D. 负责检查和指挥放艇的人,经艇长同意后方可放艇

48. 消防演习时要求所有船员在听到报警信号后_____分钟内到达岗位,机舱值班人员应在_____分钟内开泵供水。

A.2;5 B.2;3

C.3;2 D.2;2

49. 按照船舶消防设备状态的保持的要求,对固定灭火系统,每2年应_____。

①对 CO_2 灭火系统中的钢瓶(含启动瓶)进行称重检查

②对 CO_2 灭火系统的管路进行空气吹通试验(CCS 要求，需由有资质的机构完成)

③对 CO_2 灭火系统中的气瓶进行水压试验

④进行固定式灭火系统控制阀的内部检查

A. ①②   B. ②③④

C. ②③   D. ①②③④

50. 以下关于船舶发生碰撞时应急阶段的行动程序要点,提法有误的是_____。

A. 现场指挥应带领有关船员迅速查明碰撞的部位

B. 立即对各液舱和污水井的液位进行测量,确定船体是否已破损进水以及进水情况

C. 机舱应对由于碰撞而造成的主、辅舵机等机电设备的损害立即做出评估和抢修

D. 机舱应立即做好消防和弃船的准备工作

51. 发生碰撞事故后,船长处理碰撞事故通知书的做法哪项不正确?

A. 及时向对方提交并要求由对方承担事故责任

B. 要求对方船长在通知书上签字认可

C. 对于对方送达的通知书不应承认本船对事故的责任,只签署收到的日期和时间

D. 如对方碰撞责任很明显,对于对方送达的通知书应不予理睬

52. 在船舶应急阶段,应急行动的基本程序为_____。

①确定并实施应急方案

②对实施应急方案的效果予以评估,必要时调整应急方案

③必要时,为保护人命安全而采取某些特别行动

A. ①→②→③   B. ②→①→③

C. ③→①→②   D. ③→②→①

53. 如满载的船舶发生稳性不足,可用下列哪种方法来调整?

A. 加装甲板货   B. 注入压载水

C. 横向轻重货互换   D. 垂向轻重货互换

54. 以偷窃或抢夺钱财为目的的海盗在选择袭击船舶时具有随意性,_____可能是其主要袭击目标。

①低速船

②干舷低的船

③客船

④戒备松懈的船

A. ①②③④   B. ②③④

C. ①②③   D. ①②④

55. 当船舶遭遇暴力劫持时,船长和船员应_____。

①尽可能了解劫船者的劫船意图

②尽量与劫船者建立沟通并提供合理合作

③努力确定劫船者的各方面情况

④与劫船者直接开展谈判,满足劫船者的各种要求

A. ②③④   B. ①②④

C. ①②③   D. ①②③④

56. 液体舱柜内的自由液面使船舶的_____。
    A. GM 值减小   B. 重心高度降低
    C. 复原力臂增大   D. 横摇加剧

57. _____适用于发现落水者尚早,但采取行动较晚,落水者难以看到时,该方法能够使船舶较准确地回到原航向的相反航向上。
    A. 单旋回法   B. 威廉姆逊旋回法
    C. 斯恰诺旋回法   D. 360°旋回法

58. 当船舶发现人员落水后,经过一定的延迟后才开始行动时,应采取_____驶近落水者。
    A. 单旋回法   B. 威廉姆逊旋回法
    C. 斯恰诺旋回法   D. 右旋法

59. 在进入海盗活动区域前,船舶可采取下列哪些防海盗的措施?
    ①及时收集有关海盗活动的信息;制订反海盗的应急预案;妥善制订航行和航线计划
    ②对全体船员进行防反海盗的教育和训练
    ③按照规定的程序对船舶保安警报系统进行测试;确保船舶保安警报系统和船舶内部警报系统处于良好的工作状态
    ④可根据舱室结构和有效封闭程度,在船上建立一个或几个海盗难以进入的安全区
    A. ①②   B. ②③④
    C. ①②③④   D. ②③

60. 下列有关船舶应变和演习的叙述哪些正确?
    ①船长是各类应变和演习的总指挥
    ②弃船时一般由大副和三幅任艇长
    ③救生、消防演习至少每月各应举行一次
    A. ①②   B. ②③
    C. ①③   D. ①②③

61. 船体破损进水时应鸣放的报警信号是_____。
    A. 警铃和汽笛二长一短声,连放一分钟   B. 警铃和汽笛短声,连放一分钟
    C. 警铃和汽笛一长声,连放一分钟   D. 警铃和汽笛三长声,连放一分钟

62. 下列有关船舶应急操舵和演习的要求,哪些正确?
    ①应急操舵至少每 6 个月演习一次
    ②应演练驾驶台与机舱间的通信程序
    ③应演练转换动力供应的操作
    ④应急操舵演习的日期应记入航海日志
    A. ①③④   B. ①②③
    C. ②③④   D. ③④

63. 扑灭货油舱火灾时,不能使用的灭火剂是_____。
    A. 泡沫   B. 1211
    C. 水雾   D. 水柱

64. 船舶发生爆炸时的应急行动包括_____。

①立即报警,减速,停车

②由大副或轮机长(机舱)亲自指挥隔离爆炸物

③检查船舶稳性、浮力、适航能力,对船舶安全做出正确评判

④了解爆炸原因、人员伤亡和被困情况

A.②③④   B.①②③

C.①③   D.①②③④

65.救生演习包括_____。

①利用广播或其他通信系统发出通知,将船员和旅客召集到集合地点,并确保他们了解弃船命令

②查看船员和旅客的穿着是否合适

③降下两侧各一艘救生艇

④启动并操纵救生艇发动机

⑤介绍无线电救生设备的使用方法

A.①②③④⑤   B.①②③④

C.①③④⑤   D.①②④⑤

66.以下关于海盗的活动规律,表述有误的是_____。

A.大多数海盗袭击船舶事件发生在沿海水域内

B.以抢劫为主的海盗既可能袭击停泊中的船舶,也可能袭击在航中的船舶

C.海盗袭击多发生在下半夜

D.以劫持船舶为目的的海盗袭击多发生在港内

67.正常情况下,货船每月至少应进行几种应变演习?

A.1   B.2

C.3   D.4

68.船舶触礁后,宜采取下列哪些措施控制损害?

①立即车舵配合尽快脱离礁石

②查清触礁部位和损坏情况

③适时堵漏排水

④防止船体倾斜

A.①②③④   B.①②③

C.②③④   D.①②④

69.下列哪些符合船舶日常防火守则的要求?

①易燃易爆物品不能私自存放

②烟头应投入垃圾桶内

③禁止在船上燃放烟花爆竹

④严禁玩弄救生信号弹

A.①②③④   B.②③④

C.①②③   D.①③④

70.下列有关船舶应急操舵演习的要求,哪些正确?

①应急操舵至少每3个月演习一次

②应演练驾驶台与舵机室间的通信程序

③舵机室与驾驶台应张贴操舵装置控制系统及动力转换系统的操作说明和方框图

④应急操舵演习的日期和细节应记入航海日志

A.①②③④
B.②③④
C.①②③
D.①②④

71. 在登救生艇筏前,船长应告知各艇筏负责人_____。

①驶往领海基线的航向、距离

②放多艘救生艇后的救生艇集合地点

③是原地等待还是驶向指定的地点

④获救的具体时间

A.①②③④
B.②③
C.①②③
D.①④

72. 每次消防演习应包括_____。

①到指定地点集合

②检查消防装备

③检查有关的通信设备

④准备释放固定二氧化碳灭火系统

A.①②③
B.①②④
C.②③④
D.①②③④

73. 下列有关堵漏应变的叙述,哪项不正确?

A. 排水工作由轮机长及机舱值班人员负责

B. 堵漏应变的信号是三长声

C. 隔离队由三副任队长,负责关闭水密门等

D. 堵漏队由水手长任队长,直接担负堵漏和抢险任务

74. 下列有关船舶各类应急演习的时间安排哪项正确?

A. 堵漏演习每季度举行一次
B. 客船的救生和消防演习每月各举行一次

C. 油污应急每航次举行一次
D. A、B、C 都对

75. 有关船舶应急和演习,下列哪一项的叙述是不对的?

A. 船长是各类应急和演习的总指挥

B. 大副是各类应急的现场指挥包括事故现场在机舱

C. 救生、消防演习应至少每月各举行一次

D. 弃船时,如释放两艘救生艇,应由大副和三副分别任艇长

76. 发现有人落水,应鸣放下列哪个报警信号?

A. 警铃和汽笛二长一短声,连放一分钟
B. 警铃和汽笛短声,连放一分钟

C. 警铃和汽笛一长声,连放一分钟
D. 警铃和汽笛三长声,连放一分钟

77. 货船应在_____内进行一次消防演习,如在一港调换船员达 25% 时,则应于离港后_____小时内进行一次。

A.1 个月;12
B.2 个月;12

C.1 个月;24
D.2 个月;24

78. 船长对演习的全过程进行监督,并注意检查_____等。
    ①在施放应急报警信号后,全体船员能否在 2 分钟内到达指定地点
    ②消防演习时,机舱能否在 5 分钟内开泵供水
    ③弃船演习时,能否在船长下达放艇命令后 5 分钟内将艇放至水面
    ④人落水演习时,能否在发出报警信号后 5 分钟内将船驶到落水者附近
    A.①②④   B.①②③
    C.②③④   D.①②③④

79. 按照有关规定,货船应分别在_____个月间隔内至少进行一次消防、救生、应急舵的演习
    A. 3、3、1   B.1、1、2
    C.1、1、1   D.1、1、3

80. 为了减少自由液面对船舶稳性的影响,下列哪种措施较恰当?
    A. 同时、平均地使用各舱的油水   B. 集中、逐个地使用各舱的油水
    C. 将大舱柜的油水驳入小舱柜后再使用   D. A、B、C 均可

81. 船舶发生触礁或搁浅后,以下应急行动正确的是_____。
    A. 船长应带领水手长下舱检查货物有无移位、倒塌
    B. 大副应带领水手测量船舶周围水深,并做好下水探摸船体情况的准备工作
    C. 木匠应负责测量全船各液舱的液位变化情况,以判断是否有破舱
    D. 轮机长应带领机舱人员检查主、辅柴机能否正常工作,能否提供脱浅所需的动力和电力

82. 关于撤离船舶或弃船,以下提法有误的是_____。
    A. 当船舶沉没、毁灭不可避免,船长有权做出弃船的决定
    B. 船舶发生海事,对船上的人员生命构成了严重的威胁时,船长可以决定撤离船舶
    C. 除紧急情况外,撤离船舶或弃船应报最近沿岸国主管当局的同意
    D. 如果船舶正在沉没,弃船已不可避免,但若无法立即获得营救,则不应立即弃船

83. 下列有关应急操舵的提法哪个正确?
    A. 应急操舵是指船舶在救助遇难人员时的操舵
    B. 应急操舵是指船舶在各种应急条件下的操舵
    C. 应急操舵通常是指在船舶处于失控状态下的操舵
    D. 应急操舵通常是指船舶因故无法在驾驶台操舵,而必须在舵机室进行的操舵

84. _____是一种 270°回转的方法,适用于发现落水者较早并可见的情况。
    A. 单旋回法   B. 威廉姆逊旋回法
    C. 斯恰诺旋回法   D.270°旋回法

85. 航行中船舶发生火灾时应_____。
    ①改变航向使火场处于下风
    ②了解火灾情况,确定实施方案
    ③选用适当的消防器材,指挥现场灭火
    ④如现场在机舱,大副应协助轮机长指挥现场灭火
    A.①②③④   B.②③④
    C.②③   D.①②③

86. 一般货船发生破损后,应慎用下列哪种方法保持船体平衡?

A. 移载法
B. 排出法
C. 对称灌注法
D. 抛弃倾斜一侧的货物

87. 在鸣放应变警报后,船员应在_____分钟内到达指定地点。消防演习时,机舱应在_____分钟内开泵供水,弃船演习时,在下达放艇命令后_____分钟内将艇放至水面。
   A. 5;5;2
   B. 2;2;5
   C. 2;2;2
   D. 2;5;5

88. 下列有关保持船体平衡方法的叙述哪些正确?
   ①移载法不影响储备浮力,但可能影响船舶稳性
   ②排出法可增加储备浮力
   ③对称灌注法会增加重量,损失储备浮力
   ④抛弃倾斜一侧的货物对船舶的影响与移载法相同
   A. ①②③④
   B. ①②③
   C. ②③④
   D. ①②④

89. 他船船首撞入本船后,为了减少损害,应采取下列哪些行动?
   ①要求他船迅速脱离本船以减小破损
   ②迅速查清船体受损情况
   ③尽量减少水域污染
   ④水线下破损时全力排水并堵漏
   A. ①②③④
   B. ①②③
   C. ②③④
   D. ①②④

90. 关于船体破损漏水的应急行动,下列说法不恰当的是_____。
   A. 立即发出堵漏报警信号
   B. 如出现溢油,立即关闭所有甲板上的开口
   C. 应立即查明进水部位
   D. 航行中应停车或改变方向,使破损部位处于下风(流)

91. 根据规定,船上弃船演习的内容应包括_____。
   ①每次演习均应启动并运转救生艇发动机
   ②应准备执行应变部署表中规定的任务
   ③应运转吊筏架
   ④应至少降下1艘救生艇
   A. ②③④
   B. ①②③
   C. ①②③④
   D. ①②④

92. 下列有关船舶应变时的职责安排哪些正确?
   ①三副根据大副的意图,负责编排应变部署表
   ②三副在弃船时担任艇长职务
   ③在港停泊时,二副的应变职责与航行时相同
   ④航行中二副的应变职责是在驾驶台协助船长
   A. ①②③④
   B. ②③④
   C. ①③④
   D. ①②④

93. 弃船的报警信号为_____。
    A. 警铃和汽笛短声,连放 1 分钟　　　B. 警铃和汽笛一长声,持续 30 秒钟
    C. 警铃和汽笛七短一长声,连放 1 分钟　D. 警铃和汽笛发出二长一短声,持续 1 分钟

94. 救助落水人员的应急行动中,放艇救助时,以下正确的是_____。
    ①根据船长指令做好放艇前的准备工作
    ②本船驶向落水者的下风一侧,准备释放下风舷的救生艇
    ③最好是在本船停住后放艇。本船前进中放艇,则船速应在 5 节以下
    ④当波峰即将到达时,将艇降至水面,当下二个波峰来临之前,同时解脱前后吊艇钩,如不能同时脱钩,应先脱后钩,并解去艇缆,用外舷舵进车驶离大船
    A. ①②　　　　　　　　　　　　　　B. ②③
    C. ①③④　　　　　　　　　　　　　D. ①②③④

95. 船舶破损进水后,下列说法不恰当的是_____。
    A. 立即发出警报召集船员并报告船长和通知机舱
    B. 全体船员听到报警信号后,应按分工携带相应器材迅速赶到现场
    C. 轮机长负责调驳压载水保持船体平衡
    D. 大副应指派专人量水,判断险情的发展

96. 防止海盗袭击的基本原则中不包括_____。
    A. 及早发现可疑船舶和人员
    B. 用一切有效手段警告海盗他们已被发现
    C. 使用一切手段阻止海盗登船
    D. 绝不放弃使用任何手段将已登船海盗赶走

97. 西非沿海为海盗的主要活动地区之一,具体水域包括_____等。
    ①津巴布韦沿海水域
    ②塞内加尔沿海水域
    ③安哥拉沿海水域
    ④尼日利亚的拉格斯海域
    A. ①②③④　　　　　　　　　　　　B. ②③④
    C. ①②③　　　　　　　　　　　　　D. ①③④

98. 弃船前,机舱应_____。
    ①关停发电机和机舱内正在运转中的其他设备
    ②关闭油舱在甲板上的透气孔、阀门
    ③打开海底阀、应急遥控油阀
    ④封死油舱在甲板上的呼吸口
    A. ②③④　　　　　　　　　　　　　B. ①②④
    C. ①③④　　　　　　　　　　　　　D. ①②③④

99. 一般情况下,油污应急演习中由谁指挥溢油回收组并用对讲机联络?
    A. 大副　　　　　　　　　　　　　　B. 大管轮
    C. 三副　　　　　　　　　　　　　　D. 三管轮

100. 扑救固体爆炸品引起的火灾时,最有效的方法是_____。

A. 用沙土掩盖,窒息灭火　　　　　　B. 用水冲洒,降温灭火
C. 使用泡沫或 CO_2 灭火　　　　　　D. A、B、C 都正确

项目六　应急设备检查与维护

考试大纲要求:
7.3　保持救生、消防设备的工作状态
7.3.1　救生设备状态保持
7.3.2　消防设备状态保持

1. 按规定三副在管理消防设备方面的职责有_____。
   ①应根据实际情况及时更新置于风雨密筒内的防火控制图
   ②保持固定灭火系统的管系、阀门畅通有效
   ③保持火灾报警装置有效
   ④保持机舱内的消防设备处于良好状态
   A. ①②③④　　　　　　　　　　　　B. ①②③
   C. ①③④　　　　　　　　　　　　　D. ②③④

2. SOLAS 公约规定,对所有救生艇筏、救助艇及降落设备应_____进行目视检查,以确保其立即可用。
   A. 每周　　　　　　　　　　　　　　B. 每季度
   C. 每月　　　　　　　　　　　　　　D. 每半年

3. 对船舶救生设备应定期进行维护、保养和检查,以保证救生设备处于立即可用状态,其保养检查工作包括_____。
   ①吊艇索的两端按其不超过 30 个月的间隔期相互掉头
   ②任何时候由于变质或按不超过 5 年的间隔期(取较早者)而需要换新时换新
   ③每周对所有救生艇和救助艇的发动机进行运转试验
   ④每周对所有救生艇发及降落设备进行目测检查
   A. ②③④　　　　　　　　　　　　　B. ①②③
   C. ①③④　　　　　　　　　　　　　D. ①②③④

4. 对船舶消防设备定期进行维护、保养、检查的项目包括_____。
   ①通风系统
   ②通用应急报警系统
   ③紧急逃生呼吸装置
   ④燃油供应的紧急切断
   A. ②③④　　　　　　　　　　　　　B. ①②③
   C. ①②　　　　　　　　　　　　　　D. ①②③④

5. 下列对救生设备的检查和试验表述不正确的是_____。
   A. 应每周对救生艇筏及其降落设备进行目视检查

B. 按检查表每月检查救生艇属具确保其处于良好状态

C. 只要条件允许每周对所有救生艇发动机进行运转试验

D. 每周对通用应急报警系统进行试验

6. 三副应确保固定的 CO_2 灭火系统气瓶_____年称重一次,若称重低于标准重量的_____应及时充装。

A. 2;90%   B. 1.5;90%

C. 2;80%   D. 1;80%

7. 船上救生设备每周应进行检查的项目包括_____。

①所有救生系统,救助艇及降落设备应进行目视检查

②只要环境温度许可,所有救生艇和救助艇的发动机应进行运转试验,总时间不少于3分钟

③通用应急报警系统应进行试验

④救生艇的属具

A. ①②③④   B. ①②③

C. ②③④   D. ①②④

8. 下列有关救生艇的使用,不正确的是_____。

A. 操练时使用   B. 演习时使用

C. 紧急救助时使用   D. 运送物料时使用

9. 三副在管理救生设备方面的职责包括_____。

①每周启动机动舱发动机一次

②救生筏连同静水压力释放器每年送检一次

③舱内属具品按国际救生设备规则配齐并每月检查一次

④定期检查船员房间内的救生衣,保持清洁干燥,置于固定易取地点

A. ①②③   B. ②③④

C. ①③④   D. ②④

10. 消防设备维修保养计划通常包括_____。

①消防管系

②固定式灭火系统工程

③通风系统

④消防员装备

A. ①②③   B. ①②③④

C. ②③④   D. ①②④

11. 下列哪些救生设备需要定期维护保养?

①救生艇及艇架

②救生筏及筏架

③个人救生用具

④通信工具

A. ①②③④   B. ①②④

C. ①③④   D. ②③④

12. 按照船舶消防设备状态的保持的要求,对火灾探测和报警系统叙述正确的是_____。

①每周对火灾探测和报警系统的主控面板进行外观清洁、检查

②每月检查火灾探测和报警系统的电气控制部分

③每月对火灾探测和报警系统进行手动测试

④每月用烟雾测试剂测试每个探测头

    A.①②   B.②③④

    C.②③   D.①②③④

13. 按照船舶救生设备状态的保持的要求，_____彻底检查救生筏降落设备。

    A. 每月   B. 每 3 个月

    C. 每年   D. 每 5 年

14. 按照船舶消防设备状态的保持的要求，对通用应急报警系统叙述正确的是_____。

①每周对通用应急报警系统进行外观检查，并进行测试

②每个月结合消防演习，试验一次通用应急报警系统，要求能在驾驶台进行操作，全船各处均能听到警报；测试通用报警装置的声响及灯光报警效果，抽查船上各处的应急报警按钮能否正常启动报警

③每三个月检查船上各处的应急报警按钮和警铃等设备是否完好，标识是否清晰

④每年全面检查位于驾驶台的通用应急报警系统控制装置；检查所有报警点的实际效用及报警设备（应急报警按钮和警铃等）的实际状况

    A.①②③   B.②③④

    C.②③   D.①②③④

15. 根据规定，下列有关国内航行船救生艇的降落安排哪项正确？

    A. 每艘救生艇每 3 个月至少下降一次并降落下水一次

    B. 每艘救生艇每 3 个月至少下降一次并每年降落下水一次

    C. 每艘救生艇每 4 个月至少下降一次并降落下水一次

    D. 每艘救生艇每 4 个月至少扬出一次并每年降落下水一次

16. 按照船舶救生设备状态的保持的要求，以下正确的是_____。

①每周对救生筏及降落设备做外观检查，确认救生筏的标志保持清晰

②每月外观检查救生筏及筏架；每月检查救生筏系固件（包括静水压力释放器、花篮螺丝、系固绳索等），确认救生筏充气拉索处于完好状态

③每年将救生筏送至船检部门认可的检修站检修（可向船检申请展期到 17 个月）

④每年将静水压力释放器送至船检部门认可的检修站检修（可向船检申请展期到 17 个月）

    A.①②③   B.②③④

    C.①②③④   D.②③

17. 按照船舶救生设备状态的保持的要求，以下正确的是_____。

①开航前检查确认救生圈放置在指定位置，没有绑死，也未被挪作他用

②每月检查确认所有救生圈上的编号、船名和船籍港等保持清晰

③如救生圈上附有烟雾信号和自亮灯，每月检查确认其处于正常的技术状态下

④每月检查救生圈上的反光带、必要时予以更换。如发现救生圈有裂痕或其系绳损坏，应及时更换

A. ①②③   B. ①②④

C. ①②③④   D. ②③

18. 按照船舶消防设备状态的保持的要求,固定灭火系统 CO_2 气瓶使用_____年后,每年应进行总数10%的气瓶水压试验。

A. 1   B. 2

C. 5   D. 10

19. 按照船舶救生设备状态的保持的要求,抛绳器_____应检查一次,查看是否干燥,火箭、药筒、绳索是否完好无损,绳索是否摆放整齐。应注意抛绳器的有效期,到期应更换。

A. 每月   B. 每年

C. 每3年   D. 每5年

20. 按照船舶消防设备状态的保持的要求,对固定灭火系统,每年应_____。

①进行泡沫固定灭火系统和机舱水雾灭火系统的工作试验

②检查消防总管接头和自动喷水系统并进行工作试验;启动所有消防泵(包括自动喷水系统的水泵),检查其工作压力和流量

③对所有消火栓进行工作试验;对所有消防皮龙进行水压试验

④对固定灭火系统的管路进行空气吹通试验(SOLAS 公约要求,可由船上自己完成)

A. ①②   B. ①②③

C. ②③   D. ①②③④

21. 下列对救生设备的检查和试验表述不正确的是_____。

A. 应每周对救生艇筏及其降落设备进行目视检查

B. 按检查表每月检查救生艇属具确保其处于良好状态

C. 只要条件允许每周对所有救生艇发动机进行运转试验,总时间不少于5分钟

D. 每周对通用应急报警系统进行试验

22. 按照船舶救生设备状态的保持的要求,以下正确的是_____。

①每3个月结合演习,每艘救生艇应至少降落下水一次,并在水面操纵

②每3个月给吊艇架、吊艇机、滑车等活动部分以及吊艇索和其他钢索加(抹)油,必要时应对滑车做拆装检查

③每半年检查救生艇中的救生干粮,发现过期、变质应及时更换

④每年将救生艇的内外表面油漆一次

A. ①②③   B. ②③④

C. ①②③④   D. ②③

23. 按照船舶救生设备状态的保持的要求,_____对保温救生服应进行一次压力试验和检测(此试验和检测应由主管机关或船级社认可部门完成)。

A. 每月   B. 每年

C. 每3年   D. 每5年

24. 按照船舶消防设备状态的保持的要求,每_____年应进行固定式灭火系统控制阀的内部检查。

A. 1   B. 2

C. 5   D. 10

25. 只要环境温度在发动机启动和运转所要求的最低温度以上,所有救生艇和救助艇的发动机均应_____进行运转(正、倒车)试验,总时间不得少于 3 分钟,或按制造商手册中规定的时间进行。

A. 每周　　　　　　　　　　　B. 每月

C. 每 3 个月　　　　　　　　　D. 每年

26. 以下关于消防设备状态的保持,正确的是_____。

①全船消防设备状态的保持,由三副亲自完成

②船上的防火门应由木匠负责

③机舱的通风装置上的挡火(烟)闸、机舱天窗和烟囱的应急速闭装置、油柜速闭阀等应由大管轮负责

④风机应急速闭装置、油泵应急切断等应由电机员负责;消防泵和应急消防泵应由三管轮负责等

A.①②③　　　　　　　　　　B.②③④

C.②③　　　　　　　　　　　D.①②③④

27. 按照船舶救生设备状态的保持的要求,救生视觉信号每月或每次出航时应检查一次,公共广播系统_____至少检查、试验一次。

A. 每周　　　　　　　　　　　B. 每月

C. 每 3 个月　　　　　　　　　D. 每年

28. 消防设备维修保养计划通常包括_____系统或设备。

①探火和失火报警系统

②国际通岸接头

③防火门

④通用应急报警系统

A.①②③　　　　　　　　　　B.①②③④

C.②③④　　　　　　　　　　D.①②④

29. 对船舶救生设备应定期进行维护、保养和检查,以保证救生设备处于立即可用状态,其保养检查工作包括_____。

①吊艇索的两系端应按不超过 30 个月的间隔期相互掉头

②若吊艇索两端设有按时掉头,任何时候由于变质或按不超过 5 年的间隔期(取较早者)而需要换新时,予以换新

③每周对通用应急报警系统进行试验

④每月检查救生艇属具

A.②③④　　　　　　　　　　B.①②③

C.①③④　　　　　　　　　　D.①②③④

30. 根据规定,每次弃船演习的内容应包括_____。

①使用报警系统,召集船员、旅客至集合地点

②检查船员、旅客穿着是否合适

③查看是否正确地穿好救生衣

④降下全部救生艇

A.①②③④ B.①②③
C.②③④ D.①②④

31. 根据船上训练与授课的要求,授课内容包括但不限于_____。
①气胀式救生筏的操作与使用
②低温保护问题
③低温急救护理及其他合适的急救方法
④消防设备的操作与使用
A.①② B.②③④
C.②③ D.①②③④

第四部分　答案

项目一

| 1. D | 2. B | 3. A | 4. B | 5. D | 6. A | 7. D | 8. A | 9. B | 10. D |
| 11. D | 12. D | 13. D |

项目二

1. D	2. B	3. D	4. C	5. D	6. A	7. A	8. B	9. C	10. C
11. A	12. C	13. D	14. D	15. D	16. B	17. C	18. C	19. C	20. C
21. A	22. C	23. D	24. B	25. A	26. D	27. B	28. C	29. D	30. D
31. A	32. D	33. D	34. B	35. D	36. C	37. C	38. C	39. C	40. A
41. D	42. D	43. B	44. B	45. D	46. D	47. D	48. B	49. A	50. A
51. D	52. A	53. C	54. C	55. A	56. C	57. B	58. A	59. A	60. D
61. D	62. D	63. A	64. A	65. A	66. A

项目三

1. C	2. A	3. D	4. B	5. D	6. D	7. A	8. A	9. D	10. B
11. B	12. B	13. B	14. B	15. B	16. C	17. D	18. A	19. A	20. A
21. B	22. C	23. D	24. D	25. C

项目四

1. D	2. C	3. C	4. A	5. B	6. C	7. A	8. C	9. D	10. D
11. B	12. B	13. B	14. A	15. B	16. C	17. C	18. B	19. B	20. C
21. C	22. C	23. B	24. C	25. B	26. C	27. D	28. B	29. B	30. D
31. C	32. B	33. C	34. C	35. B	36. C	37. A	38. D	39. A	40. B
41. D	42. D	43. A	44. D	45. D	46. B	47. C	48. A	49. A	50. D
51. A	52. A	53. B	54. B	55. B	56. B	57. C	58. B	59. A	60. C
61. C	62. C	63. C	64. A	65. D	66. B	67. B	68. B	69. D	70. D
71. C	72. A	73. C	74. A	75. D	76. C	77. D	78. B	79. B	80. D
81. C	82. B	83. D	84. A	85. B					

项目五

1. A	2. D	3. D	4. D	5. B	6. A	7. D	8. C	9. A	10. C
11. A	12. C	13. C	14. D	15. B	16. D	17. D	18. D	19. C	20. B
21. B	22. C	23. A	24. D	25. D	26. C	27. A	28. C	29. C	30. B
31. C	32. D	33. A	34. D	35. B	36. A	37. D	38. D	39. C	40. C
41. B	42. D	43. A	44. A	45. D	46. C	47. A	48. A	49. A	50. D
51. D	52. A	53. D	54. D	55. C	56. A	57. B	58. B	59. C	60. D
61. A	62. C	63. D	64. D	65. D	66. D	67. C	68. C	69. D	70. A
71. C	72. A	73. B	74. A	75. B	76. D	77. C	78. B	79. D	80. B
81. D	82. C	83. D	84. A	85. A	86. C	87. D	88. B	89. C	90. B
91. C	92. D	93. C	94. C	95. C	96. D	97. B	98. B	99. A	100. B

项目六

1. B	2. B	3. A	4. D	5. C	6. A	7. B	8. D	9. B	10. B
11. A	12. D	13. D	14. D	15. D	16. C	17. C	18. D	19. A	20. D
21. C	22. C	23. C	24. C	25. A	26. B	27. B	28. A	29. D	30. B
31. D									

模块八　船舶安全营运管理

第一部分　内容简介

本模块主要介绍了 ISM 规则的产生背景、特点、主要内容和要求,SOLAS 附则第Ⅸ章"船舶安全营运管理"的内容,以及 ISM 在实际中的运行状况。重点掌握 ISM 规则的概要、体系要点及相关的检查和发证。

第二部分　经典例题解析

例 1. 下列关于 ISM 发证的说法错误的是_____。
　　A. 应为每一符合 ISM 规则要求的公司签发证明
　　B. 船上应存有一份符合证明,以使船长在被要求验证时出示
　　C. 主管机关或主管机关认可的组织应为每艘船签发 SMS 证书,在签发 SMS 证书前,主管机关或其认可的安全管理体系进行营运
　　D. 符合证明文件应由主管机关、主管机关认可的组织或因应主管机关的请求由另一缔约国政府签发
　　答案:B
　　解析:
　　符合证明是主管机关发给符合 ISM 规则要求的公司的证书,原件在公司。船上留副本以备检验。SMS 证书只签发船舶,原件在船上。

例 2. ISM 规则的要求_____。
　　A. 可适用于所有船舶　　　　　　　　B. 仅适用于客船
　　C. 仅适用于货船　　　　　　　　　　D. 仅适用于军用船舶
　　答案:A
　　解析:
　　ISM 规则可适用于所有船舶,强制实施并由外界检查监督,是通过 SOLAS 规则附则第Ⅸ章船舶安全营运管理执行的。不适用于政府经营的用于非商业目的的船舶。不要混淆这两个范围。

例3. _____均不得阻止或限制船长根据其专业判断做出或执行为海上人命安全和保护海洋环境所必需的任何决定。

①船东

②租船人

③船舶经营公司

④船舶保险公司

A. ①②④ B. ①③④

C. ①②③④ D. ①②③

答案:C

解析:

船长对船舶安全和防止海洋环境污染有绝对的权力,并负有最终的责任。

例4. 根据 ISM 规则,下列操作中哪项是特殊操作?

A. 危险货物和有毒害物质的装卸 B. 能见度不良条件下的航行

C. 海上加油、驳油 D. 改正海图和有关出版物

答案:D

解析:

船上关键性操作分为两类:

①特殊操作——在事故已发生时才会明显看出的操作,具有过失显露的滞后性。

②临界操作——其错误会马上导致事故的发生。

第三部分　真题分节精练

项目一　公司安全管理要求

考试大纲要求:
3.1.8　船舶安全营运管理
　　　　适用;安全管理要求;发证;审核与控制;体系的保持
3.6.3　主管机关实施国际安全管理规则指南

1. 我国 ISM 规则的主管机关是_____。
   A. 中华人民共和国交通运输部　　　　B. 交通运输部安全监督局
   C. 中国船级社　　　　　　　　　　　D. 工商局

2. 根据 NSM 规则,以下陈述有误的是_____。
   A. 船舶应当由已取得与该船相关的符合证明或临时符合证明的公司营运
   B. 符合证明颁发给符合 NSM 规则要求的任何公司
   C. 符合证明的有效期由主管机关规定,但不得超过 1 年
   D. 符合证明仅对文件中指明的船舶种类有效

3. 以下关于 NSM 规则与 ISM 规则之间的关系,陈述有误的是_____。
   A. 前者适用的是国际航行的船舶和公司,后者适用的是国内航行的船舶和公司
   B. 两者审核发证机构不同
   C. 前者完全涵盖后者有关船舶安全和防污染的所有内容
   D. 前者对后者的文字做了些调整,但没有改变后者的原意

4. 按 NSM 规则要求建立的安全管理体系除在_____方面以外其建立运行控制审核等要求
   与按 ISM 规则要求建立的安全管理体系基本相同。
   A. 发证　　　　　　　　　　　　　　B. 实施
   C. 保持　　　　　　　　　　　　　　D. 结构

5. ISM 规则适于下列哪类船舶(不论其建造日期,国际航行)?
   ①客船(包括高速客船)
   ②400 总吨及以上的油船、化学品液货船、气体运输船、散装船和高速货船
   ③500 总吨及以上其他货船和海上移动式钻井平台
   A. ①②　　　　　　　　　　　　　　B. ①③
   C. ②③　　　　　　　　　　　　　　D. ①②③

6. 关于 ISM 规则,下列说法正确的是_____。
   ①自愿执行

②强制执行

③侧重于人员的安全管理

A.①③   B.①②

C.②③   D.①②③

7. 对船上安全管理体系运行情况进行审核与监督的途径有_____。

①海事局对船上安全管理体系的监督检查

②港口国的监督检查

③船级社按规定对安全管理体系进行的各种审核

A.①③   B.①②

C.②③   D.①②③

8. SMS 的内容定期审核至少每_____一次。

A.3 个月   B.6 个月

C.1 年   D.5 年

项目二　国际安全管理规则

考试大纲要求:

3.6　国际安全管理规则及其实施

3.6.1　国际安全管理规则的主要内容

1. 国际安全管理(ISM)规定要求公司的安全管理目标是_____。

①防止人员伤亡、保证海上安全

②避免对财产造成损失和对海洋环境造成危害

③提供船舶营运的安全做法和安全工作环境,针对已认定的所有风险制定防范措施

④不断提高岸上及船上人员的安全管理技能,包括安全及环境保护方面的应急准备

A.②④   B.③④

C.①②   D.①③

2. 公司应当保证_____。

①配备合格、持证并健康的船员

②新聘人员和新调于该岗位人员适当熟悉其职责

③与安全管理体系有关的人员对有关规定、规则和指南有充分理解

④支持安全管理体系可能需要的任何培训

⑤使船上人员借此获得以一种工作语言或他们懂得的其他语言书写的有关安全管理体系的信息

⑥船上人员在履行涉及安全管理体系的职责时能够有效交流

A.①②③   B.①②③④

C.①②④⑤   D.①②③④⑤⑥

3. 当 SMS 发生重要更改,或存在严重不合格而又不在换新审核、期间审核或年度审核时,应进

行_____。

    A. 初次审核   B. 循环审核

    C. 附加审核   D. 特别审核

4. ISM 规则为_____提供了一个国际标准。

    ①船舶营运安全

    ②船舶防止污染管理

    ③船舶营运成本管理

    ④船员管理

    A. ①②④   B. ①②

    C. ②③   D. ①②③④

5. 下列哪些是 ISM 规则的内容?

    ①船舶和设备的维护

    ②船上操作方案的制订

    ③公司审核复查和评价

    ④发证审核和监督

    A. ①②③   B. ①②③④

    C. ②③④   D. ①②④

6. IMO 制定 ISM 规则所期望达到的目标中不包括_____。

    A. 保证船舶获得有效的船级证书   B. 保证海上安全和防止人员伤亡

    C. 避免对海洋环境造成危害   D. 避免对财产造成损失

7. 下列关于安全管理要求的说法正确的是_____。

    ①公司和船舶应符合 ISM 规则的要求

    ②船舶应由持有符合证明的公司营运

    ③船上应持有和公司对应的符合证明

    A. ①②   B. ①③

    C. ②③   D. ①②③

8. 下列对 ISM 规则要求的证书的叙述哪项不正确?

    A. 国际航行船舶应同时持有有效的 DOC 副本和 SMC

    B. 船舶如不持有有效 DOC 的副本,则 SMC 视为无效

    C. 如果船舶不持有有效的 ISM 证书,将成为港口国滞留船舶的理由

    D. DOC 和 SMC 的有效期均为 5 年,临时 SMC 有效期不超过 12 个月

9. 根据 NSM 规则,以下陈述有误的是_____。

    A. 公司应当保证在船上实施的安全管理体系中包含一个强调船长权力的明确声明

    B. 公司应当在安全管理体系中确立船长的绝对权力

    C. 公司应当保证在安全和防污染事务方面赋予船长绝对责任

    D. 公司应当保证在船长要求时给予必要的协助

10. _____可导致 SMC 被吊销。

    A. 当 ISM 规则发生变化,而船公司 SMS 未加考虑

    B. 未按规定申请 DOC 的年度审核

C. 未按规定申请 SMC 的中间审核

D. DOC/SMC 未按规定申请并完成换证审核

11. ISM 规则的直接目标是_____。

A. 船舶因素   B. 人为因素

C. 环境因素   D. 公司因素

12. 船舶安全管理的根本要点是_____。

A. 船舶因素   B. 人为因素

C. 环境因素   D. 公司因素

13. SOLAS 公约附则中Ⅸ章适用的各类船舶(不论其建造日期)包括_____。

①500 总吨及以上的任何货船

②海上移动式钻井平台

③海上固定式钻井平台

④政府经营的非商业目的的船舶

A.①②③   B.①②

C.②③④   D.①②③④

14. DOC 与 SMC 证书应由_____ 完全负责。

A. 主管机关

B. IMO 授权的任何个人或组织

C. 主管机关或主管机关授权的任何个人或组织

D. 港口国承认的组织

15. SOLAS 公约及 ISM 规则的最终目标是_____。

①保证海上安全

②防止人员伤亡

③避免对环境,特别是海洋环境造成危害以及对财产造成损失

④建立安全管理体系

A.①②③   B.①②

C.②③④   D.①②③④

16. ISM 规则要求安全管理体系必须是_____。

A. 结构化   B. 文件化

C. 自动化   D. 结构化和文件化

17. 应当按照 ISM 规则要求建立并保持船舶安全管理体系的公司可以是_____。

①船舶所有人

②管理者

③光船租赁人

④其他组织和个人

A.①②③   B.①②

C.②③④   D.①②③④

18. 应定期验证船舶安全管理体系是否正常运行的可以是_____。

①主管机关

②应主管机关请求另一缔约国政府

③主管机关认可的组织

④IMO

A.①②③   B.①②

C.②③④   D.①②③④

19.对公司和船舶的 ISM 规则符合性审核通过_____判断。

①公司安全管理体系是否符合 ISM 规则的要求

②安全管理体系是否能确保达到符合强制性规定及规则

③安全管理体系对国际海事组织、主管机关、船级社和海运行业组织建议的适用规则、指南和标准予以考虑的情况

A.①②③   B.①②

C.②③   D.①③

20.对于国内航行的船舶及其公司,我国_____。

A. 强制实施 SOLAS 1974 公约与 ISM 规则的强制要求

B. 提前了两年完成强制实施 SOLAS 1974 公约与 ISM 规则的强制要求

C. 不实施 SOLAS 1974 公约与 ISM 规则的要求或类似要求

D. 制定 NSM 规则,进行与 ISM 规则相似的管理

项目三　安全管理体系要点

考试大纲要求:

3.6.2　船舶安全管理体系

3.6.4　风险评估及控制措施

4.12.3　船舶安全管理体系

4.12.4　国内安全管理规则的实施

1.下列关键性操作中哪项是特殊操作?

A. 大风浪中航行   B. 货物绑扎

C. 雾航   D. 装卸危险货物

2.根据 ISM 的规定,对涉及船舶安全和防止污染的船上_____操作,必须为其制订操作方案和须知文件。

A. 关键性   B. 专项技术性

C. 预防性   D. 重要性与核心性

3.SMS 的内部定期审核至少_____一次。

A.3 个月   B.6 个月

C.1 年   D.5 年

4.按 NSM 规则要求建立的安全管理体系,除在_____方面外,其建立、运行、控制、维护、审核等的要求与按 ISM 要求建立的安全管理体制体系基本相同。

A. 发证   B. 实施

C. 保持   D. 结构

5. 根据 ISM 规则的要求,船舶应对船上可能发生的_____等做好应急措施,并建立相应的应急反应程序。

①进入封闭舱室

②遭遇海盗

③遭遇保安威胁

④弃船或撤离船舶

A. ①②③④   B. ②③④

C. ①③   D. ①③④

6. 安全管理体系文件通常包括_____。

①序言

②修正记录

③签署目录

④目录

A. ①②③   B. ①②

C. ②③④   D. ①②③④

7. 通常在安全管理性文件中按照 ISM 规则要求的要素展开说明的内容包括_____。

①安全和环境保护方针

②安全管理组织机构和职能

③公司的责任和权力

④指定人员

A. ①②③   B. ①②

C. ②③④   D. ①②③④

8. 当不符合规定的情况、事故和险情被报告后,公司应_____。

A. 保密   B. 报告给主管机关

C. 开展调查和分析工作   D. 保存报告备查

9. 针对特殊操作,应采取的措施包括_____。

①在制订方案和须知时应强调预防和检查

②突出防患于未然

③现场有人监督检查

④保存经双方签署的记录或检查表

A. ①②③   B. ①②

C. ②③④   D. ①②③④

10. 针对临界操作,应采取的措施包括_____。

①制订方案和须知时应强调严格执行和密切监督,确保万无一失

②对与之有关的各项工作应当明确规定并分配给适任人员

③严格按文件操作

④现场有人监督检查,保存经双方签署的记录和检查表

A. ①②③   B. ①②
C. ②③④   D. ①②③④

第四部分   答案

项目一

1. A   2. C   3. A   4. A   5. D   6. C   7. D   8. C   9. D   10. B
11. B   12. A   13. A   14. D   15. D   16. A   17. A   18. D

项目二

1. B   2. D   3. C   4. B   5. B   6. A   7. A   8. D   9. B   10. D
11. D   12. D   13. D   14. D   15. B   16. A   17. B   18. B   19. A   20. B

项目三

1. B   2. A   3. C   4. A   5. A   6. D   7. D   8. C   9. B   10. D

模块九　船舶进出港管理

第一部分　内容简介

本模块主要介绍国际航行船舶进出口岸的检查程序和我国国内航行船舶的签证管理。了解国际航行船舶进出我国口岸申报与检查办法;船舶签证规则、船舶签证簿的管理以及海事管理机构对船舶签证的监督检查是本模块学习和考试的重点。

第二部分　经典例题解析

例1. 根据《中华人民共和国海上交通安全法》,我国远洋船舶从国外港口抵达上海,接着开往大连,该船在上海进出港应分别_____。

  A.办理签证和接受检查   B.办理签证和办理签证

  C.接受检查和接受检查   D.接受检查和办理签证

  答案:D

  解析:

  根据我国交通安全法规定,国际航行船舶进出中华人民共和国港口,必须接受主管机关的检查。船舶签证是中国籍国内航行船舶为取得合法航行资格而必须办理的进出港口手续,是海事局对进出港口的中国籍船舶施行监督管理的重要措施。我国远洋船舶从国外港口抵达上海为国际航行,因此需接受检查;而后自上海开往大连为中国籍船舶国内航行,因此需办理签证。

例2. 根据我国船舶签证管理规则,可以采用_____等方式报告船舶进港情况,并在船舶航行日志内做相应的记载。

  ①电报、电传、传真

  ②手机信息

  ③电子邮件

  ④电子数据交换

  A.①③④   B.①②③④

  C.②③④   D.①③

答案:B

解析:

根据我国船舶签证管理规则规定,船舶或其经营人可以通过传真、电子邮件、电子数据交换(EDI)等方式办理船舶签证,可以采用电报、电传、传真、手机信息、电子邮件、电子数据交换(EDI)等方式报告船舶进港情况,并在船舶航行日志内做相应的记载。需要注意办理船舶签证和报告船舶进港情况所采取的方式不同,特别是报告船舶进港情况可以采用手机信息的方式。

例3. 根据规定,已经签证的船舶,出港前出现下列哪种情况时应重新办理签证?

①船舶主机损坏

②船舶结构发生重大变化

③船舶航行区域改变

④办理出港签证后36小时内未能出港

A.①②③   B.①②③④

C.②③④   D.②③

答案:A

解析:

船舶有下列情形之一的,应当重新申请出港签证:

①船长或者履行相应职责的船员发生变动;

②船舶结构、有关航行安全的重要设备发生重大变化;

③改变船舶航行区域、航线;

④出港签证办妥后48小时内未能出港。

例4. 根据船舶签证管理规则,在没有旅客上下、船长没有变动、没有货物装卸的前提下,中国籍船舶遇有下列哪些情况可不办理进出港签证?

①因避风、候潮、补给等原因临时进出港抛锚

②航经港区水域

③进港内船厂修船

A.①②③   B.①③

C.①②   D.②③

答案:C

解析:

船舶因避风、候潮、补给等原因临时进港或者航经港区水域的免予办理签证,但有下列情形之一的除外:船长或者履行相应职责的船员发生变动;上下旅客;装卸货物。

例5. 根据船舶签证管理规则,下列有关船舶签证簿的表述不正确的是_____。

A.船舶签证簿是办理船舶签证的专用文书

B.船舶签证簿须随船妥善保管

C.任何港口政府官员均有权在船舶签证簿上签注

D.首次申领船舶签证簿通常由船籍港的海事管理机构核发

答案:C

解析:

船舶签证簿是办理船舶签证的专用文书,是记载船舶办理签证情况的证明文件,必须随船妥善保管。除海事管理机构外,任何单位、人员不得扣留、收缴船舶签证簿,也不得在船舶签证簿上签注。

船舶首次申领船舶签证簿以及船舶所有人、船舶经营人、船舶名称变更后申领新船舶签证簿的,应当向船籍港海事管理机构申请核发。

例6.根据我国船舶签证管理规则,海事管理机构发现船舶未按照规定办理船舶签证时_____。

①应当责令其办理签证
②可责令其到指定地点接受查处
③在其拒不改正的情况下,可以采取禁止其进港或离港的措施
④即使其已补办签证手续,也可以采取停止其航行的措施

A.①②　　　　　　　　　　　　　B.①②③
C.②③④　　　　　　　　　　　　D.①②④

答案:B

解析:

发现船舶未按照规定办理船舶签证的,海事管理机构应当责令船舶办理签证,并可以责令船舶到指定地点接受查处;拒不改正的,可以采取禁止进港、离港或者停止航行等措施。

例7.根据我国船舶签证管理规则,下列对船舶以不正当手段取得船舶签证的处理方法陈述有误的是_____。

A.尚未出港的,海事管理机构应当撤销其船舶签证
B.已经出港的,海事管理机构可以撤销其船舶签证
C.已经出港的,驶出港的海事管理机构应当进行调查处理
D.已经出港的,可以通知下一抵达地的海事管理机构进行调查处理

答案:B

解析:

发现船舶以不正当手段取得船舶签证,尚未出港的,海事管理机构应当撤销其船舶签证,并在船舶签证簿内签注撤销的原因、日期,加盖印章;已经出港的,海事管理机构应当进行调查处理或者通知下一抵达地的海事管理机构进行调查处理。

第三部分　真题分节精练

项目一　船舶进出口岸检查

考试大纲要求：

4.5　船舶进出中国口岸检查办法

4.5.1　适用范围与主管机关

4.5.2　申报与检查办法

1.《中华人民共和国海上交通安全法》规定,国际航行船舶进出我国港口必须接受_____检查,本国籍国内航行船舶进出港口必须办理 _____。

  A. 卫生检疫机关;登记
                 B. 主管机关;船舶签证

  C. 边防检查机关;海关手续
           D. 卫生检疫机关和海关;边防手续

2. 根据我国海上交通安全法及相关规定,下列陈述有误的是_____。

  A. 我国国内航行船舶出港前,应当向海事管理机构申请船舶开航前检查

  B. 国际航行船舶进出我国港口,应当接受海事管理机构的检查

  C. 国际航行船舶进出我国港口,应当向有关主管部门办理相应的进出口岸许可手续的,还应当取得相应的进出口岸许可

  D. 我国国内航行的船舶进出港口,应办理进出港签证手续

3. 根据海上交通安全法的规定,一外轮先后抵、离广州港和大连港,其在上述两港应办理的进出港手续分别为_____。

  A. 检查、签证和检查、检查
         B. 检查、签证和签证、检查

  C. 检查、检查和签证、检查
         D. 检查、检查和检查、检查

项目二　船舶签证管理

考试大纲要求：

4.6　船舶签证规则

4.6.1　适用范围与主管机关

4.6.2　一般规定

4.6.3　特别规定

4.6.4　船舶签证簿

4.6.5　监督检查

1. 根据船舶签证管理规则,在没有旅客上下、船长没有变动、没有货物装卸的前提下,中国籍船舶遇有下列哪些情况可不办理进出港签证?

①因避风、候潮、补给等原因临时进出港抛锚

②航经港区水域

③进港内船厂修船

  A. ①②③   B. ①③

  C. ①②   D. ②③

2. 根据我国船舶签证管理规则,船舶出港签证,申请人应当在船舶_____内处理;船舶进港签证,申请人应当在船舶_____内处理。

  A. 开航前 24 小时;到达前 24 小时   B. 开航前 24 小时;抵达后 24 小时

  C. 开航前 24 小时;到达前 24 小时   D. 开航前 12 小时;抵达后 12 小时

3. 根据我国现行船舶签证管理规则,对于船舶签证簿的描述正确的是_____。

①船舶签证簿遗失的,应向船籍港海事管理机构申请补发,并提交最近一次经海事管理机构签证的船舶签证申请单复印件

②船舶签证簿使用完毕后,应当在船保存 2 年

③船舶所有人变更时,船舶应当将船舶签证簿交回船籍港海事管理机构注销

④船舶签证簿的格式、内容和船舶签证印章的样式由海事局统一规定

  A. ①②③④   B. ①②③

  C. ①③④   D. ①②④

4. 下列哪类中国籍船舶进出我国港口可不办理进出港签证?

  A. 开往我国其他港口的远洋船   B. 直接由国外港口开来的远洋船

  C. 从事国内营业性运输的军用船舶   D. A、B、C 都是

5. 根据规定,下列哪些船的进港、出港签证不能合并办理?

  A. 定期班轮

  B. 油船和装运危险货物的船舶

  C. 高速客船

  D. 船舶抵达前 24 小时内没有向抵达地海事管理机构报告船舶情况的

6. 船舶签证管理规则,办理出港签证后_____内未能出港的船舶应重新办理签证。

  A. 72 小时   B. 36 小时

  C. 24 小时   D. 48 小时

7. 下列何种情况下,船舶不应当将船舶签证簿交回船籍港海事管理机构注销?

  A. 船舶代理人变更   B. 船舶所有人变更

  C. 船舶经营人变更   D. 船舶名称变更

8. 下列有关船舶签证簿的叙述哪些正确?

①船舶首次申领船舶签证簿应向船籍港海事机构申请核发

②船舶所有人、经营人、船舶名称变更后申领新船舶签证簿的,应当将船舶签证簿交给船籍港海事管理机构注销

③船舶签证簿遗失、灭失的应当向签证地海事管理机构申请补发

④船舶签证簿使用完毕或污损不能使用的,可向签证地海事管理机构申请换发

A.②③④　　　　　　　　　　　　　　B.①②④
C.①②③④　　　　　　　　　　　　　D.①②③

9. 船舶签证管理规则适用的船舶包括_____。

①外国籍船舶

②中国国内航行的散货船

③军事船舶

④从事营业性运输的我国渔船

A.②④　　　　　　　　　　　　　　B.②③④
C.①②③④　　　　　　　　　　　　D.①②③

10. 船舶签证管理规则适用的船舶包括_____。

①从事营业性运输的我国国内航行的渔船

②国内航行的中国籍渔船

③中国籍内河船

A.①②　　　　　　　　　　　　　　B.②③
C.①②③　　　　　　　　　　　　　D.①③

11. 根据我国船舶签证管理规则,船舶办理签证手续应_____。

①由船舶或其经营人提出申请

②由海事管理机构依法审查

③符合船舶签证条件

④满足船上未载有危险货物的条件

A.①②③④　　　　　　　　　　　　B.①②③
C.②③④　　　　　　　　　　　　　D.①②

12. 关于船舶签证簿,下列说法正确的有_____。

①船舶签证簿是办理船舶签证的专用文书

②任何单位、人员不得扣留、收缴船舶签证簿

③船舶签证簿使用完毕后应当在船保存 2 年

④船舶所有人、船舶经营人、船舶名称变更时,船舶应当将船舶签证簿交回船籍港海事管理机构注销

A.①④　　　　　　　　　　　　　　B.①②③
C.①③④　　　　　　　　　　　　　D.①②④

13. 根据我国船舶签证管理规则,下列对船舶以不正当手段取得船舶签证的处理方法陈述有误的是_____。

A. 尚未出港的,海事管理机构应当撤销其船舶签证

B. 已经出港的,海事管理机构可以撤销其船舶签证

C. 已经出港的,驶出港的海事管理机构应当进行调查处理

D. 已经出港的,可以通知下一抵达地的海事管理机构进行调查处理

14. 在监督检查过程中,海事管理机构对下列哪些事项应当在船舶签证簿中记载并通报船籍港海事管理机构?

①船舶受到海事行政处罚

②船舶发生水上交通事故和船舶污染事故的

③船舶被禁止离港的

④船舶在安全检查时存在缺陷

A.①②③④ B.①②③

C.②③④ D.①②④

15.根据船舶签证管理规则,下列对船舶签证簿表述不正确的是_____。

 A.船舶签证簿是办理船舶签证的专用文书

 B.船舶签证簿须随船妥善保管

 C.任何港口政府官员均有权在船舶签证簿上签注

 D.首次申领船舶签证簿通常由船籍港的海事管理机构核发

16.根据我国船舶签证管理规则,船舶有下列情形之一的,应当重新申请出港签证_____。

 ①船长或者履行相应职责的船员发生变动

 ②船舶结构、有关航行安全的重要设备发生重大变化

 ③改变船舶航行区域、航线

 ④出港签证办妥后48小时内未能出港

 A.①③④ B.①②③

 C.②③④ D.①②③④

17.根据我国现行船舶签证管理规则,短期定期船舶签证的有效期限最长不能超过_____个月;客船、载运危险货物的船舶的短期定期船舶签证有效期最长不能超过_____个月。

 A.3;1 B.6;3

 C.12;6 D.12;3

18.根据我国现行船舶签证管理规则,短期船舶签证的有效期最长不超过_____个月,载运危险货物的船舶签证有效期最长不超过_____个月。

 A.3;1 B.6;3

 C.12;6 D.12;3

19.根据我国船舶签证管理规则,船舶或者其经营人申请办理航次船舶签证,应当向海事管理机构提交的材料有_____。

 ①船舶签证簿

 ②船舶电子信息卡

 ③船舶安全检查记录簿

 ④船舶营运证

 A.③④ B.①②③④

 C.②③④ D.①②③

20.根据我国船舶签证管理规则,以下对船舶签证簿陈述有误的是_____。

 A.船舶可以向船籍港或者签证地海事管理机构申请在船舶签证簿内记载船舶证书和船员证书的信息

 B.船舶签证簿应当连续使用,保存完善,不得缺页或者擅自涂改

 C.船舶签证簿使用完毕后,应当在船保存3年

 D.船舶报废、灭失,或者船舶所有人、经营人变更,或者船舶名称变更时,应将船舶签证簿

交回船籍港海事管理机构注销

21. 在监督检查过程中海事管理机构对下列哪些事项应当在船舶签证簿中记载并通报船舶籍港海事管理机构?
①船舶受到海事行政处罚
②船舶发生水上交通事故的
③船舶发生污染事故的
④船舶被禁止离港的

A. ①②
B. ①③④
C. ②③④
D. ①②③④

22. 根据我国船舶签证管理规则,在没有上下旅客、装卸货物、船长或者履行相应职责的船员发生变动的情况下,下列哪种情况可以免于办理船舶签证?
①因避风临时进港
②因候潮临时进港
③因补给临时进港
④航经港口水域

A. ①③④
B. ②③
C. ①②③
D. ①②③④

23. 根据我国船舶签证管理规则,对于装有危险品车辆的滚装船,在申请办理航次船舶签证时,应向海事管理机构提交的材料包括_____。
①船舶港务费缴纳或者免于缴纳证明
②经批准大船舶载运危险货物申报单
③船长开航前声明和车辆安全装载记录
④护航申请书

A. ①②③
B. ①②③④
C. ②③④
D. ①②

24. 根据我国船舶签证管理规则,船舶有下列情形之一的,应当重新申请出港签证_____。
①更换大副
②船舶结构、有关航行安全的重要设备发生重大变化
③改变船舶航行区域、航线
④出港签证办妥后 48 小时未能出港

A. ①③④
B. ①②③
C. ①②③④
D. ②③④

25. 按照规定,船舶抵达前 24 小时内已经向抵达地海事管理机构报告船舶情况的,应如何办理签证手续?

A. 进出港签证可同时办理

B. 进港后立即办理进港签证,出港时仍需办理出港签证

C. 按危险品船舶管理办法执行

D. 根据具体情况决定

26. 根据我国船舶签证管理规则,海事管理机构发现船舶未按照规定办理船舶签证_____。

①应当责令其办理签证

②可责令其到指定地点接受查处

③在其拒不改正的情况下,可以采取禁止其进港或离港的措施

④即使其已补办签证手续,也可以采取停止其航行的措施

A. ①②

B. ①②③

C. ②③④

D. ①②④

27. 根据我国船舶签证管理规则,关于短期定期船舶签证,下列陈述正确的是_____。

A. 在固定水域内范围内航行的船舶,应当向船籍港海事管理机构提出定期船舶签证申请

B. 定线航行的船舶应当向航线始发港和终点港所在地海事管理机构分别提出定期船舶签证申请

C. 定线航行的船舶应当向航线始发港所在地海事管理机构提出定期船舶签证申请

D. 定线航行的船舶应当向航线终点港所在地海事管理机构提出定期船舶签证申请

28. 根据规定,已经签证的船舶,出港前出现下列哪种情况时应重新办理签证?

①船舶主机损坏

②船舶结构发生重大变化

③船舶航行区域改变

④办理出港签证后 36 小时内未能出港

A. ①②③

B. ①②③④

C. ②③④

D. ②③

29. 根据我国船舶签证管理规则,即使没有上下旅客、装卸货物,船长或者履行相应职责的船员也没有发生变动的情况下,船舶因_____而临时进港,也不能免办船舶签证。

A. 避风

B. 补给

C. 候潮

D. 更换船员和上物料

30. 根据我国船舶签证管理规则,可以采用_____等方式报告船舶进港情况,并在船舶航行日志内做相应的记载。

①电报、电传、传真

②手机信息

③电子邮件

④电子数据交换

A. ①③④

B. ①②③④

C. ②③④

D. ①③

31. 根据我国船舶签证管理规则,船舶有下列哪种情形的一定要重新申请出港签证?

A. 大副发生变动

B. 持证船员发生变动

C. 改变船舶航行区域或航线

D. 出港签证办妥后 36 小时内未能出港

32. 根据《中华人民共和国海上交通安全法》,我国远洋船舶从国外港口抵达上海,接着开往大连,该船在上海进出港应分别_____。

A. 办理签证和接受检查

B. 办理签证和办理签证

C. 接受检查和接受检查

D. 接受检查和办理签证

33. 根据我国船舶签证管理规则,除另有规定外,符合船舶签证条件的船舶有下列情形之一的,

应当向海事管理机构申请航次船舶签证_____。

①由港内驶出港外

②由港外驶入港内

③因作业需要在港内航行而驶入、驶出港内泊位

④驶入、驶出港外作业点

A. ②③④   B. ①②③

C. ①②④   D. ①②③④

34. 根据我国船舶签证管理规则,船舶抵达_____内已向抵达地海事管理机构报告船舶情况的,进港签证与出港签证可以合并办理。

A. 后 24 小时   B. 前 24 小时

C. 后 12 小时   D. 前 48 小时

35. 根据我国船舶签证管理规则,下列哪些是可以申请年度定期船舶签证的条件?

①安全诚信船舶

②安装并按规定使用 AIS

③在前一个年度签证期内按照规定提交进出港报告

④已经与有关金融机构签订船舶港务费交纳协议

A. ①②③   B. ①③④

C. ②③④   D. ①②③④

36. 船舶签证管理规则适用的船舶包括_____。

①从事营业性运输的我国国内航行的渔船

②体育运动船

③中国籍内河船

A. ②③   B. ①②③

C. ①②   D. ①③

37. 下列有关船舶签证簿的说法正确的是_____。

①船舶首次申领船舶签证簿应当向船籍港海事管理机构申请核发

②船舶所有人、经营人、船舶名称变更后申领新船舶签证簿应当向船籍港海事管理机构申请核发

③船舶签证簿遗失、灭失的,应当向签证地海事管理机构申请补发

④船舶签证簿使用完毕或者污损不能使用的,可向签证地海事管理机构申请补发

A. ①②③④   B. ①②③

C. ②③④   D. ①②④

38. 根据规定,下列哪类中国籍船舶不办理进出港签证?

①直接开往国外港口的

②直接由国外港口开来的

③因为加油临时进港锚泊且不装卸货物、不上下旅客、船长或者履行相应职责的船员发生变动的

A. ①②③   B. ①②

C. ②③   D. ①③

39. 根据我国船舶签证管理规则,船舶抵达前24小时内已向抵达地海事管理机构报告船舶情况的,进港签证与出港签证可以_____。

A. 分开办理
B. 两次办理
C. 合并办理
D. 简化办理

40. 根据我国现行船舶签证管理规则,船舶申请办理航次船舶签证时必须向海事管理机关提交的材料包括_____。

①船舶签证簿

②船舶电子信息卡

③船舶安全检查记录簿

④船长开航前声明和车辆安全装载记录

A. ①②
B. ①③
C. ②③
D. ③④

41. 根据我国船舶签证管理规则,下列陈述不正确的是_____。

A. 短期定期船舶签证的有效期最长不超过3个月
B. 年度定期船舶签证在全国范围内有效
C. 年度定期船舶签证有效期限为6个月
D. 客船、载运危险货物的船舶只能办理有效期限不超过一个月的短期船舶签证

42. 制定船舶签证管理规则的法律依据是_____。

A.《中华人民共和国海商法》
B.《中华人民共和国海上交通安全法》
C. SOLAS 公约
D.《中华人民共和国港口法》

43. 根据我国船舶签证管理规则,以下关于船舶签证簿陈述不正确的是_____。

A. 船舶签证簿由船舶或者经营人向海事管理机构书面申请核发、换发、补发
B. 船舶首次申领船舶签证簿以及船舶所有人、船舶经营人、船舶名称变更后申领新船舶签证簿的,应当向船籍港海事管理机构申请核发
C. 船舶签证簿遗失、灭失的,应当向船舶当时所在港口的海事管理机构申请补发
D. 船舶签证簿使用完毕或者污损不能使用的,可向船籍港或者签证地的海事机构申请补发

44. 根据船舶签证管理规则,海事管理机构发现船舶未办理船舶签证且拒绝不改正的,可以采取_____等措施。

①禁止进港

②禁止离港

③停止航行

④令其离港

A. ①②③④
B. ①②④
C. ①②③
D. ②③④

45. 根据我国签证管理规则,船舶办理签证手续应_____。

①由船舶或者其经营人提出申请

②由海事管理机构依法审查

③符合船舶签证条件

④满足船上未载有危险货物的条件

A. ①②③④   B. ①②③

C. ②③④   D. ①②

46. 应当将船舶签证簿交回船籍港海事管理机构注销的情况包括_____。

①船舶报废、灭失

②船舶所有人变更

③船舶经营人变更

④船舶名称变更

A. ①②③   B. ①②③④

C. ②③④   D. ①②

47. 根据船舶管理签证规则,海事管理机构在监督过程中发现_____应在船舶签证簿中予以记载并通报船籍港海事管理机构。

①船舶受到海事行政处罚

②船舶发生水上交通事故

③船舶发生污染事故

④船舶被禁止离港

A. ①②③   B. ①②③④

C. ②③④   D. ①②④

48. 根据我国船舶签证管理规则,已经由海事管理机构在船舶签证簿内记载或者存储在船舶电子信息卡的哪些证书或文件可以免于提交?

①船舶国籍证书

②船舶检验证书

③船舶最低安全配员证书

④船员适任证书

A. ②③④   B. ①②③④

C. ①②③   D. ①②

49. 根据我国船员条例,我国远洋船舶在下列哪种情况下应办理船舶签证?

A. 上一港口是国外港口,进港时

B. 上一港口和下一港口都是国外港口,进出我国港口时

C. 下一港口是国外港口,出港时

D. 下一港口是我国港口,出港时

50. 根据《中华人民共和国海上交通安全法》,下列哪种说法正确?

A. 中国籍国内航行船舶进出我国港口必须办理进出港签证

B. 只有外国籍船舶进出我国港口必须接受主管机关的检查

C. 中国籍远洋船舶进出我国港口必须接收主管机关的检查

D. 中国籍远洋船舶进出我国港口必须办理出港签证

51. 根据《中华人民共和国海上交通安全法》,下列叙述哪项有误?

A. 遇难船舶的所有人、经营人应采取一切有效措施组织自救

B. 船舶、设施发生的交通事故应由主管机关查明原因,判明责任

C. 中国籍国际航行船舶进出我国港口必须办理进出港签证

D. 船舶应当按照标准定额配备足以保证船舶安全的合格船员

第四部分　答案

项目一

1. B　　2. A　　3. D

项目二

1. C　　2. B　　3. A　　4. B　　5. D　　6. D　　7. A　　8. B　　9. A　　10. D

11. B　　12. C　　13. B　　14. B　　15. C　　16. D　　17. A　　18. A　　19. B　　20. C

21. C　　22. D　　23. A　　24. D　　25. A　　26. B　　27. B　　28. A　　29. D　　30. B

31. C　　32. D　　33. D　　34. B　　35. D　　36. D　　37. D　　38. A　　39. C　　40. B

41. C　　42. B　　43. C　　44. C　　45. B　　46. B　　47. B　　48. B　　49. D　　50. A

51. C

模块十　船舶安全检查

第一部分　内容简介

本模块主要涉及船舶安全检查的内容,包括船旗国安全检查和港口国监督两个方面的规定,重点介绍了港口国监督检查的公约要求和程序,以及我国船舶安全检查规则的规定。港口国监督检查和我国船舶安全检查规则的相关规定是本模块学习和考试的重点。

第二部分　经典例题解析

例1.对港口采取的必要的港口国保安监督措施包括_____。

　　A.检查船舶　　　　　　　　　　B.延误或滞留船舶

　　C.限制操作或将船舶驱逐出港　　D.A + B + C

　　答案:D

　　解析:

SOLAS 公约附则第Ⅺ-2 章第 9 条规定了对在港船舶的控制,除有明确理由相信船舶不符合公约或 ISPS 规则 A 部分的要求外,港口国监督对于到港船舶针对船舶保安的检查的内容限于检查有效证书,如果有效则予以接受,不能出示有效证书,或有明确理由相信船舶不符合要求,则采取监督措施,包括:检查船舶;延误;滞留以及/或其他行政或纠正措施;限制操作;驱逐出港。此类控制措施还可辅以其他较轻的行政或纠正措施,或由其他的行政或纠正措施代替。

例2.按照规定,经安全检查的船舶一般 6 个月内不再检查,下列哪些船舶不受其限制?

　　①外国籍的油船、液化气船、散化船

　　②外国籍普通集装箱船

　　③国际航行的散货船

　　④悬挂方便旗的客船

　　A.①②③④　　　　　　　　　　B.①②③

　　C.②③④　　　　　　　　　　　D.①③④

　　答案:D

　　解析:

《中华人民共和国船舶安全检查规则》第九条第二款规定：

"经海事管理机构检查的中国籍船舶或者经亚太地区港口国监督谅解备忘录成员当局检查的外国籍船舶,自检查完毕之日起六个月内不再进行检查,但下列船舶除外:

"(一)客船、油船、液化气船、散装化学品船;

"(二)发生水上交通事故或者污染事故的船舶;

"(三)被举报低于安全、防污染、保安、劳工条件等要求的船舶;

"(四)新发现存在若干缺陷的船舶;

"(五)依选船标准核算具有较高安全风险指数的船舶;

"(六)中华人民共和国海事局指定检查的船舶。"

例3. 一般情况下,PSCO 登船检查的证书和文件有_____。

①国际吨位证书

②货船无线电安全证书

③国际防止油污证书

④油类记录簿

⑤油污应急计划

A.①③   B.①②

C.①②④   D.①②③④⑤

答案:D

解析:

PSCO 登船后,首先检查船舶的有关证书和文件,并在船上观察船舶维修养护状况。检查的有关文件和证书通常包括:国际吨位证书、国际载重线证书、SOLAS 公约要求的安全证书、安全管理证书和符合证明副本、国际船舶保安证书、国际防止油污证书、油类记录簿、船舶油污应急计划、国际防止散装运输有毒液体物质污染证书、货物记录簿、(国际)散装运输液化气体适装证书、(国际)散装运输危险化学品适装证书、检验报告簿(散货船和油船)、稳性资料、应变部署表、航海日志中试验和演习的记录以及救生设备及布置的检查和维修记录、货物系固手册、登记证书、垃圾管理计划、垃圾记录簿、散货船手册、以前的 PSC 检查报告、船级证书、健康证书、最低安全配员文件和适任证书等。

例4. 按照 IMO 港口国监督程序的规定,"明显依据"包括_____。

①收到该船舶低于标准的举报

②无船舶防火控制图

③误发遇险报警信号且未执行正确的取消程序

④主要船员之间因语言障碍不能进行交流

A.①②③   B.①②③④

C.②③④   D.①②④

答案:B

解析:

"明显依据"是船舶及其设备或其船员实质上不符合有关公约的要求的证据,或船长、船员不熟悉船舶安全和防污染基本程序的证据,一般包括下列几个方面:缺少公约要求的主要设备和设施;经检查表明有的船舶证书或文件明显无效;有证据表明公约要求和港口国监督导则附录中所列的文件不在船上或这些文件未能保持或保持有误;PSCO 从一般观察得出印象,认为船舶存在船体或结构上的严重变形或缺陷,会危及船舶的结构、水密或风雨密完整性;PSCO 从一般观察得出印象认为船上安全、防污和航行设备存在严重缺陷;存在船长或船员不熟悉有关船舶安全、防污染的基本操作或未执行这些操作的信息或证据;船上主要船员之间或主要船员不能与其他船员进行语言交流;误发遇险报警信号且没有及时取消;出现相关关键船员之间或相关关键船员与其他人员之间不能相互沟通的现象;缺少最新的应变部署表;收到关于低于安全、防污染、保安、劳工条件等要求的举报;其他海事主管当局提出报告或通知等等。

例5. 按照"IMO 港口国监督程序"的要求,如果确定船舶应予以滞留时,港口国应该_____。

①通知船旗国政府

②通知代表船旗国颁发证书的机构

③报告国际海事组织

A.①③   B.①②

C.②③   D.①②③

答案:D

解析:

海事管理机构采取滞留、禁止船舶进港、驱逐船舶出港处理措施之一的,对于外国船舶应当通过中华人民共和国海事局通报其船旗国政府、国际海事组织。导致滞留的缺陷如与船舶检验机构、发证机构或者认可组织有关的,还应当通报相关的船舶检验机构、发证机构或者认可组织。

例6. 根据《中华人民共和国船舶安全检查规则》,船舶安全检查的内容包括_____。

①船舶安全与防污染体系的运行有效性

②船员对其岗位职责相关的设施、设备的实际操作能力

③船舶配员

④船舶结构、设备和设施

A.①②③④   B.①②③

C.①②④   D.②③④

答案:A

解析:

《中华人民共和国船舶安全检查规则》第八条规定:

"船舶安全检查的内容包括:

"(一)船舶配员;

"(二)船舶和船员有关证书、文书、文件、资料;

"(三)船舶结构、设施和设备;

"(四)载重线要求;

"(五)货物积载及其装卸设备;

"(六)船舶保安相关内容;

"(七)船员对与其岗位职责相关的设施、设备的实际操作能力以及中国籍船员所持适任证书所对应的适任能力;

"(八)船员人身安全、卫生健康条件;

"（九）船舶安全与防污染管理体系的运行有效性；

"（十）法律、行政法规、规章以及国际公约要求的其他检查内容。"

例7. 根据《中华人民共和国船舶安全检查规则》，在船舶实施安全检查后，对有缺陷的船舶，检查人员可以给出的处理意见中不应包括_____。

A. 开航前纠正缺陷　　　　　　　　B. 限制船舶操作

C. 责令船舶完成操作　　　　　　　D. 滞留船舶

答案：C

解析：

《中华人民共和国船舶安全检查规则》第十二条规定：

"检查人员应当运用专业知识对船舶存在的缺陷做出判断，并按照有关法律、行政法规或者国际公约的规定，提出下列一种或者几种处理意见：

"（一）开航前纠正缺陷；

"（二）在开航后限定的期限内纠正缺陷；

"（三）滞留；

"（四）禁止船舶进港；

"（五）限制船舶操作；

"（六）责令船舶驶向指定区域；

"（七）驱逐船舶出港；

"（八）法律、行政法规或者国际公约规定的其他措施。"

例8. 根据《中华人民共和国船舶安全检查规则》，如果_____检查人员应对船舶实施详细检查。

①巡视或者核查过程中发现现在安全、防污染、保安、劳工条件等方面明显存在缺陷或者隐患

②被举报低于安全、防污染、保安、劳工条件等要求

③一年内未经海事管理机构详细检查

④中华人民共和国海事局要求进行详细检查

A. ②③④　　　　　　　　　　　　B. ①②④

C. ①③④　　　　　　　　　　　　D. ①②③④

答案：B

解析：

《中华人民共和国船舶安全检查规则》第十条规定：

"检查人员实施船舶安全检查，在登轮后应当向船方出示有效证件，表明来意。先进行初步检查，对船舶进行巡视，核查船舶证书、文书和船员证书。

"有下列情形之一的，检查人员应当对船舶实施详细检查，并告知船方进行详细检查的原因：

"（一）巡视或者核查过程中发现现在安全、防污染、保安、劳工条件等方面明显存在缺陷或者隐患的；

"（二）被举报低于安全、防污染、保安、劳工条件等要求的；

"（三）两年内未经海事管理机构详细检查的；

"（四）中华人民共和国海事局要求进行详细检查的。"

例9.安全检查对船舶存在的缺陷的处理意见包括_____。

①开航前纠正缺陷

②在开航后限定的期限内纠正缺陷

③滞留

④禁止船舶进港

A.①②③   B.①②③④

C.②③④   D.①②

答案:B

解析:

《中华人民共和国船舶安全检查规则》第十二条规定:

"检查人员应当运用专业知识对船舶存在的缺陷做出判断,并按照有关法律、行政法规或者国际公约的规定,提出下列一种或者几种处理意见:

"（一）开航前纠正缺陷;

"（二）在开航后限定的期限内纠正缺陷;

"（三）滞留;

"（四）禁止船舶进港;

"（五）限制船舶操作;

"（六）责令船舶驶向指定区域;

"（七）驱逐船舶出港;

"（八）法律、行政法规或者国际公约规定的其他措施。"

例10.海事管理机构采取_____等监督措施时需要通知船舶检验机构、发证机构或者认可组织。

①采取滞留措施

②导致滞留的缺陷如与船舶检验机构、发证机构或者认可组织有关

③禁止船舶进港

④驱逐船舶出港

A.①②③   B.①②③④

C.②③④   D.①②

答案:B

解析:

《中华人民共和国船舶安全检查规则》规定:

"第十五条海事管理机构采取本规则第十二条第（三）、（四）、（七）项所列处理措施之一的,对于中国籍船舶应当通报船籍港海事管理机构;对于外国籍船舶应当通过中华人民共和国海事局通报其船旗国政府、国际海事组织。

"第十六条导致滞留的缺陷如与船舶检验机构、发证机构或者认可组织有关的,还应当通报相关的船舶检验机构、发证机构或者认可组织。"

第三部分　真题分节精练

项目一　船旗国监督检查

1. 为保证船舶航行安全及适航要求,开航前船舶应做的开航准备和检查工作中,还包括以下哪几项?
   ①确认 PSC、FSC 检查缺陷项及影响航行安全的缺陷均已纠正
   ②确认对主管机关开出的其他缺陷均已制定出纠正措施
   ③确认所有合法离港的法律文件均已具备
   A.①②　　　　　　　　　　　　　B.①③
   C.②③　　　　　　　　　　　　　D.①②③

2. 船旗国安全检查是_____对_____实施的监督检查。
   A. 船旗国主管机关;国内航行船舶
   B. 船旗国主管机关;悬挂本国国旗的船舶
   C. 港口国主管机关;到港的外籍船舶
   D. 港口国主管机关;悬挂本国国旗的船舶

3. 船旗国监督检查的内容包括_____。
   ①船舶证书及有关文件
   ②船员及其配备
   ③救生设备
   ④消防设备
   A.①②③　　　　　　　　　　　　B.①②
   C.②③④　　　　　　　　　　　　D.①②③④

4. 对船舶的安全检查,通常于船舶在_____期间进行。
   ①港口停泊
   ②港口作业
   ③锚地停泊
   ④航行
   A.①②③　　　　　　　　　　　　B.①②
   C.②③④　　　　　　　　　　　　D.①②③④

5. 我国主管机关要求_____的船公司应建立对所管理船舶的自查制度和开航前检查制度。
   A. 主要营业场所在国内　　　　　　B. 经营国际航线
   C. 跨国经营　　　　　　　　　　　D. 经营国内航线

6. 船舶开航前检查由_____实施管理。

①航运公司

②船舶检验机构

③海事主管机关

A.①②③ 　　　　　　　　　B.①②

C.②③ 　　　　　　　　　D.①③

7.船舶申请开航前检查之前,宜先行开展＿＿＿＿＿＿＿工作。

　A.船舶自查 　　　　　　　　　B.公司自查

　C.船旗国检查 　　　　　　　　　D.港口国检查

8.开航前检查联合工作组指定＿＿＿＿＿＿＿为联合工作组组长。

　A.取得验船师资质的验船师 　　　　　　　　　B.船舶安全检查员

　C.船长 　　　　　　　　　D.从事船舶检验工作3年及以上的验船师

9.开航前检查中发现可能导致滞留的缺陷,且船舶不能予以纠正,则应＿＿＿＿＿＿＿。

　A.滞留船舶 　　　　　　　　　B.中止检查

　C.忽视该缺陷 　　　　　　　　　D.提请实施船旗国监督检查

项目二　港口国监督检查

考试大纲要求:

3.5　港口国监督程序

3.5.1　概述;PSC检查依据

3.5.6　港口国检查备忘录组织

1.根据IMO的"港口国监督程序",实施PSC检查的法律依据不包括＿＿＿＿＿＿＿。

　A.STCW公约 　　　　　　　　　B.SOLAS公约

　C.船舶安检规则 　　　　　　　　　D.MARPOL公约

2.PSC由＿＿＿＿＿＿＿对＿＿＿＿＿＿＿进行。

　A.船旗国政府;本国籍政府 　　　　　　　　　B.主管机关;所有船舶

　C.港口国政府;抵港外轮 　　　　　　　　　D.港口主管机关;抵港船舶

3.我国对外国籍船舶实施PSC检查依据是＿＿＿＿＿＿＿。

①东京备忘录

②巴黎备忘录

③有关IMO公约

　A.①③ 　　　　　　　　　B.①②

　C.②③ 　　　　　　　　　D.①②③

4.下列不能成为缔约国按STCW公约的规定滞留船舶的唯一理由的是＿＿＿＿＿＿＿。

　A.没有专门负责操作安全航行,无线电通信设备的合格人员值班

　B.不符合安全配员的要求

　C.未按主管机关为船舶规定的要求做出航行值班安排

D. 未遵守 IMO 采纳的定线措施或安全航行方法和程序

5. 港口监督检查的作用是_____。

①限制了低标准船的航行

②促进了船旗国履行国际公约

③保证了海上安全

A. ①③   B. ①②

C. ②③   D. ①②③

6. 目前,对船舶实施港口国监督检查比较严格的区域性合作组织或国家有_____。

①巴黎备忘录

②澳大利亚

③美国

A. ①③   B. ①②

C. ②③   D. ①②③

7. 东京备忘录组织将_____列为优先检查的船舶。

①油船

②气体船

③化学船

④运输包装类有害物质的船舶

A. ①②③   B. ①②③④

C. ②③④   D. ①②④

8. 根据 STCW 公约附则中的监督条款规定的精神,如果因为发生了下列任何一种情况而有明显理由认为未能保持值班标准时,应对船上海员保持公约要求的值班标准的能力进行评估,包括_____。

①船舶发生碰撞事故

②船舶在航行中非法排放有害物质

③驾驶员以某种不安全的方式操纵船舶

④船上的某项作业危及人员、财产或环境的安全

A. ①②③④   B. ①②③

C. ②③④   D. ②③

9. 目前,东京备忘录组织实施 PSC 检查的法律依据和技术依据有_____。

①SOLAS 公约与 MARPOL 公约

②ILL 公约与 ITC 公约

③STCW 公约与 ILO No. 147 号公约

④1972 年国际海上避碰规则

A. ①②④   B. ①③④

C. ①②③④   D. ②③④

10. 实施 PSC 检查的主要依据是_____。

①IMO 公约

②ILO 公约

③ISO 公约

A. ①③ 　　　　　　　　　　　　　B. ①②

C. ②③ 　　　　　　　　　　　　　D. ①②③

11. 下列有关港口国监督检查的产生与发展的叙述,哪项不正确?

A. 率先开始港口国监督检查的是 1942 年参加巴黎备忘录的欧洲国家

B. 港口国监督促进了船旗国履行国际公约

C. 我国依照巴黎备忘录的要求对外国籍船实施港口国监督检查

D. 我国海事主管机关代表国家对外轮进行 PSC 检查,我国船舶在国外港口也接受港口国监督检查

12. 实施港口国监督检查依据的国际公约是_____。

①SOLAS 公约

②国际载重线公约和吨位丈量公约

③MARPOL 公约

④STCW 公约

A. ①②③④ 　　　　　　　　　　　B. ②③④

C. ①②③ 　　　　　　　　　　　　D. ①②④

13. 根据 IMO 的港口国监督程序的规定,对船舶的操作性检查包括_____。

①检查是否按规定显示应变部署表

②检查是否有船舶油污应急计划

③检查是否有防火控制图

④检查客船是否有破损控制图

A. ①②③ 　　　　　　　　　　　　B. ①②③④

C. ②③④ 　　　　　　　　　　　　D. ①②④

14. 一些重要公约对非缔约国约束作用是通过_____实现的。

A. 公约对非缔约国不起约束作用

B. 通过非缔约国的自觉实施

C. 根据不优惠待遇条款,通过 PSC 使非缔约国无法逃避公约的要求

D. 通过其他公约和规则强制实施

15. PSC 识别和消除低标准船的措施包括_____。

①检查

②纠正

③必要情况下滞留船舶

④定期公布被滞留船舶名单(黑名单)

A. ①②③ 　　　　　　　　　　　　B. ①②

C. ②③④ 　　　　　　　　　　　　D. ①②③④

16. PSC 滞留船舶的主要原因包括_____。

①船舶的保养和管理落后

②不可信的检验水平

③不适当的船旗国管理

④消防设备和航海设备的缺陷
    A. ①②③
    B. ①②
    C. ②③④
    D. ①②③④

17. 目前全球关于港口国监督的区域性协议包括_____。
    ①印度洋备忘录
    ②阿布贾备忘录
    ③利雅得备忘录
    ④加勒比备忘录
    A. ①②③
    B. ①②
    C. ②③④
    D. ①②③④

18. 我国加入的 PSC 组织是_____。
    A. 巴黎备忘录
    B. 东京备忘录
    C. 印度洋备忘录
    D. 利雅得备忘录

19. 针对船舶安全管理,港口国监督检查官将进行详细检查的明显理由包括_____。
    ①无 ISM 证书
    ②ISM 证书不正确
    ③或在其他方面有滞留缺陷
    ④大量的非滞留缺陷表明 SMS 欠缺
    A. ①②③
    B. ①②
    C. ②③④
    D. ①②③④

20. SOLAS 公约"加强海上保安的特别措施"关于港口国控制的措施的规定包括_____。
    ①对在港船舶的控制
    ②对拟进入另一缔约国港口的船舶的控制措施
    ③附加规定
    A. ①②③
    B. ①②
    C. ②③
    D. ①③

21. 如果船舶不能出示有效证书,或有明显理由相信船舶不符合 ISPS 规则 A 部分要求,港口国则采取监督措施,包括_____。
    ①检查船舶
    ②延误
    ③滞留和/或其他行政或纠正措施
    ④限制操作
    A. ①②③
    B. ①②
    C. ②③④
    D. ①②③④

22. 对拟进港船舶,缔约国政府可以要求船舶在进港之前提供确保符合保安要求的信息,船长_____。
    A. 必须提供
    B. 可以拒绝提供
    C. 经船旗国主管机关授权可以提供
    D. 可以拒绝提供该信息,但要注意后果

23. 如对在港船舶采取了除较轻的行政或纠正措施以外的控制措施,或对欲进港的船舶采取了任何控制措施,缔约国政府应随即通知_____。

①船旗国主管机关

②有关船舶签发证书的认可的保安组织

③IMO

A.①②③   B.①②

C.②③④   D.①②③④

24. 根据 STCW 公约,实施监督的缔约国可以对船舶或船员_____进行监督。

①证书

②配员

③保持公约要求的值班标准的能力

④保持保安的能力

A.①②③   B.①②

C.②③④   D.①②③④

25. 根据 STCW 公约,如果因为_____而有明显证据表明未能保持值班以及保安标准,缔约国监督官员可对船员进行评估。

①船舶发生碰撞、搁浅或触礁

②船舶在航、锚泊或靠泊时,违反任一国际公约而非法排放物质

③以不稳定或不安全方式操纵船舶,从而未遵循 IMO 采纳的定线措施或安全航行方法和程序

④以其他危及人员、财产或环境的方式或降低安全的方式操纵船舶

A.①②③   B.①②

C.②③④   D.①②③④

26. 在船上具有有效的载重线证书的前提下,港口国监督仅限于确定_____。

①船舶载重量的位置与证书相符

②船舶载重量未超过证书所允许的限度

③船舶的船体或上层建筑以及有关装置、设备没有实质性变动使船舶显然能在不危及人命安全的情况下适合于出航

A.①②③   B.①②

C.②③   D.①③

项目三   港口国监督程序

考试大纲要求:

3.5   港口国监督程序

3.5.2   检查程序

3.5.3   检查内容

3.5.4   缺陷处理

3.5.5 检查报告

1. 巴黎备忘录组织选定的目标系数中的一般系数将根据该船的_____等加以确定。
   ①船旗国所属船舶的 3 年滚动滞留率
   ②船舶类型
   ③船级社
   ④船龄
   A. ①③④   B. ①②③④
   C. ②③④   D. ①②④

2. 如果根据对船舶的基本印象,PSC 官员有明显的理由认为船舶的设备或其船员不能满足公约的要求,则可以_____检查。
   A. 进行初步的   B. 进行更为详细的
   C. 暂时停止   D. 结束

3. 下列有关船舶"滞留"的说法正确的是_____。
   ①船舶船员不符合适用的公约要求
   ②按照现状开航对船舶船员和海上环境安全构成威胁
   ③为了纠正船舶存在重大缺陷
   A. ①②   B. ①③
   C. ②③   D. ①②③

4. 下列哪项不能成为缔约国按 STCW 公约规定滞留船舶的唯一理由?
   A. 未遵守 IMO 采纳的定线措施或安全航行方法和程序
   B. 未符合主管机关适用的安全配员要求
   C. 未按主管机关为船舶规定的要求做出航行值班安排
   D. 没有专门负责操作安全航行、安全无线电通信必要设备的合格人员值班

5. 东京谅解备忘录组织优先检查的船舶是_____。
   ①客船、滚装船和集装箱船
   ②可能引起特别危险的船舶,包括油船、液化气体船等
   ③备忘录组织年度报告公布的超过平均滞留率连续 3 年的船旗国的船舶
   ④在前 12 个月内因安全原因已被中止船籍的船舶
   A. ①②③④   B. ①③④
   C. ①②③   D. ②③

6. PSC 官员可能通过提问来判断_____。
   ①船舶对 ISM 规则的符合性
   ②船舶对 ISPS 规则的符合性
   ③船员对安全设备的操作熟练程度
   ④船员对防污设备操作的熟练程度
   A. ②④   B. ①④
   C. ①②③   D. ①②

7. 根据 IMO A.787 决议,"滞留"是指当船舶和船员实际上不符合适用公约的要求,港口国为保证该船只有在_____时方可开航所采取的干涉行动。

①不会对船舶构成危险

②不会对船上的人员构成危险

③不会对海上环境造成损害或威胁

④不会对船上的货物造成损害

A.①②   B.②③

C.①②③   D.①②④

8. 根据 IMO 的港口国监督检查程序,下列有关港口国监督检查的提法哪些正确?

①PSC 官员是经海事组织正式授权的执行港口国监督检查的官员

②"初步检查"是 PSC 官员登船前对船舶外观的检查,以及登轮后的船舶证书文件检查

③"明显依据"是船舶及其设备或其船员实质上不符合有关公约要求的证据

④"详细检查"是当 PSC 官员发现有明显理由表明船舶条件、设备或船员实质上与证书不符

后进行的全面检查

A.①②④   B.①②③

C.②③④   D.①②③④

9. 根据港口国监督检查程序,对 ISM 规则符合性检查的内容包括_____。

①有关船员是否熟悉 ISM 规则的职责

②船舶持有的 DOC 副本、SMC 证书是否有效

③船上是否存在重大不符合规定情况

④船舶是否持有有效的 ISPS 证书

A.①②④   B.①②③

C.①②③④   D.②③④

10. PSC 滞留船舶的主要原因是_____。

①保养和管理的落后

②不可信的检验水平

③消防、救生和航海设备的缺陷

A.②③   B.①②

C.①③   D.①②③

11. 当 PSC 检查官按照船舶操作性要求检查船员的弃船演习时,检查的项目可包括_____。

①发出报警信号,集合船员并规定职责做好准备

②检查船员是否正确穿着救生衣

③至少降下一艘救生艇

④启动并操作救生艇发动机并操作吊艇架

A.①②③   B.①②③④

C.②③④   D.①②④

12. 根据 IMO 的港口国监督检查程序,PSC 检查官的检查程序是_____。

①观察船舶的维护状况,产生概括性的认识并登轮检查船舶证书和文件

②如果船舶不具备有效证书或文件,或存在明显理由,应进行详细检查

③船舶存在的缺陷危及船舶安全和海洋环境时,可采取的行动包括滞留船舶

④检查完毕向船长签发 PSC 检查报告

A. ①②③④   B. ②③④
C. ①②③   D. ①②④

13. 港口国监督检查的步骤一般为_____。

①选船

②登轮初步检查

③详细检查

④提出处理要求或滞留船舶、复查、解除滞留等

A. ①→②→③   B. ①→②
C. ②→③→④   D. ①→②→③→④

14. 为了避免遗漏和重复检查，除了特定的船舶和船舶存在要求进行再次检查的明显证据以外，通常在同一个备忘录组织成员国当局通过港口检查的船舶，自检查完毕之日起_____个月内不再进行检查。

A. 1   B. 36
C. 6   D. 12

15. 优先检查对象通常包括_____。

①被港口当局通报的船舶

②被投诉的船舶

③要求在规定期限内消除缺陷的船舶

④引航员或港口当局报告存在影响安全航行缺陷的船舶

A. ①②③   B. ①②
C. ②③④   D. ①②③④

16. 一般性的 PSC 检查内容主要为_____。

①船舶状况

②设备状况

③船舶证书

④船舶文件

A. ①②③   B. ①②
C. ②③④   D. ①②③④

17. PSCO 检查的有关文件和证书包括_____。

①国际吨位证书

②国际载重线证书

③安全管理证书

④符合证明副本

A. ①②③   B. ①②
C. ②③④   D. ①②③④

18. 详细检查的内容包括_____。

①船舶构造

②设备

③排放要求

④配员及船员的实际操作能力

A.①②③ B.①②

C.②③④ D.①②③④

19.对 PSC 检查中发现的缺陷,要求的处理措施通常包括_____。

①开航前纠正

②在下一港口纠正缺陷

③指定时间纠正

④滞留船舶

A.①②③ B.①②

C.②③④ D.①②③④

20.导致滞留的缺陷不能在检查港纠正时,港口国主管机关可以允许该船_____。

A.驶往最近的修理港 B.继续航行到任一其他港口

C.下一次到达本港纠正缺陷 D.不纠正该缺陷

21.如果滞留船舶,港口国主管机关应_____。

①通知船旗国主管机关

②通知经认可的代表船旗国主管机关签发证书的机构

③向 IMO 提交报告

A.①②③ B.①②

C.②③ D.①③

22.如果允许船舶带着已知缺陷开航,港口国当局应将全部事实通告_____。

①船旗国

②下一停靠港

③经授权发证的机构

A.①②③ B.①②

C.②③ D.①③

项目四　船舶安全检查规则

考试大纲要求:

4.13　船舶安全检查规则

4.13.1　适用范围与主管机关

4.13.3　检查内容

4.13.4　检查程序

4.13.5　缺陷处理

4.13.7　缺陷纠正及复查

4.13.8　船旗国监督检查记录簿

4.13.9　港口国监督检查报告

1. 根据《中华人民共和国船舶安全检查规则》,船舶安全检查分为_____。

    ①船旗国监督检查

    ②港口国监督检查

    ③船舶海事行政监督

    ④船舶海事法定监督

    A.①②   B.①②③④

    C.②④   D.①③④

2. 《中华人民共和国船舶安全检查规则》适用于_____。

    A. 航行于我国管辖海域的军事船舶   B. 停泊于我国内水的公安和边检船舶

    C. 作业于我国沿海的渔业船舶   D. 停泊、作业于我国内水的外国籍船舶

3. 对中国籍国际航行船舶实施安全检查后,检查人员应_____。

    ①在船舶安全检查记录簿内填写检查记录

    ②签发船舶安全检查通知书,注明所查项目、发现的缺陷及处理意见

    ③签发亚太地区港口国监督检查报告并视情况将其副本交船旗国主管机关

    A.①   B.②③

    C.①②   D.①②③

4. 根据现行船舶安全检查规则,以下属于检查人员对船舶实施详细检查根据的是_____。

    ①初步检查过程中发现在安全、防污染方面存在缺陷或隐患

    ②初步检查过程中发现在劳工条件方面明显存在缺陷或隐患

    ③两年内未经海事管理机构详细检查的

    ④被举报低于安全、防污染等要求的

    A.①②③④   B.①②③

    C.①②④   D.①③④

5. 根据《中华人民共和国船舶安全检查规则》,对于船舶存在的缺陷,在哪些情况下可签发禁止离港通知书,对该船实施滞留?

    ①不符合最低标准

    ②危及船舶、人命和财产安全

    ③可能造成水域严重污染

    ④雷达出现故障

    A.①②③④   B.①③④

    C.①②③   D.①②④

6. 船旗国监督检查记录簿由_____核发,用完后应在船上保管_____。

    A. 船检机构;1 年   B. 海事部门;1 年

    C. 船检机构;2 年   D. 海事部门;2 年

7. 当船舶存在危及水上交通安全的缺陷时,检查人员经批准后有权_____。

    A. 责成其重新检验   B. 禁止其离港

    C. 禁止其进港   D. 令其加强安全措施

8. 根据《中华人民共和国船舶安全检查规则》,船旗国监督检查适用于_____。

    A. 任何吨位的进入我国港口锚地的外国籍船舶

B. 任何吨位的进出我国港口的外国籍船舶

C. 任何吨位的中国籍海船

D. 任何吨位的中国籍内河船

9. 对外国船籍船舶的安全检查由_____实施。

    A. 各港港务局   B. 各港海事部门

    C. 国家港务局   D. 国家海事局批准的海事机构

10. 根据船舶安全检查规则，以下表述错误的是_____。

    A. 国家海事局统一管理全国的船舶安全检查工作

    B. 船舶安全检查需执行简便、快捷、随机、量化的原则

    C. 各级海事管理机构按照职责开展辖区内船舶安全检查工作

    D. 船舶安全检查应遵循依法、公正、诚信、便民的原则

11. 根据船舶安全检查规则，除海事管理机构外，任何单位、个人_____。

    ①不得扣留、收缴船旗国监督检查记录簿

    ②不得扣留、收缴港口国监督检查报告

    ③不得在船旗国监督检查记录簿上签注

    ④不得在港口国监督检查报告上签注

    A. ①②③④   B. ②③④

    C. ①②④   D. ①②③

12. 根据《中华人民共和国船舶安全检查规则》，如果海事管理机构对船舶缺陷的处理意见为_____，船方在纠正了该缺陷后可以不申请海事管理机构的复查。

    A. 滞留船舶   B. 禁止船舶进港

    C. 责令船舶驶向指定区域   D. 驱逐船舶出港

13. 根据《中华人民共和国船舶安全检查规则》，船舶安全检查适用于_____。

    ①中国籍船舶

    ②航行于我国海域的外国籍船舶

    ③军事船舶

    ④航行、停泊、作业于我国港口的外国籍船舶

    A. ①②③④   B. ①②④

    C. ①②③   D. ②③④

14. 根据《中华人民共和国船舶安全检验规则》，检查人员运用专业知识对船舶存在的缺陷做出判断后，可能给出_____的意见。

    ①开航前纠正缺陷

    ②在开航前限定的期限内纠正缺陷

    ③滞留

    ④禁止船舶进港

    A. ①②③④   B. ①②④

    C. ①②③   D. ②③④

15. 根据《中华人民共和国船舶安全检查规则》，船舶安全的检查内容包括_____。

    ①船舶和船员有关证书、文书、文件、资料

②船舶保安相关内容

③船舶人身安全、卫生健康条件

④中国籍船员所持适任证书所对应的适任能力

A. ①②③④ B. ①②④

C. ①②③ D. ②③④

16. 制定《中华人民共和国船舶安全检查规则》的依据包括我国_____。

①海上交通法

②海洋环境保护法

③海商法

④内河交通安全管理条例

A. ①③④ B. ①③

C. ①②④ D. ①②③

17. 根据《中华人民共和国船舶安全检查规则》,选择受检船舶实施安全检查应_____。

①按照我国海事局制定的选船标准

②按照国际公约、区域性合作组织的有关规定

③按照公平对等、便利公开、重点突出的原则

④结合辖区实际情况

A. ①③④ B. ①②③④

C. ②③④ D. ①②④

18. 根据《中华人民共和国船舶安全检查规则》,对船舶实施的安全检查包括对_____的检查。

A. 船员伙食标准和船舶伙食状况 B. 船舶娱乐条件

C. 保护船员及旅客人身安全措施方面 D. 船员工资和福利待遇方面

19. 船舶安全检查的内容包括对_____的检查。

①船舶配员

②船舶安全证书

③船员适任证书

A. ①② B. ①③

C. ①②③ D. ②③

20. 根据《中华人民共和国船舶安全检查规则》,在对船舶实施安全检查后,对有缺陷的船舶检查人员可以给出的处理意见中不应包括_____。

A. 限制船舶操作 B. 责令船舶驶向指定区域

C. 强制船舶进港 D. 驱逐船舶出港

21. 根据《中华人民共和国船舶安全检查规则》,进行船舶安全检查的依据包括_____。

①《中华人民共和国海上交通安全法》

②《中华人民共和国海洋环境保护法》

③《中华人民共和国内河交通安全管理条例》

④MARPOL 73/78

A. ①②③④ B. ①②④

C. ①②③ D. ②③④

22. 根据《中华人民共和国船舶安全检查规则》，船舶有权对海事管理机构实施船舶安全检查时提出的缺陷以及处理意见当场_____。

①进行反驳

②进行陈述

③进行申辩

④予以拒绝

A. ①②③ B. ②③

C. ②④ D. ②③④

23. 根据《中华人民共和国船舶安全检查规则》，船舶安全检查的内容不包括对_____的检查。

A. 外国籍船员对与其岗位职责相关的设施、设备的实际操作能力

B. 外国籍船员所持适任证书所对应的适任能力

C. 中国籍船员所持适任证书所对应的适任能力

D. 中国籍船员对与其岗位职责相关的设施、设备的实际操作能力

24. 根据《中华人民共和国船舶安全检查规则》，以下表述有误的是_____。

A. 应当将缺陷纠正情况通报船籍港海事管理机构

B. 中国籍船舶的船长应当对缺陷纠正情况进行检查

C. 船舶以及相关人员应当按照检查处理意见，对存在的缺陷进行纠正

D. 应当对缺陷纠正情况在航行日志中进行记录

25. 根据《中华人民共和国船舶安全检查规则》，以下表述有误的是_____。

A. 船舶安全检查应当于船舶停泊或者作业期间实施

B. 禁止对在航的船舶进行安全检查，除非法律、行政法规另有规定

C. 从事船舶安全检查的人员应曾取得过相应的船员适任证书

D. 从事船舶安全检查的人员应当具备必要的船舶安全检查知识和技能

26. 下列哪些船舶应遵守《中华人民共和国船舶安全检查规则》的要求？

①任何海船

②任何内河船舶

③从事营业性运输的中国籍渔业船舶

④任何进出我国港口的外国籍船舶

A. ①②③④ B. ①②④

C. ①②③ D. ③④

27. 船旗国监督检查记录簿由_____核发，用完后应在船上保管_____。

A. 船检机构；1 年 B. 海事部门；1 年

C. 船检机构；2 年 D. 海事部门；2 年

28. 根据《中华人民共和国船舶安全检查规则》，船舶安全检查人员在登轮以后通常应当首先_____。

①向船方出示有效证件

②进行详细检查

③对船舶进行巡视

④核查船舶证书、文书和船员证书

A. ①②④

B. ①③④

C. ①②③④

D. ②③④

29. 根据《中华人民共和国船舶安全检查规则》,在检查人员实施详细检查时,以下做法有误的是_____。

A. 船长应当指派人员陪同检查人员

B. 船长必须亲自陪同检查人员

C. 陪同人员应当如实回答检查人员提出的问题

D. 陪同人员应按照检查人员的要求测试和操纵船舶设施、设备

30. 根据《中华人民共和国船舶安全检查规则》,以下表述错误的是_____。

A. 海事管理机构接到自愿复查申请后决定不复查的,应及时通知申请人

B. 海事管理机构对已纠正的缺陷决定不复查的,应进行跟踪检查

C. 海事管理机构可以根据需要对缺陷纠正情况进行跟踪调查

D. 对已纠正的缺陷,经复查合格后,检查人员应当在船舶安全检查报告中加盖复查合格章

31. 根据我国现行船舶安全检查规则,海事管理机构对外国籍船舶采取_____处理措施时,应通过中华人民共和国海事局通报其船旗国政府及国际海事组织。

①禁止船舶进港

②滞留

③责令船舶驶向其他地区

④驱逐船舶出港

A. ①②③

B. ②③④

C. ①②④

D. ①②③④

32. 如果根据对船舶的基本印象,PSC 官员具有明显的理由认为船舶的设备或其船员不能满足公约的要求,则可以_____检查。

A. 进行初步的

B. 进行更为详细的

C. 暂时停止

D. 结束

33. 根据规定,对船舶进行安全检查时,可能检查船员的下列哪些实际操作能力?

①防污设备的操作

②油污应急演习

③消防演习

④GMDSS 设备的操作

A. ①②③④

B. ①②③

C. ②③④

D. ①②④

34. 下列有关船旗国监督检查记录簿的叙述正确的是_____。

①适用船舶安全检查规则的任何船舶必须配有船旗国监督检查记录簿

②船旗国监督检查记录簿应当连续使用,保持完整,不得缺页、擅自涂改或者故意毁损

③船旗国监督检查记录簿用完应在船上保留 2 年

④中国籍船舶船旗国监督检查记录簿应随船携带

A. ①②③④
B. ①②③

C. ①②④
D. ②③④

35. 根据规定,对在安全检查中存在缺陷的船舶可采取的处理意见包括_____。

①限制船舶操纵

②责令船舶驶向制定区域

③驱逐船舶出港

④禁止船舶离港

A. ①②③④
B. ①②③

C. ①③④
D. ①③

36. 在船舶安全检查中,下列说法错误的是_____。

A. 中国籍船舶在境外发生水上交通事故的,应当在船舶到达国内第一个港口前,将船舶在境外接受检查和处罚的情况向船籍港海事管理机构报告

B. 中国籍船舶在境外发生污染事故的,应当在船舶到达国内第一个港口前,将船舶在境外接受检查和处罚的情况向船籍港海事管理机构报告

C. 中国籍船舶在境外被滞留、禁止进港(入境)、驱逐出港(境)的,应当在船舶到达第一个港口前,将船舶在境外接受检查和处罚的情况向船籍港海事管理机构报告

D. 中国籍船舶在境外被限制船舶操作、滞留、禁止进港(入境)、驱逐出港(境)的,应当在船舶到达国内第一个港口前,将船舶在境外接受检查和处罚的情况向船籍海事管理机构报告

37. 一般情况下,对船舶的安全检查不可以在_____期间进行。

A. 船舶在港内锚泊
B. 船舶港内作业

C. 船舶在港内航行
D. 船舶在港内靠泊

38. _____应遵守我国现行船舶安全检查规则的要求。

①中国籍船舶

②中国籍公务船舶

③在我国港口系泊的外国籍船舶

④公安船舶

A. ①②③④
B. ①②④

C. ①②③
D. ③④

39. 根据安检规则,对于下列哪种缺陷处理意见,检查人员应当在船旗国监督检查记录簿或者港口国监督检查报告中注明理由?

A. 滞留
B. 禁止船舶进港

C. 驱逐船舶出港
D. 离港前纠正

40. 《中华人民共和国船舶安全检查规则》主要根据_____等法律、规则和我国缔结、加入的国际公约制定。

①《中华人民共和国海上交通安全法》

②《中华人民共和国环境保护法》

③《中华人民共和国内河交通安全管理条例》

④《中华人民共和国港口法》

A.①②③④   B.①②④
C.①②③   D.①②

41. 根据规定,下列有关对船舶进行安全检查的叙述哪些正确?
①由船长指派人员陪同检查人员检查
②一般情况下不应对在航船舶进行检查
③经检查的船舶一般 6 个月内不再检查
④对国际航行船检查后应签发港口国监督检查报告
A.①②③④   B.①②③
C.①③④   D.①③

42. 根据规定,对船舶进行安全检查的内容不包括_____。
A. 中国籍船员对其岗位职责相关的设备设施的实际操作能力
B. 外国籍船员对其职务职责相关的设备设施的实际操作能力
C. 中国籍船员所持适任证书所对应的适任能力
D. 外国籍船员所持适任证书所对应的适任能力

43. 根据船舶安全检查规则,船旗国监督检查是指对_____实施的安全检查,港口国监督检查_____实施的安全检查。
A. 中国籍船舶;进出我国港口的外国籍船舶
B. 所有进出中国港口船舶;进出我国港口的外国籍船舶
C. 进出我国港口的外国籍船舶;所有进出中国港口的船舶
D. 所有进出中国港口的船舶;中国籍船舶

44. 下列有关我国海上交通安全法的叙述哪项正确?
A. 船舶是指各类排水或非排水船、筏、水上飞机、潜水器和移动式平台
B. 海事局也负责渔业船舶间的交通事故的调查处理
C. 沿海水域是指我国沿海港口及附近水域
D. 固定平台也归属于船舶

45. 根据规定,对船舶进行安全检查的内容包括_____。
①锚机、绞缆机
②货物积载情况及货物积载簿
③操舵仪及罗经
④载重线要求
A.①②③④   B.①②③
C.②③④   D.①③④

46. 下列哪些证书是海上交通安全法要求船舶应具备的?
①客船安全证书
②防止油污证书
③船舶执照
④船舶国籍证书
A.①②④   B.②③④
C.①②③④   D.①②③

47. 根据规定,对船舶进行安全检查的内容包括_____。
①船舶资料和船史簿
②航行和无线电设备
③推进和辅助机械
④防污设备
A. ①②③　　　　　　　　　　　B. ②③④
C. ①②③④　　　　　　　　　　D. ①②④

48. 下列有关船舶安全检查的叙述哪些是正确的?
①必须由船长或轮机长亲自陪同检查人员检查
②船员应按检查人员的要求调试和操纵有关设备
③对中国籍船检查后应签发船旗国监督检查记录簿
④对外国籍船检查后应签发港口国监督检查报告
A. ①②③④　　　　　　　　　　B. ②③④
C. ①②③　　　　　　　　　　　D. ①③

49. 船舶安全检查的管理和具体实施原则是_____。
A. 各地方海事主管机构具体负责安全检查的管理和开展船舶安全检查工作
B. 国家海事局统一管理,其他各海事主管机构按照职责开展船舶安全检查工作
C. 国家海事局统一管理,其他各海事主管机构根据授权船舶安全检查工作
D. 各地方海事主管机构按照辖区分别管理,各港口海事主管机构具体实施

50. 按照规定,下列哪类船舶经安全检查后一般在6个月内可不再接受检查?
A. 国际航行的客船　　　　　　　B. 新发现存在若干缺陷的船
C. 发生重大海上交通事故的船　　D. 已按规定纠正缺陷的杂货船

51. 在下列哪些情况下,检查人员应对船舶实施详细检查?
①初步检查发现在安全、防污染、保安、劳工条件等方面明显存在缺陷或者隐患的
②被举报低于安全、防污染、保安、劳工等条件的
③中华人民共和国海事局要求详细检查的
④一年内未经海事管理机构详细检查的
A. ①②③④　　　　　　　　　　B. ②③④
C. ①②④　　　　　　　　　　　D. ①②③

52. 根据安检规则,海事管理机构对外国籍船舶采取_____的措施时,应通报其船旗国政府、国际海事组织。
①滞留
②禁止船舶出港
③驱逐船舶出港
④限制船舶操作
A. ①②③④　　　　　　　　　　B. ①②③
C. ③④　　　　　　　　　　　　D. ②④

53. 对_____等缺陷的纠正,船舶可以自愿申请复查。
①开航前纠正的缺陷

②开航后限定的期限内纠正的缺陷

③导致限制船舶操作的缺陷

④导致驱逐船舶出港的缺陷

A.①②③　　　　　　　　　　　B.①②

C.①②③④　　　　　　　　　　D.②③④

54. 安检规则规定,中国籍船舶未按照规定携带船旗国监督检查记录簿的,海事管理机构应当责令改正,并对违法船舶处以_____罚款。

A.1000 元　　　　　　　　　　B.2000 元

C.3000 元　　　　　　　　　　D.4000 元

55. 根据船舶安全检查规则,下列哪些缺陷的纠正船舶应当向海事管理机构申请复查?

A.滞留　　　　　　　　　　　　B.禁止船舶进港

C.限制船舶操作和驱逐船舶出港　　D.A+B+C

56. 根据规定,船舶或人员_____时,海事主管机关可对其处以一定的罚款。

①未按规定将船舶在境外接受检查和处罚的情况向船籍港海事管理机构报告的

②涂改、故意损毁、伪造、编造船旗国监督检查记录簿或者港口国监督检查报告的

③以租借、骗取等手段冒用船旗国监督检查记录簿或者港口国监督检查报告的

④未按照规定携带船旗国监督检查记录簿的

A.①②③　　　　　　　　　　　B.①②③④

C.②③④　　　　　　　　　　　D.①③④

57. 一般情况下二次安全检查的间隔时间为_____个月。

A.12　　　　　　　　　　　　　B.8

C.6　　　　　　　　　　　　　D.3

58. 在船舶安全检查中,下列做法错误的是_____。

A. 船舶存在可能影响水上人命、财产安全或者可能造成水域环境污染的缺陷和隐患的,船员及其他知情人员应当向海事管理机构举报

B. 船舶安全检查合格的船舶,可以免除船舶、船员及相关方在船舶安全、防污染和保安等方面应当履行的法定责任和义务。

C. 实施船旗国监督检查结束后,检查人员应当签发船旗国监督检查记录簿;实施港口国监督检查结束后,检查人员应当签发港口国监督检查报告

D. 实施船旗国监督检查结束后,检查人员应当在船旗国监督检查记录簿或者港口国监督检查报告中表明缺陷及处理意见,签名并加盖船舶安全检查专用章

59. 下列有关对船舶进行安全检查的叙述哪些正确?

①船长应如实报告船舶的安全情况

②一般情况下应与船舶停泊或抛锚时进行检查

③经检查的船舶,一般 4 个月内不再检查

④对中国籍船检查后应签发船旗国监督检查记录簿

A.①②③④　　　　　　　　　　B.①②③

C.①③④　　　　　　　　　　　D.①②④

60. 根据规定,海事管理机构对在安全检查中存在缺陷被驱逐出港的外国籍船舶,应当

　　　　　　　　　。
　　A. 责令其开航前纠正缺陷　　　　　　B. 责令船舶驶向指定区域
　　C. 通报国家海事局　　　　　　　　　D. 通报国家海事局通报其船旗国政府

61. 根据安检规则,海事管理机构采取滞留、禁止船舶进港、驱逐船舶出港项处理措施之一的,
　　　　　　　　　。
　　①对于中国籍船舶应当通报船籍港海事管理机构
　　②对于外国籍船舶应当通过中华人民共和国海事局通报其船旗国政府
　　③应通报国际海事组织
　　④应通报相关的船舶检验机构、发证机构或者认可组织
　　A. ①②③④　　　　　　　　　　　　B. ②③④
　　C. ③④　　　　　　　　　　　　　　D. ①④

62. 对中国籍船实施的安全检查依据是_____。
　　A. 我国的法律、法规、规范和我国认可的国际公约
　　B. 港口国监督检查程序
　　C. 巴黎备忘录
　　D. 亚太地区港口国监督谅解备忘录

63. 在船舶安全检查中,下列做法正确的是_____。
　　A. 实施船旗国监督检查或者港口国监督检查结束后,对于缺陷处理意见为滞留、禁止进
　　　 港、驱除出港的,检查人员应当在船旗国监督检查记录簿或者港口国监督检查报告中注
　　　 明理由
　　B. 实施船旗国监督检查或者港口国监督检查结束后,对于缺陷处理意见为滞留的,检查人
　　　 员应当在船旗国监督检查记录簿或者港口国监督检查报告中注明理由
　　C. 实施船旗国监督检查或者港口国监督检查结束后,对于缺陷处理意见为禁止进港的,检
　　　 查人员应当在船旗国监督检查记录簿或者港口国监督检查报告中注明理由
　　D. 实施船旗国监督检查或者港口国监督检查结束后,对于缺陷处理意见为驱逐出港的,检
　　　 查人员应当在船旗国监督检查记录簿或者港口国监督检查报告中注明理由

64. 根据规定,对船舶进行安全检查的内容包括_____。
　　①船舶结构
　　②船舶设施
　　③船体强度校核及测厚
　　④船舶设备
　　A. ①②③　　　　　　　　　　　　　B. ①②③④
　　C. ②③④　　　　　　　　　　　　　D. ①②④

65. 一般情况下,中国海事管理机构自检查完毕之日起 6 个月内不再进行检查的船舶包括
　　　　　　　　　。
　　①经中国海事管理机构检查的中国籍船舶
　　②经中国海事管理机构检查的外国籍船舶
　　③经亚太地区港口国监督谅解备忘录成员当局检查的外国籍船舶
　　④经亚太地区港口国监督谅解备忘录成员当局检查的中国籍船舶

A.①②③ B.①②③④
C.②③④ D.①②

66.初步检查的内容包括_____。
①对船舶进行巡视
②核查船舶证书
③核查船舶文书
④核查船员证书
A.①②③ B.①②③④
C.②③④ D.①②

67.船舶在纠正_____等缺陷后,应当向海事管理机构申请复查。
①导致滞留的缺陷
②导致船舶禁止进港的缺陷
③导致限制船舶操作的缺陷
④导致驱逐船舶出港的缺陷
A.①②③ B.①②③④
C.②③④ D.①②

68.中国籍船舶所有人、经营人或者管理人应当在船舶到达国内第一个港口前,向船籍港海事管理机构报告的船舶在境外接受检查和处罚的情况包括_____。
①船舶在境外发生水上交通事故或者污染事故
②船舶在境外被滞留
③船舶在境外被禁止进港(入境)
④船舶在境外被驱逐出港(出境)
A.①②③ B.①②③④
C.②③④ D.①②

69.船旗国监督检查记录簿用完或者污损不能继续使用的,应当_____。
A.申请换发 B.申请补发
C.重新申请 D.重新登记

70.港口国监督检查报告以及用完的船旗国监督检查记录簿应当妥善保管,至少在船上保存_____年。
A.1 B.2
C.3 D.5

第四部分　答案

项目一

1. C　　2. B　　3. D　　4. A　　5. B　　6. A　　7. A　　8. B　　9. D

项目二

1. C　　2. C　　3. A　　4. D　　5. D　　6. D　　7. B　　8. A　　9. C　　10. B
11. C　　12. A　　13. B　　14. C　　15. D　　16. D　　17. D　　18. B　　19. D　　20. A
21. D　　22. D　　23. C　　24. D　　25. D　　26. A

项目三

1. B　　2. B　　3. D　　4. A　　5. C　　6. D　　7. C　　8. C　　9. B　　10. D
11. B　　12. A　　13. D　　14. C　　15. D　　16. D　　17. D　　18. D　　19. D　　20. A
21. A　　22. A

项目四

1. A　　2. D　　3. C　　4. A　　5. C　　6. D　　7. B　　8. B　　9. D　　10. C
11. A　　12. C　　13. B　　14. A　　15. A　　16. C　　17. B　　18. C　　19. C　　20. C
21. A　　22. B　　23. B　　24. A　　25. C　　26. D　　27. D　　28. B　　29. B　　30. B
31. C　　32. B　　33. A　　34. D　　35. B　　36. D　　37. C　　38. C　　39. A　　40. C
41. B　　42. D　　43. A　　44. A　　45. D　　46. C　　47. B　　48. B　　49. B　　50. D
51. D　　52. B　　53. B　　54. A　　55. D　　56. B　　57. C　　58. B　　59. D　　60. D
61. A　　62. A　　63. B　　64. D　　65. A　　66. B　　67. B　　68. B　　69. A　　70. B

模块十一　海事处理与处罚

第一部分　内容简介

本模块重点介绍了海上交通事故调查处理、船舶污染事故调查处理、海上海事行政处罚、船员违法记分管理方面的规章制度。各海事处理与处罚的相关规定是本模块学习和考试的重点。

第二部分　经典例题解析

例1. 根据规定,船舶发生海上交通事故,必须立即用有效手段扼要报告下列哪些内容?

①船舶的名称、呼号、国籍

②船公司名称及所在地

③事故发生的时间、地点、海况

④船舶的损害程度、救助要求

A.①②③　　　　　　　　　　　　　B.①③④

C.①②③④　　　　　　　　　　　　D.①②

答案:A

解析:

报告内容:

"(一)船舶、设施概况和主要性能数据;

"(二)船舶、设施所有人或经营人的名称、地址;

"(三)事故发生的时间和地点;

"(四)事故发生时的气象和海况;

"(五)事故发生的详细经过(碰撞事故应附相对运动示意图);

"(六)损害情况(附船舶、设施受损部位简图,难以在规定时间内查清的,应于检验后补报);

"(七)船舶、设施沉没概位;

"(八)与事故有关的其他情况。"

例2. 根据《海上交通事故调查处理条例》,发生事故的当事船舶在接受海事部门的调查时,应_____。

①提供书面材料和证书

②提供航海日志、轮机日志、车钟记录等原始文书资料

③如实陈述事故的有关情节

A. ①②③　　　　　　　　　　　B. ①②

C. ①③　　　　　　　　　　　　D. ②③

答案:A

解析:

要求被调查人员提供书面材料和证明;要求有关当事人提供航海日志、轮机日志、车钟记录、报务日志、航向记录、海图、船舶资料、航行设备仪器的性能以及其他必要的原始文书资料;被调查人必须接受调查,如实陈述事故的有关情节,并提供真实的文书资料。

例3. 我国海上海事行政处罚规定中的"海事行政违法行为"是指_____。

①违反船舶安全营运管理秩序的行为

②违反海上航行、停泊和作业管理秩序的行为

③违反海上船舶登记管理秩序的行为

④违反海难救助管理秩序的行为

A. ①②③④　　　　　　　　　　B. ②③④

C. ①②③　　　　　　　　　　　D. ①②④

答案:A

解析:

"(一)违反船舶所有人、经营人和船舶安全营运管理秩序;

"(三)违反海上船舶登记管理秩序;

"(五)违反海上航行、停泊和作业管理秩序;

"(八)违反海难救助管理秩序。"

例4. 根据海上海事行政处罚规定,下列有关对当事人海事行政处罚的叙述哪项不正确?

A. 对当事人有两个或以上海事违法行为时应分别处罚并分别执行

B. 同一当事人有两个或以上海事违法行为时应分别处罚并合并执行

C. 对有共同海事违法行为的当事人应分别给予海事行政处罚

D. 海事违法行为轻微并及时纠正,没有造成危害后果的,不予海事行政处罚

答案:B

解析:

对有两个或两个以上海事行政违法行为的同一当事人,分别处罚,合并执行。

例5. 根据《中华人民共和国船员违法记分管理办法(试行)》的规定,对船员违法记分分值不正确的是_____。

A. 船员收到警告处罚的,对应的违法记分分值为1分

B. 海事机构进行安全检查时,发现船舶存在缺陷,应对负有直接或间接责任的船员记1分

C. 船员证书被扣留3个月以上的,记15分

D.每一公历年为一个记分周期,一个周期期满后,该周期内的分值转入下一个记分周期

答案:D

解析:

每一公历年为一个记分周期,一个周期期满后,分值累计未达到 15 分的,该周期内的分值不转入下一个记分周期。

例 6.根据我国船员违法记分管理办法,以下对记分分值规定的陈述正确的是_____。

①船员受到警告处罚的,对应的违法记分分值为 1 分

②船员受到罚款处罚的,罚款数额每 100 元对应违法记分分值为 1 分

③海事机构进行船舶安全检查时,发现船舶存在缺陷,应对负有直接或间接责任的船员记 5 分

④船员受到扣留适任证书的,证书被扣留 3 个月和 3 个月以上的分别记 10 分和 15 分

A.①②③④   B.②③④

C.①②③   D.①②④

答案:D

解析:

《中华人民共和国船员违法记分管理办法(试行)》第九条规定:

"海事机构进行船舶安全检查时,发现船舶存在缺陷,应对负有直接或间接责任的船员记 1 分。对船员实操检查不合格的船员记 1 分。"

例 7.我国海上海事行政处罚规定中的"海事行政违法行为"是指_____。

①违反内河危险货物载运安全监督管理秩序的行为

②违反海上交通事故调查处理秩序的行为

③违反海上打捞管理秩序

④违反船舶检验管理秩序

A.①②③④   B.②③④

C.①②③   D.①②④

答案:B

解析:

《中华人民共和国海上海事行政处罚规定》第四条规定:

"本规定所称违反海上海事行政管理秩序的行为,简称海事行政违法行为,包括下列行为:

"(一)违反船舶所有人、经营人和船舶安全营运管理秩序;

"(二)违反船舶、海上设施检验管理秩序;

"(三)违反海上船舶登记管理秩序;

"(四)违反海上船员管理秩序;

"(五)违反海上航行、停泊和作业管理秩序;

"(六)违反海上通航安全保障管理秩序;

"(七)违反海上危险货物载运安全监督管理秩序;

"(八)违反海难救助管理秩序;

"(九)违反海上打捞管理秩序;

"（十）违反海上船舶污染沿海水域监督管理秩序；

"（十一）违反海上交通事故调查处理秩序；

"（十二）其他海事行政违法行为。"

例8. 根据海上海事行政处罚规定，下列对于海事行政处罚原则的表述正确的是_____。

①对有两个或两个以上海事行政违法行为的同一当事人，可进行合并处罚

②有海事行政违法行为的中国籍船舶和船员在境外受到海事行政处罚的，仍需接受抵达我国第一港口的海事管理机构的海事行政处罚

③胁迫、诱骗他人实施海事行政违法行为的，应当从重处以海事行政处罚

④海事管理机构有权做出没收船舶的海事行政处罚

A. ③④   B. ②③④

C. ①②③   D. ①②④

答案：A

解析：

①项应当为分别处罚，②项不得重复处罚。

《中华人民共和国海上海事行政处罚规定》第十条规定：

"对有两个或两个以上海事行政违法行为的同一当事人，应当分别处以海事行政处罚，合并执行。

"对有共同海事行政违法行为的当事人，应当分别处以海事行政处罚。

"对当事人的同一个海事行政违法行为，不得处以两次以上罚款的海事行政处罚。"

第三部分 真题分节精练

项目一 海上交通事故调查处理

考试大纲要求：
4.1.5 海难救助与交通事故的调查处理

1. 根据海上交通事故调查处理条例,发生事故的当事船舶在接受海事机构的调查应_____。
   A. 按要求驶抵指定地点   B. 尽快驶往就近港口
   C. 无论如何不得离开事故现场   D. 尽快驶往船籍港

2. 根据海上交通事故调查处理条例的规定,对于_____,海事部门可对当事人、船舶所有人处以警告或罚款。
   ①事故报告的内容不真实,给有关部门造成损失的
   ②在接受调查时提供虚假证明的
   ③按海事机构要求驶往指定地点的
   ④拒绝接受调查或无理阻挠海事机构进行调查的
   A. ②③④   B. ①②
   C. ①②④   D. ①②③④

3. 根据规定,船舶发生海上交通事故,必须立即用有效手段扼要报告下列哪些内容?
   ①船舶的名称、呼号、国籍
   ②船公司名称及所在地
   ③事故发生的时间、地点、海况
   ④船舶的损害程度、救助要求
   A. ①②③   B. ①③④
   C. ①②③④   D. ①②

4. 我国海上交通安全法规定,船舶遇难时除发出呼救信号外,还应以最快速的方式向主管机关报告_____。
   ①出事时间、地点
   ②受损情况
   ③救助要求
   ④发生事故原因
   A. ①②③   B. ①③④
   C. ②③④   D. ①②③④

5. 我国海上交通安全法规定,当事人对主管机关给予的_____处罚不服时,可以在接到处

通知之日起_____天内向人民法院起诉。

  A.警告、吊销职务证书;15   B.吊销职务证书、罚款;25

  C.吊销职务证书、罚款;15   D.扣留职务证书、罚款;15

6.海上交通安全法规定,主管机关发现船舶实际状况与证书所载不符时,有权_____。

  A.令其停航   B.禁止其离港

  C.责成其申请重新检验   D.令其停止作业

7.根据我国船员注册管理办法,已注册的船员如果_____,海事管理机构不可以因此就依照有关规定注销其船员注册。

  A.丧失民事行为能力   B.有利用船舶从事偷渡

  C.被吊销适任证书   D.有利用船舶外逃行为

8.当主管机关认为船舶可能妨害海上交通安全时,有权依据海上交通安全法采取下列哪种措施?

  A.令其离港   B.责成其重新检验

  C.通知其所有人采取有效的安全措施   D.令其停航

9.根据我国海上交通安全法的规定,主管机关在下列哪种情况下有权采取必要的强制性处置措施?

  A.发现船舶的实际状况与证书所载不符时

  B.船舶发生事故,对交通安全造成或可能造成危害时

  C.船舶发生交通事故手续未清时

  D.未交付应承担的费用

项目二 船舶污染事故调查处理

考试大纲要求:

4.18 海上船舶污染事故调查处理规定

4.18.1 适用范围与主管机关

4.18.2 事故报告

4.18.3 事故调查

1.关于《中华人民共和国污染事故调查处理规定》的适用范围,下列说法正确的是_____。

①适用于造成中华人民共和国管辖海域污染的船舶污染事故的调查处理

②不适用军事船舶污染事故

③不适用港区水域外渔业船舶污染事故

④不适用渔业船舶污染事故

  A.①②③   B.①②③④

  C.②③④   D.①②

2.船舶污染事故调查处理工作的主管机关是_____。

  A.国务院   B.交通运输主管部门

C. 国家海事管理机构   D. 各级海事管理机构

3. 从事船舶污染事故技术鉴定或者检测检验工作的鉴定机构,应当经_____认定。
    A. 交通运输主管部门   B. 国家海事管理机构
    C. 直属海事管理机构   D. 船籍港海事管理机构

4. 根据《防治船舶污染海洋环境管理条例》,对违反条例的规定,发生船舶污染事故,船舶、有关作业单位未立即启动应急预案的,下列处罚正确的是_____。
    ①对船舶、有关作业单位、责任人,海事管理机构可处以罚款
    ②对船舶、有关作业单位、责任人,海事管理机构可处以罚款、扣留相关证书和文书
    ③对责任人,海事管理机构可处以罚款、暂扣适任证书或者其他有关证件
    ④对责任人,海事管理机构可处以罚款、吊销适任证书或者其他有关证件
    A. ①②   B. ①②③④
    C. ①②③   D. ①③

5. 根据《防治船舶污染海洋环境管理条例》,下列说法正确的是_____。
    ①船舶污染事故的当事人和其他有关人员应当如实反映情况和提供资料
    ②船舶污染事故的当事人和其他有关人员不得伪造、隐匿、毁灭证据或者以其他方式妨碍调查取证
    ③组织事故调查处理的机关或者海事管理机构应当自事故调查结束之日起 20 个工作日内制作事故认定书,并送达当事人
    ④发生船舶污染事故时,组织事故调查处理的机关或者海事管理机构可以要求检查相关船舶、询问相关人员
    A. ①②   B. ①②③
    C. ①②③④   D. ②③④

6. 违反《防治船舶污染海洋环境管理条例》的规定,发生船舶污染事故,船舶、有关作业单位迟报、漏报事故的,_____。
    ①对船舶、有关作业单位,由海事管理机构处以罚款
    ②对直接负责的主管人员和其他直接责任人员,由海事管理机构处以罚款
    ③直接负责的主管人员和其他直接责任人员属于船员的,由海事管理机构处以罚款并给予暂扣适任证书或者其他有关证件的处罚
    ④对船舶、有关作业单位,由海事管理机构处以罚款并给予暂扣有关证件的处罚
    A. ①②   B. ①②③④
    C. ①②③   D. ①③

7. 根据我国《防治船舶污染海洋环境管理条例》,发生重大船舶污染事故_____。
    A. 由国务院或者国务院授权交通运输主管部门组织事故调查处理
    B. 由事故发生地的海事管理机构组织事故调查处理
    C. 由国家海事管理机构组织事故调查处理
    D. 由当地海洋管理机构组织事故调查处理

8. 根据《防治船舶污染海洋环境管理条例》,船舶发生事故沉没的,船舶所有人、经营人或者管理人应当_____。
    ①及时向海事管理机构报告船舶燃油性质、数量、装载位置等情况

②及时向海事管理机构报告污染危害性质货物以及其他污染物的性质、数量、装载位置等情况

③及时向海事管理机构报告船舶压载情况

④及时采取措施予以清除

A.①②

B.②③

C.①②④

D.①②③④

9. 根据《防治船舶污染海洋环境管理条例》，下列各项属于处罚不当的是_____。

A. 违反《防止船舶污染海洋环境管理条例》的规定，未经海事管理机构批准使用消油剂的，由海事管理机构对船舶或者使用单位处以罚款

B. 违反《防治船舶污染海洋环境管理条例》的规定，船舶污染事故的当事人和其他有关人员，未如实向组织事故调查处理的机关或者海事管理机构反映情况和提供资料，伪造、隐匿、毁灭证据或者以其他方式妨碍调查取证的，由海事管理机构对船舶或者使用单位处以罚款并暂扣相关证书

C. 在中华人民共和国管辖海域内航行的船舶的所有人未按照规定投保船舶油污损害民事责任保险或者取得相应的财务担保的，由海事管理机构责令改正，并可处以罚款

D. 在中华人民共和国管辖海域内航行的船舶的所有人未按照规定投保船舶油污损害民事责任保险或者取得相应的财务担保的，由海事管理机构责令改正，并可处以罚款或暂扣证书

10. 下列有关船舶污染事故调查处理的说法正确的是_____。

①特别重大船舶污染事故由国务院或者国务院授权交通运输主管部门等部门组织事故调查处理

②重大船舶污染事故由国家海事管理机构组织事故处理

③较大船舶污染事故由事故发生地的海事管理机构组织事故调查处理

④船舶污染事故给渔业造成损害的，应当吸收渔业主管部门参与调查处理，给军事港口水域造成损失的，应当吸收军事有关主管部门参与调查处理

A.①②③④

B.②③④

C.①②

D.③④

11. 根据《防治船舶污染海洋环境管理条例》，组织事故调查处理的机关或者海事管理机构根据事故调查处理的需要，可以_____。

①吊销或者注销相应的证书、文书、资料

②暂扣船舶

③禁止船舶驶离或者进入港口

④责令船舶停航、改航、停止作业

A.①②③

B.①②③④

C.②④

D.③④

12. 根据《防治船舶污染海洋环境管理条例》，对船舶污染事故损害赔偿的争议，_____。

①当事人可以请求海事管理机构协调

②当事人可以向人民法院提起民事诉讼

③当事人可以向仲裁机构申请仲裁

④当事人可以向检察机关申请诉讼

A. ①②   B. ①②③

C. ①②③④   D. ②③④

13. 根据《防治船舶污染海洋环境管理条例》,下列说法正确的是_____。

①特别重大船舶污染事故由国务院或者国务院授权交通运输主管部门组织事故调查处理

②重大船舶污染事故由国家海事管理机构组织事故调查处理

③较大船舶污染事故由国家海事管理机构组织事故调查处理

④一般船舶污染事故由事故发生地的海事管理机构组织事故调查处理

A. ①②③   B. ②③④

C. ①②④   D. ①②③④

14. 根据我国《防治船舶污染海洋环境管理条例》,船舶污染事故报告应当至少包括_____。

①船舶的名称、国籍、呼号或编号

②发生事故的时间、地点以及相关气象和水文情况

③事故原因或事故原因的初步判断

④污染程度

A. ①②③④   B. ①④

C. ①②③   D. ②③④

15. 根据《防治船舶污染海洋环境管理条例》,船舶在我国管辖海域发生污染事故或者在我国管辖海域外发生污染事故,造成或者可能造成我国管辖海域的污染事故时,_____。

①船舶应当立即启动相应的应急预案,采取措施控制和消除污染,并立即向船籍港海事管理机构报告事故状况

②发现船舶及其有关作业活动可能对海洋环境造成污染的,船舶、码头、装卸站应当立即采取相应的应急处置措施,并就近向有关海事管理机构报告

③接到报告的海事管理机构应当立即核实有关情况,并向上级海事管理机构或者交通运输主管部门报告

④海事管理机构接到事故报告后,应报告有关沿海设区的市级以上地方人民政府

A. ①②③   B. ①②③④

C. ②③④   D. ②③

项目三 海上海事行政处罚

考试大纲要求:

4.19 海上海事行政处罚规定

4.19.1 海事行政处罚种类

4.19.2 海事行政处罚原则

1. 根据规定,发生海上交通事故的船舶有下列哪种行为时,海事部门可对其处以警告或者罚款?

①未按海事局要求驶往指定地点接受调查的

②未按规定时间提交事故报告书的

③未经海事局同意驶离指定地点的

A. ①②   B. ①③

C. ②③   D. ①②③

2. 根据海上海事行政处罚条例,下列哪些属于船舶、设施不遵守有关法律、行政法规和规章,影响其他船舶、设施航行、停泊和作业安全的情形?

①不遵守航行、停泊和作业信号规定

②不遵守强制引航规定

③不遵守航行通信和无线电通信管理规定

④按规定进行试车、试航、测速、校正方向

A. ①②③   B. ①②③④

C. ②③④   D. ①②④

3. 根据有关规定,海事行政执法人员在下列哪种情况下必须运用一般程序对海事违法行为给予处罚?

A. 对自然人处以 50 元以下罚款时

B. 对法人或其他组织处以 1000 元以下罚款时

C. 当执法人员无权当场做出处罚时

D. 当对自然人处以警告处罚时

4. 我国海上海事行政处罚规定的听证程序是_____。

A. 为保护当事的自然人的合法权益设置的

B. 为保护当事的法人或其他组织的合法权益设置的

C. 为港监机构处理违法的方便而设置的

D. A 和 B 正确

5. 根据海上海事行政处罚规定,下列哪些海事行政处罚应由海事管理机构的负责人集体讨论决定?

①对自然人罚款或没收非法所得数额超过 1 万元

②对法人或其他组织罚款或没收非法所得数额超过 2 万元

③吊销海员出入境证件

④扣留船员职务证书

A. ①②③④   B. ①②③

C. ②③④   D. ①③

6. 根据海上海事行政处罚规定,下列哪些属于船舶、设施遵守有关法律、行政法规和规章,不影响其他船舶、设施航行、停泊和作业安全的情形?

A. 不按规定保持船舱良好通风或清洁

B. 按规定填写航海日志

C. 不按规定保障人员上、下船舶设施的安全

D. 不遵守有关明火作业安全操作规程

7. 根据海上海事行政处罚规定,对行政处罚执行程序描述不正确的是_____。

A. 当事人在法定期限内不申请复议或提起诉讼,又不履行航海处罚决定的,海事管理机构依法申请海事法院强制执行

B. 当事人无正当理由不缴纳罚款的,海事机构依法每日按罚款数额的2%加处罚款

C. 海事机构对船员处以海事行政处罚后,应当记入该船员的船员服务簿

D. 被处以扣留证书的当事人拒不送交被扣留证书的,海事机构应当公示该证书作废

8. 根据海上海事行政处罚规定,海事行政主管部门有权没收的船舶登记证书是指_____。

①船舶所有权证书

②船舶抵押权登记证书

③光船租赁登记证书

④船舶国籍证书

A. ①②③④   B. ②③④

C. ①②③   D. ①②④

9. 适用我国有关法律、行政法规和海上海事行政处罚规定实施海事行政处罚的海事违法行为包括_____。

①中国籍船员在中国管辖水域及相关陆域发生的违反海上海事行政管理秩序的行为

②外国籍船员在中国管辖水域及相关陆域发生的违反海上海事行政管理秩序的行为

③中国籍船员在中国管辖水域及相关陆域外违反海上海事行政管理秩序,并且按照中国有关法律、行政法规应当处以行政处罚的行为

④在中国管辖水域及相关陆域外但属于中国籍海船上发生的违反海上海事行政管理秩序的行为

A. ①②③④   B. ①②③

C. ①③④   D. ②③④

10. 根据海上海事行政处罚规定,下列对于海事行政处罚原则的表述正确的是_____。

①对两个或两个以上海事行政违法行为的同一当事人,可进行合并处罚

②有海事行政违法行为的中国籍船舶和海员在境外受到海事行政处罚的,仍需接受抵达我国第一港口的海事管理机构给予的海事行政处罚

③胁迫、诱骗他人实施海事行政违法行为的应当从重处以海事行政处罚

④海事管理机构有权做出没收船舶的海事行政处罚

A. ①②   B. ②③

C. ②④   D. ③④

11. 我国海上海事行政处罚程序包括_____。

①一般程序

②简易程序

③严格程序

④执行程序

A. ①②④   B. ②③④

C. ①②③   D. ①②

12. 根据海上海事行政处罚规定,海事主管部门有权扣留或吊销的证书有_____。

A. 除鼠证书   B. 船级证书

C. 适任证书   D. 船舶卫生证书

13. 根据我国海上海事行政处罚规定,应当从重处以海事行政处罚的情况包括_____。
①造成较为严重后果或情节恶劣
②胁迫、诱骗他人实施海事行政违法行为
③伪造、隐匿、销毁海事行政违法行为证据
④拒绝接受或阻挠海事主管机关实施监督管理
A. ①②③④   B. ②③④
C. ①②③   D. ①③④

14. 根据海上海事行政处罚规定,海事行政处罚的种类包括_____。
①警告、罚款
②扣留、吊销船员职任证书
③没收船舶
④追究刑事责任
A. ①②③④   B. ②③④
C. ①②③   D. ①②④

15. 根据海上海事行政处罚规定,海事主管部门有权扣留或吊销的船员职务证书是指
_____。
①船员培训合格证
②船员服务簿
③值班水手适任证书
④GMDSS 通用操作员证书
A. ②③④   B. ①②③④
C. ①③④   D. ①②③

16. 我国海上海事行政处罚规定中的"海事行政违法行为"是指_____。
①违反内河危险货物载运安全监督管理秩序的行为
②违反海上交通事故调查处理秩序的行为
③违反海上打捞管理秩序的行为
④违反船舶检验管理秩序的行为
A. ①②③④   B. ②③④
C. ①②③   D. ①②④

17. 根据我国海上海事行政处罚规定,下列哪种不属于海事行政违法行为?
A. 不按规定办理船舶登记   B. 不按规定转运危险货物
C. 不按规定排放机舱污水   D. 不按规定交付货物

18. 根据我国海上行政处罚规定,海事行政违法行为的当事人_____的应当依法从轻处以海事行政处罚或减轻海事行政处罚。
①系受他人胁迫有违法行为
②主动消除违法行为的危害后果
③主动减轻违法行为的危害后果
④配合行政机关查处违法行为有立功表现

A.①②③ B.①②③④

C.②③④ D.①②④

19. 我国海上海事行政处罚规定中的"海事行政违法行为"是指_____。

①违反船舶所有人、经营人和船舶安全营运管理秩序的行为

②违反船舶海上设施检验管理秩序的行为

③违反海上船舶登记管理秩序的行为

④违反海上船员管理秩序的行为

A.①④ B.②③④

C.①②③ D.①②④

项目四　船员违法记分管理

考试大纲要求：

4.20.5　船员违法记分管理办法

1. 根据《中华人民共和国船员违法记分管理办法（试行）》，海事机构做出行政处罚决定后，由海事机构在海船船员所持的_____上加盖"船员违法记分专用章"填写记分分值、执法人员执法证号码、记分时间。

A.船员服务簿主管机关签注栏 B.船员违法记分簿记分栏

C.船员服务簿任解职记载栏 D.船员服务簿

2. 根据《中华人民共和国船员违法记分管理办法（试行）》，海船船员和引航员必须在收到滞留船员适任证书通知书_____内到证书的签发机关申请强制培训、考试。

A.12 个月 B.9 个月

C.6 个月 D.3 个月

3. 根据《中华人民共和国船员违法记分管理办法（试行）》，下列叙述正确的是_____。

①船员不能凭滞留船员适任证书通知书继续在船任职

②船员违法记分由做出行政处罚或实施船舶安全检查、船员实际操作检查的海事机构予以记载

③签发证书的海事机构应将滞留船员适任证书通知书归入船员个人档案中保存

A.①② B.①③

C.②③ D.①②③

4. 根据我国船员违法记分管理办法，以下有关记分分值的规定陈述正确的是_____。

A. 船员受到警告处罚的，对应的违法记分分值为 1 分

B. 船员受到罚款处罚的，罚款数额每 1000 元对应违法记分值为 1 分，不足 1000 元按 1000 元记分

C. 对船员实操检查不合格的船员，记 3 分

D. 船员受到罚款和扣留证书行政处罚一并执行的，违法记分在两者之中取低者

5. 根据我国船员违法记分管理办法，以下陈述有误的是_____。

A. 船员在收到滞留船员适任证书通知书 6 个月内到证书的签发机关申请强制培训、考试

B. 船员对行政处罚不服,可以按照有关规定申请行政复议或提起行政诉讼

C. 船员无正当理由逾期不参加强制培训、考试的,主管机关将吊销其适任证书

D. 船员遗失证书、证书记分附页和船员服务簿,海事机构可视为其违法记分已满 15 分

6. 根据我国船员违纪记分管理办法,船员遗失_____,海事管理机关可视为其违法记分已满 15 分。

①适任证书

②证书记分附页

③船员服务簿

④海员证

A. ①②④   B. ②③④

C. ①②③④   D. ①②③

7. 根据我国船员违纪分管理办法,下列有关记分值的规定陈述正确的是_____。

①船员受到警告处罚的,对应的违法记分分值为 1 分

②船员受罚款处罚的,罚款数额每 100 元对应的违法记分分值为 1 分

③海事机构进行船舶安全检查时,发现船舶存在缺陷,应对负有直接或间接责任的船员记 5 分

④船员被扣留适任证书的,证书扣留 3 个月和 3 个月以上的分别记 10 分和 15 分

A. ①②④   B. ②③④

C. ①②③   D. ①②③④

8. 根据《中华人民共和国船员违法记分管理办法(试行)》,中华人民共和国海事机构对_____实施违法记分管理。

①违反水上交通安全管理规定受到海事行政处罚的船员

②船舶安全检查存在缺陷的当事船员

③实际操作检查不合格的船员

④船舶安全检查存在缺陷的船舶

A. ①②④   B. ①②③④

C. ②③④   D. ①②③

第四部分　答案

项目一

1. A　　2. C　　3. C　　4. D　　5. C　　6. C　　7. C　　8. D　　9. B

项目二

1. A   2. B   3. A   4. D   5. C   6. C   7. C   8. C   9. D   10. A
11. C   12. B   13. C   14. A   15. C

项目三

1. D   2. A   3. C   4. D   5. D   6. B   7. C   8. A   9. A   10. D
11. A   12. C   13. D   14. C   15. B   16. B   17. D   18. B   19. A

项目四

1. B   2. C   3. D   4. A   5. C   6. D   7. A   8. D

附录一
中华人民共和国领海及毗连区法

1992 年 2 月 25 日第七届全国人民代表大会常务委员会第二十四次会议通过
1992 年 2 月 25 日中华人民共和国主席令第五十五号发布
1992 年 2 月 25 日起施行

第一条 为行使中华人民共和国对领海的主权和对毗连区的管制权,维护国家安全和海洋权益,制定本法。

第二条 中华人民共和国领海为邻接中华人民共和国陆地领土和内水的一带海域。

中华人民共和国的陆地领土包括中华人民共和国大陆及其沿海岛屿、台湾及其包括钓鱼岛在内的附属各岛、澎湖列岛、东沙群岛、西沙群岛、中沙群岛、南沙群岛以及其他一切属于中华人民共和国的岛屿。

中华人民共和国领海基线向陆地一侧的水域为中华人民共和国的内水。

第三条 中华人民共和国领海的宽度从领海基线量起为十二海里。

中华人民共和国领海基线采用直线基线法划定,由各相邻基点之间的直线连线组成。

中华人民共和国领海的外部界限为一条其每一点与领海基线的最近点距离等于十二海里的线。

第四条 中华人民共和国毗连区为领海以外邻接领海的一带海域。毗连区的宽度为十二海里。

中华人民共和国毗连区的外部界限为一条其每一点与领海基线的最近点距离等于二十四海里的线。

第五条 中华人民共和国对领海的主权及于领海上空、领海的海床及底土。

第六条 外国非军用船舶,享有依法无害通过中华人民共和国领海的权利。

外国军用船舶进入中华人民共和国领海,须经中华人民共和国政府批准。

第七条 外国潜水艇和其他潜水器通过中华人民共和国领海,必须在海面航行,并展示其旗帜。

第八条 外国船舶通过中华人民共和国领海,必须遵守中华人民共和国法律、法规,不得损害中华人民共和国的和平、安全和良好秩序。

外国核动力船舶和载运核物质、有毒物质或者其他危险物质的船舶通过中华人民共和国领海,必须持有有关证书,并采取特别预防措施。

中华人民共和国政府有权采取一切必要措施,以防止和制止对领海的非无害通过。

外国船舶违反中华人民共和国法律、法规的,由中华人民共和国有关机关依法处理。

第九条 为维护航行安全和其他特殊需要,中华人民共和国政府可以要求通过中华人民共和国领海的外国船舶使用指定的航道或者依照规定的分道通航制航行,具体办法由中华人民共和国政府或者其有关主管部门公布。

第十条 外国军用船舶或者用于非商业目的的外国政府船舶在通过中华人民共和国领海时,违反中华人民共和国法律、法规的,中华人民共和国有关主管机关有权令其立即离开领海,对所造成的损失或者损害,船旗国应当负国际责任。

第十一条 任何国际组织、外国的组织或者个人,在中华人民共和国领海内进行科学研究、海洋作业等活动,须经中华人民共和国政府或者其有关主管部门批准,遵守中华人民共和国法律、法规。

违反前款规定,非法进入中华人民共和国领海进行科学研究、海洋作业等活动的,由中华人民共和国有关机关依法处理。

第十二条 外国航空器只有根据该国政府与中华人民共和国政府签订的协定、协议,或者经中华人民共和国政府或者其授权的机关批准或者接受,方可进入中华人民共和国领海上空。

第十三条 中华人民共和国有权在毗连区内,为防止和惩处在其陆地领土、内水或者领海内违反有关安全、海关、财政、卫生或者入境出境管理的法律、法规的行为行使管制权。

第十四条 中华人民共和国有关主管机关有充分理由认为外国船舶违反中华人民共和国法律、法规时,可以对该外国船舶行使紧追权。

追逐须在外国船舶或者其小艇之一或者以被追逐的船舶为母船进行活动的其他船艇在中华人民共和国的内水、领海或者毗连区内时开始。

如果外国船舶是在中华人民共和国毗连区内,追逐只有在本法第十三条所列有关法律、法规规定的权利受到侵犯时方可进行。

追逐只要没有中断,可以在中华人民共和国领海或者毗连区外继续进行。在被追逐的船舶进入其本国领海或者第三国领海时,追逐终止。

本条规定的紧追权由中华人民共和国军用船舶、军用航空器或者中华人民共和国政府授权的执行政府公务的船舶、航空器行使。

第十五条 中华人民共和国领海基线由中华人民共和国政府公布。

第十六条 中华人民共和国政府依据本法制定有关规定。

第十七条 本法自公布之日起施行。

附录二
中华人民共和国海上交通安全法

1983 年 9 月 2 日第六届全国人民代表大会常务委员会第二次会议通过
1983 年 9 月 2 日中华人民共和国主席令第七号公布
自 1984 年 1 月 1 日起施行

第一章　总　则

第一条　为加强海上交通管理,保障船舶、设施和人命财产的安全,维护国家权益,特制定本法。

第二条　本法适用于在中华人民共和国沿海水域航行、停泊和作业的一切船舶、设施和人员以及船舶、设施的所有人、经营人。

第三条　中华人民共和国港务监督机构,是对沿海水域的交通安全实施统一监督管理的主管机关。

第二章　船舶检验和登记

第四条　船舶和船上有关航行安全的重要设备必须具有船舶检验部门签发的有效技术证书。

第五条　船舶必须持有船舶国籍证书,或船舶登记证书,或船舶执照。

第三章　船舶、设施上的人员

第六条　船舶应当按照标准定额配备足以保证船舶安全的合格船员。

第七条　船长、轮机长、驾驶员、轮机员、无线电报务员话务员以及水上飞机、潜水器的相应人员,必须持有合格的职务证书。

其他船员必须经过相应的专业技术训练。

第八条　设施应当按照国家规定,配备掌握避碰、信号、通信、消防、救生等专业技能的人员。

第九条　船舶、设施上的人员必须遵守有关海上交通安全的规章制度和操作规程,保障船舶、设施航行、停泊和作业的安全。

第四章　航行、停泊和作业

第十条　船舶、设施航行、停泊和作业,必须遵守中华人民共和国的有关法律、行政法规和规章。

第十一条　外国籍非军用船舶,未经主管机关批准,不得进入中华人民共和国的内水和港口。但是,因人员病急、机件故障、遇难、避风等意外情况,未及获得批准,可以在进入的同时向主管机关紧急报告,并听从指挥。

外国籍军用船舶,未经中华人民共和国政府批准,不得进入中华人民共和国领海。

第十二条　国际航行船舶进出中华人民共和国港口,必须接受主管机关的检查。本国籍国内航行船舶进出港口,必须办理进出港签证。

第十三条　外国籍船舶进出中华人民共和国港口或者在港内航行、移泊以及靠离港外系泊点、装卸站等,必须由主管机关指派引航员引航。

第十四条　船舶进出港口或者通过交通管制区、通航密集区和航行条件受到限制的区域时,必须遵守中华人民共和国政府或主管机关公布的特别规定。

第十五条　除经主管机关特别许可外,禁止船舶进入或穿越禁航区。

第十六条　大型设施和移动式平台的海上拖带,必须经船舶检验部门进行拖航检验,并报主管机关核准。

第十七条　主管机关发现船舶的实际状况同证书所载不相符合时,有权责成其申请重新检验或者通知其所有人、经营人采取有效的安全措施。

第十八条　主管机关认为船舶对港口安全具有威胁时,有权禁止其进港或令其离港。

第十九条　船舶、设施有下列情况之一的,主管机关有权禁止其离港,或令其停航、改航、停止作业:

一、违反中华人民共和国有关的法律、行政法规或规章;

二、处于不适航或不适拖状态;

三、发生交通事故,手续未清;

四、未向主管机关或有关部门交付应承担的费用,也未提供适当的担保;

五、主管机关认为有其他妨害或者可能妨害海上交通安全的情况。

第五章　安全保障

第二十条　在沿海水域进行水上水下施工以及划定相应的安全作业区,必须报经主管机关核准公告。无关的船舶不得进入安全作业区。施工单位不得擅自扩大安全作业区的范围。

在港区内使用岸线或者进行水上水下施工包括架空施工,还必须附图报经主管机关审核同意。

第二十一条　在沿海水域划定禁航区,必须经国务院或主管机关批准。但是,为军事需要划定禁航区,可以由国家军事主管部门批准。

禁航区由主管机关公布。

第二十二条　未经主管机关批准,不得在港区、锚地、航道、通航密集区以及主管机关公布的航路内设置、构筑设施或者进行其他有碍航行安全的活动。

对在上述区域内擅自设置、构筑的设施,主管机关有权责令其所有人限期搬迁或拆除。

第二十三条　禁止损坏助航标志和导航设施。损坏助航标志或导航设施的,应当立即向主管机关报告,并承担赔偿责任。

第二十四条　船舶、设施发现下列情况,应当迅速报告主管机关:

一、助航标志或导航设施变异、失常;

二、有妨碍航行安全的障碍物、漂流物;

三、其他有碍航行安全的异常情况。

第二十五条　航标周围不得建造或设置影响其工作效能的障碍物。航标和航道附近有碍航行安全的灯光,应当妥善遮蔽。

第二十六条　设施的搬迁、拆除,沉船沉物的打捞清除,水下工程的善后处理,都不得遗留有碍航行和作业安全的隐患。在未妥善处理前,其所有人或经营人必须负责设置规定的标志,并将碍航物的名称、形状、尺寸、位置和深度准确地报告主管机关。

第二十七条　港口码头、港外系泊点、装卸站和船闸,应当加强安全管理,保持良好状态。

第二十八条　主管机关根据海上交通安全的需要,确定、调整交通管制区和港口锚地。港外锚地的划定,由主管机关报上级机关批准后公告。

第二十九条　主管机关按照国家规定,负责统一发布航行警告和航行通告。

第三十条　为保障航行、停泊和作业的安全,有关部门应当保持通信联络畅通,保持助航标志、导航设施明显有效,及时提供海洋气象预报和必要的航海图书资料。

第三十一条　船舶、设施发生事故,对交通安全造成或者可能造成危害时,主管机关有权采取必要的强制性处置措施。

第六章　危险货物运输

第三十二条　船舶、设施储存、装卸、运输危险货物,必须具备安全可靠的设备和条件,遵守国家关于危险货物管理和运输的规定。

第三十三条　船舶装运危险货物,必须向主管机关办理申报手续,经批准后,方可进出港口或装卸。

第七章　海难救助

第三十四条　船舶、设施或飞机遇难时,除发出呼救信号外,还应当以最迅速的方式将出事时间、地点、受损情况、救助要求以及发生事故的原因,向主管机关报告。

第三十五条　遇难船舶、设施或飞机及其所有人、经营人应当采取一切有效措施组织自救。

第三十六条　事故现场附近的船舶、设施,收到求救信号或发现有人遭遇生命危险时,在不严重危及自身安全的情况下,应当尽力救助遇难人员,并迅速向主管机关报告现场情况和本船舶、设施的名称、呼号和位置。

第三十七条　发生碰撞事故的船舶、设施,应当互通名称、国籍和登记港,并尽一切可能救助遇难人员。在不严重危及自身安全的情况下,当事船舶不得擅自离开事故现场。

第三十八条　主管机关接到求救报告后,应当立即组织救助。有关单位和在事故现场附近的船舶、设施,必须听从主管机关的统一指挥。

第三十九条　外国派遣船舶或飞机进入中华人民共和国领海或领海上空搜寻救助遇难的船舶或人员,必须经主管机关批准。

第八章　打捞清除

第四十条　对影响安全航行、航道整治以及有潜在爆炸危险的沉没物、漂浮物,其所有人、经营人应当在主管机关限定的时间内打捞清除。否则,主管机关有权采取措施强制打捞清除,其全部费用由沉没物、漂浮物的所有人、经营人承担。

本条规定不影响沉没物、漂浮物的所有人、经营人向第三方索赔的权利。

第四十一条　未经主管机关批准,不得擅自打捞或拆除沿海水域内的沉船沉物。

第九章　交通事故的调查处理

第四十二条　船舶、设施发生交通事故,应当向主管机关递交事故报告书和有关资料,并接受调查处理。

事故的当事人和有关人员,在接受主管机关调查时,必须如实提供现场情况和与事故有关的情节。

第四十三条　船舶、设施发生的交通事故,由主管机关查明原因,判明责任。

第十章　法律责任

第四十四条　对违反本法的,主管机关可视情节,给予下列一种或几种处罚:

一、警告;

二、扣留或吊销职务证书;

三、罚款。

第四十五条　当事人对主管机关给予的罚款、吊销职务证书处罚不服的,可以在接到处罚通知之日起十五天内,向人民法院起诉;期满不起诉又不履行的,由主管机关申请人民法院强制执行。

第四十六条 因海上交通事故引起的民事纠纷,可以由主管机关调解处理,不愿意调解或调解不成的,当事人可以向人民法院起诉;涉外案件的当事人,还可以根据书面协议提交仲裁机构仲裁。

第四十七条 对违反本法构成犯罪的人员,由司法机关依法追究刑事责任。

第十一章 特别规定

第四十八条 国家渔政渔港监督管理机构,在以渔业为主的渔港水域内,行使本法规定的主管机关的职权,负责交通安全的监督管理,并负责沿海水域渔业船舶之间的交通事故的调查处理。具体实施办法由国务院另行规定。

第四十九条 海上军事管辖区和军用船舶、设施的内部管理,为军事目的进行水上水下作业的管理,以及公安船舶的检验登记、人员配备、进出港签证,由国家有关主管部门依据本法另行规定。

第十二章 附 则

第五十条 本法下列用语的含义是:

"沿海水域"是指中华人民共和国沿海的港口、内水和领海以及国家管辖的一切其他海域。

"船舶"是指各类排水或非排水船、筏、水上飞机、潜水器和移动式平台。

"设施"是指水上水下各种固定或浮动建筑、装置和固定平台。

"作业"是指在沿海水域调查、勘探、开采、测量、建筑、疏浚、爆破、救助、打捞、拖带、捕捞、养殖、装卸、科学试验和其他水上水下施工。

第五十一条 国务院主管部门依据本法,制定实施细则,报国务院批准施行。

第五十二条 过去颁布的海上交通安全法规与本法相抵触的,以本法为准。

第五十三条 本法自 1984 年 1 月 1 日起施行。

附录三
中华人民共和国船舶交通管理
系统安全监督管理规则

中华人民共和国交通部令 1997 年第 8 号

第一章 总 则

第一条 为加强船舶交通管理,保障船舶交通安全,提高船舶交通效率,保护水域环境,根据《中华人民共和国海上交通安全法》、《中华人民共和国内河交通安全管理条例》等有关法律、法规,制定本规则。

第二条 本规则适用于在中华人民共和国沿海及内河设有船舶交通管理系统(以下称VTS 系统)的区域内航行、停泊和作业的船舶、设施(以下简称船舶)及其所有人、经营人和代理人。

第三条 中华人民共和国港务监督机构是全国船舶交通管理系统安全监督管理的主管机关(以下简称主管机关)。

主管机关设置的船舶交通管理中心(以下称 VTS 中心)是依据本规则负责具体实施船舶交通管理的运行中心。

第二章 船舶报告

第四条 船舶在 VTS 区域内航行、停泊和作业时,必须按主管机关颁发的《VTS 用户指南》所明确的报告程序和内容,通过甚高频无线电话或其他有效手段向 VTS 中心进行船舶动态报告。

第五条 船舶在 VTS 区域内发生交通事故、污染事故或其他紧急情况时,应通过甚高频无线电话或其他一切有效手段立即向 VTS 中心报告。

第六条 船舶发现助航标志异常、有碍航行安全的障碍物、漂流物或其他妨碍航行安全的异常情况时,应迅速向 VTS 中心报告。

第七条 船舶与 VTS 中心在甚高频无线电话中所使用的语言应为汉语普通话或英语。

第三章 船舶交通管理

第八条 在 VTS 区域内航行的船舶除应遵守《1972 年国际海上避碰规则》和《中华人民

共和国内河避碰规则》外,还应遵守交通部和主管机关颁布的有关航行、避让的特别规定。

第九条 船舶在 VTS 区域内航行时,应用安全航速行驶,并应遵守交通部和主管机关的限速规定。

第十条 船舶在 VTS 区域内应按规定锚泊,并应遵守锚泊秩序。

第十一条 任何船舶不得在航道、港池和其他禁锚区锚泊,紧急情况下锚泊必须立即报告 VTS 中心。

第十二条 船舶在锚地并靠或过驳必须符合交通部和主管机关的有关规定,并应及时通报 VTS 中心。

第十三条 VTS 中心根据交通流量和通航环境情况及港口船舶动态计划实施交通组织。VTS 中心有权根据交通组织的实际情况对航行计划予以调整、变更。

第十四条 船舶在 VTS 区域内航行、停泊和作业时,应在规定的甚高频通讯频道上正常守听,并应接受 VTS 中心的询问。

第十五条 在 VTS 区域内航行的船舶和船队的队形及尺度等技术参数均应符合交通部和主管机关的有关规定。

第四章 船舶交通服务

第十六条 各 VTS 中心根据其现有功能应为船舶提供相应服务。

第十七条 应船舶请求,VTS 中心可向其提供他船动态、助航标志、水文气象、航行警(通)告和其他有关信息服务。

VTS 中心可在固定的时间或其他时间播发上款规定的信息。

第十八条 应船舶请求,VTS 中心可为船舶在航行困难或气象恶劣环境下,或船舶一旦出现了故障或损坏时,提供助航服务。

船舶不再需要助航时,应及时报告 VTS 中心。

第十九条 为避免紧迫局面的发生,VTS 中心可向船舶提出建议、劝告或发出警告。

第二十条 VTS 中心认为必要的时候或应船舶或其所有人、经营人、代理人的请求,可为其传递打捞或清除污染等信息和协调救助行动。

第二十一条 应船舶或其所有人、经营人、代理人的请求,有条件的 VTS 中心还可为其提供本规则第四章规定以外的服务。

第五章 法律责任

第二十二条 对违反本规则的,主管机关依据有关法律、法规和交通部颁布的有关规章给予处罚。

第二十三条 本规则的实施,在任何情况下都不免除船长对本船安全航行的责任,也不妨碍引航员和船长之间的职责关系。

第二十四条 为避免危及人命财产或环境安全的紧急情况发生,船长和引航员在背离本规则有关条款时,应立即报告 VTS 中心。

第六章 附 则

第二十五条 本规则下列用语的含义:

"船舶"是指按有关国际公约和国内规范规定应配备通信设备及主管机关要求加入 VTS 系统的船舶。

"VTS 系统"是指为保障船舶交通安全,提高交通效率,保护水域环境,由主管机关设置的对船舶实施交通管制并提供咨询服务的系统。

"VTS 区域"是指由主管机关划定并公布的,VTS 系统可以实施有效管理的区域。

"VTS 用户指南"是指由设置 VTS 系统的主管机关,根据本规则制定颁发的便于船舶加入和使用 VTS 系统的指导性文件。

"船舶动态报告"是指船舶在某一 VTS 区域内,按照主管机关的规定通过甚高频无线电话或其他有效手段向 VTS 中心进行有关航行动态的报告。

第二十六条 凡设置 VTS 系统的主管机关根据本规则制定本 VTS 系统的船舶交通管理细则,报备中华人民共和国港务监督局。

第二十七条 本规则由中华人民共和国交通部负责解释。

第二十八条 本规则自 1998 年 1 月 1 日起施行。

附录四
中华人民共和国海洋环境保护法

中华人民共和国主席令第 26 号

《中华人民共和国海洋环境保护法》已由中华人民共和国第九届全国人民代表大会常务委员会第十三次会议于 1999 年 12 月 25 日修订通过,现将修订后的《中华人民共和国海洋环境保护法》公布,自 2000 年 4 月 1 日起施行。

中华人民共和国主席　江泽民
1999 年 12 月 15 日

第一章　总　则

第一条　为了保护和改善海洋环境,保护海洋资源,防治污染损害,维护生态平衡,保障人体健康,促进经济和社会的可持续发展,制定本法。

第二条　本法适用于中华人民共和国内水、领海、毗连区、专属经济区、大陆架以及中华人民共和国管辖的其他海域。

在中华人民共和国管辖海域内从事航行、勘探、开发、生产、旅游、科学研究及其他活动,或者在沿海陆域内从事影响海洋环境活动的任何单位和个人,都必须遵守本法。

在中华人民共和国管辖海域以外,造成中华人民共和国管辖海域污染的,也适用本法。

第三条　国家建立并实施重点海域排污总量控制制度,确定主要污染物排海总量控制指标,并对主要污染源分配排放控制数量。具体办法由国务院制定。

第四条　一切单位和个人都有保护海洋环境的义务,并有权对污染损害海洋环境的单位和个人,以及海洋环境监督管理人员的违法失职行为进行监督和检举。

第五条　国务院环境保护行政主管部门作为对全国环境保护工作统一监督管理的部门,对全国海洋环境保护工作实施指导、协调和监督,并负责全国防治陆源污染物和海岸工程建设项目对海洋污染损害的环境保护工作。

国家海洋行政主管部门负责海洋环境的监督管理,组织海洋环境的调查、监测、监视、评价和科学研究,负责全国防治海洋工程建设项目和海洋倾倒废弃物对海洋污染损害的环境保护工作。

国家海事行政主管部门负责所辖港区水域内非军事船舶和港区水域外非渔业、非军事船舶污染海洋环境的监督管理,并负责污染事故的调查处理;对在中华人民共和国管辖海域航行、停泊和作业的外国籍船舶造成的污染事故登轮检查处理。船舶污染事故给渔业造成损害的,应当吸收渔业行政主管部门参与调查处理。

国家渔业行政主管部门负责渔港水域内非军事船舶和渔港水域外渔业船舶污染海洋环境的监督管理,负责保护渔业水域生态环境工作,并调查处理前款规定的污染事故以外的渔业污染事故。

军队环境保护部门负责军事船舶污染海洋环境的监督管理及污染事故的调查处理。

沿海县级以上地方人民政府行使海洋环境监督管理权的部门的职责,由省、自治区、直辖市人民政府根据本法及国务院有关规定确定。

第二章　海洋环境监督管理

第六条　国家海洋行政主管部门会同国务院有关部门和沿海省、自治区、直辖市人民政府拟定全国海洋功能区划,报国务院批准。

沿海地方各级人民政府应当根据全国和地方海洋功能区划,科学合理地使用海域。

第七条　国家根据海洋功能区划制定全国海洋环境保护规划和重点海域区域性海洋环境保护规划。

毗邻重点海域的有关沿海省、自治区、直辖市人民政府及行使海洋环境监督管理权的部门,可以建立海洋环境保护区域合作组织,负责实施重点海域区域性海洋环境保护规划、海洋环境污染的防治和海洋生态保护工作。

第八条　跨区域的海洋环境保护工作,由有关沿海地方人民政府协商解决,或者由上级人民政府协调解决。

跨部门的重大海洋环境保护工作,由国务院环境保护行政主管部门协调;协调未能解决的,由国务院作出决定。

第九条　国家根据海洋环境质量状况和国家经济、技术条件,制定国家海洋环境质量标准。

沿海省、自治区、直辖市人民政府对国家海洋环境质量标准中未作规定的项目,可以制定地方海洋环境质量标准。

沿海地方各级人民政府根据国家和地方海洋环境质量标准的规定和本行政区近岸海域环境质量状况,确定海洋环境保护的目标和任务,并纳入人民政府工作计划,按相应的海洋环境质量标准实施管理。

第十条　国家和地方水污染物排放标准的制定,应当将国家和地方海洋环境质量标准作为重要依据之一。在国家建立并实施排污总量控制制度的重点海域,水污染物排放标准的制定,还应当将主要污染物排海总量控制指标作为重要依据。

第十一条　直接向海洋排放污染物的单位和个人,必须按照国家规定缴纳排污费。

向海洋倾倒废弃物,必须按照国家规定缴纳倾倒费。

根据本法规定征收的排污费、倾倒费,必须用于海洋环境污染的整治,不得挪作他用。具体办法由国务院规定。

第十二条　对超过污染物排放标准的,或者在规定的期限内未完成污染物排放削减任务的,或者造成海洋环境严重污染损害的,应当限期治理。

限期治理按照国务院规定的权限决定。

第十三条 国家加强防治海洋环境污染损害的科学技术的研究和开发,对严重污染海洋环境的落后生产工艺和落后设备,实行淘汰制度。

企业应当优先使用清洁能源,采用资源利用率高、污染物排放量少的清洁生产工艺,防止对海洋环境的污染。

第十四条 国家海洋行政主管部门按照国家环境监测、监视规范和标准,管理全国海洋环境的调查、监测、监视,制定具体的实施办法,会同有关部门组织全国海洋环境监测、监视网络,定期评价海洋环境质量,发布海洋巡航监视通报。

依照本法规定行使海洋环境监督管理权的部门分别负责各自所辖水域的监测、监视。

其他有关部门根据全国海洋环境监测网的分工,分别负责对入海河口、主要排污口的监测。

第十五条 国务院有关部门应当向国务院环境保护行政主管部门提供编制全国环境质量公报所必需的海洋环境监测资料。

环境保护行政主管部门应当向有关部门提供与海洋环境监督管理有关的资料。

第十六条 国家海洋行政主管部门按照国家制定的环境监测、监视信息管理制度,负责管理海洋综合信息系统,为海洋环境保护监督管理提供服务。

第十七条 因发生事故或者其他突发性事件,造成或者可能造成海洋环境污染事故的单位和个人,必须立即采取有效措施,及时向可能受到危害者通报,并向依照本法规定行使海洋环境监督管理权的部门报告,接受调查处理。

沿海县级以上地方人民政府在本行政区域近岸海域的环境受到严重污染时,必须采取有效措施,解除或者减轻危害。

第十八条 国家根据防止海洋环境污染的需要,制定国家重大海上污染事故应急计划。

国家海洋行政主管部门负责制订全国海洋石油勘探开发重大海上溢油应急计划,报国务院环境保护行政主管部门备案。

国家海事行政主管部门负责制订全国船舶重大海上溢油污染事故应急计划,报国务院环境保护行政主管部门备案。

沿海可能发生重大海洋环境污染事故的单位,应当依照国家的规定,制订污染事故应急计划,并向当地环境保护行政主管部门、海洋行政主管部门备案。

沿海县级以上地方人民政府及其有关部门在发生重大海上污染事故时,必须按照应急计划解除或者减轻危害。

第十九条 依照本法规定行使海洋环境监督管理权的部门可以在海上实行联合执法,在巡航监视中发现海上污染事故或者违反本法规定的行为时,应当予以制止并调查取证,必要时有权采取有效措施,防止污染事态的扩大,并报告有关主管部门处理。

依照本法规定行使海洋环境监督管理权的部门,有权对管辖范围内排放污染物的单位和个人进行现场检查。被检查者应当如实反映情况,提供必要的资料。

检查机关应当为被检查者保守技术秘密和业务秘密。

第三章 海洋生态保护

第二十条 国务院和沿海地方各级人民政府应当采取有效措施,保护红树林、珊瑚礁、滨海湿地、海岛、海湾、入海河口、重要渔业水域等具有典型性、代表性的海洋生态系统,珍稀、濒危海洋生物的天然集中分布区,具有重要经济价值的海洋生物生存区域及有重大科学文化价值的海洋自然历史遗迹和自然景观。

对具有重要经济、社会价值的已遭到破坏的海洋生态,应当进行整治和恢复。

第二十一条 国务院有关部门和沿海省级人民政府应当根据保护海洋生态的需要,选划、建立海洋自然保护区。

国家级海洋自然保护区的建立,须经国务院批准。

第二十二条 凡具有下列条件之一的,应当建立海洋自然保护区:

(一)典型的海洋自然地理区域、有代表性的自然生态区域,以及遭受破坏但经保护能恢复的海洋自然生态区域;

(二)海洋生物物种高度丰富的区域,或者珍稀、濒危海洋生物物种的天然集中分布区域;

(三)具有特殊保护价值的海域、海岸、岛屿、滨海湿地、入海河口和海湾等;

(四)具有重大科学文化价值的海洋自然遗迹所在区域;

(五)其他需要予以特殊保护的区域。

第二十三条 凡具有特殊地理条件、生态系统、生物与非生物资源及海洋开发利用特殊需要的区域,可以建立海洋特别保护区,采取有效的保护措施和科学的开发方式进行特殊管理。

第二十四条 开发利用海洋资源,应当根据海洋功能区划合理布局,不得造成海洋生态环境破坏。

第二十五条 引进海洋动植物物种,应当进行科学论证,避免对海洋生态系统造成危害。

第二十六条 开发海岛及周围海域的资源,应当采取严格的生态保护措施,不得造成海岛地形、岸滩、植被以及海岛周围海域生态环境的破坏。

第二十七条 沿海地方各级人民政府应当结合当地自然环境的特点,建设海岸防护设施、沿海防护林、沿海城镇园林和绿地,对海岸侵蚀和海水入侵地区进行综合治理。

禁止毁坏海岸防护设施、沿海防护林、沿海城镇园林和绿地。

第二十八条 国家鼓励发展生态渔业建设,推广多种生态渔业生产方式,改善海洋生态状况。

新建、改建、扩建海水养殖场,应当进行环境影响评价。

海水养殖应当科学确定养殖密度,并应当合理投饵、施肥,正确使用药物,防止造成海洋环境的污染。

第四章 防治陆源污染物对海洋环境的污染损害

第二十九条 向海域排放陆源污染物,必须严格执行国家或者地方规定的标准和有关规定。

第三十条 入海排污口位置的选择,应当根据海洋功能区划、海水动力条件和有关规定,经科学论证后,报设区的市级以上人民政府环境保护行政主管部门审查批准。

环境保护行政主管部门在批准设置入海排污口之前,必须征求海洋、海事、渔业行政主管部门和军队环境保护部门的意见。

在海洋自然保护区、重要渔业水域、海滨风景名胜区和其他需要特别保护的区域,不得新建排污口。

在有条件的地区,应当将排污口深海设置,实行离岸排放。

设置陆源污染物深海离岸排放排污口,应当根据海洋功能区划、海水动力条件和海底工程设施的有关情况确定,具体办法由国务院规定。

第三十一条 省、自治区、直辖市人民政府环境保护行政主管部门和水行政主管部门应当按照水污染防治有关法律的规定,加强入海河流管理,防治污染,使入海河口的水质处于良好状态。

第三十二条 排放陆源污染物的单位,必须向环境保护行政主管部门申报拥有的陆源污染物排放设施、处理设施和在正常作业条件下排放陆源污染物的种类、数量和浓度,并提供防治海洋环境污染方面的有关技术和资料。

排放陆源污染物的种类、数量和浓度有重大改变的,必须及时申报。

拆除或者闲置陆源污染物处理设施的,必须事先征得环境保护行政主管部门的同意。

第三十三条 禁止向海域排放油类、酸液、碱液、剧毒废液和高、中水平放射性废水。

严格限制向海域排放低水平放射性废水;确需排放的,必须严格执行国家辐射防护规定。

严格控制向海域排放含有不易降解的有机物和重金属的废水。

第三十四条 含病原体的医疗污水、生活污水和工业废水必须经过处理,符合国家有关排放标准后,方能排入海域。

第三十五条 含有机物和营养物质的工业废水、生活污水,应当严格控制向海湾、半封闭海及其他自净能力较差的海域排放。

第三十六条 向海域排放含热废水,必须采取有效措施,保证邻近渔业水域的水温符合国家海洋环境质量标准,避免热污染对水产资源的危害。

第三十七条 沿海农田、林场施用化学农药,必须执行国家农药安全使用的规定和标准。

沿海农田、林场应当合理使用化肥和植物生长调节剂。

第三十八条 在岸滩弃置、堆放和处理尾矿、矿渣、煤灰渣、垃圾和其他固体废物的,依照《中华人民共和国固体废物污染环境防治法》的有关规定执行。

第三十九条　禁止经中华人民共和国内水、领海转移危险废物。

经中华人民共和国管辖的其他海域转移危险废物的,必须事先取得国务院环境保护行政主管部门的书面同意。

第四十条　沿海城市人民政府应当建设和完善城市排水管网,有计划地建设城市污水处理厂或者其他污水集中处理设施,加强城市污水的综合整治。

建设污水海洋处置工程,必须符合国家有关规定。

第四十一条　国家采取必要措施,防止、减少和控制来自大气层或者通过大气层造成的海洋环境污染损害。

第五章　防治海岸工程建设项目对海洋环境的污染损害

第四十二条　新建、改建、扩建海岸工程建设项目,必须遵守国家有关建设项目环境保护管理的规定,并把防治污染所需资金纳入建设项目投资计划。

在依法划定的海洋自然保护区、海滨风景名胜区、重要渔业水域及其他需要特别保护的区域,不得从事污染环境、破坏景观的海岸工程项目建设或者其他活动。

第四十三条　海岸工程建设项目的单位,必须在建设项目可行性研究阶段,对海洋环境进行科学调查,根据自然条件和社会条件,合理选址,编报环境影响报告书。环境影响报告书经海洋行政主管部门提出审核意见后,报环境保护行政主管部门审查批准。

环境保护行政主管部门在批准环境影响报告书之前,必须征求海事、渔业行政主管部门和军队环境保护部门的意见。

第四十四条　海岸工程建设项目的环境保护设施,必须与主体工程同时设计、同时施工、同时投产使用。环境保护设施未经环境保护行政主管部门检查批准,建设项目不得试运行;环境保护设施未经环境保护行政主管部门验收,或者经验收不合格的,建设项目不得投入生产或者使用。

第四十五条　禁止在沿海陆域内新建不具备有效治理措施的化学制浆造纸、化工、印染、制革、电镀、酿造、炼油、岸边冲滩拆船以及其他严重污染海洋环境的工业生产项目。

第四十六条　兴建海岸工程建设项目,必须采取有效措施,保护国家和地方重点保护的野生动植物及其生存环境和海洋水产资源。

严格限制在海岸采挖砂石。露天开采海滨砂矿和从岸上打井开采海底矿产资源,必须采取有效措施,防止污染海洋环境。

第六章　防治海洋工程建设项目对海洋环境的污染损害

第四十七条　海洋工程建设项目必须符合海洋功能区划、海洋环境保护规划和国家有关环境保护标准,在可行性研究阶段,编报海洋环境影响报告书,由海洋行政主管部门核准,并报环境保护行政主管部门备案,接受环境保护行政主管部门监督。

海洋行政主管部门在核准海洋环境影响报告书之前,必须征求海事、渔业行政主管部门和军队环境保护部门的意见。

第四十八条　海洋工程建设项目的环境保护设施,必须与主体工程同时设计、同时施工、同时投产使用。环境保护设施未经海洋行政主管部门检查批准,建设项目不得试运行;环境保护设施未经海洋行政主管部门验收,或者经验收不合格的,建设项目不得投入生产或者使用。

拆除或者闲置环境保护设施,必须事先征得海洋行政主管部门的同意。

第四十九条　海洋工程建设项目,不得使用含超标准放射性物质或者易溶出有毒有害物质的材料。

第五十条　海洋工程建设项目需要爆破作业时,必须采取有效措施,保护海洋资源。

海洋石油勘探开发及输油过程中,必须采取有效措施,避免溢油事故的发生。

第五十一条　海洋石油钻井船、钻井平台和采油平台的含油污水和油性混合物,必须经过处理达标后排放;残油、废油必须予以回收,不得排放入海。经回收处理后排放的,其含油量不得超过国家规定的标准。

钻井所使用的油基泥浆和其他有毒复合泥浆不得排放入海。水基泥浆和无毒复合泥浆及钻屑的排放,必须符合国家有关规定。

第五十二条　海洋石油钻井船、钻井平台和采油平台及其有关海上设施,不得向海域处置含油的工业垃圾。处置其他工业垃圾,不得造成海洋环境污染。

第五十三条　海上试油时,应当确保油气充分燃烧,油和油性混合物不得排放入海。

第五十四条　勘探开发海洋石油,必须按有关规定编制溢油应急计划,报国家海洋行政主管部门审查批准。

第七章　防治倾倒废弃物对海洋环境的污染损害

第五十五条　任何单位未经国家海洋行政主管部门批准,不得向中华人民共和国管辖海域倾倒任何废弃物。

需要倾倒废弃物的单位,必须向国家海洋行政主管部门提出书面申请,经国家海洋行政主管部门审查批准,发给许可证后,方可倾倒。

禁止中华人民共和国境外的废弃物在中华人民共和国管辖海域倾倒。

第五十六条　国家海洋行政主管部门根据废弃物的毒性、有毒物质含量和对海洋环境影响程度,制定海洋倾倒废弃物评价程序和标准。

向海洋倾倒废弃物,应当按照废弃物的类别和数量实行分级管理。

可以向海洋倾倒的废弃物名录,由国家海洋行政主管部门拟定,经国务院环境保护行政主管部门提出审核意见后,报国务院批准。

第五十七条　国家海洋行政主管部门按照科学、合理、经济、安全的原则选划海洋倾倒区,经国务院环境保护行政主管部门提出审核意见后,报国务院批准。

临时性海洋倾倒区由国家海洋行政主管部门批准,并报国务院环境保护行政主管部门备案。

国家海洋行政主管部门在选划海洋倾倒区和批准临时性海洋倾倒区之前,必须征求国家海事、渔业行政主管部门的意见。

第五十八条　国家海洋行政主管部门监督管理倾倒区的使用,组织倾倒区的环境监测。对经确认不宜继续使用的倾倒区,国家海洋行政主管部门应当予以封闭,终止在该倾倒区的一切倾倒活动,并报国务院备案。

第五十九条　获准倾倒废弃物的单位,必须按照许可证注明的期限及条件,到指定的区域进行倾倒。废弃物装载之后,批准部门应当予以核实。

第六十条　获准倾倒废弃物的单位,应当详细记录倾倒的情况,并在倾倒后向批准部门作出书面报告。倾倒废弃物的船舶必须向驶出港的海事行政主管部门作出书面报告。

第六十一条　禁止在海上焚烧废弃物。

禁止在海上处置放射性废弃物或者其他放射性物质。废弃物中的放射性物质的豁免浓度由国务院制定。

第八章　防治船舶及有关作业活动对海洋环境的污染损害

第六十二条　在中华人民共和国管辖海域,任何船舶及相关作业不得违反本法规定向海洋排放污染物、废弃物和压载水、船舶垃圾及其他有害物质。

从事船舶污染物、废弃物、船舶垃圾接收、船舶清舱、洗舱作业活动的,必须具备相应的接收处理能力。

第六十三条　船舶必须按照有关规定持有防止海洋环境污染的证书与文书,在进行涉及污染物排放及操作时,应当如实记录。

第六十四条　船舶必须配置相应的防污设备和器材。

载运具有污染危害性货物的船舶,其结构与设备应当能够防止或者减轻所载货物对海洋环境的污染。

第六十五条　船舶应当遵守海上交通安全法律、法规的规定,防止因碰撞、触礁、搁浅、火灾或者爆炸等引起的海难事故,造成海洋环境的污染。

第六十六条　国家完善并实施船舶油污损害民事赔偿责任制度;按照船舶油污损害赔偿责任由船东和货主共同承担风险的原则,建立船舶油污保险、油污损害赔偿基金制度。

实施船舶油污保险、油污损害赔偿基金制度的具体办法由国务院规定。

第六十七条　载运具有污染危害性货物进出港口的船舶,其承运人、货物所有人或者代理人,必须事先向海事行政主管部门申报。经批准后,方可进出港口、过境停留或者装卸作业。

第六十八条　交付船舶装运污染危害性货物的单证、包装、标志、数量限制等,必须符合对所装货物的有关规定。

需要船舶装运污染危害性不明的货物,应当按照有关规定事先进行评估。

装卸油类及有毒有害货物的作业,船岸双方必须遵守安全防污操作规程。

第六十九条　港口、码头、装卸站和船舶修造厂必须按照有关规定备有足够的用于处理船舶污染物、废弃物的接收设施,并使该设施处于良好状态。

装卸油类的港口、码头、装卸站和船舶必须编制溢油污染应急计划,并配备相应的溢油污染应急设备和器材。

第七十条　进行下列活动,应当事先按照有关规定报经有关部门批准或者核准:

(一)船舶在港区水域内使用焚烧炉;

(二)船舶在港区水域内进行洗舱、清舱、驱气、排放压载水、残油、含油污水接收、舷外拷铲及油漆等作业;

(三)船舶、码头、设施使用化学消油剂;

(四)船舶冲洗沾有污染物、有毒有害物质的甲板;

(五)船舶进行散装液体污染危害性货物的过驳作业;

(六)从事船舶水上拆解、打捞、修造和其他水上、水下船舶施工作业。

第七十一条　船舶发生海难事故,造成或者可能造成海洋环境重大污染损害的,国家海事行政主管部门有权强制采取避免或者减少污染损害的措施。

对在公海上因发生海难事故,造成中华人民共和国管辖海域重大污染损害后果或者具有污染威胁的船舶、海上设施,国家海事行政主管部门有权采取与实际的或者可能发生的损害相称的必要措施。

第七十二条　所有船舶均有监视海上污染的义务,在发现海上污染事故或者违反本法规定的行为时,必须立即向就近的依照本法规定行使海洋环境监督管理权的部门报告。

民用航空器发现海上排污或者污染事件,必须及时向就近的民用航空空中交通管制单位报告。接到报告的单位,应当立即向依照本法规定行使海洋环境监督管理权的部门通报。

第九章　法律责任

第七十三条　违反本法有关规定,有下列行为之一的,由依照本法规定行使海洋环境监督管理权的部门责令限期改正,并处以罚款:

(一)向海域排放本法禁止排放的污染物或者其他物质的;

(二)不按照本法规定向海洋排放污染物,或者超过标准排放污染物的;

(三)未取得海洋倾倒许可证,向海洋倾倒废弃物的;

(四)因发生事故或者其他突发性事件,造成海洋环境污染事故,不立即采取处理措施的。

有前款第(一)、(三)项行为之一的,处三万元以上二十万元以下的罚款;有前款第(二)、(四)项行为之一的,处二万元以上十万元以下的罚款。

第七十四条　违反本法有关规定,有下列行为之一的,由依照本法规定行使海洋环境监督管理权的部门予以警告,或者处以罚款:

(一)不按照规定申报,甚至拒报污染物排放有关事项,或者在申报时弄虚作假的;

(二)发生事故或者其他突发性事件不按照规定报告的;

(三)不按照规定记录倾倒情况,或者不按照规定提交倾倒报告的;

(四)拒报或者谎报船舶载运污染危害性货物申报事项的。

有前款第(一)、(三)项行为之一的,处二万元以下的罚款;有前款第(二)、(四)项行为之一的,处五万元以下的罚款。

第七十五条　违反本法第十九条第二款的规定,拒绝现场检查,或者在被检查时弄虚作假的,由依照本法规定行使海洋环境监督管理权的部门予以警告,并处二万元以下的罚款。

第七十六条　违反本法规定,造成珊瑚礁、红树林等海洋生态系统及海洋水产资源、海洋保护区破坏的,由依照本法规定行使海洋环境监督管理权的部门责令限期改正和采取补救措施,并处一万元以上十万元以下的罚款;有违法所得的,没收其违法所得。

第七十七条　违反本法第三十条第一款、第三款规定设置入海排污口的,由县级以上地方人民政府环境保护行政主管部门责令其关闭,并处二万元以上十万元以下的罚款。

第七十八条　违反本法第三十二条第三款的规定,擅自拆除、闲置环境保护设施的,由县级以上地方人民政府环境保护行政主管部门责令重新安装使用,并处一万元以上十万元以下的罚款。

第七十九条　违反本法第三十九条第二款的规定,经中华人民共和国管辖海域,转移危险废物的,由国家海事行政主管部门责令非法运输该危险废物的船舶退出中华人民共和国管辖海域,并处五万元以上五十万元以下的罚款。

第八十条　违反本法第四十三条第一款的规定,未持有经审核和批准的环境影响报告书,兴建海岸工程建设项目的,由县级以上地方人民政府环境保护行政主管部门责令其停止违法行为和采取补救措施,并处五万元以上二十万元以下的罚款;或者按照管理权限,由县级以上地方人民政府责令其限期拆除。

第八十一条　违反本法第四十四条的规定,海岸工程建设项目未建成环境保护设施,或者环境保护设施未达到规定要求即投入生产、使用的,由环境保护行政主管部门责令其停止生产或者使用,并处二万元以上十万元以下的罚款。

第八十二条　违反本法第四十五条的规定,新建严重污染海洋环境的工业生产建设项目的,按照管理权限,由县级以上人民政府责令关闭。

第八十三条　违反本法第四十七条第一款、第四十八条的规定,进行海洋工程建设项目,或者海洋工程建设项目未建成环境保护设施、环境保护设施未达到规定要求即投入生产、使用的,由海洋行政主管部门责令其停止施工或者生产、使用,并处五万元以上二十万元以下的罚款。

第八十四条　违反本法第四十九条的规定,使用含超标准放射性物质或者易溶出有毒有害物质材料的,由海洋行政主管部门处五万元以下的罚款,并责令其停止该建设项目的运行,直到消除污染危害。

第八十五条　违反本法规定进行海洋石油勘探开发活动,造成海洋环境污染的,由国家海洋行政主管部门予以警告,并处二万元以上二十万元以下的罚款。

第八十六条　违反本法规定,不按照许可证的规定倾倒,或者向已经封闭的倾倒区倾倒废弃物的,由海洋行政主管部门予以警告,并处三万元以上二十万元以下的罚款;对情节严重的,可以暂扣或者吊销许可证。

第八十七条　违反本法第五十五条第三款的规定,将中华人民共和国境外废弃物运进中华人民共和国管辖海域倾倒的,由国家海洋行政主管部门予以警告,并根据造成或者可能造成的危害后果,处十万元以上一百万元以下的罚款。

第八十八条　违反本法规定,有下列行为之一的,由依照本法规定行使海洋环境监督管理权的部门予以警告,或者处以罚款:
　　(一)港口、码头、装卸站及船舶未配备防污设施、器材的;
　　(二)船舶未持有防污证书、防污文书,或者不按照规定记载排污记录的;
　　(三)从事水上和港区水域拆船、旧船改装、打捞和其他水上、水下施工作业,造成海洋环境污染损害的;
　　(四)船舶载运的货物不具备防污适运条件的。
　　有前款第(一)、(四)项行为之一的,处二万元以上十万元以下的罚款;有前款第(二)项行为的,处二万元以下的罚款;有前款第(三)项行为的,处五万元以上二十万元以下的罚款。

第八十九条　违反本法规定,船舶、石油平台和装卸油类的港口、码头、装卸站不编制溢油应急计划的,由依照本法规定行使海洋环境监督管理权的部门予以警告,或者责令限期改正。

第九十条　造成海洋环境污染损害的责任者,应当排除危害,并赔偿损失;完全由于第三者的故意或者过失,造成海洋环境污染损害的,由第三者排除危害,并承担赔偿责任。
　　对破坏海洋生态、海洋水产资源、海洋保护区,给国家造成重大损失的,由依照本法规定行使海洋环境监督管理权的部门代表国家对责任者提出损害赔偿要求。

第九十一条　对违反本法规定,造成海洋环境污染事故的单位,由依照本法规定行使海洋环境监督管理权的部门根据所造成的危害和损失处以罚款;负有直接责任的主管人员和其他直接责任人员属于国家工作人员的,依法给予行政处分。
　　前款规定的罚款数额按照直接损失的百分之三十计算,但最高不得超过三十万元。
　　对造成重大海洋环境污染事故,致使公私财产遭受重大损失或者人身伤亡严重后果的,依法追究刑事责任。

第九十二条　完全属于下列情形之一,经过及时采取合理措施,仍然不能避免对海洋环境造成污染损害的,造成污染损害的有关责任者免予承担责任:
　　(一)战争;
　　(二)不可抗拒的自然灾害;
　　(三)负责灯塔或者其他助航设备的主管部门,在执行职责时的疏忽,或者其他过失行为。

第九十三条　对违反本法第十一条、第十二条有关缴纳排污费、倾倒费和限期治理规定的行政处罚,由国务院规定。

第九十四条　海洋环境监督管理人员滥用职权、玩忽职守、徇私舞弊,造成海洋环境污染损害的,依法给予行政处分;构成犯罪的,依法追究刑事责任。

第十章 附 则

第九十五条 本法中下列用语的含义是:

(一)海洋环境污染损害,是指直接或者间接地把物质或者能量引入海洋环境,产生损害海洋生物资源、危害人体健康、妨害渔业和海上其他合法活动、损害海水使用素质和减损环境质量等有害影响。

(二)内水,是指我国领海基线向内陆一侧的所有海域。

(三)滨海湿地,是指低潮时水深浅于六米的水域及其沿岸浸湿地带,包括水深不超过六米的永久性水域、潮间带(或洪泛地带)和沿海低地等。

(四)海洋功能区划,是指依据海洋自然属性和社会属性,以及自然资源和环境特定条件,界定海洋利用的主导功能和使用范畴。

(五)渔业水域,是指鱼虾类的产卵场、索饵场、越冬场、洄游通道和鱼虾贝藻类的养殖场。

(六)油类,是指任何类型的油及其炼制品。

(七)油性混合物,是指任何含有油分的混合物。

(八)排放,是指把污染物排入海洋的行为,包括泵出、溢出、泄出、喷出和倒出。

(九)陆地污染源(简称陆源),是指从陆地向海域排放污染物,造成或者可能造成海洋环境污染的场所、设施等。

(十)陆源污染物,是指由陆地污染源排放的污染物。

(十一)倾倒,是指通过船舶、航空器、平台或者其他载运工具,向海洋处置废弃物和其他有害物质的行为,包括弃置船舶、航空器、平台及其辅助设施和其他浮动工具的行为。

(十二)沿海陆域,是指与海岸相连,或者通过管道、沟渠、设施,直接或者间接向海洋排放污染物及其相关活动的一带区域。

(十三)海上焚烧,是指以热摧毁为目的,在海上焚烧设施上,故意焚烧废弃物或者其他物质的行为,但船舶、平台或者其他人工构造物正常操作中,所附带发生的行为除外。

第九十六条 涉及海洋环境监督管理的有关部门的具体职权划分,本法未作规定的,由国务院规定。

第九十七条 中华人民共和国缔结或者参加的与海洋环境保护有关的国际条约与本法有不同规定的,适用国际条约的规定;但是,中华人民共和国声明保留的条款除外。

第九十八条 本法自 2000 年 4 月 1 日起施行。

附录五
防治船舶污染海洋环境管理条例

《防治船舶污染海洋环境管理条例》已经 2009 年 9 月 2 日国务院第 79 次常务会议通过,现予公布,自 2010 年 3 月 1 日起施行。

总理 温家宝

二〇〇九年九月九日

第一章 总 则

第一条 为了防治船舶及其有关作业活动污染海洋环境,根据《中华人民共和国海洋环境保护法》,制定本条例。

第二条 防治船舶及其有关作业活动污染中华人民共和国管辖海域适用本条例。

第三条 防治船舶及其有关作业活动污染海洋环境,实行预防为主、防治结合的原则。

第四条 国务院交通运输主管部门主管所辖港区水域内非军事船舶和港区水域外非渔业、非军事船舶污染海洋环境的防治工作。

海事管理机构依照本条例规定具体负责防治船舶及其有关作业活动污染海洋环境的监督管理。

第五条 国务院交通运输主管部门应当根据防治船舶及其有关作业活动污染海洋环境的需要,组织编制防治船舶及其有关作业活动污染海洋环境应急能力建设规划,报国务院批准后公布实施。

沿海设区的市级以上地方人民政府应当按照国务院批准的防治船舶及其有关作业活动污染海洋环境应急能力建设规划,并根据本地区的实际情况,组织编制相应的防治船舶及其有关作业活动污染海洋环境应急能力建设规划。

第六条 国务院交通运输主管部门、沿海设区的市级以上地方人民政府应当建立健全防治船舶及其有关作业活动污染海洋环境应急反应机制,并制定防治船舶及其有关作业活动污染海洋环境应急预案。

第七条 海事管理机构应当根据防治船舶及其有关作业活动污染海洋环境的需要,会同海洋主管部门建立健全船舶及其有关作业活动污染海洋环境的监测、监视机制,加强对船舶及其有关作业活动污染海洋环境的监测、监视。

第八条　国务院交通运输主管部门、沿海设区的市级以上地方人民政府应当按照防治船舶及其有关作业活动污染海洋环境应急能力建设规划,建立专业应急队伍和应急设备库,配备专用的设施、设备和器材。

第九条　任何单位和个人发现船舶及其有关作业活动造成或者可能造成海洋环境污染的,应当立即就近向海事管理机构报告。

第二章　防治船舶及其有关作业活动污染海洋环境的一般规定

第十条　船舶的结构、设备、器材应当符合国家有关防治船舶污染海洋环境的技术规范以及中华人民共和国缔结或者参加的国际条约的要求。

船舶应当依照法律、行政法规、国务院交通运输主管部门的规定以及中华人民共和国缔结或者参加的国际条约的要求,取得并随船携带相应的防治船舶污染海洋环境的证书、文书。

第十一条　中国籍船舶的所有人、经营人或者管理人应当按照国务院交通运输主管部门的规定,建立健全安全营运和防治船舶污染管理体系。

海事管理机构应当对安全营运和防治船舶污染管理体系进行审核,审核合格的,发给符合证明和相应的船舶安全管理证书。

第十二条　港口、码头、装卸站以及从事船舶修造的单位应当配备与其装卸货物种类和吞吐能力或者修造船舶能力相适应的污染监视设施和污染物接收设施,并使其处于良好状态。

第十三条　港口、码头、装卸站以及从事船舶修造、打捞、拆解等作业活动的单位应当制定有关安全营运和防治污染的管理制度,按照国家有关防治船舶及其有关作业活动污染海洋环境的规范和标准,配备相应的防治污染设备和器材,并通过海事管理机构的专项验收。

港口、码头、装卸站以及从事船舶修造、打捞、拆解等作业活动的单位,应当定期检查、维护配备的防治污染设备和器材,确保防治污染设备和器材符合防治船舶及其有关作业活动污染海洋环境的要求。

第十四条　船舶所有人、经营人或者管理人以及有关作业单位应当制定防治船舶及其有关作业活动污染海洋环境的应急预案,并报海事管理机构批准。

港口、码头、装卸站的经营人应当制定防治船舶及其有关作业活动污染海洋环境的应急预案,并报海事管理机构备案。

船舶、港口、码头、装卸站以及其他有关作业单位应当按照应急预案,定期组织演练,并做好相应记录。

第三章　船舶污染物的排放和接收

第十五条　船舶在中华人民共和国管辖海域向海洋排放的船舶垃圾、生活污水、含油污水、含有毒有害物质污水、废气等污染物以及压载水,应当符合法律、行政法规、中华人民共和国缔结或者参加的国际条约以及相关标准的要求。

船舶应当将不符合前款规定的排放要求的污染物排入港口接收设施或者由船舶污染物接收单位接收。

船舶不得向依法划定的海洋自然保护区、海滨风景名胜区、重要渔业水域以及其他需要特别保护的海域排放船舶污染物。

第十六条 船舶处置污染物,应当在相应的记录簿内如实记录。

船舶应当将使用完毕的船舶垃圾记录簿在船舶上保留 2 年;将使用完毕的含油污水、含有毒有害物质污水记录簿在船舶上保留 3 年。

第十七条 船舶污染物接收单位从事船舶垃圾、残油、含油污水、含有毒有害物质污水接收作业,应当依法经海事管理机构批准。

第十八条 船舶污染物接收单位接收船舶污染物,应当向船舶出具污染物接收单证,并由船长签字确认。

船舶凭污染物接收单证向海事管理机构办理污染物接收证明,并将污染物接收证明保存在相应的记录簿中。

第十九条 船舶污染物接收单位应当按照国家有关污染物处理的规定处理接收的船舶污染物,并每月将船舶污染物的接收和处理情况报海事管理机构备案。

第四章　船舶有关作业活动的污染防治

第二十条 从事船舶清舱、洗舱、油料供受、装卸、过驳、修造、打捞、拆解,污染危害性货物装箱、充罐,污染清除作业以及利用船舶进行水上水下施工等作业活动的,应当遵守相关操作规程,并采取必要的安全和防治污染的措施。

从事前款规定的作业活动的人员,应当具备相关安全和防治污染的专业知识和技能。

第二十一条 船舶不符合污染危害性货物适载要求的,不得载运污染危害性货物,码头、装卸站不得为其进行装载作业。

污染危害性货物的名录由国家海事管理机构公布。

第二十二条 载运污染危害性货物进出港口的船舶,其承运人、货物所有人或者代理人,应当向海事管理机构提出申请,经批准方可进出港口、过境停留或者进行装卸作业。

第二十三条 载运污染危害性货物的船舶,应当在海事管理机构公布的具有相应安全装卸和污染物处理能力的码头、装卸站进行装卸作业。

第二十四条 货物所有人或者代理人交付船舶载运污染危害性货物,应当确保货物的包装与标志等符合有关安全和防治污染的规定,并在运输单证上准确注明货物的技术名称、编号、类别(性质)、数量、注意事项和应急措施等内容。

货物所有人或者代理人交付船舶载运污染危害性不明的货物,应当由国家海事管理机构认定的评估机构进行危害性评估,明确货物的危害性质以及有关安全和防治污染要求,方可交付船舶载运。

第二十五条 海事管理机构认为交付船舶载运的污染危害性货物应当申报而未申报,或者申报的内容不符合实际情况的,可以按照国务院交通运输主管部门的规定采取开箱等方式查验。

海事管理机构查验污染危害性货物,货物所有人或者代理人应当到场,并负责搬移货物,开拆和重封货物的包装。海事管理机构认为必要的,可以径行查验、复验或者提取货样,有关单位和个人应当配合。

第二十六条　进行散装液体污染危害性货物过驳作业的船舶,其承运人、货物所有人或者代理人应当向海事管理机构提出申请,告知作业地点,并附送过驳作业方案、作业程序、防治污染措施等材料。

海事管理机构应当自受理申请之日起2个工作日内作出许可或者不予许可的决定。2个工作日内无法作出决定的,经海事管理机构负责人批准,可以延长5个工作日。

第二十七条　依法获得船舶油料供受作业资质的单位,应当向海事管理机构备案。海事管理机构应当对船舶油料供受作业进行监督检查,发现不符合安全和防治污染要求的,应当予以制止。

第二十八条　船舶燃油供给单位应当如实填写燃油供受单证,并向船舶提供船舶燃油供受单证和燃油样品。

船舶和船舶燃油供给单位应当将燃油供受单证保存3年,并将燃油样品妥善保存1年。

第二十九条　船舶修造、水上拆解的地点应当符合环境功能区划和海洋功能区划,并由海事管理机构征求当地环境保护主管部门和海洋主管部门意见后确定并公布。

第三十条　从事船舶拆解的单位在船舶拆解作业前,应当对船舶上的残余物和废弃物进行处置,将油舱(柜)中的存油驳出,进行船舶清舱、洗舱、测爆等工作,并经海事管理机构检查合格,方可进行船舶拆解作业。

从事船舶拆解的单位应当及时清理船舶拆解现场,并按照国家有关规定处理船舶拆解产生的污染物。

禁止采取冲滩方式进行船舶拆解作业。

第三十一条　禁止船舶经过中华人民共和国内水、领海转移危险废物。

经过中华人民共和国管辖的其他海域转移危险废物的,应当事先取得国务院环境保护主管部门的书面同意,并按照海事管理机构指定的航线航行,定时报告船舶所处的位置。

第三十二条　使用船舶向海洋倾倒废弃物的,应当向驶出港所在地的海事管理机构提交海洋主管部门的批准文件,经核实方可办理船舶出港签证。

船舶向海洋倾倒废弃物,应当如实记录倾倒情况。返港后,应当向驶出港所在地的海事管理机构提交书面报告。

第三十三条　载运散装液体污染危害性货物的船舶和1万总吨以上的其他船舶,其经营人应当在作业前或者进出港口前与取得污染清除作业资质的单位签订污染清除作业协议,明确双方在发生船舶污染事故后污染清除的权利和义务。

与船舶经营人签订污染清除作业协议的污染清除作业单位应当在发生船舶污染事故后,按照污染清除作业协议及时进行污染清除作业。

第三十四条 申请取得污染清除作业资质的单位应当向海事管理机构提出书面申请,并提交其符合下列条件的材料:

(一)配备的污染清除设施、设备、器材和作业人员符合国务院交通运输主管部门的规定;

(二)制定的污染清除作业方案符合防治船舶及其有关作业活动污染海洋环境的要求;

(三)污染物处理方案符合国家有关防治污染的规定。

海事管理机构应当自受理申请之日起 30 个工作日内完成审查,并对符合条件的单位颁发资质证书;对不符合条件的,书面通知申请单位并说明理由。

第五章 船舶污染事故应急处置

第三十五条 本条例所称船舶污染事故,是指船舶及其有关作业活动发生油类、油性混合物和其他有毒有害物质泄漏造成的海洋环境污染事故。

第三十六条 船舶污染事故分为以下等级:

(一)特别重大船舶污染事故,是指船舶溢油 1000 吨以上,或者造成直接经济损失 2 亿元以上的船舶污染事故;

(二)重大船舶污染事故,是指船舶溢油 500 吨以上不足 1000 吨,或者造成直接经济损失 1 亿元以上不足 2 亿元的船舶污染事故;

(三)较大船舶污染事故,是指船舶溢油 100 吨以上不足 500 吨,或者造成直接经济损失 5000 万元以上不足 1 亿元的船舶污染事故;

(四)一般船舶污染事故,是指船舶溢油不足 100 吨,或者造成直接经济损失不足 5000 万元的船舶污染事故。

第三十七条 船舶在中华人民共和国管辖海域发生污染事故,或者在中华人民共和国管辖海域外发生污染事故造成或者可能造成中华人民共和国管辖海域污染的,应当立即启动相应的应急预案,采取措施控制和消除污染,并就近向有关海事管理机构报告。

发现船舶及其有关作业活动可能对海洋环境造成污染的,船舶、码头、装卸站应当立即采取相应的应急处置措施,并就近向有关海事管理机构报告。

接到报告的海事管理机构应当立即核实有关情况,并向上级海事管理机构或者国务院交通运输主管部门报告,同时报告有关沿海设区的市级以上地方人民政府。

第三十八条 船舶污染事故报告应当包括下列内容:

(一)船舶的名称、国籍、呼号或者编号;

(二)船舶所有人、经营人或者管理人的名称、地址;

(三)发生事故的时间、地点以及相关气象和水文情况;

(四)事故原因或者事故原因的初步判断;

(五)船舶上污染物的种类、数量、装载位置等概况;

(六)污染程度;

(七)已经采取或者准备采取的污染控制、清除措施和污染控制情况以及救助要求;

(八)国务院交通运输主管部门规定应当报告的其他事项。

作出船舶污染事故报告后出现新情况的,船舶、有关单位应当及时补报。

第三十九条 发生特别重大船舶污染事故,国务院或者国务院授权国务院交通运输主管部门成立事故应急指挥机构。

发生重大船舶污染事故,有关省、自治区、直辖市人民政府应当会同海事管理机构成立事故应急指挥机构。

发生较大船舶污染事故和一般船舶污染事故,有关设区的市级人民政府应当会同海事管理机构成立事故应急指挥机构。

有关部门、单位应当在事故应急指挥机构统一组织和指挥下,按照应急预案的分工,开展相应的应急处置工作。

第四十条 船舶发生事故有沉没危险,船员离船前,应当尽可能关闭所有货舱(柜)、油舱(柜)管系的阀门,堵塞货舱(柜)、油舱(柜)通气孔。

船舶沉没的,船舶所有人、经营人或者管理人应当及时向海事管理机构报告船舶燃油、污染危害性货物以及其他污染物的性质、数量、种类、装载位置等情况,并及时采取措施予以清除。

第四十一条 发生船舶污染事故或者船舶沉没,可能造成中华人民共和国管辖海域污染的,有关沿海设区的市级以上地方人民政府、海事管理机构根据应急处置的需要,可以征用有关单位或者个人的船舶和防治污染设施、设备、器材以及其他物资,有关单位和个人应当予以配合。

被征用的船舶和防治污染设施、设备、器材以及其他物资使用完毕或者应急处置工作结束,应当及时返还。船舶和防治污染设施、设备、器材以及其他物资被征用或者征用后毁损、灭失的,应当给予补偿。

第四十二条 发生船舶污染事故,海事管理机构可以采取清除、打捞、拖航、引航、过驳等必要措施,减轻污染损害。相关费用由造成海洋环境污染的船舶、有关作业单位承担。

需要承担前款规定费用的船舶,应当在开航前缴清相关费用或者提供相应的财务担保。

第四十三条 处置船舶污染事故使用的消油剂,应当符合国家有关标准。

海事管理机构应当及时将符合国家有关标准的消油剂名录向社会公布。

船舶、有关单位使用消油剂处置船舶污染事故的,应当依照《中华人民共和国海洋环境保护法》有关规定执行。

第六章 船舶污染事故调查处理

第四十四条 船舶污染事故的调查处理依照下列规定进行:

(一)特别重大船舶污染事故由国务院或者国务院授权国务院交通运输主管部门等部门组织事故调查处理;

(二)重大船舶污染事故由国家海事管理机构组织事故调查处理;

(三)较大船舶污染事故和一般船舶污染事故由事故发生地的海事管理机构组织事故调查处理。

船舶污染事故给渔业造成损害的,应当吸收渔业主管部门参与调查处理;给军事港口水域造成损害的,应当吸收军队有关主管部门参与调查处理。

第四十五条 发生船舶污染事故,组织事故调查处理的机关或者海事管理机构应当及时、客观、公正地开展事故调查,勘验事故现场,检查相关船舶,询问相关人员,收集证据,查明事故原因。

第四十六条 组织事故调查处理的机关或者海事管理机构根据事故调查处理的需要,可以暂扣相应的证书、文书、资料;必要时,可以禁止船舶驶离港口或者责令停航、改航、停止作业直至暂扣船舶。

第四十七条 事故调查处理需要委托有关机构进行技术鉴定或者检验、检测的,应当委托国务院交通运输主管部门认定的机构进行。

第四十八条 组织事故调查处理的机关或者海事管理机构开展事故调查时,船舶污染事故的当事人和其他有关人员应当如实反映情况和提供资料,不得伪造、隐匿、毁灭证据或者以其他方式妨碍调查取证。

第四十九条 组织事故调查处理的机关或者海事管理机构应当自事故调查结束之日起20个工作日内制作事故认定书,并送达当事人。

事故认定书应当载明事故基本情况、事故原因和事故责任。

第七章　船舶污染事故损害赔偿

第五十条 造成海洋环境污染损害的责任者,应当排除危害,并赔偿损失;完全由于第三者的故意或者过失,造成海洋环境污染损害的,由第三者排除危害,并承担赔偿责任。

第五十一条 完全属于下列情形之一,经过及时采取合理措施,仍然不能避免对海洋环境造成污染损害的,免予承担责任:

(一)战争;

(二)不可抗拒的自然灾害;

(三)负责灯塔或者其他助航设备的主管部门,在执行职责时的疏忽,或者其他过失行为。

第五十二条 船舶污染事故的赔偿限额依照《中华人民共和国海商法》关于海事赔偿责任限制的规定执行。但是,船舶载运的散装持久性油类物质造成中华人民共和国管辖海域污染的,赔偿限额依照中华人民共和国缔结或者参加的有关国际条约的规定执行。

前款所称持久性油类物质,是指任何持久性烃类矿物油。

第五十三条 在中华人民共和国管辖海域内航行的船舶,其所有人应当按照国务院交通运输主管部门的规定,投保船舶油污损害民事责任保险或者取得相应的财务担保。但是,1000总吨以下载运非油类物质的船舶除外。

船舶所有人投保船舶油污损害民事责任保险或者取得的财务担保的额度应当不低于《中华人民共和国海商法》、中华人民共和国缔结或者参加的有关国际条约规定的油污赔偿限额。

承担船舶油污损害民事责任保险的商业性保险机构和互助性保险机构,由国家海事管理机构征求国务院保险监督管理机构意见后确定并公布。

第五十四条 已依照本条例第五十三条的规定投保船舶油污损害民事责任保险或者取得

财务担保的中国籍船舶,其所有人应当持船舶国籍证书、船舶油污损害民事责任保险合同或者财务担保证明,向船籍港的海事管理机构申请办理船舶油污损害民事责任保险证书或者财务保证证书。

第五十五条　发生船舶油污事故,国家组织有关单位进行应急处置、清除污染所发生的必要费用,应当在船舶油污损害赔偿中优先受偿。

第五十六条　在中华人民共和国管辖水域接收海上运输的持久性油类物质货物的货物所有人或者代理人应当缴纳船舶油污损害赔偿基金。

船舶油污损害赔偿基金征收、使用和管理的具体办法由国务院财政部门会同国务院交通运输主管部门制定。

国家设立船舶油污损害赔偿基金管理委员会,负责处理船舶油污损害赔偿基金的赔偿等事务。船舶油污损害赔偿基金管理委员会由有关行政机关和缴纳船舶油污损害赔偿基金的主要货主组成。

第五十七条　对船舶污染事故损害赔偿的争议,当事人可以请求海事管理机构调解,也可以向仲裁机构申请仲裁或者向人民法院提起民事诉讼。

第八章　法律责任

第五十八条　船舶、有关作业单位违反本条例规定的,海事管理机构应当责令改正;拒不改正的,海事管理机构可以责令停止作业、强制卸载,禁止船舶进出港口、靠泊、过境停留,或者责令停航、改航、离境、驶向指定地点。

第五十九条　违反本条例的规定,船舶的结构不符合国家有关防治船舶污染海洋环境的技术规范或者有关国际条约要求的,由海事管理机构处 10 万元以上 30 万元以下的罚款。

第六十条　违反本条例的规定,有下列情形之一的,由海事管理机构依照《中华人民共和国海洋环境保护法》有关规定予以处罚:

（一）船舶未取得并随船携带防治船舶污染海洋环境的证书、文书的;

（二）船舶、港口、码头、装卸站未配备防治污染设备、器材的;

（三）船舶向海域排放本条例禁止排放的污染物的;

（四）船舶未如实记录污染物处置情况的;

（五）船舶超过标准向海域排放污染物的;

（六）从事船舶水上拆解作业,造成海洋环境污染损害的。

第六十一条　违反本条例的规定,船舶未按照规定在船舶上留存船舶污染物处置记录,或者船舶污染物处置记录与船舶运行过程中产生的污染物数量不符合的,由海事管理机构处 2 万元以上 10 万元以下的罚款。

第六十二条　违反本条例的规定,船舶污染物接收单位未经海事管理机构批准,擅自从事船舶垃圾、残油、含油污水、含有毒有害物质污水接收作业的,由海事管理机构处 1 万元以上 5 万元以下的罚款;造成海洋环境污染的,处 5 万元以上 25 万元以下的罚款。

第六十三条 违反本条例的规定,船舶未按照规定办理污染物接收证明,或者船舶污染物接收单位未按照规定将船舶污染物的接收和处理情况报海事管理机构备案的,由海事管理机构处2万元以下的罚款。

第六十四条 违反本条例的规定,有下列情形之一的,由海事管理机构处2000元以上1万元以下的罚款:

(一)船舶未按照规定保存污染物接收证明的;

(二)船舶燃油供给单位未如实填写燃油供受单证的;

(三)船舶燃油供给单位未按照规定向船舶提供燃油供受单证和燃油样品的;

(四)船舶和船舶燃油供给单位未按照规定保存燃油供受单证和燃油样品的。

第六十五条 违反本条例的规定,有下列情形之一的,由海事管理机构处2万元以上10万元以下的罚款:

(一)载运污染危害性货物的船舶不符合污染危害性货物适载要求的;

(二)载运污染危害性货物的船舶未在具有相应安全装卸和污染物处理能力的码头、装卸站进行装卸作业的;

(三)货物所有人或者代理人未按照规定对污染危害性不明的货物进行危害性评估的。

第六十六条 违反本条例的规定,未经海事管理机构批准,船舶载运污染危害性货物进出港口、过境停留、进行装卸或者过驳作业的,由海事管理机构处1万元以上5万元以下的罚款。

第六十七条 违反本条例的规定,有下列情形之一的,由海事管理机构处2万元以上10万元以下的罚款:

(一)船舶发生事故沉没,船舶所有人或者经营人未及时向海事管理机构报告船舶燃油、污染危害性货物以及其他污染物的性质、数量、种类、装载位置等情况的;

(二)船舶发生事故沉没,船舶所有人或者经营人未及时采取措施清除船舶燃油、污染危害性货物以及其他污染物的。

第六十八条 违反本条例的规定,有下列情形之一的,由海事管理机构处1万元以上5万元以下的罚款:

(一)载运散装液体污染危害性货物的船舶和1万总吨以上的其他船舶,其经营人未按照规定签订污染清除作业协议的;

(二)未取得污染清除作业资质的单位擅自签订污染清除作业协议并从事污染清除作业的。

第六十九条 违反本条例的规定,发生船舶污染事故,船舶、有关作业单位未立即启动应急预案的,对船舶、有关作业单位,由海事管理机构处2万元以上10万元以下的罚款;对直接负责的主管人员和其他直接责任人员,由海事管理机构处1万元以上2万元以下的罚款。直接负责的主管人员和其他直接责任人员属于船员的,并处给予暂扣适任证书或者其他有关证件1个月至3个月的处罚。

第七十条 违反本条例的规定,发生船舶污染事故,船舶、有关作业单位迟报、漏报事故

· 400 ·

的,对船舶、有关作业单位,由海事管理机构处 5 万元以上 25 万元以下的罚款;对直接负责的主管人员和其他直接责任人员,由海事管理机构处 1 万元以上 5 万元以下的罚款。直接负责的主管人员和其他直接责任人员属于船员的,并处给予暂扣适任证书或者其他有关证件 3 个月至 6 个月的处罚。瞒报、谎报事故的,对船舶、有关作业单位,由海事管理机构处 25 万元以上 50 万元以下的罚款;对直接负责的主管人员和其他直接责任人员,由海事管理机构处 5 万元以上 10 万元以下的罚款。直接负责的主管人员和其他直接责任人员属于船员的,并处给予吊销适任证书或者其他有关证件的处罚。

第七十一条 违反本条例的规定,未经海事管理机构批准使用消油剂的,由海事管理机构对船舶或者使用单位处 1 万元以上 5 万元以下的罚款。

第七十二条 违反本条例的规定,船舶污染事故的当事人和其他有关人员,未如实向组织事故调查处理的机关或者海事管理机构反映情况和提供资料,伪造、隐匿、毁灭证据或者以其他方式妨碍调查取证的,由海事管理机构处 1 万元以上 5 万元以下的罚款。

第七十三条 违反本条例的规定,船舶所有人有下列情形之一的,由海事管理机构责令改正,可以处 5 万元以下的罚款;拒不改正的,处 5 万元以上 25 万元以下的罚款:

(一)在中华人民共和国管辖海域内航行的船舶,其所有人未按照规定投保船舶油污损害民事责任保险或者取得相应的财务担保的;

(二)船舶所有人投保船舶油污损害民事责任保险或者取得的财务担保的额度低于《中华人民共和国海商法》、中华人民共和国缔结或者参加的有关国际条约规定的油污赔偿限额的。

第七十四条 违反本条例的规定,在中华人民共和国管辖水域接收海上运输的持久性油类物质货物的货物所有人或者代理人,未按照规定缴纳船舶油污损害赔偿基金的,由海事管理机构责令改正;拒不改正的,可以停止其接收的持久性油类物质货物在中华人民共和国管辖水域进行装卸、过驳作业。

货物所有人或者代理人逾期未缴纳船舶油污损害赔偿基金的,应当自应缴之日起按日加缴未缴额的万分之五的滞纳金。

第九章 附 则

第七十五条 中华人民共和国缔结或者参加的国际条约对防治船舶及其有关作业活动污染海洋环境有规定的,适用国际条约的规定。但是,中华人民共和国声明保留的条款除外。

第七十六条 县级以上人民政府渔业主管部门负责渔港水域内非军事船舶和渔港水域外渔业船舶污染海洋环境的监督管理,负责保护渔业水域生态环境工作,负责调查处理《中华人民共和国海洋环境保护法》第五条第四款规定的渔业污染事故。

第七十七条 军队环境保护部门负责军事船舶污染海洋环境的监督管理及污染事故的调查处理。

第七十八条 本条例自 2010 年 3 月 1 日起施行。1983 年 12 月 29 日国务院发布的《中华人民共和国防止船舶污染海域管理条例》同时废止。

附录六
中华人民共和国船舶及其有关作业
活动污染海洋环境防治管理规定

中华人民共和国交通运输部令 2010 年第 7 号

《中华人民共和国船舶及其有关作业活动污染海洋环境防治管理规定》已于 2010 年 10 月 8 日经第 9 次部务会议通过,现予公布,自 2011 年 2 月 1 日起施行。

部长　李盛霖

二〇一〇年十一月十六日

第一章　总　则

第一条　为了防治船舶及其有关作业活动污染海洋环境,根据《中华人民共和国海洋环境保护法》、《中华人民共和国防治船舶污染海洋环境管理条例》和中华人民共和国缔结或者加入的国际条约,制定本规定。

第二条　防治船舶及其有关作业活动污染中华人民共和国管辖海域适用本规定。

本规定所称有关作业活动,是指船舶装卸、过驳、清舱、洗舱、油料供受、修造、打捞、拆解、污染危害性货物装箱、充罐、污染清除以及其他水上水下船舶施工作业等活动。

第三条　国务院交通运输主管部门主管全国船舶及其有关作业活动污染海洋环境的防治工作。

国家海事管理机构负责监督管理全国船舶及其有关作业活动污染海洋环境的防治工作。

各级海事管理机构根据职责权限,具体负责监督管理本辖区船舶及其有关作业活动污染海洋环境的防治工作。

第二章　一般规定

第四条　船舶的结构、设备、器材应当符合国家有关防治船舶污染海洋环境的船舶检验规范以及中华人民共和国缔结或者加入的国际条约的要求,并按照国家规定取得相应的合格证书。

第五条　船舶应当依照法律、行政法规、国务院交通运输主管部门的规定以及中华人民共和国缔结或者加入的国际条约的要求,取得并随船携带相应的防治船舶污染海洋环境的证书、文书。

海事管理机构应当向社会公布本条第一款规定的证书、文书目录,并及时更新。

第六条　中国籍船舶持有的防治船舶污染海洋环境的证书、文书由国家海事管理机构或者其认可的机构签发；外国籍船舶持有的防治船舶污染海洋环境的证书、文书应当符合中华人民共和国缔结或者加入的国际条约的要求。

第七条　船员应当具有相应的防治船舶污染海洋环境的专业知识和技能，并按照有关法律、行政法规、规章的规定参加相应的培训、考试，持有有效的适任证书或者相应的培训合格证明。

从事有关作业活动的单位应当组织本单位作业人员进行操作技能、设备使用、作业程序、安全防护和应急反应等专业培训，确保作业人员具备相关安全和防治污染的专业知识和技能。

第八条　港口、码头、装卸站和从事船舶修造作业的单位应当按照国家有关标准配备相应的污染监视设施和污染物接收设施。

港口、码头、装卸站以及从事船舶修造、打捞、拆解等有关作业活动的其他单位应当按照国家有关标准配备相应的防治污染设备和器材。

第九条　船舶从事下列作业活动，应当按照《中华人民共和国海事行政许可条件规定》的规定，取得海事管理机构的许可，并遵守相关操作规程，落实安全和防治污染措施：

（一）在沿海港口进行舷外拷铲、油漆作业或者使用焚烧炉的；

（二）在港区水域内洗舱、清舱、驱气以及排放压载水的；

（三）冲洗沾有污染物、有毒有害物质的甲板的；

（四）进行船舶水上拆解、打捞、修造和其他水上、水下船舶施工作业的。

第十条　海事管理机构在依法审批 3 万载重吨以上油轮的货舱清舱、1 万吨以上散装液体污染危害性货物过驳以及沉船打捞、油轮拆解等存在较大污染风险的作业活动时，可以要求申请人进行作业方案可行性研究。

第十一条　任何单位和个人发现船舶及其有关作业活动造成或者可能造成海洋环境污染的，应当立即就近向海事管理机构报告。

第三章　船舶污染物的排放与接收

第十二条　在中华人民共和国管辖海域航行、停泊、作业的船舶排放船舶垃圾、生活污水、含油污水、含有毒有害物质污水、废气等污染物以及压载水，应当符合法律、行政法规、有关标准以及中华人民共和国缔结或者加入的国际条约的规定。

第十三条　船舶不得向依法划定的海洋自然保护区、海洋特别保护区、海滨风景名胜区、重要渔业水域以及其他需要特别保护的海域排放污染物。

依法设立本条第一款规定的需要特别保护的海域的，应当在适当的区域配套设置船舶污染物接收设施和应急设备器材。

第十四条　船舶应当将不符合第十二条规定排放要求以及依法禁止向海域排放的污染物，排入具备相应接收能力的港口接收设施或者委托具备相应接收能力的船舶污染物接收单位接收。

船舶委托船舶污染物接收单位进行污染物接收作业的,其船舶经营人应当在作业前明确指定所委托的船舶污染物接收单位。

第十五条 船舶污染物接收单位进行船舶垃圾、残油、含油污水、含有毒有害物质污水接收作业,应当具有与其作业风险相适应的预防和清除污染的能力,并经海事管理机构批准。

第十六条 船舶污染物接收作业单位应当落实安全与防污染管理制度。进行污染物接收作业的,应当遵守国家有关标准、规程,并采取有效的防污染措施,防止污染物溢漏。

第十七条 船舶污染物接收单位应当在污染物接收作业完毕后,向船舶出具污染物接收单证,如实填写所接收的污染物种类和数量,并由船长签字确认。船舶污染物接收单证上应当注明作业单位名称,作业双方船名,作业开始和结束的时间、地点,以及污染物种类、数量等内容。

船舶应当携带相应的记录簿和船舶污染物接收单证到海事管理机构办理船舶污染物接收证明,并将船舶污染物接收证明保存在相应的记录簿中。

第十八条 国际航行船舶在驶离国内港口前应当将船上污染物清理干净,并在办理出口岸手续时向海事管理机构出示有效的污染物接收证明。

第十九条 船舶进行涉及污染物处置的作业,应当在相应的记录簿内规范填写、如实记录,真实反映船舶运行过程中产生的污染物数量、处置过程和去向。按照法律、行政法规、国务院交通运输主管部门的规定以及中华人民共和国缔结或者加入的国际条约的要求,不需要配备记录簿的,应当将有关情况在作业当日的航海日志或者轮机日志中如实记载。

船舶应当将使用完毕的船舶垃圾记录簿在船舶上保留 2 年;将使用完毕的含油污水、含有毒有害物质污水记录簿在船舶上保留 3 年。

第二十条 船舶污染物接收单位应当将接收的污染物交由具有国家规定资质的污染物处理单位进行处理,并每月将船舶污染物的接收和处理情况报海事管理机构备案。

第二十一条 接收处理含有有毒有害物质或者其他危险成分的船舶污染物的,应当符合国家有关危险废物的管理规定。来自疫区船舶产生的污染物,应当经有关检疫部门检疫处理后方可进行接收和处理。

第二十二条 船舶应当配备有盖、不渗漏、不外溢的垃圾储存容器,或者对垃圾实行袋装。

船舶应当对垃圾进行分类收集和存放,对含有有毒有害物质或者其他危险成分的垃圾应当单独存放。

船舶将含有有毒有害物质或者其他危险成分的垃圾排入港口接收设施或者委托船舶污染物接收单位接收的,应当向对方说明此类垃圾所含物质的名称、性质和数量等情况。

第二十三条 船舶应当按照国家有关规定以及中华人民共和国缔结或者加入的国际条约的要求,设置与生活污水产生量相适应的处理装置或者储存容器。

第四章 船舶载运污染危险性货物及其有关作业

第二十四条 本规定所称污染危险性货物,是指直接或者间接进入水体,会损害水体质量和环境质量,从而产生损害生物资源、危害人体健康等有害影响的货物。

国家海事管理机构应当向社会公布污染危害性货物的名录,并根据需要及时更新。

第二十五条　船舶载运污染危害性货物进出港口,承运人或者代理人应当在进出港24小时前(航程不足24小时的,在驶离上一港口时)向海事管理机构办理船舶适载申报手续;货物所有人或者代理人应当在船舶适载申报之前向海事管理机构办理货物适运申报手续。

货物适运申报和船舶适载申报经海事管理机构审核同意后,船舶方可进出港口、过境停留或者进行装卸作业。

第二十六条　交付运输的污染危害性货物的特性、包装以及针对货物采取的风险防范和应急措施等应当符合国家有关标准、规定以及中华人民共和国缔结或者加入的国际条约的要求;需要经国家有关主管部门依法批准后方可载运的,还需要取得有关主管部门的批准。

船舶适载的条件按照《中华人民共和国海事行政许可条件规定》关于船舶载运危险货物的适载条件执行。

第二十七条　货物所有人或者代理人办理货物适运申报手续的,应当向海事管理机构提交下列材料:

(一)货物适运申报单,包括货物所有人或者代理人有关情况以及货物名称、种类、特性等基本信息;

(二)由代理人办理货物适运申报手续的,应当提供货物所有人出具的有效授权证明;

(三)相应的污染危害性货物安全技术说明书,安全作业注意事项、防范和应急措施等有关材料;

(四)需要经国家有关主管部门依法批准后方可载运的污染危害性货物,应当持有有效的批准文件;

(五)交付运输下列污染危害性货物的,还应当提交下列材料:

1. 载运包装污染危害性货物的,应当提供包装和中型散装容器检验合格证明或者压力容器检验合格证明;

2. 使用可移动罐柜装载污染危害性货物的,应当提供罐柜检验合格证明;

3. 载运放射性污染危害性货物的,应当提交放射性剂量证明;

4. 货物中添加抑止剂或者稳定剂的,应当提交抑止剂或者稳定剂的名称、数量、温度、有效期以及超过有效期时应当采取的措施;

5. 载运限量污染危害性货物的,应当提交限量危险货物证明;

6. 载运污染危害性不明货物的,应当提交符合第三十一条规定的污染危害性评估报告。

第二十八条　承运人或者代理人办理船舶适载申报手续的,应当向海事管理机构提交下列材料:

(一)船舶载运污染危害性货物申报单,包括承运人或者代理人有关情况以及货物名称、种类、特性等基本信息;

(二)海事管理机构批准的货物适运证明;

(三)由代理人办理船舶适载申报手续的,应当提供承运人出具的有效授权证明;

(四)防止油污证书、船舶适载证书、船舶油污损害民事责任保险或者其他财务保证证书;

（五）载运污染危害性货物的船舶在运输途中发生过意外情况的，还应当在船舶载运污染危害性货物申报单内扼要说明所发生意外情况的原因、已采取的控制措施和目前状况等有关情况，并于抵港后送交详细报告；

（六）列明实际装载情况的清单、舱单或者积载图；

（七）拟进行装卸作业的港口、码头、装卸站。

定船舶、定航线、定货种的船舶可以办理不超过一个月期限的船舶定期适载申报手续。办理船舶定期适载申报手续的，除应当提交本条第一款规定的材料外，还应当提交能够证明固定船舶在固定航线上运输固定污染危害性货物的有关材料。

第二十九条 海事管理机构收到货物适运申报、船舶适载申报后，应当根据第二十六条规定的条件在 24 小时内作出批准或者不批准的决定；办理船舶定期适载申报的，应当在 7 日内作出批准或者不批准的决定。

第三十条 货物所有人或者代理人交付船舶载运污染危害性货物，应当采取有效的防治污染措施，确保货物的包装与标志的规格、比例、色度、持久性等符合国家有关安全与防治污染的要求，并在运输单证上如实注明该货物的技术名称、数量、类别、性质、预防和应急措施等内容。

第三十一条 货物所有人或者代理人交付船舶载运污染危害性不明的货物，应当由国家海事管理机构认定的评估机构进行污染危害性评估，明确货物的污染危害性质和船舶载运技术条件，并经海事管理机构确认后方可交付船舶运输。

国家海事管理机构应当根据下列标准认定并定期公布本条第一款规定的评估机构名单：

（一）有固定的办公场所，并配备必要的检测、鉴定等设施、设备；

（二）具有与污染危害性货物评估相适应技术能力的专业人员；

（三）有符合污染危害性货物评估要求的管理制度。

第三十二条 曾经载运污染危害性货物的空容器和运输组件，应当彻底清洗并消除危害，取得由具有国家规定资质的检测机构出具的清洁证明后，方可按照普通货物交付船舶运输。在未彻底清洗并消除危害之前，应当按照原所装货物的要求进行运输。

第三十三条 海事管理机构认为交付船舶载运的货物应当按照污染危害性货物申报而未申报的，或者申报的内容不符合实际情况的，经海事管理机构负责人批准，可以采取开箱等方式查验。

海事管理机构在实施开箱查验时，货物所有人或者代理人应当到场，并负责搬移货物，开拆和重封货物的包装。海事管理机构认为必要时，可以径行开验、复验或者提取货样。有关单位和个人应当配合。

第三十四条 船舶不符合污染危害性货物适载要求的，不得载运污染危害性货物，码头、装卸站不得为其进行装卸作业。

发现船舶及其有关作业活动可能对海洋环境造成污染危害的，码头、装卸站、船舶应当立即采取相应的应急措施，并向海事管理机构报告。

第三十五条　从事污染危害性货物装卸作业的码头、装卸站,应当符合安全装卸和污染物处理的相关标准,并向海事管理机构提交安全装卸和污染物处理能力情况的有关材料。海事管理机构应当将具有相应安全装卸和污染物处理能力的码头、装卸站向社会公布。

载运污染危害性货物的船舶应当在海事管理机构公布的具有相应安全装卸和污染物处理能力的码头、装卸站进行装卸作业。

第三十六条　船舶进行散装液体污染危害性货物过驳作业的,应当符合国家海上交通安全和防治船舶海洋污染环境的管理规定和技术规范,选择缓流、避风、水深、底质等条件较好的水域,远离人口密集区、船舶通航密集区、航道、重要的民用目标或者设施、军用水域,制订安全和防治污染的措施和应急计划并保证有效实施。

第三十七条　进行散装液体污染危害性货物过驳作业的船舶,其承运人、货物所有人或者代理人应当向海事管理机构提交下列申请材料:

(一)船舶作业申请书,内容包括作业船舶资料、联系人、联系方式、作业时间、作业地点、过驳种类和数量等基本情况;

(二)船舶作业方案、拟采取的监护和防治污染措施;

(三)船舶作业应急预案;

(四)对船舶作业水域通航安全和污染风险的分析报告;

(五)与具有相应资质的污染清除作业单位签订的污染清除作业协议。

以过驳方式进行油料供受作业的,应当提交本条第一款第(一)、(二)、(三)、(五)项规定的材料。

海事管理机构应当自受理申请之日起2日内根据第三十六条规定的条件作出批准或者不予批准的决定。2日内无法作出决定的,经海事管理机构负责人批准,可以延长5日。

第三十八条　从事船舶油料供受作业的单位应当向海事管理机构备案,并提交下列备案材料:

(一)工商营业执照;

(二)安全与防治污染制度文件、应急预案、应急设备物资清单、输油软管耐压检测证明以及作业人员参加培训情况;

(三)通过船舶进行油料供受作业的,还应当提交船舶相关证书、船上油污应急计划、作业船舶油污责任保险凭证以及船员适任证书;

(四)燃油质量承诺书;从事成品油供受作业的单位应当同时提交有关部门依法批准的成品油批发或者零售经营的证书。

第三十九条　进行船舶油料供受作业的,作业双方应当采取满足安全和防治污染要求的供受油作业管理措施,同时应当遵守下列规定:

(一)作业前,应当做到:

1.检查管路、阀门,做好准备工作,堵好甲板排水孔,关好有关通海阀;

2.检查油类作业的有关设备,使其处于良好状态;

3.对可能发生溢漏的地方,设置集油容器;

4.供受油双方以受方为主商定联系信号,双方均应切实执行。

（二）作业中，要有足够人员值班，当班人员要坚守岗位，严格执行操作规程，掌握作业进度，防止跑油、漏油；

（三）停止作业时，必须有效关闭有关阀门；

（四）收解输油软管时，必须事先用盲板将软管有效封闭，或者采取其他有效措施，防止软管存油倒流入海。

海事管理机构应当对船舶油料供受作业进行监督检查，发现不符合安全和防治污染要求的，应当予以制止。

第四十条 船舶燃油供给单位应当如实填写燃油供受单证，并向船舶提供燃油供受单证和燃油样品。燃油供受单证应当包括受油船船名，船舶识别号或国际海事组织编号，作业时间、地点，燃油供应商的名称、地址和联系方式以及燃油种类、数量、密度和含硫量等内容。船舶和燃油供给单位应当将燃油供受单证保存 3 年，将燃油样品妥善保存 1 年。

燃油供给单位应当确保所供燃油的质量符合相关标准要求，并将所供燃油送交取得国家规定资质的燃油检测单位检测。燃油质量的检测报告应当留存在作业船舶上备查。

第四十一条 船舶从事 300 吨及以上的油类或者比重小于 1 且不溶、微溶于水的散装有毒液体物质的装卸、过驳作业，应当布设围油栏。

布设围油栏方案应当在作业前报海事管理机构备案。因受自然条件或者其他原因限制，不适合布设围油栏的，可以采用其他防治污染替代措施，但应当将拟采取的替代措施和理由在作业前报海事管理机构同意。

第四十二条 载运污染危害性货物的船舶进出港口和通过桥区、交通管制区、通航密集区以及航行条件受限制的区域，或者载运剧毒、爆炸、放射性货物的船舶进出港口，应当遵守海事管理机构的特别规定，并采取必要的安全和防治污染保障措施。

第四十三条 船舶载运散发有毒有害气体或者粉尘物质等货物的，应当采取密闭或者其他防护措施。对有封闭作业要求的污染危害性货物，在运输和作业过程中应当采取措施回收有毒有害气体。

第五章　船舶拆解、打捞、修造和其他水上水下船舶施工作业

第四十四条 进行船舶修造、水上拆解作业的，应当在海事管理机构确定并公布的地点进行。

禁止采取冲滩方式进行船舶拆解作业。

第四十五条 进行船舶拆解、打捞、修造和其他水上水下船舶施工作业的，应当遵守相关操作规程，并采取必要的安全和防治污染措施。

第四十六条 在进行船舶拆解和船舶油舱修理作业前，作业单位应当将船舶上的残余物和废弃物进行有效处置，将燃油舱、货油舱中的存油驳出，进行洗舱、清舱、测爆等工作，并按照规定取得船舶污染物接收证明和有效的测爆证书。

船舶燃油舱、货油舱中的存油需要通过过驳方式交付储存的，应当交由船舶污染物接收单位或者依法获得船舶油料供受作业资质的单位储存，并按照第三十七条的规定经过海事管理

机构的批准。

第四十七条 在船坞内进行船舶修造作业的,修造船厂应当将坞内污染物清理完毕,确认不会造成水域污染后,方可沉起浮船坞或者开启坞门。

第四十八条 船舶拆解、打捞、修造或者其他水上水下船舶施工作业结束后,应当及时清除污染物,并将作业全过程产生的污染物的清除处理情况一并向海事管理机构报告,海事管理机构可以视情况进行现场核实。

第六章 法律责任

第四十九条 海事管理机构发现船舶、有关作业单位存在违反本规定行为的,应当责令改正;拒不改正的,海事管理机构可以责令停止作业、强制卸载,禁止船舶进出港口、靠泊、过境停留,或者责令停航、改航、离境、驶向指定地点。

第五十条 违反本规定,船舶的结构不符合国家有关防治船舶污染海洋环境的船舶检验规范或者有关国际条约要求的,由海事管理机构处 10 万元以上 30 万元以下的罚款。

第五十一条 违反本规定,船舶、港口、码头和装卸站未配备防治污染设施、设备、器材,有下列情形之一的,由海事管理机构予以警告,或者处 2 万元以上 10 万元以下的罚款:

(一)配备的防治污染设施、设备、器材数量不能满足法律、行政法规、规章、有关标准以及我国缔结或者参加的国际条约要求的;

(二)配备的防治污染设施、设备、器材技术性能不能满足法律、行政法规、规章、有关标准以及我国缔结或者参加的国际条约要求的。

第五十二条 违反本规定,船舶未持有防治船舶污染海洋环境的证书、文书的,由海事管理机构予以警告,或者处 2 万元以下的罚款。

第五十三条 违反本规定,船舶向海域排放本规定禁止排放的污染物的,由海事管理机构处 3 万元以上 20 万元以下的罚款。

第五十四条 违反本规定,船舶排放或者处置污染物,有下列情形之一的,由海事管理机构处 2 万元以上 10 万元以下的罚款:

(一)超过标准向海域排放污染物的;

(二)未按照规定在船上留存船舶污染物排放或者处置记录的;

(三)船舶污染物处置记录与船舶运行过程中产生的污染物数量不符合的。

第五十五条 违反本规定,船舶污染物接收单位未经海事管理机构批准,擅自进行船舶垃圾、残油、含油污水、含有毒有害物质污水接收作业的,由海事管理机构处 1 万元以上 5 万元以下的罚款;造成海洋环境污染的,处 5 万元以上 25 万元以下的罚款。

第五十六条 违反本规定,船舶、船舶污染物接收单位接收处理污染物,有下列第(一)项情形的,由海事管理机构予以警告,或者处 2 万元以下的罚款;有下列第(二)项、第(三)项情形的,由海事管理机构处 2 万元以下的罚款:

（一）船舶未如实记录污染物处置情况的；

（二）船舶未按照规定办理污染物接收证明的；

（三）船舶污染物接收单位未按照规定将船舶污染物的接收和处理情况报海事管理机构备案的。

第五十七条　违反本规定，未经海事管理机构批准，船舶载运污染危害性货物进出港口、过境停留、进行装卸的，由海事管理机构对其承运人、货物所有人或者代理人处 1 万元以上 5 万元以下的罚款；未经海事管理机构批准，船舶进行散装液体污染危害性货物过驳作业的，由海事管理机构对船舶处 1 万元以上 5 万元以下的罚款。

第五十八条　违反本规定，有下列第（一）项情形的，由海事管理机构予以警告，或者处 2 万元以上 10 万元以下的罚款；有下列第（二）项、第（三）项、第（四）项情形的，由海事管理机构处 2 万元以上 10 万元以下的罚款：

（一）船舶载运的污染危害性货物不具备适运条件的；

（二）载运污染危害性货物的船舶不符合污染危害性货物适载要求的；

（三）载运污染危害性货物的船舶未在具有相应安全装卸和污染物处理能力的码头、装卸站进行装卸作业的；

（四）货物所有人或者代理人未按照规定对污染危害性不明的货物进行污染危害性评估的。

第五十九条　违反本规定，有下列情形之一的，由海事管理机构处 2000 元以上 1 万元以下的罚款：

（一）船舶未按照规定保存污染物接收证明的；

（二）船舶油料供受单位未如实填写燃油供受单证的；

（三）船舶油料供受单位未按照规定向船舶提供燃油供受单证和燃油样品的；

（四）船舶和船舶油料供受单位未按照规定保存燃油供受单证和燃油样品的。

第六十条　违反本规定，进行船舶水上拆解、旧船改装、打捞和其他水上水下船舶施工作业，造成海洋环境污染损害的，由海事管理机构予以警告，或者处 5 万元以上 20 万元以下的罚款。

第七章　附　则

第六十一条　军事船舶以及国务院交通运输主管部门所辖港区水域外渔业船舶污染海洋环境的防治工作，不适用本规定。

第六十二条　本规定自 2011 年 2 月 1 日起施行。

附录七
中华人民共和国船舶载运危险货物
安全监督管理规定

2003 年 11 月 30 日交通部发布

根据 2012 年 3 月 14 日交通运输部《关于修改〈船舶载运危险货物安全监督管理规定〉的规定》修正

第一章　总　则

第一条　为加强船舶载运危险货物监督管理,保障水上人命、财产安全,防止船舶污染环境,依据《中华人民共和国海上交通安全法》、《中华人民共和国海洋环境保护法》、《中华人民共和国港口法》、《中华人民共和国内河交通安全管理条例》、《中华人民共和国危险化学品安全管理条例》和有关国际公约的规定,制定本规定。

第二条　本规定适用于船舶在中华人民共和国管辖水域载运危险货物的活动。

第三条　交通部主管全国船舶载运危险货物的安全管理工作。中华人民共和国海事局负责船舶载运危险货物的安全监督管理工作。

交通部直属和地方人民政府交通主管部门所属的各级海事管理机构依照有关法律、法规和本规定,具体负责本辖区船舶载运危险货物的安全监督管理工作。

第四条　船舶载运危险货物,必须符合国家安全生产、水上交通安全、防治船舶污染的规定,保证船舶人员和财产的安全,防止对环境、资源以及其他船舶和设施造成损害。

第五条　禁止利用内河以及其他封闭水域等航运渠道运输剧毒化学品以及交通部规定禁止运输的其他危险化学品。

禁止在普通货物中夹带危险货物,不得将危险货物匿报或者报为普通货物。

禁止未取得危险货物适装证书的船舶以及超过交通部规定船龄的船舶载运危险货物。

第二章　通航安全和防污染管理

第六条　载运危险货物的船舶在中国管辖水域航行、停泊、作业,应当遵守交通部公布的以及海事管理机构在其职权范围内依法公布的水上交通安全和防治船舶污染的规定。

对在中国管辖水域航行、停泊、作业的载运危险货物的船舶,海事管理机构应当进行监督。

第七条　载运危险货物的船舶应当选择符合安全要求的通航环境航行、停泊、作业,并顾及在附近航行、停泊、作业的其他船舶以及港口和近岸设施的安全,防止污染环境。海事管理机构规定危险货物船舶专用航道、航路的,载运危险货物的船舶应当遵守规定航行。

载运危险货物的船舶通过狭窄或者拥挤的航道、航路,或者在气候、风浪比较恶劣的条件下航行、停泊、作业,应当加强瞭望,谨慎操作,采取相应的安全、防污措施。必要时,还应当落实辅助船舶待命防护等应急预防措施,或者向海事管理机构请求导航或者护航。

载运爆炸品、放射性物品、有机过氧化物、闪点28 ℃以下易燃液体和液化气的船,不得与其他驳船混合编队拖带。

对操作能力受限制的载运危险货物的船舶,海事管理机构应当疏导交通,必要时可实行相应的交通管制。

第八条 载运危险货物的船舶在航行、停泊、作业时应当按规定显示信号。

其他船舶与载运危险货物的船舶相遇,应当注意按照航行和避碰规则的规定,尽早采取相应的行动。

第九条 在船舶交通管理(VTS)中心控制的水域,船舶应当按照规定向交通管理(VTS)中心报告,并接受该中心海事执法人员的指令。

对报告进入船舶交通管理(VTS)中心控制水域的载运危险货物的船舶,海事管理机构应当进行标注和跟踪,发现违规航行、停泊、作业的,或者认为可能影响其他船舶安全的,海事管理机构应当及时发出警告,必要时依法采取相应的强制措施。

船舶交通管理(VTS)中心应当为向其报告的载运危险货物的船舶提供相应的水上交通安全信息服务。

第十条 在实行船舶定线制的水域,载运危险货物的船舶应当遵守船舶定线制规定,并使用规定的通航分道航行。

在实行船位报告制的水域,载运危险货物的船舶应当按照海事管理机构的规定,加入船位报告系统。

第十一条 载运危险货物的船舶从事水上过驳作业,应当符合国家水上交通安全和防止船舶污染环境的管理规定和技术规范,选择缓流、避风、水深、底质等条件较好的水域,尽量远离人口密集区、船舶通航密集区、航道、重要的民用目标或者设施、军用水域,制定安全和防治污染的措施和应急计划并保证有效实施。

第十二条 载运危险货物的船舶在港口水域内从事危险货物过驳作业,应当根据交通部有关规定向港口行政管理部门提出申请。港口行政管理部门在审批时,应当就船舶过驳作业的水域征得海事管理机构的同意。

载运散装液体危险性货物的船舶在港口水域外从事海上危险货物过驳作业,应当由船舶或者其所有人、经营人或者管理人依法向海事管理机构申请批准。

船舶从事水上危险货物过驳作业的水域,由海事管理机构发布航行警告或者航行通告予以公布。

第十三条 申请从事港口水域外海上危险货物单航次过驳作业的,申请人应当提前24小时向海事管理机构提出申请;申请在港口水域外特定海域从事多航次危险货物过驳作业的,申请人应当提前7日向海事管理机构提出书面申请。

船舶提交上述申请,应当申明船舶的名称、国籍、吨位,船舶所有人或者其经营人或者管理人、船员名单,危险货物的名称、编号、数量,过驳的时间、地点等,并附表明其业已符合本规定第十一条规定的相应材料。

海事管理机构收到齐备、合格的申请材料后,对单航次作业的船舶,应当在24小时内做出批准或者不批准的决定;对在特定水域多航次作业的船舶,应当在7日内做出批准或者不批准的决定。海事管理机构经审核,对申请材料显示船舶及其设备、船员、作业活动及安全和环保措施、作业水域等符合国家水上交通安全和防治船舶污染环境的管理规定和技术规范的,应当予以批准并及时通知申请人。对未予批准的,应当说明理由。

第十四条 载运危险货物的船舶排放压载水、洗舱水,排放其他残余物或者残余物与水的混合物,应当按照国家有关规定进行排放。

禁止船舶在海事管理机构依法设定并公告的禁止排放水域内,向水体排放任何禁排物品。

第十五条 载运危险货物的船舶发生水上险情、交通事故、非法排放事件,应当按照规定向海事管理机构报告,并及时启动应急计划和采取应急措施,防止损害、危害的扩大。

海事管理机构接到报告后,应当启动相应的应急救助计划,支援当事船舶尽量控制并消除损害、危害的态势和影响。

第三章　船舶管理

第十六条 从事危险货物运输的船舶所有人或者其经营人或者管理人,应当根据国家水上交通安全和防治船舶污染环境的管理规定,建立和实施船舶安全营运和防污染管理体系。

第十七条 载运危险货物的船舶,其船体、构造、设备、性能和布置等方面应当符合国家船舶检验的法律、行政法规、规章和技术规范的规定,国际航行船舶还应当符合有关国际公约的规定,具备相应的适航、适装条件,经中华人民共和国海事局认可的船舶检验机构检验合格,取得相应的检验证书和文书,并保持良好状态。

载运危险货物的船用集装箱、船用刚性中型散装容器和船用可移动罐柜,应当经中华人民共和国海事局认可的船舶检验机构检验合格后,方可在船上使用。

第十八条 曾装运过危险货物的未清洁的船用载货空容器,应当作为盛装有危险货物的容器处理,但经采取足够措施消除了危险性的除外。

第十九条 载运危险货物的船舶应当制定保证水上人命、财产安全和防治船舶污染环境的措施,编制应对水上交通事故、危险货物泄漏事故的应急预案以及船舶溢油应急计划,配备相应的应急救护、消防和人员防护等设备及器材,并保证落实和有效实施。

第二十条 载运危险货物的船舶应当按照国家有关船舶安全、防污染的强制保险规定,参加相应的保险,并取得规定的保险文书或者财务担保证明。

载运危险货物的国际航行船舶,按照有关国际公约的规定,凭相应的保险文书或者财务担保证明,由海事管理机构出具表明其业已办理符合国际公约规定的船舶保险的证明文件。

第二十一条 船舶载运危险货物,应当符合有关危险货物积载、隔离和运输的安全技术规范,并只能承运船舶检验机构签发的适装证书中所载明的货种。

国际航行船舶应当按照《国际海运危险货物规定》,国内航行船舶应当按照《水路危险货物运输规定》,对承载的危险货物进行正确分类和积载,保障危险货物在船上装载期间的安全,对不符合国际、国内有关危险货物包装和安全积载规定的,船舶应当拒绝受载、承运。

第二十二条　船舶进行洗(清)舱、驱气或者置换,应当选择安全水域,远离通航密集区、船舶定线制区、禁航区、航道、渡口、客轮码头、危险货物码头、军用码头、船闸、大型桥梁、水下通道以及重要的沿岸保护目标,并在作业之前报海事管理机构核准,核准程序和手续按本规定第十三条关于单航次海上危险货物过驳作业的规定执行。

船舶从事本条第一款所述作业活动期间,不得检修和使用雷达、无线电发报机、卫星船站;不得进行明火、拷铲及其他易产生火花的作业;不得使用供应船、车进行加油、加水作业。

第四章　申报管理

第二十三条　船舶载运危险货物进、出港口,或者在港口过境停留,应当在进、出港口之前提前24小时,直接或者通过代理人向海事管理机构办理申报手续,经海事管理机构批准后,方可进、出港口。国际航行船舶,还应当按照国务院颁布的《国际航行船舶进出中华人民共和国口岸检查办法》第六条规定的时间提前预报告。

定船舶、定航线、定货种的船舶可以办理定期申报手续。定期申报期限不超过一个月。

船舶载运尚未在《危险货物品名表》(国家标准 GB 12268)或者国际海事组织制定的《国际海运危险货物规则》内列明但具有危险物质性质的货物,应当按照载运危险货物的管理规定办理进、出港口申报。

海事管理机构接到报告后,应当及时将上述信息通报港口所在地的港口行政管理部门。

办理申报手续可以采用电子数据处理(EDP)或者电子数据交换(EDI)的方式。

第二十四条　载运危险货物的船舶办理进、出港口申报手续,申报内容应至少包括:船名、预计进出港口的时间以及所载危险货物的正确名称、编号、类别、数量、特性、包装、装载位置等,并提供船舶持有安全适航、适装、适运、防污染证书或者文书的情况。

对于装有危险货物的集装箱,船舶需提供集装箱装箱检查员签名确认的《集装箱装箱证明书》。

对于易燃、易爆、易腐蚀、剧毒、放射性、感染性、污染危害性等危险品,船舶应当在申报时附具相应的危险货物安全技术说明书、安全作业注意事项、人员防护、应急急救和泄漏处置措施等资料。

第二十五条　海事管理机构收到船舶载运危险货物进、出港口的申报后,应当在24小时内做出批准或者不批准船舶进、出港口的决定。

对于申报资料明确显示船舶处于安全适航、适装状态以及所载危险货物属于安全状态的,海事管理机构应当批准船舶进、出港口。对有下列情形之一的,海事管理机构应当禁止船舶进、出港口:

(一)船舶未按规定办理申报手续;

(二)申报显示船舶未持有有效的安全适航、适装证书和防污染证书,或者货物未达到安

全适运要求或者单证不全;

（三）按规定尚需国家有关主管部门或者进出口国家的主管机关同意后方能载运进、出口的货物,在未办理完有关手续之前;

（四）船舶所载危险货物系国家法律、行政法规禁止通过水路运输的;

（五）本港尚不具备相应的安全航行、停泊、作业条件或者相应的应急、防污染、保安等措施的;

（六）交通部规定不允许船舶进出港口的其他情形。

第二十六条 船舶载运需经国家其他有关主管部门批准的危险货物,或者载运需经两国或者多国有关主管部门批准的危险货物,应在装货前取得相应的批准文书并向海事管理机构备案。

第二十七条 船舶从境外载运有害废料进口,国内收货单位应事先向预定抵达港的海事管理机构提交书面报告并附送出口国政府准许其迁移以及我国政府有关部门批准其进口的书面材料,提供承运的单位、船名、船舶国籍和呼号以及航行计划和预计抵达时间等情况。

船舶出口有害废弃物,托运人应提交我国政府有关部门批准其出口,以及最终目的地国家政府准许其进口的书面材料。

第二十八条 核动力船舶、载运放射性危险货物的船舶以及 5 万总吨以上的油轮、散装化学品船、散装液化气船从境外驶向我国领海的,不论其是否挂靠中国港口,均应当在驶入中国领海之前,向中国船位报告中心通报:船名、危险货物的名称、装载数量、预计驶人的时间和概位、挂靠中国的第一个港口或者声明过境。挂靠中国港口的,还应当按照本规定第二十三条的规定申报。

第五章　人员管理

第二十九条 载运危险货物船舶的船员,应当持有海事管理机构颁发的适任证书和相应的培训合格证,熟悉所在船舶载运危险货物安全知识和操作规程。

第三十条 载运危险货物船舶的船员应当事先了解所运危险货物的危险性和危害性及安全预防措施,掌握安全载运的相关知识。发生事故时,应遵循应急预案,采取相应的行动。

第三十一条 从事原油洗舱作业的指挥人员,应当按照规定参加原油洗舱的特殊培训,具备船舶安全与防污染知识和专业操作技能,经海事管理机构考试、评估,取得合格证书后,方可上岗作业。

第三十二条 按照本规定办理船舶申报手续的人员,应当熟悉船舶载运危险货物的申报程序和相关要求。

第六章　法律责任

第三十三条 海事管理机构依法对载运危险货物的船舶实施监督检查,对违法的船舶、船员实施相应的行政强制措施。

海事管理机构发现载运危险货物的船舶存在安全或者污染隐患的,应当责令立即消除或者限期消除隐患;有关单位和个人不立即消除或者逾期不消除的,海事管理机构可以采取责令其临时停航、停止作业,禁止进港、离港,责令驶往指定水域,强制卸载,滞留船舶等强制性措施。

对有下列情形之一的,海事管理机构应当责令当事船舶立即纠正或者限期改正:

(一)经核实申报内容与实际情况不符的;

(二)擅自在非指定泊位或者水域装卸危险货物的;

(三)船舶或者其设备不符合安全、防污染要求的;

(四)危险货物的积载和隔离不符合规定的;

(五)船舶的安全、防污染措施和应急计划不符合规定的;

(六)船员不符合载运危险货物的船舶的适任资格的。

本规定第二十八条所述船舶违反国家水上交通安全和防治船舶污染环境的法律、行政法规以及《联合国海洋法公约》有关规定的,海事管理机构有权禁止其进入中国领海、内水、港口,或者责令其离开或者驶向指定地点。

第三十四条 载运危险货物的船舶违反本规定以及国家水上交通安全、防治船舶污染环境的规定,应当予以行政处罚的,由海事管理机构按照有关法律、行政法规和交通部公布的有关海事行政处罚的规定给予相应的处罚。

涉嫌构成犯罪的,由海事管理机构依法移送国家司法机关。

第三十五条 海事管理机构的工作人员有滥用职权、徇私舞弊、玩忽职守等严重失职行为的,由其所在单位或者上级机关给予行政处分;情节严重构成犯罪的,由司法机关依法追究刑事责任。

第七章 附 则

第三十六条 本规定所称"危险货物",系指具有爆炸、易燃、毒害、腐蚀、放射性、污染危害性等特性,在船舶载运过程中,容易造成人身伤害、财产损失或者环境污染而需要特别防护的物品。

第三十七条 本规定自 2004 年 1 月 1 日生效。1981 年交通部颁布的《船舶装载危险货物监督管理规定》(〔81〕交港监字 2060 号)同时废止。

附录八
船舶升挂国旗管理办法

1991 年 10 月 10 日交通部令第 32 号发布

第一条 根据《中华人民共和国国旗法》第四条二款和第十一条一款的规定,制定本办法。

第二条 本办法适用于中国籍民用船舶(以下简称中国籍船舶)以及进入中华人民共和国内水、港口、锚地的外国籍船舶(以下简称外国籍船舶)。

第三条 交通部授权港务监督机构(含港航监督机构,下同)对船舶升挂和使用中华人民共和国国旗(以下简称中国国旗)实施监督管理。

第四条 依照中华人民共和国有关船舶登记法规办理船舶登记,取得了中华人民共和国国籍的船舶,方可将中国国旗作为船旗国国旗悬挂。

第五条 除本办法第八条规定的情况外,下列中国籍船舶应当每日悬挂中国国旗:
(一)50 总吨及以上的船舶;
(二)航行在中国领水以外水域和香港、澳门地区的船舶;
(三)公务船舶。

第六条 进入中华人民共和国内水、港口、锚地的外国籍船舶,应当每日悬挂中国国旗。

第七条 船舶应按其长度悬挂下列尺度的中国国旗:
(一)150 米及以上的船舶,应悬挂甲种或乙种或丙种中国国旗;
(二)50 米及以上不足 150 米的船舶,应悬挂丙种或丁种中国国旗;
(三)20 米及以上不足 50 米的船舶,应悬挂丁种或戊种中国国旗;
(四)不足 20 米的船舶应悬挂戊种中国国旗。
外国籍船舶悬挂的中国国旗尺度,一般应不小于其悬挂的船旗国国旗的尺度。

第八条 船舶悬挂中国国旗应当早晨升起,傍晚降下。但遇有恶劣天气时,可以不升挂中国国旗。

第九条 船舶悬挂的中国国旗应当整洁,不得破损、污损、褪色或者不合规格,不得倒挂。

第十条 中国籍船舶应将中国国旗悬挂于船尾旗杆上。船尾没有旗杆的,应悬挂于驾驶室信号杆顶部或右横桁。

外国籍船舶悬挂中国国旗,应悬挂于前桅或驾驶室信号杆顶部或右横桁。

中国国旗与其他旗帜同时悬挂于驾驶室信号杆右横桁时,中国国旗应悬挂于最外侧。

第十一条 中国籍船舶在航行中与军舰相遇,需要时可以使用中国国旗表示礼仪。

第十二条 船舶取得中华人民共和国国籍后,第一次升挂中国国旗时,可以举行升旗仪式。

第十三条 遇有《中华人民共和国国旗法》第十四条规定的情形时,港务监督机构应通知或通过船舶代理人、所有人通知船舶下半旗。

除前款规定的情况外,船舶非经批准不得将中国国旗下半旗。

第十四条 外国籍船舶根据船旗国的规定需将船旗国国旗下半旗的,应向港务监督机构报告。

第十五条 中国籍船舶改变国籍,在最后一次降中国国旗时,可以举行降旗仪式。降旗仪式可参照升旗仪式进行。降旗仪式后,船长或船舶其他负责人应将中国国旗妥善保管,送交船舶所有人。

船舶遇难必须弃船时,船长或船舶其他负责人应指定专人降下中国国旗,并携带离船,送交船舶所有人。

第十六条 外国国家领导人乘坐、参观中国籍船舶,或我国国家领导人利用中国籍船舶举行欢迎外国国家领导人的仪式,需要悬挂两国以上国旗的,按照有关涉外悬挂和使用国旗的规定办理。

第十七条 对违反《中华人民共和国国旗法》和本规定的船舶和船员,港务监督机构应令其立即纠正,并可根据情节,按照《中华人民共和国国旗法》和我国其他有关规定予以处罚。

外国籍船舶拒绝按港务监督机构的要求纠正的,港务监督机构可令其驶离中华人民共和国内水、港口、锚地。

第十八条 本办法由交通部负责解释。

第十九条 本办法自一九九一年十一月一日起施行。

附录九
中华人民共和国船舶和海上设施检验条例

1993 年 2 月 14 日中华人民共和国国务院令第 109 号发布

第一章　总　则

第一条　为了保证船舶、海上设施和船运货物集装箱具备安全航行、安全作业的技术条件,保障人民生命财产的安全和防止水域环境污染,制定本条例。

第二条　本条例适用于:

(一)中华人民共和国登记或者将在中华人民共和国登记的船舶(以下简称中国籍船舶);

(二)根据本条例或者国家有关规定申请检验的外国籍船舶;

(三)在中华人民共和国沿海水域内设置或者将在中华人民共和国沿海水域内设置的海上设施(以下简称海上设施);

(四)在中华人民共和国登记的企业法人所拥有的船运货物集装箱(以下简称集装箱)。

第三条　中华人民共和国船舶检验局(以下简称船检局)是依照本条例规定实施各项检验工作的主管机构。

经国务院交通主管部门批准,船检局可以在主要港口和工业区设置船舶检验机构。

经国务院交通主管部门和省、自治区、直辖市人民政府批准,省、自治区、直辖市人民政府交通主管部门可以在所辖港口设置地方船舶检验机构。

第四条　中国船级社是社会团体性质的船舶检验机构,承办国内外船舶、海上设施和集装箱的入级检验、鉴证检验和公证检验业务;经船检局授权,可以代行法定检验。

第五条　实施本条例规定的各项检验,应当贯彻安全第一、质量第一的原则,鼓励新技术的开发和应用。

第二章　船舶检验

第六条　船舶检验分别由下列机构实施:

(一)船检局设置的船舶检验机构;

(二)省、自治区、直辖市人民政府交通主管部门设置的地方船舶检验机构;

(三)船检局委托、指定或者认可的检验机构。

前款所列机构,以下统称船舶检验机构。

第七条　中国籍船舶的所有人或者经营人,必须向船舶检验机构申请下列检验:

(一)建造或者改建船舶时,申请建造检验;

(二)营运中的船舶,申请定期检验;

(三)由外国籍船舶改为中国籍船舶的,申请初次检验。

第八条　中国籍船舶所使用的有关海上交通安全的和防止水域环境污染的重要设备、部件和材料,须经船舶检验机构按照有关规定检验。

第九条　中国籍船舶须由船舶检验机构测定总吨位和净吨位,核定载重线和乘客定额。

第十条　在中国沿海水域从事钻探、开发作业的外国籍钻井船、移动式平台的所有人或者经营人,必须向船检局设置或者指定的船舶检验机构申请下列检验:

(一)作业前检验;

(二)作业期间的定期检验。

第十一条　中国沿海水域内的移动式平台、浮船坞和其他大型设施进行拖带航行,起拖前必须向船检局设置的或者指定的船舶检验机构申请拖航检验。

第十二条　中国籍船舶有下列情形之一的,船舶所有人或者经营人必须向船舶检验机构申请临时检验:

(一)因发生事故,影响船舶适航性能的;

(二)改变船舶证书所限定的用途或者航区的;

(三)船舶检验机构签发的证书失效的;

(四)海上交通安全或者环境保护主管机关责成检验的。

在中国港口内的外国籍船舶,有前款(一)、(四)项所列情形之一的,必须向船检局设置或者指定的船舶检验机构申请临时检验。

第十三条　下列中国籍船舶,必须向中国船级社申请入级检验:

(一)从事国际航行的船舶;

(二)在海上航行的乘客定额一百人以上的客船;

(三)载重量一千吨以上的油船;

(四)滚装船、液化气体运输船和散装化学品运输船;

(五)船舶所有人或者经营人要求入级的其他船舶。

第十四条　船舶经检验合格后,船舶检验机构应当按照规定签发相应的检验证书。

第三章　海上设施检验

第十五条　海上设施的所有人或者经营人,必须向船检局设置或者指定的船舶检验机构申请下列检验,但是本条例第三十一条规定的除外:

(一)建造或者改建海上设施时,申请建造检验;

(二)使用中的海上设施,申请定期检验;

(三)因发生事故影响海上设施安全性能的,申请临时检验;

（四)海上交通安全或者环境保护主管机关责成检验的,申请临时检验。

第十六条　海上设施经检验合格后,船舶检验机构应当按照规定签发相应的检验证书。

第四章　集装箱检验

第十七条　集装箱的所有人或者经营人,必须向船检局设置或者指定的船舶检验机构申请下列检验:

（一）制造集装箱时,申请制造检验;

（二）使用中的集装箱,申请定期检验。

第十八条　集装箱经检验合格后,船舶检验机构应当按照规定签发相应的检验证书。

第五章　检验管理

第十九条　船舶、海上设施、集装箱的检验制度和技术规范,除本条例第三十一条规定的外,由船检局制订,经国务院交通主管部门批准后公布施行。

第二十条　船舶检验机构的检验人员,必须具备相应的专业知识和检验技能,并经考核合格。

第二十一条　检验人员执行检验任务或者对事故进行技术分析调查时,有关单位应当提供必要的条件。

第二十二条　船舶检验机构实施检验,按照规定收取费用。收费办法由国务院交通主管部门会同国务院物价主管部门、国务院财政主管部门制定。

第二十三条　当事人对船舶检验机构的检验结论有异议的,可以向上一级检验机构申请复验;对复验结论仍有异议的,可以向船检局提出再复验,由船检局组织技术专家组进行检验、评议,作出最终结论。

第二十四条　任何单位和个人不得涂改、伪造检验证书,不得擅自更改船舶检验机构勘划的船舶载重线。

第二十五条　关于外国船舶检验机构在中国境内设置常驻代表机构或者派驻检验人员的管理办法,由国务院交通主管部门制定。

第六章　罚　则

第二十六条　涂改检验证书、擅自更改船舶载重线或者以欺骗行为获取检验证书的,船检局或者其委托的检验机构有权撤销已签发的相应证书,并可以责令改正或者补办有关手续。

第二十七条　伪造船舶检验证书或者擅自更改船舶载重线的,由有关行政主管机关给予通报批评,并可以处以相当于相应的检验费一倍至五倍的罚款;构成犯罪的,由司法机关依法追究刑事责任。

第二十八条　船舶检验机构的检验人员滥用职权、徇私舞弊、玩忽职守、严重失职的,由所在单位或者上级机关给予行政处分或者撤销其检验资格;情节严重,构成犯罪的,由司法机关依法追究刑事责任。

第七章 附 则

第二十九条 本条例下列用语的定义:

(一)船舶,是指各类排水或者非排水船、艇、水上飞机、潜水器和移动式平台。

(二)海上设施,是指水上水下各种固定或者浮动建筑、装置和固定平台。

(三)沿海水域,是指中华人民共和国沿海的港口、内水和领海以及国家管辖的一切其他海域。

第三十条 除从事国际航行的渔业辅助船舶依照本条例进行检验外,其他渔业船舶的检验,由国务院渔业主管部门另行规定。

第三十一条 海上设施中的海上石油天然气生产设施的检验,由国务院石油主管部门会同国务院交通主管部门另行规定。

第三十二条 下列船舶不适用本条例:

(一)军用舰艇、公安船艇和体育运动船艇;

(二)按照船舶登记规定,不需要登记的船舶。

第三十三条 本条例由交通部负责解释。

第三十四条 本条例自发布之日起施行。

附录十
中华人民共和国船舶登记条例

1994 年 6 月 2 日中华人民共和国国务院令第 155 号公布
经 2014 年 7 月 9 日国务院第 54 次常务会议通过的《国务院关于修改部分行政法规的决定》修正

第一章 总 则

第一条 为了加强国家对船舶的监督管理,保障船舶登记有关各方的合法权益,制定本条例。

第二条 下列船舶应当依照本条例规定进行登记:

(一)在中华人民共和国境内有住所或者主要营业所的中国公民的船舶。

(二)依据中华人民共和国法律设立的主要营业所在中华人民共和国境内的企业法人的船舶。但是,在该法人的注册资本中有外商出资的,中方投资人的出资额不得低于 50%。

(三)中华人民共和国政府公务船舶和事业法人的船舶。

(四)中华人民共和国港务监督机构认为应当登记的其他船舶。

军事船舶、渔业船舶和体育运动船艇的登记依照有关法规的规定办理。

第三条 船舶经依法登记,取得中华人民共和国国籍,方可悬挂中华人民共和国国旗航行;未经登记的,不得悬挂中华人民共和国国旗航行。

第四条 船舶不得具有双重国籍。凡在外国登记的船舶,未中止或者注销原登记国国籍的,不得取得中华人民共和国国籍。

第五条 船舶所有权的取得、转让和消灭,应当向船舶登记机关登记;未经登记的,不得对抗第三人。

船舶由二个以上的法人或者个人共有的,应当向船舶登记机关登记;未经登记的,不得对抗第三人。

第六条 船舶抵押权、光船租赁权的设定、转移和消灭,应当向船舶登记机关登记;未经登记的,不得对抗第三人。

第七条 中国籍船舶上应持适任证书的船员,必须持有相应的中华人民共和国船员适任证书。

第八条 中华人民共和国港务监督机构是船舶登记主管机关。

各港的港务监督机构是具体实施船舶登记的机关(以下简称船舶登记机关),其管辖范围由中华人民共和国港务监督机构确定。

第九条 船舶登记港为船籍港。

船舶登记港由船舶所有人依据其住所或者主要营业所所在地就近选择,但是不得选择二个或者二个以上的船舶登记港。

第十条 一艘船舶只准使用一个名称。

船名由船籍港船舶登记机关核定。船名不得与登记在先的船舶重名或者同音。

第十一条 船舶登记机关应当建立船舶登记簿。

船舶登记机关应当允许利害关系人查阅船舶登记簿。

第十二条 国家所有的船舶由国家授予具有法人资格的全民所有制企业经营管理的,本条例有关船舶所有人的规定适用于该法人。

第二章 船舶所有权登记

第十三条 船舶所有人申请船舶所有权登记,应当向船籍港船舶登记机关交验足以证明其合法身份的文件,并提供有关船舶技术资料和船舶所有权取得的证明文件的正本、副本。

就购买取得的船舶申请船舶所有权登记的,应当提供下列文件:

(一)购船发票或者船舶的买卖合同和交接文件;

(二)原船籍港船舶登记机关出具的船舶所有权登记注销证明书;

(三)未进行抵押的证明文件或者抵押权人同意被抵押船舶转让他人的文件。

就新造船舶申请船舶所有权登记的,应当提供船舶建造合同和交接文件。但是,就建造中的船舶申请船舶所有权登记的,仅需提供船舶建造合同;就自造自用船舶申请船舶所有权登记的,应当提供足以证明其所有权取得的文件。

就因继承、赠与、依法拍卖以及法院判决取得的船舶申请船舶所有权登记的,应当提供具有相应法律效力的船舶所有权取得的证明文件。

第十四条 船籍港船舶登记机关应当对船舶所有权登记申请进行审查核实;对符合本条例规定的,应当自收到申请之日起 7 日内向船舶所有人颁发船舶所有权登记证书,授予船舶登记号码,并在船舶登记簿中载明下列事项:

(一)船舶名称、船舶呼号;

(二)船籍港和登记号码、登记标志;

(三)船舶所有人的名称、地址及其法定代表人的姓名;

(四)船舶所有权的取得方式和取得日期;

(五)船舶所有权登记日期;

(六)船舶建造商名称、建造日期和建造地点;

(七)船舶价值、船体材料和船舶主要技术数据;

(八)船舶的曾用名、原船籍港以及原船舶登记的注销或者中止的日期;

(九)船舶为数人共有的,还应当载明船舶共有人的共有情况;

(十)船舶所有人不实际使用和控制船舶的,还应当载明光船承租人或者船舶经营人的名

称、地址及其法定代表人的姓名;

(十一)船舶已设定抵押权的,还应当载明船舶抵押权的设定情况。

船舶登记机关对不符合本条例规定的,应当自收到申请之日起 7 日内书面通知船舶所有人。

第三章　船舶国籍

第十五条　船舶所有人申请船舶国籍,除应当交验依照本条例取得的船舶所有权登记证书外,还应当按照船舶航区相应交验下列文件:

(一)航行国际航线的船舶,船舶所有人应当根据船舶的种类交验法定的船舶检验机构签发的下列有效船舶技术证书:

1. 国际吨位丈量证书;

2. 国际船舶载重线证书;

3. 货船构造安全证书;

4. 货船设备安全证书;

5. 乘客定额证书;

6. 客船安全证书;

7. 货船无线电报安全证书;

8. 国际防止油污证书;

9. 船舶航行安全证书;

10. 其他有关技术证书。

(二)国内航行的船舶,船舶所有人应当根据船舶的种类交验法定的船舶检验机构签发的船舶检验证书簿和其他有效船舶技术证书。

从境外购买具有外国国籍的船舶,船舶所有人在申请船舶国籍时,还应当提供原船籍港船舶登记机关出具的注销原国籍的证明书或者将于重新登记时立即注销原国籍的证明书。

对经审查符合本条例规定的船舶,船籍港船舶登记机关予以核准并发给船舶国籍证书。

第十六条　依照本条例第十三条规定申请登记的船舶,经核准后,船舶登记机关发给船舶国籍证书。船舶国籍证书的有效期为 5 年。

第十七条　向境外出售新造的船舶,船舶所有人应当持船舶所有权取得的证明文件和有效船舶技术证书,到建造地船舶登记机关申请办理临时船舶国籍证书。

从境外购买新造的船舶,船舶所有人应当持船舶所有权取得的证明文件和有效船舶技术证书,到中华人民共和国驻外大使馆、领事馆申请办理临时船舶国籍证书。

境内异地建造船舶,需要办理临时船舶国籍证书的,船舶所有人应当持船舶建造合同和交接文件以及有效船舶技术证书,到建造地船舶登记机关申请办理临时船舶国籍证书。

在境外建造船舶,船舶所有人应当持船舶建造合同和交接文件以及有效船舶技术证书,到中华人民共和国驻外大使馆、领事馆申请办理临时船舶国籍证书。

以光船条件从境外租进船舶,光船承租人应当持光船租赁合同和原船籍港船舶登记机关出具的中止或者注销原国籍的证明书,或者将于重新登记时立即中止或者注销原国籍的证明书到船舶登记机关申请办理临时船舶国籍证书。

对经审查符合本条例规定的船舶,船舶登记机关或者中华人民共和国驻外大使馆、领事馆予以核准并发给临时船舶国籍证书。

第十八条 临时船舶国籍证书的有效期一般不超过 1 年。

以光船租赁条件从境外租进的船舶,临时船舶国籍证书的期限可以根据租期确定,但是最长不得超过 2 年。光船租赁合同期限超过 2 年的,承租人应当在证书有效期内,到船籍港船舶登记机关申请换发临时船舶国籍证书。

第十九条 临时船舶国籍证书和船舶国籍证书具有同等法律效力。

第四章 船舶抵押权登记

第二十条 对 20 总吨以上的船舶设定抵押权时,抵押权人和抵押人应当持下列文件到船籍港船舶登记机关申请办理船舶抵押权登记:

(一)双方签字的书面申请书;

(二)船舶所有权登记证书或者船舶建造合同;

(三)船舶抵押合同。

该船舶设定有其他抵押权的,还应当提供有关证明文件。

船舶共有人就共有船舶设定抵押权时,还应当提供三分之二以上份额或者约定份额的共有人的同意证明文件。

第二十一条 对经审查符合本条例规定的,船籍港船舶登记机关应当自收到申请之日起 7 日内将有关抵押人、抵押权人和船舶抵押情况以及抵押登记日期载入船舶登记簿和船舶所有权登记证书,并向抵押权人核发船舶抵押权登记证书。

第二十二条 船舶抵押权登记,包括下列主要事项:

(一)抵押权人和抵押人的姓名或者名称、地址;

(二)被抵押船舶的名称、国籍,船舶所有权登记证书的颁发机关和号码;

(三)所担保的债权数额、利息率、受偿期限。

船舶登记机关应当允许公众查询船舶抵押权的登记状况。

第二十三条 船舶抵押权转移时,抵押权人和承转人应当持船舶抵押权转移合同到船籍港船舶登记机关申请办理抵押权转移登记。

对经审查符合本条例规定的,船籍港船舶登记机关应当将承转人作为抵押权人载入船舶登记簿和船舶所有权登记证书,并向承转人核发船舶抵押权登记证书,封存原船舶抵押权登记证书。

办理船舶抵押权转移前,抵押权人应当通知抵押人。

第二十四条 同一船舶设定二个以上抵押权的,船舶登记机关应当按照抵押权登记申请日期的先后顺序进行登记,并在船舶登记簿上载明登记日期。

登记申请日期为登记日期;同日申请的,登记日期应当相同。

第五章　光船租赁登记

第二十五条　有下列情形之一的,出租人、承租人应当办理光船租赁登记:

(一)中国籍船舶以光船条件出租给本国企业的;

(二)中国企业以光船条件租进外国籍船舶的;

(三)中国籍船舶以光船条件出租境外的。

第二十六条　船舶在境内出租时,出租人和承租人应当在船舶起租前,持船舶所有权登记证书、船舶国籍证书和光船租赁合同正本、副本,到船籍港船舶登记机关申请办理光船租赁登记。

对经审查符合本条例规定的,船籍港船舶登记机关应当将船舶租赁情况分别载入船舶所有权登记证书和船舶登记簿,并向出租人、承租人核发光船租赁登记证明书各一份。

第二十七条　船舶以光船条件出租境外时,出租人应当持本条例第二十六条规定的文件到船籍港船舶登记机关申请办理光船租赁登记。

对经审查符合本条例规定的,船籍港船舶登记机关应当依照本条例第四十二条规定中止或者注销其船舶国籍,并发给光船租赁登记证明书一式二份。

第二十八条　以光船条件从境外租进船舶,承租人应当比照本条例第九条规定确定船籍港,并在船舶起租前持下列文件,到船舶登记机关申请办理光船租赁登记:

(一)光船租赁合同正本、副本;

(二)法定的船舶检验机构签发的有效船舶技术证书;

(三)原船籍港船舶登记机关出具的中止或者注销船舶国籍证明书,或者将于重新登记时立即中止或者注销船舶国籍的证明书。

对经审查符合本条例规定的,船舶登记机关应当发给光船租赁登记证明书,并应当依照本条例第十七条的规定发给临时船舶国籍证书,在船舶登记簿上载明原登记国。

第二十九条　需要延长光船租赁期限的,出租人、承租人应当在光船租赁合同期满前15日,持光船租赁登记证明书和续租合同正本、副本,到船舶登记机关申请办理续租登记。

第三十条　在光船租赁期间,未经出租人书面同意,承租人不得申请光船转租登记。

第六章　船舶标志和公司旗

第三十一条　船舶应当具有下列标志:

(一)船首两舷和船尾标明船名;

(二)船尾船名下方标明船籍港;

(三)船名、船籍港下方标明汉语拼音;

(四)船首和船尾两舷标明吃水标尺;

(五)船舶中部两舷标明载重线。

受船型或者尺寸限制不能在前款规定的位置标明标志的船舶,应当在船上显著位置标明船名和船籍港。

第三十二条 船舶所有人设置船舶烟囱标志、公司旗,可以向船籍港船舶登记机关申请登记,并按照规定提供标准设计图纸。

第三十三条 同一公司的船舶只准使用一个船舶烟囱标志、公司旗。

船舶烟囱标志、公司旗由船籍港船舶登记机关审核。

船舶烟囱标志、公司旗不得与登记在先的船舶烟囱标志、公司旗相同或者相似。

第三十四条 船籍港船舶登记机关对经核准予以登记的船舶烟囱标志、公司旗应当予以公告。业经登记的船舶烟囱标志、公司旗属登记申请人专用,其他船舶或者公司不得使用。

第七章 变更登记和注销登记

第三十五条 船舶登记项目发生变更时,船舶所有人应当持船舶登记的有关证明文件和变更证明文件,到船籍港船舶登记机关办理变更登记。

第三十六条 船舶变更船籍港时,船舶所有人应当持船舶国籍证书和变更证明文件,到原船籍港船舶登记机关申请办理船籍港变更登记。对经审查符合本条例规定的,原船籍港船舶登记机关应当在船舶国籍证书签证栏内注明,并将船舶有关登记档案转交新船籍港船舶登记机关,船舶所有人再到新船籍港船舶登记机关办理登记。

第三十七条 船舶共有情况发生变更时,船舶所有人应当持船舶所有权登记证书和有关船舶共有情况变更的证明文件,到船籍港船舶登记机关办理有关变更登记。

第三十八条 船舶抵押合同变更时,抵押权人和抵押人应当持船舶所有权登记证书、船舶抵押权登记证书和船舶抵押合同变更的证明文件,到船籍港船舶登记机关办理变更登记。

对经审查符合本条例规定的,船籍港船舶登记机关应当在船舶所有权登记证书和船舶抵押权登记证书以及船舶登记簿上注明船舶抵押合同的变更事项。

第三十九条 船舶所有权发生转移时,原船舶所有人应当持船舶所有权登记证书、船舶国籍证书和其他有关证明文件到船籍港船舶登记机关办理注销登记。

对经审查符合本条例规定的,船籍港船舶登记机关应当注销该船舶在船舶登记簿上的所有权登记以及与之相关的登记,收回有关登记证书,并向船舶所有人出具相应的船舶登记注销证明书。向境外出售的船舶,船舶登记机关可以根据具体情况出具注销国籍的证明书或者将于重新登记时立即注销国籍的证明书。

第四十条 船舶灭失(含船舶拆解、船舶沉没)和船舶失踪,船舶所有人应当自船舶灭失(含船舶拆解、船舶沉没)或者船舶失踪之日起 3 个月内持船舶所有权登记证书、船舶国籍证书和有关船舶灭失(含船舶拆解、船舶沉没)、船舶失踪的证明文件,到船籍港船舶登记机关办理注销登记。经审查核实,船籍港船舶登记机关应当注销该船舶在船舶登记簿上的登记,收回有关登记证书,并向船舶所有人出具船舶登记注销证明书。

第四十一条 船舶抵押合同解除,抵押权人和抵押人应当持船舶所有权登记证书、船舶抵押权登记证书和经抵押权人签字的解除抵押合同的文件,到船籍港船舶登记机关办理注销登记。对经审查符合本条例规定的,船籍港船舶登记机关应当注销其在船舶所有权登记证书和船舶登记簿上的抵押登记的记录。

第四十二条 以光船条件出租到境外的船舶,出租人除依照本条例第二十七条规定办理光船租赁登记外,还应当办理船舶国籍的中止或者注销登记。船籍港船舶登记机关应当封存原船舶国籍证书,发给中止或者注销船舶国籍证明书。特殊情况下,船籍港船舶登记机关可以发给将于重新登记时立即中止或者注销船舶国籍的证明书。

第四十三条 光船租赁合同期满或者光船租赁关系终止,出租人应当自光船租赁合同期满或者光船租赁关系终止之日起15日内,持船舶所有权登记证书、光船租赁合同或者终止光船租赁关系的证明文件,到船籍港船舶登记机关办理光船租赁注销登记。

以光船条件出租到境外的船舶,出租人还应当提供承租人所在地船舶登记机关出具的注销船舶国籍证明书或者将于重新登记时立即注销船舶国籍的证明书。

经核准后,船籍港船舶登记机关应当注销其在船舶所有权登记证书和船舶登记簿上的光船租赁登记的记录,并发还原船舶国籍证书。

第四十四条 以光船条件租进的船舶,承租人应当自光船租赁合同期满或者光船租赁关系终止之日起15日内,持光船租赁合同、终止光船租赁关系的证明文件,到船籍港船舶登记机关办理注销登记。

以光船条件从境外租进的船舶,还应当提供临时船舶国籍证书。

经核准后,船籍港船舶登记机关应当注销其在船舶登记簿上的光船租赁登记,收回临时船舶国籍证书,并出具光船租赁登记注销证明书和临时船舶国籍注销证明书。

第八章 船舶所有权登记证书、船舶国籍证书的换发和补发

第四十五条 船舶国籍证书有效期届满前1年内,船舶所有人应当持船舶国籍证书和有效船舶技术证书,到船籍港船舶登记机关办理证书换发手续。

第四十六条 船舶所有权登记证书、船舶国籍证书污损不能使用的,持证人应当向船籍港船舶登记机关申请换发。

第四十七条 船舶所有权登记证书、船舶国籍证书遗失的,持证人应当书面叙明理由,附具有关证明文件,向船籍港船舶登记机关申请补发。

船籍港船舶登记机关应当在当地报纸上公告声明原证书作废。

第四十八条 船舶所有人在境外发现船舶国籍证书遗失或者污损时,应当向中华人民共和国驻外大使馆、领事馆申请办理临时船舶国籍证书,但是必须在抵达本国第一个港口后及时向船籍港船舶登记机关申请换发船舶国籍证书。

第九章 法律责任

第四十九条 假冒中华人民共和国国籍,悬挂中华人民共和国国旗航行的,由船舶登记机关依法没收该船舶。

中国籍船舶假冒外国国籍,悬挂外国国旗航行的,适用前款规定。

第五十条　隐瞒在境内或者境外的登记事实,造成双重国籍的,由船籍港船舶登记机关吊销其船舶国籍证书,并视情节处以下列罚款:

(一)500 总吨以下的船舶,处 2000 元以上、10000 元以下的罚款;

(二)501 总吨以上、10000 总吨以下的船舶,处以 10000 元以上、50000 元以下的罚款;

(三)10001 总吨以上的船舶,处以 50000 元以上、200000 元以下的罚款。

第五十一条　违反本条例规定,有下列情形之一的,船籍港船舶登记机关可以视情节给予警告、根据船舶吨位处以本条例第五十条规定的罚款数额的 50% 直至没收船舶登记证书:

(一)在办理登记手续时隐瞒真实情况、弄虚作假的;

(二)隐瞒登记事实,造成重复登记的;

(三)伪造、涂改船舶登记证书的。

第五十二条　不按照规定办理变更或者注销登记的,或者使用过期的船舶国籍证书或者临时船舶国籍证书的,由船籍港船舶登记机关责令其补办有关登记手续;情节严重的,可以根据船舶吨位处以本条例第五十条规定的罚款数额的 10% 。

第五十三条　违反本条例规定,使用他人业经登记的船舶烟囱标志、公司旗的,由船籍港船舶登记机关责令其改正;拒不改正的,可以根据船舶吨位处以本条例第五十条规定的罚款数额的 10% ;情节严重的,并可以吊销其船舶国籍证书或者临时船舶国籍证书。

第五十四条　船舶登记机关的工作人员滥用职权、徇私舞弊、玩忽职守、严重失职的,由所在单位或者上级机关给予行政处分;构成犯罪的,依法追究刑事责任。

第五十五条　当事人对船舶登记机关的具体行政行为不服的,可以依照国家有关法律、行政法规的规定申请复议或者提起行政诉讼。

第十章　附　则

第五十六条　本条例下列用语的含义是:

(一)"船舶"系指各类机动、非机动船舶以及其他水上移动装置,但是船舶上装备的救生艇筏和长度小于 5 米的艇筏除外。

(二)"渔业船舶"系指从事渔业生产的船舶以及属于水产系统为渔业生产服务的船舶。

(三)"公务船舶"系指用于政府行政管理目的的船舶。

第五十七条　除公务船舶外,船舶登记机关按照规定收取船舶登记费。船舶登记费的收费标准和管理办法,由国务院财政部门、物价行政主管部门会同国务院交通行政主管部门制定。

第五十八条　船舶登记簿、船舶国籍证书、临时船舶国籍证书、船舶所有权登记证书、船舶抵押权登记证书、光船租赁登记证明书、申请书以及其他证明书的格式,由中华人民共和国港务监督机构统一制定。

第五十九条　本条例自 1995 年 1 月 1 日起施行。

附录十一
国际船舶安全营运和防止污染管理规则

经 MSC.104(73)号决议修正的大会 A.741(18)号决议

前言

1　本规则旨在提供船舶安全管理、安全营运和防止污染的国际标准。

2　大会通过的第 A.443(XI)号决议,敬请各国政府采取必要措施,以保证船长在海上安全和保护海洋环境方面正当履行其职责。

3　大会通过的第 A.680(17)号决议,进一步认识到需要建立适当的管理组织,使其能够对船上的某些需求做出反应,以达到并保持安全和环境保护的高标准。

4　认识到航运公司或船舶所有人的情况各异以及船舶操作条件的大不相同,本规则依据一般原则和目标制定。

5　本规则用概括性术语写成,因而具有广泛的适用性。显然,无论是在岸上还是在船上,不同的管理层次对所列条款需要有不同程度的了解和认识。

6　高级领导层的承诺是做好安全管理工作的基础。就安全和防止污染而言,各级人员的责任心、能力、态度和主观能动性将决定其最终结果。

A 部分　实施

1　总则

1.1　定义

以下定义适用于本规则的 A 和 B 两部分。

1.1.1　"国际安全管理(ISM)规则"系指由国际海事组织大会通过的,并可由该组织予以修正的"国际船舶安全营运和防止污染管理规则"。

1.1.2　"公司"系指船舶所有人,或已承担船舶所有人的船舶营运责任并在承担此种责任时同意承担本规则规定的所有责任和义务的任何组织或法人,如管理人或光船承租人。

1.1.3　"主管机关"系指船旗国政府。

1.1.4 "安全管理体系"系指能使公司人员有效实施公司安全和环境保护方针的结构化和文件化的体系。

1.1.5 "符合证明"系指签发给符合本规则要求的公司的文件。

1.1.6 "安全管理证书"系指签发给船舶,表明其公司和船上管理已按照认可的安全管理体系运作的文件。

1.1.7 "客观证据"系指通过观察、衡量或测试获得并能被证实的有关安全或安全管理体系要素存在和实施的量或质的信息、记录或事实声明。

1.1.8 "评述"系指在安全管理审核过程中做出的并由客观证据证实的事实声明。

1.1.9 "不符合规定情况"系指客观证据表明不满足某一具体规定要求的可见情况。

1.1.10 "重大不符合规定情况"系指对人员或船舶安全构成严重威胁或对环境构成严重危险,并需要立即采取纠正措施的可辨别的背离,包括未能有效和系统地实施本规则的要求。

1.1.11 "周年日"系指对应于有关文件或证书有效期届满之日的每一年中的该月该日。

1.1.12 "公约"系指经修正的 1974 年国际海上人命安全公约。

1.2 目标

1.2.1 本规则的目标是保证海上安全,防止人员伤亡,避免对环境,特别是对海洋环境造成损害以及对财产造成损失。

1.2.2 公司的安全管理目标应当包括:

.1 提供船舶营运的安全做法和安全工作环境;

.2 针对已认定的所有风险制定防范措施;以及

.3 不断提高岸上及船上人员的安全管理技能,包括安全及环境保护方面的应急准备。

1.2.3 安全管理体系应当保证:

.1 符合强制性规定及规则;

.2 对国际海事组织、主管机关、船级社和海运行业组织所建议的适用的规则、指南和标准予以考虑。

1.3 适用范围

本规则的要求可适用于所有船舶。

1.4 安全管理体系的功能要求

每个公司均应建立、实施并保持包括以下功能要求的安全管理体系:

.1 安全和环境保护方针;

.2 确保船舶的安全营运和环境保护符合国际和船旗国有关立法的须知和程序;

.3 船、岸人员的权限和相互间的联系渠道;

.4 事故和不符合规定情况的报告程序;

.5 对紧急情况的准备和反应程序;以及

.6 内部审核和管理复查程序。

2 安全和环境保护方针

2.1 公司应当制定安全和环境保护方针,说明如何实现 1.2 所述目标。

2.2 公司应当保证船岸各级机构均能执行和保持此方针。

3 公司的责任和权力

3.1 如果负责船舶营运的实体不是船舶所有人,则船舶所有人必须向主管机关报告该实体的全称和详细情况。

3.2 对涉及和影响安全和防止污染工作的管理、执行以及审核的所有人员,公司应当以文件形式明确规定其责任、权力及其相互关系。

3.3 为使指定人员能够履行其职责,公司有责任确保提供足够的资源和岸基支持。

4 指定人员

为保证各船的安全营运,提供公司与船上之间的联系渠道,公司应当根据情况指定一名或数名能直接同最高管理层联系的岸上人员。指定人员的责任和权力应包括对各船的安全营运和防止污染方面进行监控,并确保按需要提供足够的资源和岸基支持。

5 船长的责任和权力

5.1 公司应当以文件形式明确规定船长的下列责任:

.1 执行公司的安全和环境保护方针;

.2 激励船员遵守该方针;

.3 以简明方式发布相应的命令和指令;

.4 核查具体要求的遵守情况;并且

.5 复查安全管理体系并向岸上管理部门报告其存在的缺陷。

5.2 公司应当保证在船上实施的安全管理体系中包含一个强调船长权力的明确声明。公司应当在安全管理体系中确立船长的绝对权力和责任,以便做出关于安全和防止污染事务的决定并在必要时要求公司给予协助。

6 资源和人员

6.1 公司应当保证船长:

.1 具有适当的指挥资格;

.2 完全熟悉公司的安全管理体系;以及

.3 得到必要的支持,以便可靠地履行其职责。

6.2 公司应当保证根据本国和国际有关规定,为每艘船舶配备合格、持证并健康的船员。

6.3 公司应当建立有关程序,以便保证涉及安全和环境保护工作的新聘和转岗人员适当熟悉其职责。凡需在开航前发出的重要指令均应当标明并以文件形式下达。

6.4 公司应当保证与其安全管理体系有关的所有人员充分理解有关法规、规定、规则和指南。

6.5 公司应当建立并保持有关程序，以便标识为支持安全管理体系可能需要的任何培训，并保证向所有相关人员提供这种培训。

6.6 公司应当建立有关程序，以使船上人员能够借此以一种工作语言或他们懂得的其他语言获得有关安全管理体系的信息。

6.7 公司应当保证船上人员在履行其涉及安全管理体系的职责时能够有效地交流。

7 船上操作方案的制定

对涉及船舶安全和防止污染的关键性船上操作，公司应当建立制定有关方案和须知包括必要的检查清单的程序。与之相关的各项工作，应当明确规定并分配给适任人员。

8 应急准备

8.1 对船上可能出现的紧急情况，公司应当建立标识、描述和反应的程序。

8.2 公司应当制订应急训练和演习的计划。

8.3 安全管理体系应提供措施，确保公司有关机构能在任何时候对其船舶所面临的危险、事故和紧急情况做出反应。

9 不符合规定情况、事故和险情的报告和分析

9.1 安全管理体系应当包括确保向公司报告不符合规定情况、事故和险情并对其进行调查和分析的程序，以便改进安全和防止污染工作。

9.2 公司应当建立实施纠正措施的程序。

10 船舶和设备的维护

10.1 公司应当建立有关程序，以便保证船舶按照有关规定、规则以及公司可能制定的任何附加要求进行维护。

10.2 为满足这些要求，公司应当保证：

.1 按照适当的间隔期进行检查；

.2 任何不符合规定情况得到报告，并附可能的原因；

.3 采取适当的纠正措施；以及

.4 保存这些活动的记录。

10.3 公司应当在安全管理体系中建立有关程序，以便标识那些会因突发性运行故障而导致险情的设备和技术系统。安全管理体系应当提供旨在提高这些设备和系统可靠性的具体措施。这些措施应当包括对备用装置及设备或非连续使用的技术系统的定期测试。

10.4 10.2 所述的检查和 10.3 所提及的措施应纳入船舶的日常操作性维护。

11 文件

11.1 公司应当建立并保持有关程序,以便控制与安全管理体系有关的所有文件和资料。

11.2 公司应当保证:

.1 各有关部门均能够获得有效的文件;

.2 文件的更改应由经授权的人审查批准;

.3 被废止的文件应及时清除。

11.3 用于阐述和实施安全管理体系的文件可称为"安全管理手册"。文件应当以公司认为最有效的方式予以保存。每艘船舶均应配备与之相关的全部文件。

12 公司审核、复查和评价

12.1 公司应当开展内部审核,以核查安全和防止污染活动是否符合安全管理体系的要求。

12.2 公司应当根据建立的有关程序定期评价安全管理体系的有效性,必要时还应当对安全管理体系进行复查。

12.3 审核及可能采取的纠正措施应当按文件规定的程序进行。

12.4 除非由于公司的规模和性质不可能做到,实施审核的人员应当不从属于被审核的部门。

12.5 审核及复查的结果应当告知所有负有责任的人员,以提请他们注意。

12.6 负有责任的管理人员应当对所发现的缺陷及时采取纠正措施。

B 部分 审核发证

13 发证和定期审核

13.1 船舶应当由持有与该船相关的"符合证明"或符合14.1要求的"临时符合证明"的公司营运。

13.2 "符合证明"应由主管机关,主管机关认可的机构,或应主管机关的请求由另一缔约国政府,签发给符合本规则要求的公司。"符合证明"的有效期由主管机关确定,但不超过5年。该证明应当被视为该公司能够符合本规则要求的证据。

13.3 "符合证明"只对其载明的船舶种类有效。所载明的船舶种类以初次审核所认定的船舶种类为依据。其他船舶种类,只有在审核其公司的能力确已满足本规则关于此类船舶种类的要求时才能被载入。关于船舶种类,参阅公约第Ⅸ/1条的规定。

13.4 "符合证明"的有效性应当服从于由主管机关或主管机关认可的机构,或者应主管机关的请求由另一缔约国政府,在周年日前或后3个月内实施的年度审核。

13.5 如果没有申请13.4所要求的年度审核,或者有证据表明存在重大不符合规定情况时,主管机关或应主管机关的请求签发证书的缔约国政府应当收回"符合证明"。

13.5.1 如果收回"符合证明",所有相关的"安全管理证书"、"临时安全管理证书"也应当收回。

13.6　船上应当保存一份"符合证明"的副本,以便船长被要求时出示给主管机关或主管机关认可的机构查验,以及用来接受公约第Ⅸ/6.2条规定的监督检查。该副本不必是签发的原件。

13.7　在审核该公司及其船上的管理确已按照经认可的安全管理体系运作后,主管机关或主管机关认可的机构,或者应主管机关请求的另一缔约国政府,应当向船舶签发有效期不超过5年的"安全管理证书"。该证书应当被视为该船舶符合本规则要求的证据。

13.8　"安全管理证书"的有效性应当服从于由主管机关或主管机关认可的机构,或者是应主管机关的请求由另一缔约国政府实施的至少一次的中间审核。如果只进行一次中间审核,且"安全管理证书"的有效期为5年,中间审核应当在证书的第二和第三个周年日之间进行。

13.9　除了13.5.1的要求之外,如果没有申请13.8要求的中间审核,或者有证据表明存在重大不符合规定情况时,主管机关或应主管机关请求签发该证书的缔约国政府应当收回"安全管理证书"。

13.10　尽管有13.2和13.7的规定,当换证审核在所持"符合证明"或"安全管理证书"有效期届满之前3个月内完成时,新签发的"符合证明"或"安全管理证书"应当自完成换证审核之日起有效,且有效期自原证书有效期届满之日起不超过5年。

13.11　当换证审核在所持"符合证明"或"安全管理证书"有效期届满之日3个月前完成时,新签发的"符合证明"或"安全管理证书"应当自完成换证审核之日起有效,且有效期自完成换证审核之日起不超过5年。

14　核发临时证书

14.1　对于下列公司,为便利其初始实施本规则,在审核该公司业已建立的安全管理体系满足本规则1.2.3的目标要求后,可向其签发一份"临时符合证明",但前提是该公司已做出在"临时符合证明"有效期内运行满足本规则全部规定的安全管理体系的计划:

.1 公司新成立,或

.2 现有"符合证明"新增船舶种类。

该"临时符合证明"应由主管机关或主管机关认可的机构,或者应主管机关的请求由另一缔约国政府签发,有效期不超过12个月。船上应当保存一份"临时符合证明"的副本,以便船长被要求时出示给主管机关或主管机关认可的机构查验,以及用来接受公约第Ⅸ/6.2条规定的监督检查。该副本不必是签发的原件。

14.2　下述情况下可向船舶签发"临时安全管理证书":

.1 新造船交付使用;

.2 公司新承担一艘船舶的营运责任;

.3 船舶换旗。

该"临时安全管理证书"应由主管机关或主管机关认可的机构,或者应主管机关的请求由另一缔约国政府签发,有效期不超过6个月。

14.3　特殊情况下,主管机关或应主管机关请求的另一缔约国政府,可以对"临时安全管理证书"做自其届满之日起不超过 6 个月的展期。

14.4   "临时安全管理证书"应在审核下述情况后签发给船舶：

.1"符合证明"或"临时符合证明"覆盖了该船种；

.2 公司在该船实施的安全管理体系涵盖了本规则的关键要素并在为签发"符合证明"的审核中已做评估或在为签发"临时符合证明"的审核中已表明；

.3 公司已做好 3 个月内审核该船的计划；

.4 船长和高级船员熟悉安全管理体系以及其实施的计划安排；

.5 已标明的重要指令在开航前已下达；

.6 已用工作语言或船上人员懂得的其他语言提供了有关安全管理体系的信息。

15   审核

15.1   本规则要求的所有审核,应当按照主管机关充分考虑国际海事组织制定的指南后认可的程序进行。

16   证书格式

16.1   "符合证明"、"安全管理证书"、"临时符合证明"和"临时安全管理证书"应当按照本规则附录所示格式制作。如果所用语言既非英文又非法文,证书文字应当包括其中一种。

16.2   除了本规则 13.3 的要求,"符合证明"和"临时符合证明"中所载明的船舶种类可加以签注以反映安全管理体系所规定的对船舶营运的限制。

附录十二
国际航行船舶进出中华人民共和国口岸检查办法

1995 年 3 月 21 日国务院令第 175 号发布

第一条 为了加强对国际航行船舶进出中华人民共和国口岸的管理,便利船舶进出口岸,提高口岸效能,制定本办法。

第二条 进出中华人民共和国口岸的国际航行船舶(以下简称船舶)及其所载船员、旅客、货物和其他物品,由本办法第三条规定的机关依照本办法实施检查;但是,法律另有特别规定的,或者国务院另有特别规定的,从其规定。

第三条 中华人民共和国港务监督机构(以下简称港务监督机构)、中华人民共和国海关(以下简称海关)、中华人民共和国边防检查机关(以下简称边防检查机关)、中华人民共和国国境卫生检疫机关(以下简称卫生检疫机关)和中华人民共和国动植物检疫机关(以下简称动植物检疫机关)是负责对船舶进出中华人民共和国口岸实施检查的机关(以下统称检查机关)。

第四条 检查机关依照有关法律、行政法规的规定实施检查并对违法行为进行处理。

港务监督机构负责召集有其他检查机关参加的船舶进出口岸检查联席会议,研究、解决船舶进出口岸检查的有关问题。

第五条 船舶进出中华人民共和国口岸,由船方或其代理人依照本办法有关规定办理进出口岸手续。除本办法第十条第二款、第十一条规定的情形或者其他特殊情形外,检查机关不登船检查。船方或其代理人办理船舶进出口岸手续时,应当按照检查机关的有关规定准确填写报表,并如实提供有关证件、资料。

第六条 船方或其代理人应当在船舶预计抵达口岸 7 日前(航程不足 7 日的,在驶离上一口岸时),填写《国际航行船舶进口岸申请书》,报请抵达口岸的港务监督机构审批。

拟进入长江水域的船舶,船方或其代理人应当在船舶预计经上海港区 7 日前(航程不足 7 日的,在驶离上一口岸时),填写《国际航行船舶进口岸申请书》,报请抵达口岸的港务监督机构审批。

第七条 船方或其代理人应当在船舶预计抵达口岸 24 小时前(航程不足 24 小时的,在驶离上一口岸时),将抵达时间、停泊地点、靠泊移泊计划及船员、旅客的有关情况报告检查机关。

第八条　船方或其代理人在船舶抵达口岸前未办妥进口岸手续的,须在船舶抵达口岸24小时内到检查机关办理进口岸手续。

船舶在口岸停泊时间不足24小时的,经检查机关同意,船方或其代理人在办理进口岸手续时,可以同时办理出口岸手续。

第九条　船方或其代理人在船舶抵达口岸前已经办妥进口岸手续的,船舶抵达后即可上下人员、装卸货物和其他物品。

船方或其代理人在船舶抵达口岸前未办妥进口岸手续的,船舶抵达后,除检查机关办理进口岸检查手续的工作人员和引航员外,其他人员不得上下船舶、不得装卸货物和其他物品;船舶进出的上一口岸是中华人民共和国口岸的,船舶抵达后即可上下人员、装卸货物和其他物品,但是应当立即办理进口岸手续。

第十条　卫生检疫机关对船舶实施电讯检疫。持有卫生证书的船舶,其船方或其代理人可以向卫生检疫机关申请电讯检疫。

对来自疫区的船舶,载有检疫传染病染疫人、疑似检疫传染病染疫人、非意外伤害而死亡且死因不明尸体的船舶,未持有卫生证书或者证书过期或者卫生状况不符合要求的船舶,卫生检疫机关应当在锚地实施检疫。

第十一条　动植物检疫机关对来自动植物疫区的船舶和船舶装载的动植物、动植物产品及其他检疫物,可以在锚地实施检疫。

第十二条　船方或其代理人应当在船舶驶离口岸前4小时内(船舶在口岸停泊时间不足4小时的,在抵达口岸时),到检查机关办理必要的出口岸手续。有关检查机关应当在《船舶出口岸手续联系单》上签注;船方或其代理人持《船舶出口岸手续联系单》和港务监督机构要求的其他证件、资料、到港务监督机构申请领取出口岸许可证。

第十三条　船舶领取出口岸许可证后,情况发生变化或者24小时内未能驶离口岸的,船方或其代理人应当报告港务监督机构,由港务监督机构商其他检查机关决定是否重新办理出口岸手续。

第十四条　定航线、定船员并在24小时内往返一个或者一个以上航次的船舶,船方或其代理人可以向港务监督机构书面申请办理定期进出口岸手续。受理申请的港务监督机构商其他检查机关审查批准后,签发有效期不超过7天的定期出口岸许可证,在许可证有效期内对该船舶免办进口岸手续。

第十五条　检查机关及其工作人员必须秉公执法,恪尽职守,及时实施检查和办理船舶进出口岸的申请。

第十六条　本办法下列用语的含义:

(一)国际航行船舶,是指进出中华人民共和国口岸的外国籍船舶和航行国际航线的中华人民共和国国籍船舶。

(二)口岸,是指国家批准可以进出国际航行船舶的港口。

（三）船方，是指船舶所有人或者经营人。

第十七条 本办法自发布之日起施行。经国务院批准，1961 年 10 月 24 日由交通部、对外贸易部、公安部、卫生部发布的《进出口船舶联合检查通则》同时废止。

附录十三
中华人民共和国船舶签证管理规则

交通部令 2007 年第 7 号

《中华人民共和国船舶签证管理规则》已于 2007 年 5 月 9 日经第 6 次部务会议通过,现予公布,自 2007 年 10 月 1 日起施行。

部长　李盛霖

二〇〇七年五月三十一日

第一章　总　则

第一条　为规范船舶签证行为,保障水上交通安全,依据《中华人民共和国海上交通安全法》和《中华人民共和国内河交通安全管理条例》,制定本规则。

第二条　国内航行船舶在中华人民共和国管辖水域内办理船舶签证,适用本规则。

本规则不适用于军事船舶、渔船、体育运动船舶。但是前述船舶从事营业性运输时,应当按照本规则办理船舶签证。

本规则所称船舶签证,是指海事管理机构根据船舶或者其经营人的申请,经依法审查,对符合船舶签证条件的,准予其航行的行政许可行为。

第三条　中华人民共和国海事局主管全国的船舶签证管理工作。各级海事管理机构具体负责本辖区内的船舶签证管理工作。

第四条　船舶签证管理工作应当符合高效、便民的原则。

第二章　船舶签证

第一节　一般规定

第五条　除本规则另有规定外,船舶有下列情形之一的,应当向海事管理机构申请航次船舶签证:

(一)由港内驶出港外;

(二)由港外驶入港内;

(三)因作业需要在港内航行驶出港内泊位;

(四)因作业需要在港内航行驶入港内泊位;

(五)驶出船舶修造(厂)点、港外作业点、海上作业平台;

（六）驶入船舶修造（厂）点、港外作业点、海上作业平台。

本条第一款第（一）、（三）、（五）项船舶签证统称出港签证，申请人应当在船舶开航前24小时内办理。本条第一款第（二）、（四）、（六）项船舶签证统称进港签证，申请人应当在船舶抵达后24小时内办理。船舶抵达前24小时内已经向拟抵达地海事管理机构报告船舶情况的，进港签证可以与出港签证合并办理。

第六条 船舶签证应当由船舶或者其经营人申请办理。被拖船可由被拖船或者其经营人申请，也可由拖船或者其经营人代为申请。

申请人可以委托代理人办理船舶签证。

第七条 申请办理出港签证的船舶，应当处于适航或者适拖状态。

船舶或者其经营人申请办理航次船舶签证，应当向海事管理机构提交以下材料：

（一）船舶签证簿；

（二）船舶电子信息卡（适用的船舶）；

（三）船舶国籍证书；

（四）船舶检验证书；

（五）船舶最低安全配员证书；

（六）船员适任证书；

（七）防止油污证书（适用的船舶）；

（八）船舶安全管理证书和公司安全管理体系符合证明副本（适用的船舶）；

（九）船舶安全检查记录簿；

（十）船舶港务费缴纳或者免于缴纳证明；

（十一）经批准的船舶载运危险货物申报单（适用的船舶）；

（十二）船长开航前声明和车辆安全装载记录（适用的船舶）；

（十三）护航申请书（适用的船舶）；

（十四）船舶营运证。

第二款第（三）项至第（八）项所列证书信息已经由海事管理机构在船舶签证簿内记载或者存储在船舶电子信息卡的，可以免于提交。

第二款第（十四）项所指船舶营运证仅要求从事国内运输的老旧运输船舶在办理船舶签证时提供。船舶营运证的发证机关应当向海事管理机构提供船舶营运证的相关信息。

第八条 船舶或者其经营人向海事管理机构提交申请材料应当如实反映情况，并对申报内容的真实性负责。

船舶或者其经营人可以通过传真、电子邮件、电子数据交换（EDI）等方式办理船舶签证，可以采用电报、电传、传真、手机信息、电子邮件、电子数据交换（EDI）等方式报告船舶进港情况，并在船舶航海（行）日志内作相应的记载。

报告的内容应当包括船舶名称、种类、尺度、总吨、吃水、客货载运情况、拟靠泊地点。

第九条 海事管理机构负责审查船舶签证的申请材料是否齐全、是否符合申报要求，是否有明显涂改或者伪造现象、是否在有效期内等形式要件。

海事管理机构对船舶签证申请材料内容的真实性有怀疑或者接到相关举报的，应当派执法人员进行现场核查。

第十条 海事管理机构收到船舶签证申请后，应当按照《交通行政许可实施程序规定》的有关规定办理。

海事管理机构对航次船舶签证应当当场办理。签证人员应当在船舶签证簿内签注是否准予签证的意见、海事行政执法证编号、日期、加盖船舶签证专用章。不予签证的,还应当在船舶签证簿内签注不予签证的理由。

第十一条　船舶有下列情形之一的,应当重新申请出港签证:

(一)船长或者履行相应职责的船员发生变动;

(二)船舶结构、有关航行安全的重要设备发生重大变化;

(三)改变船舶航行区域、航线;

(四)出港签证办妥后 48 小时内未能出港。

第十二条　船舶由于抢险、救生等紧急事由,不能按照规定程序办理船舶签证的,应当在开航前向海事管理机构报告,并在任务完成后 24 小时内补办船舶签证。

第十三条　船舶因避风、候潮、补给等原因临时进港或者航经港区水域的,免于办理船舶签证。但有下列情形之一的除外:

(一)船长或者履行相应职责的船员发生变动;

(二)上下旅客;

(三)装卸货物。

第十四条　拖驳船队在中途要加解驳船时,加、解的船舶应当申请船舶签证,拖驳船队其他船舶不再办理船舶签证。

第二节　特别规定

第十五条　符合下列情形之一的船舶可以申请短期定期船舶签证取代航次船舶签证:

(一)在固定水域范围内航行的船舶;

(二)定线航行的船舶。

在固定水域范围内航行的船舶,应当向对该固定水域有管辖权的任一海事管理机构提出申请;定线航行的船舶应当向航线始发港和终点港所在地海事管理机构分别提出申请。

第十六条　符合下列情形的船舶可以向船籍港所在地的交通部直属的海事管理机构或者省级交通主管部门所属的海事管理机构申请年度定期船舶签证取代航次船舶签证:

(一)安全诚信船舶;

(二)安装并按规定使用船舶自动识别系统;

(三)在前一个年度签证期内按照规定递交进出港报告;

(四)已经与有关金融机构签订船舶港务费交纳协议。

第十七条　办理定期船舶签证,除需要提交本规则第七条规定的材料外,还应当提交证明其符合第十五条或者第十六条规定情形的证明材料。

第十八条　海事管理机构应当在受理申请之日起 7 个工作日内办结短期定期船舶签证,在 20 个工作日内办结年度定期船舶签证。准予定期船舶签证的,还应当在船舶签证簿内注明签证的有效期限、航行区域或者航线。

短期定期船舶签证的有效期限最长不超过 3 个月。年度定期船舶签证在全国范围内有效,有效期限为 12 个月。

客船、载运危险货物的船舶只能办理有效期限不超过 1 个月的短期定期船舶签证。

第十九条 船舶超出定期船舶签证的有效期限、核定航区或者航线航行的,或者签证核定的其他内容发生变化的,应当按照本章第一节的规定申请航次船舶签证。

第二十条 获得定期船舶签证的船舶,在从事本规则第五条规定的活动时,应当按照本规则第八条第二款、第三款规定的方式和内容,向海事管理机构报告船舶情况。

第三章　船舶签证簿

第二十一条 船舶签证簿是办理船舶签证的专用文书,是记载船舶办理签证情况的证明文件,必须随船妥善保管。除海事管理机构外,任何单位、人员不得扣留、收缴船舶签证簿,也不得在船舶签证簿上签注。

船舶签证簿的格式、内容和船舶签证印章的样式由中华人民共和国海事局统一规定。

第二十二条 船舶签证簿由船舶或者其经营人向海事管理机构书面申请核发、换发、补发。

船舶首次申领船舶签证簿以及船舶所有人、船舶经营人、船舶名称变更后申领新船舶签证簿的,应当向船籍港海事管理机构申请核发。

船舶签证簿遗失、灭失的,应当向船籍港海事管理机构申请补发。申请补发时,应当提交最近一次经海事管理机构签证的船舶签证申请单复印件。

船舶签证簿使用完毕或者污损不能使用的,可向船籍港或者签证地海事管理机构申请换发。申请换发时,应当交验前一本船舶签证簿。

第二十三条 符合本规则要求的,海事管理机构应当当场核发、换发、补发船舶签证簿。

海事管理机构核发、换发、补发船舶签证簿,应当将船舶概况填写在船舶签证簿内,并加盖海事管理机构的印章。非船籍港海事管理机构换发的,应当将换发情况书面通报船籍港海事管理机构。

第二十四条 船舶可以向船籍港或者签证地海事管理机构申请在船舶签证簿内记载船舶证书和船员证书的信息,并应当在申请时交验相应证书。

对符合要求的申请,海事管理机构应当在船舶签证簿内记载船舶证书和船员证书的信息,并签署记载人的海事执法证编号、日期并加盖海事管理机构的印章。

第二十五条 船舶签证簿应当连续使用,保持完整,不得缺页或者擅自涂改。使用完毕后,应当在船保存两年。

船舶报废、灭失或者船舶所有人、船舶经营人、船舶名称变更时,船舶应当将船舶签证簿交回船籍港海事管理机构注销。

第二十六条 船舶不得伪造、变造、租借、冒用、骗取船舶签证簿。

第四章　监督检查与法律责任

第二十七条 海事管理机构应当加强对船舶签证的监督检查。海事管理机构实施监督检查时,有关单位和个人应当予以协助和配合,不得拒绝、妨碍或者阻挠。

第二十八条　发现船舶未按照规定办理船舶签证的,海事管理机构应当责令船舶办理签证,并可以责令船舶到指定地点接受查处;拒不改正的,可以采取禁止进港、离港或者停止航行等措施。

第二十九条　发现船舶不再满足办理定期船舶签证条件的,应当要求船舶按照第二章第一节的规定办理航次船舶签证,并通知准予定期船舶签证的海事管理机构撤销有关船舶的定期船舶签证。

第三十条　发现船舶以不正当手段取得船舶签证,尚未出港的,海事管理机构应当撤销船舶签证,并在船舶签证簿内签注撤销的原因、日期,加盖印章;已经出港的,海事管理机构应当进行调查处理或者通知下一抵达地的海事管理机构进行调查处理。

第三十一条　海事管理机构在监督检查过程中对下列事项应当在船舶签证簿中予以记载,并通报船籍港海事管理机构:

（一）船舶受到海事行政处罚的;

（二）船舶发生水上交通事故和船舶污染事故的;

（三）船舶被禁止离港的。

船籍港海事管理机构对收到的上述信息应当予以记录,并协助调查处理。

第三十二条　船舶违反船舶签证管理规定应当给予行政处罚的,按照交通部颁布的海事行政处罚规定执行。

第三十三条　海事管理机构的工作人员有滥用职权、徇私舞弊、玩忽职守等行为的,由其所在单位或者上级机关依法给予行政处分;构成犯罪的,由司法机关依法追究刑事责任。

第五章　附　则

第三十四条　本规则所称安全诚信船舶,是指符合下列条件,被中华人民共和国海事局评定为安全诚信的船舶:

（一）12 个月内最近一次船舶安全检查或者港口国监督检查记录良好,无严重缺陷;

（二）取得船舶安全管理证书(SMC)2 年以上,且在最近 3 年内未被实施跟踪审核或者附加审核;

（三）最近 3 年未发生安全、污染责任事故;

（四）最近 3 年未受到海事行政处罚;

（五）船龄为 12 年及以下的船舶,最近 3 年内船舶安全检查或者港口国监督检查中未发生滞留;船龄为 12 年以上的船舶,最近 5 年内船舶安全检查或者港口国监督检查中未发生滞留。

第三十五条　海事管理机构应当逐步建立、完善有关办理船舶签证所需的船舶、船员管理等基础数据平台,方便船舶或者其经营人办理签证和进出港报告。

第三十六条　交通部对高速客船、滚装船等特殊船舶的签证有特别规定的,适用特别规定。

第三十七条 本规则自 2007 年 10 月 1 日起施行。1993 年 5 月 17 日交通部发布的《中华人民共和国船舶签证管理规则》(交通部令 1993 年第 3 号)同时废止。

附录十四
中华人民共和国船舶安全检查规则

中华人民共和国交通运输部令 2009 年第 15 号

《中华人民共和国船舶安全检查规则》已于 2009 年 10 月 29 日经第 10 次部务会议通过，现予公布，自 2010 年 3 月 1 日起施行。

部长　李盛霖

二〇〇九年十一月三十日

第一章　总　则

第一条　为规范船舶安全检查活动，保障水上人命、财产安全，防止船舶造成水域污染，根据《中华人民共和国海上交通安全法》、《中华人民共和国海洋环境保护法》、《中华人民共和国内河交通安全管理条例》等法律、行政法规和我国缔结、加入的有关国际公约，制定本规则。

第二条　本规则适用于对中国籍船舶以及航行、停泊、作业于我国港口（包括海上系泊点）、内水和领海的外国籍船舶实施的安全检查活动。

本规则不适用于军事船舶、公安船舶、渔业船舶和体育运动船艇。

本规则所称"船舶安全检查"，是指海事管理机构按照本规则规定的程序，对船舶技术状况、船员配备及适任状况等进行监督检查，以督促船舶、船员、船舶所有人、经营人、管理人以及船舶检验机构、发证机构、认可组织等有效执行我国法律、行政法规、规章，船舶法定检验技术规范，以及我国缔结、加入的有关国际公约的规定。

第三条　船舶安全检查遵循依法、公正、诚信、便民的原则。

第四条　中华人民共和国海事局统一管理全国的船舶安全检查工作。

其他各级海事管理机构按照职责开展船舶安全检查工作。

第二章　船舶安全检查和处理

第五条　船舶安全检查分为船旗国监督检查和港口国监督检查。

船旗国监督检查是指对中国籍船舶实施的船舶安全检查；港口国监督检查是指对航行、停泊、作业于我国港口（包括海上系泊点）、内水和领海的外国籍船舶实施的船舶安全检查。

第六条　船舶安全检查，应当由至少两名安全检查人员于船舶停泊或者作业期间实施。

禁止对在航船舶进行安全检查，但法律、行政法规另有规定的除外。

第七条 从事船舶安全检查的人员应当具备必要的船舶安全检查知识和技能,并取得相应等级的船舶安全检查资格证书。

海事管理机构应当配备足够、合格的船舶安全检查人员和必要的装备、资料等,以满足船舶安全检查工作的需要。

第八条 船舶安全检查的内容包括:

(一)船舶配员;

(二)船舶和船员有关证书、文书、文件、资料;

(三)船舶结构、设施和设备;

(四)载重线要求;

(五)货物积载及其装卸设备;

(六)船舶保安相关内容;

(七)船员对与其岗位职责相关的设施、设备的实际操作能力以及中国籍船员所持适任证书所对应的适任能力;

(八)船员人身安全、卫生健康条件;

(九)船舶安全与防污染管理体系的运行有效性;

(十)法律、行政法规、规章以及国际公约要求的其他检查内容。

第九条 海事管理机构应当根据中华人民共和国海事局制定的选船标准以及国际公约、区域性合作组织的规定,结合辖区实际情况,按照公平对等、便利公开、重点突出的原则,合理选择船舶实施安全检查。

经海事管理机构检查的中国籍船舶或者经亚太地区港口国监督谅解备忘录成员当局检查的外国籍船舶,自检查完毕之日起六个月内不再进行检查,但下列船舶除外:

(一)客船、油船、液化气船、散装化学品船;

(二)发生水上交通事故或者污染事故的船舶;

(三)被举报低于安全、防污染、保安、劳工条件等要求的船舶;

(四)新发现存在若干缺陷的船舶;

(五)依选船标准核算具有较高安全风险指数的船舶;

(六)中华人民共和国海事局指定检查的船舶。

第十条 检查人员实施船舶安全检查,在登轮后应当向船方出示有效证件,表明来意。先进行初步检查,对船舶进行巡视,核查船舶证书、文书和船员证书。

有下列情形之一的,检查人员应当对船舶实施详细检查,并告知船方进行详细检查的原因:

(一)巡视或者核查过程中发现在安全、防污染、保安、劳工条件等方面明显存在缺陷或者隐患的;

(二)被举报低于安全、防污染、保安、劳工条件等要求的;

(三)两年内未经海事管理机构详细检查的;

(四)中华人民共和国海事局要求进行详细检查的。

第十一条 检查人员实施详细检查时,船长应当指派人员陪同。陪同人员应当如实回答检查人员提出的问题,并按照检查人员的要求测试和操纵船舶设施、设备。

第十二条　检查人员应当运用专业知识对船舶存在的缺陷作出判断,并按照有关法律、行政法规或者国际公约的规定,提出下列一种或者几种处理意见:

(一)开航前纠正缺陷;

(二)在开航后限定的期限内纠正缺陷;

(三)滞留;

(四)禁止船舶进港;

(五)限制船舶操作;

(六)责令船舶驶向指定区域;

(七)驱逐船舶出港;

(八)法律、行政法规或者国际公约规定的其他措施。

第十三条　船舶有权对海事管理机构实施船舶安全检查时提出的缺陷以及处理意见当场进行陈述和申辩。海事管理机构应当充分听取船方意见。

第十四条　实施船旗国监督检查结束后,检查人员应当签发船旗国监督检查记录簿;实施港口国监督检查结束后,检查人员应当签发港口国监督检查报告。

检查人员应当在船旗国监督检查记录簿或者港口国监督检查报告中标明缺陷及处理意见,签名并加盖船舶安全检查专用章。对于缺陷处理意见为滞留的,检查人员应当在船旗国监督检查记录簿或者港口国监督检查报告中注明理由。

第十五条　海事管理机构采取本规则第十二条第(三)、(四)、(七)项所列处理措施之一的,对于中国籍船舶应当通报船籍港海事管理机构;对于外国籍船舶应当通过中华人民共和国海事局通报其船旗国政府、国际海事组织。

第十六条　导致滞留的缺陷如与船舶检验机构、发证机构或者认可组织有关的,还应当通报相关的船舶检验机构、发证机构或者认可组织。

接到通报的船舶检验机构、发证机构或者认可组织应当核实和调查有关缺陷情况,采取相应的措施,并将相关情况及时反馈给发出通知的海事管理机构。

第十七条　船舶以及相关人员应当按照海事管理机构签发的船旗国监督检查记录簿或者港口国监督检查报告的要求,对存在的缺陷进行纠正。

中国籍船舶的船长或者履行船长职责的船员应当对缺陷纠正情况进行检查,并在航行日志中进行记录。

第十八条　船舶在纠正导致海事管理机构采取本规则第十二条第(三)、(四)、(五)、(七)项所列处理措施之一的缺陷后,应当向海事管理机构申请复查。对其他缺陷纠正后,船舶可以自愿申请复查。

海事管理机构接到自愿复查申请,决定不予复查的,应当及时通知申请人。

第十九条　海事管理机构可以根据需要对缺陷纠正情况进行跟踪检查。

对已经纠正的缺陷,经复查或者跟踪检查合格后,检查人员应当在船舶安全检查报告中签名并加盖船舶安全检查复查合格章,海事管理机构应当及时解除相应的处理措施。

第二十条 从事国际航行的中国籍船舶所有人、经营人或者管理人应当按照中华人民共和国海事局的规定,定期将船舶在境外接受检查和处罚的情况向船籍港海事管理机构报告。

对连续二年不能返回国内港口接受船旗国监督检查的船舶,经中华人民共和国海事局授权,船籍港海事管理机构可以到船舶所在地港口对船舶实施船旗国监督检查。

第二十一条 中国籍船舶在境外发生水上交通事故或者污染事故的,或者在境外被滞留、禁止进港(入境)、驱逐出港(境)的,船舶所有人、经营人或者管理人应当在船舶到达国内第一个港口前,将船舶在境外接受检查和处罚的情况向船籍港海事管理机构报告。

对发生第一款规定情形的船舶,中华人民共和国海事局可以根据事故或者缺陷的性质以及客观条件,指定有关船舶检验机构对其实施境外临时检验。

第二十二条 船舶存在可能影响水上人命、财产安全或者可能造成水域环境污染的缺陷和隐患的,船员及其他知情人员应当向海事管理机构举报。

海事管理机构应当为举报人保守秘密。

第二十三条 海事管理机构应当建立健全船舶安全检查信息公开制度,并接受社会公众和有关方面的咨询和监督。

第二十四条 船舶安全检查不免除船舶、船员及相关方在船舶安全、防污染和保安等方面应当履行的法定责任和义务。

第三章 船旗国监督检查记录簿和港口国监督检查报告使用规定

第二十五条 中国籍船舶应当随船携带船旗国监督检查记录簿。

船旗国监督检查记录簿由船舶或者其所有人、经营人、管理人向海事管理机构申请换发、补发。

船旗国监督检查记录簿使用完毕或者污损不能继续使用的,应当申请换发,并交验前一本船旗国监督检查记录簿。因遗失或者灭失等原因申请补发的,应当书面说明理由,附具有关证明文件,并提供最近一次对其实施船旗国监督检查的海事管理机构名称。

第二十六条 船旗国监督检查记录簿应当连续使用,保持完整,不得缺页、擅自涂改或者故意毁损。

港口国监督检查报告以及使用完毕的船旗国监督检查记录簿应当妥善保管,至少在船上保存二年。

第二十七条 除海事管理机构外,任何单位、人员不得扣留、收缴船旗国监督检查记录簿或者港口国监督检查报告,也不得在船旗国监督检查记录簿或者港口国监督检查报告上签注。

第二十八条 船舶不得涂改、故意损毁、伪造、变造船旗国监督检查记录簿或者港口国监督检查报告,不得以租借、骗取等手段冒用船旗国监督检查记录簿或者港口国监督检查报告。

第四章　法律责任

第二十九条　违反本规则,有下列行为之一的,由海事管理机构对违法船舶或者其所有人、经营人、管理人处 1000 元以上 1 万元以下的罚款;情节严重的,处 1 万元以上 3 万元以下的罚款。对违法人员处以 100 元以上 1000 元以下的罚款;情节严重的,处 1000 元以上 3000 元以下的罚款:

(一)拒绝或者阻挠检查人员实施船舶安全检查的;

(二)弄虚作假欺骗检查人员的;

(三)未按照船旗国监督检查记录簿或者港口国监督检查报告的处理意见纠正缺陷或者采取措施的;

(四)船舶在纠正按照第十九条规定应当申请复查的缺陷后未申请复查的;

(五)未按照第二十条第一款、第二十一条第一款规定将船舶在境外接受检查和处罚的情况向船籍港海事管理机构报告的;

(六)涂改、故意损毁、伪造、变造船旗国监督检查记录簿或者港口国监督检查报告的;

(七)以租借、骗取等手段冒用船旗国监督检查记录簿或者港口国监督检查报告的。

第三十条　中国籍船舶未按照规定携带船旗国监督检查记录簿的,海事管理机构应当责令改正,并对违法船舶处 1000 元罚款。

第三十一条　检查人员徇私舞弊、玩忽职守或者滥用职权的,海事管理机构应当按照有关规定作出处理。

第三十二条　海事管理机构在实施船旗国监督检查中发现船舶存在的缺陷与船舶检验机构、发证机构和认可组织有关的,应当根据相关规定对船舶检验机构、发证机构、认可组织或者其工作人员开展调查和处理。

第五章　附　则

第三十三条　本规则所称缺陷,是指船舶技术状况、船员配备及适任状况等不符合我国法律、行政法规、规章、船舶法定检验技术规范和我国缔结、加入的国际公约要求的情况。

第三十四条　船舶申请复查的,应当按照规定交纳复查费用并负担相应的交通费用。

第三十五条　船旗国监督检查记录簿和港口国监督检查报告由中华人民共和国海事局统一印制。

第三十六条　本规则自 2010 年 3 月 1 日起施行,1997 年 11 月 5 日交通部发布的《中华人民共和国船舶安全检查规则》(交通部令 1997 年第 15 号)同时废止。

附录十五
中国籍国际航行船舶开航前检查管理办法

海船舶〔2011〕669 号

第一章 总 则

第一条 为丰富船旗国监督管理手段,维护中国籍国际航行船舶安全、安保和防污染状况总体稳定,制定本办法。

第二条 本办法适用于驶往下一港为境外港口的中国籍国际航行船舶、航运公司以及为船舶签发法定证书的船舶检验机构。

第三条 开航前检查依适用船舶自愿申请,由海事主管机关、船舶检验机构和航运公司派员组成的联合工作组于船舶离港前共同实施。

开航前检查的依据是我国缔结、加入的有关国际公约和船舶驶往境外港口所属国家或地区缔结、加入的有关国际公约。

第四条 中华人民共和国海事局统一管理和指导全国船舶开航前检查工作。各级海事管理机构按照职责开展船舶开航前检查工作。

第二章 责任与义务

第五条 航运公司应严格落实安全管理工作责任制,在安全管理体系中建立相应制度,开展自查和港口国监督检查有关信息的收集、分析和报送工作。

第六条 航运公司应派员共同参加船舶开航前检查联合工作组,指导、督促船舶采取相应预防措施,落实有关缺陷的整改措施。

第七条 船舶需要进行开航前检查的,可由航运公司向海事主管机关提出申请,及时通报船舶动态,并为开航前检查活动提供工作便利。

第八条 船舶检验机构应指派验船师参与船舶开航前检查联合工作组,对开航前检查中发现的问题提供必要的技术支持。

第九条 船舶应当提前做好开航前检查准备工作,确保船舶处于良好状态。开航前检查期间,船舶应积极配合联合工作组的检查工作,应要求操作有关设备、设施,组织开展应急演练和演习。

第十条　海事主管机关负责开航前检查信息发布,组织并协调船舶开航前检查联合工作组具体开展检查工作。

第三章　开航前检查实施

第十一条　船舶拟申请开航前检查的,由航运公司、船舶或代理在预计开航的 3 天前向海事主管机关申请开航前检查,航程不足 3 天的,可在船舶离开上一港口后立即申请。

第十二条　船舶申请开航前检查之前,宜先行开展船舶自查工作,纠正自查缺陷后再行申请开航前检查。

第十三条　船舶在申请开航前检查时应提交以下材料:
(一)开航前检查申请书;
(二)最近一次港口国监督检查报告复印件和最近一次船旗国监督检查报告复印件;
(三)船舶开航前检查自查报告或情况说明。

第十四条　海事主管机关收到船方申请并审核通过后,应协调航运公司和船舶检验机构组成开航前检查联合工作组,制定开航前检查方案。

第十五条　开航前检查联合工作组指定一名船舶安全检查员为联合工作组组长,组长应持有相应资质的船舶安全检查员证书。

为保证开航前检查质量,联合工作组成员应考虑不同的专业背景与检查特长。船舶检验机构参与联合工作组的人员须是取得验船师资质的验船师,且从事船舶检验工作 3 年及以上。

第十六条　船舶安全检查员应参照《船舶安全检查工作程序》及相关要求实施检查,检查过程中遵守《中华人民共和国船舶安全检查员执业安全行为标准》。

第十七条　开航前检查联合工作组在检查过程中发现的缺陷与船方提供的自检报告出入较大,可中止检查,要求船舶进一步自查并纠正有关缺陷。缺陷纠正后,船舶可再次申请开航前检查。

第十八条　对开航前检查中发现的缺陷,船舶应按开航前检查联合工作组开具的处理意见予以纠正,航运公司及船舶检验机构应予配合并提供支持。

第十九条　开航前检查中发现的缺陷符合以下任一情形,且船舶不能按联合工作组开具的处理意见予以纠正的,联合工作组组长应提请相关海事管理机构实施船旗国监督检查,以确保有关缺陷予以纠正:
(一)严重危及海上人命和财产安全,可能导致船舶在接受港口国检查时被滞留的缺陷;
(二)明显违反驶往境外港口所属国家或地区缔结、加入的有关国际公约或对我国船舶有约束力的法律法规,可能导致船舶滞留的缺陷。

第二十条　通过开航前检查的船舶在接受首次港口国监督检查后,无论滞留与否,应及时将港口国监督检查报告及缺陷整改情况通报实施开检的联合工作组。

第四章 附 则

第二十一条 "航运公司"同《国际船舶安全营运和防止污染管理规则(ISM 规则)》中"公司"的定义,系指船舶所有人,或已承担船舶所有人的船舶营运责任并在承担此种责任时同意承担 ISM 规则规定的所有责任和义务的任何组织或法人,如管理人或光船承租人。

第二十二条 本办法由中华人民共和国海事局负责解释。

第二十三条 本办法自发文之日起实施。

附录十六
中华人民共和国船员条例

中华人民共和国国务院令第 494 号

《中华人民共和国船员条例》已经 2007 年 3 月 28 日国务院第 172 次常务会议通过,现予公布,自 2007 年 9 月 1 日起施行。

总理　温家宝
二〇〇七年四月十四日

第一章　总　则

第一条　为了加强船员管理,提高船员素质,维护船员的合法权益,保障水上交通安全,保护水域环境,制定本条例。

第二条　中华人民共和国境内的船员注册、任职、培训、职业保障以及提供船员服务等活动,适用本条例。

第三条　国务院交通主管部门主管全国船员管理工作。

国家海事管理机构依照本条例负责统一实施船员管理工作。

负责管理中央管辖水域的海事管理机构和负责管理其他水域的地方海事管理机构(以下统称海事管理机构),依照各自职责具体负责船员管理工作。

第二章　船员注册和任职资格

第四条　本条例所称船员,是指依照本条例的规定经船员注册取得船员服务簿的人员,包括船长、高级船员、普通船员。

本条例所称船长,是指依照本条例的规定取得船长任职资格,负责管理和指挥船舶的人员。

本条例所称高级船员,是指依照本条例的规定取得相应任职资格的大副、二副、三副、轮机长、大管轮、二管轮、三管轮、通信人员以及其他在船舶上任职的高级技术或者管理人员。

本条例所称普通船员,是指除船长、高级船员外的其他船员。

第五条　申请船员注册,应当具备下列条件:

(一)年满 18 周岁(在船实习、见习人员年满 16 周岁)但不超过 60 周岁;

(二)符合船员健康要求;

(三)经过船员基本安全培训,并经海事管理机构考试合格。

申请注册国际航行船舶船员的,还应当通过船员专业外语考试。

第六条 申请船员注册,可以由申请人或者其代理人向任何海事管理机构提出书面申请,并附送申请人符合本条例第五条规定条件的证明材料。

海事管理机构应当自受理船员注册申请之日起 10 日内做出注册或者不予注册的决定。对符合本条例第五条规定条件的,应当给予注册,发给船员服务簿,但是申请人被依法吊销船员服务簿未满 5 年的,不予注册。

第七条 船员服务簿是船员的职业身份证件,应当载明船员的姓名、住所、联系人、联系方式以及其他有关事项。

船员服务簿记载的事项发生变更的,船员应当向海事管理机构办理变更手续。

第八条 船员有下列情形之一的,海事管理机构应当注销船员注册,并予以公告:
(一)死亡或者被宣告失踪的;
(二)丧失民事行为能力的;
(三)被依法吊销船员服务簿的;
(四)本人申请注销注册的。

第九条 参加航行和轮机值班的船员,应当依照本条例的规定取得相应的船员适任证书。申请船员适任证书,应当具备下列条件:
(一)已经取得船员服务簿;
(二)符合船员任职岗位健康要求;
(三)经过相应的船员适任培训、特殊培训;
(四)具备相应的船员任职资历,并且任职表现和安全记录良好。

第十条 申请船员适任证书,应当向海事管理机构提出书面申请,并附送申请人符合本条例第九条规定条件的证明材料。对符合规定条件并通过国家海事管理机构组织的船员任职考试的,海事管理机构应当发给相应的船员适任证书。

第十一条 船员适任证书应当注明船员适任的航区(线)、船舶类别和等级、职务以及有效期限等事项。

船员适任证书的有效期不超过 5 年。

第十二条 中国籍船舶的船长和高级船员应当由中国籍船员担任;确需外国籍船员担任高级船员的,应当报国家海事管理机构批准。

第十三条 中国籍船舶在境外遇有不可抗力或者其他特殊情况,无法满足船舶最低安全配员要求,需要由本船下一级船员临时担任上一级职务时,应当向海事管理机构提出申请。海事管理机构根据拟担任上一级船员职务船员的任职资历、任职表现和安全记录,签发相应的批准文书。

第十四条 曾经在军用船舶、渔业船舶上工作的人员,或者持有其他国家、地区船员适任证书的船员,依照本条例的规定申请船员适任证书的,海事管理机构可以免除船员培训和考试的相应内容。具体办法由国务院交通主管部门另行规定。

第十五条　以海员身份出入国境和在国外船舶上从事工作的中国籍船员,应当向国家海事管理机构指定的海事管理机构申请中华人民共和国海员证。

申请中华人民共和国海员证,应当符合下列条件:

(一)是中华人民共和国公民;

(二)持有国际航行船舶船员适任证书或者有确定的船员出境任务;

(三)无法律、行政法规规定禁止出境的情形。

第十六条　海事管理机构应当自受理申请之日起7日内做出批准或者不予批准的决定。予以批准的,发给中华人民共和国海员证;不予批准的,应当书面通知申请人并说明理由。

第十七条　中华人民共和国海员证是中国籍船员在境外执行任务时表明其中华人民共和国公民身份的证件。中华人民共和国海员证遗失、被盗或者损毁的,应当向海事管理机构申请补发。船员在境外的,应当向中华人民共和国驻外使馆、领馆申请补发。

中华人民共和国海员证的有效期不超过5年。

第十八条　持有中华人民共和国海员证的船员,在其他国家、地区享有按照当地法律、有关国际条约以及中华人民共和国与有关国家签订的海运或者航运协定规定的权利和通行便利。

第十九条　在中国籍船舶上工作的外国籍船员,应当依照法律、行政法规和国家其他有关规定取得就业许可,并持有国务院交通主管部门规定的相应证书和其所属国政府签发的相关身份证件。

在中华人民共和国管辖水域航行、停泊、作业的外国籍船舶上任职的外国籍船员,应当持有中华人民共和国缔结或者加入的国际条约规定的相应证书和其所属国政府签发的相关身份证件。

第三章　船员职责

第二十条　船员在船工作期间,应当符合下列要求:

(一)携带本条例规定的有效证件;

(二)掌握船舶的适航状况和航线的通航保障情况,以及有关航区气象、海况等必要的信息;

(三)遵守船舶的管理制度和值班规定,按照水上交通安全和防治船舶污染的操作规则操纵、控制和管理船舶,如实填写有关船舶法定文书,不得隐匿、篡改或者销毁有关船舶法定证书、文书;

(四)参加船舶应急训练、演习,按照船舶应急部署的要求,落实各项应急预防措施;

(五)遵守船舶报告制度,发现或者发生险情、事故、保安事件或者影响航行安全的情况,应当及时报告;

(六)在不严重危及自身安全的情况下,尽力救助遇险人员;

(七)不得利用船舶私载旅客、货物,不得携带违禁物品。

第二十一条 船长在其职权范围内发布的命令,船舶上所有人员必须执行。

高级船员应当组织下属船员执行船长命令,督促下属船员履行职责。

第二十二条 船长管理和指挥船舶时,应当符合下列要求:

(一)保证船舶和船员携带符合法定要求的证书、文书以及有关航行资料;

(二)制订船舶应急计划并保证其有效实施;

(三)保证船舶和船员在开航时处于适航、适任状态,按照规定保障船舶的最低安全配员,保证船舶的正常值班;

(四)执行海事管理机构有关水上交通安全和防治船舶污染的指令,船舶发生水上交通事故或者污染事故的,向海事管理机构提交事故报告;

(五)对本船船员进行日常训练和考核,在本船船员的船员服务簿内如实记载船员的服务资历和任职表现;

(六)船舶进港、出港、靠泊、离泊,通过交通密集区、危险航区等区域,或者遇有恶劣天气和海况,或者发生水上交通事故、船舶污染事故、船舶保安事件以及其他紧急情况时,应当在驾驶台值班,必要时应当直接指挥船舶;

(七)保障船舶上人员和临时上船人员的安全;

(八)船舶发生事故,危及船舶上人员和财产安全时,应当组织船员和船舶上其他人员尽力施救;

(九)弃船时,应当采取一切措施,首先组织旅客安全离船,然后安排船员离船,船长应当最后离船,在离船前,船长应当指挥船员尽力抢救航海日志、机舱日志、油类记录簿、无线电台日志、本航次使用过的航行图和文件,以及贵重物品、邮件和现金。

第二十三条 船长、高级船员在航次中,不得擅自辞职、离职或者中止职务。

第二十四条 船长在保障水上人身与财产安全、船舶保安、防治船舶污染水域方面,具有独立决定权,并负有最终责任。

船长为履行职责,可以行使下列权力:

(一)决定船舶的航次计划,对不具备船舶安全航行条件的,可以拒绝开航或者续航;

(二)对船员用人单位或者船舶所有人下达的违法指令,或者可能危及有关人员、财产和船舶安全或者可能造成水域环境污染的指令,可以拒绝执行;

(三)发现引航员的操纵指令可能对船舶航行安全构成威胁或者可能造成水域环境污染时,应当及时纠正、制止,必要时可以要求更换引航员;

(四)当船舶遇险并严重危及船舶上人员的生命安全时,船长可以决定撤离船舶;

(五)在船舶的沉没、毁灭不可避免的情况下,船长可以决定弃船,但是,除紧急情况外,应当报经船舶所有人同意;

(六)对不称职的船员,可以责令其离岗。

船舶在海上航行时,船长为保障船舶上人员和船舶的安全,可以依照法律的规定对在船舶上进行违法、犯罪活动的人采取禁闭或者其他必要措施。

第四章 船员职业保障

第二十五条 船员用人单位和船员应当按照国家有关规定参加工伤保险、医疗保险、养老保险、失业保险以及其他社会保险,并依法按时足额缴纳各项保险费用。

船员用人单位应当为在驶往或者驶经战区、疫区或者运输有毒、有害物质的船舶上工作的船员,办理专门的人身、健康保险,并提供相应的防护措施。

第二十六条　船舶上船员生活和工作的场所,应当符合国家船舶检验规范中有关船员生活环境、作业安全和防护的要求。

船员用人单位应当为船员提供必要的生活用品、防护用品、医疗用品,建立船员健康档案,并为船员定期进行健康检查,防治职业疾病。

船员在船工作期间患病或者受伤的,船员用人单位应当及时给予救治;船员失踪或者死亡的,船员用人单位应当及时做好相应的善后工作。

第二十七条　船员用人单位应当依照有关劳动合同的法律、法规和中华人民共和国缔结或者加入的有关船员劳动与社会保障国际条约的规定,与船员订立劳动合同。

船员用人单位不得招用未取得本条例规定证件的人员上船工作。

第二十八条　船员工会组织应当加强对船员合法权益的保护,指导、帮助船员与船员用人单位订立劳动合同。

第二十九条　船员用人单位应当根据船员职业的风险性、艰苦性、流动性等因素,向船员支付合理的工资,并按时足额发放给船员。任何单位和个人不得克扣船员的工资。

船员用人单位应当向在劳动合同有效期内的待派船员,支付不低于船员用人单位所在地人民政府公布的最低工资。

第三十条　船员在船工作时间应当符合国务院交通主管部门规定的标准,不得疲劳值班。

船员除享有国家法定节假日的假期外,还享有在船舶上每工作 2 个月不少于 5 日的年休假。

船员用人单位应当在船员年休假期间,向其支付不低于该船员在船工作期间平均工资的报酬。

第三十一条　船员在船工作期间,有下列情形之一的,可以要求遣返:

(一)船员的劳动合同终止或者依法解除的;

(二)船员不具备履行船上岗位职责能力的;

(三)船舶灭失的;

(四)未经船员同意,船舶驶往战区、疫区的;

(五)由于破产、变卖船舶、改变船舶登记或者其他原因,船员用人单位、船舶所有人不能继续履行对船员的法定或者约定义务的。

第三十二条　船员可以从下列地点中选择遣返地点:

(一)船员接受招用的地点或者上船任职的地点;

(二)船员的居住地、户籍所在地或者船籍登记国;

(三)船员与船员用人单位或者船舶所有人约定的地点。

第三十三条　船员的遣返费用由船员用人单位支付。遣返费用包括船员乘坐交通工具的费用、旅途中合理的食宿及医疗费用和 30 公斤行李的运输费用。

第三十四条 船员的遣返权利受到侵害的,船员当时所在地民政部门或者中华人民共和国驻境外领事机构,应当向船员提供援助;必要时,可以直接安排船员遣返。民政部门或者中华人民共和国驻境外领事机构为船员遣返所垫付的费用,船员用人单位应当及时返还。

第五章　船员培训和船员服务

第三十五条 申请在船舶上工作的船员,应当按照国务院交通主管部门的规定,完成相应的船员基本安全培训、船员适任培训。

在危险品船、客船等特殊船舶上工作的船员,还应当完成相应的特殊培训。

第三十六条 依法设立的培训机构从事船员培训,应当符合下列条件:

(一)有符合船员培训要求的场地、设施和设备;

(二)有与船员培训相适应的教学人员、管理人员;

(三)有健全的船员培训管理制度、安全防护制度;

(四)有符合国务院交通主管部门规定的船员培训质量控制体系。

第三十七条 依法设立的培训机构从事船员培训业务,应当向国家海事管理机构提出申请,并附送符合本条例第三十六条规定条件的证明材料。

国家海事管理机构应当自受理申请之日起 30 日内,做出批准或者不予批准的决定。予以批准的,发给船员培训许可证;不予批准的,书面通知申请人并说明理由。

第三十八条 从事船员培训业务的机构,应当按照国务院交通主管部门规定的船员培训大纲和水上交通安全、防治船舶污染、船舶保安等要求,在核定的范围内开展船员培训,确保船员培训质量。

第三十九条 从事代理船员办理申请培训、考试、申领证书(包括外国船员证书)等有关手续,代理船员用人单位管理船员事务,提供船舶配员等船员服务业务的机构,应当符合下列条件:

(一)在中华人民共和国境内依法设立的法人;

(二)有 2 名以上具有高级船员任职资历的管理人员;

(三)有符合国务院交通主管部门规定的船员服务管理制度;

(四)具有与所从事业务相适应的服务能力。

第四十条 从事船员服务业务的机构(以下简称船员服务机构),应当向海事管理机构提交书面申请,并附送符合本条例第三十九条规定条件的证明材料。

海事管理机构应当自受理申请之日起 30 日内做出批准或者不予批准的决定。予以批准的,发给相应的批准文件;不予批准的,书面通知申请人并说明理由。

第四十一条 船员服务机构应当建立船员档案,加强船舶配员管理,掌握船员的培训、任职资历、安全记录、健康状况等情况,并将上述情况定期报海事管理机构备案。

船员用人单位直接招用船员的,应当遵守前款的规定。

第四十二条　船员服务机构应当向社会公布服务项目和收费标准。

第四十三条　船员服务机构为船员提供服务,应当诚实守信,不得提供虚假信息,不得损害船员的合法权益。

第四十四条　船员服务机构为船员用人单位提供船舶配员服务,应当督促船员用人单位与船员依法订立劳动合同。船员用人单位未与船员依法订立劳动合同的,船员服务机构应当终止向船员用人单位提供船员服务。

船员服务机构为船员用人单位提供的船员失踪或者死亡的,船员服务机构应当配合船员用人单位做好善后工作。

第六章　监督检查

第四十五条　海事管理机构应当建立健全船员管理的监督检查制度,重点加强对船员注册、任职资格、履行职责、安全记录,船员培训机构培训质量,船员服务机构诚实守信以及船员用人单位保护船员合法权益等情况的监督检查,督促船员用人单位、船舶所有人以及相关的机构建立健全船员在船舶上的人身安全、卫生、健康和劳动安全保障制度,落实相应的保障措施。

第四十六条　海事管理机构对船员实施监督检查时,应当查验船员必须携带的证件的有效性,检查船员履行职责的情况,必要时可以进行现场考核。

第四十七条　依照本条例的规定,取得船员服务簿、船员适任证书、中华人民共和国海员证的船员以及取得从事船员培训业务许可、船员服务业务许可的机构,不再具备规定条件的,由海事管理机构责令限期改正;拒不改正或者无法改正的,海事管理机构应当撤销相应的行政许可决定,并依法办理有关行政许可的注销手续。

第四十八条　海事管理机构对有违反水上交通安全和防治船舶污染水域法律、行政法规行为的船员,除依法给予行政处罚外,实行累计记分制度。海事管理机构对累计记分达到规定分值的船员,应当扣留船员适任证书,责令其参加水上交通安全、防治船舶污染等有关法律、行政法规的培训并进行相应的考试;考试合格的,发还其船员适任证书。

第四十九条　船舶违反本条例和有关法律、行政法规规定的,海事管理机构应当责令限期改正;在规定期限内未能改正的,海事管理机构可以禁止船舶离港或者限制船舶航行、停泊、作业。

第五十条　海事管理机构实施监督检查时,应当有2名以上执法人员参加,并出示有效的执法证件。

海事管理机构实施监督检查,可以询问当事人,向有关单位或者个人了解情况,查阅、复制有关资料,并保守被调查单位或者个人的商业秘密。

接受海事管理机构监督检查的有关单位或者个人,应当如实提供有关资料或者情况。

第五十一条　海事管理机构应当公开管理事项、办事程序、举报电话号码、通信地址、电子邮件信箱等信息,自觉接受社会的监督。

第五十二条　劳动保障行政部门应当加强对船员用人单位遵守劳动和社会保障的法律、法规和国家其他有关规定情况的监督检查。

第七章　法律责任

第五十三条　违反本条例的规定，以欺骗、贿赂等不正当手段取得船员服务簿、船员适任证书、船员培训合格证书、中华人民共和国海员证的，由海事管理机构吊销有关证件，并处2000元以上2万元以下罚款。

第五十四条　违反本条例的规定，伪造、变造或者买卖船员服务簿、船员适任证书、船员培训合格证书、中华人民共和国海员证的，由海事管理机构收缴有关证件，处2万元以上10万元以下罚款，有违法所得的，还应当没收违法所得。

第五十五条　违反本条例的规定，船员服务簿记载的事项发生变更，船员未办理变更手续的，由海事管理机构责令改正，可以处1000元以下罚款。

第五十六条　违反本条例的规定，船员在船工作期间未携带本条例规定的有效证件的，由海事管理机构责令改正，可以处2000元以下罚款。

第五十七条　违反本条例的规定，船员有下列情形之一的，由海事管理机构处1000元以上1万元以下罚款；情节严重的，并给予暂扣船员服务簿、船员适任证书6个月以上2年以下直至吊销船员服务簿、船员适任证书的处罚：
　（一）未遵守值班规定擅自离开工作岗位的；
　（二）未按照水上交通安全和防治船舶污染操作规则操纵、控制和管理船舶的；
　（三）发现或者发生险情、事故、保安事件或者影响航行安全的情况未及时报告的；
　（四）未如实填写或者记载有关船舶法定文书的；
　（五）隐匿、篡改或者销毁有关船舶法定证书、文书的；
　（六）不依法履行救助义务或者肇事逃逸的；
　（七）利用船舶私载旅客、货物或者携带违禁物品的。

第五十八条　违反本条例的规定，船长有下列情形之一的，由海事管理机构处2000元以上2万元以下罚款；情节严重的，并给予暂扣船员适任证书6个月以上2年以下直至吊销船员适任证书的处罚：
　（一）未保证船舶和船员携带符合法定要求的证书、文书以及有关航行资料的；
　（二）未保证船舶和船员在开航时处于适航、适任状态，或者未按照规定保障船舶的最低安全配员，或者未保证船舶的正常值班的；
　（三）未在船员服务簿内如实记载船员的服务资历和任职表现的；
　（四）船舶进港、出港、靠泊、离泊，通过交通密集区、危险航区等区域，或者遇有恶劣天气和海况，或者发生水上交通事故、船舶污染事故、船舶保安事件以及其他紧急情况时，未在驾驶台值班的；
　（五）在弃船或者撤离船舶时未最后离船的。

第五十九条　船员适任证书被吊销的，自被吊销之日起2年内，不得申请船员适任证书。

第六十条　违反本条例的规定,船员用人单位、船舶所有人有下列行为之一的,由海事管理机构责令改正,处 3 万元以上 15 万元以下罚款:

(一)招用未依照本条例规定取得相应有效证件的人员上船工作的;

(二)中国籍船舶擅自招用外国籍船员担任船长或者高级船员的;

(三)船员在船舶上生活和工作的场所不符合国家船舶检验规范中有关船员生活环境、作业安全和防护要求的;

(四)不履行遣返义务的;

(五)船员在船工作期间患病或者受伤,未及时给予救治的。

第六十一条　违反本条例的规定,未取得船员培训许可证擅自从事船员培训的,由海事管理机构责令改正,处 5 万元以上 25 万元以下罚款,有违法所得的,还应当没收违法所得。

第六十二条　违反本条例的规定,船员培训机构不按照国务院交通主管部门规定的培训大纲和水上交通安全、防治船舶污染等要求,进行培训的,由海事管理机构责令改正,可以处 2 万元以上 10 万元以下罚款;情节严重的,给予暂扣船员培训许可证 6 个月以上 2 年以下直至吊销船员培训许可证的处罚。

第六十三条　违反本条例的规定,未经批准擅自从事船员服务的,由海事管理机构责令改正,处 5 万元以上 25 万元以下罚款,有违法所得的,还应当没收违法所得。

第六十四条　违反本条例的规定,船员服务机构和船员用人单位未将其招用或者管理的船员的有关情况定期报海事管理机构备案的,由海事管理机构责令改正,处 5000 元以上 2 万元以下罚款。

第六十五条　违反本条例的规定,船员服务机构在提供船员服务时,提供虚假信息,欺诈船员的,由海事管理机构责令改正,处 3 万元以上 15 万元以下罚款;情节严重的,并给予暂停船员服务 6 个月以上 2 年以下直至吊销船员服务许可的处罚。

第六十六条　违反本条例的规定,船员服务机构在船员用人单位未与船员订立劳动合同的情况下,向船员用人单位提供船员的,由海事管理机构责令改正,处 5 万元以上 25 万元以下罚款;情节严重的,给予暂停船员服务 6 个月以上 2 年以下直至吊销船员服务许可的处罚。

第六十七条　海事管理机构工作人员有下列情形之一的,依法给予处分:

(一)违反规定签发船员服务簿、船员适任证书、中华人民共和国海员证,或者违反规定批准船员培训机构、船员服务机构从事相关活动的;

(二)不依法履行监督检查职责的;

(三)不依法实施行政强制或者行政处罚的;

(四)滥用职权、玩忽职守的其他行为。

第六十八条　违反本条例的规定,情节严重,构成犯罪的,依法追究刑事责任。

第八章　附　则

第六十九条　申请参加取得船员服务簿、船员适任证书考试,应当按照国家有关规定交纳考试费用。

第七十条 引航员的注册、培训和任职资格依照本条例有关船员注册、培训和任职资格的规定执行。具体办法由国务院交通主管部门制订。

第七十一条 军用船舶船员的管理,按照国家和军队有关规定执行。

渔业船员的管理由国务院渔业行政主管部门负责,具体管理办法由国务院渔业行政主管部门参照本条例另行规定。

第七十二条 除本条例对船员用人单位及船员的劳动和社会保障有特别规定外,船员用人单位及船员应当执行有关劳动和社会保障的法律、行政法规以及国家有关规定。

船员专业技术职称的取得和专业技术职务的聘任工作,按照国家有关规定实施。

第七十三条 本条例自 2007 年 9 月 1 日起施行。

附录十七
中华人民共和国船员培训管理规则

中华人民共和国交通运输部令 2009 年第 10 号

《中华人民共和国船员培训管理规则》已于 2009 年 6 月 22 日经第 6 次部务会议通过,现予公布,自 2009 年 10 月 1 日起施行。

部长　李盛霖
二○○九年六月二十六日

第一章　总　则

第一条　为加强船员培训管理,保证船员培训质量,提高船员素质,依据《中华人民共和国船员条例》以及中华人民共和国缔结或者加入的有关国际公约,制定本规则。

第二条　在中华人民共和国境内从事船员培训业务的,适用本规则。

第三条　船员培训实行社会化,从事船员培训业务应当依法经营,诚实信用,公平竞争。
船员培训管理应当公平、公正、公开和便民。

第四条　交通运输部主管全国船员培训工作。
中华人民共和国海事局负责统一实施船员培训管理工作。
各级海事管理机构依照各自职责具体负责船员培训的监督管理工作。

第五条　交通运输部应当按照国家有关法律、行政法规和我国缔结或者加入的有关国际公约的规定,确定船员培训的具体项目,制定相应的培训大纲,并向社会公布。

第二章　船员培训的种类和项目

第六条　船员培训按照培训内容分为船员基本安全培训、船员适任培训和特殊培训三类。
船员培训按照培训对象分为海船船员培训和内河船舶船员培训两类。

第七条　船员基本安全培训,指船员在上船任职前接受的个人求生技能、消防、基本急救以及个人安全和社会责任等方面的培训,包含以下培训项目:
(一)海船船员基本安全;
(二)内河船舶船员基本安全。

第八条　船员适任培训,指船员在取得适任证书前接受的使船员适应拟任岗位所需的专业技术知识和专业技能的培训,包括船员岗位适任培训和船员专业技能适任培训。

船员岗位适任培训分为海船船员岗位适任培训和内河船舶船员岗位适任培训。其中,海船船员岗位适任培训包含以下培训项目:

(一)船长;

(二)轮机长;

(三)大副;

(四)大管轮;

(五)三副;

(六)三管轮;

(七)值班机工;

(八)值班水手;

(九)全球海上遇险和安全系统(GMDSS)操作员;

(十)引航员;

(十一)非自航船舶船员;

(十二)水上飞机驾驶员;

(十三)地效翼船船员;

(十四)游艇驾驶员;

(十五)摩托艇驾驶员。

内河船舶船员岗位适任培训包含以下培训项目:

(一)驾驶岗位;

(二)轮机岗位。

船员专业技能适任培训仅针对海船船员,包含以下培训项目:

(一)精通救生艇筏和救助艇;

(二)精通快速救助艇;

(三)高级消防;

(四)精通急救;

(五)船上医护;

(六)雷达观测与标绘和雷达模拟器;

(七)自动雷达标绘仪;

(八)船舶保安。

第九条 特殊培训,指针对在危险品船、客船、大型船舶等特殊船舶上工作的船员所进行的培训,分为海船船员特殊培训和内河船舶船员特殊培训。其中,海船船员特殊培训包含以下培训项目:

(一)油船安全知识;

(二)油船安全操作;

(三)油船原油洗舱;

(四)化学品船安全知识;

(五)化学品船安全操作;

(六)液化气船安全知识;

（七）液化气船安全操作；

（八）滚装客船；

（九）客船；

（十）大型船舶操纵；

（十一）高速船；

（十二）船舶装载散装固体危险和有害物质作业；

（十三）船舶装载包装危险和有害物质作业；

（十四）驾驶台资源管理。

内河船舶船员特殊培训包含以下培训项目：

（一）油船；

（二）散装化学品船；

（三）客船；

（四）高速船；

（五）滚装船；

（六）载运包装危险货物船舶。

第三章　船员培训的许可

第十条　船员培训实行许可制度。

培训机构应当按照本规则的规定，针对不同的船员培训项目，申请并取得特定的船员培训许可，方可开展相应的船员培训业务。

前款培训机构指依法成立的院校、企事业单位或者社会团体。

任何国家机关以及船员培训和考试的主管部门均不得举办或者参与举办船员培训。

第十一条　培训机构从事海船船员培训业务，根据其开展培训的类别和项目，应当符合下列许可条件：

（一）有符合本规则附件一规定的船员培训项目要求的场地、设施和设备。

（二）有符合本规则附件二规定的与船员培训项目相适应的教学人员，教学人员总数的80％应当通过中华人民共和国海事局组织的考试，并取得相应证明。

（三）有与船员培训项目相适应的管理人员：

1. 配备专职教学管理人员、教学设施设备管理人员、培训发证管理人员和档案管理人员；

2. 教学管理人员至少2人，具有航海类中专以上学历或者其他专业大专以上学历，熟悉相关法规，熟悉所管理的培训项目；

3. 教学设施设备管理人员至少1人，具有中专以上学历，能够熟练操作所管理的设施、设备。

（四）有健全的船员培训管理制度，具体包括学员管理制度、教学人员管理制度、培训证明发放制度、教学设施设备管理制度和档案管理制度。

（五）有健全的安全防护制度，具体包括人身安全防护制度和突发事件应急制度等。

（六）有符合交通运输部规定的船员培训质量控制体系。

第十二条　培训机构从事内河船舶船员培训业务，根据其开展培训的类别和项目，应当符合下列许可条件：

（一）有符合本规则附件三规定的船员培训项目要求的场地、设施和设备。

（二）有符合本规则附件四规定的与船员培训项目相适应的教学人员，教学人员总数的80%应当通过中华人民共和国海事局组织的考试，并取得相应证明。

（三）有与船员培训项目相适应的管理人员：

1. 配备专职教学管理人员、教学设施设备管理人员、培训发证管理人员和档案管理人员；

2. 教学管理人员至少2人，具有水运类中专以上学历，或者其他专业大专以上学历，熟悉相关国内法规，熟悉所管理的培训项目；

3. 教学设施设备管理人员至少1人，具有中专以上学历，能够熟练操作所管理的设施、设备。

（四）有健全的船员培训管理制度，具体包括学员管理制度、教学人员管理制度、培训证明发放制度、教学设施设备管理制度、档案管理制度。

（五）有健全的安全防护制度，具体包括人身安全防护制度和突发事件应急制度等。

（六）有符合交通运输部规定的船员培训质量控制体系。

第十三条 培训机构申请从事船员培训业务，应当向中华人民共和国海事局提出申请，并提交下列申请材料：

（一）开展船员培训申请；

（二）培训机构的法人代码证；

（三）培训场地、设施、设备的情况说明；

（四）教学人员的情况说明及证明材料；

（五）管理人员的情况说明及证明材料；

（六）法规、技术资料的配备情况说明；

（七）船员培训管理制度和安全防护制度文本；

（八）船员培训质量控制体系文件。

培训机构申请从事海船船员培训业务的，还应当同时将申请材料抄送注册地交通运输部直属海事管理机构。

培训机构申请从事内河船舶船员培训业务的，还应当同时将申请材料抄送注册地交通运输部直属海事管理机构或者省级地方海事管理机构。

第十四条 船员培训申请的受理工作应当按照《交通行政许可实施程序规定》的有关要求办理。

第十五条 中华人民共和国海事局应当自受理申请之日起30日内，做出批准或者不予批准的决定。予以批准的，发给《中华人民共和国船员培训许可证》（以下简称《船员培训许可证》）；不予批准的，书面通知申请人并说明理由。

中华人民共和国海事局在受理船员培训申请之后，可以委托交通运输部直属海事管理机构或者省级地方海事管理机构对培训机构进行现场核验。

现场核验是对培训机构是否具备许可条件所进行的全面、客观评价。现场核验的工作时间应当计入许可期限。

第十六条 《船员培训许可证》应当载明培训机构的名称、地址、法定代表人、准予开展的船员培训项目、地点、有效期及其他有关事项。

《船员培训许可证》的有效期为 5 年。

第十七条 《船员培训许可证》记载事项发生变更的,培训机构应当向中华人民共和国海事局申请办理变更手续。

增加培训项目的,应当按照本规则的规定重新提出申请。

第十八条 《船员培训许可证》实施中期核查制度。

中华人民共和国海事局应当自《船员培训许可证》发证之日起第二周年至第三周年之间对船员培训机构开展中期核查。

第十九条 中华人民共和国海事局在中期核查过程中,可以要求船员培训机构提交下列材料:

(一)船员培训机构符合培训许可条件的说明材料;

(二)开展船员培训活动的情况说明;

(三)其他相关材料。

中期核查合格的,中华人民共和国海事局应当在《船员培训许可证》上进行签注;中期核查不合格的,中华人民共和国海事局应当责令限期改正。培训机构在规定期限内未能改正的,中华人民共和国海事局应当依法撤销相应的《船员培训许可证》。

第二十条 船员培训机构应当在《船员培训许可证》有效期届满之日 30 日以前,向中华人民共和国海事局申请办理《船员培训许可证》延续手续。中华人民共和国海事局应当自受理延续申请之日起 30 日内,做出批准或者不予批准的决定。

申请办理《船员培训许可证》延续手续,应当提交下列材料:

(一)《船员培训许可证》延续申请;

(二)本规则第十三条第一款第(二)项至第(八)项规定的材料。

第二十一条 有下列情形之一的,中华人民共和国海事局应当办理《船员培训许可证》注销手续:

(一)培训机构自行申请注销的;

(二)法人依法终止的;

(三)《船员培训许可证》被依法撤销或者吊销的。

第四章 船员培训的实施

第二十二条 培训机构应当按照《船员培训许可证》载明的培训项目、地点和海事管理机构确定的培训规模开展船员培训。

船员应当在取得《船员培训许可证》的培训机构,完成规定项目的船员培训。

第二十三条 培训机构应当按照交通运输部规定的船员培训大纲和水上交通安全、防治船舶污染等要求制定培训计划并开展培训。

第二十四条　培训机构所有的培训场地、设施、设备应当处于良好的使用状态,并应当具备足够的备用品,培训的易耗品应当得到及时补充,以保障培训的正常进行。

第二十五条　从事船员培训的教员不得在两个以上的培训机构担任自有教员。

前款所称"自有教员"指与培训机构所订立劳动合同的期限在 1 年以上的教员。

第二十六条　船舶培训机构应当按照有关规定任用从事培训任务的教员,并将其自有教员向海事管理机构备案。中华人民共和国海事局应当定期将符合规定要求的教员向社会公布。

第二十七条　培训机构应当将《船员培训许可证》悬挂在经营场所的醒目位置,公示其培训项目、收费项目、收费标准以及师资等情况。

培训机构不得采取欺骗学员等不正当竞争手段开展培训、经营活动。

第二十八条　培训机构在招生时应当向学员告知中华人民共和国海事局规定的有关培训项目中对船员年龄、持证情况、船上服务资历、见习资历、安全任职记录、身体健康状况等方面的要求。

第二十九条　培训机构应当按照中华人民共和国海事局的规定对培训活动如实做好记录。

第三十条　培训机构应当在每期培训班开班 3 日前以书面或者电子方式将培训计划报海事管理机构备案,备案内容应当包括培训规模、教学计划和日程安排、承担本期培训教学的教员情况及培训设施、设备、教材等准备情况。

培训机构应当在每期培训班开班之日起 3 日内将学员名册向海事管理机构备案。

第三十一条　培训机构应当保持船员培训质量控制体系的有效运行。

第三十二条　培训机构应当为在本机构参加培训的学员建立培训档案,并在培训结束后出具相应的《船员培训证明》。

对培训出勤率低于规定培训课时 90% 的学员,培训机构不得出具培训证明。

第三十三条　学员完成培训并取得培训证明后,可以向海事管理机构申请相应培训项目的考试、评估。

第三十四条　对已按照规定完成培训并且考试、评估合格的学员,由海事管理机构依据相关规定签发相应的考试、评估合格证明。

第五章　监督检查

第三十五条　海事管理机构应当建立健全船员培训监督检查制度,督促培训机构落实船员培训管理制度和安全防护制度。

第三十六条　海事管理机构应当配备中华人民共和国海事局规定的符合培训管理、考试、评估、发证要求的设备、资料,建立辖区内培训机构档案,对培训机构实施日常监督管理和业务指导。

第三十七条　海事管理机构应当对每期培训至少进行一次检查,重点检查以下内容:

(一)教学计划的执行情况;

(二)承担本期培训教学任务的教员情况和授课情况;

(三)培训设施、设备、教材的使用、补充情况;

(四)培训规模与师资配备要求的符合情况;

(五)学员的出勤情况。

第三十八条　海事管理机构实施监督检查时,应当有2名以上执法人员参加,并出示有效的执法证件。

第三十九条　海事管理机构实施监督检查,可以询问当事人,向有关培训机构或者个人了解情况,查阅、复制有关资料,并保守被调查培训机构的商业秘密或者个人隐私。

海事管理机构实施监督检查应当做好相关记录并予以保存。

第四十条　接受海事管理机构监督检查的培训机构或者个人,应当如实反映情况和提供资料。

第四十一条　海事管理机构实施监督检查发现培训机构不再具备许可条件的,由海事管理机构责令限期改正。

培训机构在规定期限内未能改正的,中华人民共和国海事局应当依法撤销相应的《船员培训许可证》。

第四十二条　海事管理机构应当公开船员培训的管理事项、办事程序、举报电话、通信地址、电子邮件信箱等信息,自觉接受社会监督。

第六章　法律责任

第四十三条　违反本规则的规定,未取得《船员培训许可证》擅自从事船员培训的,由海事管理机构处5万元以上25万元以下罚款,有违法所得的,还应当没收违法所得。

前款"未取得《船员培训许可证》擅自从事船员培训"包括下列情形:

(一)无《船员培训许可证》擅自从事船员培训的;

(二)以欺骗、贿赂等非法手段取得《船员培训许可证》的;

(三)未按照《船员培训许可证》载明的事项从事船员培训的。

第四十四条　违反本规则的规定,船员培训机构未按照交通运输部规定的培训大纲和水上交通安全、防治船舶污染等要求进行培训的,由海事管理机构责令改正,可以处2万元以上10万元以下罚款;情节严重的,给予暂扣《船员培训许可证》6个月以上2年以下直至吊销《船员培训许可证》的处罚。

第四十五条　海事管理机构工作人员有下列情形之一的,依法给予行政处分:

(一)违反规定给予船员培训许可;

(二)不依法履行监督检查职责;

（三）不依法实施行政强制或者行政处罚；

（四）滥用职权、玩忽职守的其他行为。

第四十六条　违反本规则的规定，情节严重，构成犯罪的，依法追究刑事责任。

第七章　附　则

第四十七条　具有开展全日制航海中专、专科及以上学历教育资格的院校，经中华人民共和国海事局同意后，招收的全日制航海专业学生完成学校规定的教程并取得毕业证书，等同完成本规则规定的三副、三管轮岗位适任培训。

中华人民共和国海事局应当定期公布前款所述的院校名单。

第四十八条　持有经修正的《1978 年海员培训、发证和值班标准国际公约》其他缔约国签发的船员培训合格证的中国籍船员，经中华人民共和国海事局确认符合《1978 年海员培训、发证和值班标准国际公约》规定的有关最低适任标准后，可按规定申请换发相应的合格证明。

第四十九条　《船员培训许可证》由中华人民共和国海事局统一印制。

第五十条　本规则自 2009 年 10 月 1 日起施行。1997 年颁布的《中华人民共和国船员培训管理规则》（交通部 1997 年第十三号令）同时废止。

附录十八
中华人民共和国海船船员适任考试和发证规则

2011 年 12 月 27 日交通运输部发布,根据 2013 年 12 月 24 日交通运输部《关于修改〈中华人民共和国海船船员适任考试和发证规则〉的决定》修正。

第一章 总 则

第一条 为了提高海船船员素质,保障海上人命和财产安全,保护海洋环境,根据《中华人民共和国海上交通安全法》、《中华人民共和国船员条例》以及我国缔结或者加入的有关国际公约,制定本规则。

第二条 本规则适用于为取得中华人民共和国海船船员适任证书(以下简称适任证书)而进行的考试以及适任证书、适任证书特免证明和外国适任证书承认签证的签发与管理。

第三条 国务院交通运输主管部门主管全国海船船员适任考试和发证工作。国家海事管理机构在国务院交通运输主管部门的领导下,对海船船员适任考试和发证工作进行统一管理。

国家海事管理机构所属的各级海事管理机构按照国家海事管理机构确定的职责范围具体负责海船船员适任考试和发证工作。

第四条 海船船员适任考试和发证应当遵循公平、公正、公开、便民的原则。

第二章 适任证书

第一节 适任证书基本信息

第五条 适任证书包含以下基本内容:
(一)持证人姓名、性别、出生日期、国籍、持证人签名及照片;
(二)证书等级、编号;
(三)有关国际公约的适用条款;
(四)持证人适任的航区、职务、职能;
(五)持证人适任的船舶种类、主推进动力装置、特殊设备操作等项目;
(六)发证日期和有效期截止日期;
(七)签发机关名称和签发官员署名;
(八)规定需要载明的其他内容。

第六条　持证人适任的航区分为无限航区和沿海航区,但无线电操作人员适任的航区分为 A1、A2、A3 和 A4 海区。

第七条　适任证书等级分为:

(一)船长、驾驶员、轮机长和轮机员适任证书等级分为:

1.无限航区适任证书分为二个等级:

(1)一等适任证书:适用于 3000 总吨及以上或者主推进动力装置 3000 千瓦及以上的船舶;

(2)二等适任证书:适用于 500 总吨及以上至 3000 总吨或者主推进动力装置 750 千瓦及以上至 3000 千瓦的船舶。

2.沿海航区适任证书分为三个等级:

(1)一等适任证书:适用于 3000 总吨及以上或者主推进动力装置 3000 千瓦及以上的船舶;

(2)二等适任证书:适用于 500 总吨及以上至 3000 总吨或者主推进动力装置 750 千瓦及以上至 3000 千瓦的船舶;

(3)三等适任证书:适用于未满 500 总吨或者主推进动力装置未满 750 千瓦的船舶。

(二)高级值班水手、高级值班机工适任证书适用于 500 总吨及以上或者主推进动力装置 750 千瓦及以上的船舶。

(三)值班水手、值班机工适任证书等级分为:

1.无限航区适任证书适用于 500 总吨及以上或者主推进动力装置 750 千瓦及以上的船舶;

2.沿海航区适任证书分为二个等级:

(1)一等适任证书:适用于 500 总吨及以上或者主推进动力装置 750 千瓦及以上的船舶;

(2)二等适任证书:适用于未满 500 总吨或者主推进动力装置未满 750 千瓦的船舶。

(四)电子电气员和电子技工适任证书适用于主推进动力装置 750 千瓦及以上的船舶。

在拖轮上任职的船长和甲板部船员所持适任证书等级与该拖轮的主推进动力装置功率的等级相对应。

第八条　船员职务根据服务部门分为:

(一)船长;

(二)甲板部船员:大副、二副、三副、高级值班水手、值班水手,其中大副、二副、三副统称为驾驶员;

(三)轮机部船员:轮机长、大管轮、二管轮、三管轮、电子电气员、高级值班机工、值班机工、电子技工,其中大管轮、二管轮、三管轮统称为轮机员;

(四)无线电操作人员:一级无线电电子员、二级无线电电子员、通用操作员、限用操作员。

第九条　船员职能根据分工分为:

(一)航行;

(二)货物操作和积载;

(三)船舶作业和人员管理;

（四）轮机工程；

（五）电气、电子和控制工程；

（六）维护和修理；

（七）无线电通信。

船员职能根据技术要求分为：

（一）管理级；

（二）操作级；

（三）支持级。

第十条 适任证书持有人应当在适任证书适用范围内担任职务或者担任低于适任证书适用范围的职务。但担任值班水手职务的船员必须持有值班水手或者高级值班水手适任证书，担任值班机工职务的船员必须持有值班机工或者高级值班机工适任证书。

第二节 适任证书的签发

第十一条 取得适任证书，应当具备下列条件：

（一）持有有效的船员服务簿；

（二）符合国家海事管理机构规定的海船船员任职岗位健康标准；

（三）完成本规则附件规定的适任培训；

（四）具备本规则附件规定的海上任职资历，并且任职表现和安全记录良好；

（五）通过相应的适任考试。

拟在油船、化学品船、液化气船、客船、高速船等特殊类型船舶上任职的船员，还应当具备本章第三节规定的培训、资历等特殊要求。

第十二条 申请海船船员适任证书的，应当提交下列材料：

（一）海船船员适任证书申请表；

（二）船员服务簿；

（三）海船船员健康证书；

（四）身份证件；

（五）符合海事管理机构要求的照片；

（六）岗位适任培训证明或者航海教育毕业证书；

（七）船上见习记录簿；

（八）现持有的适任证书；

（九）专业技能适任培训合格证；

（十）适任考试的合格证明。

持有三副、三管轮适任证书申请二副、二管轮适任证书者，免于向海事管理机构提交本条第一款第（六）、（七）、（九）、（十）项规定的材料；

按照本规则规定免于船上见习者，免于向海事管理机构提交本条第一款第（七）项规定的材料；

初次申请海船船员适任证书者，免于向海事管理机构提交本条第一款第（八）项规定的材料。

按照第二十条规定拟在特殊类型船舶上任职的,还应当提供相应的特殊培训合格证。

申请适任证书再有效的,还应当提交经过相应知识更新的材料,但按照第十五条规定申请适任证书再有效的,免于提交本条第一款(六)、(七)、(九)、(十)项规定的材料,按照第十六条规定申请适任证书再有效的,免于提交本条第一款(六)、(九)项规定的材料。

第十三条 海事管理机构对于发证申请,经审核符合本规则规定条件的,应当按照《行政许可法》、《交通行政许可实施程序规定》的要求签发相应的适任证书。

第十四条 适任证书有效期不超过5年,有效期截止日期不超过持证人65周岁生日。

第十五条 持有船长和高级船员适任证书者在证书有效期内,满足下列条件之一,并经过与其职务相适应的知识更新培训,可以在适任证书有效期届满前12个月内向有相应管理权限的海事管理机构申请适任证书再有效:

(一)从申请之日起向前计算5年内具有与其适任证书所记载范围相应的不少于12个月的海上服务资历,且任职表现和安全记录良好;

(二)从申请之日起向前计算6个月内具有与其适任证书所记载范围相应的累计不少于3个月的海上服务资历,且任职表现和安全记录良好。

第十六条 未满足本规则第十五条规定的船长和高级船员,申请适任证书再有效的,应当符合下列规定:

(一)未满足第十五条(一)、(二)项规定,或者适任证书过期5年以内的,应当参加模拟器培训和知识更新培训,并通过相应的抽查项目的评估;

(二)适任证书过期5年及以上10年以下的,应当参加模拟器培训和知识更新培训,并通过相应的抽查科目的理论考试和项目的评估;

(三)适任证书过期10年及以上的,应当参加模拟器培训和知识更新培训,通过相应的抽查科目的理论考试和项目的评估,并在适任证书记载的相应航区、等级范围内按照《船上见习记录簿》规定完成不少于3个月的船上见习。

第十七条 适任证书损坏或者遗失时,持证人除应当向原证书签发的海事管理机构提交补发申请及本规则第十二条第(一)、(四)、(五)项要求的材料外,还应当满足下列要求:

(一)适任证书损坏的,应当缴回被损坏的证书原件;

(二)适任证书遗失的,应当在发行范围覆盖全国的报纸上登载适任证书遗失公告,或者提交原证书签发海事管理机构所在地公证机关出具的公证书;登载适任证书遗失公告的,自公告之日起满30日后方可申请。

补发的适任证书的有效期截止日期与原适任证书的有效期截止日期相同。

第十八条 因违反海事行政管理规定被吊销适任证书者,自证书被吊销之日起2年后,通过低一职务的适任考试,可以按照本规则第十二条的规定提交相应材料,向原签发适任证书的海事管理机构申请低一职务的适任证书。

海事管理机构对通过适任考试,且安全记录良好的,应当签发其相应的适任证书。

第十九条 曾在内河船舶、海洋渔业船舶或者军事船舶上任职的人员,具备下列条件的,可以按照国家海事管理机构的规定申请相应的适任证书：

（一）拟申请证书的等级和职务不高于其在内河船舶、海洋渔业船舶或者军事船舶上相应的证书等级和职务，其中可以申请的职务最高为大副或者大管轮；

（二）在内河船舶、海洋渔业船舶或者军事船舶上的水上服务资历能够与本规则规定的海上服务资历相适应，且任职表现和安全记录良好；

（三）参加相应的岗位适任培训，并通过与申请职务相应的理论考试和评估。

第三节　特殊类型船舶船员的特殊要求

第二十条　拟在油船、化学品船、液化气船、客船、高速船等特殊类型船舶上任职的，还应当完成相应的特殊培训，并取得培训合格证。

第二十一条　在两港间航程 50 海里及以上的客船上服务的船长和高级船员应当持有适用于相应航区 3000 总吨及以上或者 3000 千瓦及以上船舶的适任证书。

第二十二条　申请适用于两港间航程 50 海里及以上客船驾驶员、船长适任证书的，应当具备下列条件：

（一）申请适用于客船三副适任证书者，应当在其他种类的 3000 总吨及以上海船上担任三副满 12 个月，任职表现和安全记录良好，并至少在客船上任见习三副 3 个月；或者通过三副适任考试，在客船上完成 18 个月的船上见习，任职表现和安全记录良好。

（二）申请适用于客船二副适任证书者，应当在其他种类的 3000 总吨及以上海船上担任二副满 12 个月，任职表现和安全记录良好，并至少在客船上任见习二副 3 个月；或者持有客船三副适任证书并在相应航区、船舶等级的海船上担任三副不少于 18 个月，任职表现和安全记录良好，其中曾经担任客船三副至少 6 个月。

（三）申请适用于客船大副适任证书者，应当在其他种类的 3000 总吨及以上海船上担任大副满 24 个月，任职表现和安全记录良好，并至少在客船上任见习大副 3 个月；或者持有客船二副适任证书并在相应航区、船舶等级的海船上担任二副不少于 12 个月，其中曾经担任客船二副至少 6 个月，通过大副考试，至少在客船上任见习大副 3 个月，任职表现和安全记录良好。

（四）申请适用于客船船长适任证书者，应当在其他种类的 3000 总吨及以上海船上担任船长满 24 个月，任职表现和安全记录良好，并至少在客船上任见习船长 3 个月；或者持有客船大副适任证书并在相应航区、船舶等级的海船上担任大副不少于 18 个月，任职表现和安全记录良好，其中曾经担任客船大副至少 6 个月，通过船长考试，且至少在客船上任见习船长 3 个月。

第二十三条　初次申请适用于两港间航程 50 海里及以上客船轮机长、轮机员适任证书者，应当在其他种类的 3000 千瓦及以上海船上担任相应职务满 12 个月，任职表现和安全记录良好，并在客船上任相应见习职务 3 个月。

通过三管轮适任考试者，在客船上完成规定的 18 个月船上见习，任职表现和安全记录良好，可以申请适用于客船的三管轮适任证书。

第三章　适任考试

第二十四条　海船船员的适任考试包括理论考试和评估。

理论考试以理论知识为主要考试内容,重点对海船船员专业知识的掌握和理解程度进行测试。

评估通过对相应船舶、模拟器或者其他设备的操作,国际通用语言听力测验与口试等方式,重点对海船船员专业知识综合运用、操作及应急等能力进行技能测评。

第二十五条 适任考试科目、大纲由国家海事管理机构统一制定并公布。相关海事管理机构应当在职责范围内制定并公布适任考试具体计划,明确适任考试的时间、地点、申请程序等相关信息。

第二十六条 申请参加适任考试的,应当按照公布的申请程序向有相应权限的海事管理机构提供下列信息:

(一)身份证件;

(二)所申请考试的适任证书航区、等级、职务;

(三)符合海事管理机构要求的照片。

第二十七条 海事管理机构应当于适任考试开始5日前向申请人发放准考证,并告知申请人查询适任考试成绩的途径等事项。

第二十八条 适任考试有科目或者项目不及格的,可以在初次适任考试准考证签发之日起3年内申请5次补考。逾期不能通过全部适任考试的,所有适任考试成绩失效。

第二十九条 海事管理机构应当在考试结束后30日内公布成绩。适任考试成绩自全部理论考试和评估成绩均合格之日起5年内有效。

第四章　特免证明

第三十条 中国籍船舶在境外遇有不可抗力或者其他导致持证船员不能履行职务的特殊情况,无法满足船舶最低安全配员要求,需要由本船下一级船员临时担任上一级职务时,应当向签发该船员适任证书的海事管理机构申请出具特免证明。

第三十一条 申请船长、驾驶员、轮机长、轮机员特免证明的,应当符合下列条件:

(一)申请船长、轮机长特免证明的,应当持有大副或者大管轮适任证书并在自申请之日起前5年内,具有不少于12个月的不低于其适任证书所记载船舶、航区、职务的任职资历,任职表现和安全记录良好,且船长、轮机长不能履行职务的情况是因不可抗力原因造成;

(二)申请大副、大管轮特免证明的,应当持有二副、二管轮适任证书,并在自申请之日起前5年内,具有不少于12个月的不低于其适任证书所记载船舶、航区、职务的任职资历,且任职表现和安全记录良好;

(三)申请二副、二管轮特免证明的,应当持有三副、三管轮适任证书,并在自申请之日起前5年内,具有不少于12个月的不低于其适任证书所记载船舶、航区、职务的任职资历,且任职表现和安全记录良好;

(四)申请三副、三管轮特免证明的,应当持有高级值班水手、值班水手或者高级值班机工、值班机工适任证书,并在自申请之日起前5年内,具有不少于12个月的不低于其适任证书所记载船舶、航区、职务的任职资历,任职表现和安全记录良好。

本条第一款规定的船员以外的其他船员,不予出具特免证明。

第三十二条　申请特免证明的,应当向海事管理机构提交包含下列内容的申请报告:
(一)申请理由;
(二)船舶名称、航行区域、停泊港口;
(三)拟申请签发对象的资历情况;
(四)相关证明材料。

第三十三条　收到申请的海事管理机构应当核实有关情况,对符合第三十一条规定条件的,应当在3日内出具有效期不超过6个月的特免证明,但船长或者轮机长特免证明的有效期不超过3个月。不符合条件的,应当在3日内告知申请人不予出具特免证明的理由。

第三十四条　一艘船舶上同时持特免证明的船长和高级船员总共不得超过3名。

第三十五条　当事船舶抵达中国第一个港口后,特免证明自动失效。失效的特免证明应当及时缴回原出具的海事管理机构。

第五章　承认签证

第三十六条　持有经修正的《1978年海员培训、发证和值班标准国际公约》(以下简称STCW公约)缔约国签发的外国适任证书的船员在中国籍船舶上任职的,应当取得由国家海事管理机构签发的外国适任证书的承认签证。

第三十七条　申请承认签证的,应当向国家海事管理机构提交下列材料:
(一)所属缔约国签发的适任证书原件;
(二)表明申请人符合STCW公约和所属缔约国有关船员管理规定的证明文件;
(三)申请人的海船船员身份证件。

第三十八条　国家海事管理机构应当按照STCW公约和本规则规定的标准、条件等内容,对申请承认签证船员所属缔约国的有关船员管理制度从下列方面进行评价:
(一)有关船员适任培训、考试及发证制度是否符合STCW公约要求;
(二)是否按照STCW公约要求建立了有效的船员质量标准控制体系;
(三)船员适任条件等相关要求是否低于本规则规定的相关标准。
按照本条第一款进行评价的结果应当作为签发承认签证的依据,对于评价结果表明该缔约国的有关船员管理制度不低于STCW公约及本规则相关要求,且申请人按照第三十七条提供的材料真实、全面的,国家海事管理机构应当签发相应的承认签证。其中,签发船长、大副、轮机长、大管轮适任证书承认签证前,申请人还应当参加与申请职务相应的海上交通安全、环境保护等方面的培训,并经海事管理机构考核合格。

第三十九条　承认签证的有效期不得超过被承认适任证书的有效期,且最长不得超过5年。当被承认适任证书失效时,相应的承认签证自动失效。

第六章　航运公司及相关机构的责任

第四十条　航运公司及相关机构应当保证被指派任职的船员满足下列要求:

（一）持有适当、有效的适任证书，熟悉自身岗位职责；

（二）熟悉船舶的布置、装置、设备、工作程序、特性和局限性等相关情况；

（三）具有良好工作语言运用及沟通能力，确保在紧急情况下和执行安全、防污染和保安职能时，能够有效履行职责。

第四十一条 航运公司及相关机构应当建立并完善船员培训制度，按照以下要求加强对本公司、机构船员的培训：

（一）按照国家海事管理机构的规定制定并执行有关培训、见习等方面的培训计划，并在培训、见习记录簿内如实填写或者记载；

（二）采取有效措施，确保应当由本公司、机构负责的其他各类船员培训有效实施。

第四十二条 航运公司及相关机构应当备有完整、最新的船员管理法规和相关国际公约。

航运公司及相关机构应当建立船员档案，对船员录用、培训、资历、健康状况以及有关船员考试、证书持有情况等信息进行连续有效的记录和管理，并确保可以供随时查询。

第七章　监督管理

第四十三条 海事管理机构应当对船员履行职责、安全记录等情况进行监督检查，加强对船员适任能力的监管。

第四十四条 有下列情形之一的，海事管理机构可以组织对船员适任能力进行考核：

（一）船舶发生碰撞、搁浅或者触礁的；

（二）在航行、锚泊或者靠泊时，从船上非法排放物质的；

（三）违反航行规则的；

（四）以其他危及海上人命、财产安全和海洋环境的方式操作船舶的。

按照本条第一款对船员进行适任能力考核的，应当根据本规则规定的船员适任要求通过抽考、现场考核等方式进行。对于考核结果表明船员不再符合适任条件的，海事管理机构应当注销其适任证书或者承认签证。

第四十五条 按照第四十四条被注销适任证书的船员，可以按照海事管理机构的要求参加低等级、职务或者航区的评估，海事管理机构签发与其考核结果相适应的适任证书。

第四十六条 负责船员适任考试和发证的海事管理机构应当配备满足适任考试、发证要求的人员、设备、场地和资料，建立相关的质量管理体系并通过国家海事管理机构的审核。

第四十七条 海事管理机构应当加强对从事船员适任考试、发证工作人员岗位培训和考核。不符合上岗条件的，不得从事船员适任考试、发证工作。

第四十八条 海事管理机构应当建立船员信息数据库、船员证书电子登记系统等船员档案，并按照国家海事管理机构的规定具备相应信息的查询功能。

第四十九条 海事管理机构应当公开海船船员适任考试和发证管理的事项、办事程序、举报电话等信息，自觉接受社会的监督。

第五十条　除海事管理机构依法实施外,任何机构和个人不得以任何理由扣留或者吊销船员适任证书。

第八章　法律责任

第五十一条　隐瞒有关情况或者提供虚假材料申请适任证书、特免证明、承认签证的,海事管理机构不予受理或者不予签发适任证书、特免证明、承认签证,并给予警告;申请人在 1 年内不得再次申请与前次申请等级、职务资格、航区相同的适任证书、特免证明、承认签证。

第五十二条　以欺骗、贿赂等不正当手段取得适任证书、特免证明、承认签证的,由签发证书的海事管理机构或者其上级海事管理机构吊销有关证书,并处 2000 元以上 2 万元以下的罚款。

第五十三条　伪造、变造或者买卖适任证书、特免证明、承认签证的,由海事管理机构收缴有关证书,处 2 万元以上 10 万元以下罚款,有违法所得的,还应当没收违法所得。

第五十四条　船员未在培训、见习记录簿内作出如实填写或者记载的,由海事管理机构处 1000 元以上 1 万元以下罚款;情节严重的,并给予暂扣船员服务簿、船员适任证书 6 个月以上 2 年以下直至吊销船员服务簿、船员适任证书的处罚。

第五十五条　船长未在船员服务簿内如实记载船员的服务资历和任职表现,由海事管理机构处 2000 元以上 2 万元以下罚款;情节严重的,并给予暂扣适任证书 6 个月以上 2 年以下直至吊销适任证书的处罚。

第五十六条　因违反本规则或者其他水上交通安全法规的规定,被海事管理机构吊销适任证书的,自被吊销之日起 2 年内,不得申请适任证书。

第五十七条　海事管理机构有下列情形之一的,由国家海事管理机构责令改正;情节严重的,限制或者取消其开展适任考试和发证的权限:
（一）违反行政许可法规规定的程序开展适任考试和发证工作的;
（二）超越权限开展适任考试或者签发适任证书的;
（三）对不具备条件的申请人签发适任证书的。

第九章　附　　则

第五十八条　适任证书、特免证明、承认签证由国家海事管理机构统一印制。
船上培训、见习记录簿的具体格式和内容由国家海事管理机构统一规定。

第五十九条　本规则下列用语的含义:
（一）海船,是指航行于海上以及江海直达的各类船舶,但不包括军事船舶、渔业船舶、体育运动船舶和非营业性游艇;
（二）无限航区,是指海上任何通航水域,包括世界各国的开放港口和国际通航运河及河流;
（三）沿海航区,是指我国沿海的港口、内水和领海以及国家管辖的一切其他通航海域;

（四）A1 海区，是指至少由一个具有连续数字选择呼叫（即 DSC）报警能力的甚高频（VHF）岸台的无线电话所覆盖的区域；

（五）A2 海区，是指除 A1 海区以外，至少由一个具有连续 DSC 报警能力的中频（MF）岸台的无线电话所覆盖的区域；

（六）A3 海区，是指除 A1 和 A2 海区以外，由具有连续报警能力的国际海事卫星组织（IN-MARSAT）静止卫星所覆盖的区域；

（七）A4 海区，是指除 A1、A2 和 A3 海区以外的海区；

（八）非运输船，是指工程船舶、拖轮等不从事货物（或者旅客）运输的机动船舶；

（九）安全记录良好，是指自申请之日起向前计算 5 年内未发生负有主要责任的大事故及以上等级事故；

（十）实践教学，是指航海类院校或者培训机构组织实施的实验教学、工厂实习教学和船上实习。

（十一）航运公司，是指船舶所有人、经营人、管理人或者光船承租人；

（十二）相关机构，是指海船船员服务机构和海员外派机构。

第六十条　下列船舶船员的适任考试和发证不适用本规则，按照国家海事管理机构的相关规定执行：

（一）在两港间航程不足 50 海里的客船或者滚装客船上任职的船长和高级船员；

（二）在未满 100 总吨船舶上任职的船长和甲板部船员；

（三）在主推进动力装置未满 220 千瓦船舶上任职的轮机部船员；

（四）仅在船籍港和船籍港附近水域航行和作业的船舶上任职的船员；

（五）在公务船、水上飞机、地效翼船、非营业性游艇、摩托艇、非自航船上任职的船员。

第六十一条　海船在内河行驶，其船长、驾驶员应当按照国家海事管理机构规定取得相应航线的《海船船员内河航线行驶资格证明》证书，但申请引航的除外。

第六十二条　我国缔结或者加入的国际公约对普通船员适任证书有效期有特别规定的，按照其规定执行。

第六十三条　本规则施行前已经取得海船船员适任证书和正在接受海船船员教育、培训的人员的考试和发证工作，由国家海事管理机构在相关国际公约规定的时间内，采取相应的过渡措施，逐步进行规范。

第六十四条　本规则自 2012 年 3 月 1 日起施行。2004 年 8 月 1 日由原交通部颁布的《中华人民共和国海船船员适任考试、评估和发证规则》（交通部令 2004 年第 6 号）同时废止。

附件 申请海船船员适任证书的培训、海上任职资历和适任考试要求

申请职务	培训		海上任职资历		适任考试	特别规定
	基本安全和专业技能适任培训	岗位适任培训	海上服务资历	船上见习		
值班水手、值班机工	完成基本安全培训、精通救生艇筏和救助艇培训、保安意识培训和负有指定保安职责船员的培训	完成相应的值班水手、值班机工岗位适任培训		具有相应等级的船舶的不少于6个月的海上服务资历,其中至少应有3个月是在船上合格的高级船员或者合格的支持级船员的直接监督之下履行了值班职责	通过相应的值班水手、值班机工适任考试	未满500总吨或者750千瓦的船舶(特殊类型船舶除外),免除精通救生艇筏和救助艇培训
高级值班水手、高级值班机工	同上	完成相应的高级值班水手、高级值班机工岗位适任培训	担任值班水手、值班机工满18个月		通过相应的高级值班水手、高级值班机工适任考试	
三副、三管轮	完成基本安全培训、精通救生艇筏和救助艇培训、高级消防培训、精通急救培训、保安意识培训和负有指定保安职责船员的培训	完成相应的三副、三管轮岗位适任培训	担任值班水手、值班机工或者高级值班水手、高级值班机工合计不少于18个月	在相应航区相应等级或者低一航区或者低一等级的船舶上,在船长或者合格的高级船员的指导下履行了不少于6个月的驾驶台或者机舱值班职责	通过三副、三管轮适任考试	未满500总吨或者750千瓦的船舶(特殊类型船舶除外),免除精通救生艇筏和救助艇培训、高级消防培训、精通急救培训
二副、二管轮	完成基本安全培训、精通救生艇筏和救助艇培训、高级消防培训、精通急救培训、保安意识培训和负有指定保安职责船员的培训	免除	担任三副、三管轮满18个月	免除	免除	未满500总吨或者750千瓦的船舶(特殊类型船舶除外),免除精通救生艇筏和救助艇培训、高级消防培训、精通急救培训

申请职务	培训		海上任职资历		适任考试	特别规定
	基本安全和专业技能适任培训	岗位适任培训	海上服务资历	船上见习		
大副、大管轮	完成基本安全培训、精通救生艇筏和救助艇培训、高级消防培训、精通急救培训、船上医护培训（仅限500总吨及以上大副）、保安意识培训和负有指定保安职责船员的培训	完成相应的大副、大管轮岗位适任培训	担任二副、二管轮满12个月	在相应航区相应等级或者低一等级的船舶上完成不少于3个月的船上见习	通过大副、大管轮适任考试	未满500总吨或者750千瓦的船舶（特殊类型船舶除外），免除精通救生艇筏和救助艇培训、高级消防培训、精通急救培训
船长、轮机长	完成基本安全培训、精通救生艇筏和救助艇培训、高级消防培训、精通急救培训、船上医护培训（仅限500总吨及以上船长）、保安意识培训和负有指定保安职责船员的培训	完成相应的船长、轮机长岗位适任培训	担任大副、大管轮满18个月	在相应航区相应等级的船舶上完成不少于3个月的船上见习	通过船长、轮机长适任考试	未满500总吨或者750千瓦的船舶（特殊类型船舶除外），免除精通救生艇筏和救助艇培训、高级消防培训、精通急救培训
电子技工	完成基本安全培训、精通救生艇筏和救助艇培训、保安意识培训和负有指定保安职责船员的培训	完成相应的电子技工岗位适任培训		具有不少于6个月的海上服务资历，其中至少应有3个月是在船上合格的高级船员或者合格的支持级船员的直接监督之下履行了职责	通过电子技工适任考试	

申请职务	培训		海上任职资历		适任考试	特别规定
	基本安全和专业技能适任培训	岗位适任培训	海上服务资历	船上见习		
电子电气员	完成基本安全培训、精通救生艇筏和救助艇培训、高级消防培训、精通急救培训、保安意识培训和负有指定保安职责船员的培训	完成相应的电子电气员岗位适任培训	担任电子技工满18个月	在相应等级的船舶上完成不少于6个月的船上见习	通过电子电气员适任考试	
GMDSS限用操作员	完成基本安全培训、保安意识培训和负有指定保安职责船员的培训	完成GMDSS限用操作员岗位适任培训			通过GMDSS限用操作员适任考试	特殊类型船舶上任职,还须完成精通救生艇筏和救助艇培训、精通急救培训
GMDSS通用操作员	完成基本安全培训、精通救生艇筏和救助艇培训、精通急救培训、保安意识培训和负有指定保安职责船员的培训	完成GMDSS通用操作员岗位适任培训			通过GMDSS通用操作员适任考试	
GMDSS二级无线电电子员	同上	完成GMDSS二级无线电电子员岗位适任培训	担任GMDSS通用操作员满12个月		通过GMDSS二级无线电电子员适任考试	
GMDSS一级无线电电子员	同上	完成GMDSS一级无线电电子员岗位适任培训	担任GMDSS二级无线电电子员满18个月		通过GMDSS一级无线电电子员适任考试	

注:

1. 表中"海上服务资历"一列中规定的海上服务资历须在参加岗位适任培训前取得,其中申请无限航区适任证书职务晋升所要求的海上服务资历至少有6个月是在无限航区的船舶上任职,其余时间可以在沿海航区的船舶上任职;船长和高级船员船上见习需在适任考试所有科目和项目全部通过后进行,并在船上见习记录簿中记载;申请适任证书的航区扩大、吨位或者功率提高的,可以免予船上见习。

2.已持有适用于货物运输船舶适任证书的船员在各类非运输船舶上的海上服务资历可以视为在货物运输船舶的海上服务资历;在两港间航程50海里及以上的客船上服务的船长和高级船员的海上服务资历按照所持适任证书适用的航区、船舶等级确定。

3.申请适任证书航区扩大者,应当持有有效的沿海航区相同船舶等级和职务的适任证书,并实际担任其职务不少于12个月,并完成相应的岗位适任培训;申请适任证书吨位或者功率提高者,应当持有有效的与所申请的吨位或者功率较低一级但航区和职务相同的适任证书,并实际担任其职务满12个月,并完成相应的岗位适任培训。

4.接受航海类教育和岗位适任培训的学员,可以按照以下情形参加适任考试:

(1)接受不少于2年的全日制航海类中职/中专及以上教育的学生或者接受不少于2年三副、三管轮、电子电气员岗位适任培训的学员,完成全部理论和实践教学内容后,可以相应地申请沿海航区三副、三管轮、电子电气员的适任考试;或者具有不少于12个月的海上服务资历后,可以相应地申请无限航区三副、三管轮、电子电气员适任考试。

(2)接受全日制航海类高职/高专及以上教育的学生,或者完成全日制非航海类大专及以上教育并接受不少于18个月三副、三管轮、电子电气员岗位适任培训的学员,完成全部理论和实践教学内容后,可以相应地申请无限航区三副、三管轮、电子电气员的适任考试。

(3)经国家海事管理机构认可,教育培训质量良好的航海院校的全日制航海类本科教育学生,完成全部理论和实践教学内容后,可以相应地申请无限航区二副、二管轮的适任考试。

(4)正在接受航海类教育的学生和三副、三管轮、电子电气员岗位适任培训的学员,可以在毕业或者结业前6个月内相应地申请参加值班水手、值班机工、电子技工适任考试,免于参加相应的值班水手、值班机工、电子技工岗位适任培训。

接受航海类教育或者岗位适任培训的学员通过三副、二副、三管轮、二管轮适任考试后,应当在相应航区相应等级或者低一航区或者低一等级的船舶上完成不少于12个月的船上见习,其中至少应当有6个月是在船长或者高级船员的指导下履行了驾驶台或者机舱值班职责;接受电子电气员航海类教育和适任培训的学员通过适任考试后,应当在相应等级的船舶上完成不少于12个月的船上见习。

5.国家海事管理机构可以认可教育质量管理体系运行良好的航海类教育机构按照本规则开展的海船船员适任考试。

附录十九
中华人民共和国海员证管理办法

交通部令 1989 年第 7 号 1989 年 8 月 14 日

第一章　总　则

第一条　根据《中华人民共和国公民出境入境管理法》的有关规定,制定本办法。

第二条　中华人民共和国海员证(以下简称海员证)是中国海员出入中国国境和在境外通行使用的有效身份证件。

第三条　海员证由中华人民共和国港务监督局或其授权的港务监督(下称颁发机关)颁发。

海员证在国外的延期和补发,由中国驻外国的外交代表机关、领事机关或者外交部授权的其他驻外机关办理。

第四条　海员证颁发给在航行国际航线的中国籍船舶上工作的中国海员和由国内有关部门派往外国籍船舶上工作的中国海员。

第五条　中国海员出境后,不得有危害祖国安全、有损祖国荣誉和利益的行为,不得从事海员身份以外的活动。

第二章　申请与颁发

第六条　申请海员证的中国海员,必须具备下列条件:
(一)没有《中华人民共和国公民出境入境管理法》第八条规定的情形;
(二)经批准,有具体的工作任务;
(三)经过海员专业技术训练,具有相应的证书。

第七条　拟派往外国籍船舶上的中国海员申请海员证,除具备第六条规定的条件外,还应具备下列条件之一:
(一)经过不少于六个月的海员职业培训,或毕业于航海类大、中专院校,技工学校;
(二)具有三年以上相应专业服务资历。

第八条　海员证由海员所在单位或派出单位向中华人民共和国港务监督局指定的颁发机关申请办理,并履行下列手续:
(一)填写《海员证申请表》,提交海员近期二寸免冠照片(光纸)两张;

（二）提交有效的办理海员证的海员出境批件；

（三）交验船员服务簿；

（四）交验经中华人民共和国港务监督局认可的培训单位签发的海员专业训练证明；

为派往外国籍船舶上工作的中国海员申请海员证，还需提交海员聘用合同或雇用合同副本。

第九条 办理海员证的海员出境批件自批准之日起六个月内有效。审批机构签发批件时，应同时抄送中华人民共和国港务监督局。

第十条 颁发机关接到办理海员证的申请后，须在十五个工作日内完成审核发证工作。对不符合本办法要求或申请手续不全的，不予办理海员证。

第十一条 海员证的有效期限，由颁发机关根据海员出境任务所需时间长短确定，最长不超过五年。

第十二条 海员证有效期将满时，海员需到境外执行任务，应由海员所在单位或派出单位按本办法规定的程序提前到原颁发机关重新申请办理海员证，并将原海员证交回颁发机关。

第十三条 海员在境外执行任务时海员证有效期届满，应由海员所在船船长出具书面报告，到中国驻外国的外交代表机关、领事机关或者外交部授权的其他驻外机关申请办理海员证延期手续。所延期限最长不得超过三个月。

有效期不足二年的海员证，不得办理延期手续。

第十四条 海员在国内遗失海员证，海员本人应立即向所在单位或派出单位报告，由所在单位或派出单位向原颁发机关报告并申请补发海员证。原颁发机关在宣布该遗失海员证作废的同时，可以以书面或电信的方式委托其他就近的颁发机关代为补发有效期不超过原有期限的海员证。

第十五条 海员在国外遗失海员证，应由所在船船长持书面报告，向中国驻外国的外交代表机关、领事机关或者外交部授权的其他驻外机关申请补发海员证。所补发海员证的有效期，按返回国内所需时间确定，但最长不得超过半年。办理补发海员证的机关应及时将补发的海员证的编号、有效期和海员姓名通告中华人民共和国港务监督局。海员进入中国国境后，在国外补发的海员证立即作废。

船长在为海员申请补发海员证的同时，应将海员证遗失情况电告海员所在单位或派出单位，由所在单位或派出单位将船舶名称、船员姓名、海员证号码报告原颁发机关和公安部边防局。原颁发机关应即宣布该遗失海员证作废。

第三章　海员证使用

第十六条 中国海员持海员证出入中国国境，无须办理签证。

第十七条 海员持海员证乘坐服务船舶以外的其他交通工具出境，应在出境前办妥前往国家和地区的入境过境签证。如前往国家和地区不需办理签证，应由海员所属单位或派出单位向边防检查机关出具证明。证明内容应包括海员姓名、证件号码，前往国家和地区。经边防检查站查验后放行。

第十八条　海员证仅限持证人在为其申请办理海员证的单位工作时使用。海员脱离原所在单位或派出单位，应将海员证交回，由所在单位或派出单位送交原颁发机关注销。

第十九条　申请办理海员证的单位应对所申请办理的海员证负责。申请办理单位有权向脱离本单位的海员收回为其办理的海员证。必要时，也可向原颁发机关提出申请，由原颁发机关吊销该海员证或宣布该海员证作废。

第二十条　港务监督吊销或宣布作废海员证，应立即通知边防检查机关。

第二十一条　海员证应保持整洁，不得涂改或书写其他内容。如发生破损，应向原颁发机关重新申请办理海员证。

第四章　罚　则

第二十二条　发现海员出境批件中有超越审批权限的内容时，颁发机关不受理该批件，并应对该审批机构提出书面警告；如海员证已经签发，颁发机关应立即吊销所颁发的海员证。在被吊销的海员证未缴回颁发机关之前，颁发机关应停止受理该审批机构签发的任何海员出境批件。

颁发机关对超越权限签发海员出境批件的审批机构，可处以人民币一万元以下的罚款。

第二十三条　对受到三次书面警告的审批机构，颁发机关应停止受理该机构签发的海员出境批件三个月至两年，并报交通部备案；情节严重的，经交通部批准，取消其审批海员出境批件的资格。

第二十四条　海员脱离原工作单位不按本规定交回海员证的，颁发机关可处以人民币五百至三千元的罚款。

第二十五条　海员遗失或损坏海员证的，颁发机关可视情节处以人民币一百元以下的罚款。

第二十六条　对伪造、涂改、转让海员证的，颁发机关、边防检查机关可处以人民币三千至一万元的罚款，颁发机关还应同时吊销该海员证；构成犯罪的，由司法机关依法追究刑事责任。

第二十七条　颁发机关应公正廉洁，严格依法办事。对不坚持原则或工作不认真的，中华人民共和国港务监督局可撤销对其颁发海员证的授权。

第二十八条　颁发机关的工作人员徇私舞弊、滥用职权、玩忽职守、严重失职的，由所在单位给予行政处分；情节严重构成犯罪的，由司法机关依法追究刑事责任。

第五章　附　则

第二十九条　办理海员证的海员出境批件的审批机构及审批权限由交通部确定。

第三十条　海员证由中华人民共和国港务监督局统一印制。

第三十一条　申请办理海员证应交纳证书工本费和手续费。

第三十二条　本办法由中华人民共和国交通部负责解释。

第三十三条　本办法自一九八九年十二月一日起施行。一九七六年交通部、外交部公安部联合颁布的《中华人民共和国海员证签发和使用范围的暂行规定》同时废止。

附录二十
中华人民共和国船员注册管理办法

中华人民共和国交通运输部令 2008 年第 1 号

《中华人民共和国船员注册管理办法》已于 2008 年 2 月 27 日经第 4 次部务会议通过,现予公布,自 2008 年 7 月 1 日起施行。

部长　李盛霖

二〇〇八年五月四日

第一章　总　则

第一条　为规范船员注册管理,根据《中华人民共和国船员条例》,制定本办法。

第二条　中华人民共和国境内的船员注册以及相关管理活动,适用本办法。

本办法所称船员注册,是指海事管理机构根据申请人的申请,经依法审查,对符合船员注册条件的予以登记,签发船员服务簿,准许申请人从事船员职业的行为。

第三条　交通运输部主管全国船员注册管理工作。

中华人民共和国海事局负责统一实施全国船员注册管理工作。

负责管理中央管辖水域的海事管理机构和负责管理其他水域的地方海事管理机构(以下统称海事管理机构),依照各自职责具体负责船员注册以及相关管理工作。

第二章　船员注册的申请和受理

第四条　船员注册申请可以向任何海事管理机构提出。

船员注册申请可以由申请人本人提出,也可以由船员服务机构、船员用人单位代为提出。

第五条　申请船员注册,应当具备下列条件:

(一)年满 18 周岁(在船实习、见习人员年满 16 周岁)但不超过 60 周岁;

(二)符合船员健康要求;

(三)经过海船船员、内河船舶船员基本安全培训,并经海事管理机构考试合格。

申请注册国际航行船舶船员的,还应当通过海事管理机构组织的船员专业外语考试。

第六条　申请船员注册,应当提交下列材料:

(一)船员注册申请;

(二)居民身份证复印件;

(三)船员体格检查表;

（四）近期直边正面5厘米免冠白底彩色照片2张；

(五)海船船员、内河船舶船员基本安全培训合格证明复印件。

申请注册国际航线船舶船员的，还应当提交船员专业外语考试合格证明复印件。

申请人在提交居民身份证、海船船员基本安全培训合格证明、内河船舶船员基本安全培训合格证明以及船员专业外语考试合格证明等复印件时，应当同时向海事管理机构出示原件。

第七条 船员注册的申请和受理工作应当按照《交通行政许可实施程序规定》的有关要求办理。

第八条 海事管理机构应当自受理船员注册申请之日起10日内作出注册或者不予注册的决定。对符合本办法规定的，应当给予船员注册，并签发船员服务簿。对不符合本办法规定的，应当退回申请材料并书面说明理由。

第九条 海事管理机构应当对船员赋予唯一的注册编号。

业经注册的船员不得重复申请船员注册。

第三章 船员注册的变更和注销

第十条 有下列情形之一的，船员应当在6个月内向管理本人注册档案的海事管理机构申请办理船员注册变更手续：

（一）船员服务簿中记载的事项发生变化；

（二）相貌发生显著变化。

海事管理机构应当将变更情况在船员服务簿中作相应记载或者换发新船员服务簿。

第十一条 船员有下列情形之一的，海事管理机构应当注销船员注册，并予以公告：

（一）死亡或者被宣告失踪的；

（二）丧失民事行为能力的；

（三）依法被吊销船员服务簿的；

（四）本人申请注销注册的。

船员在劳动合同期间发生本条第一款第（一）项、第（二）项情形的，船员服务机构或者船员用人单位应当向海事管理机构报告，并提交相关证明材料，由海事管理机构核实后依法予以注销。

海事管理机构吊销船员服务簿的决定，应当向管理该船员注册档案的海事管理机构通报。

第十二条 申请人被依法吊销船员服务簿的，自被吊销之日起5年内不予重新注册。

第四章 船员服务簿管理

第十三条 船员服务簿是船员的职业身份证件，任何单位或者个人不得冒用、出租、出借、伪造、变造或者买卖。

船员在船工作期间应当携带船员服务簿。

第十四条 船员服务簿应当载明船员的姓名、性别、国籍、出生日期、住所、联系人、联系方式以及其他有关事项。

海事管理机构应当在船员服务簿中记载船员的安全记录、累计记分情况和违法情况。

第十五条 船员上船任职后和离船解职前,应当主动将船员服务簿提交船长办理船员任职、解职签注。

船长应当为本船船员办理船员任职、解职签注,并在船员服务簿中及时、如实记载其服务资历和任职表现。

船长的任职签注由离任船长负责签注,船长的解职签注由接任船长负责签注。

因船舶新投入运行、报废等特殊情况无离任或者接任船长时,船长的任职、解职,在境内由船舶靠泊地海事管理机构签注;在境外由船长本人签注。

第十六条 船员服务簿记载页满或者损坏的,应当到管理本人注册档案的海事管理机构办理换发事宜,并提交下列材料:

(一)船员服务簿换发申请;

(二)近期直边正面5厘米免冠白底彩色照片2张;

(三)记载页满或者损坏的船员服务簿。

第十七条 船员服务簿遗失的,应当到管理本人注册档案的海事管理机构办理补发事宜,并提交下列材料:

(一)船员服务簿补发申请;

(二)相应证明文件;

(三)近期直边正面5厘米免冠白底彩色照片2张。

第五章 监督检查

第十八条 海事管理机构应当建立船员注册数据库和设立船员注册记录簿,记载船员的基本信息。

第十九条 船员用人单位应当建立船员档案,记录船员的个人基本资料、服务资历、培训记录、安全记录、健康状况、任解职情况等信息,保持记录内容的真实、连续和完整,并定期向海事管理机构报送船员任职、解职情况。

第二十条 海事管理机构对船员进行监督检查时,应当对下列情况进行核查:

(一)持有并携带船员服务簿;

(二)船员服务簿的真实性和符合性;

(三)船长为在船船员进行签注的情况。

第二十一条 海事管理机构对船员服务机构和船员用人单位进行监督检查时,应当对下列情况进行核查:

(一)船员档案的建立情况;

(二)定期向海事管理机构报送船员任职、解职情况。

第二十二条 海事管理机构实施监督检查,可以询问当事人,向有关单位、船舶或者个人了解情况,查阅、复制有关资料。有关单位、船舶或者个人应当配合。

海事管理机构应当保守被调查单位、船舶或者个人的商业秘密和个人隐私。

第六章　法律责任

第二十三条　违反本办法的规定，以欺骗、贿赂等不正当手段进行注册并取得船员服务簿的，由海事管理机构吊销船员服务簿，并处 2000 元以上 2 万元以下罚款。

第二十四条　违反本办法的规定，伪造、变造或者买卖船员服务簿的，由海事管理机构收缴船员服务簿，并对违法个人处 2 万元以上 5 万元以下罚款，对违法单位处 5 万元以上 10 万元以下罚款，有违法所得的，还应当没收违法所得。

第二十五条　违反本办法的规定，船员服务簿记载的事项发生变更，船员未办理变更手续的，由海事管理机构责令改正，并可以处 1000 元以下罚款。

第二十六条　违反本办法的规定，未进行船员注册而上船工作的，由海事管理机构责令其离岗。

第二十七条　违反本办法的规定，船员在船工作期间未携带船员服务簿的，由海事管理机构责令改正，并可以处 2000 元以下罚款。

第二十八条　违反本办法的规定，船长未在船员服务簿内及时、如实记载船员服务资历和任职表现的，由海事管理机构处 2000 元以上 2 万元以下罚款；情节严重的，并给予暂扣船员适任证书 6 个月以上 2 年以下直至吊销船员适任证书的处罚。

第二十九条　违反本办法的规定，船员用人单位招用未经注册的人员上船工作的，由海事管理机构责令改正，处 3 万元以上 15 万元以下罚款。

第三十条　海事管理机构工作人员有下列情形之一的，依法给予处分：
（一）违反规定给予船员注册或者签发船员服务簿；
（二）不依法履行监督检查职责；
（三）不依法实施行政强制或者行政处罚；
（四）滥用职权、玩忽职守的其他行为。

第七章　附　则

第三十一条　船员服务簿由中华人民共和国海事局统一印制。

第三十二条　船员体格检查按照交通运输部制定的船员体检标准执行。

第三十三条　本办法自 2008 年 7 月 1 日起施行。

附录二十一
中华人民共和国海员外派管理规定

中华人民共和国交通运输部令 2011 年第 3 号

《中华人民共和国海员外派管理规定》已于 2010 年 12 月 30 日经第 12 次部务会议通过,并商商务部同意,现予公布,自 2011 年 7 月 1 日起施行。

部长　李盛霖

二○一一年三月七日

第一章　总　则

第一条　为规范海员外派管理,提高我国外派海员的整体素质和国际形象,维护外派海员的合法权益,促进海员外派事业的健康发展,根据《中华人民共和国船员条例》和对外劳务合作等法律法规,制定本规定。

第二条　在中华人民共和国境内依法设立的机构从事海员外派活动,适用本规定。

第三条　交通运输部主管全国海员外派工作。

国家海事管理机构负责统一实施全国海员外派的监督管理工作。

交通运输部直属海事管理机构依照各自职责负责具体实施海员外派的监督管理工作。

第四条　海员外派遵循"谁派出,谁负责"的原则。从事海员外派的机构应当对其派出的外派海员负责,做好外派海员在船工作期间及登、离船过程中的各项保障工作。

第二章　海员外派机构资质

第五条　从事海员外派的机构,应当符合下列条件:

(一)在中华人民共和国境内依法设立的法人;

(二)有与外派规模相适应的固定办公场所;

(三)有至少 2 名具有国际航行海船管理级船员任职资历的专职管理人员和至少 3 名具有两年以上海员外派相关从业经历的管理人员;

(四)具有进行外派海员任职前培训和岗位技能训练及处理海员外派相关法律事务的能力;

(五)按照国家海事管理机构的规定,建立船员服务质量管理制度、人员和资源保障制度、教育培训制度、应急处理制度和服务业务报告制度等海员外派管理制度;

(六)具有自有外派海员 100 人以上;

（七）注册资本不低于 500 万元人民币，且为实缴货币资本。本规定实施后，对外劳务合作法规另有规定的，从其规定；

（八）具有足额交纳 100 万元人民币海员外派备用金的能力；

（九）机构及其法定代表人具有良好的商业信誉，最近 3 年内没有重大违约行为和重大违法记录。

第六条 申请从事海员外派的机构，应当提交下列材料：

（一）从事海员外派活动的申请文书；

（二）企业法人营业执照或者事业单位法人证书、组织机构代码证；

（三）经营场所产权证明或者固定场所租赁证明；

（四）具有处理海员外派相关法律事务能力、进行外派海员任职前培训和岗位技能训练能力的证明材料；

（五）专职管理人员任职资格证书复印件及专职业务人员相关从业经历的证明材料；

（六）机构的组织结构、人员组成、职责等情况的说明文件；

（七）海员外派相关管理制度文件；

（八）自有外派海员的名册及劳动合同、缴纳社会保险等证明材料；

（九）已按照海事管理机构要求足额缴纳海员外派备用金的有效证明；

（十）其他相关证明材料。

经批准设立的外商投资职业介绍机构或者中外合资人才中介机构拟开展招聘海员出境业务，应当按照本规定申请从事海员外派。除提交前款规定的材料外，还应当提交外商投资企业批准证书和外商投资企业营业执照复印件。

第七条 机构申请从事海员外派，应当向其工商注册地的交通运输部直属海事管理机构提出，工商注册地没有交通运输部直属海事管理机构的，应当向国家海事管理机构指定的交通运输部直属海事管理机构提出。

第八条 直属海事管理机构自受理申请之日起 15 个工作日内完成申请材料的书面审核和现场核验，并将审核意见和核验情况连同申请材料一并报国家海事管理机构审批。

第九条 国家海事管理机构收到报送材料后，根据直属海事管理机构的审核意见、核验情况以及机构申请材料，于 15 个工作日内作出批准或者不予批准的决定。

第十条 国家海事管理机构作出准予从事海员外派决定的，向申请机构颁发海员外派机构资质证书；海员外派机构资质证书的有效期最长不超过 5 年。

第十一条 海员外派机构资质证书上记载的机构名称、地址、法定代表人等发生变更的，海员外派机构应当自变更发生之日起 30 个工作日内到海事管理机构办理变更手续。

第十二条 已按《中华人民共和国船员服务管理规定》取得甲级海船船员服务机构资质的机构，应当按本规定申请海员外派机构资质，方可从事海员外派。

第十三条 境外企业、机构在中国境内招收外派海员，应当委托海员外派机构进行。

外国驻华代表机构不得在境内开展海员外派业务。

第十四条 海员外派机构资质实施年审制度。

年审主要审查海员外派机构的资质条件符合情况及合法经营、规范运作情况。

交通运输部直属海事管理机构应当于每年度的 2 月份至 4 月份负责组织实施所属辖区的海员外派机构资质年审工作。

第十五条 海员外派机构应当于每年的 2 月 1 日前向所在辖区的海事管理机构申请进行年审,并提交下列材料:

(一)年审申请文书;

(二)年审报告书,包含海员外派机构资质条件符合情况、各项制度有效运行以及本规定执行情况。

第十六条 海员外派机构通过年审的,海事管理机构应当在其海员外派机构资质证书的年审情况栏中予以签注。

第十七条 海员外派机构年审不合格的,海事管理机构责令限期改正;如期改正的,海事管理机构应当在海员外派机构资质证书的年审情况栏中注明情况,予以通过年审;逾期未改正的,应当及时报请国家海事管理机构撤销其海员外派机构资质并依法办理注销手续。

第十八条 年审中被海事管理机构责令限期改正的,海员外派机构在改正期内不得继续选派船员及对外签订新的船舶配员协议,但仍应当承担对已派出外派海员的管理责任。

第十九条 海员外派机构应当在海员外派机构资质证书有效期届满之日 60 日以前向所在辖区的海事管理机构申请办理海员外派机构资质证书延续手续。申请办理海员外派机构资质证书延续手续,应当提交下列材料:

(一)海员外派机构资质证书延续申请;

(二)本规定第六条(二)至(九)项规定的材料。

第二十条 有下列情形之一的,海员外派机构应当到核发证书的海事管理机构办理资质证书注销手续:

(一)海员外派机构自行申请注销的;

(二)法人依法终止的;

(三)海员外派机构资质证书被依法撤销或者吊销的。

第二十一条 海员外派备用金实行专户存储,专款专用。

备用金的使用管理应当遵守国家关于对外劳务合作备用金管理制度。

第三章　海员外派机构的责任与义务

第二十二条 海员外派机构应当遵守国家船员管理、船员服务管理、船员证件管理、劳动和社会保障及对外劳务合作等有关规定,遵守中华人民共和国缔结或加入的国际公约,履行诚实守信义务。

第二十三条 海员外派机构应当保证本规定第五条第(五)项所规定的各项海员外派管理制度的有效运行。

第二十四条 海员外派机构为海员提供海员外派服务,应当保证外派海员与下列单位之一签订有劳动合同:

(一)本机构;

(二)境外船东;

(三)我国的航运公司或者其他相关行业单位。

外派海员与我国的航运公司或者其他相关行业单位签订劳动合同的,海员外派机构在外派该海员时,应当事先经过外派海员用人单位同意。

外派海员与境外船东签订劳动合同的,海员外派机构应当负责审查劳动合同的内容,发现劳动合同内容不符合法律法规、相关国际公约规定或者存在侵害外派海员利益条款的,应当要求境外船东及时予以纠正。

第二十五条 海员外派机构应当为外派海员购买境外人身意外伤害保险。

第二十六条 海员外派机构应当在充分了解并确保境外船东资信和运营情况良好的前提下,方可与境外船东签订船舶配员服务协议。

第二十七条 海员外派机构与境外船东签订的船舶配员服务协议,应当符合国内法律、法规和相关国际公约要求,并至少包括以下内容:

(一)海员外派机构及境外船东的责任、权利和义务。包括外派船员的数量、素质要求,派出频率,培训责任,外派机构对船员违规行为的责任分担等;

(二)外派海员的工作、生活条件;

(三)协议期限和外派海员上下船安排;

(四)工资福利待遇及其支付方式;

(五)正常工作时间、加班、额外劳动和休息休假;

(六)船舶适航状况及船舶航行区域;

(七)境外船东为外派海员购买的人身意外、疾病保险和处理标准;

(八)社会保险的缴纳;

(九)外派海员跟踪管理;

(十)突发事件处理;

(十一)外派海员遣返;

(十二)外派海员伤病亡处理;

(十三)外派海员免责条款;

(十四)特殊情况及争议的处理;

(十五)违约责任。

海员外派机构应当将船舶配员服务协议中与外派海员利益有关的内容如实告知外派海员。

第二十八条 海员外派机构应当根据派往船舶的船旗国和公司情况对外派海员进行相关法律法规、管理制度、风俗习惯和注意事项等任职前培训,并根据海员外派实际需要对外派海员进行必要的岗位技能训练。

第二十九条　海员外派机构应当在外派海员上船工作前,与其签订上船协议,协议内容应当至少包括下列内容:

(一)船舶配员服务协议中涉及外派海员利益的所有条款;

(二)海员外派机构对外派海员工作期间的管理和服务责任;

(三)外派海员在境外发生紧急情况时海员外派机构对其的安置责任;

(四)违约责任。

第三十条　海员外派机构应当建立与境外船东、外派海员的沟通机制,及时核查并妥善处理各种投诉。

海员外派机构应当对外派海员工作期间有关人身安全、身体健康、工作技能及职业发展等方面进行跟踪管理,为外派海员履行船舶配员服务合同提供必要支持。

第三十一条　海员外派机构不得因提供就业机会而向外派海员收取费用。

海员外派机构不得克扣外派海员的劳动报酬。

海员外派机构不得要求外派海员提供抵押金或担保金等。

第三十二条　海员外派机构应当为所服务的每名外派海员建立信息档案,主要包括:

(一)外派海员船上任职资历(包括所服务的船公司和船舶的名称、船籍港、所属国家、上船工作起始时间等情况);

(二)外派海员基本安全培训、适任培训和特殊培训情况;

(三)外派海员适任状况、安全记录和健康情况;

(四)外派海员劳动合同、船舶配员服务协议、上船协议等。

海员外派机构应当按有关规定报送统计数据,并将自有外派海员名册、非自有外派海员名册及上述档案信息按要求定期报海事管理机构备案。

第三十三条　海员外派机构不得把海员外派到下列公司或者船舶:

(一)港口国监督检查中被列入黑名单的船舶;

(二)非经中国境内保险机构或者国际保赔协会成员保险的船舶;

(三)未建立安全营运和防治船舶污染管理体系的公司或者船舶。

第三十四条　海员外派机构资质被暂停、吊销、撤销的,应当继续履行已签订的合同及协议。

第四章　突发事件处理

第三十五条　突发事件发生时,海员外派机构应当按照应急处理制度的规定,立即启动应急预案,并及时向海事管理机构报告。

第三十六条　海员外派机构应当与境外船东共同做好突发事件的处置工作。当境外船东未能及时全面履行突发事件责任时,海员外派机构应妥善处理突发事件,避免外派海员利益受损。

第三十七条　当海员外派机构拒绝承担或者无力承担发生突发事件责任时,可以动用海员外派备用金,用于支付外派海员回国或者接受其他紧急救助所需费用。

第三十八条 海员外派备用金动用后,海员外派机构应当于 30 日内补齐备用金。

第三十九条 境外突发事件的处理按对外劳务合作有关规定执行。

第五章 监督检查

第四十条 海事管理机构应当建立健全辖区内海员外派机构的管理档案,加强对海员外派机构的监督检查。

第四十一条 海事管理机构实施监督检查,可以询问当事人,向有关海员外派机构或者个人了解情况,查阅、复制有关资料,并保守被调查海员外派机构的商业秘密或者个人隐私。

接受海事管理机构监督检查的海员外派机构或者个人,应当如实反映情况和提供资料,不得以任何理由拒绝或阻挠检查。

第四十二条 海事管理机构实施监督检查时发现海员外派机构不再具备规定条件的,由海事管理机构责令限期改正。

海员外派机构在规定期限内未能改正的,应当依法撤销海员外派机构资质,并依法办理海员外派机构资质证书的注销手续。

第四十三条 海事管理机构应当定期向社会公布海员外派机构名单及机构概况,以及依法履行相应职责和承担法律义务、维护外派海员合法权益、诚实守信等情况。

第六章 法律责任

第四十四条 违反本规定,未经批准擅自从事海员外派活动,有下列情形之一的,由海事管理机构责令改正,处 5 万元以上 25 万元以下罚款;有违法所得的,应当没收违法所得;使用非法证件的,收缴非法证件:

(一)未取得海员外派机构资质擅自开展海员外派的;

(二)以欺骗、贿赂、提供虚假材料等非法手段取得海员外派机构资质的;

(三)超出海员外派机构资质证书有效期擅自开展海员外派的;

(四)海员外派机构资质被依法暂停期间擅自开展海员外派的;

(五)伪造或者变造海员外派机构资质证书擅自开展海员外派的。

第四十五条 海员外派机构在提供外派服务时,提供虚假信息,欺诈外派海员,有下列情形之一的,由海事管理机构给予相应处罚:

(一)重复或者超过标准收取费用,或者在公布的收费项目之外收取费用的;

(二)未将船舶配员服务协议的相关内容如实告知外派海员的;

(三)伪造或者提供虚假船舶配员服务协议信息的;

(四)与外派海员签订的上船协议内容与船舶配员服务协议的内容不符并损害外派海员利益的;

(五)倒卖、出租、出借海员外派机构资质证书,或者以其他形式非法转让海员外派机构资质证书的;

（六）有其他提供虚假信息，欺诈外派海员行为的。

有前款第（一）、（二）项情形之一的，处3万元以上10万元以下罚款，情节严重的，给予暂停海员外派机构资质证书6个月以上2年以下处罚；有前款第（三）、（四）、（五）、（六）项情形之一的，处10万元以上15万元以下罚款，情节严重的，吊销海员外派机构资质证书。

第四十六条 违反本规定，在外派海员未与海员外派机构、境外船东、我国的航运公司或其他相关行业单位签订劳动合同的情况下，提供海员外派服务的，由海事管理机构责令改正，处5万元以上25万元以下罚款；情节严重的，给予暂停海员外派机构资质证书6个月以上2年以下直至吊销的处罚。

第四十七条 海事管理机构工作人员有下列情形之一的，依法给予行政处分：

（一）违反规定批准海员外派机构资质；

（二）不依法履行监督检查职责；

（三）不依法实施行政强制或者行政处罚；

（四）滥用职权、玩忽职守的其他行为。

第七章 附 则

第四十八条 本规定中下列用语的含义是：

（一）海员外派，指为外国籍或者港澳台地区籍船舶提供配员的船员服务活动。

（二）境外船东，指外国籍或港澳台地区籍船舶的所有人、经营人或管理人。

（三）自有外派海员，指仅与本海员外派机构签订劳动合同的船员。

（四）突发事件，指外派海员所在船舶或其本人突然发生意外情况，造成或者可能对外派海员造成危害，需要采取应急处置措施予以应对的事件。

第四十九条 我国与有关国家或地区签订有对外劳务合作相关协议的，按照协议规定执行。

第五十条 本规定自2011年7月1日起施行。

附录二十二
中华人民共和国海员船上工作和
生活条件管理办法

交通运输部关于印发《中华人民共和国海员船上工作和生活条件管理办法》的通知

交海发〔2013〕442号

各直属海事局、中国船级社、各航运公司：

为了保护海员的合法权益,规范海员的船上工作和生活条件,根据《中华人民共和国船员条例》以及我国缔结或者参加的相关国际条约,交通运输部制定了《中华人民共和国海员船上工作和生活条件管理办法》,现印发给你们,请遵照执行。

交通运输部

2013 年 7 月 26 日

第一章 总 则

第一条 为了保护海员的合法权益,规范海员的船上工作和生活条件,根据《中华人民共和国船员条例》以及我国缔结或者参加的相关国际条约,制定本办法。

第二条 在中国籍国际航行海船上的海员工作和生活条件,适用本办法。

军事船舶、公务船舶、渔业船舶、体育运动船艇上的海员工作和生活条件,不适用本办法。

第三条 国家海事管理机构负责海员船上工作和生活条件的管理工作。

各级海事管理机构根据授权具体负责海员船上工作和生活条件的监督检查工作。

第二章 起居舱室和娱乐设施

第四条 船东应当提供保持海员健康的起居舱室环境。

第五条 船东应当确保以下船舶设备、设施和建造要求持续符合船舶检验技术规范的规定,并取得船员舱室设备的证明文件：

(一)房间和其他起居舱室空间的尺寸;

(二)通风和供暖;

(三)噪音和振动及其他环境因素;

(四)卫生设施及更衣室;

(五)照明;

（六）餐厅；

（七）医务室。

第六条 船长或者经船长授权的海员应当每周对起居舱室进行检查，确保起居舱室保持健康、卫生和安全舒适的状况，并保存检查记录。

第七条 船东应当为海员免费提供船上的娱乐和福利设施。

船东为海员提供的船岸电话通信、电子邮件、互联网和邮件的投递，不得收取额外的费用。

第八条 船东应当为海员提供可阅读和集中学习的场所和设施。

第九条 船东应当采取适当的措施，在满足保安审查的条件下，保证船舶在港口停留期间允许海员的亲属和朋友登船探视。

第十条 船东应当在满足船舶安全条件的情况下允许海员的配偶陪同其航海。海员的配偶应当投有充分的人身意外和疾病保险，船东应当为其获得这种保险给予必要的帮助。

第十一条 船长或者经船长授权的海员应当负责船上娱乐设施的管理和维护。

第三章 膳食服务

第十二条 在船上从事膳食服务的海员应当具备相应的知识和技能，并按有关要求经过培训。

配员 10 人及以上的船舶应当配备船上厨师。船上厨师因疾病或者死亡等特殊情况无法承担厨师工作的，经海事管理机构同意并签发特免证明后，可由膳食服务辅助人员替代船上厨师，直到下一个方便的挂靠港或时间不超过一个月。

配员少于 10 人的船舶，可不配备船上厨师，由膳食服务辅助人员替代。

第十三条 船上应当成立膳食委员会，负责船上膳食管理，保证在良好卫生条件下为海员提供符合标准的膳食，并将膳食费用使用情况、食品和饮用水采购情况、膳食安排计划定期向船上全体海员公示。

第十四条 船东应当考虑海员数量、文化和宗教背景以及航线长度和性质等因素，为船舶配备充分的厨具和餐具，并免费向海员提供数量、质量和营养价值等方面均满足实际需要的食品和饮用水。

第十五条 船长或者经船长授权的海员应当根据船舶航行的实际情况至少每周对船上食品、饮用水和膳食服务设施等情况进行检查，并保存检查记录。

第四章 工作或休息时间

第十六条 船东和船长应当采取有效措施防止海员疲劳工作。

第十七条 除紧急或者超常工作情况外，海员在船工作期间的休息时间应当满足以下要求：

（一）任何 24 小时内不少于 10 小时；

（二）任何 7 天内不少于 77 小时；

（三）任何 24 小时内的休息时间可以分为不超过 2 个时间段，其中 1 个时间段至少要有 6 小时，连续休息时间段之间的间隔不应超过 14 小时。

船长按照第（二）、（三）项中规定安排休息时间时可以有例外，但是任何 7 天内的休息时间不得少于 70 小时。

对第（二）项规定的每周休息时间的例外，不应当超过连续两周。在船上连续两次例外时间的间隔不应当少于该例外持续时间的两倍。

对第（三）项规定的例外，可以分成为不超过 3 个时间段，其中一个时间段至少要有 6 个小时，另外两个时间段不应当少于 1 个小时。连续休息时间间隔不得超过 14 个小时。例外在任何 7 天时间内不得超过两个 24 小时时间段。

第十八条　船上开展紧急集合、消防、救生和弃船演习，以及法律法规和国际公约规定的其他演习，应当以对休息时间的影响最小且不导致海员疲劳的形式进行。

第十九条　因船舶、船上人员或者货物紧急安全需要，或者为了帮助海上遇险的其他船舶或者人员等紧急情况下，船长可以不受本章规定的限制，要求海员在任何时间段进行工作，直至此种情况得到解除。紧急情况解除后，船长应当尽快安排在休息时间内工作的海员得到充分的补休。

第二十条　国家海事管理机构制定标准化格式的作息时间记录表，用于记录海员每天在船作息时间，并由船长或者船长指定人员和海员本人签字认可，海员应每月持有一份该作息时间记录表的复印件。

船上应当制定标准化格式的工作安排表，包括每一岗位人员在海上与港口期间的工作安排以及国家要求的最短休息时间，并由船长签字后公布在船上显著位置。

船上工作安排表和作息时间记录表均应以中英文对照形式制定。

第五章　医疗和健康保障

第二十一条　船东应当采取积极、有效的预防和保障措施，防止海员在船工作期间发生与职业有关的事故和疾病。

船东应当为海员提供职业安全、健康保护及事故预防的培训。

第二十二条　载员 100 人及以上并且航程在 3 天以上的国际航行船舶应当至少配备 1 名专职医生负责船上的医疗服务。

无须配备医生的船舶，应当至少有 1 名海员负责船上的急救、医护和药品管理工作。其中负责船上急救工作的海员应当持有精通急救培训合格证，负责船上医护和药品管理工作的海员应当持有船上医护培训合格证。

第二十三条　船东应当根据船舶的类型、船上人员的数量、航次性质、目的地和航程，按照《船舶与海上设施法定检验规则》的要求为其船舶配备足够的医疗设施和设备，以及国际船舶医疗指南和能获得医疗指导的无线电台清单。

船长或者负责医疗、急救和药品管理的海员应当妥善维护船上配备的医疗设施、设备和指南,每年对全部药品的标签、有效期、存放条件、用法用量以及医疗设备的功能等至少进行一次全面检查,并保持检查记录。

第二十四条　船东应当向在船工作的海员提供免费医疗和健康保护,包括基本的牙科治疗,并及时提供合理的就医便利。

第二十五条　船东应当保证船舶具有通过无线电或者卫星通信获得医疗指导的能力。

第二十六条　国家海事管理机构制定标准的中英文对照海员医疗报告表,供船长和相关的岸上和船上医疗人员使用。

医疗报告表内容只限于对海员的疾病治疗,接触到医疗报告表的人员应当对内容予以保密。

第二十七条　船东应当按照国家海事管理机构颁布的与海员职业安全健康管理有关的导则建立并实施船上职业安全和健康保护及事故预防的方针和计划,明确规定船东、海员和其他有关人员的责任和义务,并特别注意未成年海员的安全和健康,确保在其船上工作的海员得到职业健康保护,并且能在安全和卫生的船上环境中生活、工作和培训。

第二十八条　船东应考虑到国际有关标准和导则的要求,及时对船上发生的职业事故或职业疾病向第一抵达港和船籍港海事管理机构报告。

第二十九条　发生职业事故的船舶在其国内第一抵达港的海事管理机构应在船舶抵港后及时对职业事故进行调查。

第三十条　船东应每年对职业安全与健康管理情况进行风险评估。

第三十一条　配员5人及以上的船舶应当成立由船长负责的船舶安全委员会。

船舶安全委员会应当承担履行和实施船舶职业安全和健康方针、计划的具体责任,并对在船上工作的海员定期开展相关职业安全和健康保护及事故预防等内容的培训。

船舶安全委员会会议每3个月应当至少举行1次,做好会议记录并形成安全委员会报告,由船长签字确认后随船备查。

第六章　遣　返

第三十二条　海员在船工作期间,有下列情形之一,可以要求遣返:
(一)海员的劳动合同或者上船协议终止或者依法解除的;
(二)海员不具备履行船上岗位职责能力的;
(三)船舶灭失的;
(四)未经海员同意,船舶驶往战区、疫区的;
(五)由于破产、变卖船舶、改变船舶登记或者其他原因,海员用人单位、船东不能继续履行对海员的法定或者约定义务的;
(六)海员连续在同一船上服务超过12个月的。

第三十三条　对于满足遣返条件的海员,船东应当及时做出安排并通过方便、快捷的方式使海员抵达遣返目的地。

海员可以从下列地点中选择遣返目的地：

（一）海员接受招用的地点或者上船任职的地点；

（二）海员的居住地或者户籍所在地；

（三）海员与船东约定的地点。

第三十四条 除非海员经海事管理机构认定出现严重违反海事管理规定的情况，海员的遣返费用由船东支付。遣返费用包括海员乘坐交通工具的费用、旅途中合理的食宿及医疗费用和 30 公斤以内行李的运输费用。

海员用人单位不得要求海员在开始受雇时预付遣返费用。

第三十五条 船东与海员签订上船协议时应当约定海员提出遣返的合理时间，海员应当在约定的时间内提出遣返要求，以便船东安排遣返。

第三十六条 船东应当负责将因疾病、受伤或者死亡海员留下的个人财物送交家属或者海员指定的其他人。

第七章　工资支付

第三十七条 船东应当至少每月向海员支付一次工资，采取汇款方式支付的，船东、海员用人单位不得收取额外的服务费用。

第三十八条 船东应当每月在船上以书面形式告知海员其月薪账目，月薪账目应当至少包括上船协议约定的工资项目、额外报酬、应付报酬、实付数额。

海员确需查询工资实际支付情况的，船东有责任协助海员获得相关的信息，并不得收取额外的服务费。

船上支付的劳动报酬采用的货币兑换率应当按照有利于海员的标准确定，且不得低于当日国家银行执行的外汇汇率标准。

第三十九条 海员在船期间需将其工资的全部或者部分转给其家人、受赡养人或者法定受益人时，船东应当为其提供便利。

第四十条 船东应确保海员除享有国家法定节假日的假期外，还应当按照在船上每工作 1 个月不少于 2.5 日的标准享受年休假。

海员用人单位应当按照海员年休假天数，向其支付不低于该海员在船工作期间平均基本工资的报酬。

第八章　上船协议

第四十一条 船东或者船东代表应当与上船工作或者实习、见习的海员订立书面上船协议。

上船协议应当由船东与海员协商一致，并经双方在协议文本上签字或者盖章生效。协议文本原件应当由双方各执一份。

上船协议和适用的集体合同应具有中英文文本，其正本或者复印件应当随船备查。

第四十二条 船东使用船员服务机构为船舶提供船员配员服务的,应当将船员服务机构许可证复印件、配员协议和配员名单随船备查。

第四十三条 船员服务机构不得利用各种方式、机制或清单来阻止或阻挠海员获得其所称职的工作。

船员服务机构不得因提供就业机会而向海员个人收取费用,也不得要求海员提供抵押金或担保金等,但海员取得健康证书、护照或其他个人旅行证件以及国家法律规定的其他费用除外。

海员的签证费用由船东承担。

第四十四条 船员服务机构应当建立一个保护机制,通过保险或适当的等效措施,赔偿由于服务机构或有关船东未能按上船协议履行对海员的义务而可能给海员造成的资金损失。

第四十五条 上船协议应当至少包括以下内容:

(一)海员的姓名、出生日期及出生地;

(二)船东的名称和地址;

(三)签署的地点及日期;

(四)海员服务的船舶名称及在船将担任的职务;

(五)海员的工资总额或者计算公式、工资构成以及支付方式;

(六)带薪年休假的天数或者计算公式;

(七)上船协议终止的条件;

(八)社会保险;

(九)依据国家法律、法规规定可以从海员工资中代扣的费用;

(十)遣返的权利和义务;

(十一)违约责任;

(十二)适用的集体合同。

第四十六条 船东与海员协商一致,可以提前解除上船协议,但应当至少提前7天以书面形式通知对方。

第四十七条 船东应当将上船协议签订方的名称、协议期限、服务的船名等相关信息报船籍港海事管理机构备案。

第九章 未成年海员的特殊保护

第四十八条 船东仅能安排未成年海员在船上实习或者见习,且实习和见习工作不得危及未成年海员的健康和安全。

船东不得安排未成年海员从事以下范围的实习和见习工作:

(一)搬运重物作业;

(二)进入锅炉、液舱和隔离舱;

(三)置身于有害的噪音和振动中;

(四)操作起重机械或其他动力设备或器械,或向操作此类机械的人员发信号;

（五）操作系泊中拖缆或锚泊设备；

（六）索具作业；

（七）恶劣天气中在高处或甲板上工作；

（八）电器设备维护；

（九）接触有潜在危害的物质，或诸如危险或有毒物质等有害的物理试剂及受到电离辐射；

（十）清洗厨房机械；

（十一）操控小艇。

第四十九条 船东不得安排未成年海员在夜间工作，但是根据国家海事管理机构规定的符合 STCW 公约的船上见习或者实习要求开展的夜航训练除外。

第五十条 船东不得聘用未成年海员担任船上厨师。

第五十一条 船东应当确保未成年海员在船见习或者实习的时间不能超过每日 8 小时、每周 40 小时，且在日间正餐有至少 1 小时的休息时间以及每连续工作 2 小时后有 15 分钟的休息时间。

由于未成年海员被安排见习和实习的岗位培训的需要不能满足本条前款规定的，船长应当说明原因，做好记录并签名。

第五十二条 未成年海员首次在国际航行船舶上实习或者见习 4 个月后，表现出不适应海上生活的，船东应当尽快安排其在合适的港口遣返。

第十章 监督检查

第五十三条 海事管理机构应当加强对船上工作和生活条件的监督检查，督促船东以及相关机构建立健全海员在船舶上的人身安全、卫生、健康和劳动安全管理制度，落实相应的管理措施。

第五十四条 海事管理机构在监督检查中发现或接到投诉举报的应当及时处理，发现船东违反本办法的，应当督促船东和船舶及时整改。

对于境外港口检查发现中国籍国际航行船舶有违反本办法的，不符合有关公约要求的，海事管理机构应当回应港口国检查要求，督促船东和船舶及时整改。

第五十五条 实施监督检查的海事管理机构，可以询问当事人，向有关单位或者个人了解情况，查阅、复制有关资料，并保守被调查单位或者个人的商业秘密。

接受海事管理机构调查的有关单位或者个人，应当如实提供有关资料和情况说明。

第五十六条 船东应当在船上保存一份《2006 年海事劳工公约》文本及国家海事管理机构发布的相关文件及指南，并组织海员开展相关的培训，确保海员熟悉并掌握公约和国家的相关规定。

第五十七条 船东应当建立并运行船上投诉处理程序，并向每个海员提供该程序的副本，确保海员的投诉在船得到公平、有效和迅速处理。船上投诉和解决的记录应当留存，且提供一份复印件给海员。

船上投诉程序应当至少包括以下内容：

（一）受理投诉的船上部门或者负责人以及船东指定人员或者其代理人的联系方式；

（二）相关主管部门的联系方式；

（三）逐级处理的投诉解决机制；

（四）投诉解决的时限；

（五）投诉和解决的记录。

船上投诉程序不得妨碍海员向船长、船东及相关主管部门提出直接投诉的权利。对于提出投诉的海员，船东不得以任何形式予以打击报复。

第十一章　附　则

第五十八条　本办法中下列用语的含义是：

（一）海员：指受雇于从事商业活动的中国籍海船上工作、实习和见习的任何人员。

（二）海员用人单位：指与海员签订劳动合同的中华人民共和国境内的公民、法人及其他组织。

（三）船东：指船舶所有人或者从船舶所有人那里承担了船舶经营责任并在承担这种责任时已同意承担本办法规定的海事劳工管理责任和义务的船舶经营人、管理人或者光船承租人。

（四）上船协议：指海员与海员用人单位建立劳动关系后，海员上船工作前与船东或者船东代表签订的，符合本办法所要求的船上工作和生活条件的协议。

（五）未成年海员：指已满16周岁未满18周岁的海员。

（六）船上工作时间：指海员在船上为履行岗位职责而从事相关工作的时间。

（七）船上休息时间：指在船上工作时间以外的时间，不包括短于1小时的吃饭和休息时间。

（八）夜间：指当地时间21点开始不少于连续9个小时的时间段。

（九）遣返：指由船东负责确保海员能够下船返回约定地点的行为。

（十）职业病：指海员在船上职业活动中，因接触船上粉尘、放射性物质和其他有毒、有害物质等因素而引起的疾病。

（十一）职业事故：职业事故是指海员在船上职业活动过程中，因工作原因或与其相关的其他原因造成的人身伤亡事故。

第五十九条　对特定类型船舶或者人员是否适用于本办法，可由国家海事管理机构经全国海上劳动关系三方协调机制协商后确定。

第六十条　海员用人单位与船东可以约定应由海员用人单位承担的费用由船东支付。如有此项约定的，应当订立书面协议，并告知海员。

第六十一条　船东应当在船上保存一份国家关于海员遣返的相关规定供海员查询。

第六十二条　本办法自2013年7月26日起施行。

附录二十三
中华人民共和国船舶最低安全配员规则

2004年6月30日交通部发布,根据2014年9月5日中华人民共和国交通运输部令2014年第10号《关于修改〈中华人民共和国船舶最低安全配员规则〉的决定》修正。

第一章　总　则

第一条　为确保船舶的船员配备,足以保证船舶安全航行、停泊和作业,防治船舶污染环境,依据《中华人民共和国海上交通安全法》、《中华人民共和国内河交通安全管理条例》和中华人民共和国缔结或者参加的有关国际条约,制定本规则。

第二条　中华人民共和国国籍的机动船舶的船员配备和管理,适用本规则。

本规则对外国籍船舶作出规定的,从其规定。

军用船舶、渔船、体育运动船艇以及非营业的游艇,不适用本规则。

第三条　中华人民共和国海事局是船舶安全配员管理的主管机关。各级海事管理机构依照职责负责本辖区内的船舶安全配员的监督管理工作。

第四条　本规则所要求的船舶安全配员标准是船舶配备船员的最低要求。

第五条　船舶所有人(或者其船舶经营人、船舶管理人,下同)应当按照本规则的要求,为所属船舶配备合格的船员,但是并不免除船舶所有人为保证船舶安全航行和作业增加必要船员的责任。

第二章　最低安全配员原则

第六条　确定船舶最低安全配员标准应综合考虑船舶的种类、吨位、技术状况、主推进动力装置功率、航区、航程、航行时间、通航环境和船员值班、休息制度等因素。

第七条　船舶在航行期间,应配备不低于按本规则附录一、附录二、附录三所确定的船员构成及数量。高速客船的船员最低安全配备应符合交通部颁布的《高速客船安全管理规则》(交通部令1996年第13号)的要求。

第八条　本规则附录一、附录二、附录三列明的减免规定是根据各类船舶在一般情况下制定的,海事管理机构在核定具体船舶的最低安全配员数额时,如认为配员减免后无法保证船舶安全时,可不予减免或者不予足额减免。

第九条　船舶所有人可以根据需要增配船员,但船上总人数不得超过经中华人民共和国海事局认可的船舶检验机构核定的救生设备定员标准。

第三章　最低安全配员管理

第十条　中国籍船舶配备外国籍船员应当符合以下规定:

(一)在中国籍船舶上工作的外国籍船员,应当依照法律、行政法规和国家其他有关规定取得就业许可;

(二)外国籍船员持有合格的船员证书,且所持船员证书的签发国与我国签订了船员证书认可协议;

(三)雇佣外国籍船员的航运公司已承诺承担船员权益维护的责任。

第十一条　中国籍船舶应当按照本规则的规定,持有海事管理机构颁发的《船舶最低安全配员证书》。

在中华人民共和国内水、领海及管辖海域的外国籍船舶,应当按照中华人民共和国缔结或者参加的有关国际条约的规定,持有其船旗国政府主管机关签发的《船舶最低安全配员证书》或者等效文件。

第十二条　船舶所有人应当在申请船舶国籍登记时,按照本规则的规定,对其船舶的最低安全配员如何适用本规则附录相应标准予以陈述,并可以包括对减免配员的特殊说明。

海事管理机构应当在依法对船舶国籍登记进行审核时,核定船舶的最低安全配员,并在核发船舶国籍证书时,向当事船舶配发《船舶最低安全配员证书》。

第十三条　在境外建造或者购买并交接的船舶,船舶所有人应持船舶买卖合同或者建造合同及交接文件、船舶技术和其他相关资料的副本(复印件)到所辖的海事管理机构办理《船舶最低安全配员证书》。

第十四条　海事管理机构核定船舶最低安全配员时,除查验有关船舶证书、文书外,可以就本规则第六条所述的要素对船舶的实际状况进行现场核查。

第十五条　船舶在航行、停泊、作业时,必须将《船舶最低安全配员证书》妥善存放在船备查。

船舶不得使用涂改、伪造以及采用非法途径或者舞弊手段取得的《船舶最低安全配员证书》。

第十六条　船舶所有人应当按照本规则的规定和《船舶最低安全配员证书》载明的船员配备要求,为船舶配备合格的船员。

第十七条　船舶所有人应当在《船舶最低安全配员证书》有效期截止前1年以内,或者在船舶国籍证书重新核发或者相关内容发生变化时,凭原证书到船籍港的海事管理机构办理换发证书手续。

第十八条　证书污损不能辨认的,视为无效,船舶所有人应当向所辖的海事管理机构申请换发。证书遗失的,船舶所有人应当书面说明理由,附具有关证明文件,到船籍港的海事管理机构办理补发证书手续。

换发或者补发的《船舶最低安全配员证书》的有效期,不超过原发的《船舶最低安全配员证书》的有效期。

第十九条 船舶状况发生变化需改变证书所载内容时,船舶所有人应当到船籍港的海事管理机构重新办理《船舶最低安全配员证书》。

第二十条 在特殊情况下,船舶需要在船籍港以外换发或者补发《船舶最低安全配员证书》,经船籍港海事管理机构同意,船舶当时所在港口的海事管理机构可以按照本规定予以办理并通报船籍港海事管理机构。

第四章 监督检查

第二十一条 中国籍、外国籍船舶在办理进、出港口或者口岸手续时,应当交验《船舶最低安全配员证书》。

第二十二条 中国籍、外国籍船舶在停泊期间,均应配备足够的掌握相应安全知识并具有熟练操作能力能够保持对船舶及设备进行安全操纵的船员。

无论何时,500 总吨及以上(或者 750 千瓦及以上)海船、600 总吨及以上(或者 441 千瓦及以上)内河船舶的船长和大副,轮机长和大管轮不得同时离船。

第二十三条 船舶未持有《船舶最低安全配员证书》或者实际配员低于《船舶最低安全配员证书》要求的,对中国籍船舶,海事管理机构应当禁止其离港直至船舶满足本规则要求;对外国籍船舶,海事管理机构应当禁止其离港,直至船舶按照《船舶最低安全配员证书》的要求配齐人员,或者向海事管理机构提交由其船旗国主管当局对其实际配员作出的书面认可。

第二十四条 对违反本规则的船舶和人员,依法应当给予行政处罚的,由海事管理机构依据有关法律、行政法规和规章的规定给予相应的处罚。

第二十五条 海事管理机构的工作人员滥用职权、徇私舞弊、玩忽职守的,由所在单位或者上级机关给予行政处分;构成犯罪的,依法追究刑事责任。

第五章 附 则

第二十六条 《船舶最低安全配员证书》由中华人民共和国海事局统一印制。

《船舶最低安全配员证书》的编号应与船舶国籍证书的编号一致。《船舶最低安全配员证书》有效期的截止日期与船舶国籍证书有效期的截止日期相同。

第二十七条 本规则附录一、附录二、附录三的内容,可由中华人民共和国海事局根据有关法律、行政法规和相关国际公约进行修改。

第二十八条 本规则自 2004 年 8 月 1 日起施行。

附录二十四
中华人民共和国海船船员值班规则

中华人民共和国交通运输部令 2012 年第 10 号

《中华人民共和国海船船员值班规则》已于 2012 年 11 月 27 日经第 9 次部务会议通过,现予公布,自 2013 年 2 月 1 日起施行。

部长 杨传堂

2012 年 12 月 17 日

第一章 总 则

第一条 为了规范海船船员值班,保障海上人命与财产安全,保护海洋环境,加强船舶保安管理,根据《中华人民共和国海上交通安全法》、《中华人民共和国海洋环境保护法》和《中华人民共和国船员条例》,以及我国缔结或加入的有关国际公约要求,制定本规则。

第二条 100 总吨及以上中国籍海船的船员值班适用本规则,下列船舶除外:
(一)军用船舶;
(二)渔业船舶;
(三)游艇;
(四)构造简单的木质船。

第三条 国家海事管理机构是实施本规则的主管机关。
各级海事管理机构按照职责具体负责海船船员值班的监督管理工作。

第四条 航运公司应当根据本规则以及有关国际公约的要求编制《驾驶台规则》、《机舱值班规则》等船舶值班规则,张贴在船舶各部门的易见之处,要求全体船员遵守执行,以保证船舶航行安全。

第五条 航运公司应当确保指派到船上任职的值班船员熟悉船上相关设备、船舶特性、本人职责和值班要求,能有效履行安全、防污染和保安等职责。

第六条 船长及全体船员在值班时,应当遵守法律、行政法规、相关国际公约以及当地有关防治船舶造成海洋污染的要求,采取一切可能采取的预防措施,防止因操作不当或者发生事故等原因造成船舶对海洋环境的污染。

第二章　航次计划及值班一般要求

第一节　航次计划

第七条　船长应当根据航次任务,组织驾驶员研究有关资料,制订航次计划,及时通知各部门做好开航准备工作,保证船舶和船员处于适航、适任状态。

制订航次计划应当满足以下要求:

(一)与大副、轮机长协商后,预先确定并落实本航次所需各种燃润料、物料、淡水以及备品的数量;

(二)保证各种船舶证书和船员证件齐全、有效;

(三)保证本航次涉及的航海图书资料和其他航海出版物准确、完整、及时更新;

(四)保证运输单证及港口文件齐全。

第八条　航次计划包括以下内容:

(一)航线的总里程和预计航行的总时间;

(二)计划航线上的气象情况和海况;

(三)各转向点的经纬度;

(四)各段航线的航程和预计到达各转向点的时间;

(五)复杂航段的航法以及航线附近的危险物的避险手段;

(六)特殊航区的注意事项。

第九条　开航前,船长应当恰当地使用航海图书资料和其他航海出版物,计划好从出发港到下一停靠港的预定航线,清楚标绘在海图上,并对预定航线进行核实。

驾驶员在航行期间应当认真核实预定航线上每一个拟采取的航向。

第十条　船舶航行中,计划航线的下一停靠港发生改变或者船舶需要大幅度偏离计划航线的,船长应当及早计划好修正航线,并在海图上重新标绘。

第二节　值班一般要求

第十一条　航运公司和船长应当为船舶配备足够的适任船员,以保持安全值班。

第十二条　船长应当安排合格的船员值班,明确值班船员职责。值班的安排应当符合保证船舶、货物安全及保护海洋环境的要求,并保证值班船员得到充分休息,防止疲劳值班。

在船长统一指挥下,值班的驾驶员对船舶安全负责。

轮机长应当经船长同意,合理安排轮机值班,保证机舱运行安全。

船长应当根据保安等级的要求,安排并保持适当和有效的保安值班。

第十三条　值班应当遵守下列驾驶台和机舱资源管理要求:

(一)根据情况合理地安排值班船员;

(二)考虑值班船员资格和适任的局限性;

(三)值班船员应当熟悉其岗位职责和部门职责;

（四）值班船员对值班时所接收到的与航行有关的信息应当能够正确领会、正确处置，并与其他部门适当共享；

（五）值班船员应当保持各部门之间的适当沟通；

（六）对为保证安全所采取的行动，值班船员如果产生任何怀疑，应当立即告知船长、轮机长、负责值班的高级船员。

第十四条 值班的高级船员认为接班的高级船员明显不能有效履行值班职责时，不得交班，并立即向船长或者轮机长报告。

第十五条 值班的高级船员在交班前正在进行重要操作的，应当在确认操作完成后再交班，船长或者轮机长另有指令的除外。

第十六条 接班的高级船员应当在确认本班人员完全能有效地履行各自职责后，方可接班。

第十七条 不得安排船员在值班期间承担影响值班的工作。

第十八条 值班船员应当将值班期间发生的重要事件按照要求做好记录。

第三章　驾驶值班

第一节　值班安排

第十九条 确定驾驶台值班人员组成时，应当考虑下列因素，保证安全航行需要：

（一）保证驾驶台 24 小时值守；

（二）天气及能见度情况、白天及夜间的驾驶要求差异；

（三）临近航行危险时需要值班驾驶员额外执行的航行职责；

（四）电子海图显示与信息系统（ECDIS）、雷达或者电子定位仪等助航仪器及任何其他影响船舶安全航行的设备的使用和工作状态；

（五）船上是否装有自动操舵装置；

（六）是否需要履行无线电职责；

（七）驾驶台上的无人机舱控制装置、警报和指示器及其使用程序和局限性；

（八）特殊的操作环境对航行值班的特别要求。

第二节　瞭　望

第二十条 船长应当合理安排航行值班船员，以保持连续正规的瞭望。船长安排值班时应当考虑的因素包括：

（一）能见度、天气和海况；

（二）航行所在区域的通航密度和所发生的其他活动；

（三）在分道通航区域内及其附近水域时所必须注意的情况；

（四）由船舶特性、即时操纵要求和预期操纵可能引起的额外工作量；

（五）指定的值班船员适于值班的状况；

（六）值班船员的专业适任能力及经验；

（七）值班驾驶员对船舶设备、装置和程序的熟悉程度及操船能力；

（八）必要时召唤待命人员立即到驾驶台协助的可能性；

（九）驾驶台仪器和操纵装置（包括报警系统）的工作状况；

（十）舵和推进器的控制以及船舶操纵特性；

（十一）船舶尺度和指挥位置的视野；

（十二）驾驶台的结构对值班人员瞭望的影响；

（十三）其他涉及值班安排、适于值班的标准、程序和指南。

第二十一条　值班驾驶员应当始终保持正规瞭望，并应当符合下列要求：

（一）利用视觉、听觉等一切可用的方法和手段对当时环境和情况保持连续观察、观测；

（二）充分估计到碰撞、搁浅和其他可能危害航行安全的局面和危险；

（三）及时发现遇难的船舶和飞机、船舶遇难人员，及时发现沉船残骸等危害航行安全的物体。

第二十二条　在驾驶台和海图室分设的船上，值班驾驶员为了履行其必要的职责，在确信航行安全情况下，可以短时间进入海图室。

第二十三条　瞭望人员和舵工的职责应当分开，舵工在操舵时不应当同时担当瞭望人员职责。

在操舵位置四周的视野未被遮挡且没有夜视障碍，不妨碍保持正规瞭望的情况下，舵工可同时担当瞭望人员职责。

第二十四条　在满足下列所有要求的情况下，值班驾驶员可以是唯一的瞭望人员：

（一）白天。

（二）能在需要时立即召唤其他合适人员到驾驶台协助。

（三）下列因素条件能够确保安全：

1. 天气及能见度情况；

2. 通航密度；

3. 邻近的航行危险物；

4. 在分道通航制或者其附近水域内航行时所必须注意的情况；

5. 其他影响航行安全的因素。

第二十五条　夜间航行时应当至少有一名值班水手协助驾驶员瞭望。

第三节　值班交接

第二十六条　接班驾驶员在接班前，应当对本船的推算船位或者实际船位进行核实，确认计划航线、航向和航速以及无人机舱控制装置的工作状况，并应当考虑值班期间可能遇到的任何航行危险。

第二十七条　接班驾驶员在视力未完全调节到适应环境条件以前，不应当接班。

第二十八条 交、接班驾驶员应当清楚地交接下列情况：

（一）船长对船舶航行有关的常规命令和其他特别指示；

（二）船位、航向、航速和吃水；

（三）当时的和预报的潮汐、海流、气象、能见度等因素及其对航向和航速的影响；

（四）在驾驶台控制主机时的主机操作程序和方法；

（五）航行环境。航行环境应当至少包括：

1. 正在使用或者在值班期间可能使用的所有航行设备和安全设备的工作状况；

2. 电罗经和磁罗经的误差；

3. 附近船舶的位置及动态；

4. 在值班期间可能遇到的情况和危险；

5. 船舶的横倾、纵倾、水的密度变化及船体下坐对富余水深可能造成的影响。

第四节 值班职责

第二十九条 负责航行的值班驾驶员负责船舶的安全航行，并按照经过修正的《1972 年国际海上避碰规则》和其他安全航行规定进行操纵和避让。

第三十条 值班驾驶员应当做到：

（一）在驾驶台保持值班，不得离开驾驶台；

（二）船长在驾驶台时，值班驾驶员仍然应当对船舶安全航行负责，除非被明确告知船长已承担责任；

（三）给予全体值班人员一切适当的指示和信息，以保持安全值班。

第三十一条 值班驾驶员应当使用安全航速。需要时，应当立即采取转舵、主机变速和使用声响信号等措施。在情况允许时，应当及时通知机舱拟进行主机变速，或者按照适用的程序有效地使用驾驶台的无人机舱主机控制装置。

第三十二条 值班驾驶员必须充分掌握在任何吃水情况下本船的冲程等操纵特性，并应当考虑船舶可能具有的其他不同操纵特性。

第三十三条 值班驾驶员应当充分了解本船所有安全和航行设备的放置地点和操作方法，熟练掌握电子助航仪器的使用方法，了解这些设备性能及操作上的局限性。

第三十四条 值班驾驶员在值班期间，应当有效使用船上的助航仪器，以恰当的时间间隔对所驶的航向、船位和航速进行核对，确保本船沿着计划航线行驶，并注意在适当的时候使用测深仪。

第三十五条 值班驾驶员应当经常和精确地测定驶近船舶的罗经方位和距离，及早判断有无碰撞危险。必要时使用甚高频无线电话，与他船协调避让措施。

第三十六条 在下列情况下，值班驾驶员应当对航行设备进行操作性测试：

（一）到港前和出港前；

（二）可预见的影响航行安全的危险情况发生之前。

情况允许时,在海上航行期间值班驾驶员应当尽可能地对航行设备进行操作性测试。

上述测试应当做好记录。

第三十七条 值班驾驶员应当定期检查下列内容:

(一)确保手动操舵或者自动舵使船舶保持在正确的航向上;

(二)每班应当至少测定一次标准罗经的误差,如可能,在大幅度改变航向后也应当测定;应当经常进行标准罗经和陀螺罗经核对;复示仪与主罗经应当同步;如发现误差变化较大,应当及时报告船长;

(三)每班至少测试一次自动舵的手动操作;

(四)确保航行灯和信号灯及其他航行设备正常工作;

(五)确保无线电设备正常工作并且按照要求值守;

(六)确保在驾驶台的无人机舱控制装置、警报和指示器工作正常。

第三十八条 在使用自动舵时,值班驾驶员应当考虑:

(一)为了应对随时可能出现的潜在危险局面,及时使舵工就位并改为手动操舵的可能性;

(二)在无人协助的情况下因采取紧急措施而中断瞭望的危险性。

手动操舵和自动操舵的转换应当由值班驾驶员决定。

第三十九条 值班驾驶员应当能熟练地使用雷达,并应当做到:

(一)遇到或者预料到能见度不良或者在通航密集水域航行时,应当使用雷达,并注意其局限性。使用雷达时应当遵守经过修正的《1972年国际海上避碰规则》中使用雷达的规定;

(二)应当确保所使用的雷达量程以足够频繁的时间间隔进行转换,以便能及早地发现物标。应当考虑微弱或者反射力差的物标可能被漏掉;

(三)使用雷达时,应当选择合适的量程,仔细观察显示器,并确保及早进行雷达标绘或者系统的分析;

(四)天气良好时,如可能,值班驾驶员应当进行雷达使用方面的操练。

第四十条 发生下列情况时,值班驾驶员应当立即报告船长,船长接到报告后应当尽快上驾驶台,必要时由船长直接指挥:

(一)遇到或者预料到能见度不良;

(二)对通航条件或者他船的动态产生疑虑;

(三)对保持航向感到困难;

(四)在预计的时间未能看到陆地、航行标志或测量不到水深;

(五)意外地看到陆地、航行标志或者水深突然发生变化;

(六)主机、推进装置遥控系统、舵机等主要的航行设备、警报或者指示仪发生故障;

(七)无线电设备发生故障;

(八)恶劣天气怀疑可能有气象危害;

(九)发现遇险人员或船舶以及他船求救;

(十)遇到其他紧急情况或者感到疑虑的情况。

当情况紧急时,为了船舶的安全,值班驾驶员除立即报告船长外,还应当果断采取行动。

第五节　特殊环境下的驾驶值班

第四十一条　遇到或者预料能见度不良时,值班驾驶员应当做到:

(一)鸣放雾号;

(二)以安全航速行驶;

(三)使主机处于立即可操纵的准备状态;

(四)通知船长;

(五)安排正规的瞭望;

(六)显示航行灯;

(七)操作和使用雷达。

第四十二条　在夜航期间航行值班时,船长和值班驾驶员安排瞭望应当特别考虑驾驶台设备和助航仪器及其局限性、当时航区的环境和情况以及所实施的程序和安全措施。

船长应当将航行指示和注意事项或者其他重要安排明确记入《船长夜航命令簿》,值班驾驶员应当遵照执行。

第四十三条　在沿岸和通航密集水域航行时,应当使用船上适合于该水域并依照最新资料改正过的最大比例尺的海图。在确认没有碰撞危险的情况下,应当勤测船位,环境许可时还应当使用多种方法定位。

使用电子海图显示与信息系统(ECDIS)的,应选择适当显示比例的电子海图,并以适当的时间间隔通过其他的定位方法对船位进行核查。

值班驾驶员应当确切地辨认沿岸陆标及所有有关的航行标志。

第四十四条　船舶由引航员引航时并不解除船长管理和驾驶船舶的责任。船长和引航员应当交换有关航行方法、当地情况和船舶性能等信息。船长、值班驾驶员应当与引航员紧密合作,保持对船位和船舶动态进行核对。船长对引航员的错误操作应当及时指出,必要时即行纠正。

第四十五条　船长在非危险航段暂离驾驶台时应当告知引航员,并指定驾驶员负责。值班驾驶员对引航员的行动或意图有所怀疑时,应当要求引航员予以澄清,如仍有怀疑,应当立即报告船长,并可在船长到达之前采取必要的行动。

第四十六条　船舶在锚泊时,值班驾驶员应当:

(一)锚抛下时应当立即测定船位,并在海图上标出锚位和回旋范围,对锚地的潮汐、流向、水深、底质、周围情况及当地气象记入航海日志。

(二)情况许可时,应当经常利用固定航标或者岸上容易辨认的物标,校核船舶是否保持在锚位上。

(三)保持正规的瞭望,并注意以下情形,并做到:

1.周围锚泊船的情况,尤其是位于上风或者上流方向锚泊船的动态,以防他船走锚危及本船安全;

2.来泊船的锚位是否与本船有足够的安全距离,如过近,应当设法通知对方,并报告船长;

3.过往船舶或者邻近锚泊船起锚离泊时距本船过近,应当密切关注其动态,若判断对本船有威胁时,应当以各种信号警告对方。

(四)以适当的时间间隔巡视全船,注意吃水、龙骨下富余水深以及船舶的状态。

(五)注意观测气象、潮汐和海况变化,注意锚位、锚链受力和船首偏荡;在转流时,还应当注意船身回转及周围船舶动向,必要时采取紧急措施,防止因本船或者他船走锚造成紧迫局面或者发生事故。

(六)本船或者他船走锚,或者过往船舶距离过近造成危险局面时,应当果断地采取一切有效措施,以避免或者减少损失,并立即通知船长。

(七)在急流区锚泊或者遇大风浪天气,除执行船长指示外,还应当勤测锚位,定时巡视甲板,检查锚链和制链器是否正常,并且应当认真督促值班水手每小时检查锚链、锚链制和锚设备一次。

(八)督促值班水手按时升降旗及锚球,开关锚灯、甲板照明,按照规定显示或者悬挂相应的号灯号型,鸣放相应的声号。

(九)能见度不良时,应当认真执行经过修正的《1972 年国际海上避碰规则》的有关规定,加强瞭望,鸣放雾号,打开锚灯和各层甲板的照明灯,并通知船长。

(十)锚泊中进行装卸作业,除应当执行停泊值班中有关装卸业务方面的职责外,还应当注意旁靠船、驳的系缆、碰垫和绳梯以及其他各种安全措施。

(十一)根据锚地情况及相关规定,用甚高频无线电话在规定的频道上保持守听。

(十二)严格遵守防污染规定,采取有效措施,防治船舶对水域环境造成污染。

船长认为必要时,船舶在锚泊情况下可保持连续的航行值班。

第四章　轮机部航行值班

第一节　值班安排

第四十七条　轮机值班的组成应当适合当时的环境和条件,以确保影响船舶安全操作的所有机械设备在自动操作方式、手动操作方式模式下均能安全运行。

第四十八条　确定轮机值班组成时,应当考虑下列因素:

(一)保持船舶的正常运行。

(二)船舶类型、机械设备类型和状况;

(三)对船舶安全运行关系重大的机械设备进行重点监控的值班需求;

(四)由于天气、冰区、污染水域、浅水水域、各种紧急情况、船损控制或者污染处置等情况的变化而采用的特殊操作方式;

(五)值班人员的资格和经验;

(六)人命、船舶、货物和港口的安全及环境保护的要求;

(七)有关国际公约、国家法规和当地规定。

第二节　值班交接

第四十九条　交、接班轮机员应当清楚下列交接事项:

（一）轮机长关于船舶系统和机械设备运行的常规命令和特别指示；

（二）对机械设备及系统进行的所有操作及目的、参与人员以及潜在的危险；

（三）污水舱、压载舱、污油舱、备用舱、淡水柜、粪便柜、滑油柜等使用状况和液位以及对其中贮存物的使用或者处理的特殊要求；

（四）备用燃油舱、沉淀柜、日用油柜和其他燃油贮存设备中的燃油液位和使用状况；

（五）有关卫生系统处理的特殊要求；

（六）主机、辅机系统（包括配电系统）的操作方式和运行状况；

（七）监控设备和手动操作设备的状况；

（八）自动锅炉控制装置和其他与蒸汽锅炉操作有关设备的状况和操作模式；

（九）恶劣天气、冰冻、被污染的水域或者浅水引起的潜在威胁；

（十）在设备故障或危及船舶安全的情况下而采取的特殊操作方式和应急措施；

（十一）机舱普通船员的任务分派；

（十二）消防设备的可用性；

（十三）轮机日志的填写情况。

第五十条　接班轮机员对接班事项不满意或者观察到的情况与轮机日志记录不相符时，不得接班。

第三节　值班职责

第五十一条　值班轮机员是轮机长的代表，主要负责对与船舶安全有关的机械设备进行安全有效的操作和保养，并根据要求，负责轮机值班责任范围内的一切机械设备的检查、操作和测试，保证安全值班。

第五十二条　值班轮机员应当维持既定的正常值班安排。机舱值班的普通船员应当协助值班轮机员使主机、辅机系统安全和有效运行。

第五十三条　轮机长在机舱时，值班轮机员仍应当继续对机舱工作全权负责，除非被明确告知轮机长已承担责任。

第五十四条　轮机值班的所有成员都应当熟悉被指派的值班职责，并掌握本船下列情况：

（一）内部通信系统的适当使用；

（二）机舱逃生途径；

（三）机舱报警系统和辨别各种警报的能力；

（四）机舱的消防设备和破损控制装置的数量、位置和种类，以及它们的使用方法和应当遵守的各种安全预防措施。

第五十五条　轮机值班开始时，应当对所有机械设备的工作情况、工况参数加以验证、分析，以保持在正常范围值。

第五十六条　在值班期间值班轮机员应当定期巡回检查机舱和舵机房，及时发现机械设备的故障和损坏情况，并采取相应措施。

第五十七条 值班轮机员应当对运转失常、可能发生故障或者需要特殊处理的机械设备，以及已经采取的措施作详细记录。需要时，应当对拟采取的措施作出安排。

第五十八条 在机舱值守的值班轮机员应当能够随时操纵推进装置，以应对换向和变速的需要。

机舱无人值守的，值班轮机员在获知报警、呼叫时，应当立即到达机舱。

第五十九条 值班轮机员应当执行驾驶台的命令。

对主推进动力装置进行换向和变速操作的，应当做好记录。当人工操作时，值班轮机员应当确保主推进动力装置的操纵装置有人不间断地值守，并随时处于准备和操作状态。

第六十条 值班轮机员应当掌握正在维护保养的机械设备（包括机械、电气、电子、液压和空气系统）及其控制装置和与此相关的安全设备、所有舱室服务系统设备的维护保养情况，并注意其物料和备品的使用记录。

第六十一条 轮机长应当将值班时拟进行的预防性保养、破损控制或者修理工作等情况通知值班轮机员。

值班轮机员应当负责值班责任内的拟处理的所有机械设备的隔离、旁通和调整，并将已进行的全部工作做好记录。

第六十二条 机舱处于备车状态时，值班轮机员应当保证一切在操纵时可能用到的机械设备处于随时可用状态，并使电力有充足的储备，以满足舵机和其他设备的需要。

第六十三条 值班轮机员应当指导本班值班人员，告知其可能对机械设备造成不利影响或者危及人命、船舶安全的潜在危险情况。

第六十四条 值班轮机员应当对机舱保持不间断监控。在值班人员丧失值班能力时，应当安排替代人员。

第六十五条 值班轮机员应当采取必要的措施，以减轻因设备损坏、失火、进水、破裂、碰撞、搁浅和其他原因所造成损害。

第六十六条 进行预防性保养、破损控制或者维修工作时，值班轮机员应当与负责维修工作的轮机员配合，做好下列工作：

（一）对要进行处理的机械设备加以隔离，并保留值班所需的通道；

（二）在维修期间，将其他的设备调节至充分和安全地发挥功能的状态；

（三）在轮机日志或者其他适当的文件上详细记录维修保养过的设备、参加人员以及采取的安全措施；

（四）必要时将已修理过的机器和设备进行测试、调整，投入使用。

第六十七条 值班轮机员应当确保，在自动设备失灵时履行维修职责的轮机部普通船员能够立即协助其对机器进行手动操作。

第六十八条 值班轮机员应当了解失去舵效或者因机械故障导致失速会危及船舶和海上

人命的安全,当发生机舱失火或者机舱中即将采取的行动会导致船速下降、瞬间失去舵效、船舶推进系统停止运转或者电站发生故障或者类似威胁安全的情况,应当立即通知驾驶台。如可能,应当在采取行动之前通知,以便驾驶台有最充分的时间采取一切可能的措施来避免发生海上事故。

第六十九条 出现下列情况,值班轮机员应当立即通知轮机长,并根据情况采取措施:

(一)机器发生故障或者损坏,可能危及船舶的安全运行;

(二)发生可能引起推进机械、辅机、监视系统、调节系统的损坏失常的现象;

(三)遇到其他紧急情况或感到疑虑时。

第七十条 值班轮机员应当给予其他机舱值班人员适当的指示和信息,以保持安全值班。常规的机械设备保养应当纳入值班工作。

全船的机械、电子与电气、液压、气动等设备的维修工作,应当在轮机长和值班轮机员知情下进行,并做好记录。

第四节 特殊环境下的轮机值班

第七十一条 值班轮机员应当保证提供鸣放声号用的空气或蒸汽压力,并随时执行驾驶台变速、换向的命令,还应当备妥用于操纵的一切辅助机械。

第七十二条 值班轮机员接到船舶进入通航密集水域航行的通知时,应当确保涉及船舶操纵的机械设备能够随时置于手动操作模式、舵和其他设备的操作有足够备用动力、应急舵和其他辅助设备处于随时可用状态。

第七十三条 船舶在开敞的港外锚地或者开敞的海域锚泊时,值班轮机员应当做到下列内容:

(一)保持有效的轮机值班;

(二)定时检查所有正在运行和处于准备状态的机械设备是否正常;

(三)执行驾驶台发布的使主机和辅机保持准备状态的命令;

(四)遵守适用的防治污染规则,防治船舶污染海洋环境;

(五)保持破损控制和消防系统处于准备状态。

在开敞锚地,轮机长应当与船长商定是否仍保持与在航时同样的轮机值班。

第五章 无线电值班

第一节 无线电操作员

第七十四条 航运公司、船长、履行无线电值班职责的无线电操作员和在按照要求配备全球海上遇险与安全系统(GMDSS)设备的船舶上工作的无线电操作员应当遵守本章规定。

第七十五条 船舶无线电设备由持有相应适任证书的无线电操作员管理和操作。遇险报警应当经过船长批准后发送。

第二节 值班安排

第七十六条 船长在安排无线电值班时,应当注意下列内容:

(一)保证无线电值班符合《无线电规则》和经过修正的《1974 年国际海上人命安全公约》的规定;

(二)避免与船舶安全航行无关的无线电通信影响无线电值班;

(三)船上安装的无线电设备及其工作状态。

第三节 无线电值班职责

第七十七条 无线电操作员在值班时应当做到下列内容:

(一)在《无线电规则》和经过修正的《1974 年国际海上人命安全公约》指定的频率上保持值班;

(二)定时检查无线电设备的电源及工作状态,发现设备故障时及时报告船长;

(三)每天用标准时间信号校对无线电时钟不少于一次;

(四)当港口国规定不能在港界内开启发信机,或者装卸、清洗易挥发的易燃易爆货物时,根据船长或者值班驾驶员的指示不得开启和修理一切发信设备。

第七十八条 离港前,被指定为在遇险时负有无线电通信职责的无线电操作员应当确保符合下列要求:

(一)所有遇险和安全通信的无线电设备、备用电源均处于有效工作状态,并记入无线电台日志;

(二)备妥所有国际公约规定的文件、航行通告和国家海事管理机构要求的附加文件,并根据最新收到的资料进行修改,有不符之处立即报告船长;

(三)按照标准时间信号正确设定无线电时钟;

(四)天线无损坏,并连接正确;

(五)尽可能地更新船舶将要航行的区域及船长要求的其他区域的最新气象报告和航行警告,并将这些信息送交船长。

第七十九条 在离港并启用无线电设备时,值班的无线电操作员应当在适当的遇险频率上值守,并根据船长指示向船舶报告系统发送报告。

第八十条 在海上时,被指定为在遇险事件中负有无线电通信主要责任的无线电操作员应当按照要求定期对无线电设备检查、测试,以保证设备工作正常。检查、测试结果应当记入无线电台日志。

第八十一条 被指定为进行一般通信业务的无线电操作员,应当考虑本船船位与可能要进行通信业务的海岸电台和海岸地球站的相互位置,并在可能通信的频率上保持有效值守。在通信时,无线电操作员应当遵守国际电信联盟的有关规定。

第八十二条 到达港口关闭无线电设备时,值班的无线电操作员应当确保天线接地,并检查备用电源是否安全、电量是否充满。

第八十三条 遇险报警或者遇险呼叫优先于其他通信。当无线电设备收到遇险报警时,应当立即停止干扰遇险通信的任何发射。

第八十四条 值班的无线电操作员收到遇险报警时,应当立即报告船长。

第八十五条 本船遇险或者收到遇险报警时,被指定为在遇险事件中负有无线电通信主要责任的无线电操作员,应当根据《无线电规则》的程序规定采取相应措施。

第八十六条 值班的无线电操作员应当按照《无线电规则》及经过修正的《1974 年国际海上人命安全公约》有关无线电台日志的要求做好下列事项的记录:
(一)遇险、紧急和安全的无线电通信摘要;
(二)与无线电服务有关的重要事件;
(三)无线电设备的状况,包括电源状况的摘要。
在条件允许时,可以每天记录一次船位。

第八十七条 无线电台日志存放应当满足下列要求:
(一)便于遇险通信操作记录;
(二)便于船长查阅;
(三)便于国家海事管理机构或缔约国授权官员检查时查阅。

第六章 港内值班

第一节 港内值班应当遵守的一般要求

第八十八条 船舶在港内停泊时,船长应当安排适当而有效的值班。对于具有特种形式的推进系统或者辅助设备,以及装载有危害、危险、有毒、易燃物品或者其他特殊货物的船舶,还应当按照有关规定的特殊要求值班。

第八十九条 船长应当根据停泊情况、船舶类型和值班特点,配备足够具有熟练操作能力的值班船员,并安排好必要的设备。

第九十条 船舶在港内停泊期间的值班安排应当满足下列要求:
(一)确保人命、船舶、货物、港口和环境的安全;
(二)确保与货物作业相关机械的安全操作;
(三)遵守有关国际公约、国家法规和当地规定;
(四)保持船舶工作正常。

第九十一条 停泊时,甲板值班人员应当至少包括一名值班驾驶员和一名值班水手。

第九十二条 轮机长应当与船长协商确定轮机值班安排。
决定轮机值班人员组成时,应当考虑下列内容:
(一)至少有一名值班轮机员;
(二)推进功率 750 千瓦及以上的船舶,至少安排一名值班机工协助值班轮机员。

轮机员在值班期间,不应当承担妨碍其监控船上机械系统的其他任务。

第二节　驾驶值班

第九十三条　在港内值班时,值班驾驶员应当做到下列内容:

(一)掌握全船人员动态,经常巡查船的四周、装卸现场及工作场所,关注从事高空、舷外及封闭舱室内工作的人员安全,督促值班人员坚守岗位,保持部门间联系畅通;

(二)督促值班水手按时升降国旗、开关灯,显示或者悬挂有关号灯号型;

(三)经常检查舷梯、锚链、跳板及安全网,及时调整系泊缆绳,在有较大潮差的泊位上,应当加强巡查,必要时应当采取措施以确保系泊设备处于安全工作状态;

(四)注意吃水、龙骨下的富余水深和船舶的总体状态;

(五)根据船舶种类特点,按照积载计划的要求,负责船港联系和协作,监督装卸操作安全和质量,掌握装卸进度,解决装卸中发生的问题,制止违章作业,注意天气变化及海况,及时开关舱;装卸一级危险品、重大件、贵重货时到现场监督指导;

(六)注意及时收听天气预报,当收到恶劣气象警报时,采取必要的措施以保护人员、船舶和货物的安全;

(七)按照船长、大副的指示或者根据情况需要,通知机舱注入、排出或者调整压载水,并注意船体平衡;注意检查污水井、压载舱及淡水舱的测量记录;监收加装淡水和物料,加油船来时通知机舱并且注意防火安全;

(八)发生危及船舶安全的紧急情况时,鸣放警报,通知船长,采取措施以防止对船上人员、船舶和货物造成损害;必要时,请求附近船舶或者岸上给予援助;

(九)掌握船舶稳性情况,能够在失火时向消防部门提供可喷洒在船上且不致危及本船的水的大致数量;

(十)在船上进行明火作业及修理工作时,采取必要的预防措施;

(十一)不得在系泊区域内排放污油水、垃圾及杂物,并采取措施,防止本船对周围环境造成其他形式的污染;

(十二)注意过往船舶,有他船系靠本船或者前后泊位时应当在现场守望,并采取相应安全措施;发生事故时,应当立即记下该船船名、国籍、船籍港及事故经过,并向船长报告;

(十三)对遇难船舶和人员提供援助;

(十四)主机试车应当在确认推进器附近无障碍物,不致碍及他船,不损坏舷梯、跳板、缆绳、装卸属具及港口设施等情况后方可进行,并采取必要的预防措施。

第三节　轮机值班

第九十四条　在港内值班时,值班轮机员应当做到下列内容:

(一)遵守有关防范危险情况的特殊操作命令、程序和规定;

(二)监测运行中的所有机械设备及系统的仪表和控制系统;

(三)遵守当地有关防污染规定,按照规定采用必要的技术、方法和程序,防止船舶对周围环境造成污染;

(四)查看污水井中污水的变化情况;

(五)出现紧急情况并且需要时,发出警报并且采取一切可能的措施避免船上人员、船舶及其货物遭受损害；

（六）了解驾驶员对装卸货物时所需设备的要求，以及对压载和船舶稳性控制系统的附加要求；

（七）经常巡查以判断可能发生的设备故障或者损坏情况，发现设备故障或者损坏情况的，应当采取补救措施以确保船舶、货物作业、港口及其周围环境的安全；

（八）在职责范围内采取必要措施，避免船上电气、电子、液压、气动以及机械系统发生事故或者损坏；

（九）对影响船上机械运转、调节或修理的重要事项做好记录。

第四节　驾驶值班的交接班

第九十五条　交、接班的驾驶员应当在交接前巡视检查全船和周围，认真做好交接工作。

第九十六条　交班驾驶员应当告知接班驾驶员下列事项：

（一）航海日志和停泊值班记录簿所记载的有关内容、航运公司指示和船长命令，有关人员来船联系及对外联系事项；

（二）气象、潮汐、泊位水深、船舶吃水、系缆情况、锚位和所出锚链的情况、转流时船舶回转，主机状态和其应急使用的可能性，以及与船舶安全停泊有关的其他情况；

（三）船上拟进行的所有工作，包括积载计划、大副的要求、装卸进度、开工舱口及工班数、货物的分隔衬垫、装卸质量、装卸属具情况、危险品和重大件及应采取的预防及应急措施、贵重货、水手值班情况及与港方联系事项等；

（四）舱底水、压载水、淡水的水位情况及加装燃油、淡水情况；

（五）消防设备的情况；

（六）港口及本船悬挂的信号、显示的号灯号型和鸣放的声号，港口特殊规定，发生紧急情况或需要援助时船方与港方的联系方式；

（七）要求在船船员的人数和全船人员的动态情况；

（八）检修工作的项目、质量、进度和采取的安全措施；

（九）旁靠船、驳情况，周围锚泊船的动态；

（十）港口的特殊要求；

（十一）有关船员、船舶、货物的安全和防治水域污染的其他重要情况，以及由于船舶行为造成环境污染时向相关机关报告的程序。

第九十七条　接班驾驶员在负责甲板值班之前应当核实下列内容：

（一）系泊缆绳或者锚链是否恰当；

（二）正在装卸的有害或者危险货物的性质，以及发生溢漏或者失火后应当采取的相应措施；

（三）本船悬挂的信号、显示的号灯号型以及鸣放的声号是否正确；

（四）各项安全措施和防火规定是否有效遵守；

（五）是否存在危及本船的情况，以及本船是否危及其他船舶。

第九十八条　交接班人员对交接事项产生疑问时，应当及时向大副或者船长报告。

第五节　轮机值班的交接班

第九十九条　交、接班轮机员应当清楚交接下列事项：

（一）当日的常规命令，有关船舶操作、保养工作、船舶机械或者控制设备修理的特殊命令；

（二）所有机械和系统进行检修工作的性质、涉及的人员以及潜在的危险；

（三）舱底、残渣柜、压载水舱、污油舱、粪便柜、备用柜的液位及状态，以及对其中贮存物的使用或者处理的特殊要求；

（四）有关卫生系统处理的特殊要求；

（五）灭火设备以及烟火探测系统的状况和备用情况；

（六）获准从事或者协助机器修理的人员及其工作地点和修理项目，以及其他获准上船的人员；

（七）港口有关船舶排出物、消防要求及船舶防备工作等方面的特殊规定；

（八）发生紧急情况或者需要援助时，船上与岸上人员、相关机关可使用的通信方式；

（九）其他有关船员、船舶、货物的安全以及防治环境污染等重要情况；

（十）轮机部的活动造成环境污染时，向相关机关报告的程序。

第一百条　接班轮机员在承担值班任务前还应当做到以下内容：

（一）熟悉现有的和可用的电、热、水源和照明来源及其分配情况；

（二）了解船上的燃油、润滑油及淡水供给的可用程度；

（三）备妥机器以应对紧急状况。

第六节　货物作业值班

第一百零一条　航运公司应当制定保证货物作业安全的规定。

负责计划和实施货物作业的高级船员应当通过对特定风险的控制，确保作业的安全实施。

第一百零二条　船舶载运危险货物、污染危害性货物时，船长应当作出保持货物安全的值班安排。

载运散装危险货物的船舶，安全值班应当由甲板部和轮机部各至少一名高级船员和普通船员组成。

载运非散装危险货物的船舶，船长在作出值班安排时应当考虑危险品的性质、数量、包装和积载以及船上、水上和岸上的所有特殊情况。

第七章　驾驶、轮机联系制度

第一节　开航前

第一百零三条　船长应当提前 24 小时将预计开航时间通知轮机长，如停港不足 24 小时，应当在抵港后立即将预计离港时间通知轮机长；轮机长应当向船长报告主要机电设备情况、燃油、润滑油和炉水存量；如开航时间变更，应当及时更正。

第一百零四条 开航前 1 小时,值班驾驶员应当会同值班轮机员核对船钟、车钟、试舵等,并分别将情况记入航海日志、轮机日志及车钟记录簿内。

第一百零五条 主机试车前,值班轮机员应当征得值班驾驶员同意。待主机备妥后,机舱应当通知驾驶台。

第二节 航行中

第一百零六条 每班交班前,值班轮机员应当将主机平均转数和海水温度等参数告知值班驾驶员,值班驾驶员应当回告本班平均航速和风向风力,双方分别记入航海日志和轮机日志;每天中午,驾驶台和机舱校对时钟并互换正午报告。

第一百零七条 船舶进出港口,通过狭水道、浅滩、危险水域或抛锚等情况下需备车航行时,驾驶台应当提前通知机舱准备。如遇雾或暴雨等突发情况,值班轮机员接到通知后应当尽快备妥主机。

判断将有恶劣天气来临时,船长应当及时通知轮机长做好各种准备。

第一百零八条 因等引航员、候潮、等泊等原因须短时间抛锚时,值班驾驶员应当将情况及时通知值班轮机员。

第一百零九条 因机械故障不能执行航行命令时,轮机长应当组织抢修,通知驾驶台报告船长,并将故障发生和排除时间及情况记入航海日志和轮机日志。

停车应当先征得船长同意。但情况危急,不立即停车会威胁人身安全或者主机安全时,轮机长可以立即停车并及时通知驾驶台。

第一百一十条 因调换发电机、并车等需要暂时停电时,值班轮机员应当事先通知驾驶台。

第一百一十一条 在应变情况下,值班轮机员应当立即执行驾驶台发出的信号,及时提供所要求的水、气、汽、电等。

第一百一十二条 值班驾驶员和值班轮机员应当执行船长和轮机长共同商定的主机各种车速,另有指示的除外。

第一百一十三条 船舶在到港前,应当对主机进行停、倒车试验,当无人值守的机舱因情况需要改为有人值守时,驾驶台应当及时通知轮机员。

第一百一十四条 抵港前,轮机长应当将本船存油情况告知船长。

第三节 停泊中

第一百一十五条 抵港后,船长应当告知轮机长本船的预计动态,以便安排工作,动态如有变化应当及时更正;机舱若需检修影响动车的设备,轮机长应当事先将工作内容和所需时间报告船长,取得同意后方可进行。

第一百一十六条 值班驾驶员应当将装卸货情况随时通知值班轮机员,以保证安全供电。

在装卸重大件、特种危险品或者使用重吊之前,大副应当通知轮机长派人检查起货机,必要时应当派人值守。

第一百一十七条 因装卸作业造成船舶过度倾斜,影响机舱正常工作的,轮机长应当通知大副或者值班驾驶员采取有效措施予以纠正。

第一百一十八条 驾驶和轮机部门应当对船舶压载的调整,以及可能涉及海洋污染的各种操作,建立起有效的联系制度,包括书面通知和相应的记录。

第一百一十九条 添装燃油前,轮机长应当将本船的存油情况和计划添装的油舱以及各舱添装数量告知大副,以便计算稳性、水尺和调整吃水差。

第八章　值班保障

第一百二十条 航运公司及船长应当采取有效措施防止船员疲劳操作。

除紧急或者超常工作情况外,负责值班的船员以及被指定承担安全、防污染和保安职责的船员休息时间应当满足以下要求:

(一)任何 24 小时内不少于 10 小时;

(二)任何 7 天内不少于 77 小时;

(三)任何 24 小时内的休息时间可以分为不超过 2 个时间段,其中一个时间段至少要有 6 小时,连续休息时间段之间的间隔不应当超过 14 小时。

船长按照第(二)、(三)项中规定安排休息时间时可以有例外,但是任何 7 天内的休息时间不得少于 70 小时。

对第(二)项规定的每周休息时间的例外,不应当超过连续两周。在船上连续两次例外时间的间隔不应当少于该例外持续时间的两倍。

对第(三)项规定的例外,可以分成为不超过 3 个时间段,其中一个时间段至少要有 6 个小时,另外两个时间段不应当少于 1 个小时。连续休息时间间隔不得超过 14 个小时。例外在任何 7 天时间内不得超过两个 24 小时时间段。

第一百二十一条 紧急集合演习、消防和救生演习,以及国内法律、法规、国际公约规定的其他演习,应当以对休息时间的干扰最小且不导致船员疲劳的形式进行。

船员处于待命情况下,因被派去工作而中断了正常休息时间的,应当给予补休。

第一百二十二条 因船舶、船上人员或者货物出现紧急安全需要,或者为了帮助海上遇险的其他船舶或者人员,船长可以暂停执行休息时间制度,直至情况恢复正常。

情况恢复正常后,船长应当根据实际情况尽快安排船员获得充足的补休时间。

第一百二十三条 船舶应当将船上工作安排表张贴在易见之处。

船舶应当对船员每天休息时间进行记录,并制作由船长或者船长授权的人员和船员本人签注的休息时间记录表发放给船员本人。

船上工作安排表和休息时间记录表应当参照《国际劳工组织(ILO)和国际海事组织(IMO)编制船员船上工作安排表和船员工作时间或休息时间记录格式指南》,并使用船上工作语言和英语制定。

第一百二十四条　船长在安排船员值班时,应当充分考虑女性船员的生理特点和国家的有关规定。

第一百二十五条　船员不得酗酒。值班人员在值班前四小时内禁止饮酒,且值班期间血液酒精浓度(BAC)不高于 0.05% 或呼吸中酒精浓度不高于 0.25 mg/L。

第一百二十六条　船员不得服用可能导致不能安全值班的药物。

第一百二十七条　航运公司应当制定相应的措施防止船员酗酒和滥用药物。船员履行值班职责或者有关安全、防污染和保安值班职责的能力受到药物或酒精的影响时,不得安排其值班。

第九章　法律责任

第一百二十八条　船员有下列情形之一的,由海事管理机构处 1000 元以上 1 万元以下罚款;情节严重的,并给予暂扣船员服务簿、船员适任证书 6 个月以上 2 年以下直至吊销船员服务簿、船员适任证书的处罚:

(一)未按照要求保持正规瞭望;

(二)未按照要求履行值班职责;

(三)未按照要求值班交接;

(四)不采用安全航速航行;

(五)不按照规定守听航行通信;

(六)不按照规定测试、检修船舶设备;

(七)发现或者发生险情、事故、保安事件或者影响航行安全的情况未及时报告;

(八)未按照要求填写或者记载有关船舶法定文书;

(九)在船上值班期间,体内酒精含量超过规定标准;

(十)在船上履行船员职务,服食影响安全值班的违禁药物;

(十一)不遵守本规则规定的其他情形。

第一百二十九条　船长有下列情形之一的,由海事管理机构处 2000 元以上 2 万元以下罚款;情节严重的,并给予暂扣船员适任证书 6 个月以上 2 年以下直至吊销船员适任证书的处罚:

(一)未确保按照规定为船舶配备足额的适任船员;

(二)未按照要求安排值班;

(三)未保证船舶和船员携带符合法定要求的证书、文书以及有关航行资料;

(四)未保证船舶和船员在开航时处于适航、适任状态;

(五)未保证船舶安全值班;

(六)未按照规定在驾驶台值班;

(七)不遵守本规则规定的其他情形。

第十章　附　则

第一百三十条　本规则下列用语和缩写的含义:

（一）"海船"，系指航行于海上以及江海直达的一切类型的机动和非机动船只。

（二）"游艇"，系指《游艇安全管理规定》定义的船舶。

（三）"航运公司"，系指承担安全与防污染管理责任和义务的航运企业，包括船舶所有人、经营人、管理人和光船承租人。

（四）"驾驶员"，系指大副、二副、三副的统称。

（五）"轮机员"，系指大管轮、二管轮、三管轮的统称。

（六）"无线电操作员"，系指 GMDSS 一级无线电电子员、GMDSS 二级无线电电子员、GMDSS 通用操作员、GMDSS 限用操作员的统称。

（七）"轮机值班"，系指一个人或组成值班的一组人履行其职责，包括一个高级船员亲临机舱或不亲临机舱履行其高级船员的职责。

（八）"《无线电规则》"，系指经过修正的国际电信联盟的《无线电规则》。

（九）"工作时间"，系指要求船员为船舶工作的时间。

（十）"休息时间"，系指工作时间以外的时间，但不包括短暂的休息。

第一百三十一条　本规则的值班规定系海船船员的最低值班要求。航运公司或船舶可以根据不同的航线、船舶种类或等级制定相应值班程序和要求，但是不得低于本规则的值班规定。

第一百三十二条　未满 100 总吨的海船参照本规则制定相应的船员值班程序和要求，在合理和可行的范围内符合本规则的要求，并充分考虑保护海洋环境和保证此类船舶以及同一海域中其他船舶的安全。

第一百三十三条　进入中华人民共和国内水、领海和管辖水域的外国籍船舶的船员值班，应当符合中华人民共和国政府缔结或者参加的有关国际公约的相应规定。

第一百三十四条　本规则自 2013 年 2 月 1 日起施行，1997 年 10 月 20 日交通部颁布的《中华人民共和国海船船员值班规则》（中华人民共和国交通部令 1997 年第 11 号）同时废止。

附录二十五
中华人民共和国海上交通事故调查处理条例

1990 年 3 月 3 日交通部令第 14 号发布

第一章　总　则

第一条　为了加强海上交通安全管理,及时调查处理海上交通事故,根据《中华人民共和国海上交通安全法》的有关规定,制定本条例。

第二条　中华人民共和国港务监督机构是本条例的实施机关。

第三条　本条例适用于船舶、设施在中华人民共和国沿海水域内发生的海上交通事故。

以渔业为主的渔港水域内发生的海上交通事故和沿海水域内渔业船舶之间、军用船舶之间发生的海上交通事故的调查处理,国家法律、行政法规另有专门规定的,从其规定。

第四条　本条例所称海上交通事故是指船舶、设施发生的下列事故:

(一)碰撞、触碰或浪损;

(二)触礁或搁浅;

(三)火灾或爆炸;

(四)沉没;

(五)在航行中发生影响适航性能的机件或重要属具的损坏或灭失;

(六)其他引起财产损失和人身伤亡的海上交通事故。

第二章　报　告

第五条　船舶、设施发生海上交通事故,必须立即用甚高频电话、无线电报或其他有效手段向就近港口的港务监督报告。报告的内容应当包括:船舶或设施的名称、呼号、国籍、起讫港,船舶或设施的所有人或经营人名称,事故发生的时间、地点、海况以及船舶、设施的损害程度、救助要求等。

第六条　船舶、设施发生海上交通事故,除应按第五条规定立即提出扼要报告外,还必须按下列规定向港务监督提交《海上交通事故报告书》和必要的文书资料:

(一)船舶、设施在港区水域内发生海上交通事故,必须在事故发生后二十四小时内向当地港务监督提交。

(二)船舶、设施在港区水域以外的沿海水域发生海上交通事故,船舶必须在到达中华人民共和国的第一个港口后四十八小时内向港务监督提交;设施必须在事故发生后四十八小时内用电报向就近港口的港务监督报告《海上交通事故报告书》要求的内容。

（三）引航员在引领船舶的过程中发生海上交通事故,应当在返港后二十四小时内向当地港务监督提交《海上交通事故报告书》。

前款（一）、（二）项因特殊情况不能按规定时间提交《海上交通事故报告书》的,在征得港务监督同意后可予以适当延迟。

第七条 《海上交通事故报告书》应当如实写明下列情况:

（一）船舶、设施概况和主要性能数据;

（二）船舶、设施所有人或经营人的名称、地址;

（三）事故发生的时间和地点;

（四）事故发生时的气象和海况;

（五）事故发生的详细经过（碰撞事故应附相对运动示意图）;

（六）损害情况（附船舶、设施受损部位简图。难以在规定时间内查清的,应于检验后补报）;

（七）船舶、设施沉没的,其沉没概位;

（八）与事故有关的其他情况。

第八条 海上交通事故报告必须真实,不得隐瞒或捏造。

第九条 因海上交通事故致使船舶、设施发生损害,船长、设施负责人应申请中国当地或船舶第一到达港地的检验部门进行检验或鉴定,并应将检验报告副本送交港务监督备案。

前款检验、鉴定事项,港务监督可委托有关单位或部门进行,其费用由船舶、设施所有人或经营人承担。

船舶、设施发生火灾、爆炸等事故,船长、设施负责人必须申请公安消防监督机关鉴定,并将鉴定书副本送交港务监督备案。

第三章 调 查

第十条 在港区水域内发生的海上交通事故,由港区地的港务监督进行调查。

在港区水域外发生的海上交通事故,由就近港口的港务监督或船舶到达的中华人民共和国的第一个港口的港务监督进行调查。必要时,由中华人民共和国港务监督局指定的港务监督进行调查。

港务监督认为必要时,可以通知有关机关和社会组织参加事故调查。

第十一条 港务监督在接到事故报告后,应及时进行调查。调查应客观、全面,不受事故当事人提供材料的限制。根据调查工作的需要,港务监督有权:

（一）询问有关人员;

（二）要求被调查人员提供书面材料和证明;

（三）要求有关当事人提供航海日志、轮机日志、车钟记录、报务日志、航向记录、海图、船舶资料、航行设备仪器的性能以及其他必要的原始文书资料;

（四）检查船舶、设施及有关设备的证书、人员证书和核实事故发生前船舶的适航状态、设施的技术状态;

（五）检查船舶、设施及其货物的损害情况和人员伤亡情况；

（六）勘查事故现场，搜集有关物证。

港务监督在调查中，可以使用录音、照相、录像等设备，并可采取法律允许的其他调查手段。

第十二条 被调查人必须接受调查，如实陈述事故的有关情节，并提供真实的文书资料。港务监督人员在执行调查任务时，应当向被调查人员出示证件。

第十三条 港务监督因调查海上交通事故的需要，可以令当事船舶驶抵指定地点接受调查。当事船舶在不危及自身安全的情况下，未经港务监督同意，不得离开指定地点。

第十四条 港务监督的海上交通事故调查材料，公安机关、国家安全机关、监察机关、检察机关、审判机关和海事仲裁委员会及法律规定的其他机关和人员因办案需要可以查阅、摘录或复制，审判机关确因开庭需要可以借用。

第四章　处　理

第十五条 港务监督应当根据对海上交通事故的调查，作出《海上交通事故调查报告书》，查明事故发生的原因，判明当事人的责任；构成重大事故的，通报当地检察机关。

第十六条 《海上交通事故调查报告书》应包括以下内容：

（一）船舶、设施的概况和主要数据；

（二）船舶、设施所有人或经营人的名称和地址；

（三）事故发生的时间、地点、过程、气象海况、损害情况等；

（四）事故发生的原因及依据；

（五）当事人各方的责任及依据；

（六）其他有关情况。

第十七条 对海上交通事故的发生负有责任的人员，港务监督可以根据其责任的性质和程度依法给予下列处罚：

（一）对中国籍船员、引航员或设施上的工作人员，可以给予警告、罚款或扣留、吊销职务证书；

（二）对外国籍船员或设施上的工作人员，可以给予警告、罚款或将其过失通报其所属国家的主管机关。

第十八条 对海上交通事故的发生负有责任的人员及船舶、设施的所有人或经营人，需要追究其行政责任的，由港务监督提交其主管机关或行政监察机关处理；构成犯罪的，由司法机关依法追究刑事责任。

第十九条 根据海上交通事故发生的原因，港务监督可责令有关船舶、设施的所有人、经营人限期加强对所属船舶、设施的安全管理。对拒不加强安全管理或在期限内达不到安全要求的，港务监督有权责令其停航、改航、停止作业，并可采取其他必要的强制性处置措施。

第五章 调 解

第二十条 对船舶、设施发生海上交通事故引进的民事侵权赔偿纠纷,当事人可以申请港务监督调解。

调解必须遵循自愿、公平的原则,不得强迫。

第二十一条 前条民事纠纷,凡已向海事法院起诉或申请海事仲裁机构仲裁的,当事人不得再申请港务监督调解。

第二十二条 调解由当事人各方在事故发生之日起三十日内向负责该事故调查的港务监督提交书面申请。港务监督要求提供担保的,当事人应附经济赔偿担保证明文件。

第二十三条 经调解达成协议的,港务监督应制作调解书。调解书应当写明当事人的姓名或名称、住所、法定代表人或代理人的姓名及职务、纠纷的主要事实、当事人的责任、协议的内容、调解费的承担、调解协议履行的期限。调解书由当事人各方共同签字,并经港务监督盖印确认。调解书应交当事方各持一份,港务监督留存一份。

第二十四条 调解达成协议的,当事人各方应当自动履行。达成协议后当事人反悔的或逾期不履行协议的,视为调解不成。

第二十五条 凡向港务监督申请调解的民事纠纷,当事人中途不愿调解的,应当向港务监督递交撤销调解的书面申请,并通知对方当事人。

第二十六条 港务监督自收到调解申请书之日起三个月内未能使当事人各方达成调解协议的,可以宣布调解不成。

第二十七条 不愿意调解或调解不成的,当事人可以向海事法院起诉或申请海事仲裁机构仲裁。

第二十八条 凡申请港务监督调解的,应向港务监督缴纳调解费。调解的收费标准,由交通部会同国家物价局、财政部制定。

经调解达成协议的,调解费用按当事人过失比例或约定的数额分摊;调解不成的,由当事人各方平均分摊。

第六章 罚 则

第二十九条 违反本条例规定,有下列行为之一的,港务监督可视情节对有关当事人(自然人)处以警告或者二百元以下罚款;对船舶所有人、经营人处以警告或者五千元以下罚款:

(一)未按规定的时间向港务监督报告事故或提交《海上交通事故报告书》或本条例第三十二条要求的判决书、裁决书、调解书的副本的;

(二)未按港务监督要求驶往指定地点,或在未出现危及船舶安全的情况下未经港务监督同意擅自驶离指定地点的;

(三)事故报告或《海上交通事故报告书》的内容不符合规定要求或不真实,影响调查工作进行或给有关部门造成损失的;

（四）违反第九条规定，影响事故调查的；

（五）拒绝接受调查或无理阻挠、干扰港务监督进行调查的；

（六）在受调查时故意隐瞒事实或提供虚假证明的。

前款第（五）、（六）项行为构成犯罪的，由司法机关依法追究刑事责任。

第三十条　对违反本条例规定，玩忽职守、滥用职权、营私舞弊、索贿受贿的港务监督人员，由行政监察机关或其所在单位给予行政处分；构成犯罪的，由司法机关依法追究刑事责任。

第三十一条　当事人对港务监督依据本条例给予的处罚不服的，可以依法向人民法院提起行政诉讼。

第七章　特别规定

第三十二条　中国籍船舶在中华人民共和国沿海水域以外发生的海上交通事故，其所有人或经营人应当向船籍港的港务监督报告，并于事故发生之日起六十日内提交《海上交通事故报告书》。如果事故在国外诉讼、仲裁或调解，船舶所有人或经营人应在诉讼、仲裁或调解结束后六十日内将判决书、裁决书或调解书的副本或影印件报船籍港的港务监督备案。

第三十三条　派往外国籍船舶任职的持有中华人民共和国船员职务证书的中国籍船员对海上交通事故的发生负有责任的，其派出单位应当在事故发生之日起六十日内向签发该职务证书的港务监督提交《海上交通事故报告书》。

本条第一款和第三十二条的海上交通事故的调查处理，按本条例的有关规定办理。

第八章　附　则

第三十四条　对违反海上交通安全管理法规进行违章操作，虽未造成直接的交通事故，但构成重大潜在事故隐患的，港务监督可以依据本条例进行调查和处罚。

第三十五条　因海上交通事故产生的海洋环境污染，按照我国海洋环境保护的有关法律、法规处理。

第三十六条　本条例由交通部负责解释。

第三十七条　本条例自发布之日起施行。

附录二十六
中华人民共和国海上海事行政处罚规定

中华人民共和国交通运输部令 2015 年第 8 号

《中华人民共和国海上海事行政处罚规定》已于 2014 年 11 月 20 日经第 13 次部务会议通过,现予公布,自 2015 年 7 月 1 日起施行。

部长　杨传堂

2015 年 5 月 29 日

第一章　总　则

第一条　为规范海上海事行政处罚行为,保护当事人的合法权益,保障和监督海上海事行政管理,维护海上交通秩序,防止船舶污染水域,根据《海上交通安全法》、《海洋环境保护法》、《行政处罚法》及其他有关法律、行政法规,制定本规定。

第二条　对在中华人民共和国(简称中国)管辖沿海水域及相关陆域发生的,或者在中国管辖沿海水域及相关陆域外但属于中国籍的海船发生的违反海事行政管理秩序的行为实施海事行政处罚,适用本规定。

中国籍船员在中国管辖沿海水域及相关陆域外违反海事行政管理秩序,并且按照中国有关法律、行政法规应当处以行政处罚的行为实施海事行政处罚,适用本规定。

第三条　实施海事行政处罚,应当遵循合法、公开、公正,处罚与教育相结合的原则。

第四条　海事行政处罚,由海事管理机构依法实施。

第二章　海事行政处罚的适用

第五条　海事管理机构实施海事行政处罚时,应当责令当事人改正或者限期改正海事行政违法行为。

第六条　对有两个或者两个以上海事行政违法行为的同一当事人,应当分别处以海事行政处罚,合并执行。

对有共同海事行政违法行为的当事人,应当分别处以海事行政处罚。

第七条　实施海事行政处罚,应当与海事行政违法行为的事实、性质、情节以及社会危害程度相适应。

第八条　海事行政违法行为的当事人有下列情形之一的,应当依照《行政处罚法》第二十

七条的规定,从轻或者减轻给予海事行政处罚:

(一)主动消除或者减轻海事行政违法行为危害后果的;

(二)受他人胁迫实施海事行政违法行为的;

(三)配合海事管理机构查处海事行政违法行为有立功表现的;

(四)法律、行政法规规定应当依法从轻或者减轻行政处罚的情形。

海事行政违法行为轻微并及时得到纠正,没有造成危害后果的,不予海事行政处罚。

本条第一款所称依法从轻给予海事行政处罚,是指在法定的海事行政处罚种类、幅度范围内给予较轻的海事行政处罚。

本条第一款所称依法减轻给予海事行政处罚,是指在法定的海事行政处罚种类、幅度最低限以下给予海事行政处罚。

有海事行政违法行为的中国籍船舶和船员在境外已经受到处罚的,不得重复给予海事行政处罚。

第九条 海事行政违法行为的当事人有下列情形之一的,应当从重处以海事行政处罚:

(一)造成较为严重后果或者情节恶劣;

(二)一年内因同一海事行政违法行为受过海事行政处罚;

(三)胁迫、诱骗他人实施海事行政违法行为;

(四)伪造、隐匿、销毁海事行政违法行为证据;

(五)拒绝接受或者阻挠海事管理机构实施监督管理;

(六)法律、行政法规规定应当从重处以海事行政处罚的其他情形。

本条第一款所称从重给予海事行政处罚,是指在法定的海事行政处罚种类、幅度范围内给予较重的海事行政处罚。

本条第一款第(二)项所称的一年内是指自该违法行为发生日之前 12 个月内。

第十条 对当事人的同一个海事行政违法行为,不得给予两次以上海事行政处罚。

当事人未按照海事管理机构规定的期限和要求改正海事行政违法行为的,属于新的海事行政违法行为。

第三章 海事行政违法行为和行政处罚

第一节 违反安全营运管理秩序

第十一条 违反船舶安全营运管理秩序,有下列行为之一的,对船舶所有人或者船舶经营人处以 5000 元以上 3 万元以下罚款:

(一)未按规定取得安全营运与防污染管理体系符合证明或者临时符合证明从事航行或者其他有关活动;

(二)隐瞒事实真相或者提供虚假材料或者以其他不正当手段骗取安全营运与防污染管理体系符合证明或者临时符合证明;

(三)伪造、变造安全营运与防污染管理体系审核的符合证明或者临时符合证明;

(四)转让、买卖、租借、冒用安全营运与防污染管理体系审核的符合证明或者临时符合证明。

第十二条 违反船舶安全营运管理秩序,有下列行为之一的,对船舶所有人或者船舶经营人处以 5000 元以上 3 万元以下罚款;对船长处以 2000 元以上 2 万元以下的罚款,情节严重的,并给予扣留船员适任证书 6 个月至 24 个月直至吊销船员适任证书的处罚:

(一)未按规定取得船舶安全管理证书或者临时船舶安全管理证书从事航行或者其他有关活动;

(二)隐瞒事实真相或者提供虚假材料或者以其他不正当手段骗取船舶安全管理证书或者临时船舶安全管理证书;

(三)伪造、变造船舶安全管理证书或者临时船舶安全管理证书;

(四)转让、买卖、租借、冒用船舶安全管理证书或者临时船舶安全管理证书。

第十三条 违反安全营运管理秩序,有下列情形之一,造成严重后果的,对船舶所有人或者船舶经营人吊销安全营运与防污染管理体系(临时)符合证明:

(一)不掌控船舶安全配员;

(二)不掌握船舶动态;

(三)不掌握船舶装载情况;

(四)船舶管理人不实际履行安全管理义务;

(五)安全管理体系运行存在重大问题。

第二节 违反船舶、海上设施检验和登记管理秩序

第十四条 违反《海上交通安全法》第四条的规定,船舶和船舶上有关航行安全、防治污染等重要设备无相应的有效的检验证书的,依照《海上交通安全法》第四十四条的规定,对船舶所有人或者船舶经营人处以 2000 元以上 3 万元以下罚款。

本条前款所称船舶和船舶上有关重要设备无相应的有效的检验证书,包括下列情形:

(一)没有取得相应的检验证书;

(二)持有的检验证书属于伪造、变造、转让、买卖或者租借的;

(三)持有的检验证书失效;

(四)检验证书损毁、遗失但不按照规定补办。

第十五条 违反《海上交通安全法》第十六条规定,大型设施和移动式平台的海上拖带,未经船舶检验机构进行拖航检验,并报海事管理机构核准,依照《海上交通安全法》第四十四条的规定,对船舶、设施所有人或者经营人处以 2000 元以上 2 万元以下罚款,对船长处以 1000 元以上 1 万元以下罚款,并扣留船员适任证书 6 个月至 12 个月,对设施主要负责人处以 1000 元以上 1 万元以下罚款。

第十六条 违反《海上交通安全法》第十七条规定,船舶的实际状况同船舶检验证书所载不相符合,船舶未按照海事管理机构的要求申请重新检验或者采取有效的安全措施,依照《海上交通安全法》第四十四条的规定,对船舶所有人或者船舶经营人处以 2000 元以上 3 万元以下罚款;对船长处以 1000 元以上 1 万元以下罚款,并扣留船员适任证书 6 个月至 12 个月。

第十七条 船舶检验机构的检验人员违反《船舶和海上设施检验条例》的规定,有下列行为之一的,依照《船舶和海上设施检验条例》第二十八条的规定,按其情节给予警告、吊销验船

人员注册证书的处罚：

（一）超越职权范围进行船舶、设施检验；

（二）未按照规定的检验规范进行船舶、设施检验；

（三）未按照规定的检验项目进行船舶、设施检验；

（四）未按照规定的检验程序进行船舶、设施检验；

（五）所签发的船舶检验证书或者检验报告与船舶、设施的实际情况不符。

第十八条 违反《海上交通安全法》第五条的规定，船舶未持有有效的船舶国籍证书航行的，依照《海上交通安全法》第四十四条的规定，对船舶所有人或者船舶经营人处以3000元以上2万元以下罚款；对船长处以2000元以上2万元以下的罚款，情节严重的，并给予扣留船员适任证书6个月至24个月直至吊销船员适任证书的处罚。

第三节　违反船员管理秩序

第十九条 违反《海上交通安全法》第七条的规定，未取得合格的船员职务证书或者未通过船员培训，擅自上船服务的，依照《海上交通安全法》第四十四条和《船员条例》第六十条的规定，责令其立即离岗，处以2000元以上2万元以下罚款，并对聘用单位处以3万元以上15万元以下罚款。

前款所称未取得合格的船员职务证书，包括下列情形：

（一）未经水上交通安全培训并取得相应合格证明；

（二）未持有船员适任证书或者其他适任证件；

（三）持采取弄虚作假的方式取得的船员职务证书；

（四）持伪造、变造的船员职务证书；

（五）持转让、买卖或者租借的船员职务证书；

（六）所服务的船舶的航区、种类和等级或者所任职务超越所持船员职务证书限定的范围；

（七）持已经超过有效期限的船员职务证书；

（八）未按照规定持有船员服务簿。

对本条第二款第（三）项、第（五）项规定的违法行为，除处以罚款外，并处吊销船员职务证书。对本条第二款第（五）项规定的持租借船员职务证书的情形，还应对船员职务证书出借人处以2000元以上2万元以下罚款。

对本条第二款第（四）项规定的违法行为，除处以罚款外，并收缴相关证书。

对本条第二款第（六）项规定的违法行为，除处以罚款外，并处扣留船员职务证书3个月至12个月。

第二十条 船员用人单位、船舶所有人有下列未按照规定招用外国籍船员在中国籍船舶上任职情形的，依照《船员条例》第六十条的规定，责令改正，并处以3万元以上15万元以下罚款：

（一）未依照法律、行政法规和国家其他有关规定取得就业许可；

（二）未持有合格的且签发国与我国签订了船员证书认可协议的船员证书；

（三）雇佣外国籍船员的航运公司未承诺承担船员权益维护的责任。

第二十一条　船员服务机构和船员用人单位未将其招用或者管理的船员的有关情况定期向海事管理机构备案的,按照《船员条例》第六十四条的规定,对责任单位处以5000元以上2万元以下罚款。

前款所称船员服务机构包括海员外派机构。

本条第一款所称船员服务机构和船员用人单位未定期向海事管理机构备案,包括下列情形:

(一)未按规定进行备案,或者备案内容不全面、不真实;

(二)未按照规定时间备案;

(三)未按照规定的形式备案。

第二十二条　违反《海上交通安全法》第八条的规定,设施未按照国家规定配备掌握避碰、信号、通信、消防、救生等专业技能的人员,依照《海上交通安全法》第四十四条的规定,对设施所有人或者设施经营人处以1000元以上1万元以下罚款;对设施主要负责人和直接责任人员处以1000元以上8000元以下罚款。

第四节　违反航行、停泊和作业管理秩序

第二十三条　违反《海上交通安全法》第六条的规定,船舶未按照标准定额配备足以保证船舶安全的合格船员,依照《海上交通安全法》第四十四条的规定,对船舶所有人或者船舶经营人处以3000元以上2万元以下罚款;对船长处以2000元以上2万元以下罚款;情节严重的,并给予扣留船员适任证书3个月至12个月的处罚。

本条第一款所称未按照标准定额配备足以保证船舶安全的合格船员,包括下列情形:

(一)船舶所配船员的数量低于船舶最低安全配员证书规定的定额要求;

(二)船舶未持有有效的船舶最低安全配员证书。

第二十四条　违反《海上交通安全法》第九条的规定,船舶、设施上的人员不遵守有关海上交通安全的规章制度和操作规程,依照《海上交通安全法》第四十四条和《船员条例》第五十七条的规定,处以1000元以上1万元以下罚款;情节严重的,并给予扣留船员适任证书6个月至24个月直至吊销船员适任证书的处罚。发生事故的,按照第二十五条的规定给予扣留或者吊销船员适任证书的处罚。

本条前款所称不遵守有关海上交通安全的规章制度,包括下列情形:

(一)在船上履行船员职务,未按照船员值班规则实施值班;

(二)未获得必要的休息上岗操作;

(三)在船上值班期间,体内酒精含量超过规定标准;

(四)在船上履行船员职务,服食影响安全值班的违禁药物;

(五)不采用安全速度航行;

(六)不按照规定的航路航行;

(七)未按照要求保持正规瞭望;

(八)不遵守避碰规则;

(九)不按照规定停泊、倒车、掉头、追越;

(十)不按照规定显示信号;

（十一）不按照规定守听航行通信；

（十二）不按照规定保持船舶自动识别系统处于正常工作状态，或者不按照规定在船舶自动识别设备中输入准确信息，或者船舶自动识别系统发生故障未及时向海事管理机构报告；

（十三）不按照规定进行试车、试航、测速、辨校方向；

（十四）不按照规定测试、检修船舶设备；

（十五）不按照规定保持船舱良好通风或者清洁；

（十六）不按照规定使用明火；

（十七）不按照规定填写航海日志；

（十八）不按照规定采取保障人员上、下船舶、设施安全的措施；

（十九）不按照规定载运易流态化货物，或者不按照规定向海事管理机构备案。

第二十五条 违反《海上交通安全法》第九条的规定，船舶、设施上的人员不遵守有关海上交通安全的规章制度和操作规程，造成海上交通事故的，还应当按照下列规定给予处罚：

（一）造成特别重大事故的，对负有全部责任、主要责任的船员吊销适任证书或者其他适任证件，对负有次要责任的船员扣留适任证书或者其他适任证件12个月直至吊销适任证书或者其他适任证件；责任相当的，对责任船员扣留适任证书或者其他适任证件24个月或者吊销适任证书或者其他适任证件。

（二）造成重大事故的，对负有全部责任、主要责任的船员吊销适任证书或者其他适任证件；对负有次要责任的船员扣留适任证书或者其他适任证件12个月至24个月；责任相当的，对责任船员扣留适任证书或者其他适任证件18个月或者吊销适任证书或者其他适任证件。

（三）造成较大事故的，对负有全部责任、主要责任的船员扣留船员适任证书12个月至24个月或者吊销船员适任证书，对负有次要责任的船员扣留船员适任证书6个月；责任相当的，对责任船员扣留船员适任证书12个月。

（四）造成一般事故的，对负有全部责任、主要责任的船员扣留船员适任证书9个月至12个月，对负有次要责任的船员扣留船员适任证书6个月至9个月；责任相当的，对责任船员扣留船员适任证书9个月。

第二十六条 违反《海上交通安全法》第十条的规定，船舶、设施不遵守有关法律、行政法规和规章，依照《海上交通安全法》第四十四条的规定，对船舶、设施所有人或经营人处以3000元以上1万元以下罚款；对船长或设施主要负责人处以2000元以上1万元以下罚款并对其他直接责任人员处以1000元以上1万元以下罚款；情节严重的，并给予扣留船员适任证书6个月至24个月直至吊销船员适任证书的处罚：

本条前款所称船舶、设施不遵守有关法律、行政法规和规章，包括下列情形：

（一）不按照规定检修、检测影响船舶适航性能的设备；

（二）不按照规定检修、检测通信设备和消防设备；

（三）不按照规定载运旅客、车辆；

（四）超过核定载重线载运货物；

（五）不符合安全航行条件而开航；

（六）不符合安全作业条件而作业；

（七）未按照规定进行夜航；

（八）强令船员违规操作；

（九）强令船员疲劳上岗操作；

（十）未按照船员值班规则安排船员值班；

（十一）超过核定航区航行；

（十二）未按照规定的航路行驶；

（十三）不遵守避碰规则；

（十四）不采用安全速度航行；

（十五）不按照规定停泊、倒车、掉头、追越；

（十六）不按照规定进行试车、试航、测速、辨校方向；

（十七）不遵守航行、停泊和作业信号规定；

（十八）不遵守强制引航规定；

（十九）不遵守航行通信和无线电通信管理规定；

（二十）不按照规定保持船舱良好通风或者清洁；

（二十一）不按照规定采取保障人员上、下船舶、设施安全的措施；

（二十二）不遵守有关明火作业安全操作规程；

（二十三）未按照规定拖带或者非拖带船从事拖带作业；

（二十四）违反船舶并靠或者过驳有关规定；

（二十五）不按照规定填写航海日志；

（二十六）未按照规定报告船位、船舶动态；

（二十七）未按照规定标记船名、船舶识别号；

（二十八）未按照规定配备航海图书资料。

第二十七条 违反《海上交通安全法》第十一条规定，外国籍非军用船舶未经中国海事管理机构批准进入中国的内水和港口或者未按规定办理进出口岸手续，依照《海上交通安全法》第四十四条的规定，对船舶所有人或者船舶经营人处以 3 万元罚款，对船长处以 1 万元罚款。

第二十八条 违反《海上交通安全法》第十一条规定，外国籍非军用船舶进入中国的内水和港口不听从海事管理机构指挥，依照《海上交通安全法》第四十四条的规定，对船舶所有人或者船舶经营人处以警告或者 2000 元以上 2 万元以下罚款，对船长处以警告或者 1000 元以上 1 万元以下罚款。

第二十九条 违反《海上交通安全法》第十三条规定，外国籍船舶进出中国港口或者在港内航行、移泊以及靠离港外系泊点、装卸站等，不按照规定申请指派引航员引航，或者不使用按照规定指派的引航员引航的，依照《海上交通安全法》第四十四条的规定，对船舶所有人或者船舶经营人处以警告或者 2000 元以上 1 万元以下罚款，对船长处以警告或者 1000 元以上 1 万元以下罚款。

第三十条 违反《海上交通安全法》第十四条规定，船舶进出港口或者通过交通管制区、通航密集区和航行条件受到限制的区域时，不遵守中国政府或者海事管理机构公布的特别规定的，依照《海上交通安全法》第四十四条的规定，对船舶所有人或者船舶经营人处以警告或者 1000 元以上 1 万元以下罚款，对船长处以警告或者 500 元以上 1 万元以下罚款，并可扣留船员适任证书 3 个月至 12 个月。

第三十一条　违反《海上交通安全法》第十五条规定，船舶无正当理由进入或者穿越禁航区，依照《海上交通安全法》第四十四条的规定，对船舶所有人或者船舶经营人处以警告或者 2000 元以上 1 万元以下罚款，对船长处以警告或者 1000 元以上 1 万元以下罚款，并扣留船员适任证书 3 个月至 12 个月。

第三十二条　违反《海上交通安全法》第十二条规定，国际航行船舶进出中国港口，拒不接受海事管理机构的检查，依照《海上交通安全法》第四十四条的规定，对船舶所有人或者船舶经营人处以 1000 元以上 1 万元以下的罚款；情节严重的，处以 1 万元以上 3 万元以下的罚款。对船长或者其他责任人员处以 100 元以上 1000 元以下的罚款；情节严重的，处以 1000 元以上 3000 元以下的罚款，并可扣留船员适任证书 6 个月至 12 个月：

本条前款所称拒不接受海事管理机构的检查，包括下列情形：

（一）拒绝或者阻挠海事管理机构实施安全检查；

（二）中国籍船舶接受海事管理机构实施安全检查时不提交《船旗国安全检查记录簿》；

（三）在接受海事管理机构实施安全检查时弄虚作假；

（四）未按照海事管理机构的安全检查处理意见进行整改。

第三十三条　违反《海上交通安全法》第十二条的规定，中国籍国内航行船舶进出港口不按照规定办理进出港签证的，依照《海上交通安全法》第四十四条的规定，对船舶所有人或者船舶经营人处以 2000 元以上 1 万元以下罚款；对船长处以 1000 元以上 1 万元以下罚款，并可扣留船员适任证书 6 个月至 24 个月。

第三十四条　违反《港口建设费征收使用管理办法》，不按规定缴纳或少缴纳港口建设费的，依照《财政违法行为处罚处分条例》第十三条规定，责令改正，并处未缴纳或者少缴纳的港口建设费的 10% 以上 30% 以下的罚款；对直接负责的主管人员和其他责任人处以 3000 元以上 5 万元以下罚款。

对于未缴清港口建设费的国内外进出口货物，港口经营人、船舶代理公司或者货物承运人违规办理了装船或者提离港口手续的，禁止船舶离港、责令停航、改航、责令停止作业，并可对直接负责的主管人员和其他责任人处以 3000 元以上 3 万元以下罚款。

第三十五条　违反船舶港务费征收管理秩序，不按照规定及时足额缴纳船舶港务费的，由海事管理机构责令限期缴纳，并从结算的次日起，按日核收应缴船舶港务费 5‰ 的滞纳金；对偷缴、抗缴船舶港务费的，可以禁止船舶离港，或者责令其停航、改航、停止作业，并处以欠缴船舶港务费的 1 倍以上 3 倍以下、最高不超过 3 万元的罚款。

第三十六条　违反《海上航行警告和航行通告管理规定》第八条规定，海上航行警告、航行通告发布后，申请人未在国家主管机关或者区域主管机关核准的时间和区域内进行活动，或者需要变更活动时间或者改换活动区域的，未按规定重新申请发布海上航行警告、航行通告，依照《海上航行警告和航行通告管理规定》第十七条的规定，责令其停止活动，并可以处 2000 元以下罚款。

第三十七条 违反《海上航行警告和航行通告管理规定》,造成海上交通事故的,依照《海上航行警告和航行通告管理规定》第二十条,对船舶、设施所有人或者经营人处以3000元以上1万元以下罚款;对船长或者设施主要负责人处以2000元以上1万元以下罚款并对其他直接责任人员处以1000元以上1万元以下罚款;情节严重的,并给予扣留船员适任证书6个月至24个月直至吊销船员适任证书的处罚。

第五节 违反危险货物载运安全监督管理秩序

第三十八条 违反《危险化学品安全管理条例》第四十四条的规定,有下列情形之一的,依照《危险化学品安全管理条例》第八十六条的规定,由海事管理机构责令改正,处5万元以上10万元以下的罚款;拒不改正的,责令停航、停业整顿。

(一)从事危险化学品运输的船员未取得相应的船员适任证书和培训合格证明;

(二)危险化学品运输申报人员、集装箱装箱现场检查员未取得从业资格。

第三十九条 违反《危险化学品安全管理条例》第十八条的规定,运输危险化学品的船舶及其配载的容器未经检验合格而投入使用的,依照《危险化学品安全管理条例》第七十九条的规定,由海事管理机构责令改正,对船舶所有人或者经营人处以10万元以上20万元以下的罚款;有违法所得的,没收违法所得;拒不改正的,责令停航整顿。

第四十条 违反《危险化学品安全管理条例》第四十五条的规定,船舶运输危险化学品,未根据危险化学品的危险特性采取相应的安全防护措施,或者未配备必要的防护用品和应急救援器材的,依照《危险化学品安全管理条例》第八十六条的规定,由海事管理机构责令改正,对船舶所有人或者经营人处以5万元以上10万元以下的罚款;拒不改正的,责令停航整顿。

本条前款所称未根据危险化学品的危险特性采取相应的安全防护措施,或者未配备必要的防护用品和应急救援器材,包括下列情形:

(一)拟交付船舶运输的化学品的相关安全运输条件不明确,货物所有人或者代理人不委托相关技术机构进行评估,或者未经海事管理机构确认,交付船舶运输的;

(二)装运危险化学品的船舶未按照有关规定编制应急预案和配备相应防护用品、应急救援器材;

(三)船舶装运危险化学品,不按照规定进行积载或者隔离;

(四)装运危险化学品的船舶擅自在非停泊危险化学品船舶的锚地、码头或者其他水域停泊;

(五)船舶所装运的危险化学品的包装标志不符合有关规定;

(六)船舶装运危险化学品发生泄漏或者意外事故,不及时采取措施或者不向海事管理机构报告。

第四十一条 装运危险化学品的船舶进出港口,不依法向海事管理机构办理申报手续的,对船舶所有人或者经营人处1万元以上3万元以下的罚款。

第四十二条 违反《危险化学品安全管理条例》第五十三条、第六十三条的规定,通过船舶载运危险化学品,托运人不向承运人说明所托运的危险化学品的种类、数量、危险特性以及发生危险情况的应急处置措施,或者未按照国家有关规定对所托运的危险化学品妥善包装并在外包装上设置相应标志的,依照《危险化学品安全管理条例》第八十六条的规定,由海事管理机构责令改正,对托运人处 5 万元以上 10 万元以下的罚款;拒不改正的,责令停航整顿。

第四十三条 违反《危险化学品安全管理条例》第六十四条的规定,通过船舶载运危险化学品,在托运的普通货物中夹带危险化学品,或者将危险化学品谎报或者匿报为普通货物托运的,依照《危险化学品安全管理条例》第八十七条的规定,由海事管理机构责令改正,对托运人处以 10 万元以上 20 万元以下的罚款,有违法所得的,没收违法所得;拒不改正的,责令停航整顿。

第四十四条 违反《海上交通安全法》第三十二条规定,船舶、浮动设施储存、装卸、运输危险化学品以外的危险货物,不具备安全可靠的设备和条件,或者不遵守国家关于危险化学品以外的危险货物管理和运输的规定的,依照《海上交通安全法》第四十四条的规定,对船舶、设施所有人或者经营人处以 1 万元以上 2 万元以下罚款;对船长或者设施主要负责人和其他直接责任人员处以 2000 元以上 1 万元以下罚款,并扣留船员适任证书 6 个月至 24 个月。

本条款所称不具备安全可靠的设备和条件,包括下列情形:

(一)装运危险化学品以外的危险货物的船舶未按有关规定编制应急预案和配备相应防护用品、应急救援器材的;

(二)装运危险化学品以外的危险货物的船舶及其配载的容器,未按照国家有关规范进行检验合格;

(三)船舶装运危险化学品以外的危险货物,所使用包装的材质、型式、规格、方法和单件质量(重量)与所包装的危险货物的性质和用途不相适应;

(四)船舶装运危险化学品以外的危险货物的包装标志不符合有关规定;

(五)装运危险化学品以外的危险货物的船舶,未按规定配备足够的取得相应的特殊培训合格证书的船员。

本条款所称不遵守国家关于危险化学品以外的危险货物管理和运输的规定,包括下列行为:

(一)使用未经检验合格的包装物、容器包装、盛装、运输;

(二)重复使用的包装物、容器在使用前,不进行检查;

(三)未按照规定显示装载危险货物的信号;

(四)未按照危险货物的特性采取必要安全防护措施;

(五)未按照有关规定对载运中的危险货物进行检查;

(六)装运危险货物的船舶擅自在非停泊危险货物船舶的锚地、码头或者其他水域停泊;

(七)船舶装运危险货物发生泄漏或者意外事故,不及时采取措施或者不向海事管理机构报告。

第四十五条 违反《海上交通安全法》第三十三条规定,船舶装运危险化学品以外的危险货物进出港口,不向海事管理机构办理申报手续,依照《海上交通安全法》第四十四条的规定,对船舶、设施所有人或者经营人处以 300 元以上 1 万元以下罚款;对船长或者设施主要负责人和其他直接责任人员处以 200 元以上 1 万元以下罚款,并扣留船员适任证书 6 个月至 24 个月。

第六节 违反海难救助管理秩序

第四十六条 违反《海上交通安全法》第三十四条规定,船舶、设施或者飞机遇难时,不及时向海事管理机构报告出事时间、地点、受损情况、救助要求以及发生事故的原因的,依照《海上交通安全法》第四十四条规定,对船舶、设施所有人或者经营人处以2000元以上1万元以下罚款;对船长、设施主要负责人处以1000元以上8000元以下罚款,并可扣留船员适任证书6个月至12个月。

第四十七条 违反《海上交通安全法》第三十六条规定,事故现场附近的船舶、设施,收到求救信号或者发现有人遭遇生命危险时,在不严重危及自身安全的情况下,不救助遇难人员,或者不迅速向海事管理机构报告现场情况和本船舶、设施的名称、呼号和位置,依照《海上交通安全法》第四十四条规定,对船舶、设施所有人或者经营人处以200元以上1万元以下罚款;对船长、设施主要负责人处以1000元以上1万元以下罚款,情节严重的,并扣留船员适任证书6个月至24个月直至吊销船员适任证书。

第四十八条 违反《海上交通安全法》第三十七条规定,发生海上交通事故的船舶、设施有下列行为之一,依照《海上交通安全法》第四十四条规定,对船舶、设施所有人或者经营人处以200元以上1万元以下罚款;对船长、设施主要负责人处以1000元以上1万元以下罚款,情节严重的,并扣留船员适任证书6个月至24个月直至吊销船员适任证书:

(一)不互通名称、国籍和登记港;

(二)不救助遇难人员;

(三)在不严重危及自身安全的情况下,擅自离开事故现场或者逃逸。

第四十九条 违反《海上交通安全法》第三十八条规定,有关单位和在事故现场附近的船舶、设施,不听从海事管理机构统一指挥实施救助,依照《海上交通安全法》第四十四条规定,对船舶、设施所有人或者经营人处以200元以上1万元以下罚款;对船长、设施主要负责人处以100元以上8000元以下罚款,并可扣留船员适任证书6个月至12个月。

第七节 违反海上打捞管理秩序

第五十条 违反《海上交通安全法》第四十条规定,对影响安全航行、航道整治以及有潜在爆炸危险的沉没物、漂浮物,其所有人、经营人不按照海事管理机构限定期限打捞清除,依照《海上交通安全法》第四十四条规定,对法人或者其他组织处以1万元罚款;对自然人处以5000元罚款。

第五十一条 违反《海上交通安全法》第四十一条规定,未经海事管理机构批准,擅自打捞或者拆除沿海水域内的沉船沉物,依照《海上交通安全法》第四十四条规定,处以5000元以上3万元以下罚款。

第八节 违反海上船舶污染沿海水域环境管理秩序

第五十二条 本节所称水上拆船、海港、船舶,其含义分别与《防止拆船污染环境管理条例》使用的同一用语的含义相同。

本节所称内水、海洋环境污染损害、排放、倾倒,其含义分别与《海洋环境保护法》使用的同一用语的含义相同。

第五十三条 违反《防止拆船污染环境管理条例》规定,有下列情形之一的,依照《防止拆船污染环境管理条例》第十七条的规定,除责令其限期纠正外,还可以根据不同情节,处以1万元以上10万元以下的罚款:

(一)未持有经批准的环境影响报告书(表),擅自设置拆船厂进行拆船的;

(二)发生污染损害事故,不向监督拆船污染的海事管理机构报告也不采取消除或控制污染措施的;

(三)废油船未经洗舱、排污、清舱和测爆即行拆解的;

(四)任意排放或者丢弃污染物造成严重污染的。

第五十四条 违反《防止拆船污染环境管理条例》规定,有下列情形之一的,依照《防止拆船污染环境管理条例》第十八条的规定,除责令其限期纠正外,还可以根据不同情节,处以警告或者处以1万元以下的罚款:

(一)拒绝或阻挠海事管理机构进行现场检查或在被检查时弄虚作假的;

(二)未按规定要求配备和使用防污设施、设备和器材,造成环境污染的;

(三)发生污染损害事故,虽采取消除或控制污染措施,但不向监督拆船污染的海事管理机构报告的;

(四)拆船单位关闭、搬迁后,原厂址的现场清理不合格的。

第五十五条 违反《海洋环境保护法》有关规定,船舶有下列行为之一的,依照《海洋环境保护法》第七十三条的规定,责令限期改正,并对船舶所有人或者经营人处以罚款:

(一)向沿海水域排放《海洋环境保护法》禁止排放的污染物或其他物质的;

(二)不按照《海洋环境保护法》规定向海洋排放污染物,或超过标准排放污染物的;

(三)未取得海洋倾倒许可证,向海洋倾倒废弃物的;

(四)因发生事故或其他突发性事件,造成海洋环境污染事故,不立即采取处理措施的。

有前款第(一)项、第(三)项行为之一的,处以3万元以上20万元以下的罚款;有前款第(二)项、第(四)项行为之一的,处以2万元以上10万元以下的罚款。

第五十六条 违反《海洋环境保护法》规定,船舶在港口区域内造成珊瑚礁、红树林等海洋生态系统及海洋水产资源、海洋保护区破坏的,依照《海洋环境保护法》第七十六条的规定,责令限期改正和采取补救措施,并对船舶所有人或者经营人处以1万元以上10万元以下的罚款;有违法所得的,没收其违法所得。

第五十七条 违反《海洋环境保护法》规定,有下列行为之一的,依照《海洋环境保护法》第八十八条的规定,予以警告,或者处以罚款:

(一)船舶、港口、码头、装卸站未按规定配备防污设施、器材的;

(二)船舶未取得并随船携带防污证书、防污文书的;

(三)船舶未如实记录污染物处置情况;

(四)从事水上和港区水域拆船、旧船改装、打捞和其他水上、水下施工作业,造成海洋环

境污染损害的;

(五)船舶载运的货物不具备防污适运条件的。

有前款第(一)项、第(五)项行为之一的,处以 2 万元以上 10 万元以下的罚款;有前款第(二)项、第(三)项行为的,处以 2 万元以下的罚款;有前款第(四)项行为的,处以 5 万元以上20 万元以下的罚款。

第五十八条　违反《海洋环境保护法》规定,船舶不编制溢油应急计划的,依照《海洋环境保护法》第八十九条的规定,对船舶所有人或者经营人予以警告,并责令限期改正。

第五十九条　船舶不遵守防污染的法律、法规和规章以及操作规程,存在下列情形的,由海事管理机构对船舶所有人或者经营人予以警告,或者处以 1000 元以上 1 万元以下罚款:

(一)不按照规定在港区水域内使用焚烧炉的;

(二)不按照规定在港区水域内洗舱、清舱、驱气、舷外拷铲及油漆作业或者排放压载水;

(三)不按照经批准的要求使用化学消油剂;

(四)不按照规定冲洗沾有污染物、有毒有害物质的甲板。

第九节　违反交通事故调查处理秩序

第六十条　本规定所称海上交通事故,其含义与《海上交通事故调查处理条例》使用的同一用语的含义相同。

第六十一条　违反《海上交通事故调查处理条例》规定,有下列行为之一的,依照《海上交通事故调查处理条例》第二十九条和《船员条例》第五十七条的规定予以处罚:

(一)发生海上交通事故,未按规定的时间向海事管理机构报告或提交《海上交通事故报告书》;

(二)中国籍船舶在中华人民共和国管辖水域以外发生海上交通事故,船舶所有人或经营人未按《海上交通事故调查处理条例》第三十二条规定向船籍港海事管理机构报告,或者将判决书、裁决书或调解书的副本或影印件报船籍港的海事管理机构备案;

(三)发生海上交通事故,未按海事管理机构的要求驶往指定地点,或者在未发现危及船舶安全的情况下未经海事管理机构同意擅自驶离指定地点;

(四)发生海上交通事故,报告的内容或《海上交通事故报告书》的内容不符合《海上交通事故调查处理条例》第五条、第七条规定的要求,或者不真实,影响事故调查或者给有关部门造成损失;

(五)发生海上交通事故,不按《海上交通事故调查处理条例》第九条的规定,向当地或者船舶第一到达港的船舶检验机构、公安消防监督机关申请检验、鉴定,并将检验报告副本送交海事管理机构备案,影响事故调查;

(六)拒绝接受事故调查或无理阻挠、干扰海事管理机构进行事故调查的;

(七)在接受事故调查时故意隐瞒事实或者提供虚假证明。

存在前款第(一)项行为的,对船员处以警告或者 1000 元以上 1 万元以下罚款,情节严重的,并给予扣留船员服务簿、船员适任证书 6 个月至 24 个月直至吊销船员服务簿、船员适任证书的处罚;对船舶所有人或者经营人处以警告或者 5000 元以下罚款。存在前款第(二)项至第(七)项情形的,对船员处以警告或者 200 元以下罚款;对船舶所有人或者经营人处以警告或者 5000 元以下罚款。

第六十二条　违反《海上交通事故调查处理条例》第三十三条,派往外国籍船舶任职的持有中华人民共和国船员适任证书的中国籍船员对海上交通事故的发生负有责任,其外派服务机构未按照规定报告事故的,依照《海上交通安全法》第四十四条规定,对船员外派服务机构处以 1000 元以上 1 万元以下罚款。

第四章　海事行政处罚程序

第一节　管　辖

第六十三条　海事行政处罚案件由海事行政违法行为发生地的海事管理机构管辖,法律、行政法规和本规定另有规定的除外。

本条前款所称海事行政违法行为发生地,包括海事行政违法行为的初始发生地、过程经过地、结果发生地。

第六十四条　各级海事局所属的海事处管辖本辖区内的下列海事行政处罚案件:

(一)对自然人处以警告、1 万元以下罚款、扣留船员适任证书 3 个月至 6 个月的海事行政处罚;

(二)对法人或者其他组织处以警告、3 万元以下罚款的海事行政处罚。

各级海事局管辖本辖区内的所有海事行政处罚案件。

第六十五条　对海事行政处罚案件管辖发生争议的,报请共同的上一级海事管理机构指定管辖。

下级海事管理机构对其管辖的海事行政处罚案件,认为需要由上级海事管理机构办理的,可以报请上级海事管理机构决定。

第六十六条　海事管理机构对不属其管辖的海事行政处罚案件,应当移送有管辖权的海事管理机构;受移送的海事管理机构如果认为移送不当,应当报请共同的上一级海事管理机构指定管辖。

第六十七条　上级海事管理机构自收到解决海事行政处罚案件管辖争议或者报请移送海事行政处罚案件管辖的请示之日起 7 日内作出管辖决定。

第六十八条　受移送的海事管理机构应当将接受案件或者明确案件由其管辖之日作为第七十三条规定的违法行为发现之日,并按照本章第三节的规定实施行政处罚。移送案件的海事管理机构所取得的证据,经受移送的海事管理机构审查合格的,可以直接作为受移送的海事管理机构实施行政处罚的证据。

第二节　简易程序

第六十九条　海事行政违法事实确凿,并有法定依据的,对自然人处以警告或者处以

50 元以下罚款,对法人或其他组织处以警告或者 1000 元以下罚款的海事行政处罚的,可以当场作出海事行政处罚决定。

第七十条 海事行政执法人员依法当场作出海事行政处罚决定,应当遵守下列程序:

(一)向当事人出示海事行政执法证件;

(二)告知当事人作出海事行政处罚决定的事实、理由和依据以及当事人依法享有的权利;

(三)听取当事人的意见;

(四)复核当事人提出的事实、理由和证据;

(五)填写预定格式、统一编号的海事行政处罚决定书;

(六)将海事行政处罚决定书当场交付当事人;

(七)当事人在海事行政处罚决定书副本上签字。

第七十一条 海事行政执法人员依法当场作出海事行政处罚决定的,应当在 3 日内将海事行政处罚决定书副本报所属海事管理机构备案。

第三节 一般程序

第七十二条 实施海事行政处罚,除适用简易程序的,应当适用一般程序。

第七十三条 除依法可以当场作出的海事行政处罚外,海事管理机构发现自然人、法人或者其他组织有依法应当处以海事行政处罚的海事行政违法行为,应当自发现之日起 7 日内填写海事行政处罚立案审批表,报本海事管理机构负责人批准。

发生水上交通事故应当处以海事行政处罚的,应当自水上交通事故调查结束之日起 7 日内填写海事行政处罚立案审批表,报本海事管理机构负责人批准。

第七十四条 海事管理机构发现自然人、法人或者其他组织涉嫌海事行政违法行为的,应当立即依法进行调查,收集相关证据。

海事管理机构对海事行政处罚案件,应当全面、客观、公正地进行调查并收集证据。

第七十五条 能够证明海事行政处罚案件真实情况的事实,都是证据。

海事行政处罚案件的证据种类如下:

(一)书证;

(二)物证;

(三)视听资料;

(四)电子数据;

(五)证人证言;

(六)当事人的陈述;

(七)鉴定意见;

(八)勘验笔录、现场笔录。

第七十六条 进行海事行政处罚案件的调查或者检查,应当由 2 名以上海事行政执法人员担任调查人员。

调查人员与本案有直接利害关系的,应当回避。

第七十七条 调查人员询问或者检查,应当出示海事行政执法证件,并制作询问笔录、现场笔录或者勘验笔录。

询问笔录、现场笔录或者勘验笔录经被询问人、被检查人确认无误后,由被询问人、被检查人签名或者盖章。拒绝签名或者盖章的,调查人员应当在笔录上注明情况。

对涉及国家机密、商业秘密和个人隐私的,海事管理机构和调查人员、检查人员应当为其保守秘密。

第七十八条 收集海事行政处罚案件的书证、物证和视听资料,应当是原件、原物。收集原件、原物确有困难的,可由提交证据的自然人、法人或者其他组织在复制品、照片等物件上签名或者盖章,并注明"与原件一致"字样。

海事管理机构可以使用照相、录音、录像以及法律允许的其他调查手段。

第七十九条 调查人员、检查人员查阅、调取与海事行政处罚案件有关资料,可以对有关内容进行摘录或者复制,并注明来源。

第八十条 调查人员、检查人员对与案件有关物品或者场所进行勘验或者检查,应当通知当事人到场,制作勘验笔录或者现场笔录。当事人不到场或者暂时难以确定当事人的,可以请在场的其他人作证。

勘验笔录或者现场笔录应当由当事人或者见证人签名或者盖章;拒绝签名或者盖章的,调查人员应当在勘验笔录或者检查笔录上注明情况。

第八十一条 对需要抽样取证的,应当通知当事人到场,并制作抽样取证清单。当事人不到场或者暂时难以确定当事人的,可以请在场的其他人作证。

抽样取证清单,应当由调查人员、当事人或者证人签名或者盖章。

海事管理机构应当妥善保管抽样取证物品;需要退还的,应当及时退还。

第八十二条 为查明海事行政处罚案件事实需要进行技术鉴定的专门性问题,海事管理机构应当请有关技术鉴定机构或者具有专门技术的人员进行鉴定,并制作鉴定意见,由技术鉴定机构和人员签名或者盖章。

第八十三条 海事行政处罚案件的证据可能灭失或者以后难以取得的,经海事管理机构负责人批准,可以通知当事人或者有关人员到场,先行登记保存证据,并制作证据登记保存清单。当事人或者有关人员不到场或者暂时难以确定当事人、有关人员的,可以请在场的其他人作证。

证据登记保存清单,应当由调查人员、检查人员、当事人或者有关人员、证人签名或者盖章。拒绝签名、盖章的,调查人员应当在证据登记保存清单上注明情况。

海事管理机构对登记保存的物品,应当在7日内作出下列处理决定:

(一)需要进行技术鉴定的,依照本规定第八十二条的规定送交鉴定;

(二)对不应当处以海事行政处罚的,应当解除先行登记保存,并将先行登记保存的物品及时退还;

（三）法律、法规、规章规定应当作其他处理的，依法作其他处理。

第八十四条　海事行政处罚案件调查结束后，应当制作海事行政处罚案件调查报告，连同证据材料和经批准的海事行政违法案件立案审批表，移送本海事管理机构负责法制工作的内设机构进行预审。

第八十五条　海事管理机构负责法制工作的内设机构预审海事行政处罚案件采取书面形式进行，主要内容包括：

（一）案件是否属于本海事管理机构管辖；

（二）当事人的基本情况是否清楚；

（三）案件事实是否清楚，证据是否确实、充分；

（四）定性是否准确；

（五）适用法律、法规、规章是否准确；

（六）行政处罚是否适当；

（七）办案程序是否合法。

第八十六条　海事管理机构负责法制工作的内设机构预审完毕后，应当根据下列规定提出书面意见，报本海事管理机构负责人审查：

（一）违法事实清楚，证据确实、充分，行政处罚适当、办案程序合法，按规定不需要听证或者当事人放弃听证的，同意负责行政执法调查的内设机构的意见，建议报批后告知当事人；

（二）违法事实清楚，证据确实、充分，行政处罚适当、办案程序合法，按照规定应当听证的，同意调查人员意见，建议报批后举行听证，并告知当事人；

（三）违法事实清楚，证据确实、充分，但定性不准、适用法律不当、行政处罚不当的，建议调查人员修改；

（四）违法事实不清，证据不足的，建议调查人员补正；

（五）办案程序不合法的，建议调查人员纠正；

（六）不属于本海事管理机构管辖的，建议移送其他有管辖权的机关处理。

第八十七条　海事管理机构负责人审查完毕后，应当根据《行政处罚法》第三十八条的规定作出行政处罚决定、不予行政处罚决定、移送其他有关机关处理的决定。

对自然人罚款或者没收非法所得数额超过 1 万元，对法人或者其他组织罚款或者没收非法所得数额超过 3 万元，以及撤销船舶检验资格、没收船舶、没收或者吊销船舶登记证书、吊销船员职务证书、吊销海员证的海事行政处罚，海事管理机构的负责人应当集体讨论决定。

第八十八条　海事管理机构负责人对海事违法行为调查报告审查后，认为应当处以行政处罚的，海事管理机构应当制作海事违法行为通知书送达当事人，告知拟处以的行政处罚的事实、理由和证据，并告知当事人有权在收到该通知书之日起 3 日内进行陈述和申辩，对依法应当听证的告知当事人有权在收到该通知书之日起 3 日内提出听证要求。

当事人不在场的，应当依法采取其他送达方式将海事违法行为通知书送达当事人。

第八十九条　当事人提出陈述和申辩的，海事管理机构应当充分听取，并对当事人提出的事实、理由和证据进行复核；当事人提出的事实、理由或者证据成立的，海事管理机构应当采纳。

当事人要求组织听证的,海事管理机构应当按照本章第四节的规定组织听证。

当事人逾期未提出陈述、申辩或者逾期未要求组织听证的,视为放弃有关权利。

第九十条 海事管理机构作出海事行政处罚决定,应当制作海事行政处罚决定书,并加盖本海事管理机构的印章。

第九十一条 海事行政处罚决定书应当在海事管理机构宣告后当场交付当事人,并将告知情况记入送达回证,由当事人在送达回证上签名或者盖章;当事人不在场的,应当在 7 日内依法采取其他送达方式送达当事人 。

第九十二条 海事行政处罚案件应当自立案之日起 2 个月内办理完毕。因特殊需要,经海事管理机构负责人批准可以延长办案期至 3 个月。如 3 个月内仍不能办理完毕,经上一级海事管理机构批准可再延长办案期间,但最长不得超过 6 个月。

第四节 听证程序

第九十三条 在作出较大数额罚款、吊销证书的海事行政处罚决定之前,海事管理机构应当告知当事人有要求举行听证的权利;当事人要求听证的,海事管理机构应当组织听证。

本条前款所称"较大数额罚款",是指对自然人处以 1 万元以上罚款,对法人或者其他组织处以 10 万元以上罚款。

第九十四条 海事行政处罚听证依照《行政处罚法》第四十二条的规定组织。

第九十五条 海事管理机构的听证人员包括听证主持人、听证员和书记员。

听证主持人由海事管理机构负责人指定本海事管理机构负责法制工作的机构的非本案调查人员担任。

听证员由海事管理机构负责人指定 1 至 2 名本海事管理机构的非本案调查人员担任,协助听证主持人组织听证。

书记员由海事管理机构负责人指定 1 名非本案调查人员担任,负责听证笔录的制作和其他事务。

第九十六条 当事人委托代理人参加听证会的,应当向海事管理机构提交当事人签署的授权委托书。

第九十七条 当事人有正当理由要求延期举行听证的,经海事管理机构批准,可以延期一次。

第九十八条 海事行政处罚听证,按照以下程序进行:

(一)宣布案由和听证纪律;

(二)核对当事人或者其代理人、本案调查人员、证人及其他有关人员是否到场,并核实听证参加人的身份;

(三)宣读并出示海事管理机构负责人签署的听证决定,宣布听证人员名单,告知当事人有申请主持人回避、申辩和质证的权利;

（四）宣布听证开始；

（五）案件调查人员提出当事人违法的事实、证据，说明拟作出行政处罚的建议和法律依据；

（六）当事人或者其委托代理人对案件的事实、证据，适用法律，行政处罚裁量等进行申辩和质证；

（七）主持人就案件的有关问题向当事人或者其委托代理人、案件调查人员、证人询问；

（八）经主持人允许，当事人、调查人员就案件的有关问题可以向到场的证人发问；

（九）本案调查人员、当事人或者其委托代理人按顺序就案件所涉及的事实、各自出示的证据的合法性、真实性及有关的问题进行辩论；

（十）辩论终结，听证主持人可以再就本案的事实、证据及有关问题向当事人或者其代理人、本案调查人员征求意见；

（十一）中止听证的，主持人应当时宣布再次进行听证的有关事宜；

（十二）当事人或者其委托代理人做最后陈述；

（十三）主持人宣布听证结束，听证笔录交当事人或者其委托代理人核对无误后签字或者盖章。认为有错误的，有权要求补充或者改正。当事人拒绝的，由听证主持人在听证笔录上说明情况。

第九十九条 有下列情形之一的，主持人可以决定延期举行听证：

（一）当事人因不可抗拒的事由无法到场的；

（二）当事人临时申请回避的；

（三）其他应当延期的情形。

第一百条 有下列情形之一的，主持人可以宣布中止听证：

（一）证据需要重新鉴定、勘验的；

（二）当事人或者其代理人提出新的事实、理由和证据，需要由本案调查人员调查核实的；

（三）作为听证申请人的法人或者其他组织突然解散，尚未确定权利、义务承受人的；

（四）当事人因不可抗拒的事由，不能继续参加听证的；

（五）听证过程中，当事人或者其代理人违反听证纪律致使听证无法进行的；

（六）其他应当中止听证的情形。

中止听证，应当在听证笔录中写明情况，由主持人签名。

第一百零一条 延期、中止听证的情形消失后，由主持人决定恢复听证并将听证的时间、地点通知听证参加人。

第一百零二条 有下列情形之一的，应当终止听证：

（一）当事人或者其代理人撤回听证要求的；

（二）当事人或者其代理人接到参加听证的通知，无正当理由不参加听证的；

（三）当事人或者其代理人未经听证主持人允许，中途退出听证的；

（四）其他应当终止听证的情形。

听证终止，应当在听证笔录中写明情况，由主持人签名。

第一百零三条 听证结束后，主持人应当依据听证情况制作海事行政处罚听证报告书，连同听证笔录报海事管理机构负责人审查后，依照本规定第八十七条的规定作出决定。

<h3 style="text-align:center">第五节 执行程序</h3>

第一百零四条 有《行政处罚法》第四十七条规定第（一）项、第（二）项规定情形之一，或者有《行政处罚法》第四十八条规定的情形的，海事管理机构及其海事行政执法人员可以当场收缴罚款。

罚款以人民币计算，并向当事人出具符合法定要求的罚款收据。

当事人无正当理由逾期不缴纳罚款的，海事管理机构依法每日按罚款数额的3%加处罚款。

第一百零五条 被处以扣留证书的，当事人应当及时将被扣留证书送交作出处罚决定的海事管理机构。扣留证书期满后，海事管理机构应当将所扣证书发还当事人，也可以通知当事人领取被扣证书。

被处以扣留、吊销证书，当事人拒不送交被扣留、被吊销的证书的，海事管理机构应当公告该证书作废，并通知核发证书的海事管理机构注销。

第一百零六条 海事管理机构对船员处以海事行政处罚后，应当予以记载。

第一百零七条 对当事人处以没收船舶处罚的，海事管理机构应当依法处理所没收的船舶。

第一百零八条 当事人在法定期限内不申请复议或提起诉讼，又不履行海事行政处罚决定的，海事管理机构依法申请人民法院强制执行。

第一百零九条 海事行政处罚案件执行完毕后，应当填写海事行政处罚结案表，将全部案件材料立卷后交海事管理机构负责法制工作的内设机构进行登记，并按档案管理要求进行归档。

<h3 style="text-align:center">第六节 监督程序</h3>

第一百一十条 自然人、法人或者其他组织对海事管理机构作出的行政处罚有权申诉或者检举。

自然人、法人或者其他组织的申诉或检举，由海事管理机构负责法制工作的内设机构受理和审查，认为海事行政处罚有下列情形之一的，经海事管理机构负责人同意后，予以改正：

（一）主要事实不清、证据不足的；

（二）适用依据错误的；

（三）违反法定程序的；

（四）超越或滥用职权的；

（五）具体行政行为明显不当的。

第一百一十一条 海事管理机构负责法制工作的内设机构发现本海事管理机构作出的海事行政处罚有第一百一十条第二款规定的情形之一的，应当向海事管理机构负责人提出建议，予以改正。

　　第一百一十二条　上级海事管理机构发现下级海事管理机构作出的海事行政处罚有第一百一十条第二款规定的情形之一的,应当责令其改正。

　　第一百一十三条　海事管理机构和海事行政执法人员违法实施行政处罚的,按照《行政处罚法》有关规定追究法律责任。

第五章　附　则

　　第一百一十四条　本规定所称沿海水域、船舶、设施、作业,其含义与《海上交通安全法》使用的同一用语的含义相同,但有关法律、行政法规和本规定另有规定的除外。

　　本规定所称船舶经营人,包括船舶管理人。

　　本规定所称设施经营人,包括设施管理人。

　　本规定所称当事人,包括自然人和法人以及其他组织,可以与有海事行政违法行为的船舶所有人、经营人互相替换。

　　本规定所称船员职务证书,包括船员培训合格证、船员服务簿、船员适任证书及其他适任证件。

　　本规定所称的船舶登记证书,包括船舶国籍证书、船舶所有权登记证书、船舶抵押权登记证书、光船租赁登记证书。

　　本规定所称船员,包括船长、轮机长、驾驶员、轮机员、无线电人员、引航员和水上飞机、潜水器的相应人员以及其他船员。

　　本规定所称"危险货物",系指具有爆炸、易燃、毒害、腐蚀、放射性、污染危害性等特性,在船舶载运过程中,容易造成人身伤害、财产损失或者环境污染而需要特别防护的物品,包括危险化学品。

　　第一百一十五条　本规定所称的以上、以内包括本数,所称的以下不包括本数,本规定另有规定的除外。

　　第一百一十六条　本规定所称日,是指工作日。

　　本规定所称月,按自然月计算。

　　本规定所称其他送达方式,是指委托送达、邮寄送达、留置送达、公告送达等《民事诉讼法》规定的方式。

　　第一百一十七条　海事管理机构办理海事行政处罚案件,应当使用交通运输部制订的统一格式的海事行政处罚文书。

　　第一百一十八条　本规定自 2015 年 7 月 1 日起施行。2003 年 7 月 10 日以交通部令 2003 年第 8 号公布的《中华人民共和国海上海事行政处罚规定》同时废止。

附录二十七
中华人民共和国海上船舶污染事故调查处理规定

中华人民共和国交通运输部令 2011 年第 10 号

《中华人民共和国海上船舶污染事故调查处理规定》已于 2011 年 9 月 22 日经第 10 次部务会议通过,现予公布,自 2012 年 2 月 1 日起施行。

部长　李盛霖

二〇一一年十一月十四日

第一章　总　则

第一条　为了规范船舶污染事故调查处理工作,依据《中华人民共和国海洋环境保护法》、《中华人民共和国防治船舶污染海洋环境管理条例》等规定,制定本规定。

第二条　本规定适用于造成中华人民共和国管辖海域污染的船舶污染事故的调查处理。

第三条　国务院交通运输主管部门主管船舶污染事故调查处理工作。

国家海事管理机构负责指导、管理和实施船舶污染事故调查处理工作。

各级海事管理机构依照各自职责负责具体开展船舶污染事故调查处理工作。

第四条　船舶污染事故调查处理应当遵循及时、客观、公平、公正的原则,查明事故原因,认定事故责任。

第二章　事故报告

第五条　发现船舶及其有关水上交通事故、作业活动造成或者可能造成海洋环境污染的单位和个人,应当立即将有关情况向就近的海事管理机构报告。海事管理机构接到报告后,应当按照应急预案的要求进行报告和通报。

第六条　发生污染事故的船舶、有关作业单位,应当在采取应急措施的同时及时、妥善地保存相关事故信息,立即向就近的海事管理机构报告以下事项:

(一)船舶的名称、国籍、呼号、识别号或者编号;

(二)船舶所有人、经营人或者管理人、污染损害赔偿责任保险人的名称、地址和联系方式;

(三)相关水文和气象情况;

(四)污染物的种类、基本特性、数量、装载位置等情况;

(五)事故原因或者事故原因的初步判断;

（六）事故污染情况；

（七）已经采取或者准备采取的污染控制、清除措施以及救助要求；

（八）签订了船舶污染清除协议的，还应当报告船舶污染清除单位的名称和联系方式；

（九）船舶、有关作业单位认为需要报告的其他事项。

船舶、有关作业单位向海事管理机构报告后，经核实发现报告内容与事实情况不符的，应当立即对报告内容予以更正。

第七条 发生污染事故的船舶、有关作业单位，应当在事故发生后 24 小时内向就近的海事管理机构提交《船舶污染事故报告书》。因特殊情况不能在规定时间内提交《船舶污染事故报告书》的，经海事管理机构同意后可予适当延迟，但最长不得超过 48 小时。

《船舶污染事故报告书》至少应当包括以下内容：

（一）船舶及船舶所有人、经营人或者管理人的有关情况；

（二）污染事故概况；

（三）应急处置情况；

（四）污染损害赔偿责任保险情况；

（五）其他与事故有关的事项。

第八条 中国籍船舶在中华人民共和国管辖海域外发生的船舶污染事故，其所有人或经营人应当立即向船籍港所在地直属海事管理机构报告，并在 48 小时内提交《船舶污染事故报告书》；船舶应当在到达国内第一港口之前提前 24 小时向船籍港直属海事管理机构报告，并接受调查处理。

第九条 船舶污染事故报告后出现的新情况及污染事故的处置进展情况，船舶、有关单位应当及时补充报告。

第三章 事故调查

第十条 船舶污染事故调查处理依照下列规定组织实施：

（一）特别重大船舶污染事故由国务院或者国务院授权国务院交通运输主管部门等部门组织事故调查处理；

（二）重大船舶污染事故由国家海事管理机构组织事故调查处理；

（三）较大船舶污染事故由事故发生地直属海事管理机构负责调查处理；

（四）一般船舶污染事故由事故发生地海事管理机构负责事故调查处理。

船舶污染事故发生地不明的，由事故发现地海事管理机构负责调查处理。事故发生地或者事故发现地跨管辖区域或者相关海事管理机构对管辖权有争议的，由共同的上级海事管理机构确定调查处理机构。

在中华人民共和国管辖海域外发生的船舶污染事故，造成中华人民共和国管辖海域污染的，调查处理机构由国家海事管理机构指定。

中国籍船舶在中华人民共和国管辖海域外发生重大及以上船舶污染事故造成或者可能造成严重影响的，国家海事管理机构可派员开展事故调查。

船舶污染事故给渔业造成损害的，应当吸收渔业主管部门参与调查处理；给军事港口水域

（二）船舶污染事故造成该船舶之外的财产损害；

（三）对受污染的环境已采取或将要采取合理恢复措施的费用。

第三十九条 船舶污染事故造成珊瑚礁、红树林等海洋生态系统及海洋水产资源、海洋保护区破坏的，海事管理机构应当责令相关责任船舶、作业单位限期改正和采取补救措施，并处1万元以上10万元以下的罚款；有违法所得的，没收其违法所得。

第七章 附 则

第四十条 国务院交通运输主管部门所辖港区水域内军事船舶和港区水域外渔业船舶、军事船舶污染事故的调查处理，国家法律、行政法规另有规定的，从其规定。

第四十一条 《船舶污染事故报告书》、《船舶污染事故认定书》、《船舶污染事故民事纠纷调解协议书》及《船舶污染事故民事纠纷调解终止通知书》的格式由国家海事管理机构规定。

第四十二条 本规定自2012年2月1日起施行。

附录二十八
中华人民共和国船员违法记分管理办法

第一章　总　则

第一条　为增强船员遵守法律意识,减少人为因素对水上交通安全的影响,防治船舶污染水域,根据《中华人民共和国船员条例》等有关法律和法规,制定本办法。

第二条　本办法适用于对船员违反水上交通安全和防治船舶污染水域法律、行政法规行为实施累计记分(以下简称"船员违法记分")。

本办法所称船员,是指经注册取得服务簿的船员和引航员以及游艇操作人员。

第三条　中华人民共和国海事局负责统一实施全国船员违法记分管理工作。

各级海事管理机构,依照各自职责负责具体实施船员违法记分工作。

第二章　周期和分值

第四条　船员累计记分周期(即记分周期)为1个公历年,满分15分,自每年1月1日始至12月31日止。

第五条　根据船员违法行为的严重程度,一次船员违法记分的分值为:15分、8分、4分、2分、1分五种。

船员违法记分分值标准见本办法附件。

第三章　实　施

第六条　船员违法记分由船员违法行为发生地的海事管理机构管辖。船员违法行为发生地,包括船员违法行为的结果发现地、初始发生地和过程经过地。

海事管理机构对船员违法记分管辖发生争议的,报请共同的上一级海事管理机构指定管辖。

海事管理机构对不属其管辖的船员违法记分案件,应当移送有管辖权的海事管理机构;受移送的海事管理机构如果认为移送不当,应当报请共同的上一级海事管理机构指定管辖。

第七条　海事管理机构发现船员存在依法应当实施船员违法记分行为的,应当进行调查,并听取当事人的陈述申辩。

船员违法行为事实清楚、证据确凿的,具有管辖权的海事管理机构应按照本办法对其实施船员违法记分,并予以相应记载。

第八条　船员一次存在两种以上违法行为的,应当分别计算,累计记分分值。

对存在共同违法行为的船员,应当分别实施船员违法记分。

对船员的同一违法行为,不得给予两次及以上船员违法记分。

第九条　船员在一个记分周期内累计记分达到 15 分的,最后实施船员违法记分的海事管理机构应当扣留其船员适任证书,责令其参加为期 5 日的水上交通安全、防治船舶污染等有关法律、行政法规的培训(以下简称"法规培训")并进行相应的考试。

船员在一个记分周期内累计记分未达到 15 分的,记分分值重新起算。

第十条　船员在一个记分周期内两次及以上达到 15 分,或在连续 2 个记分周期内分别达到 15 分,或连续 2 个记分周期内累计记分达到 40 分的,最后实施船员违法记分的海事管理机构应当扣留其船员适任证书,责令其参加法规培训和考试,考试内容除理论部分外,还包括船员适任能力考核。

第四章　培训和考试

第十一条　船员需参加法规培训的,可向最后被实施船员违法记分地、船员注册地或船员适任证书签发地的海事管理机构报名。

海事管理机构收到船员的报名后,对符合上款规定的应在 15 个工作日内组织培训。

第十二条　法规培训应包括水上交通安全和防治船舶污染等管理法规、安全知识的教育和海事案例等内容。

第十三条　被扣留船员适任证书的船员经相应考试合格后,海事管理机构应发还其船员适任证书,记分分值重新起算。

第十四条　被扣留船员适任证书的船员未经考试合格的,不得在船舶上继续服务。

第五章　附　则

第十五条　本办法规定的法规培训及考试,不收取费用。

第十六条　本办法自 2016 年 1 月 1 日起施行。2002 年 7 月 11 日印发的《中华人民共和国船员违法记分管理办法(试行)》(海船员〔2002〕333 号)同时废止。

附　件　船员违法记分分值标准

表 1　海船船员水上交通安全类违法记分分值标准

代码	行为名称	对象	分值	法律依据
11001	船舶、设施上的人员在船上值班期间,体内酒精含量超过规定标准的;在船上履行船员职务,服食影响安全值班的违禁药物的	当事船员	15	《海上交通安全法》第九条
11002	船长在弃船或者撤离船舶时未最后离船的	船长	15	《船员条例》第二十二条第(九)项
11003	由他人代替参加考试或者代替他人参加考试的	当事船员	15	《海上交通安全法》第九条
11004	发生海上交通事故的船舶、设施在不严重危及自身安全的情况下,擅自离开事故现场或逃逸的	船长	15	《海上交通安全法》第三十七条
11005	转让、买卖或租借的船员职务证书的	当事船员	15	《海上交通安全法》第七条
11006	船舶、设施遇难时,不及时向海事管理机构报告出事时间、地点、受损情况、救助要求以及发生事故的原因的	船长	8	《海上交通安全法》第三十四条
11007	在事故现场附近的船舶、设施,不听从海事管理机构统一指挥实施救助的	船长及值班驾驶员	8	《海上交通安全法》第三十八条
11008	船舶、设施不符合安全航行条件而开航的	船长	8	《海上交通安全法》第十条
11009	船舶、设施不符合安全作业条件而作业的	船长	8	《海上交通安全法》第十条
11010	船舶、设施未按照规定进行夜航的	船长	8	《海上交通安全法》第十条
11011	船舶、设施未按规定拖带,或非拖带船从事拖带作业的	船长	8	《海上交通安全法》第十条
11012	船舶、设施储存、装卸、运输危险货物,装运危险货物的船舶擅自在非停泊危险货物船舶的锚地、码头或其他水域停泊的	船长	8	《海上交通安全法》第三十二条《危险化学品安全管理条例》第四十五条
11013	引航员在引领船舶时,未持有相应的引航员适任证书的	当值引航员	8	《船员条例》第九条第一款
11014	船员在船工作期间,未持有相应的船员适任证书的	未持证船员	8	《船员条例》第九条第一款
11015	船舶、设施不按照规定载运旅客、车辆的	船长	8	《海上交通安全法》第十条
11016	船舶、设施超过核定载重线载运货物的	大副	8	《海上交通安全法》第十条
11017	未按照规定保障船舶的最低安全配员的	船长	8	《船员条例》第二十二条第三项
11018	伪造船舶服务资历,或者提供虚假材料申请船员证书的	责任船员	8	《船员条例》第五十三条
11019	船舶无正当理由进入或者穿越禁航区的	值班驾驶员	8	《海上交通安全法》第十五条
11020	船员考试作弊的	当事船员	8	《海上交通安全法》第九条

代码	行为名称	对象	分值	法律依据
11021	船舶、设施上的人员在船上履行船员职务，未按照船员值班规则实施值班的	当事船员	8	《海上交通安全法》第九条
11022	船舶、设施储存、装卸、运输危险货物，不遵守国家关于危险货物管理和运输规定的	当事船员	4	《海上交通安全法》第三十二条《危险化学品安全管理条例》第四十五条
11023	船舶、设施上的人员不按规定使用明火的	大副或轮机长	4	《海上交通安全法》第九条
11024	船舶进出港口或通过交通管制区、通航密集区和航行条件受到限制的区域时，不遵守中国政府或海事管理机构公布的特别规定的	船长	4	《海上交通安全法》第十四条
11025	引航员未按照水上交通安全和防治船舶污染操作规则引领船舶的	当值引航员	4	《船员条例》第二十条第（三）项
11026	船舶、设施上的人员不采用安全速度航行的	值班驾驶员	4	《海上交通安全法》第九条
11027	船舶、设施上的人员不按规定的航路航行的	值班驾驶员	4	《海上交通安全法》第九条
11028	船舶、设施上的人员不遵守避碰规则的	值班驾驶员	4	《海上交通安全法》第九条
11029	船舶、设施上的人员不按照规定停泊、倒车、掉头、追越的	值班驾驶员	4	《海上交通安全法》第九条
11030	船舶、设施上的人员不按规定进行试车、试航、测速、辨校方向的	船长	4	《海上交通安全法》第九条
11031	船舶、设施不遵守强制引航规定的	船长	4	《海上交通安全法》第十条
11032	船舶触碰航标不报告的	值班驾驶员	4	《航标条例》第十四条第二款
11033	未按照规定抄收海岸电台播发的海上航行警告的	船长、二副或值班驾驶员	4	《海上交通安全法》第九条
11034	船舶、设施超过核定航区航行的	值班驾驶员	4	《海上交通安全法》第十条
11035	游艇的航行水域超出检验证书所载明的适航范围的	游艇操作员	4	《游艇安全管理规定》第十七条第一款
11036	船长、高级船员在航次中，擅自辞职、离职或者中止职务的	当事船员	4	《船员条例》第二十三条
11037	船员未如实填写或者记载有关船舶法定文书的	当事船员	4	《船员条例》第二十条
11038	引航员在引领船舶时，未携带规定的有效证件的	未带证引航员	2	《船员条例》第二十条第（一）项
11039	船员在船工作期间未携带规定的有效证件的	未带证船员	2	《船员条例》第二十条第（一）项
11040	游艇操作人员操作游艇时未携带合格的适任证书的	操艇员	2	《游艇安全管理规定》第十五条第三款
11041	船舶、设施上的人员不按规定显示信号的	值班驾驶员	2	《海上交通安全法》第九条

代码	行为名称	对象	分值	法律依据
11042	船舶、设施不遵守航行通信和无线电通信管理规定的	值班驾驶员	2	《海上交通安全法》第十条
11043	船舶、设施上的人员不按照规定保持船舶自动识别系统处于正常工作状态,或者不按照规定在船舶自动识别设备中输入准确信息,或者船舶自动识别系统发生故障未及时向海事管理机构报告的	值班驾驶员	2	《海上交通安全法》第九条
11044	船舶、设施违反船舶并靠或者过驳有关规定的	船长	2	《海上交通安全法》第十条
11045	游艇未在海事管理机构公布的专用停泊水域或者停泊点停泊,或者临时停泊的水域不符合《游艇安全管理规定》的要求的	操艇员	1	《游艇安全管理规定》第二十条

表2 海船船员防治船舶污染类违法记分分值标准

代码	行为名称	对象	分值	法律依据
12001	因发生事故或其他突发性事件,造成海洋环境污染事故,不立即采取处理措施的	船长	15	《海洋环境保护法》第六十五条
12002	船舶向沿海水域排放《海洋环境保护法》等有关规定禁止排放的污染物或其他物质的	大副或轮机长,及责任船员	15	《海洋环境保护法》第六十二条第一款
12003	发生船舶污染事故,船舶、有关作业单位迟报、漏报、瞒报和谎报事故的	船长	8	《防治船舶污染海洋环境管理条例》第三十七条
12004	船舶超过标准排放污染物的	大副或轮机长,及责任船员	8	《海洋环境保护法》第六十二条第一款
12005	未经海事管理机构批准,使用消油剂的	船长	8	《海洋环境保护法》第七十条第(三)项、《防治船舶污染海洋环境管理条例》第四十三条
12006	未经海事管理机构批准,船舶载运污染危害性货物进出港口、过境停留、进行装卸的	大副	4	《海洋环境保护法》第六十七条 《防治船舶污染海洋环境管理条例》第二十二条
12007	载运污染危害性货物的船舶不符合污染危害性货物适载要求的	大副	4	《防治船舶污染海洋环境管理条例》第二十一条第一款
12008	未经海事管理机构批准,船舶进行散装液体污染危害性货物过驳作业的	船长	4	《防治船舶污染海洋环境管理条例》第二十六条
12009	船舶未按照规定在船舶上留存船舶污染物处置记录的;船舶污染物处置记录与船舶运行过程中产生的污染物数量不符合的	船长、大副或轮机长,及责任船员	4	《防治船舶污染海洋环境管理条例》第十六条第一款

表3　内河船舶船员水上交通安全类违法记分分值标准

代码	行为名称	对象	分值	法律依据
21001	在船在岗期间饮酒,体内酒精含量超过规定标准的;在船在岗期间,服用国家管制的麻醉药品或者精神药品的	饮酒者 食药者	15	《船员条例》第二十条
21002	船长在弃船或者撤离船舶时未最后离船的	船长	15	《船员条例》第二十二条第（九）项
21003	由他人代替参加考试或者代替他人参加考试的	当事船员	15	《内河交通安全管理条例》第九条
21004	船舶、浮动设施发生水上交通事故后逃逸的	船长	15	《内河交通安全管理条例》第四十六条第二款
21005	转让、买卖或租借船员适任证书的	当事船员	15	《内河交通安全管理条例》第十三条
21006	发现或者发生险情、事故、保安事件或者影响航行安全的情况未及时报告的	船长	8	《船员条例》第二十条
21007	在遇险现场和附近的船舶、船员不服从海事管理机构的统一调度和指挥的	船长及值班驾驶员	8	《内河交通安全管理条例》第四十九条第二款
21008	船舶、浮动设施未持有检验证书,擅自航行或者作业的	船长	8	《内河交通安全管理条例》第六条第（一）项、第七条第（一）项
21009	滚装船装载超出检验证书核定的车辆数量的	大副或责任驾驶员	8	《内河交通安全管理条例》第二十一条第二款
21010	超乘客定额载运旅客的	船长	8	《内河交通安全管理条例》第二十一条第二款
21011	船舶遇有不符合安全开航条件的情况而冒险开航的	船长	8	《内河交通安全管理条例》第八条第一款
21012	船舶超过核定航区航行的	值班驾驶员	8	《内河交通安全管理条例》第八条第一款
21013	船舶未按照规定拖带或者非拖船从事拖带作业的	船长	8	《内河交通安全管理条例》第八条第一款
21014	引航员在引领船舶时,未持有相应的引航员适任证书的	当值引航员	8	《船员条例》第九条第一款
21015	船舶擅自进入或者穿越海事管理机构公布的禁航区的	船长	8	《内河交通安全管理条例》第二十条第二款
21016	船员未遵守值班规定,擅自离开工作岗位的	当事船员	8	《船员条例》第二十条
21017	船员考试作弊的	作弊船员	8	《内河交通安全管理条例》第九条
21018	超核定载重线载运货物的;不遵守船舶、设施的配载和系固安全技术规范的	大副或责任驾驶员	4	《内河交通安全管理条例》第八条、第二十一条

代码	行为名称	对象	分值	法律依据
21019	未按照规定擅自夜航的	船长	4	《内河交通安全管理条例》第十七条第四款
21020	引航员未按照水上交通安全和防治船舶污染操作规则引领船舶的	当值引航员	4	《船员条例》第二十条第（三）项
21021	船员利用船舶私载旅客、货物或者携带违禁物品的	责任船员	4	《船员条例》第二十条第（七）项
21022	未按照规定保障船舶的最低安全配员的	船长	4	《船员条例》第二十二条第三项
21023	船舶进出港口和通过交通管制区、通航密集区或者航行条件受限制区域，未遵守海事管理机构发布的有关规定的	船长	4	《内河交通安全管理条例》第二十条第一款
21024	不遵守海事管理机构发布的在能见度不良时航行规定的	值班驾驶员	4	《内河交通安全管理条例》第十七条第四款
21025	未按照规定申请引航的	船长	4	《内河交通安全管理条例》第十九条、《危险化学品安全管理条例》第六十一条第二款
21026	未按照规定悬挂国旗，标明船名、船籍港、载重线，或者遮挡船名、船籍港、载重线的	船长	4	《内河交通安全管理条例》第十四条第一款
21027	在内河通航水域，未按照规定进行试车、试航，并进行备案的	船长	4	《内河交通安全管理条例》第二十八条第（四）项
21028	船长、高级船员在航次中，擅自辞职、离职或者中止职务的	当事船员	4	《船员条例》第二十三条
21029	故意涂改航海日志等法定文书、文件的	当事船员	4	《内河交通安全管理条例》第五十二条
21030	船舶烧焊或者明火作业，不按照规定备案的	船长	2	《内河交通安全管理条例》第二十八条第（四）项
21031	船员在船工作期间未携带规定的有效证件的	未带证船员	2	《船员条例》第二十条第（一）项
21032	游艇操作人员操作游艇时未携带合格的适任证书的	操艇员	2	《游艇安全管理规定》第十五条第三款
21033	未采用安全航速航行的	值班驾驶员	2	《内河交通安全管理条例》第十五条第（一）款
21034	未按照规定的航路或者航行规则航行的	值班驾驶员	2	《内河交通安全管理条例》第十六、十七条
21035	载运或者拖带超重、超长、超高、半潜的物体，未申请或者未按照核定的航路、时间航行的	值班驾驶员	2	《内河交通安全管理条例》第二十二条

代码	行为名称	对象	分值	法律依据
21036	未按照规定倒车、掉头、追越的	值班驾驶员	2	《内河交通安全管理条例》第十七条第四款
21037	船舶在内河航行、停泊或者作业,不遵守海事管理机构发布的有关航行、避让和信号规则规定的	值班驾驶员	2	《内河交通安全管理条例》第十七条第四款
21038	船舶在内河航行、停泊或者作业,不遵守海事管理机构发布的航行通告、航行警告规定的	值班驾驶员	2	《内河交通安全管理条例》第十七条第四款
21039	不按照规定保持船舶自动识别系统处于正常工作状态,或者不按照规定在船舶自动识别设备中输入准确信息,或者船舶自动识别系统发生故障未及时向海事机构报告的	值班驾驶员	2	《内河交通安全管理条例》第十七条第四款
21040	游艇的航行水域超出检验证书所确定的适航范围	操艇员	2	《游艇安全管理规定》第十七条第一款
21041	船舶在内河航行、停泊或者作业,未在规定的甚高频通信频道上守听的	值班驾驶员	2	《内河交通安全管理条例》第十七条第四款
21042	在内河通航水域,在非锚地、非停泊区进行编、解队作业,不按照规定备案的	船长	2	《内河交通安全管理条例》第二十八条第(四)项
21043	应申请许可证而未取得,擅自进行水上水下活动的	船长	2	《内河交通安全管理条例》第二十五条第一款
21044	在内河通航水域检修影响船舶适航性能设备,不按照规定备案的	船长	2	《内河交通安全管理条例》第二十八条第(四)项
21045	在内河通航水域或者岸线上进行有关作业或者活动未经批准或者备案,或者未设置标志、显示信号的	值班驾驶员	2	《内河交通安全管理条例》第二十五条、第二十八条和第二十九条
21046	在内河通航水域检修通信设备和消防、救生设备,不按照规定备案的	船长	1	《内河交通安全管理条例》第二十八条第(四)项
21047	游艇未在海事管理机构公布的专用停泊水域或者停泊点停泊,或者临时停泊的水域不符合《游艇安全管理规定》的要求的	操艇员	1	《游艇安全管理规定》第二十条

表4 内河船舶船员防治船舶污染类违法记分分值标准

代码	行为名称	对象	分值	法律依据
22001	船舶发生污染水域事故,未按照污染事故应急计划的程序和要求,采取相应措施的	船长	15	《水污染防治法》第六十八条 《防治船舶污染内河水域环境管理规定》第四十五条
22002	向水体倾倒船舶垃圾或者排放船舶的残油、废油的	大副或轮机长,及责任船员	15	《水污染防治法》第五十二条
22003	船舶发生污染水域事故,未立即向最近海事管理机构如实报告的	船长	8	《水污染防治法》第六十八条 《防治船舶污染内河水域环境管理规定》第四十五条
22004	船舶排放含油污水、生活污水,不符合船舶污染物排放标准的	船长、大副或轮机长,及责任船员	8	《水污染防治法》第五十二条第一款
22005	船舶未持有有效的防污证书、防污文书,或者不按照规定记录操作情况的	船长、轮机长,以及责任船员	4	《水污染防治法》第五十三条
22006	载运危险化学品的船舶在内河航行、装卸或者停泊,未悬挂专用的警示标志,或者未按照规定显示专用信号的	值班驾驶员	4	《内河交通安全管理条例》第三十三条、《危险化学品安全管理条例》第六十一条
22007	船舶载运危险化学品进出内河港口,未将有关事项事先报告海事管理机构并经其同意的	船长	4	《内河交通安全管理条例》第三十二条、《危险化学品安全管理条例》第六十条第一款
22008	未经作业地海事管理机构批准,船舶进行残油、含油污水污染危害性货物残留物的接收作业,或者进行装载油类、污染危害性货物船舱的清洗作业的	船长	4	《水污染防治法》第五十五条第一款第(一)项
22009	未经作业地海事管理机构批准,船舶进行散装液体污染危害性货物过驳作业的	船长	4	《水污染防治法》第五十五条第一款第(二)项

注:船舶未配备某一职务船员或该职务船员的职责与通常职责不符的,对实际履行该职务职责的船员实施记分。船员在船职务职责未明确的,对船长实施记分。